Hans Woller
Die Abrechnung mit dem Faschismus in Italien 1943 bis 1948

Quellen und Darstellungen zur
Zeitgeschichte
Herausgegeben vom Institut für
Zeitgeschichte

Band 38

R. Oldenbourg Verlag München 1996

Hans Woller

Die Abrechnung mit dem Faschismus in Italien 1943 bis 1948

R. Oldenbourg Verlag München 1996

Die Deutsche Bibliothek – CIP-Einheitsaufnahme

Woller, Hans:
Die Abrechnung mit dem Faschismus in Italien 1943 bis 1948 /
Hans Woller. – München ; Wien : Oldenbourg, 1996
(Quellen und Darstellungen zur Zeitgeschichte ; Bd. 38)
ISBN 3-486-56199-5
NE: GT

Umschlaggestaltung: Dieter Vollendorf, München
Gesamtherstellung: R. Oldenbourg Graphische Betriebe GmbH, München
ISBN 3-486-56199-5

Inhalt

Einleitung

Im Mittelpunkt dieses Buches steht eine einzige Frage: Wie ist Italien nach dem Sturz Mussolinis im Juli 1943 mit der personellen Hinterlassenschaft des Faschismus, also mit den Aktivisten und Fanatikern, den Bonzen und Ideologen, den Nutznießern und Mitläufern, umgegangen? Diese zentrale Frage wird im Laufe der Darstellung variiert und aufgefächert: Was tat die Regierung? Wie verhielten sich die Parteien, wie die gesellschaftlichen Interessenverbände, wie die katholische Kirche? Welche Ziele verfolgten die alliierte Militärregierung und die antifaschistische Befreiungsbewegung, und welche Mittel setzte die Resistenza ein, um ihre Abrechnungsbedürfnisse zu stillen? Schließlich aber und vor allem: Was war das Resultat, als sich 1948 die Säuberungsenergien erschöpft hatten?

Bei der Beantwortung dieser Fragen muß die Tatsache im Auge behalten werden, daß die Abrechnung mit dem Faschismus nicht nach dem Krieg und nach dem Fall des Regimes begann, als entschieden war, wer gesiegt hatte und wen zur Rechenschaft ziehen würde. Die Abrechnung in Italien begann vielmehr mitten im Krieg, als der Faschismus seine Herrschaft mit deutscher Hilfe noch in ganz Nord- und Mittelitalien behauptete. Diese Besonderheit hatte eine Konsequenz, die ihr Wesen entscheidend prägte: Die Abrechnung richtete sich nicht gegen einen überwundenen Gegner, der für seine Verbrechen büßen und von künftigen Abenteuern abgehalten werden sollte, sondern gegen einen aktuellen Feind, der erst noch niedergerungen werden mußte – in zwei Jahren Krieg, der einen Bürgerkrieg auslöste und schließlich sogar in einen Klassenkrieg einzumünden drohte.

Die Abrechnung mit dem Faschismus gehorchte deshalb von Beginn an anderen Regeln als die politische Säuberung im besetzten Deutschland; vor allem war sie dramatischer und vielgestaltiger. Im vorliegenden Buch wird dies immer wieder herausgearbeitet: Es handelt zum einen von den Bemühungen um eine grundlegende personelle Erneuerung im öffentlichen Dienst und in der freien Wirtschaft; dabei sollten diejenigen aus leitenden Positionen entfernt werden, die aufgrund ihrer Vergangenheit eine Gefahr für die Gegenwart darstellten und zu einer Belastung für die Zukunft werden konnten. Zum anderen werden alle Formen der legalen und halblegalen Ahndung faschistischer Verbrechen beschrieben und dabei vor allem die eigens geschaffenen außerordentlichen Schwurgerichte betrachtet, die binnen weniger Monate zehntausende Kollaborateure zur Verantwortung zogen – im Schnellverfahren und nicht selten mit kapitalen Folgen. Schließlich berichtet das Buch auch von den „wilden" Säuberungen, wie sie vor allem in Norditalien zu beobachten waren, also von willkürlichen Entlassungen, revolutionären Volkstribunalen und unerhörten Hinrichtungsexzessen, die zwischen 1944 und 1946 etwa 12000 Menschen das Leben gekostet haben.

I.

Die Darstellung setzt 1943 ein. Nach der Entmachtung Mussolinis ahnte niemand, daß die Abrechnung mit dem Faschismus einen so hohen Blutzoll fordern würde. Das Rache- und Vergeltungsbedürfnis war zunächst tatsächlich nicht allzu stark – aus verständlichen Gründen: Mussolini, der seit 1922 regierende Diktator, wurde 1943 ja nicht nur gestürzt, er war am Ende, und der Faschismus hatte sich durch klägliches Scheitern selbst entzaubert. Die Hilflosigkeit gegenüber den alliierten Luftangriffen, die demütigende Abhängigkeit vom unheimlichen deutschen Achsenpartner und vor allem die militärischen Katastrophen in Jugoslawien, Griechenland und Nordafrika hatten Mussolinis Charisma aufgezehrt und das Einvernehmen zwischen Regime und Gesellschaft zerstört, das nach der Aussöhnung mit dem Vatikan, dem siegreichen Kolonialkrieg in Abessinien und der Proklamation des Imperiums entstanden war[1]. Die Entfremdung ging schließlich so weit, daß ein beträchtlicher Teil des Volkes nur mehr Verachtung, Hohn und Spott für den Faschismus und den einst vergötterten, nun aber als Großmaul entlarvten Duce übrig hatte. Im Sommer 1943, als die Alliierten in Sizilien gelandet waren, fielen sogar seine engsten Weggefährten von ihm ab. Galeazzo Ciano, vor allem aber Dino Grandi und Giuseppe Bottai, die von Anfang an dabei gewesen waren und bis zuletzt alles mitgemacht hatten, brachen nun mit der Vergangenheit, weil sie um ihre Zukunft fürchteten. Sie brachten Mussolini im faschistischen Großrat eine Niederlage bei und lieferten dem König damit den willkommenen Anlaß, den zur Belastung für Monarchie und Dynastie gewordenen Diktator zu entlassen. Danach sank der Faschismus unter der Bürde seiner Hohlheit lautlos in sich zusammen[2].

Die Faschisten wußten damals nur zu gut, daß ihre Zeit abgelaufen war. Sie zogen sich kleinlaut ins Privatleben zurück und machten – anders als die Nationalsozialisten im verbündeten Deutschland[3] – keinen Versuch, das Rad der Geschichte aufzuhalten. Diese stille Abdankung, fern jeder Gewalt und fern jeden Untergangsterrors, war der eine Grund, daß 1943 die Schar derer, die mehr wollten als einen Neuanfang und die Ablösung des alten Regimes, nämlich Rache und Vergeltung, keine allzu große Resonanz fand. Der zweite hatte mit der Tatsache zu tun, daß vielen Italienern dazu auch die innere Freiheit fehlte, weil sie sich selbst, zumal in der Erfolgszeit des Faschismus, in den sogenannten Jahren des Konsenses zwischen 1929 und 1936, in der einen oder anderen Form mit dem Regime arrangiert oder es sogar begeistert unterstützt hatten; die immense Zahl der Parteimitglieder (1939: 3,4 Millionen bei einer Bevölkerungszahl von ca. 45 Millionen) gibt darüber ebenso Auskunft wie die Tatsache, daß die antifaschistische Opposition damals nur geringen Rückhalt in der Bevölkerung hatte[4]. Der dritte

---

[1] Vgl. Renzo De Felice, Mussolini il duce, Bd. 1: Gli anni del consenso 1929–1936; Bd. 2: Lo Stato totalitario 1936–1940, Turin 1974 und 1981, passim.

[2] Vgl. ders., Mussolini l'alleato, Bd. 2: Crisi e agonia del regime, Turin 1990, S. 1089–1410; Dino Grandi, 25 luglio. Quarant'anni dopo, hrsg. von Renzo De Felice, Bologna 1983.

[3] Vgl. Klaus-Dietmar Henke, Die amerikanische Besetzung Deutschlands, München 1995, S. 844–861.

[4] Zur Mitgliederentwicklung der faschistischen Partei und anderer faschistischer Organisationen vgl. De Felice, Mussolini il duce, Bd. 1, S. 190 f., 198, 212 und 219; ders., Mussolini il duce, Bd. 2, S. 126.

Grund für die Zurückhaltung, die 1943 in puncto rigoroser Abrechnung herrschte, liegt schließlich im Wesen des Faschismus. Zwar gibt es keinen Zweifel, daß Italien von 1922 bis 1943 mit eiserner Faust regiert wurde, daß Demokratie und Freiheit keine Chance hatten, daß Opposition und Dissidenz mit Einschüchterung und Verfolgung erstickt wurden und daß Italien in Afrika wie auf dem Balkan eine auch rassistisch motivierte Unterdrückungspolitik verfolgte, die in einer Vielzahl von politischen Verbrechen gipfelte[5]. Wahr ist aber auch: Das Repressionssystem war nie so engmaschig geknüpft, die gesellschaftlichen Erfassungs- und Mobilisierungsambitionen nie so konsequent und der Wille zu Vernichtung und rassischer „Flurbereinigung" nie so ausgeprägt, daß man mit gleichem Recht wie gegenüber der nationalsozialistischen Diktatur von einem totalitären Regime sprechen könnte. Der Faschismus, so hat Alberto Acquarone diesen Tatbestand treffend charakterisiert, ist ein Regime gewesen, „dem es nicht gelang, ein totalitäres zu werden"[6] – und zwar vor allem deshalb nicht, weil er sich nie aus dem 1922 eingegangenen Bündnis mit dem Königshaus, den Streitkräften und der Kirche zu lösen vermochte. Die radikalen Tendenzen, die es im Faschismus auch gab, kamen deshalb bis 1943 nicht voll zur Geltung, sie mußten sich immer mit den konservativ-monarchistischen Beharrungskräften messen, die in vielerlei Hinsicht eben doch ganz andere Vorstellungen von Staat und Gesellschaft besaßen als ein Roberto Farinacci oder ein Giovanni Preziosi, die sich am Beispiel des Nationalsozialismus orientierten.

Daß Acquarones Diktum zutrifft, zeigt allein schon ein Blick auf die statistische Dimension von Gewalt und Terror im Faschismus, die von der Schreckensbilanz des Nationalsozialismus nicht nur wegen des Völkermordes an den europäischen Juden weit in den Schatten gestellt wird: Das 1926/27 eingerichtete Tribunale Speciale per la Difesa dello Stato verhängte bis 1943 nur in 42 Fällen die Todesstrafe, sein nationalsozialistisches Pendant hingegen, der Volksgerichtshof, erkannte zwischen 1934 und Mitte 1944 in 5214 Fällen auf die Höchststrafe, danach in weiteren 2000 Fällen[7]. In Italien wurden zwischen 1922 und 1943 nur rund 15000 Oppositionelle in die Verbannung geschickt, während in Deutschland die Zahl der Häftlinge in den Konzentrationslagern in die Millionen ging. Das Leben dort unterschied sich grundlegend von dem auf den Verbannungsinseln oder in den gottverlassenen Nestern der Basilicata, wo man zwar Schikanen, nicht aber den Terror kannte, dem die Häftlinge in Dachau oder Buchenwald ausgesetzt waren[8].

Die Mehrheit des Volkes war 1943 fertig mit Mussolini, wollte ihn und seine Gefolgschaft aber nicht fertigmachen. Sie hätte sich wahrscheinlich mit dem Abbruch des faschistischen Regimes, der exemplarischen Bestrafung einiger promi-

[5] Vgl. Wolfgang Schieder, Faschismus als Vergangenheit. Streit der Historiker in Italien und Deutschland, in: Walter H. Pehle (Hrsg.), Der historische Ort des Nationalsozialismus, Frankfurt a. M. 1990, S. 135–154; ders., War Hitlers Diktatur faschistisch?, in: Wissenschaftskolleg – Institute for Advanced Study – zu Berlin, Jahrbuch 1985/86, S. 81–92.
[6] Alberto Acquarone, L'organizzazione dello Stato totalitario, Turin 1965, S. 302.
[7] Vgl. ebenda, S. 101–104; De Felice, Mussolini il duce, Bd. 2, S. 45–47. Zu den Zahlen über den Volksgerichtshof vgl. Lothar Gruchmann, Justiz im Dritten Reich 1933–1940. Anpassung und Unterwerfung in der Ära Gürtner, München 1988, S. 965.
[8] Vgl. insbesondere Giorgio Amendola, Un'isola, Mailand 1980; Carlo Levi, Christus kam nur bis Eboli, München 1982, und den Beitrag von Jens Petersen in: Der italienische Faschismus. Probleme und Forschungstendenzen, München/Wien 1983, S. 32 ff.

nenter Faschisten und einem Revirement in den Spitzenpositionen von Staat und Gesellschaft zufriedengegeben, wäre es im Herbst 1943 nicht zu einer Neuauflage des Faschismus gekommen. Der Neofaschismus von Salò unterschied sich von seinem Vorgängermodell vor allem dadurch, daß er nicht aus eigener Kraft an die Macht gekommen war, sondern mit deutscher Hilfe, und daß er sich nicht mehr auf das Bündnis mit den konservativ-monarchistischen Eliten stützen konnte, sondern ganz den Stempel des lange gezähmten radikalen Flügels der faschistischen Partei trug[9]. Die Folge davon war ein – im Rahmen des Weltkrieges – erbittert geführter Bürgerkrieg, in welchem die Faschisten nicht nur vielen ihrer einstigen konservativ-monarchistischen Verbündeten und den alten Regimegegnern aus dem sozialistischen Lager gegenüberstanden, sondern es auch mit dem ständig größer werdenden Heer derer aufnehmen mußten, die sich dem Arbeitseinsatz, der Einberufung oder den Deportationen, kurz: dem totalen Krieg an der Seite Hitler-Deutschlands zu entziehen suchten[10].

Im Verlauf dieses Bürgerkrieges bekam der zunächst nur von einer Minderheit verfochtene Gedanke einer Abrechnung eine ganz neue Bedeutung. Ausschlaggebend dafür war dreierlei: Der Agoniefaschismus von Salò schreckte, wie der Nationalsozialismus, vor keinem Mittel zurück, das geeignet schien, seinen Untergang aufzuhalten. Die Verbrechen der Endphase nahmen auch in Italien schauerlichste Dimensionen an und forderten immer größere Opfer. Hinzu kam, daß die Repräsentanten des neuen antifaschistischen Italien den Bürgerkrieg im Rahmen des Weltkrieges als nationalen Befreiungskampf definierten; jeder, der auf der anderen Seite stand und mit den Deutschen zusammenarbeitete, wurde deshalb als Kollaborateur betrachtet – ein Vorwurf, der in den Augen vieler nicht minder schwer wog als der, Aktivist der faschistischen Partei und als solcher an deren Verbrechen beteiligt gewesen zu sein. Das alles verschmolz schließlich mit klassenkämpferischen Energien, die insbesondere von der politischen Linken ausgingen, zu einem beispiellosen Rache- und Vergeltungsfuror, der sich im Frühjahr 1945 vor allem in Norditalien austobte und weder durch Recht und Gesetz, noch durch die alliierte Militärregierung zu bändigen war.

II.

Das vorliegende Buch beschreibt so minutiös wie möglich die Geschichte der Abrechnung mit dem Faschismus und ist insofern eine Spezialstudie über ein zentrales Thema der italienischen Nachkriegszeit. Es berichtet außerdem so intensiv wie nötig von der Geschichte Italiens zwischen 1943 und 1948 und ist insofern gelegentlich eine Gesamtdarstellung über Italien nach Mussolini, und es behandelt schließlich – so oft es der Stoff erfordert – die Geschichte der alliierten Besatzungsherrschaft, deren Erforschung noch ganz in den Anfängen steckt.

[9] Zur Republik von Salò vgl. Pier Paolo Poggio (Hrsg.), La Repubblica sociale italiana 1943–45 (Atti del convegno, Brescia 4–5 ottobre 1985), Brescia 1986.
[10] Vgl. Claudio Pavone, Una guerra civile. Saggio storico sulla moralità nella Resistenza, Turin 1991; Lutz Klinkhammer, Zwischen Bündnis und Besatzung. Das nationalsozialistische Deutschland und die Republik von Salò 1943–1945, Tübingen 1993.

Die sieben, der Chronologie folgenden Kapitel lassen die umfassendere Anlage des Buches deutlich erkennen. In den Kapiteln I und II steht die allmähliche Intensivierung der staatlichen Säuberungsbemühungen, wie sie parallel zur Verschärfung des Bürgerkrieges zu beobachten war, im Mittelpunkt der Betrachtung. Zur Darstellung gelangt dabei der fast lautlose Zusammenbruch des Faschismus und die Zaghaftigkeit von Mussolinis Nachfolger Pietro Badoglio, der selbst zu sehr in den Faschismus verstrickt gewesen war, als daß er energische Maßnahmen hätte ergreifen können. Wenn in seiner Regierungszeit (Juli 1943 bis Juni 1944) in Sachen Säuberung überhaupt etwas geschah, so war das nicht der Initiative des Ministerpräsidenten zu verdanken, sondern dem Druck der langsam Gewicht und Dynamik gewinnenden Befreiungsbewegung und, nicht zuletzt, der alliierten Militärregierung, die Badoglio unmißverständlich vor Augen führte, daß er nur dann eine politische Zukunft hatte, wenn er einen deutlichen Trennungsstrich zur Vergangenheit zog. Kapitel III, das mit der Befreiung von Rom im Juni 1944 beginnt, beschreibt die entscheidende Wende in der Säuberungspolitik, die nicht zufällig mit der Bildung der ersten antifaschistischen Regierung unter der Leitung von Ivanoe Bonomi (Juni 1944 bis Juni 1945) zusammenfiel. Die Epurazione stand nun auf der Prioritätenliste ganz oben, in allen Bereichen zeigten sich rasch erste respektable Erfolge, und überall gelang es, die bürokratischen und gesellschaftlichen Hemmnisse zu überwinden, die zuvor die Säuberung fast erstickt hatten. Allerdings wurde bald auch deutlich, daß dem neuen Abrechnungselan enge Grenzen gesetzt waren – zum einen durch die säuberungspolitische Dreiteilung des Landes, die es mit sich brachte, daß die staatlichen Säuberungsprotagonisten immer erst nach der Militärregierung und der Resistenza zum Zuge kamen und mit den weniger spektakulären Fällen vorliebnehmen mußten, die nach der meist rigorosen Erst- und Zweitsäuberung noch übrig waren, und zum anderen durch die sich anbahnende Krise im antifaschistischen Lager, das schon vor dem definitiven Ende des Faschismus im Frühjahr 1945 am Veto der bürgerlichen Parteien zu zerfallen drohte, die so radikale Säuberungsexperimente, wie sie den Linksparteien vorschwebten, nicht mitmachen wollten. Die Folge davon war der leise Rückzug der auf volksparteiliche Ausweitung und gesellschaftliche Akkreditierung bedachten Kommunisten aus der Epurazione und eine gewisse säuberungspolitische Stille, die allerdings – so die Quintessenz von Kapitel IV – aufs heftigste mit den hochgesteckten Erwartungen der Partisanen im noch besetzten Norditalien kontrastierte, die auf den „stato totalitario" mit einer „epurazione totalitaria" antworten wollten.

In den Wirren der Befreiung verwandelte sich die bis dahin politisch nicht recht zum Zuge kommende, gleichsam vagabundierende Abrechnungsbereitschaft tatsächlich in eine kaum vorstellbare Vergeltungsorgie, die in manchen Gegenden wochenlang dauerte. Diese mörderische Raserei wird in Kapitel V ebenso dargestellt wie das Phänomen der ungesetzlichen Massenentlassungen in Industrie und öffentlichem Dienst und die Tätigkeit der außerordentlichen Schwurgerichte, die im April 1945 als justitielle Ahndungsinstanzen für Kollaborationsverbrechen eingerichtet wurden, unter dem Druck der Straße aber oft wie Volkstribunale agierten und Hunderte und Aberhunderte von Todesurteilen fällten. Eine umfassende Säuberungsinitiative ist davon nicht ausgegangen; im Gegenteil, wie in Kapitel VI und VII gezeigt wird: Nach dem blindwütigen Terror war der Gedanke einer Abrechnung diskreditiert – auch bei den Linksparteien, die sich sagen lassen mußten, daß die Säuberung bei ihnen und ihrem oft revolutionären Anhang nicht in guten, sondern in blutigen Händen war. Sie taten nicht zuletzt deshalb in der Regierung Parri (Juni bis Dezember 1945) alles, um den Schaden zu begrenzen und die Säuberung auf ein gesellschaftlich verträgliches Maß zurückzuführen. Die Initiative dazu lag bei Pietro Nenni, dem führenden Mann der sozialistischen Partei, der als Hochkommissar für die politische Säuberung ein Gesetz vorlegte, das die große Masse der kleinen Faschisten von der Säuberung befreite, und bei Palmiro Togliatti, dem Chef der kommunistischen Partei, der im Sommer 1946 eine umfassende Amnestie für politische Straftaten erwirkte. „Nenni law" und Amnestie zielten im Grunde auf beides, auf Befriedung *und* Bestrafung; nach der konservativen Wende in der italienischen Innenpolitik 1946/47 wurde der Gedanke der Bestrafung rasch grau, geriet aber nicht völlig in Vergessenheit: Denunzianten und verbrecherische Faschisten mußten auch danach noch mit schweren Strafen rechnen, und selbst wenn auch sie schließlich juristisch rehabilitiert wurden, so bedeutete dies nicht automatisch gesellschaftliche Resozialisierung. Amnestie hieß nicht Amnesie, in Italien noch viel weniger als in Westdeutschland, weil dort in der Konfrontation zwischen Kommunisten und bürgerlichen Kräften auch der Antifaschismus lange lebendig blieb oder politisch instrumentalisiert wurde.

Die italienische Geschichtswissenschaft hat das Thema der Abrechnung mit dem Faschismus – wie viele andere große Themen der Nachkriegszeit – lange ignoriert und sich mit Schlagworten wie „ausgebliebene Säuberung" zufriedengegeben, die aus dem politischen Tagesgeschäft stammen und ihren propagandistischen Ursprung nur schwer verhehlen können. Mittlerweile liegen zwar einige kleinere Studien vor; diese sind aber, wie die Dokumentation von Giuseppe Rossini[11] oder der Aufsatz von Marcello Flores[12], entweder nur Teilaspekten des Themas gewidmet oder, wie die erste umfassendere Darstellung von Lamberto Mercuri[13], so schwach dokumentiert und methodisch so unreflektiert, daß sie wissenschaftlichen Ansprüchen nicht genügen. Dies gilt nicht für die rechtshistorischen Arbeiten über die außerordentlichen Schwurgerichte und andere Aspekte der italienischen Justizgeschichte nach 1943, die Guido Neppi Modona[14] selbst verfaßt oder angeregt hat, und eine Ausnahme bildet auch die Studie des amerikanischen Historikers Roy Palmer Domenico[15], die vor allem den Vorzug hat, daß der Autor als erster die ebenso wertvollen wie umfangreichen alliierten Akten wenigstens teilweise ausgewertet hat.

[11] Giuseppe Rossini, L'epurazione e la 'continuità' dello Stato, in: Ders. (Hrsg.), Democrazia Cristiana e Costituente nella società del Dopoguerra, Bd. 2: Il progetto democratico-cristiano e le altre proposte, Rom 1980, S. 721–860.
[12] Marcello Flores, L'epurazione, in: L'Italia dalla liberazione alla repubblica. Atti del Convegno internazionale organizzato a Firenze il 26–28 marzo 1976 con il concorso della Regione Toscana, Mailand 1977, S. 413–467.
[13] Lamberto Mercuri, L'epurazione in Italia 1943–1948, Cuneo 1988.
[14] Vgl. insbesondere Guido Neppi Modona (Hrsg.), Giustizia penale e guerra di liberazione, Mailand 1984.
[15] Roy Palmer Domenico, Italian fascists on trial, 1943–1948, Chapel Hill/London 1991.

Die Scheu der italienischen Historiker, das Thema der Epurazione anzupacken, ist um so unverständlicher, als an Quellen kein Mangel herrscht. Allein im Archivio Centrale dello Stato in Rom werden Berge von einschlägigen Akten aufbewahrt; zu nennen sind hier vor allem die Überlieferungen der Presidenza del Consiglio dei Ministri, des Innenministeriums und die Dokumente des Alto Commissariato per le sanzioni contro il fascismo, die allerdings aus Gründen des Datenschutzes nur teilweise zugänglich sind. Für das vorliegende Buch wurden diese Quellen ebenso konsultiert wie die im Istituto Gramsci verwahrten Akten der kommunistischen Partei Italiens. Von nicht geringerer Bedeutung sind die Bestände der National Archives in Washington, D. C., die von der italienischen Forschung noch immer nicht so genutzt werden, wie sie es verdienen. Besonders relevant für alle Fragen, die mit der Abrechnung zusammenhängen, sind die Überlieferungen der Allied Control Commission, des Office of Strategic Services (OSS), des amerikanischen Außenministeriums und der US-Botschaft in Rom, die dank eines großzügigen Reisestipendiums der Deutschen Forschungsgemeinschaft eingesehen und zu großen Teilen kopiert werden konnten. Die alliierten Akten bilden nicht nur eine wichtige Ergänzung der häufig gestörten italienischen Überlieferung, sie erlauben es auch, die Geschichte der Interaktion zwischen Besatzungsmacht und italienischer Regierung nachzuzeichnen, die gerade im Falle der Abrechnung mit dem Faschismus nur selten konfliktfrei war[16].

Niemand weiß besser als der Autor, daß das, was er zusammengetragen und dargestellt hat, unvollständig ist und der Ergänzung namentlich durch italienische Gelehrte bedarf, die im Umgang mit ihrer Sprache natürlich keine Rätsel kennen und mit den Besonderheiten ihres Landes und seiner Geschichte doch sehr viel besser vertraut sind als Forscher anderer Nationalität. Ergänzungsbedarf besteht zum einen im Hinblick auf das Thema selbst: Viele Aspekte der politischen Säuberung konnten nur gestreift werden, etwa die Epurazione in der Wirtschaft, in den Schulen und Universitäten, andere mußten ganz vernachlässigt werden (die Säuberung unter den Rechtsanwälten und anderen freien Berufen beispielsweise), und wieder andere bedürften der Vertiefung durch Lokal- und Regionalstudien. Ergänzungsbedarf besteht zum anderen im Hinblick auf die Auswertung der Quellen: Durchzusehen wären, neben den Dokumenten der regionalen Archive und den Akten des Istituto per la Storia del Movimento di Liberazione in Italien, die Akten des britischen Foreign Office und der alliierten Streitkräfte sowie vor allem die Sach- und Fallakten der außerordentlichen und normalen Schwurgerichte, der Staatsanwaltschaften und des Kassationshofes in Rom; nur so ließe sich Licht in das Dunkel bringen, das die justitielle Variante der Abrechnung mit dem Faschismus noch immer umgibt.

*

---

[16] Infolge eines Versehens sind auf den Kopien einiger Dokumente aus dem Archivio Centrale dello Stato und aus den National Archives nicht die vollständigen Signaturen vermerkt worden. Die Aktenstücke sind aber in allen Fällen zu identifizieren, außerdem sind sie, nach Provenienzen geordnet, auch im Archiv des Instituts für Zeitgeschichte, Sammlung Woller, zugänglich.

Die Abrechnung mit dem Faschismus in Italien hat mich zehn Jahre beschäftigt. Drei davon durfte ich am Deutschen Historischen Institut in Rom verbringen, die übrige Zeit im Institut für Zeitgeschichte (zwei Jahre dank eines Stipendiums der Deutschen Forschungsgemeinschaft). Hier wie dort bin ich so vielen Kollegen, Hilfs- und Schreibkräften zu Dank verpflichtet, daß ich Mühe hätte, sie alle aufzuzählen. Nennen möchte ich aber Almut Bues, Susanne Wesely und Stefano Eleuteri in Rom und Sybille Benker, Maximiliane Rieder, Reinhilde Staude, Claudia Moisel und Renate Bihl in München, die nicht nur das Manuskript geschrieben und wieder und wieder korrigiert haben, sondern auch für eine heitere Atmosphäre der Kooperation sorgten, die mir vieles erleichtert hat. Ihnen danke ich ebenso wie Norbert Frei, Hermann Graml und Thomas Schlemmer, die das Manuskript ganz oder teilweise gelesen und mit wertvollen Ratschlägen nicht gegeizt haben, und natürlich Klaus-Dietmar Henke für die anregenden Gespräche, die wir vor seinem Weggang aus dem Institut für Zeitgeschichte 1992 fast täglich führen konnten. Besonders dankbar bleibe ich Martin Broszat; er hat mir, zusammen mit Reinhard Elze, den schönen Aufenthalt in Rom ermöglicht, mein Denken wie kein anderer geprägt und mir so viele Anregungen mit auf den Weg gegeben, daß ich noch lange von ihnen zehren kann. Schade, daß ich ihm das Manuskript nicht mehr zu lesen geben konnte. Widmen möchte ich das Buch meiner Frau Hedi Straub-Woller und unseren Söhnen Jakob und Matthias – weswegen, wissen sie selbst am besten.

Zaghafter Beginn

Badoglio und die Anfänge der Säuberung
(Juli bis September 1943)

1. Der 25. Juli 1943 und der Zusammenbruch des Faschismus

Eine brütende Hitze liegt über der Ewigen Stadt, als Vittorio Emanuele III. und Benito Mussolini am 25. Juli 1943 gegen 17.20 Uhr aus der Villa Savoia, der Stadtresidenz des Königs, treten. Der kleine Monarch in der prächtigen Uniform eines Marschalls und der massige Ministerpräsident im unscheinbaren Straßenanzug haben sich nach einer zwanzigminütigen Audienz nicht mehr viel zu sagen. „Tut mir leid, tut mir leid, aber eine andere Lösung war nicht möglich", murmelt der König und kehrt hastig in seine Gemächer zurück. Der faschistische Diktator, den der König soeben als Regierungschef abgesetzt hat, steht – einen Anflug von Verachtung um den Mund – noch etwas unschlüssig im Hauptportal des Schlosses und lenkt seine Schritte dann in die Richtung, in welcher er den Wagen vermutet, der ihn zur Audienz gebracht hat. Auf halbem Wege tritt ihm ein Offizier der Carabinieri entgegen: „Seine Majestät hat mir befohlen, Sie zu begleiten, es geschieht zu Ihrem persönlichen Schutz." Mussolini, nun nicht mehr Alleinherrscher sondern Privatmann, hält besondere Vorkehrungen zu seinem Schutz für übertrieben, will sich dem Befehl des Königs aber nicht widersetzen. „Das ist nicht nötig, aber kommen Sie nur mit", antwortet er im Weitergehen. „Wir nehmen diesen Wagen, nicht den Ihrigen", fährt der Offizier dazwischen und drängt den Duce in einen bereitstehenden Krankenwagen, der sich sofort in Bewegung setzt und mit großer Geschwindigkeit den Park des königlichen Schlosses verläßt. Die Ära Mussolini, die 1922 mit dem Marsch auf Rom triumphal begonnen hatte, geht am Nachmittag des 25. Juli 1943 ganz unspektakulär zu Ende[1].

In der Hauptstadt deutet um diese Zeit nichts auf einen Machtwechsel hin. Auf dem Pincio spielt das Polizeiorchester, die Musiker des Luftschutzes geben wie jeden Sonntag ein Platzkonzert[2]. In den Straßencafes auf dem Corso sind kaum noch Plätze frei, in den mondänen Bars und Hotelhallen der Via Veneto diskutieren Journalisten und Literaten über die entmutigenden Nachrichten von der

---

[1] Zur Entlassung und Verhaftung Mussolinis am 25. Juli 1943 vgl. Benito Mussolini, Geschichte eines Jahres, Mailand 1945, S. 90 f.; Paolo Puntoni, Parla Vittorio Emanuele III, Mailand 1958, S. 145 (Eintrag vom 24./25. 7. 1943); Erich Kuby, Verrat auf deutsch. Wie das Dritte Reich Italien ruinierte, Hamburg 1982, S. 211–214; Giacomo Perticone, La repubblica di Salò, Rom 1947, S. 41. Zur Gesamtproblematik der Krise des faschistischen Regimes vgl. auch Klinkhammer, Zwischen Bündnis und Besatzung, S. 28–40; Gerhard Schreiber, Die italienischen Militärinternierten im deutschen Machtbereich 1943 bis 1945. Verraten-Verachtet-Vergessen, München 1990, S. 23–52.

[2] Vgl. Ivone Kirkpatrick, Mussolini, Berlin 1965, S. 494.

Front und die schwindenden Aussichten der Achsenmächte, das Blatt noch zu
wenden; viele von ihnen tragen das Parteiabzeichen und wie selbstverständlich
sprechen sich die einander weniger gut bekannten nicht mit „Sie", sondern mit
dem faschistischen „Ihr" an. Daß Mussolini in der zurückliegenden Nacht im
Großrat überstimmt und dann vom König abgesetzt worden ist, ist nur dem engeren Kreis der Verschwörer aus dem königlichen Hof, dem Generalstab und der
höheren Beamtenschaft sowie der Entourage des designierten Ministerpräsidenten bekannt. Diese hüten sich aber, für eine rasche Verbreitung der sensationellen
Neuigkeit zu sorgen. Je länger sich die grundstürzenden Ereignisse geheimhalten
lassen, desto mehr Zeit hat die neue Führung unter Pietro Badoglio, ihre Position
zu festigen. So dauert es fast bis 19 Uhr, ehe in der Hauptstadt die ersten Gerüchte
auftauchen: Der Großrat habe gegen den Duce rebelliert, der Kronrat sei zu einer
Krisensitzung zusammengetreten, Mussolini habe sich nach Rocca delle Caminate, seinem Besitztum in der Emilia Romagna, zurückgezogen. Die Römer haben
aber in den zurückliegenden Jahren schon zu viele spektakuläre Meldungen gehört, die sich dann als pure Erfindungen erwiesen, und schenken den Gerüchten
deshalb zunächst keinen Glauben. „Es ist ein angenehmer warmer Abend, voller
Lichter", so schrieb ein Augenzeuge. „Die sehr ernsten Nachrichten, so scheint es,
verbreiten sich in dieser ebenso liebenswürdigen wie trägen Atmosphäre nur mit
Mühe, und wenn sie durchdringen, lösen sie keine Reaktionen aus."[3]

Um 22.45 Uhr wird es zur Gewißheit, Ungeheuerliches hat sich zugetragen.
Der Rundfunksprecher gibt ohne Kommentar bekannt: „Seine Majestät der König und der Kaiser hat den Rücktritt seiner Exzellenz […] Benito Mussolini vom
Amt des Regierungschefs […] angenommen und den Marschall von Italien Pietro
Badoglio zum Regierungschef […] ernannt." Dann verliest er eine knappe Proklamation des Königs, der sein Volk zu Einigkeit und Tapferkeit ermahnt, und einen
ebenso kurzen Aufruf von Badoglio, der keinen Zweifel daran läßt, daß der Krieg
an der Seite des deutschen Verbündeten fortgesetzt werde. „Der Krieg geht weiter.
[…] Italien hält sich als eifersüchtiger Hüter seiner tausendjährigen Traditionen an
das gegebene Wort."[4]

Diese Nachrichten elektrisierten eine ganze Nation. Die Unsicherheit über die
zukünftige Entwicklung, die Ungewißheit über das Schicksal der Soldaten an der
Front, die ständige Angst vor neuen Fliegerangriffen und die Sorgen wegen der
knapper werdenden Lebensmittel, alle Mühsale der Wirklichkeit schienen mit
einem Mal wie weggeblasen, und die Erleichterung über den Sturz Mussolinis verwandelte sich rasch in einen Freudentaumel, der selbst die Trägsten aus ihrer Teilnahmslosigkeit riß. Wer die Nachrichten verpaßt hatte, erfuhr die Neuigkeiten
von Nachbarn und Freunden. Wer schon zu Bett gegangen war, wurde vom Lärm
geweckt, der sich überall erhob und die Menschen aus ihren Wohnungen lockte.
Viele, die über Jahre hin bedrückt geschwiegen hatten, atmeten nun auf und über-
ließen sich ihren Gefühlen. „Dies war die Nacht, in der alles erlaubt war, was man
sich zwanzig Jahre nie getraut hatte zu tun."[5] In Rom wurden an jeder Ecke Freu-

---

[3] Paolo Monelli, Roma 1943, Rom 1945, S. 154.
[4] Zit. nach ebenda, S. 155 f.
[5] Kuby, Verrat auf deutsch, S. 219.

dengesänge angestimmt, überall fielen sich Menschen, egal ob Fremde oder Freunde, in die Arme. Auf jeder Piazza bildeten sich kleine diskutierende Menschentrauben, die sich wie auf ein geheimes Zeichen hin zum Quirinalspalast, der Residenz des Königs, und zu Badoglios Wohnsitz in der Via XX settembre begaben, um dem König und dem neuen Ministerpräsidenten mit Viva-Rufen ihre Dankbarkeit zu bezeigen. Die freudige Erregung steckte auch die in Rom stationierten deutschen Soldaten an, zumal sich in diesen Stunden auch die Nachricht verbreitete, Hitler habe Selbstmord verübt. „Ich habe mit eigenen Augen in der Via del Corso, auf der Höhe der Piazza Colonna, deutsche Soldaten von einem Lastwagen steigen sehen. Sie mischten sich unter die Menge und klatschten Beifall," schrieb der Hauptverschwörer gegen den Duce, Dino Grandi, der sich nach den Abendnachrichten ebenfalls auf die Straße wagte[6].

Bei der Avantgarde des antifaschistischen Widerstandes, auf den Verbannungsinseln wie Ponza und Ventotene, in den Gefangenenlagern und in den konspirativen Zirkeln der inneren Emigration waren Erleichterung und Freude über die Entmachtung Mussolinis besonders groß. Der kommunistische Widerstandskämpfer Giorgio Amendola, der im Frühjahr 1943 nach langjährigem Exil in Frankreich illegal nach Mailand zurückgekehrt war und seither im Untergrund lebte – immer unter falschem Namen, ständig auf der Flucht vor den Häschern der faschistischen Geheimpolizei OVRA –, beschrieb seine Erlebnisse in der Nacht des 25./26. Juli 1943 so: „Vor Mitternacht wurde ich von einem großen Lärm geweckt, der sich aus der nächtlichen Stadt erhob: es wurde geschrien, gesungen, Fenster wurden aufgerissen, und man rief von Haus zu Haus. Dann hörte ich Morini, der von der Straße aus nach mir rief, zuerst mit den illegalen Namen, Salvatore, Palmieri, dann mit lauter Stimme, Giorgio, Giorgio, Amendola. Ich war verdutzt. Was geschah denn da? Was konnte einen solchen Verstoß gegen die Regeln der Konspiration rechtfertigen? Dann hörte ich, wie jemand an die Tür klopfte, Morini trat ein, umarmte mich und schrie: Mussolini ist gestürzt worden."[7]

Erleichterung, überall Erleichterung und kindliche Freude[8], die sich vor allem aus dem Gefühl speiste, daß der Krieg und ein zuletzt nur noch verachtetes Regime zu Ende waren und nun bessere Zeiten anbrechen würden. Die Demonstrationen und improvisierten Straßenfeste schufen so das Klima einer naiven antifaschistischen Mobilisierung, in welchem aber Aggressivität und Rachegefühle, die „kannibalische Passion" der Italiener, wie Dino Grandi spöttisch bemerkt haben soll[9], nur selten die Herrschaft über die Gemüter gewannen. Die Nacht vom 25. auf den 26. Juli 1943 war keine Nacht der langen Messer, keine moderne Neuauflage der sizilianischen Vesper, die mancher Antifaschist in den Gefängnissen und auf den Verbannungsinseln erwartet haben mochte. Ganz friedlich ging es freilich auch nicht zu, denn zumindest die alten Regimegegner und diejenigen, die sich von Mussolini getäuscht fühlten, verspürten den Wunsch, einen Strich unter zwanzig Jahre Faschismus zu ziehen und sich wenigstens von Symbolen und In-

---

[6] Dino Grandi, Il mio paese. Ricordi autobiografici, Bologna 1985, S. 644.
[7] Giorgio Amendola, Lettere a Milano 1939–1945, Rom 1980, S. 114.
[8] Vgl. etwa Piero Calamandrei, Diario 1939–1945, hrsg. von Giorgio Agosti, Florenz 1982, Bd. 2, S. 154f. (Eintrag vom 1. 8. 1943).
[9] Zit. nach Joachim Fest, Im Gegenlicht. Eine italienische Reise, Berlin 1988, S. 322.

signien der alten Herrschaft zu befreien. In der Hauptstadt beispielsweise verschafften sich kleinere Gruppen von Demonstranten gewaltsam Zugang zu Ministerien, Verwaltungsgebäuden und Schulen und verwüsteten Einrichtungen und
Dokumente. Büros gingen in Flammen auf, Bilder und Büsten von Mussolini
wurden von den Wänden gerissen, auf die Straßen geworfen und dort von der johlenden Menge verbrannt oder in Stücke geschlagen. Straßen und Plätze, die man
nach faschistischen Würdenträgern benannt hatte, erhielten noch in der Nacht
einen anderen Namen[10].

Als der Quästor von Rom am nächsten Tag eine vorläufige Bilanz der Ausschreitungen zog, mußte er außerdem feststellen, daß allein in der Hauptstadt
nicht weniger als 31 Parteilokale gestürmt und zertrümmert worden waren. Auch
die faschistischen Zeitungen blieben nicht verschont. Jugendliche Draufgänger
drangen in das Verlagsgebäude des Messaggero ein, zerstörten Mussolini-Bilder
und steckten Redaktionsbüros in Brand. Einige von ihnen machten sich in der
Druckerei auf die Suche nach dem Chefredakteur Alessandro Pavolini, der sich
aber schon in die deutsche Botschaft geflüchtet hatte; zuvor hatte er noch die
Dreistigkeit besessen, ein Schreiben abzufassen und auf seinem Schreibtisch zu
hinterlassen, in welchem er die Zahlung seiner noch ausstehenden Gehälter an
seine Frau verlangte[11].

Kein einziger Faschist verlor bei diesen Ausschreitungen in der Hauptstadt das
Leben. Es blieb in der Regel bei Gewalt gegen Sachen. Auch in den anderen Städten konnten sich die führenden Repräsentanten und Aktivisten des alten Regimes
in den ersten Tagen nach dem Machtwechsel relativ sicher fühlen. Lediglich in
manchen industriellen Zentren Norditaliens, wo selbst in den Jahren des Konsenses die Konfrontation zwischen Antifaschisten und Faschisten nicht nachgelassen
hatte, waren die Parteibonzen gut beraten, sich in den ungewissen ersten Tagen
nach dem Sturz Mussolinis, als die alten Herren ihre Macht verloren und die
neuen Herren ihre Autorität noch nicht behauptet hatten, vorübergehend in Sicherheit zu bringen. In Mailand richtete sich der Volkszorn nicht nur gegen Symbole, sondern gelegentlich auch gegen Träger des faschistischen Systems, wie der
Präfekt am 27. Juli an den Innenminister berichtete: „Subversive Elemente organisieren Menschenjagd, man schlägt alte Faschisten und Parteibonzen, man bedroht
Industrielle und subversive Zellen agieren ganz offen."[12] In der Umgebung von
Florenz mußte ein Parteifunktionär sein Parteiabzeichen verschlucken; andere
Faschisten zwang man, öffentlich Abbitte für ihre Schandtaten zu leisten, ehe man
ihnen nach gutem katholischen Brauch die Absolution erteilte. In Settignano
übernahm ein Flickschuster die freudige Pflicht, prominente Faschisten auf dem
Dorfplatz zu ohrfeigen. „Man brachte sie zu ihm wie zu einem Zahnarzt, um sich
einen Zahn ziehen zu lassen. Und er schritt gelassen zur Tat: Ciaf – ciaf, und
wandte sich dem nächsten zu." Und in Lucca schließlich, wo der örtliche Partei-

[10] Bericht des Quästors von Rom, 26. 7. 1943, in: L'Italia dei quarantacinque giorni. 1943 25 luglio–
8 settembre, Mailand 1969, S. 232.
[11] Zur Lage in Rom vgl. ebenda, S. 229–232; Monelli, Roma 1943, S. 157; Kirkpatrick, Mussolini,
S. 500; Aufzeichnung des Vortragenden Legationsrates Likus, 13. 8. 1943, in: ADAP, 1918–1945,
Serie E: 1941–1945, Bd. VI, Göttingen 1979, S. 397–400.
[12] Bericht des Präfekten von Mailand an das Ministero dell'Interno, 27. 7. 1943, in: L'Italia dei 45
giorni, S. 243.

chef die Dummheit beging, sich in Uniform und mit Orden geschmückt auf die Straße zu wagen, machte sich die Menge einen Spaß daraus, ihn durch die Stadt zu treiben und mit beißendem Spott zu überschütten[13].

Der neuen Regierung konnte der nun plötzlich überall grassierende – fast möchte man sagen – unpolitische Antifaschismus kaum gelegen sein, mußten ihre Mitglieder doch allesamt befürchten, früher oder später wegen eigener Verfehlungen und Verantwortlichkeiten in den zurückliegenden zwanzig Jahren in die Kritik zu geraten. Wie berechtigt solche Befürchtungen waren, zeigt schon ein kurzer Blick auf das vorwiegend aus Militärs und unpolitischen Fachleuten bestehende Kabinett: Der neue Regierungschef, Marschall Pietro Badoglio, ein politisch unerfahrener piemontesischer Soldat, hatte sich zwar nach seiner Entlassung als Chef des Generalstabes 1940 durch einige Friedensinitiativen, bissige Bemerkungen über Mussolini und lose Kontakte zum oppositionellen Zirkel um den früheren Ministerpräsidenten Ivanoe Bonomi den Hauch eines antifaschistischen Image zugelegt, eine politisch weiße Weste aber hatte er nicht. Seit 1925 Chef des Generalstabes, hatte sich Badoglio nicht nur – wie Mussolini später schrieb – „so und so oft feierlich zur Partei bekannt" und sogar „mit allen seinen Angehörigen – einschließlich seiner Frau – in die Partei aufnehmen" lassen[14]. Mit seinem Namen waren auch alle Stationen der faschistischen Eroberungspolitik der dreißiger Jahre verbunden, vor allem die Freibeuterei in Abessinien, die Badoglio den Ehrentitel „Fürst von Addis Abeba" einbrachte, den er noch als Ministerpräsident trug[15].

Kaum weniger fragwürdig war die politische Vergangenheit des neuen Kriegsministers Antonio Sorice, der, seit Jahren enger Mitarbeiter Mussolinis, zuletzt Staatssekretär im Kriegsministerium gewesen war, und des neuen Justizministers Gaetano Azzariti, der vor dem 25. Juli als ranghöchster Beamter im Justizministerium gedient und als Präsident des Rassentribunals fungiert hatte. Einige neue Minister hatten sich in den zurückliegenden Jahren innerlich vom Faschismus abgewandt, der eine oder andere mochte sich sogar den Positionen der gemäßigten Opposition angenähert haben. Aber keiner konnte als überzeugter Antifaschist gelten, und fast alle hätte man sich ebensogut am Kabinettstisch von Benito Mussolini vorstellen können; der für die Kriegsproduktion zuständige Mann, Carlo Favagrossa, hatte tatsächlich einer der zahlreichen Regierungen des Duce angehört. Mussolini nickte denn auch beifällig, als er in der Gefangenschaft die Namensliste überflog. Es handle sich um eine „gute Regierung", meinte er[16].

Die einseitige Zusammensetzung der neuen Regierung konnte niemanden überraschen. Der Staatsstreich gegen Mussolini war das Werk von einstigen Steigbügelhaltern, Profiteuren und Aktivisten des Faschismus gewesen, die sich durch die Entmachtung des Duce an den Schalthebeln der Macht behaupten konnten, sofern sie sich nicht – wie etwa Grandi, Bottai und Ciano – zu sehr diskreditiert hatten. Nichts lag den Verschwörern aus dem königlichen Hof, der höheren Be-

[13] Calamandrei, Diario, Bd. 2, S. 157 (Eintrag vom 2. 8. 1943).
[14] Mussolini, Geschichte eines Jahres, S. 93.
[15] Zu Badoglio vgl. Piero Pieri/Giorgio Rochat, Pietro Badoglio, Turin 1974.
[16] Zur Zusammensetzung der Regierung Badoglio vgl. Ruggero Zangrandi, 1943: 25 luglio-8 settembre, Mailand 1964, S. 158; L'Italia dei 45 giorni, S. 38 f.; Mario Missori, Governi, Alte Cariche dello Stato e Prefetti del Regno d'Italia, Rom 1978, S. 152–155. Der Kommentar von Mussolini über die neue Regierung zit. nach Zangrandi, 1943, S. 158.

amtenschaft, dem Militär und dem gemäßigten Flügel der faschistischen Partei
ferner als der Gedanke, die Regierungsgeschäfte den sich langsam reorganisieren-
den antifaschistischen Parteien zu übertragen, die sich in ihren programmatischen
Aufrufen zu einer tiefgreifenden demokratischen Erneuerung von Staat und Gesellschaft verpflichtet hatten. Das Hauptinteresse der Verschwörer stand solchen
Zielen diametral entgegen. Zu kleineren Zugeständnissen an den sich ankündigen-
den neuen Zeitgeist durchaus bereit, lag ihnen vor allem an der Sicherung der
Kontinuität des monarchischen Staates und der Grundlagen der eigenen Macht –
und wo war diese besser aufgehoben, als in den eigenen Händen oder bei treuen,
politisch anscheinend ungefährlichen Gefolgsleuten wie Badoglio und seinen Ministern, die schon auf Grund ihrer politischen Vergangenheit an einer weitgehen-
den Bewahrung des status quo interessiert sein mußten? Der 25. Juli war in ihren
Augen, so die fast klassische Formulierung von General Giacomo Zanussi, „eine
ganz normale Wachablösung; nur ein Mann ist aus dem Sattel gestoßen worden,
nicht ein Regime oder eine Welt zusammengebrochen. Nachdem er [Mussolini]
verschwunden ist, hätte alles beim alten bleiben können."[17]

Die neue Führung war sich schon in der Nacht des 25./26. Juli sicher, daß der
Machtwechsel geklappt hatte[18]. Sie hatte noch am Nachmittag die wichtigsten
Maßnahmen zur Erstickung oder Niederwerfung von faschistischem Widerstand
eingeleitet; von dem armseligen Häuflein aktivistischer Antifaschisten fühlte sie
sich ohnehin nicht bedroht. Wenige Minuten nach der Verhaftung Mussolinis waren die Telefonverbindungen unterbrochen worden, um die Fühlungnahme von
Partei und Miliz zu verhindern. Kurz nach 18 Uhr übernahmen Kriegsminister
Sorice und einige Offiziere die Leitung des Innenministeriums. Sie trugen Pistolen
in der Tasche, die sie freilich nicht ziehen mußten, denn Staatssekretär Albini, ein
enger Vertrauter Mussolinis, hatte nichts eiligeres zu tun, als seine Bereitschaft zur
Kooperation zu bekunden, was sich tatsächlich als äußerst wertvoll erwies. Albi-
nis Einfallsreichtum war es nämlich zu verdanken, daß noch vor der öffentlichen
Bekanntgabe von Mussolinis Sturz die Präfekten in den Provinzen mit den entsprechenden Instruktionen für die Aufrechterhaltung von Ruhe und Ordnung
ausgestattet wurden – von Albini selbst über Telefon und Telegraph. Ähnlich reibungslos vollzog sich etwa zur gleichen Stunde der Machtwechsel in der Leitung
der Polizei, die Badoglio dem früheren Polizeichef Carmine Senise anvertraute,
der im Frühjahr 1943 seinen Posten verloren hatte und nun wieder in seine alten
Büroräume einzog[19].

Währenddessen war auch der Generalstab der Streitkräfte, ein entscheidendes
Zentrum der Verschwörung gegen Mussolini, nicht untätig geblieben. General
Vittorio Ambrosio hatte gegen 20 Uhr die Chefs der Generalstäbe von Luftwaffe,
Marine und Heer ins Bild gesetzt und weitreichende Sicherungsmaßnahmen be-
fohlen. Sein Hauptaugenmerk galt natürlich dem Schutz der Ewigen Stadt, den
Ambrosio besonders vertrauenswürdigen Offizieren übertrug. Diese ließen noch
in der Nacht die Elite-Division Piave in Rom einrücken und die beiden Sender

---

[17] Giacomo Zanussi, Guerra e catastrofe d'Italia, Rom 1948, S. 75.
[18] Vgl. Giacomo Carboni, Memorie segrete 1935–1948. „Più che il dovere", Florenz 1955, S. 209.
[19] Vgl. dazu Zangrandi, 1943, S. 158–160; Carmine Senise, Quando ero Capo della Polizia 1940–
1943, Rom 1946, S. 202–204.

Prato Smeraldo und San Paolo, die Büros des Rundfunks, die Hauptpost und das Parteihaus im Palazzo Wedekind besetzen; letzteres war zum Erstaunen der einrückenden Soldaten leer[20].

Angesichts solcher Sicherheitsvorkehrungen hätte ein neuerlicher Marsch auf Rom, wäre er denn von irgendeiner Seite beabsichtigt gewesen, wohl kaum Aussichten auf Erfolg gehabt. Eine ernste Gegenwehr hatte die neue Regierung aber ohnehin nicht erwartet, sonst wäre sie mit größerer Entschiedenheit gegen mögliche Anführer eines faschistischen Gegenkomplotts vorgegangen. Laut Giuseppe Castellano, der als rechte Hand von General Ambrosio in den Tagen nach der Verhaftung Mussolinis überall zu finden war, wo Neuigkeiten eintrafen und Entscheidungen fielen, mußten am 25. und 26. Juli nur zwei oder drei Faschisten dem Weg ihres früheren Duce ins Gefängnis folgen[21]. Der prominenteste von ihnen war Ambrosios Vorgänger im Amt des Generalstabschefs, Ugo Cavallero, den man wegen seiner angeblich guten Drähte zu den Deutschen für besonders gefährlich hielt. Senise, der Hauptverantwortliche der ersten Säuberungsaktion, begründete die Zurückhaltung der Regierung gegenüber den früheren faschistischen Machthabern so: „Ich hatte zweifellos die Pflicht, die Faschisten zu verhaften, aber [...] nur die Faschisten, die eine Gefahr für die öffentliche Ordnung darstellten. Davon gab es aber nur wenige, und diese wurden tatsächlich hinter Schloß und Riegel gebracht. Aber die überwältigende Mehrheit der anderen dachte garnicht daran, auch nur den Hauch eines Risikos einzugehen: Warum hätte ich sie verfolgen sollen?"[22]

So dachten alle in der neuen Regierung, aber schätzten sie die Lage richtig ein? War der Faschismus, ein Herrschaftssystem, das zwanzig Jahre lang gehalten hatte und auf Dauer angelegt schien, in einem kurzen antifaschistischen Taumel untergegangen und wirklich schon überwunden? Wie würde die einst mit ihren verzweigten Organisationen das ganze Land erfassende faschistische Partei auf die Nachricht vom Sturz Mussolinis reagieren? War sie vielleicht nur betäubt, und würde nicht doch noch ein Gegenschlag erfolgen? Würde sich die Ruhe der Faschisten in der Nacht vom 25. auf den 26. Juli am Ende als trügerisch erweisen?

Von allen, die sich nach der Verhaftung des Duce solche Fragen vorlegten, hatten die führenden Faschisten wohl die geringsten Zweifel über die Antworten. Mussolini selbst hatte längst resigniert; er hätte sich am liebsten auf sein Gut in Rocca delle Caminate zurückgezogen und der Politik den Rücken gekehrt. Die verheerenden Mißerfolge an der Front hatten ihm sein Scheitern vor Augen geführt, Überlegenheit und Arroganz des deutschen Achsenpartners seine Entschlußkraft gelähmt und die anhaltenden Magenbeschwerden der letzten Monate seine Vitalität aufgezehrt. Der einst dröhnende Optimismus und die herrischen Züge waren ganz von ihm gewichen. Abgespannt, krank und der Mühen des Regierens überdrüssig, wirkte er fast erleichtert, als er am 25. Juli seines Amtes ent-

---

[20] Vgl. vor allem Frederick W. Deakin, Die brutale Freundschaft. Hitler, Mussolini und der Untergang des italienischen Faschismus, Köln/Berlin 1964, S. 537; Simona Colarizi, La seconda guerra mondiale e la Repubblica, Turin 1984, S. 223; L'Italia dei 45 giorni, S. 9; Friedrich-Karl von Plehwe, Als die Achse zerbrach. Das Ende des deutsch-italienischen Bündnisses im Zweiten Weltkrieg, Wiesbaden/München 1980, S. 93.
[21] Vgl. Giuseppe Castellano, Come firmai l'armistizio di Cassibile, Mailand 1945, S. 65.
[22] Senise, Capo della Polizia, S. 217.

hoben und in die Gefangenschaft geführt wurde. Daß er gewillt war, die Entscheidung des Königs widerstandslos hinzunehmen, und daß ihn Gedanken an einen
faschistischen Gegenschlag so gut wie gar nicht beschäftigten, zeigte nichts deutlicher als der devote Brief, den er acht Stunden nach seiner Verhaftung an seinen
Nachfolger richtete: „Es drängt mich, Marschall Badoglio für seine Aufmerksam-
keiten meiner Person gegenüber zu danken. [...] Ich versichere auch Marschall
Badoglio [...], daß ich meinerseits nicht nur keine Schwierigkeiten bereiten, sondern zu jeglichen möglichen Mitarbeiten bereit sein werde. [...] und ich wünsche,
daß die schwere Aufgabe, mit welcher Marschall Badoglio [...] im Namen Seiner
Majestät des Königs, welchem ich durch 21 Jahre hin loyaler Diener war und ver-
bleibe, sich befaßt, mit Erfolg gekrönt sei. Es lebe Italien."[23] Keine Spur von Enttäuschung, kein Gedanke an Rache, kein Bedürfnis nach Wiederkehr – vollständi-
ger konnte die „moralische Abdankung" Mussolinis kaum sein[24].

Die Frondeure um Grandi, Bottai und Ciano hatten, mochte die Regierung Ba-
doglio nun nach ihrem Geschmack sein oder nicht, ebenfalls nicht den geringsten
Anlaß, sich zum Kristallisationskern einer faschistischen Gegenreaktion zu machen, deren Erfolg unweigerlich eine Abrechnung mit ihnen, den „Verrätern" an
Mussolini und am Faschismus, mit sich bringen mußte. Galeazzo Ciano und Giuseppe Bottai gingen nach der denkwürdigen Nachtsitzung vom 24./25. Juli im
Bewußtsein nach Hause, im Großrat gesiegt, zugleich aber die eigene politische
Zukunft verspielt zu haben. „Die junge Generation hat recht, uns nicht zu vertrauen", schrieb Bottai, einer der Gründerväter der faschistischen Bewegung und
langjähriger Minister im Kabinett Mussolini, später in seinem Tagebuch. „Wir
müssen uns mit Würde zurückziehen."[25] Auch Dino Grandi, der Anführer der
Fronde, spielte mit dem Gedanken, sich ganz aus der Politik zurückzuziehen, wie
seine treffende Bemerkung zeigte, der Großrat habe die Pflicht, mit dem Sturz des
Faschismus politisch Selbstmord zu begehen[26]. Im Innersten aber hoffte er doch,
auf Grund seiner entschlossenen Opposition gegen Mussolini für eine einflußreiche Position in der neuen Regierung prädestiniert zu sein. Er behielt deshalb auch
sein Amtszimmer auf dem Montecitorio, das ihm als Parlamentspräsident zustand
– und ihm zunächst auch von niemandem streitig gemacht wurde[27].

Zum Handeln waren auch die Faschisten nicht bereit, die sich im faschistischen
Großrat auf die Seite Mussolinis gestellt hatten. Sie wußten oder ahnten, daß Mussolini der letzte noch leidlich tragfähige Pfeiler in einem morsch gewordenen Gebäude gewesen war und daß es nach seiner Ausschaltung kein Mittel gab, den Ein-
sturz zu verhindern; der Rest an Illusionen, den sich der eine oder andere noch bewahrt haben mochte, war angesichts der antifaschistischen Begeisterung nach dem
Sturz des Diktators verflogen. „Es ist wirklich wie der Zerfall eines morschen, von

[23] Zit. nach Deakin, Brutale Freundschaft, S. 613 f.
[24] Ebenda, S. 614.
[25] Giuseppe Bottai, Diario 1935–1944, hrsg. von Giordano Bruno Guerri, Mailand 1982, S. 454 (Ein-
     trag vom 4. 10. 1943).
[26] Vgl. Jens Petersen, Sommer 1943, in: Hans Woller (Hrsg.), Italien und die Großmächte 1943–1949,
     München 1988, S. 27.
[27] Vgl. Grandi, Mio paese, S. 650. Andere wie De Vecchi und De Stefani, die sich im Großrat eben-
     falls gegen Mussolini erhoben hatten, hatten am 26. Juli nichts eiligeres zu tun, als dem König in
     unterwürfigen Schreiben ihre Loyalität zu bekunden. Vgl. dazu vor allem Zangrandi, 1943, S. 161.

Termiten zerfressenen Baumes, der so solide Wurzeln und eine so mächtige Krone zu haben schien", so ihre bittere Einsicht[28]. Für einen Einsatz für eine verlorene Sache aber oder gar zum Märtyrer, der selbst in aussichtslos scheinender Lage die Initiative ergreift und andere mitreißt, fehlte es den meisten nicht nur an der nötigen Portion Tapferkeit, sondern vor allem an ideologischer Verbohrtheit und selbstvergessener Duce-Gläubigkeit. Entsprechend opportunistisch handelten sie: Gaetano Polverelli, Minister für Volkskultur im letzten Kabinett Mussolini, der noch im Großrat ausgerufen hatte, „es ist die einzige Pflicht des Großrates, sich um den Duce zu scharen und ihm [...] seine Treue und Ergebenheit zu beweisen"[29], besann sich schon wenig später eines Besseren und wandte sich an den König, um ihm seine absolute Loyalität zu bezeugen[30]. Guido Buffarini Guidi, ein Faschist der ersten Stunde, später Innenminister in der Republik von Salò, auch er taub gegenüber der Kritik, die Grandi, Bottai und Ciano am Duce übten, hatte sich am Nachmittag des 25. Juli in die Villa Torlonia, den Wohnsitz des Duce, begeben, wo man ihn über die Verhaftung Mussolinis unterrichtete. Buffarini wurde daraufhin „sehr aufgeregt", wie Rachele Mussolini berichtete. „Er telefonierte, wußte nicht, was er tun sollte und blieb schließlich die ganze Nacht in der Villa." Völlig verstört und von düsteren Ahnungen über sein künftiges Schicksal gepeinigt, verfiel er schließlich auf den befremdlichen Gedanken, den Quästor von Rom zu bitten, ihn in der Villa Torlonia verhaften zu lassen[31]. In einem staatlichen Gefängnis, so hoffte er wohl, konnte ihm am wenigsten passieren.

Selbst Carlo Scorza, seit dem Frühjahr 1943 Mussolinis neuer Mann an der Spitze der Parteiorganisation, vergaß am 25. Juli die martialischen Sprüche, mit welchen er die angesichts stupender Mißerfolge lahm gewordene Partei traktiert hatte. Der ehemalige Squadrist, dessen Bande für die Ermordung von Mussolinis liberalem Gegenspieler der zwanziger Jahre, Giovanni Amendola, verantwortlich gewesen war, traf am späten Nachmittag des 25. Juli im Hauptquartier der Carabinieri ein, das sich schon in der Hand der neuen Machthaber befand. Scorza war außer sich, weil er ahnte, daß mit Mussolini etwas geschehen war, aber nichts Genaueres in Erfahrung bringen konnte. Bei den Carabinieri hörte er von der Verhaftung des Duce und der Absicht der neuen Regierung, auch dessen engste und politisch gefährlichste Weggefährten festzusetzen, darunter auch ihn selbst. Anstatt Widerstand zu leisten oder sich in die unvermeidliche Verhaftung zu schikken, bot er General Cerica untertänigst seine Dienste an: „Exzellenz, ich verstehe [...] Deine Pflichten ganz und gar und beuge mich ihren Erfordernissen. Erlaube mir aber trotzdem, Dich daran zu erinnern, daß ich ein Italiener und ein Soldat bin und daß es mir das Herz zerreißen würde, die Plätze und Straßen voller Blut zu sehen, das von einem Bruderkrieg stammt. Ich bitte Dich deshalb, in Betracht zu ziehen, daß die Faschisten nach meiner Verhaftung ohne Direktiven wären und sich zu schmerzlichen Reaktionen hinreißen lassen könnten. Wenn Du glaubst, mich auf freiem Fuße lassen zu können, gebe ich Dir mein Wort als Soldat und Italiener, daß ich an alle Faschisten in ganz Italien den Befehl hinausgehen lassen

[28] Monelli, Roma 1943, S. 160.
[29] Grandi, 25 luglio, S. 259.
[30] Vgl. Zangrandi, 1943, S. 161.
[31] Rachele Mussolini, Mein Leben mit Benito, Zürich 1948, S. 183; Zangrandi, 1943, S. 159.

werde, den gegenwärtigen Zustand zu akzeptieren und im höheren Interesse des Landes nichts zu unternehmen."[32]

Cerica, der Scorza beim Militärdienst in Afrika als zuverlässigen Kameraden kennengelernt hatte, ging auf dieses Angebot ein, ließ Scorza auf freiem Fuß und bot ihm so die Möglichkeit zum Untertauchen, die dieser dann tatsächlich nutzte. Ob der Parteisekretär zuvor sein Versprechen einlöste und selbst die örtlichen Parteichefs telegraphisch zum Stillhalten aufforderte, ob er seinen Untergebenen im Parteihaus entsprechende Anweisungen hinterließ oder ob diese auf Druck der Armeeführung handelten und die Telegramme abschickten, diese Frage hat Gerichte, Journalisten und Historiker nach 1943 lange beschäftigt, ohne daß es zu einer überzeugenden Antwort gekommen wäre[33]. Fest steht aber zweierlei: Die Gliederungen der Partei erhielten noch in der Nacht des 25. Juli ein an der römischen Hauptpost aufgegebenes Telegramm, das den eindeutigen Befehl enthielt, nichts gegen die neue Regierung zu unternehmen. Und Scorza selbst schrieb am 27. Juli einen schmeichlerischen Brief an Ministerpräsident Badoglio, in welchem er seine Verdienste kräftig herausstrich: „Nach zwei Tagen lautloser Arbeit glaube ich, meine Aufgabe der Überredung und Disziplinierung der Faschisten als erfüllt ansehen zu können – eine Aufgabe, die mir nach dem Regierungswechsel mein Gewissen auferlegt hat."[34]

Wie Scorza gaben auch zahlreiche andere hohe und mittlere Parteifunktionäre die Sache des Faschismus verloren und suchten ihr Heil in der Flucht. Sie zogen sich in die Berge zurück, krochen bei Freunden unter und versuchten, sich in das Ausland abzusetzen. Vor allem das verbündete Deutschland hatte in ihren Augen eine moralische Verpflichtung, den ideologisch-verwandten Flüchtlingen Unterschlupf zu gewähren. Die Villa Wolkonsky, die prachtvolle deutsche Botschaft in Rom, glich so schon bald einem „Reisebüro nach Deutschland", wie Eugen Dollmann, Himmlers Mann in der Ewigen Stadt, ironisch bemerkte[35]. Dort und in anderen deutschen Stellen trafen Vittorio, der älteste Sohn Mussolinis, Renato Ricci, der ehemalige Korporationsminister, der frühere Minister für Volkskultur, Alessandro Pavolini, und Giovanni Preziosi, ein „entlaufener Priester" (Mussolini) und einer der wenigen fanatischen Antisemiten an der Spitze des Faschismus, ein[36]. Sie wurden tatsächlich mit offenen Armen empfangen, in deutsche Uniformen gesteckt und nach Deutschland „hinausgeflogen", bildeten sie in den Plänen der Reichsregierung doch den Kern eines Schattenkabinetts, das für den Fall einer Wiederbelebung des Faschismus bereitstehen sollte[37].

Der prominenteste Faschist, der den Weg in das deutsche Exil einschlug, war der 50jährige Exponent des radikalen Flügels der faschistischen Partei, Roberto Farinacci, der vielleicht als einziger aus der Führungsgruppe des Faschismus ge-

---

[32] Cerica an Bonomi, 29. 6. 1944, in: ACS, Ministero dell'Interno, Gab. 1944–1946, busta 8, fasc. 555.
[33] Vgl. Deakin, Brutale Freundschaft, S. 541f., 734f., 769; Senise, Capo della Polizia, S. 206; Zangrandi, 1943, S. 199; L'Italia dei 45 giorni, S. 7.
[34] Zit. nach Monelli, Roma 1943, S. 205.
[35] Eugen Dollmann, Dolmetscher der Diktatoren, Bayreuth 1963, S. 168.
[36] Vgl. Deakin, Brutale Freundschaft, S. 608; Plehwe, Als die Achse zerbrach, S. 96; Zangrandi, 1943, S. 163.
[37] Vgl. Staatssekretär des AA an Botschaft in Rom, 26. 7. 1943, in: ADAP, Serie E, Bd. VI, S. 300; Plehwe, Als die Achse zerbrach, S. 96f.

nügend Statur besaß, um eine Revolte gegen die Regierung Badoglio zu führen. Ob seiner Rücksichtslosigkeit und Deutschfreundlichkeit „Gauleiter" genannt, hatte auch Farinacci im Großrat kaum ein gutes Haar an Mussolini gelassen – allerdings aus ganz anderen Motiven und mit ganz anderen Zielsetzungen als die Frondeure um Grandi. Anders als diese glaubte er nämlich an die Möglichkeit einer Revitalisierung des Faschismus durch Radikalisierung und Imitierung des nationalsozialistischen Vorbildes; selbst einen siegreichen Ausgang des Krieges hielt er noch für wahrscheinlich, vorausgesetzt, es gelänge dem Duce oder seinem Nachfolger, die Hindernisse auszuräumen, die einer vollständigen Mobilisierung der im Faschismus steckenden Reserven im Wege standen.

Farinacci saß am Nachmittag des 25. Juli mit Freunden bei Tisch, als ihn ein Anruf von Scorza erreichte, der nicht einmal am Telefon seine Aufgeregtheit zu verbergen vermochte: „Was geht hier vor? Ich sehe hier um den Sitz [des Hauptquartiers der Partei] herum viele Carabinieri... Ich fürchte, daß eine eigenartige Sache passiert... Komm. Mussolini ist zum König und noch nicht zurückgekehrt. Mir gefällt das alles nicht. Komm sofort." Vor dem Hauptquartier angekommen, bot sich ihm exakt das Bild, das Scorza beschrieben hatte: überall Carabinieri und Agenten des Sicherheitsdienstes, die das Nervenzentrum der Partei abriegelten[38]. Auch der „Gauleiter" vergaß in diesem Moment seinen noch wenige Stunden zuvor lauthals bekundeten Vorsatz, im Ernstfall „die Bataillone [der Panzerdivision] M, die Aktionsgruppen und unsere tapferen Kameraden" zum Einsatz zu bringen[39], und ließ sich in die sichere deutsche Botschaft chauffieren. Von dort aus wurde er – mit einer deutschen „Fliegerkombination" bekleidet[40] – am nächsten Morgen nach München geflogen und im Hotel Vier Jahreszeiten einquartiert, ehe ihn Hitler zum Rapport bestellte[41].

Der deutsche Botschafter Hans Georg von Mackensen, dessen Analysen zur Lage in Italien am Vorabend des Sturzes von Mussolini kaum einmal mit der Realität übereingestimmt hatten, gab am 26. Juli 1943 endlich einmal die Wirklichkeit treffend wieder: Die Partei, so telegraphierte er an das Auswärtige Amt, sei „sang- und klanglos von der Bühne verschwunden"[42]. Seine Parteigenossen seien eingeschlafen, meinte Mussolini später, wie die „Jünger auf dem Ölberg"[43]. Anlaß zu ernsten Besorgnissen gab nur die in den frühen zwanziger Jahren gegründete und mittlerweile zu einer riesigen paramilitärischen Parteiarmee angewachsene faschistische Miliz. Den ganzen Abend des 25. Juli über liefen im Viminale, dem provisorischen Lagezentrum der neuen Regierung, Meldungen über das Verhalten der Miliz ein, die zu äußerster Wachsamkeit rieten: In den Kasernen der Miliz bereite man einen Gegenschlag vor. In den Straßen Roms sei es zu Schießereien zwischen der Miliz und Carabinieri-Einheiten gekommen, Milizangehörige seien von der

---

[38] So die Version eines Vertrauten Farinaccis, die dieser im Lager erzählte. Vgl. Alessandro Sardi, ... Ma, non s'imprigiona la storia, Rom 1958, S. 381.

[39] Ugo Guspini, L'orecchio del Regime. Le intercettazioni telefoniche al tempo del fascismo, Mailand 1973, S. 228.

[40] Dollmann, Dolmetscher der Diktatoren, S. 168.

[41] Vgl. Kuby, Verrat auf deutsch, S. 220. Zu Farinacci vgl. Ugoberto Alfassio Grimaldi/Gherardo Bozzetti, Farinacci. Il più fascista, Mailand 1972.

[42] Zit. nach Deakin, Brutale Freundschaft, S. 566.

[43] Zit. nach Kirkpatrick, Mussolini, S. 500.

jubelnden Menge angegriffen worden. Die von der SS ausgebildete, mit 36 Tiger-
Panzern ausgerüstete, nördlich von Rom stationierte Panzerdivision M habe einen
zweiten Marsch auf Rom begonnen und sei bereits am Stadtrand angekommen[44].

Nicht wenige dieser Meldungen erwiesen sich später als übertrieben, ganz aus
der Luft gegriffen waren sie aber nicht. Im Hauptquartier der Miliz gab es tatsächlich eine Handvoll Draufgänger, die General Enzo Galbiati, der Chef der Miliz,
nur mit Mühe bändigen konnte. Galbiati selbst, der in der Sitzung des Großrates
den „Verrätern" Rache geschworen und grimmig versichert hatte, es sei Verlaß auf
die „Wächter der Revolution", hatte nach dem Bekanntwerden von Mussolinis
Sturz die Richtlinie an alle Milizkommandeure ausgegeben, „Provokationen aus
dem Wege zu gehen, sich aber zu verteidigen, wenn sie angegriffen würden"[45]. Er
war in seinem Entschluß aber schnell wankend geworden, als er nach einem Blick
aus dem Fenster und eingehenden Beratungen mit seinen Untergebenen den Ernst
der Lage erkannte. Das Hauptquartier der Miliz war von Panzern umstellt, die
wichtigsten Straßen und Plätze der Stadt wurden von der Armee kontrolliert.
Galbiati dagegen gebot im Umkreis der Stadt nur über einige zusammengewür-
felte, ideologisch nicht ganz zuverlässige und schlecht ausgerüstete Heerhaufen,
die den Truppen der Armee kaum Paroli zu bieten vermochten. Er entschloß sich
deshalb zu einer zweideutigen Loyalitätserklärung gegenüber den neuen Machthabern, die ihn zu nichts verpflichtete. „Ich bitte Sie, denjenigen, der in diesem
Augenblick für die Regierung verantwortlich ist, davon zu unterrichten", bat er
Staatssekretär Albini vom Innenministerium, „daß die Miliz ihren Grundsätzen
treu bleibt, die da lauten: dem Vaterland im Namen des Königs und des Duce zu
dienen."[46] Damit gab sich der Krisenstab der neuen Regierung natürlich nicht zufrieden, und Ambrosio, der Chef des Generalstabes der Streitkräfte, fragte persönlich nach, wie die Erklärung Galbiatis zu verstehen sei. Erst jetzt rang sich der
Befehlshaber der Miliz dazu durch, die absolute Loyalität seiner Truppe zu versi-
chern und seinen Rücktritt anzubieten. „Alle blieben auf ihren Posten", so hat Senise das weitere Verhalten der Miliz treffend beschrieben, „und forderten nichts
anderes, als daß von ihren Uniformen die Zeichen verschwinden würden, die an
ihre Herkunft von dem erinnerten, was einmal die bewaffnete Wacht der faschistischen Revolution genannt worden war."[47]

Für Badoglio, den alten, auf soldatische Tugenden und Traditionen bedachten
Offizier, war die faschistische Miliz als ideologisch ausgerichtete, auf Mussolini
eingeschworene Armee neben der Armee stets ein Ärgernis gewesen. Er hätte sie
am liebsten einfach aufgelöst, konnte sich aber andererseits doch der Einsicht
nicht verschließen, daß führungs- und orientierungslos auseinanderströmende
Schwarzhemden möglicherweise eine größere Gefahr darstellten als eine intakte
Miliz. Auf den Rat von Senise hin wurde die Miliz deshalb noch enger an die Armee gebunden, als sie das ohnehin schon war, und mit General Armellini ein ver-
trauenswürdiger Offizier an ihre Spitze gestellt. Armellini übernahm schon am

---

[44] Vgl. Deakin, Brutale Freundschaft, S. 537f., 543; Zangrandi, 1943, S. 166f.; Castellano, Come firmai l'armistizio, S. 65–67.
[45] Zit. nach Deakin, Brutale Freundschaft, S. 543.
[46] Ebenda, S. 543; vgl. auch Zangrandi, 1943, S. 166f.
[47] Senise, Capo della Polizia, S. 207.

26. Juli – von Galbiati freundschaftlich mit einer Umarmung begrüßt – sein Amt[48].

Die rasche Bändigung der Miliz zeigte ebenfalls: Die faschistische Führung dankte am 25. Juli einfach ab; niemand fühlte sich aufgerufen, eine Rettungsaktion zu starten. Die neuen Machthaber, nach geistigem Zuschnitt, sozialem Herkommen und politischen Überzeugungen ihren Vorgängern so unähnlich nicht, vermochten sich mühelos zu behaupten, und in ihrem Umkreis machten sich anfangs nur wenige bemerkbar, die eine grundlegende Erneuerung von Staat und Gesellschaft verlangten. Der Staatsstreich vom 25. Juli 1943 scheint so wegen seiner Friedfertigkeit in der überaus bewegten, von düsteren Schurken, gedungenen Mördern und skrupellosen Verrätern bevölkerten Geschichte der Umstürze, Palastrevolutionen und Verschwörungen in Italien tatsächlich einen einzigartigen Platz zu haben, wie manche Zeitgenossen meinten[49].

2. Badoglios Balanceakt

Kein Zweifel: Die neuen Machthaber hatten von den alten nichts zu befürchten. Gefahr drohte ihnen aber von einer anderen Seite. Der Sturz Mussolinis weckte nämlich vielfältige soziale Kräfte, die sich zunächst nur in einem naiven antifaschistischen Begeisterungstaumel äußerten, dann aber rasch politischen Charakter gewannen und schließlich eine umwälzende Dynamik entfalteten, die anfangs nur gewaltsam, später überhaupt nicht mehr einzudämmen war. Zwanzig Jahre Faschismus, die Herausforderung der Weltwirtschaftskrise und drei Jahre Krieg hatten Italien einem enormen Veränderungsdruck ausgesetzt, dessen Wirkungen kaum zu überschätzen sind. Die Industriepolitik im Zeichen der Kriegsvorbereitung, die sozialen Errungenschaften des Faschismus und die propagandistische Verherrlichung von Arbeit und Arbeitern hatten das Selbstvertrauen der Arbeiterschaft gekräftigt und ihren Anspruch auf Mitgestaltung von Staat und Gesellschaft gestärkt. Propagandakampagnen und Kriegsmobilisierung hatten selbst die Landarbeiterschaft im rückständigen Süden aus Apathie und Lethargie gerissen und dort erstmals ein Bewußtsein dafür geschaffen, daß Vorrechte, Privilegien und Besitzansprüche von Großgrundbesitzern, Adeligen und Mafiabossen nicht auf ewig Bestand haben mußten. Überall im Land, im Norden mehr als im Süden, hatten sich so schon vor 1943 diffuse Strömungen formiert, die auf politische Mitsprache und gesellschaftliche Emanzipation drängten – auf die Befriedigung von Bedürfnissen mithin, die der Faschismus selbst hervorgerufen, aber nicht zu stillen vermocht hatte.

Das ganze Land war deshalb schon bald von einer nervösen Unruhe erfaßt, die

---

[48] Zum Verhalten und zur Behandlung der Miliz vgl. Castellano, Come firmai l'armistizio, S. 66–68; Pietro Badoglio, Italien im Zweiten Weltkrieg. Erinnerungen und Dokumente, München/Leipzig 1947, S. 82 f.; Monelli, Roma 1943, S. 196; Deakin, Brutale Freundschaft, S. 543 f.; Carboni, Memorie segrete, S. 216; Senise, Capo della Polizia, S. 207; Zangrandi, 1943, S. 162–169; Enzo Galbiati, Il 25 luglio e la M.V.S.N., Mailand 1950.
[49] Vgl. Pier Fausto Palumbo, Il Governo dei Quarantacinque Giorni e Diario della Resistenza a Roma, Rom 1967, S. 22–25; Monelli, Roma 1943, S. 156–160.

Ende Juli mit gewaltigen Streiks und Massendemonstrationen ihren ersten Höhepunkt erreichte. Im norditalienischen Industriedreieck Genua – Mailand – Turin legten Hunderttausende die Arbeit nieder; auch bei Maserati in Modena und in den Hafenanlagen von Triest und Livorno befanden sich die Arbeiter im Ausstand[50]. Die Forderungen der Streikenden waren überall die gleichen: sofortige Beendigung des Krieges, höhere Löhne und die Entlassung von Squadristen und faschistischen Vertrauensleuten in den Betrieben. Ähnlichen Parolen verschrieben sich die allmählich wieder hervortretenden politischen Parteien, die in der doppelten Frontstellung gegen deutsche Besatzungsmacht und Faschismus schon bald die Kraft zur Bildung eines Allparteienpaktes der Resistenza gewannen und zunächst nur Verbindendes betonten, obwohl der Vorrat an Gemeinsamkeiten eher klein war. Während die konservativen Kräfte, namentlich die liberale Partei und Teile der Democrazia Cristiana, der Regierung Badoglio ein gewisses Wohlwollen entgegenbrachten und in Anlehnung an Benedetto Croce im Faschismus eine Krankheit erblickten, von welcher sich Italien durch die Entmachtung des Diktators schon weitgehend selbst geheilt hatte, pochten die Linksparteien, vor allem der maximalistische Flügel der Sozialistischen Partei und die neugegründete Aktionspartei, auf eine sofortige Ablösung Badoglios durch eine demokratisch legitimierte Regierung, den Sturz des Hauses Savoyen und einen radikalen Wandel in Staat und Gesellschaft. „Die [Bildung der] Regierung Badoglio ist nicht der Beseitigung der faschistischen Diktatur gleichzusetzen", hieß es in einem Aufruf der Sozialisten vom 4. August 1943, „sondern sie ist der letzte Versuch, den monarchischen Staat, die alten Machtverhältnisse und das Imperium zu retten. Hinter der Fassade der Militärdiktatur verbergen sich die wichtigsten Elemente des Faschismus, die in mancher Hinsicht sogar gestärkt sind. Die Diktatur ist ein Faschismus ohne Mussolini."[51]

Solche Aufrufe waren freilich eher Begleitmusik zur allgemeinen Unruhe als Fanal zu einer revolutionären Erhebung. Einzelne, von den Präfekten vorschnell als „subversive Elemente" abgestempelte Funktionäre der Linksparteien waren zwar rastlos tätig; bestimmenden Einfluß auf Beginn, Verlauf und Zielsetzung der meist spontan aus dem antifaschistischen Begeisterungstaumel herausgewachsenen Streiks und Demonstrationen gewannen sie aber nicht. Dazu fehlte es den Parteizirkeln an abgestimmten Konzepten, betrieblichen Kontakten und ideologisch gefestigten Kadern, die fähig gewesen wären, die Arbeiterschaft mitzureißen. Pietro Nenni, Palmiro Togliatti, Mauro Scoccimarro und andere Parteiführer, deren Namen nach zwanzig Jahren Faschismus noch einen gewissen Klang hatten, waren im Exil oder in der Verbannung; mancher von ihnen kehrte erst lange nach dem 25. Juli auf die politische Bühne zurück.

Der spontane, von keiner Partei gelenkte Protest weiter Teile der norditalienischen Arbeiterschaft brachte die Regierung Badoglio in eine schier ausweglose Lage. „Der Krieg geht weiter", hatte Badoglio am Abend des 25. Juli verkündet und in den Tagen danach der deutschen Reichsregierung versichert, doch niemand

[50] Vgl. die in L'Italia dei 45 giorni, S. 221 f., 238 f., 243, 249, 273, 257–360, abgedruckten Dokumente und statistischen Übersichten.
[51] Zit. nach L'Italia dei 45 giorni, S. 298.

wußte besser als der greise Marschall, daß Italien wegen der restlosen Erschöpfung seiner Kräfte den Krieg beenden mußte. Die Frage war nur: Wie? Seit der Invasion in Sizilien am 10. Juli standen alliierte Soldaten unter der Führung von General Eisenhower auf italienischem Boden, zugleich war Hitlers Mißtrauen durch den Sturz seines „einzigen Freundes" Mussolini aufs äußerste gereizt. „Die erklären, sie kämpfen, aber das ist Verrat! Da müssen wir uns klar sein: das ist nackter Verrat!", hatte Hitler noch am Abend des 25. Juli erklärt und die sofortige Entsendung von schlagkräftigen Divisionen nach Italien verfügt, die – so jedenfalls die Meinung in der italienischen Regierung – zusammen mit den bereits südlich des Brenner stationierten deutschen Einheiten den schlecht ausgerüsteten italienischen Streitkräften weit überlegen waren[52].

Von Norden her ebenso bedroht wie von Süden, verlegte sich die Regierung Badoglio darauf, Zeit zu gewinnen, die sie für eine Besänftigung Hitlers und für ernsthafte Verhandlungen mit der deutschen Regierung über ein einvernehmliches Ausscheiden Italiens aus dem Krieg zu nutzen suchte[53]. So wenig realistisch solche Pläne, die letztlich auf eine Neutralität Italiens zielten, von vorneherein waren, sie mußten auch noch den letzten Rest an Realitätsbezug verlieren, wenn Hunderttausende auf die Straße gingen und Forderungen wie Beendigung des Krieges und Zerschlagung des Faschismus erhoben, die von der Regierung auf die Dauer nicht ignoriert werden konnten. Hitlers Zweifel an der Bündnistreue seines Achsenpartners waren so gewiß nicht zu zerstreuen, er sah in den Massenkundgebungen einen weiteren Beweis für die Richtigkeit seiner Überzeugung, daß in Rom Verräter am Werk waren.

Badoglio konnte die Streiks und Demonstrationen schon mit Blick auf Hitler nicht ignorieren. Ihn peinigte der Gedanke, die deutsche Führung könnte die öffentliche Unruhe zum Anlaß nehmen, die vorsichtig angebahnten Kapitulationsgespräche zwischen Rom und Berlin zu unterbrechen, Italien zu besetzen, ihn selbst aus dem Amt zu vertreiben und eine neue faschistische Regierung – vielleicht mit Farinacci an der Spitze – zu errichten. Ein Einschwenken auf die Linie der Demonstranten und politischen Parteien kam in der Regierung Badoglio ohnehin niemandem in den Sinn; aber auch jedes größere Zugeständnis an die Forderungen der Straße, ja selbst eine Duldung der Streiks und Demonstrationen verbot sich angesichts der unkalkulierbaren Risiken, die eine solche Nachgiebigkeit mit sich bringen konnte. Badoglio griff deshalb mit machiavellistischer Kälte durch: Erstmals „seit Bestehen des Einheitsstaates wurde über ganz Italien der Belagerungszustand verhängt"[54]. Die Ausübung der zivilen Gewalt, in normalen Zeiten eine Sache der Präfekten, ging auf die Standortkommandanten der Armee über. Streiks und Versammlungen waren verboten, ein nächtliches Ausgehverbot wurde erlassen, in zahlreichen Betrieben rückte Militär ein, um die Streikenden zur Wiederaufnahme der Arbeit zu zwingen. „Wenig rechtzeitig vergossenes Blut

[52] Vgl. Schreiber, Die italienischen Militärinternierten, S. 68. Hitlers Erklärung findet sich in: Helmut Heiber (Hrsg.), Hitlers Lagebesprechungen. Die Protokollfragmente seiner militärischen Konferenzen 1942–1945, Stuttgart 1962, S. 313.

[53] Nach Walter Schellenberg, Aufzeichnungen. Die Memoiren des letzten Geheimdienstchefs unter Hitler, Wiesbaden/München 1979, S. 300, bot Badoglio eine Neutralitätserklärung an, falls die deutschen Truppen Italien bis zu den Alpen räumten.

[54] Petersen, Sommer 1943, S. 41.

erspart Ströme von Blut später", hieß es in einer internen Dienstanweisung für die Truppen[55].

Politische Beobachter, die Ende Juli 1943 der Frage nachgingen, was sich in Italien nach dem Sturz Mussolinis zum Besseren verändert habe, taten sich schwer, eine Antwort zu finden. Der Krieg an der Seite des nationalsozialistischen Achsenpartners ging weiter, und die neue Regierung erstickte jede demokratische Regung mit brutaler Gewalt. Nach wie vor gab es Internierungslager und Verbannungsinseln, noch nicht einmal alle prominenten Häftlinge waren freigelassen worden, geschweige denn die Tausende von namenlosen Antifaschisten, die den Widerstand über Jahre hin getragen hatten. Selbst die Rassegesetze, die Mussolini 1938 erlassen hatte, waren weiter in Kraft, und auch das faschistische Gegenstück zur nationalsozialistischen Gestapo, die OVRA, war nicht aufgelöst.

Das Diktum der politischen Linken, das Regime Badoglio sei ein „Faschismus ohne Mussolini", wirkte auch deshalb überzeugend, weil viele Präfekten, Quästoren und Bürgermeister in ihren Ämtern geblieben, weil fast sämtliche wichtigen Positionen in Staat und Gesellschaft noch immer von Faschisten besetzt und die prominentesten Funktionäre und Repräsentanten des Faschismus nach wie vor salonfähig waren; sie hatten abdanken müssen, aber keiner war wegen seiner Vergangenheit zur Verantwortung gezogen worden. Dino Grandi beispielsweise, der in den zurückliegenden Jahren fast alle Ämter und Ehrungen erhalten hatte, die der Staat Mussolinis zu bieten hatte, der wie kaum ein anderer Verantwortung trug für die „camorrahafte" Außenpolitik des Faschismus in den dreißiger Jahren[56], dieser nach Mussolini wichtigste Mann des Faschismus absolvierte nach dem Staatsstreich ein gesellschaftliches Programm, das einem Staatschef alle Ehre gemacht hätte. Am 28. Juli lud ihn der König ein, einen Tag später traf er mit Badoglio zusammen, am 30. Juli saß er dem Papst gegenüber, der ihn mit „väterlichem Wohlwollen" empfing, und kurz darauf konferierte er mehrmals mit dem neuen Außenminister Raffaele Guariglia, der seine rechte Hand gewesen war, als er selbst das Außenministerium geleitet hatte[57]. Man kannte einander, und keiner durfte es wagen, den ersten Stein zu werfen, hatten sich ja alle auf mehr oder weniger anstößige Weise mit dem Faschismus eingelassen.

In der sterilen Ruhe, die sich nach der Unterdrückung der Streiks und Demonstrationen einstellte, kehrten auch zahlreiche andere Faschisten, die am 25. Juli untergetaucht waren oder den leisen Rückzug in das Privatleben angetreten hatten, wieder in die Öffentlichkeit zurück – der wegen seiner Arroganz und seines obszön zur Schau gestellten Reichtums verhaßte Ciano etwa oder die ehemaligen Minister Luigi Federzoni und Bottai, die beide nach wie vor beste Kontakte zum Hof unterhielten. Selbst Scorza tauchte wieder auf; er ging unbehelligt auf Reisen, besuchte seine Familie in der Sommerfrische und einen verunglückten Sohn in den Bergen. Die Regierung trug ihm sogar – wohl aus Dankbarkeit für seine hilfreichen Dienste – einen gutdotierten Posten im Kriegsministerium oder beim Ober-

---

[55] Zit. nach ebenda, S. 42.
[56] So Carlo Sforza, L'Italia dal 1914 al 1944, quale io la vidi, Rom 1944, S. 151.
[57] Vgl. Grandi, Mio paese, S. 650–654.

kommando der Streitkräfte an; Oberst hätte der fanatische Sekretär der mittlerweile aufgelösten faschistischen Partei dort werden können[58].

Man darf sich von solchen Erscheinungen, die auf nahtlose Kontinuität deuten, nicht täuschen lassen. Etwa zur gleichen Zeit, als seine Genossen gegen Badoglio zu Felde zogen und Beleg um Beleg für ihre Behauptung unter das Volk brachten, das Regime Badoglio sei ein Faschismus ohne Mussolini, schrieb der Führer der sozialistischen Partei, Pietro Nenni, bei seiner Rückkehr nach Rom in sein Tagebuch: „Wie weit weg der Faschismus erscheint, so als gehörte er einer anderen Epoche an. Auf den Mauern gibt es nur Sprüche voller Abscheu über Mussolini und mit ‚Es lebe Matteotti‘. Die Symbole des Faschismus sind von den öffentlichen Gebäuden bereits abgeschlagen und man könnte meinen, daß sie nie den geringsten Einfluß auf die Herzen hatten."[59] Nenni, der nach siebzehn Jahren Exil, Verbannung und Leben im Untergrund die Hauptstadt erstmals wiedersah, mochte nur eine momentane Stimmung einfangen oder von seinen Gefühlen zu einer übertrieben optimistischen Einschätzung verführt worden sein, zu übersehen aber war Anfang August 1943 nicht: Das Alte trug bereits deutliche Keime des Neuen in sich, und diese waren schon so kräftig, daß sie sich selbst in der erzwungenen Ruhe des Belagerungszustandes zu behaupten vermochten.

Als einer der ersten in der neuen Regierung erkannte Badoglio die Dynamik dieser Entwicklung. Er wußte, daß die Demonstranten und die politischen Parteien eine Minderheit waren, spürte aber, daß ihnen nicht nur die Straße, sondern die Zukunft gehörte, während er selbst doch zu sehr der Vergangenheit verhaftet war. Gewalt mochte zwar ausreichen, um den öffentlichen Protest zu ersticken, nicht aber, um die von Tag zu Tag lauter werdenden Forderungen nach demokratischen Freiheiten, politischer Säuberung und vor allem sofortiger Beendigung des Krieges zum Verstummen zu bringen. Durch die Aufrechterhaltung seines autoritären Regimes mußte sich Badoglio das Volk mehr und mehr entfremden und schließlich jede Unterstützung der Bevölkerung verlieren. Wollte er als Regierungschef überleben, so blieb ihm kaum eine andere Wahl, als sich auf einen äußerst riskanten „Balanceakt"[60] einzulassen, der Berlin nicht weiter reizte und die innere Opposition etwas besänftigte. Dabei stand für Badoglio außer Zweifel, daß Zugeständnisse an die Öffentlichkeit nur in einem Bereich möglich waren, nämlich bei der Entfaschisierung. Mit einer behutsamen Demontage der faschistischen Herrschaft und dem vorsichtigen Beginn einer politischen Säuberung konnte er sein innenpolitisches Prestige vielleicht festigen, ohne die Deutschen allzu sehr zu provozieren. Der Regierungschef war zwar weitgehend frei von säuberungspolitischen Ambitionen, hier aber lag eine Chance, aus dem Schatten des alten Regimes herauszutreten, sein Ansehen etwas zu heben und die Sklerose des Staates aufzuhalten.

Italien rückte so im August 1943 fast unmerklich, aber stetig von der Vergangenheit ab. Die Auflösung der faschistischen Partei, des Großrates, des Parlaments und des, dem deutschen Volksgerichtshof vergleichbaren, Tribunale Spe-

---

[58] Vgl. Zangrandi, 1943, S. 165; Senise, Capo della Polizia, S. 227, 239; Grandi, 25 luglio, S. 372.
[59] Pietro Nenni, Tempo di Guerra Fredda. Diari 1943–1956, hrsg. von Giuliana Nenni und Domenico Zucàro, Mailand 1981, S. 28 (Eintrag vom 6. 8. 1943).
[60] Petersen, Sommer 1943, S. 40.

ciale per la Difesa dello Stato, die der Ministerrat gleich nach dem Sturz Mussolinis beschlossen hatte, war der erste Schritt gewesen. Bald folgten weitere, etwa die Einberufung zahlreicher Parteibonzen zum Militärdienst, die Verhaftung einiger prominenter Faschisten und die Bildung von Säuberungskommissionen im öffentlichen Dienst. Plätze, Straßen und Institute, die die Namen von faschistischen Würdenträgern trugen, wurden nun planmäßig umbenannt, selbst Schiffe erhielten andere Namen. Aus Briefköpfen, Hinweisschildern und offiziellen Dokumenten verschwanden die faschistischen Embleme. An die Stelle der faschistischen Zeitrechnung, die 1922 mit dem Jahre I begonnen hatte, trat wieder der gregorianische Kalender; auch die Anrede „Sie" wurde wieder üblich, „die in der langen Zeit des Wartens ein Erkennungszeichen und eines der ephemeren, aber nicht unnützen Elemente der Resistenz"[61] gewesen war.

Ein neuer Ton kehrte auch in der Presse ein, und selbstverständlich mußten die großen faschistischen Parteiblätter ihr Erscheinen einstellen. Badoglio behielt zwar die Zensur bei. Das neue Regime zögerte auch nicht, ganze Ausgaben beschlagnahmen zu lassen, wenn sich die Redakteure zu weit vorwagten – etwa den Forderungen der antifaschistischen Parteien Raum gaben, ein realistisches Bild der militärischen Lage zeichneten oder eine schonungslose Abrechnung mit dem Faschismus verlangten –, und in Regierungskreisen dachte niemand ernstlich daran, die traditionsreichen, vom Faschismus verbotenen Zeitungen der Linksparteien wie L'Avanti oder L'Unità wiederzuzulassen. Andererseits aber löste die neue Regierung in allen Zeitungen die alten, von Mussolini oft selbst ausgesuchten Parteigünstlinge in den Chefredaktionen ab. Deren Nachfolger boten gewiß keine ausreichende Garantie dafür, daß die Presse nun eine Tribüne freier Diskussion und Berichterstattung werden konnte, ein Klimaumschwung war aber doch zu spüren. Schon bei einem flüchtigen Durchblättern des Corriere della sera oder des Resto del Carlino wird deutlich: Die großen Worte, die vor dem 25. Juli bis zum Überdruß wiederholten Formeln von unverbrüchlicher Freundschaft zwischen Mussolini und Hitler oder der deutsch-italienischen Waffenbrüderschaft, verschwanden ebenso wie die bombastischen Erfolgsbilanzen und die meist erfundenen Stimmen aus dem Ausland, die die Errungenschaften des Faschismus hymnisch feierten. Gleichzeitig entdeckten die Journalisten den Wortschatz der vorfaschistischen Zeit, „etwas abgestanden wegen der Abgeschlossenheit und ein bißchen fremd wegen der langen Entwöhnung", und die „heiligen Worte" wieder, „die an die Menschlichkeit und an eine Gesellschaft erinnerten, in der wir wieder Brüder werden könnten"[62].

In den Universitäten begann sich ebenfalls ein Wandel anzubahnen. Nicht, daß nun alle Professoren und Assistenten, die Anfang der dreißiger Jahre den Eid auf

---

[61] Palumbo, Governo dei 45 Giorni, S. 52; Pieri/Rochat, Badoglio, S. 783; Monelli, Roma 1943, S. 213; L'Italia dei 45 giorni, S. 72.
[62] Palumbo, Governo dei 45 Giorni, S. 46, 77. Vgl. auch Die Tagebücher von Joseph Goebbels. Im Auftrag des Instituts für Zeitgeschichte und mit Unterstützung des Staatlichen Archivdienstes Rußlands herausgegeben von Elke Fröhlich, Teil II: Diktate 1941–1945, Bd. 9 (Juli-September 1943), München u. a. 1993, wo es im Eintrag vom 29. 7. 1943 (S. 192) heißt: „Die faschistischen Journalisten sind abgesetzt worden, und an ihre Stelle treten Halbjuden, Freimaurer, kurz und gut, das bekannte alte Gelichter, das wir aus der Kampfzeit noch bestens kennen. Es wird schon dafür sorgen, daß die italienische Entwicklung weiterhin zum Chaos treibt."

Mussolini geleistet hatten oder ihre Stellen faschistischer Fürsprache verdankten, Berufsverbot erhielten. Der neue Erziehungsminister setzte aber einige bemerkenswerte Zeichen. Leonardo Severi, der trotz Parteimitgliedschaft und steiler Beamtenkarriere im Faschismus als vernünftiger Mann galt[63], sorgte schon gleich zu Beginn seiner Tätigkeit für Aufsehen, als er an Benedetto Croce, den vom Faschismus an den Rand des akademischen Lebens gedrängten und mit einer Mauer des Schweigens umgebenen Philosophen, ein Telegramm richtete, das nur als offizielle Rehabilitierung zu verstehen war. Severi löste ferner die Rektoren der großen Universitäten durch untadelige Antifaschisten ab: So übernahm etwa Piero Calamandrei, renommierter Jurist, Protagonist der Aktionspartei und später Gründer der Zeitschrift Il ponte, das Rektorat von Florenz, Luigi Einaudi, der spätere Staatspräsident, das Rektorat in Turin, Concetto Marchesi, ein Kommunist, das Rektorat in Padua, und der Historiker Adolfo Omodeo trat an die Spitze der Universität Neapel[64].

Außerdem berief Severi eine aus bewährten Regimegegnern gebildete Kommission für die Reorganisation und Säuberung der Universitäten. Dieses Gremium, dem neben Calamandrei und Omodeo auch Guido De Ruggiero und Alberto Breglia angehörten, sollte faschistische Instituts- und Lehrstuhlgründungen rückgängig machen, die vom Faschismus geschaffene Accademia d'Italia auflösen und die Berufungspolitik der zurückliegenden Jahre ebenso überprüfen wie die politische Haltung der Professoren zum Faschismus. Trennen wollte man sich nicht nur von den Denunzianten und Parteispitzeln, sondern vor allem von jenen Kollegen, die ihren Lehrstuhl faschistischer Protektion verdankten, hohe Staats- oder Parteiämter bekleidet und ihre Wissenschaft in den Dienst des Faschismus gestellt hatten[65]. Zu spüren war Severis Handschrift schließlich auch im Schulwesen; er trat für eine Entfaschisierung der Schulbüchereien ein, und er setzte die Carta della Scuola, das von Giuseppe Bottai inspirierte faschistische Reformwerk im Bildungswesen, außer Kraft[66].

Die personelle Erneuerung machte auch vor den Präfekturen und Rathäusern nicht halt. Allerdings ging der neue Innenminister Bruno Fornaciari weniger energisch zu Werke als sein Kollege Severi in den Universitäten. Selbst einer der prominentesten Präfekten der faschistischen Zeit, der die Präfekturen in Triest und Mailand geleitet und dann in der Ministerialbürokratie große Karriere gemacht hatte, schreckte Fornaciari vor durchgreifenden Maßnahmen gegen seine früheren Kollegen zurück, die nach dem Urteil von Badoglio zur Hälfte reine „Kreaturen des Regimes" waren[67]. Erst nach heftigen Auseinandersetzungen im Kabinett, wo politisch sensible Kräfte wie Severi und der Minister für das Korporationswesen

---

[63] Vgl. Ivanoe Bonomi, Diario di un anno. 2 giugno 1943 – 10 giugno 1944, Mailand 1947, S. 43 (Eintrag vom 27./28. 7. 1943.)

[64] Vgl. Palumbo, Governo dei 45 Giorni, S. 56 f.

[65] Vgl. Omodeo an Gayre, Education Advisor, 13. oder 14.2.1944, in: NA, RG 331, Education, 10000/144/211; Adolfo Omodeo, Lettere 1910–1946, Turin 1963, S. 705–707; Calamandrei, Diario, Bd. 2, S. 160, 169–171, 181 (Einträge vom 2., 9., 10. und 25. 8. 1943); Cosimo Ceccutti, Adolfo Omodeo Rettore e Ministro: Frammenti inediti, in: Nuova Antologia, Juli-September 1986, S. 181–189.

[66] Zur Carta della Scuola vgl. De Felice, Mussolini il duce, Bd. 2, S. 118–120.

[67] Badoglio, Italien im Zweiten Weltkrieg, S. 80.

Leopoldo Piccardi – laut Giorgio Amendola „der Minister, der den antifaschistischen Parteien am nächsten stand"[68] – unter Berufung auf die Massendemonstrationen und Streiks langsam größeren Einfluß gewannen, entschloß sich der Innenminister zur Entlassung von 20 und zur Versetzung von zwei der insgesamt 90
Präfekten. Damit besänftigte er zwar die Kritiker im Kabinett, sein Entschluß kostete ihn aber auch das Wohlwollen des Königs und schließlich wohl sogar seinen
Posten. Kaum zwei Wochen im Amt, mußte Fornaciari am 9. August 1943 zurücktreten. Sein Nachfolger Umberto Ricci, auch er ein altgedienter Präfekt, wirbelte durch zahlreiche Maßnahmen zunächst viel Staub auf und erwarb sich so
den Ruf eines energischen Mannes. Er sprach aber noch weniger Entlassungen aus
als sein Vorgänger – bis zum faktischen Ende seiner Amtszeit am 8. September nur
14, wobei er in vielen Fällen nur exekutierte, was sein Vorgänger schon angeordnet hatte –, kam aber andererseits dem öffentlichen Verlangen nach personellen
Veränderungen durch zahlreiche Versetzungen bzw. Abberufungen von Präfekten
in den Innendienst weit entgegen[69].

So unbefriedigend die Bilanz der beiden Innenminister in den Augen der antifaschistischen Opposition auch sein mochte, der fast ausschließlich taktischen
Notwendigkeiten gehorchende Versuch einer politischen Säuberung löste die bis
dahin größte Entlassungswelle von Präfekten in der italienischen Geschichte seit
der Staatsgründung in den sechziger Jahren des 19. Jahrhunderts aus. In den 45 Tagen zwischen dem Sturz Mussolinis und der Verkündigung des Waffenstillstandes
am 8. September wurden mit gut einem Drittel der amtierenden Präfekten wesentlich mehr entlassen als etwa in den ersten Monaten nach dem Marsch auf Rom und
dem Amtsantritt Mussolinis. Der Einschnitt von 1943 ging auch tiefer als derjeni-
ge von 1922/23, da er sofort auch die Ebene der Städte und Gemeinden erreichte, wo 1943 viele der faschistischen Bürgermeister ihre Ämter verloren. Wie
hoch hier die Quote der Entlassungen war, liegt mangels statistischer Erhebungen
im dunkeln. Berichte der alliierten Militärregierung in den Provinzen Neapel und
Benevent lassen jedoch den Schluß zu, daß etwa ein Drittel der „podestà" in den
ersten 45 Tagen der Regierung Badoglio abgesetzt wurde[70]. Revolutionäre Dimensionen hatten diese Maßnahmen nicht. Zu viele belastete Faschisten blieben in
führenden Positionen, die Nachfolger der Entlassenen kamen auch nur selten aus
antifaschistischen Kreisen; in vielen Fällen rückten einfach die Vize-Präfekten und
stellvertretenden Bürgermeister nach[71]. Und doch: In der Halbherzigkeit der

---

[68] Amendola, Lettere a Milano, S. 138.
[69] Die Zahlen beruhen auf einer Auswertung von Mario Missori, Governi, Alte Cariche dello Stato e
     Prefetti; die vorgelegten Ergebnisse weichen z.T. stark von den Ergebnissen ab, die in L'Italia dei
     45 giorni, S. 179–189, präsentiert werden, erscheinen aber insgesamt glaubhaft. Vgl. dazu auch
     ACS, PCM, Atti Consiglio Ministri, 1942–1943, Nr. 95, 96, 100, 101, 103, 104bis; ACS, PCM,
     Gab. 1944–1947, fasc. 2.I, Nr. 118081; ACS, PCM, Provvedimenti legislativi 1942–1943, busta 63.
     Zu den Präfekten vgl. auch Monelli, Roma 1943, S. 211; Senise, Capo della Polizia, S. 214f.; Bado-
     glio, Italien im Zweiten Weltkrieg, S. 80f.; Rossini, L'epurazione, S. 726–729, und Claudio Pavone,
     der meine Ergebnisse im wesentlichen bestätigt. Vgl. Claudio Pavone, La continuità dello Stato.
     Istituzioni e uomini, in: Italia 1945–1948. Le origini della Repubblica, Turin 1974, S. 267ff., v.a.
     S. 271.
[70] Nicht näher bezeichneter Bericht der Militärregierung von Neapel und Kampanien, 15. 11. 1943,
     in: NA, RG 331, Public Safety, 10000/143/1591.
[71] Vgl. dazu ACS, PCM, Atti Consiglio Ministri, 1942–1943, Nr. 95; Pavone, La continuità dello
     Stato, S. 267ff.

Maßnahmen lag ein beträchtliches Element des Wandels und der Distanzierung vom Faschismus – und sei es nur das indirekte Eingeständnis der Regierung, daß viele Träger des alten Regimes nicht mehr zu halten waren.

Die spektakulärste Maßnahme in Badoglios Konzept zur Besänftigung der antifaschistischen Öffentlichkeit bestand in der Berufung einer Expertenkommission, die die Vermögensverhältnisse führender, im Verdacht der illegalen Bereicherung stehender Faschisten durchleuchten und unrechtmäßig erworbene Besitztümer beschlagnahmen sollte. Wirklich ernst war es dem Regierungschef freilich auch dabei nicht; wieder wurde alles von den Erfordernissen propagandistischer Verwertbarkeit diktiert. So übertrug er zwar einerseits keinem Geringeren als Ettore Casati die Leitung der Kommission, einem Mann also, der trotz langjähriger Parteimitgliedschaft im Ruf eines entschlossenen Antifaschisten stand und die beste Gewähr zu bieten schien, daß die Kommission sich nicht mit dem Klein-Klein von Vorermittlungen verzettelte. Andererseits zog er aber gleichsam einen cordon sanitaire um die Kommission, indem er die faschistische Geheimpolizei OVRA und ihren ehemaligen Chef Guido Leto an den Untersuchungen beteiligte. Auch machte der Regierungschef natürlich keine Miene, sich selbst der Kommission zu stellen, obwohl er in den dreißiger Jahren, insbesondere nach dem unter seiner Führung gewonnenen Feldzug gegen Abessinien, wie kaum ein anderer mit Privilegien und Geschenken überhäuft worden war. Die Kommission nahm Mitte August ihre Arbeit auf, stellte bis zum 8. September die Vermögen von nicht einmal einem Dutzend Parteibonzen – darunter von Farinacci, Ciano und Bottai – sicher und machte im übrigen vor allem durch gezielte Indiskretionen von sich reden, die etwa den sagenhaften Reichtum von Ciano und die finanziellen Machenschaften der Familie von Clara Petacci, der Geliebten des Duce, betrafen. Das Hauptziel war damit erreicht: Alle Welt redete von Korruption, Vetternwirtschaft und Amtsmißbrauch. „Dem erbitterten Volk, das litt, Frieden forderte und ausharrte, wurde stattdessen als Versuch der Ablenkung die Frage der Moral hingeworfen", spottete Grandi in seinen Memoiren[72].

Es darf freilich bezweifelt werden, ob das Ablenkungsmanöver Badoglios gelang. Die Öffentlichkeit bewahrte sich letztlich doch ein feines Gespür dafür, was auf puren Effekt und was auf dauerhafte Wirkung angelegt war. Mitte August lebten denn auch die Streiks, die Ende Juli mühsam unterdrückt worden waren, wieder auf. Erneut gingen Hunderttausende auf die Straßen, erneut ruhte in zahlreichen Betrieben die Arbeit, und wie zwei Wochen zuvor kam es zu blutigen Auseinandersetzungen zwischen Demonstranten und Ordnungskräften, die zahlreiche Todesopfer forderten und Italien an den Rand eines Bürgerkrieges brachten. Die Forderungen der Demonstranten waren im wesentlichen die gleichen geblieben, denn Badoglio hatte keine der Hoffnungen erfüllt, die in ihn gesetzt worden waren. Vor allem der Beendigung des Krieges war Italien keinen Schritt näherge-

---

[72] Grandi, 25 luglio, S. 403; Bottai, Diario 1935–1944, S. 425 (Eintrag vom 5. 8. 1943). Zur Geschichte der Expertenkommission vgl. Senise, Capo della Polizia, S. 225–229; Guspini, L'orecchio del Regime, S. 240; Palumbo, Governo dei 45 Giorni, S. 61; Bericht des OSS vom 17. 3. 1945 über Treatment of former Fascists by the Italian Government, in: NA, RG 226, R + A, Nr. 2688; Notes on Counter Intelligence in Italy, 28. 11. 1944, in: NA, RG 331, Public Safety, 10000/143/2737.

kommen. Im Gegenteil, dieses Ziel, das am Abend des 25. Juli in den Augen vieler
fast schon erreicht war, schien in immer weitere Ferne zu rücken.

Die Verantwortung dafür lag tatsächlich zu einem nicht geringen Teil beim Regierungschef. Badoglio hatte nach dem 25. Juli ganz darauf vertraut, Italien im
Einvernehmen mit Hitler aus dem Krieg führen zu können, und eindeutige Ange-
bote der Alliierten ignoriert, in denen sogar die Bereitschaft Washingtons und
Londons anzuklingen schien, Italien nicht – wie in Casablanca vereinbart – der
unconditional surrender-Forderung zu unterwerfen, sondern dem Land eine ehrenvolle Kapitulation zu gestatten. Die Alliierten nahmen deshalb in den ersten
Augusttagen die Bombenangriffe auf Italien wieder auf, die sie nach dem Sturz
Mussolinis suspendiert hatten, um der neuen Regierung eine Atempause zu gön-
nen[73]. Sie machten damit wahr, was Churchill am 27. Juli vor dem Unterhaus für
den Fall angekündigt hatte, daß Italien sich nicht aus dem Achsenbündnis löse:
Italien werde in den kommenden Monaten „von einem Ende zum anderen ver-
heert und versehrt und von Bränden geschwärzt werden […] wir sollten die Italiener, um ein treffendes Wort zu gebrauchen, eine Weile lang ‚in ihrem eigenen Saft
schmoren lassen‘ und das Feuer unter ihnen kräftigst schüren"[74]. Ganze Stadtvier-
tel von Mailand, Turin und Rom sanken in den ersten Augustwochen in Schutt
und Asche, Tausende von Toten waren zu beklagen. „Die Heimsuchung zerstörte
in diesem schrecklichen Monat mehr", so schrieb ein Zeitzeuge über die Luftangriffe vom August 1943, „als Belagerungen, Feuersbrünste, Plünderungen und
Erdbeben in tausend Jahren. Italien wurde nicht einmal im sechsten Jahrhundert
so gequält, als Goten, Vandalen und Franken über die Alpen bis Sizilien einfie-
len."[75] Jetzt erst gab die Regierung den Gedanken auf, im Einvernehmen mit Hitler aus dem Krieg auszuscheiden, und trat in ernsthafte Verhandlungen mit den
Alliierten ein, die schließlich am 3. September zur Unterzeichnung eines Waffenstillstandes führten.

Spätestens jetzt, da große Teile der Nation innerhalb von wenigen Wochen zum
zweiten Mal auf die Straße gingen, um die Regierung an ihre Forderungen nach
Beendigung des Krieges, Linderung der sozialen Misere und Austilgung des Faschismus zu erinnern, dürfte Badoglio erkannt haben, daß es mit der behutsamen
Demontage des Faschismus und den zaghaften Ansätzen zu einer politischen Säuberung nicht sein Bewenden haben konnte, mochten einzelne Maßnahmen, wie
etwa die Aktion gegen die Nutznießer des Regimes, auch durchaus Beifall im Lager des Antifaschismus finden, das aufgrund seiner Status-quo-Politik immer größeren Zulauf erhielt und politischere Dimensionen gewann. Er mußte entschiedener und rücksichtsloser vorgehen, auch auf die Gefahr hin, die Gegner in den eigenen Reihen zu vermehren, denen die Säuberungspolitik schon jetzt, da noch
kaum etwas geschehen war, als viel zu weitgehend erschien.

Solche Kritiker gab es genug, und an ihrer Spitze stand der König, der mit seinem Ministerpräsidenten immer unzufriedener wurde, als er vom Revirement bei
den Präfekten und von der Entlassung faschistischer Chefredakteure und Univer-

---

[73] Vgl. Dwight D. Eisenhower, Kreuzzug in Europa, Amsterdam 1948, S. 226, der die Hintergründe
der „Atempause" schildert.
[74] Zit. nach Richard Lamb, The Ghosts of Peace 1935–1945, London 1987, S. 192.
[75] Monelli, Roma 1943, S. 220.

sitätsprofessoren erfuhr. Der Monarch erblickte darin ein unnötiges Eingehen auf
vorübergehende antifaschistische Launen, eine schnöde Anpassung an die Straße,
eines königlichen Ministerpräsidenten unwürdig und obendrein gefährlich, weil
es der Krone die zahlreichen treuen Monarchisten unter den Faschisten zu entfremden drohte. Vittorio Emanuele hatte sich in Badoglio getäuscht. Der Marschall war offensichtlich weniger lenkbar als er erwartet hatte. Badoglio begann
außerdem Gefallen am politischen Geschäft zu finden, und er gelangte wohl auch
frühzeitig zu der Einsicht, daß der apathische Attentismus des Königs, der am
liebsten alles beim alten gelassen hätte, der Krone mehr schadete als nützte. Erste
Meinungsverschiedenheiten zwischen den beiden waren bereits bei der Kabinetts-
bildung aufgetreten, als Badoglio nach einem Veto des Monarchen darauf verzichten mußte, einige politische Köpfe des moderaten Antifaschismus wie den früheren Ministerpräsidenten Ivanoe Bonomi in seine Regierung aufzunehmen[76]. Mitte
August konnten der König und sein Ministerpräsident schon auf eine stattliche
Reihe von meist kleineren Zusammenstößen zurückblicken, die ihren Grund fast
immer in der Entfaschisierungspolitik des Regierungschef hatten. „Badoglio [...]
bringt mir alles durcheinander. Mit seiner Manie, alle zu bestrafen, scheint er die
Absicht zu verfolgen, ein Vakuum um die Monarchie zu schaffen. Man hört nichts
als Klagen und viele davon sind mehr als gerechtfertigt", so der König, der im
Kreise seiner Vertrauten immer öfter die Frage aufwarf, ob die Zeit nicht reif sei
für die Ablösung Badoglios durch den früheren Ministerpräsidenten Vittorio
Emanuele Orlando, Dino Grandi oder den späteren Kriegsminister von Salò, Rodolfo Graziani[77].
Solche Äußerungen drangen natürlich über die geschwätzige Hofgesellschaft
hinaus, und bald sprach man in der ganzen Stadt davon, daß Badoglios Tage als
Ministerpräsident gezählt seien. Der Regierungschef konnte sich insbesondere
nach einer Audienz beim König vom 16. August 1943 keine Illusionen über die
Haltung des Monarchen mehr machen. Der König überraschte ihn bei dieser Gelegenheit mit einem Memorandum, das ihn unausgesprochen vor die Alternative
stellte, die politische Säuberung aufzugeben oder sein Amt niederzulegen. „Es
muß [...] unter allen Umständen die Entlassung von Angehörigen der ehemaligen
faschistischen Partei aufhören, die zur allgemeinen Regel geworden ist [...]. Die
innerhalb der verschiedenen Ministerien in übertriebener Zahl errichteten [Säube-
rungs-]Kommissionen haben eine sehr ungünstige Aufnahme beim gesunden Teil
des Volkes gefunden und können den Verdacht nähren, daß alle Zweige der staatlichen Verwaltung verdorben sind [...]. Wenn eine solche Politik fortgesetzt werden sollte, so würde man – implizit – absurderweise auch das Verhalten des Königs verurteilen. Die große Masse der Anständigen unter den Angehörigen der
Organisationen der ehemaligen faschistischen Partei, die sich schlagartig und ohne
besonderen Grund ihrer Ämter enthoben sah, wird so leicht dazu verleitet, sich
den radikalen Parteien in die Arme zu werfen. Dadurch werden die Probleme wei-

---

[76] Vgl. Bonomi, Diario di un anno, S. 11–29 (Eintrag vom 30.6.–24. 7. 1943).
[77] Puntoni, Parla Vittorio Emanuele, S. 154 (Eintrag vom 15. 8. 1943); vgl. auch Pieri/Rochat, Badoglio, S. 789; Zangrandi, 1943, S. 224 f.

ter verschärft, die in Zukunft jede Regierung, die die Ordnung aufrecht erhalten will, vorfinden wird.«[78]

Badoglio war freilich nicht der Mann, der bei einem Machtwort des Königs in die Knie gegangen wäre oder sich resigniert in das Privatleben zurückgezogen hätte. Gefaßt zu bleiben, fiel dem Regierungschef um so leichter, als er wußte, daß die außenpolitische Lage einen Wechsel an der Spitze der Regierung praktisch verbot. Vor allem die Waffenstillstandsverhandlungen, die General Castellano in seinem Auftrag seit dem 15. August in Spanien und Portugal mit den Alliierten führte, wären bei seiner Ablösung ernstlich gefährdet worden. Der Regierungschef fühlte sich deshalb stark genug, um zu einem gewagten politischen Manöver anzusetzen, das ihm – wenn es gelang – etwas Luft verschaffen würde. Wieder wählte Badoglio dazu das Feld der Säuberungspolitik. Dieses Mal aber legte er die zuvor so oft gezeigte Scheu vor drastischen Maßnahmen ab und befahl die Verhaftung von zahlreichen Parteifunktionären, um einem Putsch gegen die Regierung zuvorzukommen, den die Faschisten – so jedenfalls lautete die offizielle Begründung der Verhaftungsaktion – in enger Zusammenarbeit mit deutschen Stellen vorbereitet hatten. Alles, was Rang und Namen hatte im Faschismus und sich nach dem 25. Juli noch in Freiheit befand, wurde am 23. August von den Carabinieri abgeholt und in das städtische Gefängnis Regina Coeli und die Festung Boccea gebracht: Achille Starace, der frühere Parteisekretär, der Chef der faschistischen Miliz, Enzo Galbiati, der einstige Oberkommandierende des Heeres, Ugo Cavallero, der bereits am 25. Juli verhaftet, dann aber auf eine Bitte des Königs hin wieder auf freien Fuß gesetzt worden war, der frühere Kriegsminister Ubaldo Soddu und zahlreiche Generäle, Staatssekretäre und hohe Parteifunktionäre. Unter den Verhafteten, die kaum mehr gemeinsam hatten als ihre faschistische Vergangenheit – Gegner Mussolinis waren ebenso darunter wie glühende Verehrer des Duce, Anhänger der Achse ebenso wie solche, die eine Zusammenarbeit mit Hitler-Deutschland stets abgelehnt hatten –, waren auch der spätere Justizminister der Republik von Salò, Antonino Tringali Casanuova, Attilo Teruzzi und Raffaello Riccardi, die beide mehrmals der Regierung Mussolinis angehört hatten, sowie der Privatsekretär des Duce und Giuseppe Bottai, der in seinem Tagebuch den Gedanken einer Beteiligung an einem Putsch weit von sich wies: „Es schmerzt der Gedanke, daß der Faschismus so weit herabgesunken ist, daß einige sich seine Wiederbelebung durch einen Putsch vorstellen können."[79]

Ganz oben auf der Verhaftungsliste standen die Namen von Galeazzo Ciano und Carlo Scorza, der am 25. Juli die faschistische Partei zum Stillhalten verpflichtet hatte und danach untergetaucht war. Scorza hatte es der Fürsprache von Polizeichef Senise zu verdanken, daß er auch dieses Mal der Verhaftung entging. Senise sah in Scorza einen Ehrenmann, dessen Verdienste vom 25. Juli entsprechend honoriert werden sollten. Auch Ciano genoß den Schutz Senises; der Polizeichef

---

[78] Zit. nach Grandi, 25 luglio, S. 408; vgl. auch Badoglio, Italien im Zweiten Weltkrieg, S. 81; die deutsche Fassung des Memorandums in: Mussolini, Geschichte eines Jahres, S. 113–116. Zur Vorgeschichte des Memorandums vgl. Edgar R. Rosen, Viktor Emanuel III. und die Innenpolitik des ersten Kabinetts Badoglio im Sommer 1943, in: VfZ 12 (1964), S. 76–79.

[79] Bottai, Diario 1935–1944, S. 432 (Eintrag vom 26. 8. 1943). Zur Verhaftungsaktion vgl. Zangrandi, 1943, S. 224–234; Senise, Capo della Polizia, S. 235–239; Carboni, Memorie segrete, S. 227–231 und 238–240.

hatte ihn so rechtzeitig gewarnt, daß er zusammen mit seiner Familie aus seiner römischen Stadtwohnung fliehen konnte, ehe die Carabinieri zugriffen. „Während er sich vor der Verhaftung in Sicherheit brachte," so der mit der Festsetzung beauftragte General Giacomo Carboni, „beging er den unverzeihlichen Fehler, sich auf die Deutschen zu verlassen"[80], die ihn zunächst nach Deutschland ausflogen und dann an die Republik von Salò auslieferten. Im Prozeß gegen die Hauptverschwörer vom 24./25. Juli 1943 zum Tode verurteilt, wurde Ciano am 11. Januar 1944 in Verona hingerichtet[81].

Die Verhaftungsaktion forderte mit dem früheren Parteisekretär Ettore Muti sogar ein Todesopfer. Der skrupellose Draufgänger und hochdekorierte Flieger, der im Faschismus wegen seiner Unerschrockenheit zum Volkshelden stilisiert worden war, wurde von Badoglio als der gefährlichste seiner Widersacher betrachtet, nicht zuletzt, weil Muti noch nach dem 25. Juli ausgezeichnete Beziehungen zu den Deutschen unterhielt. „Aufpassen, bitte aufpassen. Wenn uns Muti entgeht, ist alles vorbei", warnte Badoglio. Er gab sich deshalb auch nicht die geringste Mühe, seine Erleichterung zu verbergen, als ihn die Nachricht vom Tod Mutis erreichte[82]. Wie Muti ums Leben kam, ist trotz eingehender Untersuchungen noch immer umstritten. Er sei zunächst in seiner kleinen, in der Nähe von Fregene gelegenen Villa verhaftet worden, habe sich dann losreißen können und sei schließlich auf der Flucht erschossen worden, hieß es im Bericht der Carabinieri, der Anlaß für abenteuerliche Spekulationen und mehr oder weniger begründete Vermutungen bot[83].

Auch der offiziellen Begründung für die gesamte Verhaftungsaktion stand schon damals die Vermutung gegenüber, Putschpläne hätten niemals existiert, Badoglio habe den Putschversuch erfunden, um der antifaschistischen Öffentlichkeit zu imponieren und vor allem um die „Offensive des Königs zu stoppen, indem er ihn mit einem deutsch-faschistischen Komplott konfrontierte, das eine Umbildung der Regierung im Moment ganz unmöglich machte"[84]. Wie die Dinge wirklich lagen, kann wegen der gestörten Quellenüberlieferung nicht geklärt werden. Ganz unwahrscheinlich aber war Mitte August 1943 ein Putschversuch nicht. Zahlreiche ungebrochene Faschisten, die nach dem Sturz Mussolinis untergetaucht waren oder sich nur zähneknirschend den neuen Verhältnissen gebeugt hatten, mochten sich durch die von Tag zu Tag zunehmende militärische Präsenz des Achsenpartners in Italien zu den kühnsten Hoffnungen ermuntert fühlen, und die Deutschen selbst – das ist bekannt – trafen seit dem 25. Juli ernsthafte Vorbereitungen, um sich „blitzartig in den Besitz dieser ganzen Bagage (…) setzen, das

[80] Ebenda, S. 239.
[81] Vgl. Senise, Capo della Polizia, S. 235–239; Carboni, Memorie segrete, S. 239. Zu Cianos Flucht siehe auch Walter Hagen (=Wilhelm Höttl), Die Geheime Front, Linz/Wien 1950, S. 433–436.
[82] Carboni, Memorie segrete, S. 230 f.
[83] Vgl. Senise, Capo della Polizia, S. 235 f.
[84] Zangrandi, 1943, S. 225. Zum „Putschversuch" vgl. Grandi, 25 luglio, S. 403; Amendola, Lettere a Milano, S. 149; Cerica an Presidente della Commissione per l'esame dei Generali e dei Colonnelli, Ministero della Guerra, 21. 9. 1944, in: ACS, Ministero dell'Interno, Gab. 1944–1946, busta 8, fasc. 555. Cerica behauptet dort, daß er über die Putschvorbereitungen von einem höheren deutschen Offizier unterrichtet worden sei. Vgl. auch Guspini, L'orecchio del Regime, S. 238 f.; Bottai, Diario 1935–1944, S. 432 (Eintrag vom 26. 8. 1943); Carboni, Memorie segrete, S. 227, 235; Bericht von Bismarck (Rom) an das Auswärtige Amt, 24. 8. 1943, in: ADAP, Serie E, Bd. VI, S. 431.

ganze Gelichter aus(...)heben" zu können, wie Hitler am Abend des 25. Juli sagte[85].

Hitlers Eile war nicht grundlos. Er hielt es für sicher, daß Italien über kurz oder lang das Achsenbündnis aufkündigen würde, und er wußte, daß damit eine gefährliche Destabilisierung der Südfront einhergehen würde. Dem war in seinen Augen nur durch die Entsendung schlagkräftiger deutscher Truppen und – als flankierende Maßnahme – die rasche Wiedererrichtung des faschistischen Regimes vorzubeugen. Hitler war deshalb fest entschlossen, Rom zu besetzen, die königliche Familie, die Regierung Badoglio und die führenden Militärs festzunehmen und ins Deutsche Reich zu verschleppen, ehe sie Waffenstillstandsverhandlungen mit den Alliierten einleiten konnten. Man müsse handeln, so faßte Goebbels die Pläne Hitlers zusammen, „koste es was es wolle, und zwar lieber durch eine großzügige Improvisation als durch eine allzu systematische Arbeit, die zu spät einsetzt und die Dinge in Italien allzu sehr [sich] festigen läßt"[86].

Der von Hitler mit der Durchführung des äußerst riskanten Unternehmens „Schwarz" beauftragte Fliegergeneral Student sah sich freilich in Italien bald einer Reihe von Schwierigkeiten gegenüber, die seinen Tatendrang schnell dämpften. Enno von Rintelen, der deutsche Militärattaché in Rom, und Vizeadmiral Friedrich Ruge, Befehlshaber des deutschen Marinekommandos in Italien, quittierten die Befehle, die Student aus dem Führerhauptquartier mitbrachte, im vertrauten Kreis nur mit einem Kopfschütteln, und selbst der vorsichtige Kesselring ließ sich zu der Bemerkung hinreißen: „So wird man zu einem Räuberhauptmann."[87] Ohne das Kommandounternehmen offen abzulehnen, machten sie doch immer neue Gründe geltend, die gegen die Durchführung von „Schwarz" sprachen und nur schwer zu widerlegen waren: Mit einem Schlag gegen Rom, so argumentierten sie vor allem, bringe man die italienischen Streitkräfte und die Bevölkerung gegen sich auf. Die Konsequenzen daraus seien für die deutschen Truppen in Süditalien sehr einschneidend; ihre Versorgung könne nicht mehr gewährleistet werden, die schon beschlossene Räumung Siziliens und Sardiniens werde behindert, ja es drohe sogar der Verlust der dort kämpfenden deutschen Truppen. Die vorgesehenen Maßnahmen, so fügte Ruge diesen militärischen Erwägungen noch hinzu, würden „Deutschland vor der Geschichte belasten, ohne eine entsprechende Wendung der Lage herbeiführen zu können".[88]

Da auch Jodl, Dönitz und Rommel vor übereilten Schritten warnten, wurde das Unternehmen „Schwarz" schließlich verschoben. Ausschlaggebend dafür war, daß man in Rom offensichtlich Wind von den deutschen Absichten bekommen und sowohl den Regierungssitz als auch den Quirinalspalast in streng bewachte

---

[85] Heiber, Hitlers Lagebesprechungen, S. 316. Zur Reaktion Hitlers auf den Sturz Mussolinis vgl. auch Jonathan Steinberg, Deutsche, Italiener und Juden. Der italienische Widerstand gegen den Holocaust, Göttingen 1992, S. 201–203.

[86] Goebbels-Tagebücher, Teil II, Bd. 9, S. 185 (Eintrag vom 28. 7. 1943); vgl. auch Heiber, Hitlers Lagebesprechungen, Abendlage, 25. Juli, S. 316, 2. Abendlage, S. 328f., Mittellage, 26. Juli, S. 346.

[87] Zit. nach Plehwe, Als die Achse zerbrach, S. 151. Vgl. auch Albert Kesselring, Soldat bis zum letzten Tag, Bonn 1953, S. 233; Schreiber, Die italienischen Militärinternierten, S. 49–56.

[88] Zit. nach Josef Schröder, Italiens Kriegsaustritt 1943. Die deutschen Gegenmaßnahmen im italienischen Raum: Fall „Alarich" und „Achse", Göttingen/Zürich/Frankfurt a.M. 1969, S. 248; vgl. auch Enno von Rintelen, Mussolini als Bundesgenosse. Erinnerungen des deutschen Militärattachés in Rom 1936–1943, Tübingen/Stuttgart 1951.

Festungen verwandelt hatte, und die Einsicht, daß die faschistische Partei als Trägerin eines von deutscher Hand wiedererrichteten Regimes nicht in Frage kam. Das „faschistische Metall", auf welches Hitler zunächst noch große Hoffnungen gesetzt hatte, erwies sich als nicht hart genug, und Männer wie Farinacci waren, wie Goebbels rasch erkannte, „für uns im großen Stil kaum zu gebrauchen"[89]. Ohne den Duce, das drang schließlich auch Hitler zu Bewußtsein, war ein Schlag gegen Badoglio sinnlos.

Das hieß nun nicht, daß auch die Vorbereitungen für das Unternehmen „Schwarz" abgeblasen worden wären. Nach wie vor beschattete die SS die Mitglieder der italienischen Regierung, nach wie vor bereiteten sich Students Fallschirmjäger auf einen Einsatz vor, und auch die Vertreter der NSDAP bemühten sich weiter fieberhaft, mit kooperationswilligen Faschisten in Kontakt zu treten. Noch Mitte August, als die Ausführung des Unternehmens schon unwahrscheinlich geworden war, herrschte eine so gespannte Atmosphäre, als stünde der Putsch kurz bevor. „Auch heute Abend", so vertraute ein deutscher Offizier am 13. August seiner römischen Freundin an, „sind im Park der Botschaft die Führer der SS, unter ihnen Kappler und die Fallschirmjäger von Student, zusammengekommen, um über die Modalitäten [des Putsches], die Liste der Personen, die sofort verhaftet werden sollten (es scheinen mehr als 300 zu sein), und um darüber zu diskutieren, wie die königliche Residenz, der Vatikan etc. in Brand gesteckt werden können."[90]

Mochte der Putschversuch nun Realität oder eine Erfindung Badoglios gewesen sein: Bis Mitte August 1943 wäre ein energisches Vorgehen der italienischen Regierung gegen zahlreiche hochrangige Faschisten äußerst riskant gewesen, hätte es doch die gerade begonnenen Verhandlungen mit dem Deutschen Reich über einen Kriegsaustritt Italiens belasten und den Deutschen sogar einen Vorwand für ein Eingreifen in Italien liefern können. Am 23. August aber, als Badoglio seine groß angelegte Verhaftungsaktion startete, hatte sich die Lage grundlegend geändert. Badoglio hatte mittlerweile die Hoffnung auf eine Einigung mit Hitler aufgegeben, er setzte nun auf einen Waffenstillstand mit den Alliierten. Der italienische Regierungschef hatte damit keinen Grund mehr, auf die Deutschen Rücksicht zu nehmen; hätten sie in Rom geputscht, so hätte niemand von einem „Verrat" Italiens sprechen können, auch wären die Waffenstillstandsverhandlungen zwischen den Alliierten und dem Abgesandten Badoglios vielleicht sogar erleichtert worden. Umso mehr mußte Badoglio nun – da Italien im Begriffe war, die Seite zu wechseln – aber daran gelegen sein, sich den Alliierten als Mann zu präsentieren, dessen politische Grundüberzeugung mit ihren Plänen im Einklang stand. Der Schlag gegen die Faschisten konnte hierbei gewiß nicht schaden.

[89] Goebbels-Tagebücher, Teil II, Bd. 9, S. 177 (Eintrag vom 27. 7. 1943).
[90] Zit. nach Guspini, L'orecchio del Regime, S. 238 f.; vgl. auch Plehwe, Als die Achse zerbrach, S. 145–153; Deakin, Brutale Freundschaft, S. 562–570; Schröder, Italiens Kriegsaustritt 1943, S. 196–326; Hagen, Geheime Front, S. 399; Leonardo Simoni, Berlino. Ambasciata d'Italia 1939–1943, Rom o.D., S. 403, 408 f.

3. Plan und Praxis: Die alliierte Säuberung in Sizilien

Italien – so viel war Badoglio sicherlich bekannt – war in den Planungen der alliierten Stäbe lange vernachlässigt geblieben[91].Von einigen meist einflußlosen Emigranten abgesehen, fand es in Washington und London kaum jemand der Mühe wert, die Ursachen von Aufstieg und Fall des Faschismus in Italien zu analysieren. In den Schubladen fanden sich deshalb nur wenige Studien, aus denen sich Maßstäbe für das spätere Vorgehen der Militärregierung in Italien gewinnen ließen. Italien stand hier ganz im Schatten Hitler-Deutschlands, dessen zu äußerster Kraftentfaltung fähiges Herrschaftssystem – anders als der im Vergleich dazu gemäßigte Faschismus – als die eigentliche tödliche Bedrohung der westlichen Welt betrachtet wurde und deshalb ganze Abteilungen im State Department und im Foreign Office zu lebhaftem Nachdenken über die „deutsche Gefahr" und vor allem auch über die Frage veranlaßte, welche Konsequenzen zu ziehen seien, um ihr neuerliches Aufleben zu verhindern. Selbst in Hollywood, dessen Filmindustrie seit dem Kriegseintritt der Vereinigten Staaten keine Gelegenheit verstreichen ließ, Japaner und Deutsche als Spione, Mörder und Fanatiker auf die Leinwand zu bannen, fühlte sich niemand aufgerufen, aus dem italienischen Faschismus Kapital zu schlagen[92].

Erst als Roosevelt und Churchill Anfang Januar 1943 in Casablanca das Unternehmen „Husky", die Landung alliierter Streitkräfte auf Sizilien, beschlossen, begann in Washington und London eine hektische Debatte über die Grundsätze alliierter Besatzungspolitik und über Struktur und Aufgaben der Militärregierung, die in Italien zum Einsatz kommen sollte. Das erste greifbare Ergebnis dieser vor allem von Eisenhower forcierten Planungen war am 1. Mai 1943 die Festlegung personeller Verantwortlichkeiten und die Gründung von „Allied Military Government of Occupied Territory" (AMGOT). An der Spitze der gesamten alliierten Militärverwaltung stand Feldmarschall Sir Harold Alexander als Militärgouverneur von Sizilien, der nur Eisenhower gegenüber verantwortlich war[93]. Sein Chief Civil Affairs Officer, Lord Francis James Rennell Rodd, ein 1895 geborener, in Eton und Oxford ausgebildeter Banker und Diplomat, wurde zum Chef von AMGOT ernannt. Er hatte sich dafür durch Expeditionserfahrungen in der südlichen Sahara und langjährige Tätigkeit in der Zivilverwaltung im Mittleren Osten und in Ostafrika empfohlen.

AMGOT bestand in Sizilien aus etwa 440 Offizieren und „460 other ranks". Nur wenige dieser Männer waren schon in Nordafrika dabeigewesen und hatten

[91] Vgl. James Edward Miller, The United States and Italy, 1940–1950. The politics and diplomacy of stabilization, Chapel Hill/London 1986, S. 40 f.; Elena Aga-Rossi, L'Italia nella sconfitta: politica interna e situazione internazionale durante la seconda guerra mondiale, Neapel 1985, S. 92 f., 100–104, 113; Churchill an Roosevelt, 26. 7. 1943, in: FRUS, 1943, II, S. 332–335; David W. Ellwood, L'alleato nemico. La politica dell'occupazione anglo-americana in Italia 1943–1946, Mailand 1977, S. 245–260; Lamberto Mercuri, 1943–1945. Gli alleati e l'Italia, Neapel 1975.

[92] Vgl. Gregory Dale Black, The United States and Italy, 1943–1946. The Drift toward Containment, University of Kansas 1974, S. 12–14.

[93] Vgl. Charles R.S. Harris, Allied Military Administration of Italy, London 1957, S. 4; vgl. auch Memorandum von CAD/War Department (Hilldring) über Allied Military Government, o.D., in: NA, RG 165, CAD 091.1.AMG.

so wenigstens eine gewisse Vorstellung, was Militärregierung in der Praxis hieß. Das Gros aber kam frisch aus den Vereinigten Staaten und Großbritannien und hatte in den Ausbildungsstätten Charlottesville und Wimbledon nur eine Art Kurztraining absolviert[94]. Sie wurden deshalb vor ihrem Einsatz in Sizilien in Trainingscamps im 30 Meilen südlich von Algier gelegenen Chrea und in Tizi Ouzou, einem gottverlassenen Ort östlich von Algier, geschickt, wo sie in improvisierten Schnellkursen über Land und Leute den letzten Schliff erhielten[95].

Die Gründung und personelle Besetzung von AMGOT war in Washington und London ebenso unumstritten wie die Entscheidung, die Militärregierung in Sizilien zu je gleichen Teilen mit britischen und amerikanischen Offizieren zu bestreiten, die Besatzungsverwaltung mithin zu einer gemeinsamen Aufgabe der beiden westlichen Alliierten zu machen. Heftige Meinungsverschiedenheiten aber bestanden hinsichtlich der Frage, welche der beiden Nationen sich in Italien als „senior partner" betrachten und welche sich mit der Rolle des „junior partner" begnügen sollte. Für Harold Macmillan, den Repräsentanten der britischen Regierung im Mittelmeerraum, stand außer Frage, wo die Führung lag: Die Vereinigten Staaten seien das „neue römische Reich", und „wir, die Briten müssen ihnen, wie einst die Griechen, beibringen, wie man es macht"[96]. Für ebensoviel Konfliktstoff sorgte die Frage, ob das besetzte Sizilien von alliierten Offizieren verwaltet werden sollte („direct rule") oder ob die Alliierten sich bei der Verwaltung der Insel auf italienische Behörden stützen sollten („indirect rule"). In Washington neigte man eher dem Konzept des „direct rule" zu, um die Militärregierung vor den Gefahren einer engen Kooperation mit einheimischen politischen Kräften zu schützen, über deren politische Vergangenheit man nicht genügend wußte. In London hingegen ernteten solche Vorstellungen nur Kopfschütteln. „Ich bin sicher", so schrieb Churchill am 10. Juni 1943 an Roosevelt, „daß es ein Fehler wäre, diese ganzen Plätze mit Hunderten von britischen und amerikanischen Gauleitern zu überschwemmen, und seien diese noch so guten Willens und gut vorbereitet."[97]

Auch in der Frage der Entfaschisierung tat man sich schwer, eine gemeinsame Linie zu finden. Der amerikanische Präsident, aufgeschreckt durch den Pressewirbel um die Darlan-Affäre, die seine Regierung viele Sympathien in der liberalen Öffentlichkeit gekostet hatte, sprach sich dafür aus, „reinen Tisch" zu machen[98]; alle Mitglieder der Partei, und nicht nur die „höheren Parteibonzen", wie das State Department vorschlug, sollten aus verantwortlichen Stellen entfernt werden. Zu einer Präzisierung oder gar zu weiter gehenden Maßnahmen konnte sich freilich auch Roosevelt nicht entschließen, weil er auf die nach Millionen zählende, überaus konservativ gestimmte italo-amerikanische Minderheit in den Vereinigten Staaten Rücksicht nehmen mußte, deren Meinungsführer aus ihrer philofaschistischen Einstellung nie ein Hehl gemacht hatten. Churchill hingegen hielt eine tiefgreifende politische Säuberung in Italien für unnötig, ja für schädlich. Ihm lag vor

[94] Vgl. Harris, Allied Military Administration of Italy, S. 24f.
[95] Ebenda, S. 25.
[96] Zit. nach Eric Steven Edelman, Incremental Involvement: Italy and United States Foreign Policy, 1943–1948, Yale University 1981, S. 28.
[97] Zit. nach Harry L. Coles/Albert K. Weinberg, Civil Affairs: Soldiers become Governors, Washington 1964, S. 173.
[98] Miller, The United States and Italy, S. 41; vgl. auch Aga-Rossi, L'Italia nella sconfitta, S. 102.

allem daran, die Achse zu sprengen, Mussolini zu Fall zu bringen und Italien zum Kriegsaustritt zu zwingen. Umfangreiche Personalentlassungen in der Verwaltung oder die Bestrafung von Steigbügelhaltern, Nutznießern und Mitläufern würden ein Chaos verursachen. Die Kriegsanstrengung der Alliierten, so Churchill in Übereinstimmung mit den War und Navy Departments, würde damit erheblich behindert, die Militärregierung im besetzten Italien vor unüberwindliche Schwierigkeiten gestellt[99].

Für manche dieser Probleme, die im ersten Halbjahr 1943 in Washington und London die Gemüter erregten, fand sich in der für die Militärverwaltung in Sizilien grundlegenden Direktive der Combined Chiefs of Staff vom 28. Juni 1943 eine einvernehmliche Lösung. „Es soll eine Militärverwaltung geben", so hieß es in Anspielung auf die Debatte um „senior" und „junior partner", „die in jeder Hinsicht ein gemeinsames Unternehmen ist. An Hauptquartieren und Standorten der Militärregierung sollen sowohl die amerikanische als auch die britische Flagge gehißt werden." Die Militärregierung sollte „gegenüber der Zivilbevölkerung wohlwollend" sein; auch darüber hatten zwischen der britischen Regierung, die die Militärregierung zur Strenge verpflichten wollte, und der amerikanischen Regierung, die zur Milde riet, zunächst Meinungsverschiedenheiten bestanden. „Es soll der einheimischen Bevölkerung klar gemacht werden, daß die militärische Besetzung das Ziel verfolgt: 1. das Volk vom faschistischen Regime zu befreien, das es in den Krieg geführt hat, und 2. Italien als freie Nation wiederzuerrichten."[100]

Auf einen salomonischen Kompromiß hatte man sich in der Streitfrage „direct" oder „indirect rule" geeinigt, indem man ihre Lösung dem Oberbefehlshaber überließ. Ähnlich leicht machten es sich die Planer der Combined Chiefs of Staff auch mit der Passage über die politische Säuberung, in welcher von Roosevelts Rigorismus nur noch Spuren übriggeblieben waren. Die Faschisten seien Gangster, die die Macht an sich gerissen hätten, das italienische Volk hingegen gleiche einem „braven Jungen, der sich mit einer Bande von Verbrechern eingelassen hat"[101]. So schlicht wie diese in amerikanischen Zeitungen am Vorabend der Invasion in Sizilien oft zu findende Vorstellung vom Faschismus war auch das alliierte Sofortprogramm zur politischen Säuberung. Es gelte, so lautete die Quintessenz der CCS-Direktive, die Gangster zu vertreiben, der „brave Junge" werde sich dann schon wieder artig betragen: „Die faschistische Partei wird sofort aufgelöst. Die gesamte Führung der faschistischen Partei [...] von der Spitze bis zu den örtlichen Parteichefs", so hieß es in Anlehnung an die Forderung des State Department, die Roosevelt keine drei Monate zuvor noch erheblich verschärft hatte, „wird aus allen verantwortlichen Positionen entfernt". Führende Faschisten, „pro-Nazi Partisanen" und „Kriegsverbrecher, die von den Vereinten Nationen angeklagt sind", sollten interniert werden[102]. Demokratisierungs- und Umerziehungsprogramme, wie sie zwei Jahre später im besetzten Deutschland mit einigem Erfolg zur Anwendung kamen, oder strukturelle Weichenstellungen in zentralen gesellschaftlichen und staatlichen Bereichen wie im Erziehungs- oder Pressewesen, um die ita-

---

[99] Vgl. Miller, The United States and Italy, S. 40f.
[100] Direktive vom 28. 6. 1943, in: Coles/ Weinberg, Civil Affairs, S. 177–179.
[101] Black, The United States and Italy, S. 13.
[102] Direktive vom 28. 6. 1943, in: Coles/Weinberg, Civil Affairs, S. 177–179.

lienische Gesellschaft gegen ein Wiederaufleben des Faschismus zu immunisieren, wurden zunächst nicht einmal ins Auge gefaßt[103].

Dies zeigte: Anders als in Deutschland rangierten politische Säuberung und Umerziehung im Prioritätenkatalog für die Militärregierung in Italien nicht an erster Stelle. Das oberste Ziel sei es, so hieß es in der CCS-Direktive, für ein reibungsloses Funktionieren der örtlichen Verwaltung zu sorgen, um so den „Commander in Chief von allem Ärger und allen Sorgen bezüglich der Zivilbevölkerung zu befreien"[104]. Damit hatten die Offiziere der Militärregierung zunächst alle Hände voll zu tun. Sizilien war von den Alliierten vor der Invasion unter Dauerfeuer genommen worden, zahlreiche Städte waren schwer zerstört, viele Menschen hatten sich auf das Land geflüchtet. „In vielen Fällen war alles, was die Maschinerie eines modernen Lebens ausmacht, verschwunden", berichtete ein Offizier nach Washington, „es gab keine Regierung, keine Polizei, keine Lebensmittelversorgung, kein Wasser, kein elektrisches Licht, kein Transportwesen und keinen organisierten Gesundheitsdienst. All das mußte von Grund auf reorganisiert werden, außerdem mußten die Toten begraben, die Straßen von Schutt befreit, Wasser und Lebensmittel herangebracht werden, etc."[105]

„Mit einem Wort", so ließen sich die ersten Erfahrungen in Sizilien zusammenfassen, „alles mußte gemacht werden und es gab in der Regel wenig, womit man es hätte tun können."[106] Die Arbeit der alliierten Offiziere litt darunter, daß es Wochen dauerte, bis die Einheiten, die man für den Einsatz in Sizilien vorgesehen hatte, vollzählig waren; ihre Ausrüstung, namentlich Jeeps und Lastkraftwagen, ließ oft noch länger auf sich warten. Auch die Proklamationen und General Orders, die die Bevölkerung mit den Grundregeln der Besatzungsherrschaft bekannt machen sollten, waren anfangs nicht in genügender Zahl vorhanden. Auf den Text dieser wichtigen Bekanntmachungen hatte man sich nämlich erst kurz vor Beginn der Operation „Husky" einigen können; er mußte dann von Italo-Amerikanern, die natürlich keinerlei Übung bei der Übersetzung von offiziellen Dokumenten hatten, ins Italienische übertragen werden. In der Eile blieb manche klare Formulierung auf der Strecke. In einer Proklamation hieß es etwa, daß Ausgehverbot von Sonnenaufgang bis Sonnenuntergang bestehe. „Das wurde erst entdeckt, als die Proklamation in Pantelleria angeschlagen worden war. [...] Alle Kopien mußten eingestampft und neu gemacht werden."[107]

Außerdem war AMGOT, und das verschärfte die anfänglichen Schwierigkeiten noch, ein Fremdkörper im Gefüge der Armee, „dessen Funktionen und ‚raison d'être' von der kämpfenden Truppe weder geschätzt noch verstanden wurden. Die erste Aufgabe war deshalb, AMGOT zu ‚verkaufen'."[108] Vor allem die 7. US-Armee, die neben der 8. britischen Armee die Hauptlast des alliierten Feldzuges in

---

[103] Zur Situation im besetzten Deutschland siehe den Überblick von Wolfgang Benz, Erzwungenes Ideal oder zweitbeste Lösung? Intentionen und Wirkungen der Gründung des deutschen Weststaates, in: Ludolf Herbst (Hrsg.), Westdeutschland 1945–1955. Unterwerfung, Kontrolle, Integration, München 1986, S. 135–146.
[104] Wie Anm. 102.
[105] Holmes an Hilldring, 18. 8. 1943, in: Coles/Weinberg, Civil Affairs, S. 198.
[106] Ebenda, S. 188.
[107] Memorandum für den Direktor, CAD, 21. 12. 1943, in: NA, RG 165, CAD O91.1.AMG.
[108] Memorandum von Spofford, 22. 9. 1943, in: Coles/Weinberg, Civil Affairs, S. 198.

Sizilien trug, hielt die Einrichtung einer Militärregierungsorganisation für eine
krasse Fehlentscheidung, über die sie sich durch den Aufbau einer eigenen Militärregierung in Teilen Siziliens auch eigenmächtig hinwegsetzte[109]. Die Militärregierungsoffiziere stießen so nicht selten auf taube Ohren, etwa wenn sie Fahr-
zeuge und Benzin forderten, denn alles war vom streng militärischen Standpunkt
aus wichtiger als die Anliegen der Civil-Affairs-Truppe, die ihre Existenzberechtigung erst noch beweisen mußte[110].

Gleichwohl gerieten auch in den turbulenten ersten Wochen alliierter Besatzungsherrschaft in Sizilien die Erfordernisse der politischen Säuberung nicht ganz
in Vergessenheit. Zu den ersten Maßnahmen gehörte überall die Auflösung der
Partei und der faschistischen Gewerkschaften und ein generelles Betätigungsver-
bot für faschistische Organisationen. „Niemand darf [...] ein öffentliches oder pri-
vates Treffen der faschistischen Partei oder irgendeiner Organisation, die sie ersetzen soll, initiieren, fördern oder besuchen", hieß es etwa in der entsprechenden
Proklamation der Militärregierung[111]. Außerdem leitete die Militärregierung die
ersten Verhaftungsaktionen von als gefährlich eingestuften Faschisten ein. Die
Durchführung lag beim amerikanischen Counter Intelligence Corps (CIC) und
dessen britischem Pendant, dem Field Security Service (FSS), die dafür eigens
schwarze Listen vorbereitet hatten. Hilfe von italienischer Seite hatten sie dabei
ebensowenig zu erwarten wie die Polizei bei der Suche nach „mafiosi". Fast alle
weigerten sich, Hinweise auf prominente Faschisten zu geben, um nicht in den
Verdacht des Denunziantentums zu geraten. Auch die Vertreter der politischen
Parteien, die bald wieder von sich reden machten, und die Kirche zeigten sich wenig kooperationsbereit. Im Gegenteil: Prominente Kirchenführer wie Kardinal
Lavitrano von Palermo setzten sich immer wieder für die Freilassung von Faschisten ein und plädierten dafür, einen Strich unter die Vergangenheit zu ziehen[112].
Ende August saßen so nicht mehr als etwa 1500 führende Faschisten in schnell ein-
gerichteten Internierungslagern oder in den überfüllten Gefängnissen der Insel[113].

Zielstrebiger gingen die alliierten Offiziere bei der Überprüfung der Präfekten
und Bürgermeister der größeren Städte vor. Ende August 1943, als die Vorbereitungen für den Sprung der Alliierten auf das italienische Festland auf Hochtouren
liefen, war die Spitze aller neun Präfekturen Siziliens neu besetzt; der Präfekt von
Catania hatte sein Heil in der Flucht gesucht, alle übrigen waren von den alliierten
Offizieren entfernt und vorübergehend inhaftiert worden. Auch die „podestà",
die von oben eingesetzten Bürgermeister, wurden – soweit sie sich nicht wie die
Bürgermeister von Palermo und Catania mit den deutschen Truppen auf das Festland abgesetzt hatten – entlassen[114].

Die Suche nach Ersatz für die Entlassenen gestaltete sich in der Regel schwieriger als die Militärregierung erwartet hatte. „Mehr als die Hälfte der erwachsenen
Bevölkerung Siziliens besteht aus Analphabeten", so faßte Lord Rennell die

[109] Vgl. Harris, Allied Military Administration of Italy, S. 27 f.
[110] Ebenda, S. 27.
[111] AMGOT Proclamation 7, in: Coles/Weinberg, Civil Affairs, S. 391 f.
[112] Vgl. Harris, Allied Military Administration of Italy, S. 61.
[113] Vgl. Ellwood, L'alleato nemico, S. 248; Harris, Allied Military Administration of Italy, S. 41 und
    49.
[114] Ebenda, S. 41.

Schwierigkeiten zusammen, „und in vielen der abgelegeneren Gemeinden war die Auswahl für Ehrenämter gering. Außerdem waren Sizilianer von einigem Ansehen, gleich welcher politischen Orientierung, überaus selten, die sich bereit zeigten, auch durch die Übernahme von Arbeit und Verantwortung – statt nur durch Ratschläge und Kritik – mitzuarbeiten. Die Mehrzahl der Gemeinden ist durch persönliche Eifersüchteleien und Fehden zerrissen und tat sich daher schwer, bei Namensvorschlägen Übereinstimmung zu erzielen. Da die Leute lauthals forderten, den faschistischen Podestà loszuwerden, machten viele meiner Offiziere den Fehler, den auszusuchen, der sich selbst am lautesten anpries, oder einfach dem Vorschlag ihrer selbsternannten Dolmetscher zu folgen, die im Lauf eines Aufenthalts in den USA etwas Englisch gelernt hatten."[115] Mißgriffe blieben so ebensowenig aus wie später im besetzten Deutschland, sie waren aber spektakulärer als in Deutschland, denn manche Offiziere „ernannten eine Reihe von Mafia-‚Bossen' oder erlaubten es diesen ‚Bossen', gefügige Strohmänner vorzuschlagen"[116].

Solche in der britischen und amerikanischen Öffentlichkeit begierig aufgenommenen Vorkommnisse setzten die Militärregierung in Sizilien von Beginn an in ein schiefes Licht. Lord Rennell, der Chef von AMGOT, war sich dessen durchaus bewußt, und ihm war auch klar, daß er sich wegen der geringen Zahl von Entlassungen und Verhaftungen kritische Fragen würde gefallen lassen müssen. „Welche Kritik auch daran geübt werden mag, daß nicht mehr Leute sofort festgesetzt wurden", so rechtfertigte er als rechtsstaatliche Behutsamkeit, was von vielen als unverantwortliche Nachsicht angesehen wurde, „so bin ich doch davon überzeugt, daß es richtig ist, weiterhin Unerwünschte Woche für Woche auszujäten, statt auf der Grundlage ungenügender Informationen umfassende Verhaftungen vorzunehmen und dann harmlose Personen wieder freilassen zu müssen. Die Erwartung eines unausweichlichen Gerichts hat allgemein eine größere moralische Wirkung als unterschiedloses Vorgehen mit dem Risiko von Rückziehern."[117]

Daß die Bilanz der ersten Wochen so mager ausfiel, lag freilich nicht nur an der Bedächtigkeit der alliierten Offiziere, sondern auch am geringen Grad der Faschisierung Siziliens. Wie alles, was vom Festland kam, war dort auch der Faschismus mit großer Skepsis aufgenommen worden. In die festgefügte, streng hierarchisch gegliederte Gesellschaft mit ihren vielfältigen klientelaren Strukturen hatte er trotz mancher energischer Versuche Mussolinis, etwa die Mafia zu zerschlagen und damit ein wichtiges Bindeglied des Klientelismus zu schwächen, erst vergleichsweise spät einzudringen vermocht. Die Zustimmung zum Regime beruhte hier, wie im gesamten Mezzogiorno, selbst in den Jahren des Konsenses eher auf Opportunismus und verordnetem Konformismus als auf echter Überzeugung, und folgerichtig war auch der Typus des verbohrten, ideologisch gefestigten Fanatikers viel seltener als im Norden. „Der Faschismus war nicht nur tot, es gab keine Überreste zu begraben – nichts, was man unter die Erde hätte bringen können"[118], diese auf

[115] Ebenda, S. 63.
[116] Bericht von Rennell, 8. 8. 1943, in: Coles/Weinberg, Civil Affairs, S. 210; Ellwood, L'alleato nemico, S. 247. Vgl. zu den Problemen in Sizilien auch das Memorandum für den Direktor der Civil Affairs Division über Notes on the Operations of AMG in Sicily and Italy, 21. 12. 1943, in: NA, RG 165, CAD 091.1. AMG.
[117] Bericht von Rennell, 2. 8. 1943, in: Coles/Weinberg, Civil Affairs, S. 195.
[118] Harris, Allied Military Administration of Italy, S. 48.

Sizilien gemünzte Feststellung in der halboffiziellen Geschichte der „Allied Military Administration of Italy 1943–1945" enthält neben aller Beschönigung ein Körnchen Wahrheit. Der Militärregierung blieb in Sizilien, so könnte man etwas zugespitzt formulieren, nur die undankbare Aufgabe, im Heer der nominellen Faschisten die wenigen wirklich Belasteten zu finden. Hier war Behutsamkeit tatsächlich eher am Platz als ein säuberungspolitisches Hauruck-Verfahren.

Dennoch haben die ersten Säuberungsmaßnahmen der Militärregierung in Sizilien ihre Wirkung nicht verfehlt. Sie bewirkten selbstverständlich keinen revolutionären Bruch mit der Vergangenheit, setzten aber doch ein deutliches antifaschistisches Signal, das vor allem einer nicht übersehen haben wird: Badoglio. Der greise Marschall ließ sich über die Vorgänge in Sizilien genauestens informieren und wußte nun, daß die Alliierten ihren oft und oft bekundeten Antifaschismus wirklich ernst meinten. Die Verhaftungsaktion vom 23. August sollte Badoglio also nicht nur vor der Entlassung durch den König bewahren und sein Ansehen im Lager des Antifaschismus heben, sondern zugleich das einseitige Bild revidieren, das man sich in der westlichen Öffentlichkeit von ihm machte. Dort erschien Badoglio nun tatsächlich nicht mehr nur als zweifelhafter Sieger von Abessinien und opportunistischer Nutznießer des Faschismus, sondern als dessen entschlossener Gegner, der ähnlichen politischen Maßstäben verpflichtet war wie die Alliierten selbst. Dieser Imagewechsel vertrieb die Schatten von Darlan, die seit dem Sturz von Mussolini alle Spekulationen über den Kriegsaustritt Italiens und die Waffenstillstandsverhandlungen verdüsterten. „Es gibt hier einige streitsüchtige Leute", schrieb Roosevelt am 30. Juli 1943 an Churchill, „die sich darauf vorbereiten, Krach zu machen, wenn wir den Anschein erwecken, daß wir das Haus Savoyen oder Badoglio anerkennen. Es sind dieselben Elemente, die wegen Nordafrika einen solchen Wirbel gemacht haben."[119] Nach dem 23. August brauchte sich der amerikanische Präsident solche Sorgen (vorübergehend) nicht mehr zu machen.

Badoglio ging so gestärkt aus der selbstinszenierten oder wirklichen Krise hervor. Er hatte die Entlassungspläne des Königs durchkreuzt und sich im antifaschistischen Lager und bei den Alliierten Pluspunkte erworben. Mochte der König weiterhin grollen und im Kreise der Vertrauten seinem Unmut freien Lauf lassen, innenpolitisch gab es seit dem 23. August 1943 keine Alternative mehr zu ihm. Auch von seiten der Alliierten war die Stellung Badoglios nicht bedroht. Erfolg und Mißerfolg ihres Konzeptes, das auf den Kriegsaustritt Italiens und die Eröffnung eines neuen, für die Deutschen äußerst kräftezehrenden Kriegsschauplatzes zielte, hingen in starkem Maße davon ab, ob sich in Italien eine Regierung fand, die ähnliche Zielsetzungen verfolgte und stark genug war, einmal eingegangenen Waffenstillstandsverpflichtungen Geltung zu verschaffen. Badoglio schien Garant für beides, und die Alliierten zögerten deshalb auch nicht, ihn durch die Aufnahme von Waffenstillstandsverhandlungen gewissermaßen mit der diplomatischen Akkreditierung zu versehen, die für seine Karriere als Politiker nicht weniger bedeutsam war als der Auftrag zur Regierungsbildung, den ihm der König am 25. Juli erteilt hatte.

---

[119] Zit. nach Edelman, Incremental Involvement, S. 81.

Badoglios Schachzug vom 23. August könnte genial genannt werden, hätte er damit nicht nur seine eigene Stellung gefestigt, sondern auch die schwierige Lage, in der Italien sich seit dem Sturz Mussolinis befand, zum Besseren verändert. Das war freilich nicht der Fall. „Wir befinden uns zwischen Hammer und Amboß und unsere Unentschlossenheit hat unweigerlich zur Folge, daß wir sowohl von den Alliierten als auch von den Deutschen geschlagen werden", so die klassische Analyse Bonomis vom 2. August 1943[120]. Die Waffenstillstandsverhandlungen mit den Alliierten hatten Ende des Monats noch immer zu keinem greifbaren Ergebnis geführt. Die italienische Regierung wollte mittlerweile zwar, wie Eisenhower in seinen Memoiren schrieb, „mit aller Gewalt kapitulieren"[121]. Sie war aber noch keineswegs bereit, sich der unconditional surrender-Formel, auf welche sich Roosevelt und Churchill in Casablanca geeinigt hatten, zu unterwerfen, ehe sie nicht die sichere Gewißheit hatte, daß gleichzeitig mit der Kapitulation alliierte Invasionstruppen an Land gingen, die die Regierung Badoglio und Rom vor den deutschen Truppen schützen konnten[122]. Wäre diese Bedingung erfüllt worden, hätte die italienische Regierung gewiß auch bedingungslos kapituliert.

Die Verhandlungen standen so mehrmals am Rande des Abbruches. Erst als es der italienischen Regierung nach langen und kontroversen Diskussionen endlich gegeben war, die Ausweglosigkeit ihrer Lage zu erkennen, und erst als die Alliierten die Forderung nach bedingungsloser Kapitulation mit der mündlichen Versicherung abschwächten, daß die Waffenstillstandsbedingungen in dem Maße gelockert würden, wie Italien die alliierten Kriegsanstrengungen zu unterstützen vermochte, wurde Einigkeit erzielt. Am 3. September 1943 schließlich, mehr als zwei Wochen nach Beginn der Verhandlungen, setzten die Abgesandten Eisenhowers und Badoglios, Walter Bedell Smith und Giuseppe Castellano, ihre Unterschrift unter die Waffenstillstandserklärung[123].

Selten wohl befand sich eine Regierung in einer so ungewissen und prekären Lage wie die Regierung Badoglio nach dem 3. September. Sie hatte den Waffenstillstand unterzeichnet, ohne zu wissen, wo die alliierten Truppen landen würden: in der Nähe von Genua, wie die Illusionisten prophezeiten, bei Rom, wie die Optimisten meinten, oder an der Stiefelspitze, wie die Skeptiker befürchteten? Über den Zeitpunkt der Landung wußte sie ebenfalls nicht mehr, als daß sie innerhalb der nächsten Wochen erfolgen sollte. Und auch die Stärke der alliierten Invasionstruppen war ihr nicht bekannt. Noch größeres Kopfzerbrechen bereitete der italienischen Führung aber die mittlerweile auf eine Stärke von vier Generalkommandos mit 17 Divisionen angewachsene Streitmacht Hitler-Deutschlands, die noch die ganze Halbinsel kontrollierte. Würde sie sich nach der Kapitulation Italiens bis zum Po zurückziehen oder jeden Quadratmeter italienischen Bodens verteidigen? Welches Schicksal erwartete Badoglio, der noch am 3. September dem deutschen Botschafter in Rom, Rudolf Rahn, versicherte: „Ich habe mein

---

[120] Bonomi, Diario di un anno, S. 53 (Eintrag vom 2. 8. 1943).
[121] Eisenhower, Kreuzzug, S. 225.
[122] Ebenda.
[123] Vgl. Castellano, Come firmai l'armistizio; Text des Waffenstillstandes, in: La Nascita della Repubblica. Mostra storico-documentaria a cura dell'Archivio Centrale dello Stato, Rom 1987, S. 58. Vgl. auch Elena Aga Rossi, Una nazione allo sbando. L'armistizio italiano del settembre 1943, Bologna 1993.

Wort gegeben, und ich stehe zu meinem Wort."[124] Die italienische Regierung war
nach dem 3. September vor Panik wie gelähmt und sah dem Tag der Verkündigung
des Waffenstillstandes untätig entgegen.

Am 8. September 1943 hatte die Zeit der Ungewißheit ein Ende. Nachdem der
Versuch Badoglios, noch in letzter Sekunde die Bekanntgabe des Waffenstillstandes zu verschieben, von Eisenhower brüsk abgelehnt worden war, unterbrach der
italienische Rundfunk um 19.43 Uhr sein Programm. Rundfunksprecher Giovan
Battista Arista, der eben noch einen Schlager angekündigt hatte, lenkte nun das
Interesse seiner Zuhörer auf eine wichtige Meldung. „Die italienische Regierung",
so begann Badoglio mit rauher Stimme, „hat die Unmöglichkeit erkannt, den un-
gleichen Kampf gegen die Übermacht der Gegner fortzusetzen, und hat in der
Absicht, dem Volk weiteres und schwereres Unglück zu ersparen, General Eisenhower, den Oberkommandierenden der alliierten anglo-amerikanischen Streitkräfte, um Waffenstillstand gebeten. Die Bitte ist erfüllt worden."[125]

Eine solche Nachricht war seit längerem erwartet worden, dennoch schlug sie
wie eine Bombe ein. Die Verkündigung des Waffenstillstandes und die gleichzei-
tige Landung der Alliierten in der Bucht von Salerno, also sehr viel weiter südlich,
als die Optimisten gehofft hatten, trafen vor allem die italienischen Streitkräfte
völlig unvorbereitet. Von der Regierung fast ganz im unklaren darüber gelassen,
wie sie sich gegenüber den Truppen des ehemaligen Achsenpartners verhalten
sollte, brach die italienische Armee am 8. September, dem dunkelsten Tag der italienischen Militärgeschichte, einfach zusammen. „Ein neues Caporetto, nur hun-
dertmal, nein tausendmal schlimmer."[126] Von den 1,7 Millionen Italienern, die zu
diesem Zeitpunkt unter Waffen standen, lieferten sich viele alliiertem Gewahrsam
aus, andere suchten ihr Heil in der Flucht oder gingen zu den Partisanen über.
Mehr als eine Million Soldaten wurde von der Wehrmacht entwaffnet, 800 000 davon gefangengenommen und interniert[127]. Die Entwaffnung der desorientierten
italienischen Truppen vollzog sich meist reibungslos, nur in einigen wenigen Regionen, in denen draufgängerische jüngere Offiziere die Initiative an sich rissen,
kam es zu blutigen Zusammenstößen mit der Wehrmacht, so in Rom, das nach
heftigen Gefechten schließlich am 10. September kapitulieren mußte.

Der König, Badoglio, zwei Minister und einige Generäle, die im Morgengrauen
des 9. September aus der Hauptstadt geflohen waren, um sich dem drohenden Zugriff der Wehrmacht zu entziehen, befanden sich unterdessen bereits im süditalienischen Brindisi, wo sie das unter alliiertem Protektorat stehende, nur vier Provinzen umfassende „Königreich des Südens" errichteten – am 10. September, einem Freitag. Das verhieß nichts Gutes, meinten viele abergläubische Italiener[128].

---

[124] Rudolf Rahn, Ruheloses Leben. Aufzeichnungen und Erinnerungen, Düsseldorf 1949, S. 228. Zur
     Präsenz der Wehrmacht in Italien vgl. Schreiber, Die italienischen Militärinternierten, S. 78.
[125] Badoglio, Italien im Zweiten Weltkrieg, S. 98. Vgl. auch Zangrandi, 1943, S. 27.
[126] Silvio Bertoldi, Contro Salò. Vita e morte del Regno del Sud, Mailand 1984, S. 17. Vgl. dazu auch
     Pasquale Chessa (Hrsg.), Renzo De Felice. Rosso e Nero, Mailand 1995, S. 37–44.
[127] Vgl. Schreiber, Die italienischen Militärinternierten, S. 230 ff.; ders., Militärinternierte-italienische
     Kriegsgefangene in Deutschland, in: Rudolf Lill (Hrsg.), Deutschland-Italien 1943–1945. Aspekte
     einer Entzweiung, Tübingen 1992, S. 95–138.
[128] Vgl. Bertoldi, Contro Salò, S. 12.

Halbherzigkeit, Rigorismus und Zerfahrenheit

Dreierlei Abrechnung im faschistischen, alliierten und königlichen Italien (September 1943 bis Juni 1944)

1. Drei Tage im September

Am Abend des 11. September, drei Tage nach seiner schmählichen Flucht aus Rom, meldete sich König Vittorio Emanuele III. in der Politik zurück. „Um die Hauptstadt zu retten und um meinen Pflichten als König genügen zu können", so sagte er in Radio Bari, „habe ich mich mit der Regierung und mit der militärischen Führung an einen anderen Ort auf dem heiligen und freien Boden des Vaterlandes begeben. Italiener, was auch kommen möge, ich verlasse mich auf Euch, so wie Ihr auf Euren König zählen könnt, der zu allen Opfern bereit ist. Gott schütze Italien in dieser schweren Stunde."[1]

Der König war im Morgengrauen des 9. September über die einzige noch passierbare Ausfallstraße, die Via Tiburtina, aus der von der deutschen Wehrmacht fast ganz eingeschlossenen Hauptstadt geflohen und hatte sich Richtung Pescara an der Adriaküste abgesetzt. Dort war er an Bord der Korvette Baionetta gegangen, die ihn nach einer abenteuerlichen Kreuzfahrt in das süditalienische Brindisi brachte. An Bord der Baionetta hatte sich eine illustre Gesellschaft versammelt: Königin Elena, Kronprinz Umberto und ein kleiner Hofstaat mit Herzog Acquarone an der Spitze, einige Dutzend Generäle aller Waffengattungen und natürlich Ministerpräsident Badoglio, der von einer Rumpfregierung aus zwei Ministern begleitet wurde; die übrigen Kabinettsmitglieder hatte man von der Flucht erst gar nicht benachrichtigt, mancher war auch in Rom geblieben, entschlossen, lieber dem Feind zu trotzen, als sich auf eine ebenso ungewisse wie unehrenhafte Flucht einzulassen.

Was sie in Brindisi, der verschlafenen Provinzstadt am Stiefelabsatz, erwartete, stand weder dem König noch seinem Ministerpräsidenten vor Augen. Befand sich die Stadt noch in der Hand der deutschen Wehrmacht, und war die Flucht also vergeblich gewesen? Stand Brindisi schon unter der Kontrolle der alliierten Streitkräfte, und drohte ihnen nach der bedingungslosen Kapitulation nun das Schicksal der Kriegsgefangenschaft? Sorgen und Ängste, die sich in solchen Fragen äu-

---

[1] Die Erklärung findet sich in: Mercuri, 1943–1945, S. 121.

ßerten, wichen bald großer Erleichterung. Die Stadt war frei von fremden Truppen, Brindisi war eine der wenigen Städte Italiens, in denen sich König und königliche Regierung noch als Herren im eigenen Land fühlen, oder zugespitzter ausgedrückt, wo sie sich nach dem Verlust der Hauptstadt, dem Untergang der Streitkräfte und der faktischen Teilung des Landes in alliierte und deutsche Besatzungszonen wenigstens noch die Illusion von der ungebrochenen Kontinuität der staatlichen Souveränität bewahren konnten. Die unbesetzte kleine Hafenstadt war die
letzte Zufluchtstätte für den König. In den zurückliegenden hundert Jahren waren
die Hauptstadt des Königreichs Italien und der Sitz des Hauses Savoyen immer
weiter nach Süden gerutscht: von Turin über Florenz nach Rom und nun nach
Brindisi an die äußerste Peripherie. Würde hier das zweite Risorgimento seinen
Anfang nehmen? Oder sollten sich nun, so spät noch, die bedrückenden Worte
bewahrheiten, die Maria Clotilde von Savoyen 1870 an Vittorio Emanueles Vater
gerichtet hatte: „Weggehen, wenn das Land in Gefahr ist, bleibt auf ewig eine
Schande und eine Schmach. Wenn Du weggehst, bleibt uns nichts mehr, als uns zu
verstecken."[2]

Ähnlich ungewiß war die Zukunft von Benito Mussolini, der am 12. September,
einen Tag nach der Radioansprache des Königs, auf die politische Bühne zurückkehrte, von der er zehn Wochen zuvor gestoßen worden war. Der faschistische
Diktator war nach seinem Sturz zunächst in einer Carabinieri-Kaserne in Rom inhaftiert, dann auf die Insel Ponza und schließlich auf La Maddalena an der Nord-
spitze Sardiniens gebracht worden[3]. Mussolini hatte schon durch seine bloße Existenz die Regierung Badoglio von einer Verlegenheit in die andere gestürzt. Den
prominenten Häftling einfach an die Wand zu stellen, ihm den Prozeß zu machen
oder ihn an die Alliierten auszuliefern – solche Schritte verboten sich schon aus
Rücksicht auf den deutschen Achsenpartner, der jede Maßnahme gegen Mussolini
als Verrat am Bündnis interpretiert hätte. In deutsche Hände durfte der Duce freilich ebensowenig fallen, drohte dann doch eine Wiederbelebung des Faschismus
von außen. Die Regierung wußte nicht, was sie mit ihm anfangen sollte und entschied sich deshalb dafür, Mussolini im Sporthotel Campo Imperatore am Fuße
des Gran Sasso zu verstecken. Dort oben ging am Nachmittag des 12. September
eine deutsche Fallschirmjäger-Einheit nieder und befreite Mussolini aus dem Gewahrsam der ob der Waghalsigkeit der deutschen Soldaten wie gelähmten italienischen Wachen. Der SS-Offizier Otto Skorzeny, der dem Unternehmen gewissermaßen als Beobachter beigegeben war, brachte Mussolini noch am selben Tag
nach Wien. Von dort telefonierte der Duce mit Hitler, der seinen alten politischen
Lehrmeister beschwor, seinen angestammten Platz in der großen Politik nicht länger verwaist zu lassen[4].

Mussolini täuschte sich aber nicht darüber, daß er keine große Zukunft mehr
hatte. Er stand eigentlich nur noch vor der Wahl, sich in das Privatleben zurückzuziehen und das Feld fanatischen Faschisten vom Schlag eines Farinacci zu überlassen oder sich – als Statist an der Seite Hitlers – an die Spitze einer schon beste-

[2] Zit. nach Bertoldi, Contro Salò, S. 7.
[3] Vgl. Denis Mack Smith, Mussolini. Eine Biographie, München/Wien 1983, S. 443; Christopher
     Hibbert, Mussolini, Frankfurt a.M./Bonn 1963, S. 198–216.
[4] Vgl. Kuby, Verrat auf deutsch, S. 261 f.; Kirkpatrick, Mussolini, S. 507.

henden provisorischen faschistischen Regierung zu setzen, deren raison d'être in seinen Augen nur darin bestehen konnte, Schlimmeres zu verhüten, die deutschen Besatzungsambitionen zu dämpfen und ein kleines Stück staatlicher Souveränität zu behaupten.

Wenig spricht dafür, daß es Mussolini tatsächlich danach drängte, wieder in seine alte oder in eine Nebenrolle zu schlüpfen. „Wenn ein Mann mit seinem System zusammenbricht, ist der Sturz endgültig, besonders, wenn der Mann über 60 Jahre alt ist", schrieb er in tagebuchartigen Skizzen, die auf Ponza und La Maddalena entstanden und später mit dem Titel „Pontinische und sardische Gedanken" publiziert wurden. Aber er wurde von Hitler gedrängt und schließlich sogar mit der Drohung erpreßt, Italien schlimmer zu behandeln als Polen, wenn er sich weigerte, seinen alten Platz einzunehmen. Hitler hatte Mussolinis Befreiung ja nicht etwa aus Freundschaft, sondern des puren Nutzens wegen betrieben, den er sich von Mussolini an der Spitze eines neofaschistischen Staates versprach. Hätte er Italien ganz deutscher Besatzungsherrschaft unterworfen, wie es seine in engen militärischen Kategorien denkenden Generäle empfahlen, die freie Hand wollten, so hätte er beträchtlichen Widerstand provoziert – gegen die Präsenz deutscher Truppen und gegen die Ausbeutung des Landes, die nach dem 25. Juli anzulaufen begann. Mit Mussolini als gebändigtem Partner hatte Hitler zumindest die Gewähr, daß, überspitzt formuliert, von Italienern verübt, was von Deutschen verlangt wurde[5].

Mussolini gab schließlich nach, so daß am 23. September 1943 in Rom – unter der Schirmherrschaft der Deutschen und in Abwesenheit des Duce – die Bildung einer neuen italienischen Regierung und die Schaffung eines neuen republikanischen Staatsgebildes bekanntgegeben werden konnten[6]. Im Namen des neuen Staates deutete nichts darauf hin, daß er sich auf die faschistische Vergangenheit berief; Mussolini selbst hatte dafür plädiert, den Begriff „Faschismus" fallenzulassen, weil er bei seinen Landsleuten unselige Erinnerungen wecken würde, und ihn durch „sozial" zu ersetzen, weshalb der neue Staat „Repubblica Sociale Italiana" hieß. Die Kompetenzen der Regierung, die sich nach einigem Hin und Her in Salò am Westufer des Gardasees ansiedelte, waren zunächst noch ganz unbestimmt. Sicher war nur, daß die nordöstlichen Alpengebiete nicht zum neuen Staatsgebilde gehörten. Sie erhielten einen Sonderstatus und wurden deutschen Gauleitern unterstellt. Im übrigen von der Wehrmacht kontrollierten Italien mußte es sich im täglichen Umgang mit deutschen Stellen erweisen, wie es um die Souveränität der „Repubblica Sociale" bestellt war.

Die deutsche Beihilfe zur Staatsgründung und das in der bald gängigen Bezeichnung Republik von Salò anklingende Diminutiv haben die Vorstellung genährt, Mussolinis neuer Staat sei nichts weiter gewesen, als ein von außen stabilisiertes, eigener Fundamente entbehrendes Duodez-Fürstentum am Gardasee.

---

[5] Das Zitat aus „Pontinische und sardische Gedanken" stammt aus Kuby, Verrat auf deutsch, S. 257; zur Problematik der Motive Mussolinis für seine Rückkehr in die Politik vgl. vor allem Renzo De Felice, Mussolinis Motive für seine Rückkehr in die Politik und die Übernahme der Führung der RSI (September 1943), in: Lill, Deutschland-Italien 1943–1945, S. 38–50.
[6] Vgl. Mack Smith, Mussolini, S. 446; Kirkpatrick, Mussolini, S. 513; Deakin, Brutale Freundschaft, S. 567; Rahn an AA, 22. 9. 1943, in: ADAP, Serie E, Bd. VI, S. 576 f.

Käme die Realität dieser Vorstellung tatsächlich nahe, so wären viele und gerade auch die blutigsten Kapitel der Abrechnung mit dem Faschismus unerklärlich, die von unvorstellbaren Grausamkeiten und brutalen Willkürakten handeln. Daß – aus der Sicht der Resistenza – die Liste der „conti aperti" (offenen Rechnungen) im Norden und in Mittelitalien – also auf dem Gebiet der 1944/45 eroberten Republik von Salò – so lang war, daß der Abrechnungsbedarf hier ungleich größer war als im Süden, das lag zu einem erheblichen Teil daran, daß der Faschismus viele Menschen auch nach dem Sturz Mussolinis nicht gleichgültig ließ. Um die Republik von Salò scharten sich nämlich beileibe nicht nur Fanatiker und Desperados, die längst alle Brücken hinter sich abgebrochen hatten, oder Opportunisten, Nutznießer und Mitläufer aus Bürokratie und Industrie, denen oft auch kaum eine andere Wahl geblieben war, als sich mit dem neuen Regime zu arrangieren. Die Republik und die radikalisierte Form des Faschismus zogen neben einer großen Zahl von Achsen-Gläubigen, die es nicht über sich brachten, den deutschen Bündnispartner zu verlassen, vor allem jugendliche Idealisten an, „die das Ende ihrer Hoffnungen, den Zusammenbruch eines Regimes [...] mit Abscheu erlebten und die das zynische Doppelspiel der Monarchie und Badoglios ebenso als Beleidigung empfanden wie das, was als Verrat der Verpflichtungen gegenüber dem deutschen Bündnispartner erschien, die gerade erst bekräftigt worden waren"[7]. Diese jungen, zum äußersten entschlossenen Burschen dachten gar nicht daran, ihre faschistischen Grundsätze über Bord zu werfen und sich auf die Seite des alten monarchischen Staates zu stellen, der ihnen als verachtungswürdiges Relikt einer überlebten Welt erschien, in der Verrat, Korruption und feiger Biedersinn regierten.

Ungleich selbstbewußter als die beiden fragilen Regierungen in Salò und Brindisi konnte die kleine Mannschaft aus alliierten Offizieren und Zivilisten auftreten, die am frühen Nachmittag des 13. September 1943, 24 Stunden nach der Befreiung Mussolinis, auf dem Flugplatz von Taranto einer Flying Fortress entstieg. „Eine große Zahl von Soldaten der italienischen Luftwaffe lief herbei und eine aufgeregte Unterhaltung begann. Wir fühlten uns ungefähr wie die Entdecker eines neuen Kontinents – mit Eingeborenen, die gestikulierten und in einer fremden Sprache plapperten", so schrieb einer der Beteiligten in sein Tagebuch. Keiner der vier Männer sprach mehr als einige Brocken Italienisch. General Max Taylor hatte immerhin einen Schnellkurs in zwanzig Lektionen absolviert und hielt sich deshalb in den ersten Gesprächen wesentlich besser als Harold Macmillan, der abwechselnd „Guten Tag" und „Deutsche weg" hervorbrachte. Sir Noel Mason-MacFarlane komplettierte zusammen mit Robert Murphy das alliierte Quartett. Er hatte gerade eine Gelbsucht überwunden und war entsprechend übler Laune. Wie fast alle britischen Offiziere verachtete er die Italiener. „Diese Schweinehunde haben jahrelang versucht, uns reinzulegen," knurrte er, „und nun seht sie euch an."[8]

Die kleine Crew war vom Oberkommandierenden der alliierten Streitkräfte im Mittelmeerraum ausgeschickt worden, um zu klären, ob man weiter mit der aus

[7] Amendola, Lettere a Milano, S. 176f.; Sardi, ... Ma, S. 49f.
[8] Harold Macmillan, War Diaries. Politics and War in the Mediterranean: January 1943-May 1945, London 1985, S. 215f. (Eintrag vom 13. 9. 1943); Robert Murphy, Diplomat unter Kriegern. Zwei Jahrzehnte Weltpolitik in besonderer Mission, Berlin 1965, S. 243.

Rom geflohenen und nun anscheinend in Brindisi residierenden Regierung Badoglio rechnen konnte. Als die Entscheidung für die Invasion des italienischen Festlandes gefallen war, hatte man in den alliierten Planungsstäben mit zwei Alternativen gerechnet, die jeweils unterschiedliche Formen der Militärregierung erforderten: Würde Italien, so die ungünstige Annahme, an der Seite Hitler-Deutschlands weiterkämpfen und mußte das Land Stück für Stück erobert werden, so
würden die eroberten Provinzen wie Sizilien von AMGOT mit erheblichem Per-
sonalaufwand regiert werden. Sollte Italien aber kapitulieren, so galt es, eine personell wesentlich kleinere Kontrollkommission ins Leben zu rufen, die die Erfüllung des Waffenstillstandes überwachen, die Verwaltung des Landes aber der italienischen Regierung überlassen sollte[9].

Am 13. September war die Wirklichkeit über die Planungen längst hinweggegangen. Italien hatte kapituliert, aber die Kämpfe gingen weiter. Die Regierung
war im Amt geblieben, hatte aber fast schon den Charakter einer Exilregierung, so
weit war sie an den Rand des nationalen Territoriums gedrängt worden. Macmillan und Murphy, die beiden politischen Köpfe im alliierten Hauptquartier, ver-
ständigten sich deshalb mit Eisenhower darauf, zunächst einmal eine Militärmission zu bilden und zum Sitz der Regierung Badoglio zu entsenden, wo sie die politischen Absichten, die Bündnisfähigkeit, die Moral, kurz: die Brauchbarkeit der
Regierung für alliierte Zwecke erkunden sollte[10]. Über Inhalt und Verlauf der Gespräche, die in Brindisi geführt wurden, und über die Schlüsse, die die alliierten
Kundschafter daraus zogen, geben Macmillans Tagebücher und Memoiren zuver-
lässig Auskunft. „Die Gesellschaft von Brindisi kann man schwerlich als Regierung bezeichnen", so seine Eindrücke. „Die Charaktere der Männer, die wir bisher gesehen haben, wecken eher Sympathie als Vertrauen. Sie sind alt und einfalls-
los. Der König […] ist ineffektiv; der Marschall hat Mut und ein hohes Pflichtgefühl, aber er hat seine beste Zeit längst hinter sich. Der Rest sind gewöhnliche
Leute, ziemlich mittelmäßige Berufssoldaten. Sie hassen die Deutschen, fürchten
sie aber gleichermaßen […]. Es herrscht eine Atmosphäre von feinem Defätis-
mus."[11] MacFarlane gar hielt den König für „gaga" und Badoglio für einen „ge-
scheiterten Soldaten"[12].

Freilich, der alliierten Militärmission blieb auch nicht verborgen, daß die Regierung in Brindisi einen kaum zu überschätzenden Vorzug hatte: „Ihre Wichtigkeit
besteht darin, daß sie einen unbestreitbaren Anspruch auf Legalität hat. Außer der
faschistischen Partei, die jetzt in Deutschland von Mussolini und seiner Bande organisiert wird, hat bisher keine andere Regierung Autorität beansprucht."[13] Das
war das Schlüsselargument, dessen sich Eisenhower bediente, um seine Vorgesetzten in Washington und London zur Fortsetzung und Intensivierung der mit der
Unterzeichnung des Waffenstillstandes begonnenen Zusammenarbeit mit Bado-

---

[9] Vgl. Eisenhower an CCS, 19. 7. 1943, in: Coles/Weinberg, Civil Affairs, S. 223.
[10] Vgl. Ewan Butler, Mason-Mac. The Life of Lieutenant-General Sir Noel Mason-Macfarlane. A
    Biography, London 1972, S. 161; Macmillan, War Diaries, S. 211–223 (Einträge vom 9.9.–17. 9.
    1943).
[11] Ebenda, S. 221 f. (Eintrag vom 16. 9. 1943).
[12] Butler, Mason-Mac, S. 161.
[13] Macmillan, War Diaries, S. 222 (Eintrag vom 16. 9. 1943).

glio zu überreden[14]. Dem alliierten Oberbefehlshaber ging es dabei weniger um den Nutzen einer militärischen Allianz; der würde gering sein: Die italienischen Streitkräfte waren am 8. September zerfallen, die Kampfmoral der wenigen Divisionen, die Badoglio noch zu Gebote standen, gering. Eisenhower lag vielmehr an der Mithilfe der italienischen Regierung bei der Aufrechterhaltung von Ruhe und Ordnung hinter der Front und der Verwaltung der befreiten Gebiete; dafür war er sogar bereit, der gerade zur bedingungslosen Kapitulation gezwungenen Regierung Badoglio den Status des „co-belligerent" einzuräumen. „Die legale Regierung [...] des Königs und von Badoglio zu akzeptieren und zu stärken", sei die eine Möglichkeit. „Diese Regierung beiseite zu wischen, eine Militärregierung [...] zu errichten und die damit verbundenen schweren Verpflichtungen auf sich zu nehmen", die andere, den alliierten Zielsetzungen sehr viel abträglichere Möglichkeit. „Von diesen zwei Alternativen empfehle ich aus militärischen Gründen nachdrücklich die erste", betonte er am 20. September in einem Schreiben an die Combined Chiefs of Staff[15].

Bei Churchill, der schon beim Abschluß des Waffenstillstandes eine gehörige Portion Pragmatismus bewiesen hatte, stieß Eisenhower mit diesem Vorschlag offene Türen ein[16]. In Washington aber zögerte man, denn ein beträchtlicher Teil der liberalen Öffentlichkeit und einflußreiche Kräfte im State Department, die eine demokratische Erneuerung Italiens im Auge hatten, taten sich schwer mit Badoglio und dem König. Ihnen widerstrebte der Gedanke, so hatte Harry Hopkins vor Abschluß des Waffenstillstandes argumentiert, „daß diese früheren Feinde ihre Meinung ändern können, wenn sie merken, daß sie besiegt werden, und sich auf unsere Seite schlagen und Hilfe bekommen können, um ihre politische Macht zu erhalten". Es sei leicht, den König und Badoglio zu stützen und sie damit faktisch anzuerkennen, aber „schrecklich schwer, sie später wieder loszuwerden"[17].

Im Konflikt zwischen amerikanischem Idealismus und britischem Realismus, der sich wie ein roter Faden durch die Geschichte der gemeinsamen Besatzungspolitik in Italien zog, gaben die Empfehlungen Eisenhowers den Ausschlag. Roosevelt verschloß sich ihnen kaum je, zumal dann nicht, wenn der alliierte Oberbefehlshaber seinen Vorschlägen mit dem Hinweis auf militärische Notwendigkeiten Nachdruck verlieh. „Unter der Bedingung, daß sie den Deutschen den Krieg erklärt", so hieß es in einem mit Churchill abgestimmten Schreiben Roosevelts an Eisenhower vom 22. September, „wird der gegenwärtigen Regierung von Italien erlaubt, [...] weiter als Regierung von Italien zu fungieren. Als solche wird sie als mitkriegführend im Krieg gegen Deutschland behandelt."[18] Die königliche Regierung in Brindisi hatte somit den Test auf Brauchbarkeit, den die alliierte Militärmission ihr auferlegte, bestanden. Ihr wurde zunächst in den vier apulischen Provinzen Lecce, Taranto, Bari und Brindisi ein gewisses Maß an Souveränität eingeräumt, die sie unter der Kontrolle und Anleitung der alliierten Militärmission,

[14] Vgl. Eisenhower an CCS, 18. 9. 1943, in: Coles/Weinberg, Civil Affairs, S. 231.
[15] In: Ebenda, S. 232.
[16] Zur Haltung Churchills vgl. Albert N. Garland/Howard McGaw Smyth, Sicily and the Surrender of Italy (in: United States Army in the World War II, The Mediterranean Theater of Operations), Washington 1965, S. 544 f.
[17] Zit. nach Edelman, Incremental Involvement, S. 98.
[18] In: FRUS, 1943, II, S. 373.

später der Allied Control Commission, ausüben durfte; zu dieser Kernregion, die
als „Regno del Sud" (Königreich des Südens) in die Geschichte eingegangen ist,
sollten zum frühest möglichen Zeitpunkt weitere befreite Regionen kommen[19].

Die historische Bedeutung des Schreibens von Roosevelt ist kaum zu überschätzen: Es war die Überlebensversicherung für die Regierung Badoglio und die
Geburtsurkunde des „Regno del Sud". Bis zum 22. September stand alles, was in
Brindisi geschah, unter dem Vorbehalt alliierter Zustimmung, ja sogar die Existenz der Regierung Badoglio hing vom Ergebnis des alliierten Tests ab. Seit der
dritten Septemberwoche aber war klar, daß es zwei italienische Regierungen geben würde, die faschistische Regierung von Salò, die am 23. September aus der
Taufe gehoben wurde, und die königliche Regierung in Brindisi. Während die eine
mit dem König und Badoglio Kräfte für ein zweites Risorgimento sammelte, erstrebte die andere mit Mussolini eine Rekonsolidierung des faschistischen Regimes. Hier wie dort mußte „alles aus dem Nichts neu geschaffen werden", wie
Mussolini seinen Getreuen nach seiner Befreiung sagte[20]. Hier wie dort führten
die Regierungen fragile Kümmerexistenzen – mit Ministern ohne Beamte und Generälen ohne Soldaten. Über ihr zukünftiges Schicksal entschied weder die eigene
Regierungskunst noch die Gunst der Bevölkerung. Es entschied sich im Führer-
bunker in Ostpreußen, in Washington und London, vor allem aber auf den
Schlachtfeldern. „Italien, selbst ohne Feuer, befindet sich zwischen zwei Feuern",
so Bottai in seinem Tagebuch – die Zukunftsperspektiven der beiden Regierungen
abwägend. „Die neue Herrschaftsform in Italien wird sich erst nach dem Krieg
herausbilden können, wenn die Erfahrung der Niederlage gemacht sein wird."[21]

Rekonsolidierung des faschistischen Regimes, Neuauflage des Risorgimento im
Zeichen der Monarchie und demokratische Erneuerung nach westlichem Vorbild
– so sehr sich die Konzepte auch unterschieden, die man sich in Salò und Brindisi,
Washington, London und Rastenburg zur Kräftigung und Stärkung Italiens zu-
rechtlegte, in einem waren sich die Protagonisten hier wie dort einig: Ein Um-
oder Neubau konnte nur gelingen, wenn man einen Strich unter die Vergangenheit zog und zumindest diejenigen Repräsentanten des am 25. Juli aus den Angeln
gehobenen Systems in das Abseits stellte, isolierte oder – im Extremfall – liqui-
dierte, von denen aufgrund ihrer politischen Vergangenheit anzunehmen war, daß
sie sich mit den Grundsätzen der neuen Architektur nicht nur nicht aussöhnen,
sondern diese aktiv bekämpfen würden.

2. Abrechnung mit den „Verrätern" in Salò

Der Gedanke an eine Abrechnung mit einem Teil des Faschismus, namentlich mit
den Frondeuren um Grandi, Bottai und Ciano, die Mussolini im Großrat eine
Niederlage beigebracht hatten, aber auch mit den Defätisten und Zauderern, die
eine Mobilisierung des Faschismus behindert hatten, sowie mit manchen satten

---

[19] Vgl. Holmes an Hilldring, 28. 9. 1943, in: Coles/Weinberg, Civil Affairs, S. 229.
[20] Zit. nach Deakin, Brutale Freundschaft, S. 630.
[21] Bottai, Diario 1935–1944, S. 441 (Eintrag vom 25. 9. 1943).

Parteibonzen, die jeden Reformanstoß als Bedrohung ihrer Pfründe empfunden hatten und schließlich zu einer beträchtlichen Belastung des Faschismus geworden waren – dieser Gedanke war dem Duce unmittelbar nach der Nachtsitzung des faschistischen Großrats von seinen Vertrauten nahegelegt worden, und auch in Rastenburg, in den Vier-Augen-Gesprächen mit Hitler und in den Konferenzen im größeren Kreis, erinnerte man ihn ständig an die oberste Verpflichtung gestürzter Revolutionäre, die in den Augen Hitlers und der NS-Führung in der Rache an den Verrätern bestand. „Neuaufbau und Vergeltung" mußten nach deren Auffassung „Hand in Hand gehen".[22]

„Es ist klar", schrieb Goebbels am 23. September 1943 in seinem Tagebuch, „daß der Duce an den Verrätern aus dem Faschismus selbst kein Strafgericht vollziehen kann, wenn er nicht seinen eigenen Schwiegersohn zur Verantwortung ziehen will [...]. Ein Strafgericht an den faschistischen Verrätern ist aber die Voraussetzung eines Wiederaufbaues des Faschismus. Der kleine Faschist im Lande kann nicht an die Redlichkeit eines Neubeginns des Faschismus glauben, wenn die, die den Faschismus in diese lebensbedrohende Krise geführt haben, nicht zur Verantwortung gezogen werden."[23] Mussolini selbst schien sich dieses Zusammenhangs zunächst nicht ganz bewußt zu sein. Er zögerte, sich den Gedanken eines Strafgerichts zu eigen zu machen, und zwar nicht, weil er die dazu nötige Portion brutaler Rohheit nicht besessen hätte, sondern weil er sich wohl selbst noch nicht klar geworden war über die Umrisse des neuen faschistischen Regimes und die innenpolitischen Bündnisse, auf denen es basieren sollte. So weigerte er sich zunächst, in Ciano und Grandi Verräter zu sehen, und spielte zeitweise sogar mit dem Gedanken, seinen Schwiegersohn erneut zum Außenminister zu machen. „Ciano ist vom Duce wieder in Gnaden aufgenommen worden. Damit sitzt der Giftpilz wieder mitten in der neu beginnenden faschistisch-republikanischen Partei [...]. Wenn er [Mussolini] ein Mann von ganz großem revolutionärem Format wäre, so hätte er sich vom Führer die Auslieferung ausbedungen", notierte Goebbels am 23. September, „und ihn persönlich zur Rechenschaft gezogen. Das tut er nun nicht, und er ist deshalb auch in seinem Vorgehen gegen die anderen Verräter des Faschismus außerordentlich gehandicapt."[24]

Auf der anderen Seite war Mussolini aber Realist genug, um zu erkennen, daß er den 25. Juli nicht einfach ignorieren konnte. Er wußte, daß er es schon seinem Mythos schuldig war, die Vorgeschichte des Staatsstreiches zu durchleuchten und Verantwortliche für seinen Sturz namhaft zu machen; nur so konnte er von eigenen Fehlern und Versäumnissen ablenken. „Also Mussolini-Christus", spottete Bottai in seinem römischen Versteck, „Mussolini wie der arme Christus, getäuscht, verraten, nicht nur von einem Judas, sondern gleich von 19 seiner Apostel."[25] Außerdem konnte dem Duce nicht entgangen sein, daß der radikale Flügel des Faschismus um Farinacci und den neuen Parteisekretär Alessandro Pavolini nach Rache lechzte und namentlich den Kopf von Ciano forderte. Und schließlich hatte Mussolini sich in Rastenburg selbst davon überzeugen können, daß Hitler

[22] Deakin, Brutale Freundschaft, S. 634.
[23] Goebbels-Tagebücher, Teil II, Bd. 9, S. 568.
[24] Ebenda.
[25] Bottai, Diario 1935–1944, S. 482 (Eintrag vom 23. 10. 1943).

jedes Zögern als Zeichen von Schwäche ansah. Die Deutschen, so faßte der italienische Botschafter Anfuso die Haltung der Reichsregierung später zusammen, betrachteten die Abrechnung mit den Verrätern als „eine Art Prüfstein der revolutionären Möglichkeiten im republikanischen Italien [...]. Und da man in Deutschland in großen Linien und gemäß einer klaren Weltanschauung denkt, mußten die
Mitglieder des Großrats als warnendes Beispiel nicht nur für die italienischen
Massen, sondern für die Deutschen bestraft werden."[26]

Nimmt man alles zusammen, so lag in der von Mussolini schließlich akzeptierten Forderung Hitlers, Neuaufbau und Vergeltung müßten Hand in Hand gehen,
eine fast unabweisliche Logik, und es überrascht deshalb auch nicht, daß die
Nachricht, Mussolini habe wieder die Führung des Faschismus übernommen, mit
einem Tagesbefehl verknüpft war, der die faschistische Partei dazu aufrief, „eine
Untersuchung gegen diejenigen Genossen einzuleiten, die beim Staatsstreich und
der Kapitulation eine unrühmliche Rolle gespielt hatten"[27]. Die Abrechnung des
Faschismus mit einem Teil seiner selbst, personifiziert in Ciano, der hingerichtet
werden mußte, damit das neue Regime eine Überlebenschance bekam, entsprang
so nicht etwa dem Blutdurst des Duce, wie behauptet worden ist[28], sie gehörte –
wie die Bindung an das Deutsche Reich – zum Wesen der Republik von Salò.

In der ersten Sitzung des neuen Kabinetts am 27. September 1943 deutete der
Duce an, wen er im Auge hatte, wenn er von Vergeltung sprach: „Es ist nicht
daran gedacht, [...], generelle Maßnahmen gegen diejenigen zu ergreifen, die in einem Augenblick unbewußter kindlicher Verirrung glaubten, daß eine Militärregierung am besten geeignet sei, eine Herrschaft mit unbegrenzten Freiheiten zu
errichten. Besondere Maßnahmen werden auch gegenüber jenen nicht ergriffen,
die immer schon mehr oder weniger aktive Antifaschisten gewesen sind und sich
als solche am 26. Juli und danach zu erkennen gaben. Aber es gibt eine andere Kategorie von Menschen, die einer schweren Bestrafung nicht entgehen dürfen. Das
sind alle jene Parteimitglieder, die mit ihrer formalen Mitgliedschaft ihre Falsch-
heit verbargen, die oft viele Jahre lang hohe Ämter bekleideten, Ehren und Beloh-
nungen empfingen, und dann in der Stunde der Prüfung, in den Tagen des Staatsstreiches, zum Feind überliefen. Sie sind mitschuldig an dem Ruin, der über das
Vaterland gekommen ist. Außerordentliche Gerichte in den Provinzen werden
diese Fälle von Verrat und Untreue zur Verurteilung bringen."[29]

Einen Monat später beschloß das Kabinett die Errichtung eines Sondertribu-
nals für die Aburteilung der 19 Hauptverschwörer und die Etablierung außerordentlicher Gerichte auf Provinzebene, die den Auftrag hatten, „zur Verantwortung zu ziehen: a) Faschisten, die den Treueschwur auf die Idee gebrochen haben;
b) diejenigen, die nach dem Staatsstreich vom 25. Juli 1943 in Wort und Schrift
oder anderswie den Faschismus und seine Einrichtungen verleumdet haben; c)
diejenigen, die Faschisten und das Eigentum von Faschisten oder von faschisti-

---

[26] Zit. nach Deakin, Brutale Freundschaft, S. 733.
[27] Zit. nach Kirkpatrick, Mussolini, S. 511.
[28] Vgl. Mack Smith, Mussolini, S. 449.
[29] Protokoll, in: Opera Omnia di Benito Mussolini, hrsg. von Duilio und Edoardo Susmel, Bd. 32:
Dalla liberazione di Mussolini all'epilogo. La Repubblica Sociale Italiana (13 settembre 1943–28
aprile 1945), Florenz 1960, S. 6. Vgl. dazu auch Gloria Gabrielli, La Stampa di Salò e il problema
dell'epurazione, in: Poggio, La Repubblica sociale italiana, S. 170 f.

schen Organisationen oder das Eigentum und die Symbole des Faschismus selbst angegriffen haben."[30]

Parallel zum Aufbau dieser Abrechnungstribunale erfolgten die ersten Verhaftungen, und im Winter 1943/44 saß bereits „eine beachtliche Zahl von kleineren Bonzen sowie Ex-Faschisten und Antifaschisten"[31] im Gefängnis. Aus den Häftlingen, deren Zahl wohl in die Hunderte ging, hätte sich in den besseren Jahren des Faschismus durchaus das eine oder andere Kabinett Mussolini bilden lassen. Unter ihnen waren Achille Starace, der am längsten amtierende Generalsekretär der faschistischen Partei, und einer seiner Nachfolger in diesem Amt, Carlo Scorza, dem man vorwarf, am 25. Juli schmählich versagt zu haben. Hinter Gittern saßen außerdem Zenone Benini, der vor dem Sturz Mussolinis Minister für Öffentliche Arbeiten gewesen war, Renzo Chierici, der ehemalige Polizeichef, und Eugenio Coselschi, der ehemalige Sekretär D'Annunzios und einer der einfallsreichsten Propagandisten des Faschismus. Schließlich hatte die Polizei auch eine Reihe von Senatoren und Präfekten in Gewahrsam genommen[32].

Von den 19 Hauptangeklagten hatten Mussolinis Häscher freilich nur sechs erwischt: den greisenhaften Waffengefährten des Duce aus der Frühzeit des Faschismus, Emilio De Bono, Luciano Gottardi, Faschist der ersten Stunde und Präsident des Industriearbeiterverbandes, den ehemaligen Staatssekretär im Ministerium für das Korporationswesen, Tullio Cianetti, den Minister für Land- und Forstwirtschaft, Carlo Pareschi, sowie den Staatssekretär Giovanni Marinelli. Der prominenteste Häftling war natürlich Galeazzo Ciano, den die faschistische Presse zur Hauptfigur des bevorstehenden Prozesses stilisierte. Ohne ihn hätte niemand im Strafgericht gegen die Verräter den eigentlichen Härtetest für Mussolini erblickt, und ohne Ciano hätte sich kaum jemand in Salò und Rastenburg eine reinigende Wirkung vom Schauprozeß in Verona erwartet.

Der Prozeß gegen die Hauptverschwörer begann am 8. Januar 1944 im Festsaal des Castelvecchio, wo keine zwei Monate zuvor die faschistische Konstituente versucht hatte, dem neuen Regime ein Grundgesetz zu geben. Damals war der Ruf nach „vendetta", vor allem an Ciano, erklungen; jetzt sorgte ein politisches Tribunal dafür, daß er nicht folgenlos blieb. Die Angeklagten hatten keine Chance, ihr Urteil stand von vorneherein fest[33]: Tod durch Erschießen für Ciano, De Bono, Gottardi, Pareschi und selbst für Marinelli, der halb taub war und dem Verlauf der Großratssitzung streckenweise nicht hatte folgen können. Lediglich Cianetti, der noch am 25. Juli sein Votum gegen den Duce brieflich revidiert hatte, kam bei einer Strafe von 30 Jahren Gefängnis mit dem Leben davon. Das Urteil wurde am Vormittag des 11. Januar 1944 auf einem Schießstand in einem Veroneser Vorort vollstreckt[34]. „Die fünf von Verona", so schrieb Bottai, der wie die übrigen abwesenden Mitglieder des Großrates, die am 25. Juli gegen Mussolini gestimmt hatten,

[30] Protokoll der Kabinettssitzung vom 27. 10. 1943, in: Opera Omnia, Bd. 32, S. 12.
[31] Ermanno Amicucci, I 600 giorni di Mussolini. Dal Gran Sasso a Dongo, Rom 1948, S. 93.
[32] Vgl. ebenda und Bottai, Diario 1935–1944, S. 441 (Eintrag vom 25. 9. 1943).
[33] Vgl. Deakin, Brutale Freundschaft, S. 720; Hibbert, Mussolini, S. 251f.; Kuby, Verrat auf deutsch, S. 390; Giovanni Dolfin, Con Mussolini nella tragedia. Diario del Capo della Segreteria particolare del Duce 1943–1944, Mailand 1949, S. 139f. (Eintrag vom 7. 12. 1943).
[34] Vgl. Bericht über die Exekution des Grafen Ciano und Genossen vom 11. Januar 1944, in: ADAP, Serie E, Bd. VII, S. 329f.

zum Tode verurteilt wurde, „wurden einem politischen Plan geopfert, von dem man nicht sagen kann, ob er eher kriminell oder eher naiv ist. Sagen wir: kriminell, weil naiv, insofern, als er weder als Ablenkungsmittel für den Augenblick, noch als Alibi für die Geschichte taugt."[35]

Nach den Hinrichtungen von Verona flaute das Interesse an einer Abrechnung mit den „Verrätern" rasch ab. Mussolini betonte zwar in einem Gespräch mit dem Bevollmächtigten des Großdeutschen Reiches in Italien, Rudolf Rahn, seine Absicht, „auch die schuldigen Industriellen, Generäle und Mitglieder der faschistischen Partei der Bestrafung zuzuführen". Auch diese „müßten für ihr Vergehen bezahlen, wie die verantwortlichen Politiker bereits bezahlt hätten"[36]. Diesen markigen Worten folgten aber meist nur spärliche Taten. Die Sondertribunale, die in den Provinzhauptstädten gebildet werden sollten, kamen in vielen Gegenden gar nicht zustande; in manchen Orten blieb es bei Vorermittlungen, die dann irgendwann versandeten. Eine Ausnahme war das groß angekündigte Verfahren gegen die Spitzen der Streitkräfte, die – so lautete die Anklage – am 8. September versagt hatten oder kampflos zum Feind übergelaufen waren. Um die Jahreswende 1943/44 wurde eine Reihe von Generälen, Admirälen und hochrangigen Offizieren festgesetzt, im Februar folgten einige weitere Verhaftungen. Viele Häftlinge befanden sich zwar bald wieder auf freiem Fuß, und nur in wenigen Fällen kam es zur Eröffnung eines Verfahrens. Immerhin wurden aber vier Admiräle zum Tode verurteilt, zwei Urteile sogar vollstreckt[37].

Hand in Hand mit der justitiellen Abrechnung ging ein umfangreiches personelles Revirement, das viele Rathäuser und Behörden und namentlich die Präfekturen erfaßte. Dabei überraschte es nicht weiter, daß die nach dem 25. Juli von Badoglio ernannten Präfekten ihre Posten wieder räumen mußten. Erstaunlich radikal gingen Mussolini und die Deutschen aber auch gegen jene Präfekten vor, die ihre Ernennung noch dem Duce verdankten, am 25. Juli aber untätig geblieben waren und sich dann mit den neuen Verhältnissen arrangiert hatten. Keiner von ihnen blieb auf seinem Posten, alle mußten ideologisch gefestigteren und durchsetzungsfähigeren Faschisten weichen: Mehr als 50 wurden von der Regierung Mussolini entlassen, über zehn von deutschen Militärbefehlshabern, die damit nachdrücklich unterstrichen, daß sie sich in Italien in ihrer Entscheidungsfreiheit kaum eingeschränkt fühlten[38].

Die Abrechnung mit dem Faschismus gehorchte in der Republik von Salò ganz anderen Gesetzen als im Königreich des Südens und im alliierten Besatzungsgebiet. Während es südlich der Front darum ging, den Faschismus auszutilgen oder dauerhaft zu schwächen, zielte Mussolini auf das Gegenteil, auf eine Kräftigung des Faschismus durch exemplarische Bestrafung von Verrätern und Wankelmütigen. Letztlich aber hatte diese Art der Abrechnung ähnliche Wirkungen wie die Epurazione im Süden: Sie hat den Kreis der faschistischen Aktivisten reduziert,

[35] Bottai, Diario 1935–1944, S. 485 (Eintrag vom 14. 1. 1944).
[36] Rahn an AA, 14. 1. 1944, in: ADAP, Serie E, Bd. VII, S. 333 f.
[37] Vgl. Amicucci, 600 giorni, S. 101.
[38] Zu den Präfekten-Entlassungen vgl. Missori, Governi, Alte Cariche dello Stato e Prefetti; Ministero dell'Interno an Presidente della Commissione (1^A) per l'epurazione del personale, 6. 8. 1944, in: ACS, Alto Commissariato, titolo I, Nr. 1.

durch ihre unnachsichtige Härte vor allem gegen Ciano dem Ansehen der Republik von Salò und Mussolinis beträchtlich geschadet und so die Erosion des Faschismus eher beschleunigt als sie aufzuhalten vermocht. Verbohrte Faschisten und solche, die längst alle Brücken hinter sich abgebrochen hatten, mochten in den Hinrichtungen von Verona einen Beweis der Stärke des Faschismus erblicken. Die breite Masse aber dachte anders, wie gerade der plötzliche Meinungsumschwung im Hinblick auf Ciano bewies. Vor dem Prozeß von Verona geschmäht, sah man in ihm nun ein Opfer faschistischer Intransigenz. Einen, der bereits gefallen ist, hinrichten zu lassen, ist leicht. Politisches Kapital ist daraus aber nicht zu schlagen, wie sich auch hier wieder zeigte.

3. „Defascistization" im Mezzogiorno

Während Mussolini und seine Getreuen in der Republik von Salò versuchten, das Rad der Geschichte zurückzudrehen und dem neuen Faschismus ähnlich große Attraktivität zu verleihen, wie sie der alte in seinen guten Tagen besessen hatte, setzten die Offiziere der alliierten Militärregierung im Süden des Landes ihr auf die Austilgung des Faschismus gerichtetes Säuberungswerk fort, zunächst nur in Sizilien, nach der Landung der alliierten Streitkräfte bei Salerno am 8. September 1943 dann auch südlich der Linie Salerno-Foggia.

In Sizilien hatte sich die alliierte Militärregierung mittlerweile so weit konsolidiert, daß sie nach der wenig zeit- und personalintensiven Erledigung der säuberungspolitischen Grobarbeiten, also der Ausschaltung der als gefährlich eingestuften Faschisten und der Absetzung faschistischer Präfekten und Bürgermeister, an eine systematische Durchprüfung des Heeres der mehr oder weniger aktiven Parteigenossen im öffentlichen Dienst gehen konnte. Daß dieser zweite Schritt sehr viel genauere Kenntnisse von Wesen und Wirklichkeit des Faschismus in Sizilien, eine sehr viel präzisere Definition des Begriffs Faschist und schließlich auch sehr viel größeres Augenmaß erforderte als der erste, bei welchem die Offiziere oft „über den Daumen gepeilte Urteile" fällten[39], darüber herrschte unter alliierten Offizieren kein Dissens. Aber wie konnte man die bisherigen Defizite beheben? Wie sollte man etwa die „unpolitischen Konformisten (die der Partei beitraten, um ihren Job zu behalten)" von den „politischen Opportunisten (die der Partei primär deswegen beigetreten waren, um einen Job zu bekommen)" unterscheiden und diese wiederum von den überzeugten Faschisten, von denen eine ernste Gefahr ausging[40]? Das Datum des Parteieintritts, so die richtige Erkenntnis der Alliierten, die allerdings später im besetzten Deutschland wieder verlorenging, war bei der Beantwortung solcher Fragen nur ein Anhaltspunkt unter vielen, und so herrschten zunächst Ratlosigkeit und auch eine gewisse Untätigkeit in den Reihen der Militärregierung, die sich nicht selten vor die Alternative gestellt sah, „einzelne ungerecht zu behandeln oder überhaupt nichts gegen Personen zu tun,

---

[39] So Raffa an CofS, AFHQ, 1. 11. 1943, in: Coles/Weinberg, Civil Affairs, S. 383.
[40] Ebenda, S. 373.

die wichtige Faschisten gewesen sein können, gegen die aber die Beweislage nicht klar ist"[41].

Selbst unzufrieden mit der Lähmung, die zeitweise alle Abteilungen erfaßte, und auch schon etwas unsicher, weil ihr natürlich nicht verborgen geblieben war, daß die Öffentlichkeit in der Heimat immer ungeduldiger auf Säuberungserfolge wartete, entwickelte die Militärregierung in Sizilien ein objektivierbares neues Verfahren zur Identifizierung und Ausschaltung von Faschisten, das das Bedürfnis nach „uniform criteria" zu stillen versprach, von Säuberungselan zeugte, aber auch das Bemühen um Behutsamkeit verriet. Innovatives Kernstück dieses Verfahrens war ein Vorläufer des später im besetzten Deutschland berühmt-berüchtigten Fragebogens mit 50 Fragen, die sich auf „frühere Parteiverbindungen, Positionen im öffentlichen Dienst, die Laufbahn im Militär, besonders Zurückstellungen, und das Einkommen aus verschiedenen Quellen" bezogen. Der Fragebogen wurde im Herbst 1943 an alle Angehörigen des öffentlichen Dienstes verteilt, die Fragen waren mit Ja oder Nein und unter Eid zu beantworten, das Ergebnis ihrer Auswertung bildete dann die Grundlage der Entscheidung über Verbleib oder Nicht-Verbleib im öffentlichen Dienst[42].

Standardisierung und Bürokratisierung des Verfahrens hatten natürlich ihren Preis. Wie nicht anders zu erwarten, verzögerte sich der Rücklauf der ausgegebenen Fragebögen. Die Daten mußten dann mit den Erkenntnissen alliierter Ermittlungsbehörden, namentlich des CIC und des FSS, verglichen werden, und nicht wenige belastete Faschisten wurden sogar vorgeladen und eingehend befragt, so daß es oft Monate dauerte, bis sich die alliierten Offiziere in der Lage sahen, die ersten Entlassungen auszusprechen. Besonderen Nachdruck legte die Militärregierung auf die zügige Bearbeitung der Fälle aus den Schulen und Universitäten, deren Wiedereröffnung und Erneuerung ganz oben auf der Prioritätenliste rangierten, obwohl gerade diese Bereiche in den Vorbereitungen fast ganz vernachlässigt geblieben waren. Der Education Advisor, Col. G. R. Gayre, ein Gelehrter aus Oxford, war im Herbst 1943 gewissermaßen mit leeren Händen nach Sizilien gekommen, bar jeder Kenntnis des italienischen Erziehungssystems und ohne eine klare Direktive für Entlassungen und Suspendierungen. Gayre war anfangs ganz auf sich allein gestellt, nichts war vorbereitet: Er mußte sich selbst ein Büro suchen, Einrichtungsgegenstände auftreiben und ein Telefon organisieren. Sogar an Papier fehlte es, und es dauerte Wochen, ehe ihm schließlich eine Übersetzerin und ein Mitarbeiter zugewiesen wurden[43].

Wenn sich im Bildungswesen dennoch bald kleine Erfolge einstellten, so lag das vor allem an Gayre und seinem amerikanischen Mitarbeiter Carlton Washburne, einem renommierten, progressiven Pädagogen, der Gayre in puncto Reformeifer und Einsatzbereitschaft in nichts nachstand. „Wir meinen", schrieb Gayre in seinem Tagebuch, das das fast schon missionarische Sendungsbewußtsein der kleinen

---

[41] Ebenda.
[42] Vgl. AMGOT, HQ Sicily, Monatsbericht für September 1943, in: NA, RG 331, Adjutant, box 28, 10000/101/501; Harris, Allied Military Administration of Italy, S. 48; Raffa an CofS, AFHQ, 1. 11. 1943, in: Coles/Weinberg, Civil Affairs, S. 383.
[43] Vgl. Educational Division, Tätigkeitsbericht für September 1943-Februar 1944, in: NA, RG 331, Chief Commissioner, box 33; G. R. Gayre, Italy in Transition. Extracts from the private journal of G.R. Gayre, London 1946, S. 29.

Education-Abteilung widerspiegelte, „daß wir mit unseren Siegen einen neuen Abschnitt im geistigen Leben dieser Menschen bewirken und daß sie das beste verdienen, was wir ihnen geben können."[44] Für Gayre und Washburne waren das keine leeren Worte. „In diesem Monat", so hieß es etwa im Monatsbericht der Militärregierung für Oktober 1943, „wurde ein sehr beachtlicher Fortschritt bei der Säuberung von führenden Faschisten im Erziehungswesen erzielt." Zwar war man noch weit davon entfernt, die Überprüfung der etwa 9000 Lehrer der Insel für abgeschlossen erklären zu können, immerhin aber waren im Oktober 1943 bereits in allen neun Provinzen Siziliens die Schulräte abgelöst[45]. Zwei Monate später waren auch die belasteten „Schulverwalter" aus der faschistischen Zeit ihrer Posten enthoben[46].

Gayre und Washburne verließen sich bei der Überprüfung der Lehrer in Sizilien im übrigen schon frühzeitig auf die Ratschläge von einheimischen Fachleuten, namentlich auf antifaschistische Komitees, die im Herbst 1943 in allen Provinzen Siziliens gebildet wurden und je zur Hälfte aus Vertrauten des neuen Schulrats und aus unbelasteten Repräsentanten der Schulen bestanden. Diesen Komitees oblag neben dem „screening" der Lehrerschaft auch die Revision der alten bzw. die Herstellung von neuen Lehrbüchern – eine Aufgabe, die der Militärregierung fast noch wichtiger zu sein schien als die Überprüfung der Lehrer, „denn erstens können Kinder ohne Lesebücher nicht lesen lernen und zweitens sind die schlecht ausgebildeten italienischen Lehrer vollkommen abhängig von Schulbüchern"[47].

Ähnlich skrupulös wie in den Schulen ging die Militärregierung bei der Säuberung der Hochschulen und Akademien vor. Auch hier richtete sie Säuberungskomitees aus bewährten Antifaschisten ein, und auch hier zielten ihre Maßnahmen zunächst fast ausschließlich auf die maßgeblichen Positionen, deren Inhaber Forschung und Lehre, aber auch das politische Klima an den Universitäten bestimmten. So wurden etwa im Herbst 1943 in allen drei Universitäten der Insel die alten Rektoren vom Dienst entlassen, in Palermo, Catania und Messina außerdem insgesamt 16 Dekane[48]. Die Zahl der Entlassungen unter den einfachen Universitätsprofessoren hielt sich dagegen in engen Grenzen; bis zum Februar 1944 verloren an der Universität Palermo neun Professoren, in Messina einer und in Catania ebenfalls nur einer ihre Lehrstühle, während etwa die Königliche Akademie von Palermo 26 und die Peloritana Akademie von Messina sogar 36 Entlassungen verkraften mußten[49].

Die dadurch entstandenen Lücken füllte die Militärregierung, wo immer möglich, mit unbelasteten Gelehrten aus dem antifaschistischen Lager; ein neuer Rektor etwa war Sozialdemokrat, ein anderer Mitglied der Azione cattolica[50]. Auffal-

---

[44] Ebenda, S. 117f.
[45] Vgl. HQ, AMG, Monatsbericht für Oktober 1943, in: NA, RG 331, Adjutant, box 28, 10000/101/501.
[46] Vgl. HQ, AMG, Monatsbericht für Dezember 1943, in: Ebenda.
[47] Washburne an Gayre, 4. 2. 1944, in: Coles/Weinberg, Civil Affairs, S. 401 f.; Educational Adviser, HQ, AMG: Review of Educational Activities, 4. 11. 1943, in: Ebenda, S. 400 f.
[48] Vgl. HQ, AMG, Monatsbericht für Dezember 1943, in: NA, RG 331, Adjutant, box 28, 10000/101/501.
[49] Educational Division, Tätigkeitsbericht für September 1943-Februar 1944, in: NA, RG 331, Chief Commissioner, box 33.
[50] Vgl. Gayre, Italy in Transition, S. 118.

lend hoch war unter den Neuberufungen auch die Quote der jungen Professoren, was der Militärregierung manche verständnislose Bemerkung eintrug. „Einige der Graubärte hier", schrieb Gayre, „sind ziemlich schockiert über die Berufungen, die wir gemacht haben, weil es so viele sind wie Catinella, Cocchiara, Titone, Montalbano und Restivo, die alle jung sind – nicht über 40 in der Hauptsache. Sie glauben, daß diese Jungen nicht so wichtige Positionen innehaben sollten. Aber ich habe ihnen gesagt, daß ich daran glaube, sie in jungen Jahren zu engagieren. Ich möchte auf keinen Fall solche, die der Vergangenheit angehören, sondern solche, denen die Zukunft gehört, wenn wir eine Wiedergeburt der italienischen Kultur und Wissenschaft erreichen wollen."[51]

Die Säuberungsbemühungen der Militärregierung in Sizilien erschöpften sich darin nicht. Kaum anders agierte sie in den ersten Monaten etwa im Justizwesen, und ähnliche Kriterien lagen ihren Bestrebungen bei der Säuberung der inneren Verwaltung zugrunde. Mit dem partiellen Austausch der Eliten sollte es aber nicht sein Bewenden haben. Solche Maßnahmen drohten viel von ihrer Wirkung zu verlieren oder ganz zu verpuffen, wenn sie nicht von strukturellen Weichenstellungen begleitet waren, wie man in den alliierten Planungsstäben richtig erkannt hatte. Diese hatten sich zwar nicht auf ein umfassendes Neuordnungskonzept für Italien verständigen können, dessen Praxistauglichkeit nun in Sizilien hätte erprobt werden können. Sie hatten die Militärregierung aber zu einer Reihe von die Säuberung flankierenden Reformmaßnahmen verpflichtet, die in Sizilien nun sukzessive eingeleitet wurden. Dazu gehörte etwa die Wiederbelebung und Kräftigung der kommunalen und regionalen Selbstverwaltungsorgane aus der vorfaschistischen Zeit, die nach 1922 dem Gleichschaltungsdruck des Faschismus zum Opfer gefallen waren. In der Giunta Provinciale beispielsweise, einem Referentengremium an der Seite des Präfekten, dem die Beaufsichtigung der Gemeinden oblag, traten angesehene Honoratioren mit makellosem antifaschistischem Leumund an die Stelle von Faschisten. Außerdem wurde die im Faschismus fast ganz ausgeschaltete Giunta Comunale, das Referentenkollegium in den Städten und Gemeinden, ebenso wiederbelebt wie die Deputazione Provinciale, der Exekutivausschuß des Provinzparlaments, und der Consiglio Comunale, der Gemeinderat, wobei die Militärregierung sich hier in der Regel an den Grundsatz hielt: „Niemand, der in der faschistischen Partei ein Amt hatte, ist im Amt eines Bürgermeisters, Ratsherren, Vorsitzenden einer lokalen Verwaltung oder Delegation akzeptabel."[52] Zum ersten Mal seit 20 Jahren, so das überschwengliche Eigenlob der Militärregierung, „bestimmte der Mann auf der Straße, ohne Repressalien befürchten zu müssen, über das Schicksal seiner Stadt oder Provinz mit"[53].

Der Mann auf der Straße honorierte solche Weichenstellungen freilich ebensowenig wie die Erfolge bei der politischen Säuberung – verständlicherweise, denn nach der Etablierung der Republik von Salò und der beginnenden Konfrontation zwischen Faschisten und Antifaschisten wuchs auch in Sizilien die Sensibilität für

---

[51] Ebenda, S. 104.
[52] Sicily Region Official Order 25, 11. 11. 1943, in: Coles/Weinberg, Civil Affairs, S. 285 f.; vgl. auch Harris, Allied Military Administration of Italy, S. 62.
[53] History of Local Government Sub-Commission, 30. 10. 1944, in: Coles/Weinberg, Civil Affairs, S. 287.

die Frage der Säuberung, und immer mehr Menschen wurde bewußt, daß allzu
vieles noch an die faschistische Vergangenheit erinnerte: die vielen kleinen Parteifunktionäre, die ihre Mitmenschen drangsaliert hatten und noch immer frei her-
umliefen, das Heer der Beamten und Angestellten, deren Überprüfung kaum erst
begonnen hatte, die königlichen Carabinieri, an deren Besetzung und Arroganz
sich nicht das Geringste geändert hatte, und die zahllosen Nutznießer aus Ge-
werbe, Handwerk und Industrie, die niemand fragte, ob sie im Schlepptau der
Partei oder durch eigene Leistung zu Wohlstand gekommen waren. Die kleinen
Veränderungen, namentlich das Revirement in manchen Spitzenpositionen, fielen
demgegenüber noch kaum ins Gewicht. Sie drangen auch nicht in das Bewußtsein
der Bevölkerung, die eine rasche Überwindung des Faschismus erwartet hatte,
nun aber mitansehen mußte, wie sich das Alte gegenüber Eingriffen von außen zu
behaupten vermochte. Unmut begann sich in Sizilien auszubreiten, und ein beträchtlicher Teil davon richtete sich auf die Militärregierung, die in allem in Halbheiten steckenzubleiben schien.

Gleichwohl ist die von Juli 1943 bis Februar 1944 während Zeitspanne alliierter Besatzungsherrschaft in Sizilien als die ruhigste Phase in die Geschichte der
Militärregierung in Italien eingegangen. Auf dem Festland, wo sich die Truppen
der 8. britischen und der 5. amerikanischen Armee Anfang September 1943 fest-
setzten und binnen weniger Wochen über Neapel hinaus nach Norden vordran-
gen, sah sich die Militärregierung ganz unerwartet einem Berg von elementaren
Verwaltungsproblemen gegenüber, die sich in ganz anderen Dimensionen präsen-
tierten als in Sizilien und zunächst alles andere, auch die Erfordernisse der politischen Säuberung, in den Hintergrund treten ließen. Hektik und Nervosität bemächtigten sich der alliierten Offiziere, die zu merken schienen, daß sich die un-
genügende Vorbereitung, der Mangel an gut ausgebildetem Personal und die geringe Kenntnis des Landes erst jetzt zu rächen begannen.

Völlig überraschend kam für die Militärregierung etwa der Zustrom einer kaum
überschaubaren Zahl von Flüchtlingen, die Woche für Woche aus dem Operati-
onsgebiet der deutschen Wehrmacht nach Süden flüchteten und auf die Hilfe alliierter Stellen angewiesen waren. Im Frühjahr waren allein im Besatzungsgebiet
der 5. Armee mehr als 200000 Flüchtlinge zu versorgen. So gut wie nichts stand
dafür bereit, weder Notunterkünfte, noch Lebensmittel[54]. Auch die gravierenden
Engpässe in der Versorgung der einheimischen Bevölkerung trafen die Militärregierung völlig unvorbereitet; die alliierten Planer hatten angenommen, Sizilien
und die übrigen Regionen des Mezzogiorno seien autark. Im Winter 1943/44 war
die Hungersnot in manchen Gegenden Lukaniens und Apuliens so groß, daß Re-
volten ausbrachen und General Eisenhower sich zur Herausgabe einer Anweisung gezwungen sah, die bestimmte, „daß in Notfällen der Mindestbedarf an zivilen Gütern auch auf Kosten militärischer Erfordernisse" gedeckt werden sollte[55].
Unterschätzt hatten die Alliierten ferner die Gefahr von Epidemien wie Typhus

---

[54] Vgl. Coles/Weinberg, Civil Affairs, S. 307, und die auf den Seiten 328–333 abgedruckten Dokumente.
[55] Ebenda, S. 307.

und Malaria, die zuweilen mehr alliierte Soldaten außer Gefecht setzten als die feindlichen Kräfte[56].

Die „Aged Military Gentlemen on Tour", wie man die Besatzungsoffiziere in Militärkreisen zunächst spöttisch genannt hatte, sahen sich angesichts solcher Probleme plötzlich von allen Seiten in Anspruch genommen und mußten bei der Lebensmittelbeschaffung, Epidemienbekämpfung und Flüchtlingsbetreuung einspringen, weil die Armee allein nicht mehr zurechtkam. Das hob zwar ihr Ansehen, und niemand wäre um die Jahreswende 1943/44 noch auf den Gedanken gekommen, die Existenzberechtigung der Militärregierung zu bestreiten, wie das zu Beginn des Feldzuges in Italien geschehen war. Die dauernde Einspannung für solche Zwecke lenkte aber andererseits von den politischen Aufgaben der zivilen Militärregierung ab. Hier blieb anfangs vieles liegen. „Daß Lebensmittel für die Zivilbevölkerung der Hauptpunkt im Hinblick auf Erfolg oder Mißerfolg der Militärregierung [...] werden würden, wurde vor der Landung gewiß nicht vorausgesehen," stellte die Militärregierung selbst etwas verwundert fest[57].

Die Militärregierung war freilich selbstkritisch genug, sich einzugestehen, daß sie nicht ganz schuldlos war, wenn in Neapel und den übrigen Regionen des Mezzogiorno die Dinge sich vom Schlechten zum Schlimmen veränderten. Daß sie es nicht verstand, die Schwarzmarktaktivitäten der alliierten Soldaten und die vor allem von GI's angefachte Prostitution, die etwa Neapel in ein einziges Bordell zu verwandeln schien, zu unterbinden, fiel noch nicht einmal am schwersten ins Gewicht. Ihre eigentliche Schwäche lag in der Organisation, die sie den nach der Landung auf dem Festland veränderten Verhältnissen erst nach Monaten der Stagnation anzupassen vermochte. AMGOT hatte das in Sizilien erprobte Modell indirekter Verwaltung zunächst auch auf die befreiten Gebiete des Festlandes übertragen – etwas voreilig, wie sich bald herausstellte, denn die Aufgaben für die Militärregierung waren in Sizilien, wo schon bald wieder so etwas wie Normalität einzuziehen begann, doch andere als in den umkämpften Frontgebieten Kalabriens und Apuliens oder im Duodez-Königreich von Brindisi, wo weniger Verwaltungsgeschick als Fingerspitzengefühl gefordert war. Auch erwies es sich zunehmend als schwieriger, die oft Hunderte von Kilometer voneinander entfernt operierenden Einheiten zu koordinieren. Lord Rennell schlug deshalb im Herbst 1943 vor, AMGOT zu teilen, und zwar in eine Forward-Abteilung, die in den unmittelbar hinter der Front liegenden Regionen eingesetzt werden sollte, und in eine Rear-Areas-Abteilung mit dem Hauptquartier in Palermo[58]. Die Teilung erfolgte Ende Oktober 1943, und wenig später, am 10. November, wurde mit der ACC noch eine dritte Abteilung der Militärregierung ins Leben gerufen[59].

---

[56] Besonders schlimm war die Situation in Neapel. Vgl. Martin Blumenson, Salerno to Cassino (in: United States Army in World War II, The Mediterranean Theater of Operations), Washinton 1969, S. 166; ungezeichnete Relazione sulla missione effettuata a Napoli e Provincia nei giorni 3–4 ottobre 1943, in: ACS, PCM, Gab. 1943–1944, Salerno, busta 11; Norman Lewis, Naples '44, New York 1978; Harris, Allied Military Administration of Italy, S. 85 f.; ACC, Public Health Subcommission, Bericht über Typhus in Neapel, 1943–44, in: Coles/Weinberg, Civil Affairs, S. 323.

[57] Bericht über Civilian Supply in Italian Theater, März–Mai 1944, in: Coles/Weinberg, Civil Affairs, S. 320.

[58] Vgl. Harris, Allied Military Administration of Italy, S. 96 f.; Coles/Weinberg, Civil Affairs, S. 249.

[59] Vgl. dazu die gemeinsame Erklärung von Hull und Eden, 23. 10. 1943, in: Ebenda, S. 245; AFHQ, Administrative Memo, Nr. 74, 2. 11. 1943, in: NA, RG 331, Chief Commissioner, box 28, 10000/

Der Allied Control Commission, die in nuce bereits seit dem 13. September in Gestalt der Militärmission in Brindisi existierte, war von den Combined Chiefs of Staff die Aufgabe übertragen worden, „1. Mit Ihren Befehlen und allgemeinen Direktiven die Kapitulationsbestimmungen durchzusetzen und anzuwenden. 2. Sicherzustellen, daß das Verhalten der italienischen Regierung den Erfordernissen des Landes als einer alliierten Operationsbasis entspricht, insbesondere hinsichtlich des Transport- und Verbindungswesens. 3. Als das Organ zu fungieren, durch das die Politik der Vereinten Nationen gegenüber der italienischen Regierung exekutiert wird und die Beziehungen der Vereinten Nationen zur italienischen Regierung geregelt werden." Die ACC gliederte sich in vier große Hauptabteilungen und 19 Unterabteilungen. An ihrer Spitze stand ex officio der Alliierte Oberbefehlshaber als Präsident[60]. Die eigentliche Leitung dieser neuen Besatzungsbehörde aber lag bei Kenyon A. Joyce, einem schon etwas betagten amerikanischen General, der sich vor allem für Pferde interessierte. „Seine Qualifikationen scheinen absolut Null zu sein", schrieb Harold Macmillan am 15. Oktober 1943. Zwei Wochen später fiel sein Urteil noch vernichtender aus: „General Kenyon Joyce mag das sein, was man ,sehr vornehm' nennt, und er mag mit der ,Pitchley' oder der ,Quorn' oder mit sonstwem Fuchsjagden geritten sein – aber er treibt mich mit der Art und dem Inhalt seiner Konversation fast zum Wahnsinn. Er spricht mit jener irritierenden Bedachtsamkeit, wie sie von manchen Amerikanern geliebt wird. Und wenn er schließlich am Ende eines Satzes anlangt, ist das Ausgedrückte stumpfsinnig, reaktionär, voll der stupiden Selbstzufriedenheit, die unter den alten Militärs häufig anzutreffen ist."[61]

Die Alliierte Kontrollkommission hatte aber auch sonst schwere Mängel, die sich gerade in der Anfangsphase bemerkbar machten. Die weitab vom Schuß in Washington, London und im alliierten Hauptquartier in Nordafrika tätigen Planer hatten nämlich übersehen, daß in Brindisi eine italienische Regierung mit ausbaufähigem Verwaltungsapparat existierte, und eine riesige Besatzungsbehörde geschaffen, die sich nach personeller Stärke und organisatorischem Zuschnitt eher für „direct rule" als für „indirect rule" eignete. „Ich bin sicher, daß es ein Fehler wäre, diese ganzen Plätze mit Hunderten von britischen und amerikanischen Gauleitern zu überschwemmen, und seien diese noch so guten Willens und gut vorbereitet", hatte Churchill in einer Botschaft an Roosevelt gewarnt[62]. Seine Warnung war auf taube Ohren gestoßen, schon im Herbst 1943 gehörten der Control Commission 1500 Offiziere an, die sich im Königreich des Südens fast gegenseitig auf den Füßen standen.

Im Spätherbst 1943 hatte sich so die groteske Lage ergeben, daß drei Militärregierungen existierten: an drei verschiedenen Orten, voneinander unabhängig und jeweils auch anderen militärischen Hierarchien zugeordnet. Das ärgerlichste daran war nicht etwa, daß sich die alliierten Offiziere in Brindisi drängten, während in der Provinz Neapel ein einziger für 27 Gemeinden mit rund 500000 Ein-

---

136/256; Direktive der CCS an ACC, 23. 10. 1943, in: Ebenda.
[60] Ebenda und AFHQ, Administrative Memo, Nr. 74, 2. 11. 1943, in: Ebenda.
[61] Macmillan, War Diaries, S. 255 und 273 (Einträge vom 15.10. und 1. 11. 1943).
[62] Churchill an Roosevelt, 10. 6. 1943, in: Coles/Weinberg, Civil Affairs, S. 173.

wohnern zuständig war[63], sondern die Kompetenzstreitigkeiten, die Doppelarbeit
und das Wechselspiel von Befehl und Gegenbefehl, das nicht selten ernste Folgen
hatte, etwa die, daß dringend benötigte Lebensmittellieferungen oder Medika-
mente irgendwo versackten. Mit einem Wort: Es war ein unhaltbarer Zustand und
Abhilfe dringend geboten. Daß General Joyce gefeuert werden mußte, war nicht
nur Macmillan klar. Viel wichtiger als solche Personalfragen waren aber strukturelle Veränderungen, die das Grundproblem des Militärregierungsapparates, die
„extreme Dezentralisierung" und den Kompetenzwirrwarr, zu lösen versprachen.
Der hilfreichste Vorschlag dafür stammte von dem erfahrenen Praktiker Lord
Rennell. Wenn die Arbeit nicht endlich koordiniert werde, schrieb er an General
Alexander, dem Kommandierenden der alliierten Streitkräfte in Italien, „drohen
wir in eine so konfuse Position hineinzuschlittern, daß es in Zukunft unmöglich
sein wird, eine ordentliche Verwaltung zu gewährleisten". Daran schloß er die
Empfehlung, „daß General Alexander alle Befugnisse über ,civil affairs' in Italien
in seinem Hauptquartier" zusammenfassen sollte[64].

So kam es auch. Die neue Regelung trat am 24. Januar 1944 in Kraft: General
Alexander, der schon Military Governor gewesen war, wurde außerdem zum Repräsentanten des alliierten Oberkommandierenden in der Allied Control Commission ernannt. „Das war der Sieg [...] des Zentralismus."[65] Die Dinge lagen nun
in einer Hand, und die Militärregierung geriet nach Monaten der Stagnation und
hektischer, aber fruchtloser Betriebsamkeit endlich in ruhigere Gewässer. Ganz
wesentlichen Anteil daran hatte General Mason-MacFarlane, der sich schon als
Leiter der Militärmission in Brindisi höchste Anerkennung erworben hatte, dann
aber im Herbst 1943 dem britisch-amerikanischen Proporzdenken zum Opfer gefallen und in die Heimat zurückgekehrt war. Der britische General, eine schreckliche „primadonna", aber ein zupackender Organisator, wurde im Januar 1944 als
Deputy President und Chief Commissioner der Allied Control Commission sowie als Chief Civil Affairs Officer nach Italien zurückgeholt und zum eigentlichen
Lenker des gesamten alliierten Militärregierungsapparates[66].

Zusammenfassend läßt sich sagen, daß die Militärregierung nach der Landung
auf dem Festland und der damit verbundenen Ausweitung des Besatzungsgebietes
vor allem mit sich selbst und der Bewältigung existentieller Probleme der italienischen Bevölkerung beschäftigt war. „First things first", lautete ihre Maxime, und
dazu gehörte die Säuberung zunächst begreiflicherweise nicht. Die von den Umständen erzwungene Untätigkeit fiel in manchen Gegenden zunächst auch wenig
auf, zumal dort nicht, wo sich – und das war gerade in Süditalien nicht selten der
Fall – im Faschismus nur geringes Konfliktpotential angestaut oder wo die Regierung Badoglio nach dem Sturz Mussolinis durch die Ausschaltung besonders exponierter Faschisten der allgemeinen Empörung die Spitze zu nehmen vermocht

---

[63] Vgl. SCAO, Naples Province, Tätigkeitsbericht für Region III, 7. 1. 1944, in: Coles/Weinberg,
Civil Affairs, S. 281.
[64] Rennell an Alexander, 8. 1. 1944; zit. nach Coles/Weinberg, Civil Affairs, S. 250 f.
[65] Ebenda, S. 251.
[66] Macmillan, War Diaries, S. 451 (Eintrag vom 30. 5. 1944). Vgl. auch das positive Urteil von Harold
Caccia in einem Brief an Mason-MacFarlane: „That the organization and, to use an Americanism,
the ,activisation' of A.C.C. was your monument in Italy is clear". Zit. nach Butler, Mason-Mac,
S. 196.

hatte. Die säuberungspolitische Grobarbeit war hier bereits getan, und die Militärregierung konnte in Ruhe die Durchprüfung der Mitläufer und Belasteten vorbereiten.

Ganz anders lagen die Dinge aber in Orten, in denen Badoglios Maßnahmen nicht durchgedrungen waren, wo nach der Errichtung der Republik von Salò die alte faschistische Herrschaft gewaltsam wieder installiert worden war oder wo sich noch in den letzten Tagen vor dem Einmarsch der alliierten Truppen die Situation dramatisch zugespitzt hatte, sei es durch sinnlose Maßnahmen der faschistischen Partei, die den Durchhaltewillen an der Seite des deutschen Achsenpartners stärken sollten, sei es durch verzweifelte Repressalien gegen Antifaschisten. In solchen Orten war die Ankunft der alliierten Soldaten für viele das entscheidende Signal, die faschistische Tarnung abzulegen und dem Groll gegen die Parteibonzen, Schikaneure und Spitzel freien Lauf zu lassen. „Die Menschen in vielen dieser Gemeinden brennen darauf, sich selbst von den faschistischen Beamten zu befreien", so hieß es etwa in einem Bericht der Militärregierung über Kalabrien und Lukanien. „In mehreren Fällen wurden sie, man glaubt in der Regel unter kommunistischer Führung, ungeduldig, sie organisierten Demonstrationen und erzwangen Rücktritte."[67]

In manchen Orten verwandelten sich solche Demonstrationen in brutale Rachefeldzüge. In Corato in der Provinz Bari stand bei der Ankunft der Alliierten fast der halbe Ort in Flammen, und es kam zu Ausschreitungen, die von niemandem unter Kontrolle zu bringen waren. Dabei verloren ein 30jähriger Squadrist, der im Verdacht der Kollaboration mit den Deutschen stand, und ein halbwüchsiger Händler ihr Leben. Der besonders verhaßte Polizeichef – ein gemeiner Denunziant, wie man vermutete – hatte sich rechtzeitig in Sicherheit zu bringen vermocht. Der Volkszorn richtete sich statt dessen gegen seine Frau und seine Tochter; beide erlitten schwerste Mißhandlungen, kamen aber mit dem Leben davon[68]. Solche Vorfälle häuften sich, je weiter die alliierten Streitkräfte nach Norden kamen, wo sich schon im Herbst 1943 der Bürgerkrieg zwischen Antifaschisten und Faschisten anzukündigen begann. Die Militärregierung, entsetzt über das Maß an Brutalität, die sich darin äußerte, zog aus der ersten Erfahrung mit Lynchjustiz und Straßenterror bemerkenswerte Lehren: Die säuberungspolitische Untätigkeit, zu der sie sich wegen des Mangels an Personal und der Belastung mit anderen, dringenderen Aufgaben verurteilt sah, erhöhte das Risiko, daß solche Ausschreitungen weiter zunahmen, revolutionäre Dimensionen gewannen und auch die Sicherheit der eigenen Truppen gefährdeten. Wollte die Militärregierung die Radikalität der antifaschistischen Gruppierungen dämpfen und rechtsstaatliche Gepflogenheiten auch im Umgang mit belasteten Faschisten etablieren, so mußte sie selbst tätig werden und schon beim Einmarsch überzeugende Säuberungsmaßnahmen ergreifen – möglichst in Zusammenarbeit mit diesen Gruppen, die nun immer größere Mitwirkungsrechte bei der politischen Säuberung erhielten.

Dieses Konzept der kontrollierten Mitwirkung des Antifaschismus ist von nie-

---

[67] Monatsbericht für Oktober 1943 über AMG Administration, in: NA, RG 331, Adjutant, box 28, 10000/101/501.
[68] Vgl. Präfektur von Bari an Ministero dell'Interno, 7. 1. 1944, in: ACS, Ministero dell'Interno, DGPS, DAGR, Governo del Sud, busta 2, fasc. 23.

mandem formuliert worden, lag aber nach einer kurzen Zeitspanne der Erfahrungsbildung fast überall den Handlungen der Militärregierung zugrunde. „Eine kluge Methode, den öffentlichen Wunsch nach Absetzung von Faschisten mit dem Personalmangel zu vereinbaren, bildete sich in der Provinz Potenza heraus", hieß es beispielsweise im Monatsbericht der alliierten Militärregierung für Oktober 1943. „Ein Ausschuß von hochrespektierten bekannten Antifaschisten wurde gebildet und es wurde angekündigt, daß dieser Ausschuß unter dem Vorsitz eines Militärregierungsoffiziers tagen und Vorwürfe gegen frühere Faschisten behandeln würde. Wenn die vorgelegten Beweise eine Anklage rechtfertigten, wurde prompte Aktion versprochen. Die Bildung dieses Komitees und seine Zielsetzung wurden in der ganzen Provinz bekannt gemacht und die Demonstrationen hörten auf."[69]

In der Regel finden sich in der schriftlichen Aktenüberlieferung nur wenige Hinweise, die Aufschluß geben über Zusammensetzung, Arbeitsweise und politische Zielsetzungen der ersten antifaschistischen Säuberungsausschüsse. Eine Ausnahme bildet das kleine Komitee unter der Leitung von Adolfo Omodeo, das von der alliierten Militärregierung im Oktober 1943 an der Universität Neapel eingerichtet wurde und nach dem politischen und geistigen Rang der daran beteiligten Persönlichkeiten wie nach dem Rang der Universität Neapel zu den bedeutendsten, in mancher Hinsicht vielleicht sogar stilprägenden Säuberungskomitees zu zählen ist.

Adolfo Omodeos Weg in den Antifaschismus war nicht geradlinig[70]. Der 1889 geborene Palermitaner, der zu den einflußreichsten italienischen Historikern des 20. Jahrhunderts zählt, sympathisierte während seiner Studienzeit wie viele seiner Generation und seiner sozialen Herkunft – sein Vater war Ingenieur gewesen – mit diversen politischen Strömungen. Klare Konturen hatten seine Überzeugungen nur insofern, als er sich schon frühzeitig gegen den politischen Katholizismus wandte. Das Kriegserlebnis und die dreijährige Fronterfahrung markierten den ersten tiefen Einschnitt in Omodeos politischer Orientierung. Er hatte Italiens Kriegseintritt zwar nicht emphatisch begrüßt, war aber doch auch angesteckt worden von den Großmachtillusionen und Expansionsträumen der Interventionisten. Nach Kriegsende und der Enttäuschung über die Versailler Friedensordnung blieb davon nicht mehr viel. Omodeo hatte für die Politik nun nur noch Hohn und Verachtung übrig, die sich gelegentlich auch in antidemokratischen und antiparlamentarischen Ressentiments äußerten. Von hier aus war es nur noch ein kleiner Schritt zum Faschismus.

Omodeo hätte ihn, trotz gewisser Vorbehalte, beinahe getan. Der Faschismus als junge, dynamische und moderne Bewegung, die sich in die Tradition des Risorgimento stellte und den alten Kanzleistil der Politik hinter sich zu lassen ver-

---

[69] In: NA, RG 331, Adjutant, box 28, 10000/101/501.
[70] Zu Omodeo vgl. Giacomo De Marzi, Adolfo Omodeo: Itinerario di uno storico, Urbino 1988; Carteggio Gentile-Omodeo, hrsg. von S. Giannantoni, Florenz 1974; Helmut Goetz, Adolfo Omodeo, in: Lotta Federalista, März-Juni 1966, S. 3 und 6; Alessandro Galante Garrone (Hrsg.), Adolfo Omodeo. Libertà e storia, Turin 1960; ders., I miei maggiori, Mailand 1984, S. 53–81; Bianca Ceva, Aspetti della crisi della cultura italiana attraverso le lettere di Adolfo Omodeo 1910–1946, in: MLI 1965, Nr. 80, S. 3-36; Vera Lombardi, Un diario inedito di Adolfo Omodeo, in: Nicola Gallerano (Hrsg.), L'altro dopoguerra. Roma e il Sud 1943-1945, Mailand 1985, S. 537–540.

sprach, zog ihn an. Auch sein Lehrer Giovanni Gentile, eine der Symbolfiguren des frühen Faschismus, dürfte ihn in diesem Sinne beeinflußt haben. Erst der Mord an dem Sozialistenführer Giacomo Matteotti 1924 öffnete Omodeo die Augen über den wahren Charakter Mussolinis und des Faschismus. Dennoch fiel ihm die definitive Abgrenzung schwer, drohte doch der Bruch mit der Ideologie den Bruch mit seinem Lehrer nach sich zu ziehen, dem er nicht nur eine Vielzahl geistiger Anregungen verdankte, sondern auch den Lehrstuhl für Kirchengeschichte in Neapel, den er seit 1923 innehatte. Omodeo versuchte über Jahre hin, diese Konsequenz zu vermeiden, und bedrängte Gentile, dem faschistischen Regime den Rücken zu kehren und sich auf die Seite der Opposition zu stellen. Vergeblich, der Schüler vermochte den ideologisch verbohrten Lehrer nicht umzustimmen und wandte sich Ende der zwanziger Jahre von ihm ab[71].

Omodeo war damit abgestempelt. Er galt als Regimefeind und war deshalb auch immer wieder staatlichen Repressalien ausgesetzt. Er wurde bespitzelt, nach 1925 fanden Hausdurchsuchungen bei ihm statt, seine Schulbücher standen auf dem Index, und auch an der Universität schnitt man ihn: 1936 wurde ein Lehrauftrag nicht erneuert, und 1940 verhinderte die Regierung seinen Wechsel auf den Lehrstuhl für Alte Geschichte[72].

Entlassung oder Verbannung blieben Omodeo erspart. Der Historiker trieb seine Kritik am Faschismus nie auf die Spitze, und er machte gelegentlich auch Zugeständnisse, wenn das Regime Gesten eines äußerlichen Einverständnisses forderte. So leistete er 1931 den Eid auf Mussolini, und zehn Jahre später trat er sogar in die Partei ein, die er seit 1924 bekämpft hatte. Omodeo litt unter diesen Kompromissen, die er sich niemals verzieh und nur mit dem Hinweis auf die Sorge um seine Familie zu rechtfertigen wußte[73], nicht weniger als unter den Anfeindungen des Regimes. Noch mehr aber schmerzte ihn, der nichts mehr brauchte als den freundschaftlichen Diskurs und die polemische Auseinandersetzung, daß sich bald auch viele Freunde und Bekannte von ihm abwandten. Vor allem an der Universität ließ man ihn spüren, daß man seinen Antifaschismus als einen anachronistischen Störfaktor betrachtete[74].

Omodeo wäre in der Isolation vermutlich verstummt, hätte sich nicht aus der seit Anfang der zwanziger Jahre während Bekanntschaft mit Benedetto Croce eine intensive Freundschaft entwickelt, die auf Sympathie, gegenseitiger Wertschätzung und politischer Übereinstimmung beruhte. Croce ermutigte den um 23 Jahre Jüngeren immer wieder, er spornte ihn an und versuchte, ihn gegen Anwürfe

---

[71] Vgl. u. a. die Briefe von Omodeo an Gentile vom 27.8. und 19.12. 1924, in: Omodeo, Lettere, S. 416 und 419.

[72] Vgl. Omodeo an Luigi Russo, 13. 2. 1936, in: Ebenda, S. 556; Omodeo an seinen Sohn Pietro, 25. 5. 1940, in: Ebenda, S. 623 f.

[73] Vgl. Gaetano De Sanctis, Ricordi della mia vita, hrsg. von Silvio Accame, Florenz 1970, S. 148; Helmut Goetz, Der freie Geist und seine Widersacher. Die Eidverweigerer an den italienischen Universitäten im Jahre 1931, Frankfurt a. M. 1993, S. 35 f. Zur Frage des Eintritts in die faschistische Partei vgl. Marcello Musté, Adolfo Omodeo. Storiografia e pensiero politico, Neapel 1990, S. 225 f.; Eva Omodeo Zona, Ricordi su Adolfo Omodeo, Catania 1968, S. 35, die bestreitet, daß Omodeo der Partei beigetreten ist; Schreiben des Ministro dell'Educazione nazionale an PCM, Gabinetto, 20. 7. 1938 (in: ACS, Ministero dell'Interno, Div. Gen. Sicurezza, CAT A1 1920, 1923–1945, busta 42, fasc. Omodeo), aus dem hervorgeht, daß Omodeo 1938 noch nicht Pg. gewesen ist.

[74] Vgl. dazu u. a. den Brief Omodeos an seine Frau, 10. 8. 1935, in: Omodeo, Lettere, S. 544.

aus der faschistischen Kollegenschaft zu immunisieren[75]. 1940, als Omodeo wieder einmal nur noch schwarz sah, rüttelte Croce ihn mit den Worten auf: „Mir scheint, daß jemand wie Sie, der eine solche Meisterschaft in der Geschichte erreicht hat, in sich spüren muß, daß er eine Mission zu erfüllen hat, und daß er daraus Trost beziehen kann für die Härten und Ängste der Gegenwart."[76]

Als das Ende des Faschismus näherrückte und sich auch die großen Verlagshäuser auf die Zeit nach Mussolini vorzubereiten begannen, wurde aus dem Außenseiter plötzlich ein gefragter Mann. Mondadori, Le Monnier und auch Einaudi, die ihn in den zurückliegenden Jahren nicht gerade vornehm behandelt hatten, rissen sich nun um seine Artikel und Studien. „Verdammte Biester, konnten sie nicht zehn Jahre früher kommen", kommentierte Omodeo diesen Gesinnungswandel trocken[77]. Seine große Stunde schlug freilich erst mit dem Sturz Mussolinis im Juli 1943. Der neue Minister für die Volkserziehung, Leonardo Severi, berief ihn in eine staatliche Kommission zur Säuberung der Universitäten und Anfang September sogar zum Rektor der Universität Neapel.

Omodeo stand damit auf dem Höhepunkt seiner akademischen Karriere. Die Militärregierung bestätigte ihn nach der Befreiung Neapels am 1. Oktober im Amt des Rektors und beauftragte ihn schon in den ersten Oktobertagen mit der Entfaschisierung der Universität. Kaum einer war dafür besser geeignet: Omodeo kannte die Universität wie kein zweiter. Er wußte, wer im Hörsaal und in den Fakultätssitzungen den Faschisten hervorgekehrt hatte, wieviele ihre Posten und Privilegien der Fürsprache der Partei verdankten, wer Kollegen unter Druck gesetzt und denunziert hatte. Ihm war aber – nicht zuletzt aufgrund eigener Erfahrungen – auch bewußt, daß viele ohne innere Überzeugung der Partei beigetreten waren und nur zähneknirschend Zugeständnisse an den Faschismus gemacht hatten. Es überrascht deshalb nicht, daß Omodeo vor überstürzten Pauschalmaßnahmen warnte und neben führenden Parteifunktionären nur diejenigen zur Entlassung vorschlug, „die sich folgendes hatten zuschulden kommen lassen: 1) Politische Denunziationen [...] zum Schaden von Kollegen; 2) Spionageakte in der Universität; 3) Akte der Anmaßung gegenüber Kollegen oder Untergebenen... 4) Fälschung der Wissenschaft"[78].

In diese Kategorien fielen nach einer ersten Prüfung fünf Professoren und der korrupte Verwaltungschef der Universität. Sie wurden am 5. und 7. Oktober mit scharf formulierten Schreiben über ihre Suspendierung in Kenntnis gesetzt. „Sie waren stets als ein Mann wohlbekannt, dem die Faschistische Partei vertraute", so lautete der Vorwurf gegen Professor Rodolfo Bottacchiari, Parteimitglied seit 1919, „und Sie haben nach Argumenten gesucht, sich lästig gemacht und sich hervorgetan, um Ihren Kollegen das anzulasten, was Sie Anti-Faschismus nennen, nicht nur hier, sondern auch als Professor ‚in caricato' in Rom. Eine solche Vergangenheit kann in einer freien Universität, die sich ihrer Würde bewußt ist, nicht

---

[75] Vgl. dazu etwa den Brief Croces vom 10. 8. 1929, in: Carteggio Croce-Omodeo, hrsg. von Marcello Gigante, Neapel 1978, S. 22 f.
[76] Croce an Omodeo, 13. 8. 1940, in: Ebenda, S. 156 f.
[77] Brief an Frau und Tochter, 24. 4. 1943, in: Omodeo, Lettere, S. 697.
[78] Undatierter zusammenfassender Bericht über die Arbeit der von Omodeo geleiteten Kommission an der Universität Neapel, in: NA, RG 331, Education, 10000/144/244; vgl. dazu auch Ceccutti, Adolfo Omodeo Rettore e Ministro, S. 181–189.

toleriert werden."[79] Ähnlich deutlich fiel das Schreiben an Carmelo Ottaviano, Pg. seit 1920, aus: „Sie wissen sehr gut, daß Sie an diese Universität gegen den Willen der Philosophischen Fakultät auf Geheiß des Ex-Ministers Bottai gekommen sind, nach einer jener Prüfungen, die eine Spezialität des vergangenen Regimes waren: der Fakultät war selbst das Recht verwehrt, das Prüfungsthema zu bestimmen. Als Sie nach Neapel kamen, kamen Sie mit der öffentlichen Erklärung, Ihr Auftrag sei die vollständige ‚fascistizzazione‘ der Fakultät, und während Sie selbst sich Ihrer Qualifikation als ein Squadrist rühmten, der in der Revolution verwundet worden sei, drohten Sie dem größeren Teil Ihrer Kollegen an, sie ins Elend zu stoßen." Ottaviano werde selbst einsehen, fuhr Omodeo mit dem Hohn desjenigen fort, der am Ende doch recht behalten hatte, „daß in der gegenwärtigen Situation der von Ihnen übernommene Auftrag zur Absurdität geworden ist, weil das Neapolitanische Athenäum nicht wünscht, ‚fascistizzato‘ zu werden"[80].

Manches spricht dafür, daß Omodeo anfangs allein handelte. Erst gegen Jahresende berief die Education Subcommission der Militärregierung, wohl nicht zuletzt auf Drängen Omodeos, der sich bei der Beurteilung von einigen schwierig gelagerten Einzelfällen überfordert fühlte, eine Commissione Rettoriale, die seine Arbeit auf breiterer Basis fortsetzen sollte. „Unser Ratgeber in diesen Dingen", so schrieb der Leiter der Education Subcommission später an die britische Legation beim Heiligen Stuhl, „war ein Komitee von neapolitanischen Professoren, das so hochkarätig besetzt war, daß drei davon später in die nationale Regierung berufen wurden."[81] Neben Omodeo, der 1944 das Unterrichtsministerium leitete, gehörten dem achtköpfigen Ausschuß unter anderem der Präsident des nationalen Befreiungskomitees von Neapel, der 1884 geborene Jurist Vincenzo Arangio Ruiz, an, der in den Regierungen Badoglio, Bonomi und Parri als Minister fungierte, ferner der Ordinarius für Humanphysiologie Gino Bergami, der 1944 als Staatssekretär in das Land- und Forstwirtschaftsministerium berufen wurde, und der bekannte Wirtschaftshistoriker Corrado Barbagallo, auch er eine der großen Figuren des intellektuellen Antifaschismus in Italien.

Die Commissione Rettoriale war in den Augen Omodeos ein „Ehrengericht, das festlegen sollte, ob die eigenen Kollegen würdig sind oder nicht, die besonders ehrenvolle Aufgabe der Lehre zu erfüllen"[82]. Sie nahm ihre Aufgabe sehr ernst, holte in jedem Einzelfall den Rat der Fakultät und des Akademischen Rats ein und fällte dann im Januar 1944 in vier Sitzungen ihr Urteil, das in sieben Fällen die Entlassung zur Folge hatte. Betroffen waren fast ausschließlich Alte Kämpfer, die im Kollegenkreis als reine Geschöpfe des Faschismus betrachtet wurden: beispielsweise Mussolinis Finanzminister in der Republik von Salò, Giampietro Pellegrini, der vor seiner Flucht nach Norden Staatsrecht und Geschichte und Doktrin des Faschismus gelehrt hatte, oder Professor Francesco Angelini, vor 1943 zeitweise Nationalrat und Mitglied des faschistischen Großrates, der „ausschließ-

---

[79] Omodeo an Bottacchiari, 7. 10. 1943, in: NA, RG 331, Education, 10000/144/211. Eine italienische Version des Schreibens findet sich in: Ceccutti, Adolfo Omodeo Rettore e Ministro, S. 185.
[80] Omodeo an Ottaviano, 7. 10. 1943, in: NA, RG 331, Education, 10000/144/211. Vgl. auch Bericht von Omodeo über Ottaviano, in: Ebenda, 10000/144/244.
[81] Schreiben vom 23. 8. 1944, in: Ebenda.
[82] Omodeo an ACC, Sottocommissione per l'Educazione, 27. 7. 1944, in: Ebenda.

lich wegen seiner starken politischen Beziehungen zum Professor berufen wurde"[83].

Wer dagegen einen guten Ruf als Wissenschaftler hatte und anständig geblieben war, konnte in der Regel auch dann auf ein gewisses Verständnis des Säuberungskomitees hoffen, wenn er sich zum Faschismus bekannt hatte. Das galt selbst für den Ordinarius für Architektur, Alberto Calza Bini, ein Faschist der ersten Stunde, der es zum Nationalrat und Senator gebracht hatte. Ihm hielt das Komitee zugute, daß er durch seine fachlichen Leistungen das Ansehen der Fakultät gehoben und eine vernünftige Personalpolitik betrieben hatte, indem „er im wesentlichen Leute aufgrund ihrer persönlichen Befähigung in die Lehre berief, auch dann, wenn diese wegen regimekritischer Haltungen und Ideen als verdächtig erscheinen konnten"[84]. In seinem Fall konnte sich das Komitee ebensowenig zu einer Entlassungsempfehlung an die Militärregierung entschließen wie bei Alfonso Tesauro, Inhaber des Lehrstuhls für Staatsrecht und hochrangiger Multi-Funktionär, oder bei Antonio Tommaselli, einem sehr befähigten Mediziner, dessen Vergangenheit durch die Teilnahme am Fiume-Abenteuer von Gabriele D'Annunzio, die Tätigkeit als Squadrist und Abgeordneter der faschistischen Partei sowie die Freundschaft mit dem Generalsekretär der faschistischen Partei, Giuriati, verdunkelt war. „Tesauro", so hob Omodeo in einem Brief an den Education Adviser der Militärregierung hervor, „ist gewiß kein gefährliches politisches Wesen. Im Faschismus hat er sich hervorgetan und mit einigen Ämtern geprahlt, aber er hat niemandem geschadet." Bei Tommaselli, fuhr er fort, „handelt es sich um einen etwas albernen Einfaltspinsel, der für eine Weile glaubte, daß Patriotismus und Faschismus übereinstimmten, um sich dann schmerzlich eines Besseren zu besinnen"[85].

Benedetto Croce, wie Omodeo ein intimer Kenner der Universität Neapel, lobte die ausgewogenen Urteile der Säuberungskommission. „Ich wußte, daß Tesauro, Tommaselli, Calza Bini und einige andere nach genauer Prüfung freigesprochen und auf ihren Posten belassen würden. [...] Man sollte nicht auf die Ämter schauen, die der eine oder andere bekleidet hat, sondern auf den Charakter und das wirkliche Verhalten der Menschen", betonte er in einem Brief an Arangio Ruiz[86]. Weniger zufrieden dagegen war die Militärregierung, die sich in diesen drei Fällen über die Empfehlung des Säuberungskomitees hinwegsetzte und außerdem auch noch drei Privatdozenten entließ.

Im Frühjahr 1944 waren so 15 der insgesamt wohl rund 120 ordentlichen Professoren und drei Privatdozenten der Universität Neapel vom Dienst suspendiert[87] – ein beachtliches Ergebnis, das sich vor allem dem engen Zusammenwirken von Militärregierung und antifaschistischen Kräften verdankte. Omodeo und seine Kollegen bewahrten die alliierten Offiziere vor überstürzten Pauschalmaßnahmen, und die Militärregierung bewahrte die Antifaschisten vor einer gewissen Betriebsblindheit, die sich aus der genauen Kenntnis der örtlichen und personel-

---

[83] Undatierter Bericht der Commissione Rettoriale, in: Ebenda.
[84] Ebenda.
[85] Schreiben vom 11. 2. 1944, in: Ebenda.
[86] Brief vom 12. 2. 1944, in: Ebenda.
[87] Zur Zahl der Ordinarien an der Universität Neapel vgl. Istituto Centrale di Statistica, Statistica dell'istruzione superiore nell'anno accademico 1945–46, Rom 1948, S. 92.

len Verhältnisse und der Verwurzelung im Universitätsmilieu fast notwendig ergab, und schärfte ihren Blick für politisch Gebotenes, das in manchen Zweifelsfäl-
len höher rangierte als die gerechte Behandlung von einzelnen.

Omodeos Säuberungswerk war an der Universität nicht unumstritten. Die
Mehrheit der Professoren dachte anders als der Rektor, und wenn sie die Notwendigkeit einer politischen Säuberung überhaupt erkannte, so hätte sie sich deren
Erfordernissen am liebsten entzogen. Andererseits war die Commissione Rettoriale aber doch entschieden mehr als ein hoffnungslos isoliertes Fähnlein, das allein gestützt auf gewisse Vollmachten der Militärregierung zum antifaschistischen
Hausputz ansetzte. Das zeigte sich besonders deutlich, als im Frühjahr 1944 der
Fall des von Omodeo schon im Oktober des Vorjahres entlassenen Giulio Andreoli, ein 1922 zum Faschismus konvertierter Republikaner, neu aufgerollt
wurde. Omodeos Entlassungsschreiben vom 7. Oktober hatte an Klarheit nichts
zu wünschen übrig gelassen: „Sie sind immer ein Erfüllungsgehilfe des Faschismus gewesen. […] Jahrelang haben Sie Ihre Studenten und Kollegen aus politischen Motiven bearbeitet: Sie haben berühmten Professoren der Mathematischen
Fakultät Neapels derart zugesetzt, daß diese genötigt waren, den Wechsel an andere Universitäten zu beantragen."[88]

Omodeo stand mit dieser Meinung nicht allein. Manche Professoren drucksten
zwar verlegen herum und zogen sich auf die Behauptung zurück, zwar einiges
über Andreoli gehört zu haben, aber selbst keine hieb- und stichfesten Beweise für
seine politischen Fehltritte zu kennen. Unter denjenigen, die das Säuberungskomitee zu einer Stellungnahme über Andreoli aufgefordert hatte, fanden sich aber
auch bemerkenswert viele, die offen sagten, was sie wußten. Andreoli sei ein feiger
Denunziant gewesen, er habe Studenten schikaniert, die sich geweigert hatten, das
Schwarzhemd oder das Parteiabzeichen zu tragen, und sogar damit geprahlt, „mit
Hilfe der Mathematik die Stichhaltigkeit der faschistischen Prinzipien" beweisen
zu können[89]. Generell läßt sich vielleicht sagen, daß das Maß an Freimütigkeit in
den ersten Säuberungsverfahren in Italien ungleich größer war als in den Spruch-
kammerverfahren im besetzten Deutschland. Die Gründe dafür sind sicher auch
im für den Historiker oft kaum zugänglichen Bereich der Mentalitäten zu suchen.
Vor allem aber liegen sie in der Unterschiedlichkeit der beiden Regime: Der An-
passungsdruck im Dritten Reich war höher als in Italien, die Durchdringungs-
und Gleichschaltungsambitionen des Nationalsozialismus waren stärker als die
des Faschismus. In Italien vermochte sich so, anders als in Deutschland, eine an-
sehnliche Minderheit dem Regime zu entziehen. Nicht verstrickt in die Verbrechen des Faschismus, hatte sie die innere Freiheit, die Verantwortlichen für
Schandtaten namhaft zu machen und anzuklagen. Hinzu kam, daß sich Italien
nach der Selbstbefreiung vom Diktator und der von der Mehrheit der Bevölkerung abgelehnten Wiedererweckung des Faschismus durch die Deutschen in einem Zustand der antifaschistischen Mobilisierung befand, während im besetzten
Deutschland der Rückzug in das Private begann. Die öffentliche Debatte war bestimmt vom Erneuerungspathos eines Omodeo oder Arangio Ruiz, von dem sich

---

[88] Schreiben vom 7. 10. 1943, in: NA, RG 331, Education, 10000/144/211.
[89] Vgl. dazu die Be- und Entlastungsschreiben zum Fall Andreoli, in: Ebenda, 10000/144/244.

viele anstecken und mitreißen ließen. Er müßte das Gefühl haben, „Ihre auf die Wiederherstellung von Freiheit und Würde unserer Universität gerichtete Arbeit zu mißachten, wenn ich mich weigerte, an einem ebenso notwendigen wie schmerzlichen Teil dieser Arbeit mitzuwirken", hieß es beispielsweise in einem Brief an Omodeo[90].

Die Commissione Rettoriale setzte ihr Säuberungswerk bis zum Erlaß einer neuen Säuberungsdirektive am 27. Juli 1944 fort, ohne freilich noch zu nennenswerten Ergebnissen zu kommen. Dieses Gesetz schuf erstmals präzise Normen für die Säuberung des öffentlichen Dienstes und leitete den Aufbau eines dem deutschen Spruchkammerwesen ähnlichen Apparates ein. „Es gilt nicht nur in dem Territorium, in dem die Gerichtsgewalt bei der italienischen Regierung liegt", so die Education Subcommission der Alliierten Kontrollkommission in einem Schreiben an Omodeo, „sondern auch im alliierten Besatzungsgebiet. Das Problem der Entfaschisierung und Epurazione wird damit ganz der italienischen Regierung übertragen. Vom juristischen Standpunkt aus betrachtet, muß deshalb die von diesem Kommando geschaffene Säuberungskommission für die Universität Neapel ihre Arbeit einstellen."[91]

Die politische Säuberung begann damit wieder von vorne. Jeder einzelne Fall wurde nun von einer nach den Bestimmungen der Direktive vom 27. Juli geschaffenen Kommission neu behandelt – sehr zum Leidwesen von Omodeo, der nicht ganz zu Unrecht befürchtete, daß die Arbeit des von ihm geleiteten Ausschusses umsonst gewesen sein könnte, und energisch dagegen protestierte. Das da capo an seiner Universität stifte nur Unruhe, „nach mehr als einem Jahr Arbeit wäre es dringend geboten, die Säuberung der Universität Neapel definitiv zu beenden", meinte er in einem Schreiben an die Education Subcommission vom 16. Januar 1945, die davon aber nicht zu beeindrucken war. „Es ist nicht möglich", so schrieb dessen Executive-Officer an Omodeo, „dem […] neuen Komitee zu verbieten, die Überprüfungsarbeiten durchzuführen, die es für angemessen hält. Aber die Gewißheit, in so kurzer Zeit ein so gerechtes Werk vollbracht zu haben, muß Ihnen und Ihrem Lehrkörper die Zuversicht dessen verleihen, der vom Ergebnis eventueller neuer Untersuchungen über die besondere Situation der Professoren dieser Universität nichts zu befürchten hat."[92]

Die konsultierten Quellen sagen nichts darüber aus, wer der neuen Säuberungskommission angehörte und wie sie arbeitete. Klar ist aber, daß alle 1943/44 entlassenen Professoren im Sommer 1945 rehabilitiert waren und damit befugt gewesen wären, ihre alten Lehrstühle wieder einzunehmen[93]. Omodeo stemmte sich auch dagegen und bot allen Einfluß auf, den er hatte. Mit welchem Erfolg? Das muß dahingestellt bleiben. Er selbst war jedenfalls nicht ganz pessimistisch, als er am 4. August 1945 über die Lage an seiner Universität schrieb: „Auf jeden Fall, auch wenn die Dinge nicht so laufen, wie ich es gerne hätte, es geschieht etwas. Man

---

[90] Schreiben von Renato Caccioppoli vom 15. 3. 1944, in: Ebenda.
[91] Schreiben vom 2. 8. 1944, in: Ebenda.
[92] Omodeos Schreiben vom 16. 1. 1945, und Vella an Omodeo, 31. 1. 1945, in: Ebenda.
[93] Vgl. Peretti-Griva an Parri, 3. 8. 1945, und das Memorandum von Omodeo, das dem Brief als Anlage beigegeben war, in: ACS, Ministero dell'Interno, Div. Gen. Sicurezza, CAT A1 1920, 1923–1945, busta 42, fasc. Omodeo.

kommt mit kleinen Schritten voran, wie in einer Schlange, statt mit zügigem
Marsch, aber etwas Fortschritt ist zu verzeichnen."[94]

Das Konzept der kontrollierten Mitwirkung des Antifaschismus an der politischen Säuberung bewährte sich (zumindest anfangs) nicht nur an der Universität
Neapel, sondern auch andernorts. Um die Jahreswende 1943/44 hatte die Militärregierung in den besetzten Gebieten Süditaliens zwar kaum Anlaß, zuversichtlich
in die Zukunft zu blicken; namentlich bei der breit angelegten Fragebogen-Aktion
zur Durchprüfung der Mitläufer und Belasteten lag noch vieles im Argen. Immerhin aber war trotz personeller Engpässe und heilloser Überlastung zumindest in
manchen Teilbereichen ein befriedigender Stand erreicht worden. Diese Feststellung gilt etwa für die Präfekten, die – sofern nicht schon von Badoglio eine Änderung herbeigeführt worden war – ausnahmslos ihre Posten verloren, und auch für
die Bürgermeister: In der Provinz Matera wurden 27 der 32 Bürgermeister aus der
faschistischen Zeit entlassen, in der Provinz Potenza 70 von 91, in Reggio Calabria
70 von 89, in Catanzaro 100 von 154 und in der Provinz Cosenza 93 von 152[95].
Ähnlich präzise Zahlen liegen für die übrigen Provinzen südlich der sich nur langsam nach Norden verschiebenden Frontlinie nicht vor. Es hat aber den Anschein,
als habe auch dort, etwa in den Provinzen Neapel, Benevent, Salerno und Avellino, die Quote der Entlassungen vergleichbar hoch gelegen[96].

Es versteht sich, daß nicht jede Entlassung, die von der Militärregierung im
Herbst/Winter 1943/44 ausgesprochen wurde, mit den antifaschistischen Säuberungskomitees abgestimmt war. Viele Entlassungsmaßnahmen und die sich häufig
daran anschließenden Verhaftungen gingen auf Hinweise des CIC, des Abschirmdienstes der amerikanischen Streitkräfte, und seines britischen Pendants, des FSS,
zurück, deren Hauptaufgabe es war, die eigenen Streitkräfte vor Spionage, Sabo-
tage und Subversion zu schützen. Sie waren darauf ähnlich unzureichend vorbereitet wie die Militärregierung auf ihre Aufgabe, litten ebenfalls unter notorischem
Personalmangel und waren deshalb, wie diese, in der Gefahr, Einflüsterungen aller
Art zu erliegen, zumal dann, wenn es schnell gehen mußte.

„Wieder die Vendetta", schrieb ein ob der Flut an haltlosen Denunziationen
merklich gereizter britischer Offizier am 18. Dezember 1943 in seinem Tagebuch.
„Nicht nur sind wir einer Flut von Anschuldigungen und Denunziationen ausgesetzt, die direkt aus der italienischen Bevölkerung kommt, sondern auch noch einem weiteren und gewöhnlich noch sinnloseren und grundloseren Erguß, der von
den ortsfesten militärischen Einheiten in dem Bereich stammt. Von diesen – Stra-
ßen- und Bahnbaukompanien, Treibstoffnachschubkompanien, Fernmeldeeinhei-
ten, Materiallagern usw. – wimmelt es im Raum Neapel nur so, und ihre Komman-
deure werden rasch das Opfer der von ihnen beschäftigten italienischen Dolmetscher, die ihnen das sagen, was sie nach Meinung der Dolmetscher wissen müssen
und die sie mit wilden Geschichten von Spionen und faschistischen Saboteuren

---

[94] Brief an seinen Sohn, in: Omodeo, Lettere, S. 761.
[95] Vgl. HQ, AMG, Monatsbericht für November 1943, in: NA, RG 331, Adjutant, box 28, 10000/
      101/501. Vgl. dazu auch Paolo De Marco, „Educazione alla democrazia" e „giacobinismo"
      dell'AMG nella realtà meridionale, in: Augusto Placanica (Hrsg.), 1944: Salerno capitale. Istitu-
      zioni e società, Neapel 1986, S. 352.
[96] Vgl. undatierten Bericht über Removal of Fascist Officials in Neapel und Kampanien, in: NA, RG
      331, Public Safety, 10000/143/1591.

vollstopfen. Außerdem tun sie alles, was in ihrer Kraft steht, um diese leichtgläubigen Unschuldsengel – wie auch uns – in die örtlichen Fehden zu verstricken."[97]

Entlassungen und Verhaftungen, die ihren Grund in so gewonnenen Erkenntnissen hatten, schädigten das Ansehen der Militärregierung und rückten ihre ganze Säuberungspolitik in ein schiefes Licht[98]. Nirgends, so die Beschwerde derjenigen, die nur unzureichende Vorstellungen von den Möglichkeiten und Grenzen der Militärregierung hatten, war eine klare Linie erkennbar, überall herrschten Zerfahrenheit, Korruption und Willkür. Die Motive und Zielsetzungen der alliierten Politik verloren so an Attraktivität – und zwar mit jedem zweideutigen Fall, der bekannt wurde, und mit jeder Nachricht über prominente Faschisten, die ungeschoren blieben. Die Folgen davon waren nicht zuletzt deshalb fatal, weil sich auch kein Geringerer als Benedetto Croce, über 20 Jahre lang die Stimme und das Gewissen des „anderen Italien", zu einem ebenso vernichtenden wie ungerechten Urteil über die alliierte Säuberungspolitik hinreißen ließ: „Das, was in Französisch-Nordafrika geschehen ist", so sagte er einem amerikanischen Journalisten, „wo Männer und Parteien, die nicht dem Namen, aber dem Charakter nach Faschisten sind, die Oberhand hatten und Demokraten verfolgten, oder in Sizilien, wo die Verwaltung in den Händen der Ex-Faschisten ist; aber vor allem das, was ich in Neapel sehe und beobachte, seit die Amerikaner und die Engländer dort sind – das alles brachte mich zu der Überzeugung, daß die Alliierten zwar den Krieg im Zeichen der Wiederherstellung und Stabilisierung der Freiheit führten, daß sie sich aber [...] in der Praxis auf eine faschistische oder halbfaschistische Ordnung hinorientieren, und zwar aufgrund der in den betreffenden Ländern vorherrschenden politischen Zirkel und wirtschaftlichen Interessen und vor allem aus Angst vor dem Kommunismus."[99]

4. „Epurazione" im Königreich des Südens

Badoglio stand in Brindisi vor dem Nichts. Der greise Marschall führte eine Regierung, die unter der Aufsicht der Alliierten über vier Provinzen mit etwa zwei Millionen Einwohnern herrschte. Seine Regierung – das waren anfangs nicht mehr als zwei Minister und eine Handvoll Beamter, die zunächst nicht einmal wußten, wo sie ein Nachtquartier finden sollten, geschweige denn die Utensilien, die zu einem Regierungsapparat gehören: Büros, Schreibmaschinen, Akten, Papier und Bleistifte[100]. Nicht viel besser war es um die Streitkräfte bestellt, die Badoglio zu Gebote standen: Von Mussolinis oft beschworenen „acht Millionen Bajonetten" waren gerade drei schlecht ausgerüstete[101], total entmutigte Divisionen übriggeblieben, die im allgemeinen eher verwahrlosten Landstreichern ähnelten als regu-

[97] Lewis, Naples, S. 67. Vgl. dazu auch HQ, AMG, Monatsbericht für November 1943, in: NA, RG 331, Adjutant, box 28, 10000/101/501.
[98] Vgl. Bericht der Carabinieri, 19. 10. 1943, in: ACS, PCM, Gab. 1943–1944, Salerno, busta 8.
[99] Zit. nach Mercuri, L'epurazione, S. 33.
[100] Vgl. HQ, ACC, Minutes of Conference, 22. 8. 1944, in: NA, RG 331, Chief Commissioner, box 16.
[101] Vgl. Garland/Smyth, Sicily and the Surrender of Italy, S. 542.

lären Einheiten[102]. Die Luftwaffe bestand aus einigen hundert, größtenteils veralteten und reparaturbedürftigen Flugzeugen, die kaum mehr in die Luft zu bringen waren, und die Marine zählte nur noch einige Schiffe, die fast alle in Brindisi vor Anker lagen. Die einst stolze Kriegsmarine war am 8. September fast in toto zu den Alliierten übergegangen[103]. Für eine Weile konnte es tatsächlich so scheinen, als habe sich Pietro Nennis düstere Prophezeiung vom 9. September 1943 bewahrheitet: „Nichts bleibt übrig von den angeblichen Werten der Disziplin und der Ordnung, die zwanzig Jahre lang die faschistische Diktatur und ein Jahrhundert lang die monarchische Struktur des Staates charakterisiert haben, die ganz auf der Verbindung von Dynastie, Heer und Bürokratie basierte.“[104]

Badoglio waren darüber hinaus auch durch die Bestimmungen des Waffenstillstandes und die Anwesenheit der Allied Military Mission enge Grenzen gesetzt. Die italienische Regierung stand unter „sorgfältigster Kontrolle“[105]. Gesetze und Verordnungen mußten den Alliierten zur Genehmigung vorgelegt werden, und selbstverständlich waren auch Ernennungen und Versetzungen von hohen Beamten zustimmungspflichtig. Daß die Alliierten in Brindisi den Ton angaben, zeigte nichts deutlicher als die Art und Weise, wie sie sich in der süditalienischen Stadt einrichteten: Das Hotel Internazionale, immerhin Sitz des Generalstabes, war von den Italienern innerhalb von zwölf Stunden zu räumen, weil sich dort die Military Mission etablierte, und auch das Casino im Hotel Oriente mußte von heute auf morgen weichen[106]. Alliiertes Recht brach eben italienisches Recht.

Die bedingungslose Kapitulation, der Verlust der Hauptstadt, der Untergang der Streitkräfte – so tief der Einschnitt des 8. September 1943 auch gehen mochte, aus der Sicht des Regierungschefs hatte sich an den vor allem von den Alliierten und Hitler bestimmten Rahmenbedingungen wenig geändert. Badoglio sah deshalb zunächst auch keinen Anlaß, seine nach dem Sturz Mussolinis eingeschlagene Politik einer grundlegenden Revision zu unterziehen. Nach wie vor galt es, bei aller gebotenen Loyalität zum Monarchen eine gewisse Distanz zum Restaurationskurs Vittorio Emanueles III. zu wahren und sein eigenes politisches Geschick vom Schicksal des Königs zu trennen. Wie schon in Rom, mußte ihm daran gelegen sein, die stärker und stärker werdenden antifaschistischen Kräfte nicht vor den Kopf zu stoßen, ja sie durch die eine oder andere säuberungs- und reformpolitische Geste von der Vertrauenswürdigkeit der Regierung zu überzeugen, die – wenn nicht alle Anzeichen trogen – schon bald auf die Unterstützung des Antifaschismus angewiesen sein würde. Und selbstverständlich mußte Badoglio auch in Brindisi alles vermeiden, was das Einvernehmen mit den Alliierten stören konnte.

Daß er damit richtig lag, wurde Badoglio am 29. September 1943 in Malta erneut deutlich, als er mit dem Oberkommandierenden der alliierten Streitkräfte im Mittelmeerraum, General Eisenhower, zusammentraf und von diesem unter Androhung schärfster Maßnahmen gegen Italien gezwungen wurde, seine Unterschrift unter die bereits in Artikel 12 des „kurzen Waffenstillstandes“ angekündig-

[102] Bertoldi, Contro Salò, S. 47.
[103] Vgl. Edgar R. Rosen, Königreich des Südens. Italien 1943/44, Göttingen 1988, S. 61.
[104] Nenni, Diari, S. 38.
[105] Harris, Allied Military Administration of Italy, S. 145.
[106] Vgl. Bertoldi, Contro Salò, S. 48 und 27.

ten „weiteren politischen, wirtschaftlichen und finanziellen Bedingungen" zu setzen. Italien verpflichtete sich in diesem sogenannten „langen Waffenstillstand", jede Maßnahme, die von den Alliierten gefordert würde, zu ergreifen, und stellte damit nicht nur die eigenen Streitkräfte, sondern auch alle übrigen Ressourcen des Landes in den Dienst der alliierten Kriegführung gegen das Deutsche Reich. Außerdem sagte die italienische Regierung zu, Mussolini, seine wichtigsten Mitarbeiter und alle mutmaßlichen Kriegsverbrecher umgehend verhaften zu lassen und sie den Alliierten auszuliefern; ferner versprach sie, die faschistische Partei und ihre Nebenorganisationen aufzulösen und – gemäß den alliierten Bestimmungen – für „die Entlassung und Internierung des faschistischen Personals, die Kontrolle der faschistischen Gelder, die Abschaffung der Ideologie und Lehre des Faschismus" zu sorgen. Die ultimativ geforderte Unterzeichnung dieses Dokuments, so ist treffend bemerkt worden, kam einer „fast völligen Preisgabe der italienischen Souveränität gleich"[107], abgemildert nur durch das vage Versprechen der Alliierten, die strengen Waffenstillstandsklauseln in dem Maße zu lockern, wie Italien zur alliierten Kriegführung beizutragen vermochte[108].

Bei guter Führung, so konnte Badoglio das Treffen in Malta deuten, durfte Italien mit einer schnellen Rehabilitierung rechnen. Was die Alliierten darunter im einzelnen verstanden, war in den 44 Artikeln des „langen Waffenstillstandes" zu lesen, wurde Badoglio aber auch in den Besprechungen mit Eisenhower unmißverständlich vor Augen geführt, als dieser auf eine baldige Kriegserklärung gegen das Deutsche Reich drängte und als er Badoglio fragte, ob es seine Absicht sei, einige Antifaschisten in die Regierung aufzunehmen. Der Marschall wäre um eine klare Antwort nicht verlegen gewesen, konnte sie aber nicht geben, ohne den König, der von solchen Experimenten nichts wissen wollte, zu brüskieren. Als Badoglio sich deshalb in die Behauptung flüchtete, die Auswahl der Minister sei allein Sache des Königs, er selbst sei nur ein Soldat, der wenig von Politik verstehe, schnitt ihm Eisenhower – wohl ganz so, wie es Badoglio insgeheim erwartet hatte – das Wort ab: Die italienische Regierung, so gab Harold Macmillan den Oberbefehlshaber der alliierten Streitkräfte im Mittelmeerraum in seinem Tagebuch wieder, „muß einen antifaschistischen Charakter annehmen, wenn sie auf der Seite der Alliierten kämpfen will". Der Faschismus „ist eine jener Erscheinungen [...], die wir mit Todfeindschaft betrachten". Und Eisenhower vergaß auch nicht hinzuzusetzen, „daß das Ausmaß der Kooperation mit Italien, das ihm seine Regierung erlauben würde, von diesem Punkt" abhing[109].

Nicht minder willkommen als solche klaren Worte war Badoglio die negative Reaktion Eisenhowers auf einen Brief des Königs, in welchem Vittorio Emanuele die Aufnahme Dino Grandis in die Regierung anregte. Während dieser Gedanke Noel Mason-MacFarlane, dem Chef der Militärmission in Brindisi, gar nicht so abwegig erschien, erntete der König bei Eisenhower nur Kopfschütteln: Grandi, so notierte Macmillan, „war im Bewußtsein unserer öffentlichen Meinung über so lange Zeit so eng mit dem Faschismus verbunden, daß es ungünstige Mißverständ-

---

[107] James E. Miller, Der Weg zu einer „special relationship". Italien und die Vereinigten Staaten 1943–1947, in: Woller, Italien und die Großmächte, S. 52.
[108] Vgl. Garland/Smyth, Sicily and the Surrender of Italy, S. 549.
[109] Macmillan, War Diaries, S. 239 (Eintrag vom 29. 9. 1943).

nisse geben würde, wenn er in die italienische Regierung aufgenommen würde"[110].

Badoglio wollte dem natürlich nicht widersprechen. Solche und ähnliche Bemerkungen bestärkten ihn in seiner Absicht, die Politik der Anlehnung an die Alliierten und der behutsamen „apertura all' antifascismo" (Öffnung gegenüber dem Antifaschismus) fortzusetzen, selbst wenn er sich damit die Sympathien des Königs ganz verscherzte. Dabei überschätzte er aber wohl das Maß der Übereinstimmung, das zwischen seiner Politik und den längerfristigen Absichten der Alliierten in Italien bestand. Denn letztlich war es mit einer geschickten, aber nur opportunistischen Anpassung an den nun immer deutlicher vom Antifaschismus und den Alliierten bestimmten Zeitgeist eben doch nicht getan. Die alliierte Politik verfolgte ganz andere Ziele als der italienische Regierungschef, der vor allem an den Erhalt der Macht dachte. Die Zusammenarbeit mit Badoglio war für die Alliierten, namentlich für die Vereinigten Staaten, nur eine kurze Etappe auf dem Weg zur demokratischen Erneuerung von Staat und Gesellschaft, mehr nicht.

Badoglio blieb diese Einsicht zunächst noch verschlossen. Er fühlte sich nach Malta und erst recht nach dem Kriegseintritt Italiens am 13. Oktober 1943 sogar gestärkt und verschwendete deshalb auch keinen Gedanken an eine Kursänderung. Konkret hieß das: Er zauderte weiter, wo Entscheidungen längst überfällig waren, versicherte sich nach allen Seiten, wo es auf sein Machtwort angekommen wäre, und ließ manche Dinge einfach treiben. Die politische Säuberung beispielsweise kam einfach nicht voran; den Ministerpräsidenten bekümmerten lediglich die als gefährlich eingestuften Faschisten, weshalb er die Armee und namentlich die Carabinieri anwies, ein Auge auf sie zu haben. Squadristen und Faschisten, die nach dem 8. September offen an ihren alten Gesinnungen festhielten, mit den deutschen Besatzern und der Republik von Salò zusammenarbeiteten oder sonstwie die öffentliche Sicherheit gefährdeten, so schien die interne Anordnung zu lauten, sollten verhaftet und vor ein Militärgericht gestellt bzw. ohne großes Federlesen interniert werden. Alle anderen Parteigenossen aber sollten auf freiem Fuß belassen und lediglich überwacht werden[111]. An eine Säuberung des öffentlichen Dienstes dachte Badoglio nicht einmal.

Die vorliegenden Daten erlauben es nicht, Bilanz zu ziehen und die Zahl derjenigen anzugeben, die im Königreich des Südens im September/Oktober verhaftet, interniert oder observiert wurden. Manches spricht jedoch dafür, daß der Kreis der Betroffenen relativ klein war und wohl kaum mehr als 400 bis 500 Squadristen und Parteibonzen hinter Gitter kamen[112]. „Es muß einem gegenwärtig sein", so hieß es in der internen Anordnung des Oberkommandos der Streitkräfte, die von den nachgeordneten Stellen kaum als Aufforderung zum entschlossenen Zupakken verstanden werden konnte, „daß vor einer Verhaftung oder Festnahme erschöpfende und hieb- und stichfeste Untersuchungen und eventuelle Hausdurch-

[110] Ebenda, S. 239 f. (Eintrag vom 29. 9. 1943). Zum Treffen in Malta vgl. auch Harry C. Butcher, My Three Years with Eisenhower, New York 1946; Mario Toscano, Dal 25 luglio all' 8 settembre, Florenz 1966.
[111] Vgl. Comando Supremo an die nachgeordneten Stellen, 25. 10. 1943, in: ACS, PCM, Gab. 1943–1944, Salerno, busta 8.
[112] Vgl. Stato Maggiore R. Esercito an Comando della 7ª Armata, 16. 10. 1943, in: Ebenda.

suchungen gemacht werden müssen." Denn, so lautete die Anordnung weiter, „jemanden zu verhaften und dann wieder auf freien Fuß zu setzen, ist besonders schädlich und muß unter allen Umständen vermieden werden"[113].

Auch die Vorbereitungen zur Aufnahme demokratischer Kräfte in das Kabinett verrieten zunächst keine entschlossene Hand. Sie ähnelten vielmehr einem hartnäckigen Tauziehen zwischen dem König und seinem Ministerpräsidenten, die das nach Malta fällige Revirement – jeder auf seine Weise – nutzen wollten: der König, um den Regierungschef, dem er mittlerweile zutiefst mißtraute, loszuwerden, Badoglio, um sich als potentieller Bündnispartner des Antifaschismus zu profilieren und auf Distanz zum König zu gehen. Die Folge davon waren endlose, einander überkreuzende Sondierungen des Königs und Badoglios bei angesehenen Persönlichkeiten des öffentlichen Lebens und führenden Exponenten der antifaschistischen Befreiungskomitees, die man in der Entourage Vittorio Emanueles oder im Beraterkreis des Ministerpräsidenten für ministrabel hielt. Einer Kabinettsumbildung kam man dabei nicht näher, immerhin gewann man aber Gewißheit darüber, daß eine Kooperation zwischen Antifaschismus und königlicher Regierung nur unter einer Prämisse möglich war: wenn der König abdankte. „Ich habe die Monarchie immer als nützlich für Italien angesehen. Aber es ist nicht unsere Schuld, daß die Monarchie des Hauses Savoyen jegliches Ansehen verloren hat, wie alle hören und sehen", so schrieb Benedetto Croce am 10. Oktober 1943 in sein Tagebuch. Die einzige Möglichkeit, die Monarchie zu bewahren und die Einführung der Republik zu verhindern, lag in den Augen des überzeugten Monarchisten Croce im raschen Rückzug „dieses Unglücklichen" in das Privatleben[114].

Wie ernst die Lage in Wirklichkeit war, und daß die Alliierten nicht daran dachten, sich mit Lippenbekenntnissen abspeisen zu lassen, führte Badoglio erst die „Deklaration über Italien" vor Augen, die zu den wichtigsten Ergebnissen der Moskauer Konferenz der Außenminister der UdSSR, der Vereinigten Staaten und Großbritanniens vom 19.–30. Oktober 1943 gehörte. In der Präambel der Erklärung hieß es, der Politik der Alliierten gegenüber Italien liege das Prinzip zugrunde, „den Faschismus und alle seine verhängnisvollen Einflüsse und Folgen vollständig auszumerzen und dem italienischen Volk die uneingeschränkte Möglichkeit zu gewähren, Regierungs- und andere Institutionen zu bilden, die auf den Prinzipien der Demokratie beruhen". Zur Realisierung dieser Politik sei es notwendig, „daß die italienische Regierung durch die Einbeziehung von Vertretern jener Schichten des italienischen Volkes, die immer gegen den Faschismus aufgetreten sind, demokratischer gestaltet wird". Ferner müßten alle faschistischen Institutionen und Organisationen beseitigt und alle faschistischen und profaschistischen Elemente aus der Verwaltung sowie aus Institutionen und Einrichtungen öffentlichen Charakters entfernt werden[115].

---

[113] Comando Supremo an nachgeordnete Stellen, 25. 10. 1943, in: Ebenda.

[114] Benedetto Croce, Quando l'Italia era tagliata in due. Estratto di un diario (Luglio 1943-Giugno 1944), Bari 1948, S. 18 und 16; vgl. auch Puntoni, Parla Vittorio Emanuele, S. 171–182 (Einträge vom 14.9.–1.11.1943).

[115] Anlage 4 zum Geheimprotokoll der Moskauer Konferenz, 19.-30. 10. 1943, zit. nach: Die Sowjetunion auf internationalen Konferenzen während des Großen Vaterländischen Krieges 1941 bis 1945, Bd. 1: Die Moskauer Konferenz der Außenminister der UdSSR, der USA und Großbritan-

Jetzt erst schrillten im Castello Svevo, dem provisorischen Sitz der italienischen Regierung in Brindisi, die Alarmglocken: Die Alliierten meinten tatsächlich alles ernst, was in Malta von Soldat zu Soldat gesprochen worden war, und würden nicht zögern, ihre Ziele notfalls mit brachialen Mitteln durchzusetzen. Für Badoglio kam diese Bedrohung von außen umso ungelegener, als sich auch im Innern die Dinge nicht so fügten, wie er gehofft hatte. Im Herbst 1943 meldeten sich die Antifaschisten, namentlich der frühere Außenminister Carlo Sforza, der gerade aus seinem langjährigen Exil zurückgekehrt war[116], immer häufiger und mit immer größerem Nachdruck zu Wort, und es war schon damals für jedermann erkennbar, daß die Ambitionen des Antifaschismus wohl kaum mit den Absichten des Regierungschefs in Einklang zu bringen waren.

Um sich davon zu überzeugen, genügte schon ein Blick in die Presse, in die periodischen Berichte der Präfekten und Carabinieri oder in die zahllosen Protest-, Beschwerde- und Warnschreiben, die im Herbst 1943 in Brindisi eintrafen. Der Tenor war überall gleich: Die Bevölkerung forderte eine Beteiligung der antifaschistischen Parteien an der Regierung und nun auch eine viel tiefergreifende politische Säuberung als sie das beim Sturz Mussolinis getan hatte. „Eine strenge und methodische Säuberung aller zentralen und peripheren staatlichen Organe und aller lokalen Einrichtungen [...] ist heute nötiger denn je. Denn der Zustand, daß dort der Überbau noch immer faschistisch ist und viele faschistische Überreste anzutreffen sind, bedrückt die öffentliche Stimmung, bedroht die kämpfenden Kräfte von hinten und gefährdet häufig die öffentliche Ordnung", hieß es in einem Schreiben des Comitato Regionale del Fronte Nazionale d'Azione an Badoglio vom 25. September 1943[117]. In die gleiche Richtung zielte ein Vorschlag, mit dem ein aus Liberalen, Republikanern, Christdemokraten und Kommunisten gebildetes Komitee aus Taranto um dieselbe Zeit hervortrat: „Dieses Komitee", so schrieb der Präfekt über die politischen Absichten des Komitees, „verfolgt vor allem das Ziel, die Arbeit der Regierung zu unterstützen, aufzupassen, damit faschistische Elemente nicht ihr zersetzendes Werk tun können, und so rasch wie möglich die Entfernung der prominentesten Faschisten aus dem öffentlichen Leben zu erlangen."[118]

Badoglios Lage wurde noch prekärer, als im Herbst 1943 der Konflikt zwischen Antifaschisten und Faschisten in Nord- und Mittelitalien an Schärfe gewann und sich dabei zeigte, daß die Faschisten und ihre deutschen Schirmherren selbst vor Massakern an Unschuldigen nicht zurückschreckten. Überall erhob sich nun der Ruf nach Rache, und da man der Deutschen nicht habhaft werden konnte, sollten wenigstens die Faschisten büßen, ganz gleich, ob es sich um die wahren Täter han-

---

niens (19.–30. Oktober 1943), Moskau/Berlin 1988, S. 305 f.
[116] Zu Sforza vgl. Giancarlo Giordano, Carlo Sforza: La Politica 1922–1952, Mailand 1992, S. 157–190; Dal diario del Conte Sforza: il periodo post-fascista (25 luglio 1943–2 febbraio 1947), in: Rivista di Studi Politici Internazionali 1977, Nr. 1, S. 401–493.
[117] In: ACS, PCM, Gab. 1943–1944, Salerno, busta 7. Vgl. auch Bericht der Carabinieri von Neapel, 27. 10. 1943, in: Ebenda, busta 22; Ufficio Affari Civili presso S.E. il Capo del Governo, Appunto per S.E. il Capo del Governo, 7. 11. 1943, in: Ebenda, busta 8.
[118] Präfekt von Taranto an Ufficio Affari Civili presso S.E. il Capo del Governo, 30. 9. 1943, in: Ebenda, busta 2; vgl. auch Fronte di Azione Nazionale, Comitato provinciale di Taranto, an Badoglio, 25. 9. 1943, in: Ebenda.

delte oder um ihre Gesinnungsgenossen im Süden. „Die heutige Stunde ist nicht die Stunde der Juristen", mußte sich Badoglio von einem empörten, zum äußersten entschlossenen Rechtsanwalt aus Brindisi sagen lassen, „es ist die Stunde der harten Männer von Geblüt, die die Pflicht fühlen müssen, [erstens] die Herausforderung der Kriminellen anzunehmen, die in der Hoffnung auf Rettung damit gedroht haben, einen Bürgerkrieg zu entfesseln, und die [zweitens] lernen müssen, mit welchen Mitteln Bürgerkriege geführt werden." Der Rechtsanwalt hielt es deshalb für erforderlich, „feierlich zu erklären": „1) – daß alle Richter [...], die aus politischen Gründen ein Urteil gegen einen Italiener unterzeichnen, von nun an vogelfrei sind und von jedem hingerichtet werden können; 2) – daß alle Faschisten, die gegen andere Italiener gewalttätig vorgehen, ob allein oder in Verbindung mit den Deutschen, von nun an vogelfrei sind und von jedem hingerichtet werden können; 3) – daß alle jene, die nicht unverzüglich binnen kürzester Frist ihre faschistischen Ämter niederlegen [...], von nun an vogelfrei sind und von jedem hingerichtet werden können." Wenn sich die Regierung nicht in der Lage sähe, so fuhr der Rechtsanwalt fort, diese Maßnahmen zu ergreifen, dann seien diejenigen bereit dazu, „die es als ihre Pflicht ansehen, alle Verantwortung auf sich zu nehmen, und die Einheiten von ‚Rächern' bilden können, die sich [...] wieder auflösen werden, sobald der letzte Deutsche die Grenze überschritten hat und der letzte Faschist begraben worden ist"[119]. Der Kontrast zwischen solchen, oft maßlosen Forderungen und der Untätigkeit der Regierung in Brindisi wurde immer größer.

Angefochten im Inneren und unter Druck gesetzt von außen, blieb Badoglio kaum eine andere Wahl, als die Flucht nach vorne anzutreten und den Versuch zu machen, durch eine Reihe von gezielten Reformmaßnahmen der Kritik die Spitze zu nehmen. Als erstes packte Badoglio die Frage der vor allem von den Alliierten geforderten Kabinettsumbildung an, die bis dahin am König gescheitert war, der immer nur desinteressiert abgewunken hatte, wenn die Rede auf Zugeständnisse an die antifaschistischen Parteien gekommen war. Badoglio zwang den Monarchen nun öffentlich Farbe zu bekennen und bat am 2. November 1943 um die Entbindung von seinen Pflichten als Regierungschef – wohl wissend, daß Vittorio Emanuele, dessen Stellung durch die Moskauer Drei-Mächte-Erklärung schwer erschüttert war, keine andere Wahl hatte, als ihn erneut zum Ministerpräsidenten zu ernennen; eine Lösung à la Grandi war ja ebenso ausgeschlossen wie die Berufung eines Regierungschefs aus dem antifaschistischen Lager, das jegliche Zusammenarbeit mit dem Monarchen strikt ablehnte[120].

In dieser ungewissen Situation wäre vieles, vielleicht sogar die sofortige Abdankung des Königs möglich gewesen, hätte Vittorio Emanuele nicht Schützenhilfe von einer Seite bekommen, von der es niemand erwartet hatte. In der ersten Novemberhälfte traf nämlich in Brindisi eine Nachricht aus Rom ein, die von Ivanoe Bonomi stammte, dem Ministerpräsidenten der Jahre 1921/22 und Vorsitzenden des am 9. September 1943 ins Leben gerufenen Comitato di Liberazione Nazio-

---

[119] Giorgio Mallica an Badoglio, 7. 10. 1943, in: Ebenda, busta 8.
[120] Vgl. Miller, The United States and Italy, S. 60; Harris, Allied Military Administration of Italy, S. 134 ff.; Coles/Weinberg, Civil Affairs, S. 426.

nale (CLN), dem alle großen Parteien angehörten und das schon bald das ganze
Land mit einem Netz von lokalen und regionalen Befreiungskomitees umspannte.
Bonomi sprach sich darin zur Überraschung aller gegen die von Badoglio ins
Auge gefaßte Umbildung der Regierung vor der Befreiung von Rom aus. Außer-
dem bot er dem König und der königlichen Regierung die Unterstützung des
CLN an, vorausgesetzt, diese verpflichteten sich, nach der Befreiung der Ewigen
Stadt eine vom Antifaschismus getragene Regierung zu bilden und nach der Be-
freiung ganz Italiens einer frei gewählten verfassunggebenden Versammlung die
Entscheidung über die künftige Herrschaftsform in Italien zu übertragen[121].

Bonomi, „erfahren in der Kunst, politische Grundsätze zu manipulieren", wie
Ennio Di Nolfo ihn einmal charakterisiert hat[122], fiel damit den tonangebenden
Antifaschisten im Königreich des Südens und in den befreiten Regionen Süditaliens in den Rücken. Sein überraschender Vorstoß hatte seinen Grund wohl weniger, wie er selbst sagte, in der Sorge, daß sich in Rom oder anderswo eine neue republikanische Regierung aus „ungeduldigen und undisziplinierten Elementen" –
„die dritte nach Mussolini und Badoglio"[123] – formieren könnte, sondern eher in
„seinem eigenen Wunsch nach einem Amt und seiner Angst (und der der anderen
Repräsentanten der sechs Parteien), daß ihnen Sforza durch die frühzeitige Bildung einer liberalen Regierung den Wind aus den Segeln nehmen könnte", wie es
in einem britischen Artikel hieß[124].

Die Nachricht aus Rom befreite den König aus der äußerst unbequemen Lage,
in die er nach Badoglios Rücktrittsgesuch geraten war. Unter Berufung auf die
Wünsche des Führers des Nationalen Befreiungskomitees war es ihm nun ein
leichtes, die Abdankungsforderungen eines Croce oder Sforza zu ignorieren und
auch die Pläne Badoglios zu durchkreuzen. Dieser zog sein Rücktrittsgesuch auf
Drängen des Königs zurück und mußte sich damit begnügen, sein Rumpfkabinett
durch eine Reihe von Staatssekretären zu komplettieren. Die nach dem Sturz
Mussolinis gebildete, am 9. September in Rom zurückgelassene Regierung aus unpolitischen Fachleuten und Militärs blieb also weiter im Amt, anstelle der abwesenden Minister führten nun die am 13. November neu berufenen Staatssekretäre
die Ministerien.

Mehr Erfolg hatte Badoglio auf dem Feld der politischen Säuberung, das ebenfalls zu den kardinalen Anliegen des Antifaschismus und der Alliierten zählte, wie
sich in Moskau wieder gezeigt hatte. Auch hier wurde sein Entschluß zur „apertura all'antifascismo" noch im November 1943 spürbar. Schon zwei Tage nach
dem Bekanntwerden der „Proklamation über Italien", am 4. November, beendete
der Regierungschef einen Kompetenzstreit zwischen dem Militär und den Präfekten, der sich an der Frage der Zuständigkeit für die Entfaschisierung entzündet
hatte. Die Präfekten fühlten sich übergangen und wollten es nicht länger hinnehmen, daß die Säuberungsinitiative fast ausschließlich beim Militär und bei den Carabinieri lag; außerdem zweifelten sie an der Fähigkeit des Militärs, die einzelnen

---

[121] Edelman, Incremental Involvement, S. 131; Harris, Allied Military Administration of Italy, S. 134;
    Bonomi, Diario di un anno, S. 127–131 (Einträge vom 2.11.–17. 11. 1943).
[122] Ennio Di Nolfo, Le paure e le speranze degli italiani (1943–1953), Mailand 1986, S. 106.
[123] Bonomi, Diario di un anno, S. 127 (Eintrag vom 2. 11. 1943).
[124] Zit. nach Edelman, Incremental Involvement, S. 132.

Fälle gerecht zu beurteilen und angemessene Maßnahmen zu ergreifen. Eine so heikle Sache wie die Säuberung gehöre in die richtigen Hände, wie der Präfekt von Bari Badoglio Mitte Oktober hatte wissen lassen[125].

Es ist bezeichnend für den neuen Kurs nach der Moskauer Konferenz, daß Badoglio nun keinen bequemen Kompromiß wählte. Er entschied sich eindeutig für die Präfekten, die wohl wirklich besser beurteilen konnten, wer als gefährlicher Faschist zu betrachten war, und er verband diese Entscheidung mit der ersten Grundsatzerklärung über den Charakter und die Zielsetzungen der politischen Säuberung. Damit gelangte die Epurazione wenigstens ein Stück weit aus der Sphäre des Ungefähren und Unverbindlichen, die bis dahin um sie gewesen war, heraus. „Es ist vor allem nötig", so schärfte Badoglio am 4. November 1943 den vier Präfekten des Königreichs des Südens ein, „daß Ihre Exzellenzen sich diese zwei Grundsätze zu eigen machen, aufgrund derer Sie dann entscheiden und gewissenhaft Ihre Maßnahmen ergreifen:

A) – Die faschistische Herrschaft ist trotz ihres vorübergehenden Fortlebens im sogenannten faschistisch-republikanischen Regime im Bewußtsein der Italiener definitiv beendet; eine Möglichkeit einer Wiedererrichtung gibt es nicht.

B) – Es ist unumgänglich, auch die letzten faschistischen Überreste auszutilgen, um zu verhindern, daß sie, wie das Unkraut, erneut die Gesellschaft befallen und lähmen."

„Das als unumstößlichen Ausgangspunkt genommen", fuhr der Regierungschef in ganz neuer Tonlage fort, „muß entschlossen zur Tat geschritten werden." Hier gelte es freilich zwischen vier Gruppen von Faschisten zu unterscheiden, „die noch immer unser öffentliches Leben vergiften". Die erste, relativ harmlose Gruppe bestand in den Augen Badoglios aus langjährigen, auch höherrangigen Parteigenossen, die im großen und ganzen anständig geblieben und auch nicht zu den Nutznießern des Regimes zu zählen waren; diese Gruppe sollte ihre Privilegien verlieren, ansonsten aber unangetastet bleiben. Mit so viel Nachsicht durfte die zweite Gruppe, die Badoglio nannte, nicht rechnen. Sie setzte sich aus Faschisten zusammen, die nicht nur öffentliche Ämter bekleidet hatten, „sondern auch Befürworter von Günstlingswirtschaft, bürokratischen Durchstechereien, Mißbrauch und von Gewaltanwendung gegen Nichtfaschisten etc." gewesen waren. Sie waren genauso festzunehmen wie die Angehörigen der dritten Gruppe, die Aktivisten und Alten Kämpfer. Den vierten Typus des Faschisten, „also jene Individuen, die zwar nicht im ersten Glied der Politik standen, aber immer unter der Hand mit allen, besonders auch illegalen Mitteln die faschistischen Bonzen unterstützten, um deren Protektion und Gunst zu erhalten", – diese Faschisten hielt Badoglio für besonders gefährlich; sie seien „die abscheulichsten Würmer im faschistischen Misthaufen [...], die man unnachgiebig verfolgen, packen und bestrafen muß". Sache der Präfekten sei es, so faßte Badoglio seine Überlegungen zusammen, energisch zu handeln, damit die Provinzen schon bald als „gesäubert" gelten könnten. Dabei dürften auch frühere Freundschaften und Beziehungen keine Rolle spielen. „Beim Säubern gilt es hart zuzupacken", so der fast schon dra-

---

matische Schlußakkord der ersten Regierungserklärung zur politischen Säuberung[126].

Damit war ein wichtiger Schritt getan. Viele weitere blieben noch zu tun, wie
die Kritiker Badoglios anmerkten, die sich natürlich mehr erwartet hatten: Was, so
fragten sich viele, sollte mit den faschistischen Verbrechern geschehen, die den Sozialistenführer Giacomo Matteotti und die Brüder Rosselli ermordet und den Anführer der liberaldemokratischen Opposition, Giovanni Amendola, auf dem Gewissen hatten? Was mit den feigen Denunzianten, die Tausende in das Gefängnis
oder in die Verbannung gebracht hatten? Sollten etwa die Spitzel der Geheimpolizei ungeschoren davon kommen oder die Schikaneure und Peiniger der Straf-
lager und Verbannungsinseln? Wie stellte sich der Regierungschef die Säuberung
des öffentlichen Dienstes vor, wer durfte bleiben, wer mußte gehen? Auf solche
und ähnliche Fragen, die die Gemüter der Öffentlichkeit zunehmend erregten,
blieb Badoglio eine Antwort schuldig. Für ihn schien sich die politische Säuberung in der Ausschaltung derjenigen Faschisten zu erschöpfen, die eine Gefahr für
die öffentliche Ordnung und damit auch für ihn selbst darstellten.

Diese Kritik verstummte nicht, sie fiel aber doch etwas milder aus, als der Regierungschef seine Flucht nach vorne weiter beschleunigte und am 11. und 15.
November die Präfekten anwies, nun mit der Säuberung des öffentlichen Dienstes
zu beginnen. „Die Regierung hat die Absicht", so hieß es im Schreiben vom 15.
November, „diejenigen Bediensteten aus ihren augenblicklichen Positionen zu
entfernen [...], die Squadristen, Alte Kämpfer [aus der Zeit vor dem Marsch auf
Rom] gewesen sind, die Auszeichnung 'sciarpa littorio' trugen oder die [...] in den
letzten zehn Jahren politische Posten bekleideten, die höher rangierten als 'Ispet-
tore federale'"[127]. Außerdem hielt er es für angezeigt, „die [polizeilichen und juri-
stischen] Maßnahmen, die Ihre Exzellenzen gegenüber den Mitgliedern der aufgelösten faschistischen Partei ergreifen sollten, noch näher zu beschreiben", wobei
der Hauptakzent nicht mehr wie noch in der Regierungserklärung vom 4. November auf der Ausschaltung gefährlicher Faschisten lag. Badoglio schien nun
auch erkannt zu haben, daß es nicht minder wichtig war, hineinzuleuchten in die
düstere Herrschaftspraxis des Faschismus und diejenigen zur Verantwortung zu
ziehen, die „in der Öffentlichkeit Anstoß erregt hatten, weil sie Verbrechen oder
andere Schandtaten verübt oder schließlich, weil sie gegen fundamentale Prinzipien der Freiheit verstoßen hatten, die unser heiligstes Gut ist"[128].

Das kam in der antifaschistischen Öffentlichkeit an, blieb aber zunächst noch
ohne Folgen. Es dauerte Monate, ehe die ersten Faschisten vor Gericht standen,
und auch die Präfekten taten zunächst nicht sehr viel mehr, als die politische Biographie ihrer Untergebenen zu überprüfen und die dabei gewonnenen Erkenntnisse an die Regierung in Brindisi weiterzuleiten. „In der Zwischenzeit", so die
Formulierung des Leiters einer landwirtschaftlichen Kreditbank, „warte ich darauf, daß die Regierung mitteilt, welche Maßnahmen zu ergreifen sind. Daran

---

[126] Badoglio an die Präfekten, 4. 11. 1943, in: Ebenda.
[127] Badoglio an die Präfekten, 15. 11. 1943, in: Ebenda. Vgl. auch ein undatiertes Schreiben (nach dem
    15. November 1943) Badoglios an die Präfekten, in: Ebenda.
[128] Vgl. undatiertes Schreiben von Badoglio an die Präfekten (nach dem 15. November 1943), in:
    Ebenda.

werde ich mich skrupulös halten, damit keine Unterschiede in der Behandlung der Angestellten und Beamten entstehen, die von diesen Maßnahmen betroffen oder nicht betroffen sind."[129]

Paradoxerweise hat der bürokratische Leerlauf, der nach Badoglios November-Direktiven entstand, aber doch gewisse, nicht zu unterschätzende Wirkungen entfaltet. Die Direktiven sorgten in den Amtsstuben für helles Entsetzen. Von ihnen ging eine latente Interventions- und Zugriffsdrohung gegen alle Parteigenossen aus, die – auf welche Weise und in welchem Maße auch immer – in das verbrecherische System des Faschismus verstrickt waren. Konnten diese bis dahin den Dingen, die da kommen würden, noch relativ gelassen entgegensehen, so mußten sie nun um ihre berufliche Zukunft bangen; sie sahen sich in die Defensive gedrängt, fast schon angeklagt und einem gewissen Druck zur Rechtfertigung ausgesetzt. Mit einem Wort: Das Klima im öffentlichen Dienst begann umzuschlagen, und niemand vermochte mit Gewißheit zu sagen, was sich da zusammenbraute.

Außerdem entfesselten die November-Direktiven einen wahren Papierkrieg, der für sich betrachtet nur ärgerlich sein mochte, der Regierung in Brindisi aber immerhin eine genauere Vorstellung von der Zahl der betroffenen Parteigenossen und der Fülle der mit der Epurazione verbundenen Probleme vermittelte. In der Staatsanwaltschaft von Lecce beispielsweise fielen fünf Angestellte unter die November-Direktiven, und noch bevor an die erste Entlassung auch nur zu denken war, griffen drei davon schon zur Feder und setzten Rechtfertigungs- und Entlastungsschreiben auf, die kein geringerer als der dortige Oberstaatsanwalt für „voll und ganz glaubwürdig" hielt. Alle drei bezeichneten sich als unpolitisch. Medoro Mosco, der 57jährige erste Gerichtsschreiber, der den Vorwurf zu entkräften suchte, vor dem Marsch auf Rom in die Partei eingetreten zu sein, versicherte: „Es ist auf das Wohlwollen […] von Freunden aus dem Vorstand zurückzuführen, die meinen Eintritt auf den 16. Oktober 1922 datierten, als die Sektion des Fascio gegründet wurde." In Wahrheit sei sein Eintritt erst später, im März 1923, erfolgt. Sein Kollege, der 46 Jahre alte erste Sekretär, Ferdinando Ognissanti, Träger der Parteiauszeichnung „sciarpa littorio", beteuerte, daß er diese Auszeichnung nicht wegen seines kämpferischen Einsatzes für die Partei erhalten habe, sondern routinemäßig, nämlich aus „Gründen des Dienstalters in der Miliz". Und auch der Chefsekretär Gaetano d'Urso war angeblich ohne sein Zutun so früh in die Partei aufgenommen worden, daß er als „antemarcia" gelten mußte. „Ich muß auch erklären und richtigstellen", so betonte er, „daß die Einschreibung [in die Partei] von mir in keiner Weise angestrebt oder gar erbeten wurde. Sie geschah auf Initiative des politischen Sekretariats pro-tempore."[130]

Ganz gleich, wie ehrlich oder opportunistisch solche Versicherungen auch immer waren, hier deutete sich bereits eine generelle Problematik an, die die politische Säuberung in Italien und später auch im besetzten Deutschland charakterisierte: Jeder Schematismus, etwa das in der Direktive vom 15. November 1943 erwähnte Prinzip, alle „squadristi", „antemarcia" und „sciarpa littorio" zu entlassen, konnte zu zahlreichen, auch gravierenden Ungerechtigkeiten führen, wäh-

[129] Istituto di Credito Agrario per la Sardegna, Sede Centrale, an Badoglio, 23. 12. 1943, in: Ebenda.
[130] Die Schreiben der Angehörigen der Staatsanwaltschaft von Lecce, in: Ebenda.

rend die politische Säuberung andererseits in einer Papierflut zu versacken drohte, wenn jeder einzelne Fall eingehend gewürdigt werden mußte.

Mit Beifall wurde in der Öffentlichkeit auch die Ankündigung Badoglios aufgenommen, die – um das mindeste zu sagen – zweideutige Rolle der militärischen Führung und der befehlshabenden Offiziere am 8. September, dem schwärzesten Tag in der Militärgeschichte Italiens, untersuchen zu lassen. „Diese Überprüfung ist unabdingbar im Hinblick auf das Volk und auf die Alliierten, und sie ist im Interesse der italienischen Streitkräfte selbst", so faßte General Giovanni Messe die ihm am 2. Dezember 1943 übertragene Aufgabe auf. „Sie muß so rigoros und erschöpfend sein, daß danach jeder Offizier in dreierlei Hinsicht als geprüft gelten kann: in technischer, politischer und moralischer Hinsicht."[131] Nur diejenigen Offiziere, „die die Pflichten erfüllt haben, die sich aus der konkreten Situation ergaben, und die sich an den militärischen Ehrenkodex gehalten haben", sollten in der in Brindisi neu aufzubauenden Armee in Leitungsfunktionen Verwendung finden. Für Offiziere hingegen, die gegen diese Pflichten und Gesetze verstoßen hatten, war in der neuen Armee kein Platz; sie sollten entlassen und zur Verantwortung gezogen werden. „Es ist meine Absicht", so strich Messe die Wichtigkeit einer baldigen Untersuchung heraus, „daß diese Arbeit der Klärung und Regeneration des höheren Korps so rasch wie möglich geschieht, denn sie ist die Basis der umfassenden Reorganisation und Stärkung unserer Streitkräfte."[132]

Trotz dieser Vorsätze sind Messes Untersuchungen anscheinend schon in den Anfängen steckengeblieben. Die Quellenlage läßt gerade in diesem Punkt sehr viel zu wünschen übrig. Es ist aber leicht vorstellbar, wie die Dinge liefen: Messe wird gewiß nichts übertrieben haben, gehörte er doch selbst zu den schwer belasteten Offizieren, und dort, wo er ernst machte, wird er schnell auf größte Zurückhaltung und Ausflüchte getroffen sein, wenn er nach den Instruktionen und Befehlen fragte, die am 8. September und in den Tagen zuvor von der Regierung und den Generalstäben zu den Truppen hinausgesandt worden waren. Denn hier tastete er sich gleichsam an einen Sperrbezirk heran, an dessen Unzugänglichkeit sowohl der König und sein Ministerpräsident als auch die oberste militärische Führung interessiert waren, weil sie alle zusammen eine schonungslose Aufhellung der Umstände, die zur Katastrophe des 8. September geführt hatten, fürchteten. Es überrascht deshalb nicht, daß Messes Untersuchungen ohne weitreichende Folgen blieben und nur wenige Offiziere Rang und Kommando kosteten[133].

Diese magere Bilanz fügte sich in den allgemeinen Trend, der schon seit den Anfängen der politischen Säuberung im Juli 1943 zu erkennen war und auch nach den dröhnenden Grundsatzerklärungen Badoglios nicht aufgehoben wurde: Al-

---

[131] Memorandum von Messe: Comportamento degli ufficiali all'atto e dopo la proclamazione dell'armistizio, 8. 12. 1943, in: ACS, PCM, Gab. 1943–1944, Salerno, Provvedimenti legislativi, busta 3.
[132] Ebenda.
[133] Vgl. Rossini, L'epurazione, S. 737; Ministero dell'Interno: La Riorganizzazione e la Defascistizzazione dell'Esercito, 6. 6. 1944, in: ACS, PCM, Gab. 1943–1944, Salerno, busta 15; Bericht über die Situazione delle FF.AA., der am 27. 4. 1944 im Kabinett verlesen wurde (in: Ebenda, Gab. 1943–1944, Salerno, Provvedimenti legislativi, busta 1); Bericht des Kriegsministers, den dieser am 23. 5. 1944 im Kabinett vorlegte (in: Ebenda, busta 12); Giuseppe Conti, Aspetti della riorganizzazione delle Forze armate nel Regno del sud (settembre 1943-giugno 1944), in: Storia contemporanea 1975, Nr. 1, S. 107–109.

les, was die Regierung bis dahin erklärt und unternommen hatte, war Stückwerk oder gehorchte den Erfordernissen der Propaganda. Niemand wußte das besser als Badoglio. Ihm war nicht entgangen, daß die bisherigen Halbheiten weit hinter den Erwartungen der Öffentlichkeit und der Alliierten zurückgeblieben und kaum geeignet waren, seine bescheidene antifaschistische Reputation zu heben. Auf seiner Flucht nach vorne mußte er – nolens volens – das Tempo erhöhen. Sein Kabinett befaßte sich deshalb Anfang Dezember mit einer Reihe von Gesetzesvorhaben, die die Entschlossenheit, mit der Vergangenheit zu brechen, bekräftigen sollten. Am 1. Dezember beriet die Regierung über einen Gesetzentwurf über die „Einziehung von Eigentum nichtgerechtfertigter Provenienz". Eine Woche später stand die in der Öffentlichkeit leidenschaftlich diskutierte Frage der „Wiedereinsetzung von Juden in ihre staatsbürgerlichen Rechte" auf der Tagesordnung. Badoglio kam es gerade hier auf ein deutliches Signal an; alle 1938 und später erlassenen Rassegesetze sollten außer Kraft gesetzt werden: „Man darf nicht mehr von ‚Rasse' sprechen, sondern nur von Bürgern jüdischen Glaubens, denn in unserem Land hat es keine Diskriminierung in diesem Sinne gegeben."[134]

Die Regierung ging noch weiter. Am 9. Dezember beschloß das Kabinett ein Gesetz über die Wiedereinstellung von Angehörigen des öffentlichen Dienstes, die vor 1943 aus politischen Gründen entlassen worden waren, und – endlich – ein Säuberungsgesetz, das die bisherigen unkoordinierten Direktiven zusammenfaßte, präzisierte und durch neue juristische Elemente ergänzte. Dieses Gesetz, das eine Wende in der politischen Säuberung markieren sollte, trug den etwas schwerfälligen Namen: „Entfaschisierung der staatlichen Verwaltung, der Gemeindeverbände, der halbstaatlichen, vom Staat kontrollierten und der Einrichtungen von nationaler Bedeutung und der Privatbetriebe, die öffentliche Aufgaben erfüllen."[135]

Das antifaschistische Gesetzespaket und namentlich das Säuberungsgesetz, das Badoglio Anfang Dezember 1943 vorlegte, war vor der entscheidenden Kabinettssitzung weder von den Staatssekretären selbst noch in den einzelnen Ministerien geprüft worden. Das Kabinett sah sich mit einem fertig ausgearbeiteten Gesetzentwurf konfrontiert, und niemand fand den Mut, vor der Abstimmung über diese politisch so wichtige, aber juristisch nicht ganz unkomplizierte Materie eine eingehende Beratung zu verlangen. So wurde man erst im nachhinein, als die Referenten in den Ministerien Paragraph für Paragraph durchgingen, auf die Widersprüche und Schwachpunkte des Säuberungsgesetzes aufmerksam. Vor allem das Außenministerium hatte allerhand auszusetzen. Sein Haupteinwand richtete sich gegen die Bestimmung, daß Faschisten dann von der politischen Säuberung ausgenommen werden sollten, wenn sie sich im deutschen Besatzungsgebiet im Kampf gegen den Feind ausgezeichnet hatten. Dem Außenministerium ging diese Ausnahmeregelung nicht weit genug. Es machte unter Hinweis auf Beispiele geltend, „daß ähnliche Verdienste auch Personen vorweisen können, die sich in den schon befreiten Gebieten und im Ausland befanden oder noch befinden". Man wisse

---

[134] Zu den Kabinettssitzungen vom 1. und 8. 12. 1943 vgl. ACS, PCM, Gab. 1943–1944, Salerno, Provvedimenti legislativi, busta 8.

[135] Zur Kabinettssitzung vom 9. 12. 1943 vgl. ebenda, und eine ebenfalls dort liegende Pressemitteilung über die Kabinettssitzung.

beispielsweise von Squadristen unter den Beamten, die sich in Frankreich und Griechenland lieber in Lager oder Gefängnisse stecken ließen, „als sich der sogenannten faschistischen Regierung anzuschließen". Bekannt seien auch Beamte mit dem „Squadrista"-Titel, „die sich am 8. September in von deutschen Truppen kontrollierten Gebieten befanden und nicht zögerten, persönliche Risiken einzugehen oder sich der Gefahr sicherer Repressalien von seiten deutscher oder faschistischer Stellen auszusetzen, um durch die feindlichen Linien die rechtmäßige Regierung zu erreichen und sich in den Dienst der nationalen Sache zu stellen". Auch diese sollten nach Meinung des Außenministeriums nicht unter die Säuberung fallen[136].

Ähnlich kritische Anmerkungen machten allem Anschein nach auch andere Ministerien. Der Konsens, der am 9. Dezember 1943 im Kabinett geherrscht hatte, war jedenfalls dahin, und Badoglio sah sich gezwungen, das über Presse und Radio bereits verbreitete und von manchen Präfekten auch schon angewandte Gesetz am 23. Dezember 1943 zurückzuziehen oder, genauer, so zu tun, als sei es noch gar nicht verabschiedet worden[137]. Dem Kabinett blieb es so nicht erspart, am 27. Dezember die nachgereichten Verbesserungsvorschläge zu prüfen. Es ließ sich freilich auch diesmal auf keine ausführliche Diskussion ein, sondern verwies die Materie – um ganz sicher zu gehen – an Epicarmo Corbino, seines Zeichens Staatssekretär im Industrie-, Handels- und Arbeitsministerium, der als Ordinarius an der Universität Neapel im Ruf stand, über besonderen juristischen Sachverstand zu verfügen. Nach dessen Prüfung wurde das Gesetz am 28. Dezember endgültig beschlossen und tags darauf im Gesetz- und Verordnungsblatt veröffentlicht[138].

Das Säuberungsgesetz zielte darauf, den öffentlichen Dienst sowie die vom Staat kontrollierten und beauftragten privaten Dienstleistungsunternehmen von jenen Faschisten zu reinigen, die Squadristen oder Teilnehmer am Marsch auf Rom gewesen waren, die Auszeichnung „sciarpa littorio" erhalten hatten, in der Partei in höhere Ränge aufgestiegen waren und führende Positionen in der staatlichen Verwaltung bekleidet hatten. Zu entfernen waren ferner Faschisten aller Ränge, die „Anschläge auf die persönliche Freiheit" verübt hatten, was wohl heißen sollte, daß sie gewalttätig geworden waren. Die Überprüfung der Angehörigen der genannten Belasteten-Gruppen oblag im Falle der leitenden Beamten dem Ministerrat, im Falle von niederen Beamten und Angestellten den einzelnen Ministerien und im Falle von Angehörigen der anderen regionalen und kommunalen Verwaltungen und privaten Dienstleistungseinrichtungen einer „Commissione provinciale", der der Präfekt, zwei Richter, ein dekorierter Kriegsversehrter mit einwandfreiem Leumund und ein politisch Verfolgter angehörten. Diese justizähnlichen Organe und die Kommissionen in den Ministerien hatten das Recht, Ermittlungen anzustellen, Zeugen unter Eid zu vernehmen und Einsicht in Verwaltungs- und Gerichtsakten zu verlangen. Ihre Urteilssprüche bildeten die

---

[136] Außenministerium an PCM, 20. 12. 1943, in: ACS, PCM, Gab. 1944–1947, 1/7 10124, sottofasc. 22–23.
[137] Badoglio an die Präfekten, 23. 12. 1943, in: Ebenda.
[138] Zu den Kabinettssitzungen vom 27. und 28. 12. 1943 vgl. ACS, PCM, Gab. 1943–1944, Salerno, Provvedimenti legislativi, busta 8.

Grundlage für die Entscheidungen der zuständigen Verwaltungschefs über Verbleib oder Nicht-Verbleib im Amt.

Vom Gesetz nicht betroffen waren Teilnehmer an D'Annunzios Fiume-Abenteuer und Träger der Auszeichnung „sciarpa littorio", die sich politisch nicht hervorgetan hatten, ferner Squadristen und Teilnehmer am Marsch auf Rom, die 1922 noch nicht 18 Jahre alt gewesen waren und danach nicht aktiv für die Partei gearbeitet hatten. Die wichtigste „Freistellung" betraf Faschisten, „die sich in den von den Deutschen besetzten Gebieten nach dem 8. September im Kampf gegen den Feind ausgezeichnet hatten", und Parteimitglieder ohne besondere faschistische Meriten, „die man wegen besonderer technischer Befähigungen und außerordentlicher Verdienste" für unentbehrlich hielt. Nach den Vorstellungen des Gesetzgebers sollte die Epurazione in den unter italienischer Verwaltung stehenden Gebieten, das hieß zunächst in den vier Provinzen des Königreichs des Südens, schon nach drei Monaten abgeschlossen sein, in den übrigen Provinzen, die noch nicht italienisch waren, drei Monate nach ihrem offiziellen „Wiederanschluß"[139].

Ähnlich optimistisch über die Dauer der Säuberung war man 1945/46 im besetzten Deutschland, als man sich dort die Köpfe über die ersten Gesetze zerbrach und wenigstens partiell zu ähnlichen Regelungen fand. Hier wie dort sollten die führenden Repräsentanten des überwundenen Systems – ganz gleich, ob sie sich im Sinne des Strafgesetzbuches schuldig gemacht hatten oder nicht – ihre Stellungen im öffentlichen Leben verlieren, und in beiden Ländern setzte sich die Auffassung durch, daß die eigentliche Ratio der Säuberung weder rein rechtlicher noch rein politischer Natur war. Die Konsequenz daraus waren hier wie dort justizähnliche Verfahren mit politischer Stoßrichtung, in denen geklärt werden sollte, wer für den Neuaufbau von Staat und Gesellschaft in Frage kam und wer nicht.

Damit sind die Gemeinsamkeiten zwischen dem Gesetz vom 28. Dezember 1943 und den Säuberungsregelungen im besetzten Deutschland, namentlich dem Befreiungsgesetz der US-Zone, das Vorbild für die Westzonen war, auch schon erschöpft. Im weiteren Vergleich springen vor allem drei gravierende Unterschiede und – nebenbei bemerkt – die Tatsache ins Auge, daß man weder in Italien noch in Westdeutschland gesetzliche Regelungen treffen konnte, die den beiden Grunderfordernissen der politischen Säuberung, Gerechtigkeit und Praktikabilität, gleichermaßen Genüge getan hätten: Die Regimeprominenz verlor in Westdeutschland, anders als in Italien, automatisch und nicht erst nach langwierigen Ermittlungen und Verfahren ihre Stellungen im öffentlichen Leben; in den meisten Fällen stand die Entlassung also in Deutschland nicht am Ende, sondern schon am Beginn des Verfahrens. Konnte man darin noch einen gewissen Vorzug der deutschen Regelungen erblicken, so wurde er dadurch wieder aufgehoben, daß in Deutschland auch die große Masse der kleinen Mitläufer ein Säuberungsverfahren hinter sich bringen mußte; diese unsinnige, von den Amerikanern verfügte Ausweitung des Betroffenenkreises ruinierte einerseits das öffentliche Ansehen der deutschen Spruchkammern und lenkte sie andererseits von ihrer Hauptaufgabe,

---

[139] Regio Decreto-Legge, 28. 12. 1943, Nr. 29/B: Defascistizzazione delle Amministrazioni dello Stato, degli Enti Locali e Parastatali, degli Enti comunque sottoposti a vigilanza o tutela dello Stato e delle Aziende Private esercenti Servizi Pubblici o di Interesse Nazionale, in: Gazzetta Ufficiale del Regno d'Italia, Nr. 6/B, 29. 12. 1943.

der Bestrafung von Schuldigen, ab. Während man in Deutschland entschieden zu viel tat, tat man in Italien entschieden zu wenig; letztlich aber war die italienische Lösung, den Mitläufern und vielen kleinen Faschisten ein Verfahren zu ersparen, nicht nur pragmatischer, sie wurde wohl auch der Lebenswirklichkeit in totalitären Regimen eher gerecht.

Der dritte Unterschied schließlich bezieht sich auf die politische Kontrolle der justizähnlichen Verfahren. Während man im besetzten Deutschland die politischen Parteien maßgeblich an den Spruchkammern beteiligte, ja sie – so könnte man zugespitzt sagen – zum Herren des Verfahrens bestimmte, legte man in Italien die Epurazione in die Hände der Organe, die es zu säubern galt, nämlich der Verwaltung selbst. Hier war dann auch die eigentliche Schwachstelle des Säuberungsgesetzes vom 28. Dezember 1943. Ließen sich überhaupt genügend unbelastete Beamte und Richter finden, um die Säuberungskommissionen zu bilden, und waren sie bereit und konnten sie sich frei genug fühlen, gegen ihre alten Kollegen vorzugehen? Schließlich hatten Kläger und Beschuldigte oft jahrzehntelang in derselben Behörde gearbeitet; man kannte einander und wußte von den dunklen Punkten in der Biographie des anderen. Das soziale Geflecht kollegialer und gesellschaftlicher Beziehungen, das sich auch im besetzten Deutschland als wirksamer „Schutz vor einer tiefgehenden politischen Personalsäuberung"[140] erwies, war in Italien wohl noch dichter gewebt und kaum zu durchdringen.

In der italienischen Forschung wird häufig der Eindruck erweckt, als sei Italien von den Besatzungsmächten 1943/44 wie ein ohnmächtiger Strafgefangener behandelt worden, dessen politischer Spielraum nicht größer gewesen sei als der der Marionettenregierung von Salò – ohne daß dies freilich je konkret und unter vergleichender Perspektive überprüft worden wäre. Anhand der Entstehungsgeschichte des Säuberungsgesetzes vom 28. Dezember 1943 läßt sich beispielhaft zeigen, wie es um die Allmacht der Alliierten wirklich stand und mit welchen Restriktionen die italienische Regierung zu kämpfen hatte. Dabei bestätigt sich die bereits an anderer Stelle geäußerte Vermutung, daß Italien schon bald einem „Delinquenten" glich, „der von den Richtern wegen guter Führung zur Bewährung auf freien Fuß gesetzt wird"[141]. Alles deutet nämlich in diesem Fall darauf hin, daß die italienische Regierung ohne vorherige Konsultationen mit den Alliierten handelte. Diese kannten weder den ersten Entwurf Badoglios, noch wußten sie von den Abstimmungsschwierigkeiten zwischen den Ministerien. Badoglio fühlte sich sogar frei genug, das am 28. Dezember 1943 verabschiedete Gesetz ohne alliiertes Plazet zum Druck für die Gazzetta Ufficiale zu geben.

Erst am 6. Januar 1944 hielt der Ministerpräsident die Zeit für gekommen, den Chef der Militärregierung über das neue Säuberungsgesetz zu informieren. „Das Gesetz ist sehr eindeutig und scharf [...], auf der anderen Seite aber hält es sich streng an gewisse Prinzipien von Recht und Gerechtigkeit", schilderte er die Vorzüge des Gesetzes. „Es ist sicherlich geeignet, um jene Säuberung zu gewährleisten, die nach meinem festen Willen und nach dem Willen meiner Regierung in

---

[140] Klaus-Dietmar Henke, Die Grenzen der politischen Säuberung in Deutschland nach 1945, in: Herbst, Westdeutschland 1945–1955, S. 128.
[141] Hans Woller, Einleitung, in: Ders., Italien und die Großmächte, S. 12 f.

allen Bereichen des öffentlichen Lebens durchgeführt werden soll."[142] Das Schreiben Badoglios zeigt aber nicht nur, wie eigenständig seine Regierung in einem zentralen Bereich der Innenpolitik handelte. Es verdeutlicht darüber hinaus erneut, in welch hohem Maße Badoglios Säuberungspolitik mit Blick auf die internationale Öffentlichkeit konzipiert war; von dieser erwartete er sich zwar auch Unterstützung bei der Durchsetzung der Epurazione, sein eigentliches Anliegen aber war die Festigung seiner Autorität im Innern durch Schützenhilfe von außen. „Wir haben natürlich die öffentliche Meinung in Italien auf unserer Seite", schrieb er an die Militärregierung, „und das erleichtert uns unsere Aufgabe sehr, aber auch die internationale öffentliche Meinung sollte uns beobachten und uns durch Hilfe und Verständnis unterstützen. Ein diesbezügliches Wort in ihren Parlamenten, ein ehrlicher freimütiger Artikel in ihrer Presse, eine offizielle Bestätigung des guten Willens und der Energie, die meine Regierung beim Wiederaufbau der Fundamente des neuen freien Italien zeigt – solche Dinge würden helfen, unserer Tätigkeit jene Autorität und jenes Ansehen zu verleihen, die jede Regierung braucht, um auf schwierigem Gelände mit Erfolg fortschreiten zu können."[143]

Obwohl die Regierung Badoglio mit ihrer säuberungspolitischen Eigenmächtigkeit Geist und Buchstaben der beiden Waffenstillstandsverträge vom September 1943 verletzte, nahm die Militärregierung keinen Anstoß daran. Diese Zurückhaltung hatte ihren Grund vor allem in der Tatsache, daß die nachträgliche Prüfung des Gesetzes überwiegend positiv ausfiel. Gewiß, manche Paragraphen hätte man präziser fassen können, einzelne Wendungen ließen mehrere Auslegungen zu, grundsätzliche Bedenken aber bestanden auf alliierter Seite nicht, auch nicht wegen der großzügigen Ausnahmeregelungen, die für viele Faschisten die Befreiung von der Epurazione vorsahen und den Alliierten sichtlich mißfielen[144]. Deswegen wollte man aber keinen Eklat riskieren, der das geringe Ansehen der Regierung Badoglio ruinieren konnte. Eher herrschte im Hauptquartier der Militärregierung die Meinung vor, man müsse das Engagement Badoglios weiter fördern und erst einmal abwarten, was sich daraus ergab. Die Alliierten übernahmen deshalb das Säuberungsgesetz vom 28. Dezember auch in Teilen der von ihnen verwalteten Gebiete, was nur als öffentliche Belobigung des Marschalls zu verstehen war, gaben jedoch intern die Devise aus, die Freistellungsregelungen nicht anzuwenden[145].

So harmonisch, wie es nach dieser bedingten Übernahme des Säuberungsgesetzes den Anschein haben mochte, war das Verhältnis zwischen Badoglio und den Alliierten allerdings nicht. Im Gegenteil: Koexistenz und Kooperation der beiden Regierungen warfen zwar in der Theorie keine Probleme auf, in der Praxis jedoch war das Neben- und Miteinander eine Quelle ständiger Mißhelligkeiten und Konflikte. Die Anlässe dazu lieferte in der Regel die Regierung Badoglio, der es in Brindisi und im Korsett der beiden Waffenstillstandsverträge bald zu eng zu werden begann und die sich deshalb auch außerhalb des Königreichs des Südens in

---

[142] Badoglio an Mason-MacFarlane, 6. 1. 1944, in: NA, RG 331, Chief Commissioner, box 11.
[143] Ebenda.
[144] Vgl. undatiertes Memo on the Decree of Defascization, in: Ebenda, Civil Affairs, box 2, 10000/105/74.
[145] Vgl. Harris, Allied Military Administration of Italy, S. 149.

Dinge einmischte, die ausschließlich in die Kompetenz der Militärregierung fielen; meist ging es dabei um Fragen der politischen Säuberung und der Personalpolitik.

Die Regierung Badoglio maßte sich beispielsweise in Dutzenden von Fällen das Recht an, auch im AMGOT-Land Personen ihrer Wahl in wichtige Ämter zu plazieren, ohne die Militärregierung vorher zu fragen. „Angesichts der Häufigkeit von solchen Zwischenfällen", so berichtete George H. McCaffrey, der Regional Civil Affairs Offizier von Apulien und Lukanien (Region II), an die Militärmission in Brindisi, „muß ich zu dem Schluß kommen, daß diese Beamten entweder keine Ahnung davon haben, daß in Region II nicht die Regierung Badoglio, sondern die Militärregierung die öffentliche Verwaltung ausübt, oder diese Tatsache absichtlich ignorieren."[146] Hinzu kam die Unbekümmertheit der italienischen Regierung, von der Militärregierung entlassene Beamte in Brindisi in führenden Positionen unterzubringen[147], und ihre – man kann schon fast sagen – Angewohnheit, von alliierten Offizieren eingesetzte Beamte zum Rücktritt aufzufordern, wenn diese ihr aus irgendwelchen Gründen nicht genehm waren. Guido Tamburro etwa, der im November 1943 von der Militärregierung mit der Leitung der Präfektur in Matera beauftragt worden war, beklagte sich bei alliierten Offizieren, „daß Beamte der Regierung Badoglio ihn mündlich und schriftlich eingeschüchtert hatten, daß er seine Karriere aufs Spiel setzt, wenn er den Posten eines Präfekten einnimmt und seine Aufgaben effizient und gemäß den Instruktionen [der Militärregierung] erfüllt". Er habe außerdem mehrere „freundschaftliche Warnungen" aus Apulien erhalten, die darauf hinausliefen, daß er nach der Rückgabe der Provinz Matera an Italien „wahrscheinlich die Ausweisung aus Matera erleiden werde, wenn er sich weiter als Präfekt betrachten" sollte[148].

Das ging den Offizieren der Militärregierung entschieden zu weit. Sie reagierten zunehmend gereizter auf solche Anmaßungen und zogen schließlich Konsequenzen. Nachdem er in den Monaten zuvor mehrmals erfolglos wegen ähnlicher Vorfälle protestiert hatte, riegelte McCaffrey sein Territorium Ende Dezember gegen ungebetene Besucher kurzerhand ab. „Ich bin gezwungen", schrieb er am 28. Dezember an den Chef der alliierten Militärmission in Brindisi, „die Erlaubnis zurückzuziehen, die ich am 30. Oktober den Beamten der Regierung Badoglio erteilt habe, die Region II zu besuchen, um Informationen einzuziehen. Hiermit bitte ich Sie, die Regierung Badoglio davon zu unterrichten, daß künftig von ihren Beamten, die diese Region zu betreten wünschen, verlangt wird, daß sie eine spezielle Genehmigung dieses Hauptquartiers einholen." Er habe auch seine Zensurabteilung angewiesen, „die gesamte offizielle Post zurückzuschicken, die diese Regierung [Badoglio] an Beamte in dieser Region sendet, und die gesamte Post abzufangen, die solche Beamte an diese Regierung richten"[149].

Gewiß spielten auch andere alliierte Offiziere, die sich vor Ort mit ähnlichen Problemen herumschlugen wie McCaffrey, mit dem Gedanken, die Regierung Ba-

---

[146] Schreiben vom 22. 12. 1943, in: NA, RG 331, Chief Commissioner, box 11.

[147] Vgl. HQ, AMG, an Advanced Command Post, ACC, 1. 1. 1944, in: Ebenda; Innocenti an ACC, 29. 1. 1944, und Stone an Head of Administrative Section, ACC, 31. 1. 1944, in: Ebenda.

[148] Zum Fall Tamburro vgl. ebenda; zu anderen Formen der Einmischung in alliierte Belange vgl. die Circolari 9 und 12 des Präfekten von Neapel vom 25. und 29. 1. 1944, in: NA, RG 331, Education, 10000/144/211.

[149] Schreiben vom 28. 12. 1943, in: NA, RG 331, Chief Commissioner, box 11.

doglio öffentlich in die Schranken zu weisen. Ungeteilten Beifall fand der forsche Offizier trotzdem nicht. Namentlich an der Spitze der Militärregierung sah man die Dinge doch etwas anders. Hier hatte man erkannt, daß Konfrontation anstelle von Kooperation die Lage nur weiter komplizieren mußte. Schließlich stand die für den 10. Februar 1944 in Aussicht genommene Übergabe der Provinzen südlich der Linie Salerno-Foggia an die italienische Regierung bevor, und niemand in den Reihen der Alliierten konnte daran interessiert sein, diesen wichtigen Schritt, der die Aufgabe der Militärregierung wesentlich erleichtern würde, zu gefährden. Die Militärregierung war deshalb bereit, nachzugeben und der Regierung Badoglio auch im alliierten Besatzungsgebiet ein Mitspracherecht bei der Entlassung und Einsetzung von Spitzenbeamten einzuräumen[150].

Damit war der Investitur-Streit aber keineswegs beigelegt. Er verschärfte sich nach der Übergabe der südlichen Provinzen am 10. Februar sogar noch, weil sich die italienische Regierung weiter über die Bestimmungen der Waffenstillstände hinwegsetzte und weil nun auch manche Besatzungsoffiziere sich nicht an die Regeln hielten; sie regierten nämlich auch in den zurückgegebenen Regionen einfach so weiter, wie sie es vor dem 10. Februar gewohnt waren. Schließlich war die Atmosphäre so gespannt, daß Noel Mason-MacFarlane, der Chef der Kontrollkommission, einschreiten mußte. „Begebenheiten der jüngsten Zeit im Zusammenhang mit gewissen Ernennungen haben gezeigt", schrieb er am 10. März 1944 an Badoglio, „daß es sehr wünschenswert für uns wäre, ein beide Seiten befriedigendes Verfahren zu haben, um Mißverständnissen und den daraus folgenden Schwierigkeiten vorzubeugen, die im beiderseitigen Interesse vermieden werden sollten." Er schlage deshalb vor, „daß man sich darauf einigen sollte, daß Sie mich informieren, bevor eine Berufung in die Regierung verkündet wird. Ebenso froh wäre ich, wenn Sie den Mitgliedern Ihrer Regierung einschärfen würden, daß sie [...] die geeigneten Instanzen der Allied Control Commission konsultieren sollten, bevor sie wichtige Ernennungen in ihren Ministerien vornehmen, und zwar sowohl am Sitz der italienischen Regierung als auch in den Provinzen unter italienischer Verwaltung."[151]

Badoglio täuschte sich nicht darüber, daß das freundlich gehaltene Schreiben Mason-MacFarlanes die verdeckte Warnung enthielt, künftig auf der Hut zu sein und die Bestimmungen des Waffenstillstandes besser zu beachten. Dazu mußte Badoglio sich wohl oder übel verpflichten, denn letztlich war er doch eher auf die Alliierten angewiesen, als diese auf ihn. „Nachdem Sie seit geraumer Zeit mit mir zusammenarbeiten", so seine Antwort vom 13. März an Mason-MacFarlane, „wissen Sie, daß es mein fester Vorsatz ist, in jeder Hinsicht in voller Übereinstimmung mit der Allied Control Commission zu handeln, der Sie vorstehen." Er werde deshalb seine Minister in der nächsten Kabinettssitzung anweisen, künftig in dem von Mason-MacFarlane gewünschten Sinne zu handeln. Entsprechende Zugeständnisse erwarte er freilich auch von alliierter Seite, setzte er selbstbewußt hinzu[152].

---

[150] Vgl. HQ, AMG, Region II, an alle SCAOs, 10. 1. 1944, in: Ebenda.
[151] Schreiben vom 10. 3. 1944, in: Ebenda, box 10, 10000/136/93.
[152] Schreiben vom 13. 3. 1944, in: Ebenda.

Reibereien der beschriebenen Art gehörten auch nach dem Klärungsversuch auf höchster Ebene zum Alltag der Besatzungsjahre in Italien. Ganz ergebnislos waren der Briefwechsel zwischen Badoglio und Mason-MacFarlane und die vorausgehenden Auseinandersetzungen dennoch nicht. Immerhin hatte man im beiderseitigen Einvernehmen feste Regeln für gegenseitige Konsultationen etabliert, auf die man sich im Konfliktfall jederzeit berufen konnte: Die alliierte Militärregierung und die italienische Regierung verpflichteten sich, vor Entlassungen und Berufungen in wichtige Ämter die „Gegen"-Seite zu hören, und die Besatzungsmächte gaben darüber hinaus zu erkennen, daß die von ihnen ernannten Präfekten und Spitzenbeamten nicht unantastbar waren, sondern von der italienischen Regierung durchaus abgelöst werden konnten. Badoglio hatte damit in diesem italienisch-alliierten do ut des wesentlich mehr erreicht, als er erwarten durfte: Er war auf dem besten Weg, die Fesseln der bedingungslosen Kapitulation abzuschütteln[153].

Daß die Alliierten in diesem wie in anderen Fällen zurücksteckten, hatte viele Gründe: Die eigenen Kräfte, die man mit Aufgaben der Militärregierung betrauen konnte, waren knapp. Im Verband der westlichen Alliierten gaben noch die pragmatischen, an der Erhaltung des monarchischen Systems interessierten Briten den Ton an, während die sehr viel mehr auf Umerziehung und politische Säuberung bedachten Amerikaner Mühe hatten, eine eigene Linie zu finden und gegenüber ihrem Bündnispartner durchzusetzen. Hinzu kam, daß manche Offiziere der Militärregierung Badoglios antifaschistische Überzeugung offenbar überschätzten und nicht erkannten, daß das Säuberungsgesetz vom Dezember 1943 wie die vorausgegangenen Initiativen fast ausschließlich taktischen Notwendigkeiten entsprangen. „Zu Ihrer persönlichen Information", so lautete das Urteil über Badoglio in einem vertraulichen Schreiben des Allied Military Government, Headquarter, Region II an die Senior Civil Affairs Offiziere, „hohe Offiziere der alliierten Militärmission sind absolut überzeugt, daß die Regierung Badoglio, trotz einiger Zwischenfälle auf unterer Ebene [...], die den gegenteiligen Eindruck erwecken konnten, sehr entschieden antifaschistisch eingestellt ist"[154].

Auf alliierter Seite hatte das säuberungspolitische Engagement also durchaus Eindruck gemacht; sehr viel größeren jedenfalls als in der Heimat, wo man das Säuberungsgesetz – nach den vorausgegangenen Enttäuschungen kein Wunder – zurückhaltend aufnahm[155]. Von tiefgreifenden Gesetzen, großen Reformvorhaben und grundlegenden Änderungen, die dann doch nur auf dem Papier stehen blieben, hatten die ohnehin obrigkeitsskeptischen Italiener in zwanzig Jahren Faschismus genug gehört. Jetzt wollte man Taten sehen – und die blieben aus. Das Säuberungsgesetz vom 28. Dezember 1943 war nicht nur kein Paukenschlag, es war ein glatter Fehlschlag. Das Fiasko begann schon damit, daß die Gazzetta Ufficiale bei vielen mit der politischen Säuberung befaßten Stellen entweder über-

---

[153] Vgl. dazu Mason-MacFarlane an Badoglio, 21. und 26. 5. 1944; Badoglio an Mason-MacFarlane, 13.4. und 16. 5. 1944, in: Ebenda, box 11.

[154] Schreiben vom 10. 1. 1944, in: Ebenda.

[155] Vgl. Elisa Bizzarri, Lucio D'Angelo, Lamberto Mercuri, Sandro Mercuri, Sandro Setta, Giuseppe Sircana, Epurazione e stampa di partito (1943–46), Neapel 1982, S. 75 f., 331, 372 f.; zur Haltung von Togliatti vgl. seine Radioansprache Col concorso del popolo eliminare tutti i gerarchi fascisti vom 4. 1. 1944; Text der Ansprache, in: Istituto Gramsci, NL Togliatti, Discorsi 1943–44.

haupt nicht oder mit so großer Verspätung eintraf, daß die im Gesetz vorgesehenen Fristen, „innerhalb derer Anzeigen eingereicht werden konnten", schon verstrichen waren. In Anbetracht dessen, so Badoglio in einem Rundschreiben an die Ministerien vom 20. Januar 1944, prüfe die Regierung die Möglichkeit, „eine angemessene Verlängerung zu gewähren. Bis dahin bitte ich Ihre Exzellenzen, anzuordnen, daß in der Zwischenzeit auch die Anzeigen angenommen werden, die nach Ablauf der vorgesehenen Frist vorgelegt werden."[156]

Kann sein, daß die Gazzetta Ufficiale auf dem Weg von Brindisi in die abgelegenen Provinzrathäuser tatsächlich irgendwo hängengeblieben war – viele Verkehrswege waren unterbrochen, die Post funktionierte nicht immer, im Zensursystem der Alliierten ging manches unter –, für die Ministerien aber galt dies nicht; sie waren ja leicht zu erreichen. Doch auch hier wurde das Säuberungsgesetz nicht mit Nachdruck angewendet. Dieselben Staatssekretäre, die dem Gesetz keine sechs Wochen zuvor im Kabinett zugestimmt hatten, hielten nun doch so manche Regelung für verbesserungsbedürftig und legten das ganze Gesetz so lange auf Eis, bis die Fragen, die sich ihnen gestellt hatten, eindeutig geklärt waren. Das Kriegsministerium etwa entdeckte nun, daß das Säuberungsgesetz vor allem mit Blick auf die Zivilverwaltung konzipiert worden sei; für das Militär seien aber besondere Bestimmungen nötig. Namentlich die für die Epurazione der unteren Offiziersränge ins Auge gefaßten Gremien („i consigli di amministrazione" und „le commissioni di disciplina") seien für diese Aufgabe nicht geeignet. Das Kriegsministerium schlug deshalb nach eingehender Beratung mit dem Marine- und dem Luftwaffenministerium vor, in den Bereichen Marine und Luftwaffe die normalen Beförderungskommissionen mit der Personalsäuberung zu befassen; für die Behandlung der Offiziere des Heeres dagegen sei an die Gründung einer speziellen Kommission, bestehend aus einem Korpskommandeur und drei vom Kriegsministerium benannten Offizieren, zu denken[157].

Ähnlich gravierende Mängel offenbarten sich auch anderen Ministerien[158]. Das Außenministerium beispielsweise, das schon an der Erstfassung des Gesetzes vieles auszusetzen, der Zweitfassung dann aber kritiklos zugestimmt hatte, erinnerte sich nun an ein Gesetz aus dem Jahre 1923, das die Zusammensetzung des „consiglio di amministrazione" regelte und unter anderem bestimmte, daß in diesen Gremien auch Generaldirektoren oder ranggleiche Beamte vertreten sein mußten. In Brindisi, so bemerkte man erst jetzt, sei aber kein Beamter im Rang eines Generaldirektors vorhanden; man habe nämlich aus politischen Gründen darauf verzichtet, im neu aufgebauten Außenministerium in Brindisi Generaldirektionen einzurichten[159]. Kurz und gut, die Bildung der im Gesetz vorgesehenen Säube-

[156] Rundschreiben vom 20. 1. 1944, in: ACS, PCM, Gab. 1944–1947, 1/7 10124, sottofasc. 22–23; vgl. auch ein Schreiben der Avvocatura distrettuale dello Stato an PCM, 10. 1. 1944, und ein Schreiben des Ministero della Marina an PCM, 14. 1. 1944, in: Ebenda.
[157] Vgl. Ministero della Guerra an PCM, 4. 2. 1944, in: Ebenda.
[158] Vgl. dazu Ministero delle Comunicazioni an PCM, 12. 1. 1944; Ministero degli Affari Esteri an PCM, 23. 1. 1944; Ministero dell' Agricoltura e delle Foreste an PCM, 8. 1. 1944, in: Ebenda; vgl. auch Ministero dell'Industria, del Commercio e del Lavoro an PCM, 26. 2. 1944, in: Ebenda, sottofasc. 13–16.
[159] Vgl. Ministero degli Affari Esteri an PCM, 23. 1. 1944, in: Ebenda, sottofasc. 22–23.

rungsausschüsse war nach Lage der Dinge, so behaupteten die Ministerien, nicht möglich, das gerade verabschiedete Säuberungsgesetz somit undurchführbar.

Man wird sich davor hüten müssen, in den von den Ministerien geltend gemachten Gründen nichts als Ausreden und Ausflüchte zu erblicken, die vom eigentlichen Problem, der Resistenz der Verwaltung und des Militärs gegen säuberungspolitische Eingriffe, ablenken sollten. Der in manchen Ministerien versammelte Sachverstand war tatsächlich denkbar gering; handwerkliche Fehler einfachster Art waren an der Tagesordnung und unterliefen der noch nicht eingespielten Rumpfministerialbürokratie auch in zahlreichen anderen Fällen. Vieles aber roch doch verdächtig nach blanker Obstruktion: Sollte die Gazzetta Ufficiale wirklich fast zwei Wochen unterwegs gewesen sein, ehe sie in der Präfektur von Brindisi eintraf, wo doch ein Amtsbote dafür höchstens 15 Minuten brauchte[160]? War es dem Außenministerium bei der Prüfung des Säuberungsgesetzes im Dezember wirklich entgangen, daß es in Brindisi bis dahin ohne Generaldirektoren ausgekommen war? Und weshalb trat der Ministerrat nie zusammen, um über Verbleib oder Entlassung von hochrangigen Beamten zu entscheiden[161]?

Blanke Obstruktion oder pure Unerfahrenheit – Tatsache war jedenfalls, daß die Säuberungsdirektive vom 28. Dezember 1943 nicht zuletzt deshalb ohne Wirkung geblieben war, weil sie so gravierende Mängel hatte, daß sie sich nur partiell ins Werk setzen ließ. Im Beraterkreis von Badoglio diskutierte man deshalb schon Anfang Februar darüber, wie die Makulatur gebliebenen Paragraphen am besten ersetzt werden konnten. Dabei tauchte auch der Gedanke auf, anstelle der „consigli di amministrazione" und der „commissioni di disciplina", die nun einmal nicht zu bilden waren, eine einzige Kommission („Commissione Unica") mit der Überprüfung der Angestellten und Beamten der staatlichen Verwaltung zu betrauen[162]. Das Personal dafür, so argumentierte man, sei vorhanden; die Zentralisierung verspreche außerdem „Einheitlichkeit" bei den Entscheidungen[163].

Dieser Gedanke traf am 23. Februar 1944 im Kabinett auf einhellige Zustimmung. Nach der vorangegangenen Blamage mit dem Dezember-Gesetz wollte man aber diesmal nichts überstürzen oder dem Zufall überlassen. Fast alle Ministerien fühlten sich deshalb aufgerufen, den Gesetzentwurf genauestens zu prüfen und zu seiner Verbesserung beizutragen – und das dauerte. Das eine Ministerium störte sich an der Zusammensetzung der Kommission, das andere pochte auf präzisere Formulierungen, und das dritte sah die besondere Situation der im Ausland befindlichen Beamten nicht genügend berücksichtigt[164]. Erst Anfang April waren nach einem schier endlosen interministeriellen Meinungsaustausch alle Seiten zu-

---

[160] Vgl. Präfekt von Bari an PCM, 13. 1. 1944, in: Ebenda.

[161] Vgl. Harris, Allied Military Administration of Italy, S. 149.

[162] Vgl. Ministero dell'Interno, Comunicato Stampa, 24. 2. 1944, in: ACS, PCM, Gab. 1943–1944, Salerno, busta 15; Protokoll der Kabinettssitzung, 23. 2. 1944, in: Placanica, 1944, S. 637f.

[163] Appunto per S.E. il Capo del Governo, undatiert (Februar 1944), in: ACS, PCM, Gab. 1944–1947, 1/7 10124, sottofasc. 22–23.

[164] Vgl. Ministero dell'Interno an PCM, 22. 2. 1944; Ministero degli Affari Esteri an PCM, 23.2. und 1. 3. 1944; Ministero di Grazia e Giustizia an PCM, 12. 3. 1944; Ministero delle Finanze an PCM, 2. und 28. 3. 1944; Ministero dell'Africa Italiana an PCM, 31. 3. 1944, und Sottosegretario di Stato an alle Minister, 5. 4. 1944, in: Ebenda.

friedengestellt, und am 12. April konnte das Gesetz über die Schaffung einer „Commissione Unica" endlich verabschiedet werden[165].

An der Spitze der „Commissione Unica" sollte ein vom Regierungschef benannter Minister oder Staatssekretär stehen; ihre beiden Sektionen sollten sich je aus einem Richter, einem politisch unbelasteten und unbescholtenen Bürger und aus einem kompetenten Offizier bzw. einem Beamten des Zweiges der öffentlichen Verwaltung zusammensetzen, in welchem der „Angeklagte" beschäftigt war. Das Gesetz sah ferner vor, die Säuberung des öffentlichen Dienstes und des Militärs in spätestens sechs Monaten abzuschließen. Unberührt von der neuen Direktive blieben selbstverständlich die Aufgaben der Säuberungsausschüsse in den Provinzen, die ja längst hätten gebildet sein sollen[166].

Wer erwartet hatte, daß die „Commissione Unica" nun zügig aufgebaut und ihrer Bedeutung entsprechend großzügig ausgestattet werden würde, sah sich getäuscht. Das Gegenteil war der Fall: Die zunächst von Innenminister Vito Reale, dann von Adolfo Omodeo[167] geleitete Kommission nahm ihre Arbeit erst Ende Mai auf und wurde von der Regierung völlig alleingelassen. Das Sekretariat, die Schaltstelle also, wo die Fäden der Ermittlungen und Verfahren zusammenliefen, war nur notdürftig untergebracht und personell völlig unterbesetzt. Es fehlte buchstäblich an allem, an Einrichtungsgegenständen und Gesetzesbüchern, an Bleistiften, Papier und Transportmitteln. „Bis heute ist ihr *nichts* gewährt worden", so hieß es noch Anfang Juli 1944 in einem Bericht des Sekretariats[168]. Nicht einmal die Direktiven und wichtigsten internen Anweisungen der Regierung waren vorhanden. Schlimmer aber war noch, daß der öffentliche Dienst und das Militär die Einrichtung der „Cleaning"-Stelle mißbilligt hatten und alles taten, um ihre Arbeit zu behindern. Die Informationen, die man von öffentlichen Einrichtungen und Beamten erbeten habe, so die Erfahrung der Kommission, zeichneten sich in der Regel durch „geringe oder gar keine Zuverlässigkeit" aus. Man brauche deshalb Geld, Autos, zusätzliche Bürokräfte und wenigstens einen kleinen Stab von Ermittlern, um die Verfahren selbst vorbereiten zu können. „Die Entfaschisierung hat nur dann Sinn, wenn sie sofort ins Werk gesetzt wird", heißt es in einem ersten größeren Bericht der Kommission vom 3. Juli 1944, der zugleich als Hilferuf und Warnung zu verstehen war. „Man wird nicht beispielsweise in zwei Jahren die Absetzung eines Beamten wegen seiner faschistischen Vergangenheit veranlassen können – nachdem man bis dahin seine Arbeit toleriert oder, noch schlimmer, nachdem man seine Dienste weiter genutzt hatte –, ohne technische

---

[165] Vgl. Regio Decreto Legge, 12. 4. 1944, Nr. 101: Norme integrative dei Regi decreti-legge 28 dicembre 1943, n. 29/B e 6 gennaio 1944, n. 9, sulla defascistizzazione delle Amministrazioni dello Stato, degli Enti locali e parastatali, degli Enti comune sottoposti a vigilanza o tutela dello Stato e delle Aziende private esercenti servizi pubblici o di interesse nazionale e sulla riammissione in servizio degli appartenenti a dette Amministrazioni, Enti ed Aziende gia licenziati per motivi politici, in: Gazzetta Ufficiale del Regno d'Italia, Nr. 19, 15. 4. 1944.

[166] Ebenda. Vgl. auch Bericht des Sottosegretario di Stato über die Defascistizzazione, 29. 4. 1944, in: ACS, PCM, Gab. 1944–1947, 1/7 10124, sottofasc. 0.–4.6

[167] Zu Omodeo als Leiter der Commissione Unica vgl. den Artikel von Omodeo, in: Stato Moderno, Nr. 16 (September 1945), S. 207.

[168] Commissione Unica per la Defascistizzazione, Relazione della Segreteria, 3. 7. 1944, in: ACS, PCM, Gab. 1944–1947, 1/7 10124, sottofasc. 0–4.6.

und praktische, politische und rechtliche Schwierigkeiten hervorzurufen, die nicht zu überwinden sind."[169]

Solche Meldungen liefen bei der italienischen Regierung im Sommer 1944 aus allen Zweigen der staatlichen Verwaltung und aus allen Provinzen ein. Überall hatten die beiden Säuberungsdirektiven vom 28. Dezember 1943 und 12. April 1944 ihre Wirkung verfehlt. Die Bilanz, die sich für die ersten sechs Monate nach der Verabschiedung des Dezember-Gesetzes ziehen läßt, fällt deshalb in jeder Hinsicht enttäuschend aus. In den Ministerien waren bis Mitte Mai zwar Tausende von Fällen zur Anzeige gebracht, aber nur knapp 1300 geprüft worden; 238 Beamte sollten nach Meinung der Säuberungsausschüsse entlassen werden, doch nur die wenigsten davon hatten bis zur Befreiung von Rom in den ersten Junitagen ihre Entlassungspapiere erhalten[170].

Noch dürftiger war die Bilanz in den Provinzen. In Brindisi etwa ließ sich der Präfekt bis Anfang April Zeit, ehe er einen Säuberungsausschuß zusammenrief, und auch danach wollte er nichts überstürzen[171]. In den Nachbarprovinzen Lecce und Bari waren die Säuberungskommissionen zwar schon früher gebildet worden, in beiden Fällen aber bald wieder auseinandergefallen – in Lecce, weil ein Mitglied von seinem Amt zurücktrat und nicht ersetzt werden konnte, in Bari, weil das dortige Befreiungskomitee jede Form der Zusammenarbeit mit dem monarchischen Staat kategorisch ablehnte und das schon benannte Mitglied, einen Kommunisten, aus dem Säuberungsausschuß zurückzog. Die Bekräftigung der grundsätzlichen Opposition war dem Antifaschismus hier wie auch in anderen Provinzen wichtiger als die tatkräftige Mitwirkung an der Säuberung, die dafür freilich umso lauter eingeklagt wurde. In beiden Provinzen kamen die Entfaschisierungskommissionen auch nach ihrer Neugründung nicht recht in Schwung, im April und Mai ruhte die Arbeit sogar ganz. Die Präfekten hatten nämlich davon gehört, daß die Regierung ein neues Säuberungsgesetz plante, und die Ermittlungen und laufenden Verfahren eingestellt, bis sie Genaueres wußten. Unsinnige Doppelarbeit galt es ja vernünftigerweise zu vermeiden[172].

Trotz aller bewußten Verzögerungen und objektiven Hemmnisse kam es im Kompetenzbereich der italienischen Regierung bis zum Sommer 1944 schließlich doch in allen größeren Städten zu mehreren Dutzend Entlassungen, ausgenommen in Sizilien und Sardinien, wo man sich äußerste Zurückhaltung auferlegt hatte, wie aus einem detaillierten Bericht der Allied Control Commission vom 19. Juni 1944 hervorgeht: In Caltanissetta und Catania etwa hatte das Säuberungskomitee Anfang Juni sage und schreibe erst ein Mal, in Agrigent immerhin schon

---

[169] Ebenda.
[170] Vgl. Flores, L'epurazione, S. 415, und die Stellungnahme von Mason-MacFarlane vor dem Advisory Council for Italy, 19. 5. 1944; Protokoll der 12. Sitzung, in: NA, RG 331, Chief Commissioner, 10000/136/228.
[171] Vgl. Schreiben des Office of Provincial Police Officers, Brindisi, 25. 4. 1944, in: NA, RG 331, Public Safety, 10000/143/1592.
[172] Zu den Ereignissen in Bari vgl. Schreiben des HQ, ACC, Region II, 29. 4. 1944, in: Ebenda; UN-News Service, 14. 4. 1944, in: NA, RG 331, Civil Affairs, box 2, 10000/105/90; UN-News Service, 28. 3. 1944, in: Ebenda; Präfektur von Bari an Ministero dell'Interno, 8. 2. 1944, in: ACS, Ministero dell'Interno, Gab. 1944–1946, busta 5, fasc. 378; Präfektur von Bari an PCM, 5. 2. 1944, in: ACS, PCM, Gab. 1944–1947, 1/7 10124, sottofasc. 0–4.6; zu Lecce vgl. den Schriftwechsel der Präfektur mit der Regierung, in: ACS, Ministero dell'Interno, Gab. 1944–1946, busta 5, fasc. 375.

zwei Mal getagt, sich aber gleich wieder vertagt, weil eine neue Säuberungsrichtlinie zu erwarten war. In Trapani und Palermo war überhaupt noch nichts geschehen; in Enna, Messina, Ragusa und Siracusa waren zusammengenommen etwa genausoviele Angestellte und Beamte vom Dienst suspendiert worden wie in ganz Sardinien, nämlich etwa 70[173]. Nimmt man alles zusammen, so hatte Gerald Upjohn, der für die politische Säuberung zuständige Offizier der Militärregierung, also durchaus recht, als er am 6. Oktober 1944 über die Wirksamkeit des Gesetzes vom 28. Dezember 1943 sagte: „[...] Das Gesetz wurde mehr als politische [Grundsatz-] Erklärung denn als Handhabe für Maßnahmen behandelt; die praktischen Ergebnisse, die damit erzielt wurden, sind gering, wenn es überhaupt welche gibt."[174]

Das blieb in der Öffentlichkeit nicht unbemerkt. Man murrte und schimpfte, aber nur selten machte sich der allgemeine Unmut so wie in Taranto, der stark industrialisierten Hafenstadt in Süditalien, in lautstarken Protesten Luft. Dort war das Säuberungskomitee schon Anfang Februar 1944 zu seiner ersten Sitzung zusammengekommen, aber unverrichteter Dinge wieder auseinandergegangen, weil der Vertreter des antifaschistischen Befreiungskomitees – wie in Bari – wissen ließ, daß er „nach den Anweisungen des Befreiungskomitees, dem er angehört", gezwungen sei, sein Amt niederzulegen. Ersatz war kaum zu finden, „da fast alle ehemaligen politischen Häftlinge" vom Befreiungskomitee darauf verpflichtet wurden, „nicht mit der gegenwärtigen Regierung zusammenzuarbeiten". Da erst der dritte Kandidat gewillt war, an der Säuberung mitzuwirken, dauerte es bis Ende März, ehe der Säuberungsausschuß von Taranto seine zweite Sitzung abhalten konnte[175]. Diese verlief in der Sache freilich ebenso ergebnislos wie die erste; in Kürze sei mit einer neuen Säuberungsdirektive zu rechnen, so sagte man sich, ihre Veröffentlichung wolle man abwarten und dann erneut zusammentreten. Daß hinter solchen Argumenten nichts anderes steckte als pure Verschleppungstaktik und daß vermutlich jeder Vorwand recht gewesen wäre, um den belasteten Kollegen, Nachbarn und Bekannten ein Säuberungsverfahren zu ersparen, geht aus einem Brief hervor, den ein Mitglied des Ausschusses am 31. März 1944 an seinen Freund Tommaso Siciliani, seines Zeichens Verkehrsminister, schrieb: „Ich kann Dir nicht verheimlichen", so hieß es darin, „daß eines der Motive, das uns dazu bewogen hat, [die Direktive] in der Hoffnung auf neue Richtlinien außer Kraft zu setzen, die berechtigte Sorge gewesen ist, womöglich Menschen zu schaden, die nichts Böses getan haben, etwa kleine Angestellte, die mit ihren Familien ins

---

[173] Vgl. die Berichte der Public Safety Division von ACC, Sicily Region HQ, über den Stand der Entfaschisierung vom 8. und 19. 6. 1944, in: NA, RG 331, Executive Commissioner, 10000/109/1822; Alto Commissario per la Sicilia an Hancock, ACC, 7. 6. 1944, in: NA, RG 331, Civil Affairs, box 10, 10000/105/418; Protokoll der 10. Sitzung des Advisory Council for Italy vom 21. 4. 1944, in: NA, RG 331, Political, box 11, 10000/132/477; Bericht von Mason-MacFarlane, 4. 5. 1944, in: Ebenda; Präfekt von Cagliari an Ministero dell'Interno, 23. 5. 1944, in: ACS, Ministero dell'Interno, Gab. 1944–1946, busta 9, fasc. 569; Protokolle der 1. und 2. Sitzung des Säuberungsausschusses von Caltanissetta, 22.5. und 23. 6. 1944, in: Ebenda, busta 9, fasc. 565; Schriftwechsel zwischen Präfektur von Palermo und Ministero dell'Interno, in: Ebenda, busta 8, fasc. 532.

[174] Text der Rede vor dem Advisory Council vom 6. 10. 1944, in: NA, RG 331, Civil Affairs, box 19, 10000/105/906.

[175] Präfekt von Taranto an Ministero dell'Interno, 13. 5. 1944, in: ACS, Ministero dell'Interno, Gab. 1944–1946, busta 14, fasc. 1061.

Elend gestürzt worden wären, ohne daß sie sich wirklich ernsthaft faschistisch betätigt hatten"[176].

Die Hinhaltetaktik der Präfektur rief die kommunistische Partei auf den Plan, die im proletarischen Milieu der Hafenstadt wohl kämpferischer gesinnt war als in den umliegenden rückständigen Agrargebieten Süditaliens. Mitte April verschaffte sich eine Gruppe von aufgebrachten Kommunisten Zugang zum Rathaus und verlangte die sofortige Entlassung von 21 bekannten Faschisten. Da der Präfekt fürchtete, das Beispiel könne in der ganzen Provinz Schule machen, ergriff er umgehend eine ungewöhnliche Maßnahme, die mit Geist und Buchstaben des Säuberungsgesetzes vom 28. Dezember 1943 schwerlich in Einklang zu bringen war. „In Erwartung der Entscheidung von seiten der zuständigen Kommission" entließ er innerhalb kürzester Frist etwa 130 belastete Angestellte und Beamte[177].

Noch größer als auf Seiten der Kommunisten war die Empörung bei der Militärregierung, der natürlich der scharfe Kontrast zwischen den Fortschritten im eigenen Besatzungsgebiet und den Rückständen in den schon italienisch-verwalteten Provinzen ständig vor Augen stand. Die Militärregierung hatte auch auf dem Festland das in Sizilien bewährte standardisierte Verfahren ins Werk gesetzt: Als gefährlich erachtete Faschisten wurden interniert, die Angehörigen des öffentlichen Dienstes mußten einen Fragebogen ausfüllen, und es hing von den Antworten ab, ob ein Faschist entlassen wurde, wie Upjohn auf einer Tagung der Regional Commissioners Mitte April 1944 sagte[178]. Grundlage der Entscheidung waren nun freilich nicht mehr, wie 1943, die in der CCS-Direktive vom 28. Juni 1943 niedergelegten, äußerst vagen Säuberungsrichtlinien, sondern, wie im Königreich des Südens, die Bestimmungen des Dezember-Gesetzes, das die Militärregierung in wesentlichen Punkten übernommen hatte.

Das war allerdings mitnichten eine Garantie für eine annähernd gleiche Säuberungsintensität. Auf die Interpretation des Gesetzes kam es an, und hier schieden sich die Geister. Die Militärregierung pochte zwar nicht minder stark als die italienische Regierung auf die Respektierung von rechtsstaatlichen Grundsätzen, und auch sie hielt wenig von pauschalem Vorgehen – nicht nur, weil daraus ein „administratives Chaos" entstehen konnte[179], sondern auch, weil sie wußte, wieviele Ungerechtigkeiten in solcher Pauschalität steckten. Sie zögerte aber auf der anderen Seite doch selten, belastete Faschisten auch ohne Verfahren, gewissermaßen auf begründeten Verdacht hin, aus ihren Stellungen zu entfernen. Allein in der Provinz Cosenza zählte man bis Ende April 1944 über 1700 Entlassungen, in Matera über 400, in Reggio fast 200 und in Neapel Ende März 1944 schon nahezu 700[180].

Nach den strengen Regeln der Vergleichbarkeit sind diese dürren Zahlen nicht sehr aussagekräftig, müßte man doch die Zahl der Entlassungen in Bezug setzen zur Zahl der Beschäftigten im öffentlichen Dienst und zum Grad der Faschisie-

[176] Alfredo Fighera an Tommaso Siciliani, 31. 3. 1944, in: Ebenda.
[177] Carabinieri von Taranto an Ministero dell'Interno, 24. 4. 1944, in: Ebenda.
[178] Vgl. Protokoll der Tagung vom 15./16. 4. 1944, in: NA, RG 331, Legal, box 7.
[179] Ebenda.
[180] Vgl. Bericht des HQ, ACC, Region II, 29. 4. 1944, in: NA, RG 331, Public Safety, 10000/143/1592; UN-News Service, 28. 3. 1944, in: NA, RG 331, Civil Affairs, box 2, 10000/105/90; Harris, Allied Military Administration of Italy, S. 149.

rung in den einzelnen Provinzen; erst dann ließe sich Näheres sagen über den Säuberungsdruck, der von der italienischen Regierung und von der Militärregierung ausging. Ferner müßte natürlich auch in Erwägung gezogen werden, daß die italienische Regierung in Süditalien – außer in den vier Urprovinzen des Königreichs des Südens Lecce, Taranto, Bari und Brindisi – an das Säuberungswerk der Militärregierung anknüpfen und nach der alliierten Grobarbeit zur sehr viel langwierigeren Feinarbeit schreiten mußte. Ein methodisch einwandfreies Vergleichsverfahren ist aber empirisch nicht zu realisieren und vielleicht nicht einmal anzustreben, denn letztlich vermöchte es nicht mehr zu leisten, als eine gewisse Vorstellung davon zu geben, daß die Militärregierung sehr viel härter durchgriff als die italienische Regierung.

Die Empörung der Alliierten hatte ihren Grund freilich nicht allein in der Unfähigkeit der italienischen Regierung, dem Säuberungsgesetz vom 28. Dezember 1943 Geltung zu verschaffen. Hinzu kam, daß sie sich die italienische Saumseligkeit auch noch als eigenes Versagen vorhalten lassen mußte – und zwar von der Sowjetunion, deren Vertreter im 1943 geschaffenen, aus Abgesandten der großen Drei, Frankreichs, Griechenlands und Jugoslawiens gebildeten Advisory Council für Italien keine Gelegenheit ungenutzt ließen, auf Versäumnisse ihrer Verbündeten hinzuweisen. Besonders peinlich war das natürlich, als Alexander Bogomolov im April/Mai 1944 seinen Finger auf das Problem der politischen Säuberung legte. Er vermochte dabei durch detaillierte Angaben über die Rückstände in Sardinien zu beweisen, daß die Dinge wahrlich nicht zum Besten standen, und schlug seinen Kollegen vor, eine Resolution zu verabschieden, die nur als scharfe Rüge an der Arbeit der Militärregierung zu verstehen war. Bogomolov stürzte Briten und Amerikaner damit in die größte Verlegenheit, aus der sie sich nur dank der Geistesgegenwart von Robert Murphy befreien konnten. Dieser widersetzte sich der Annahme einer Resolution, verlangte Zeit zur Prüfung der vorgetragenen Fakten, und schließlich wurde die Frage einer Resolution so lange vertagt, bis sie eines Tages ganz von der Tagesordnung verschwand[181]. Die Alliierten aber waren gewarnt: Die Sowjetunion würde versuchen, jede Nachlässigkeit, zumal auf einem politisch so sensiblen Feld wie der Säuberung, in eigene Vorteile umzumünzen.

Es verdient hervorgehoben zu werden, daß die vor allem von Robert Murphy bewirkte Vertagung der Problematik nicht der Verschleierung von Mißständen diente. Die Militärregierung hatte nämlich schon Wochen vor Bogomolovs Vorstoß die italienische Regierung fast ultimativ aufgefordert, ihre säuberungspolitische Bedächtigkeit endlich aufzugeben, und konnte sich so berechtigte Hoffnungen machen, in absehbarer Zeit im Advisory Council mit besseren Ergebnissen aufwarten zu können. Die Initiative dazu war offensichtlich von der in Sachen Säuberung besonders hellhörigen Education Subcommission ausgegangen, die dem Erziehungsminister Ende März/Anfang April 1944 deutlich zu verstehen gegeben hatte, daß ihr die Einhaltung rechtsstaatlicher Gepflogenheiten im Augenblick sehr viel weniger am Herzen lag als säuberungspolitische Taten, die nun ein-

---

[181] Vgl. Protokolle der 10. Sitzung des Advisory Council for Italy vom 21.4., der 11. Sitzung vom 6.5. und der 12. Sitzung vom 19. 5. 1944, in: NA, RG 331, Political, box 11, 10000/132/477.

mal – sollten sie wirkungsvoll sein – auf Kosten rechtsstaatlicher Prinzipien gehen konnten.

Badoglios Erziehungsminister Giovanni Cuomo, ein farbloser, politisch unerfahrener Rechtsgelehrter, konnte mit solchen Gedanken nicht viel anfangen. Er gab aber dem Druck nach, um zu vermeiden, daß die Militärregierung den Eindruck gewann, es handle sich um „beabsichtigte Nachsicht", und regte alliierten Wünschen entsprechend die Verabschiedung eines Gesetzes an, das der Verwaltung die Möglichkeit einräumte, die vom Dezember-Gesetz betroffenen Beamten und Angestellten, also vor allem Squadristen, Alte Kämpfer und hochrangige Parteifunktionäre, schon vor dem Abschluß ihrer Säuberungsverfahren zu entlassen[182]. Im Kreise seiner Kollegen erntete er damit freilich fast nur Kopfschütteln. Gewiß, man konnte die so unmißverständlich ausgesprochenen Erwartungen der Alliierten nicht einfach ignorieren. Aber mußte man deshalb gleich besondere gesetzliche Regelungen treffen? Genügte es nicht, die nach einer gewissen Anlaufszeit nun doch überall etablierten Säuberungsausschüsse zu höherem Tempo zu bewegen? Man müsse sich vergegenwärtigen, so die von fast allen Ministerien geteilte Begründung des Außenministeriums gegen ein Sondergesetz, „daß die demokratische Regierung per Gesetz zu regeln beabsichtigt, was der Faschismus in völliger Willkür geregelt oder besser: in Unordnung gebracht hatte. Es erscheint deshalb angebracht, daß man heute auch auf die Gefahr mancher Unannehmlichkeiten hin alles versucht, um die Margen für Willkür auf ein Minimum zu reduzieren, die solche [besonderen gesetzlichen] Regelungen vielleicht ermöglichen könnten."[183]

Über Inhalt und Verlauf der Gespräche, die daraufhin zwischen Badoglio und der Militärregierung geführt wurden, ist nichts bekannt. Man kann sich aber vorstellen, wie sich die Rollenverteilung nun plötzlich umkehrte: auf der einen Seite die Alliierten, die unter großem propagandistischem Getöse ausgezogen waren, Europa vom Faschismus zu befreien und in den befreiten Gebieten rechtsstaatliche Prinzipien zu verankern, die sich aber in der Praxis sogleich gezwungen sahen, diese Prinzipien über Bord zu werfen, um zunächst wichtigere Ziele zu erreichen; auf der anderen Seite die italienische Regierung, die – sei es aus echter Überzeugung, sei es aus purer Abneigung gegen die politische Säuberung – wie ein gelehriger Schüler das Gelernte repetierte und damit den nachlässigen Lehrer zu beschämen suchte. Es sei angebracht, so die fast klassische Formulierung des Finanzministeriums, der Alliierten Kontrollkommission in das Gedächtnis zu rufen, „daß unsere Gesetze es nicht erlauben, eine so schwerwiegende Maßnahme wie die vorgeschlagene ohne Urteilsspruch zu ergreifen"[184]. Das wurde gewiß auch getan; letztlich war der Druck der Militärregierung aber doch zu stark, und die italienische Regierung mußte sich Anfang Mai 1944 widerstrebend dazu ent-

[182] Ministero della Educazione Nazionale an PCM, 3. 4. 1944, in: ACS, PCM, Gab. 1944–1947, 1/7 10124, sottofasc. 13–16.
[183] Ministero degli Affari Esteri an PCM, 11. 5. 1944; Ministero di Grazia e Giustizia an PCM, 27. 4. 1944; Ministero dell'Interno an PCM, 29. 4. 1944; Ministero delle Finanze an PCM, 29. 4. 1944; Ministero della Guerra an PCM, 22. 4. 1944; Ministero delle Comunicazioni an PCM, 20. 4. 1944; Ministero dell'Agricoltura e delle Foreste an PCM, 29. 4. 1944; Ministero della Marina an PCM, 17. 4. 1944, sowie PCM an alle Minister, 15. 4. 1944, in: Ebenda.
[184] Ministero delle Finanze an PCM, 29. 4. 1944, in: Ebenda.

schließen, ein Rundschreiben herauszugeben, „das der Verwaltung die Möglichkeit gab, in besonders schweren Fällen Beamte, die der Säuberung unterlagen, [ohne vorausgegangenes Verfahren] vom Dienst zu suspendieren"[185].

Das alliierte Ultimatum hatte Badoglio erneut vor Augen geführt, was er seit Januar 1944 wissen mußte: Das Gesetz vom 28. Dezember 1943 war kein geeignetes Mittel, um sich Erleichterung zu verschaffen. Die erhoffte Wirkung auf die antifaschistischen Kreise und die Alliierten war ausgeblieben, die offenkundige Diskrepanz zwischen Wort und Tat hatte das Ansehen der Regierung weiter beschädigt und der ohnehin verbreiteten Überzeugung Vorschub geleistet, Badoglio sei zu einem säuberungspolitischen Kraftakt nicht in der Lage und lasse es auch sonst an Energie und Durchsetzungsvermögen fehlen. Wie schlecht es um Autorität und Prestige der königlichen Regierung bestellt und wie weit sie schon an den Rand des politischen Geschehens geraten war, zeigte nichts deutlicher als der große Kongreß der antifaschistischen Parteien in Bari, der zu einer eindrucksvollen Demonstration der Stärke des Antifaschismus wurde.

Schauplatz des Kongresses war das Theater Piccinni, wo sich am 28. und 29. Januar 1944 Delegierte der sechs im Nationalen Befreiungskomitee zusammengeschlossenen Parteien, Beobachter der alliierten Militärregierung sowie Vertreter der italienischen und der internationalen Presse – zusammen mehr als 120 Personen – drängten. Der Kongreß von Bari stand ganz im Zeichen von drei Männern. Der erste war Benedetto Croce, der in allen politischen Lagern respektierte Philosoph, der für seine Landsleute, aber auch für die Weltöffentlichkeit das „andere Italien" repräsentierte. In seiner Eröffnungsrede sprach er zunächst von der Sympathie, die das antifaschistische Italien stets für die westlichen Demokratien empfunden habe. Er bekannte sich dann dazu, düstere Stunden der Trauer und Scham durchlitten zu haben, als sein Vaterland Frankreich und Großbritannien den Krieg erklärt hatte, und beschrieb schließlich die wachsende Parteinahme seiner Landsleute für die Sache der Alliierten, die er als Sache der Freiheit und Zivilisation bezeichnete. Schneidende Töne mischten sich in die würdevoll-pathetische Ansprache, als Croce auf den König und die Absicht der Alliierten zu sprechen kam, Vittorio Emanuele bis zur Befreiung ganz Italiens im Amt zu belassen. „Dazu", so heißt es in einem Bericht der Militärregierung, „erklärte Croce kategorisch, solange der derzeitige König an der Spitze des Staates bleibe, hätten die liberalen Bürger das Gefühl, daß der Faschismus noch nicht vorbei sei, daß er sein Werk der Korruption fortsetze und daß er in mehr oder weniger getarnter Gestalt wiederkehren werde." Deutliche Worte der Kritik fand der Philosoph auch für die Regierung Badoglio. Croce hob hervor, „daß ihr die Stärke fehle, weil Männer von Erfahrung und Ansehen keinen Eid auf den derzeitigen König leisten wollten. Er wies darauf hin, daß unter den gegenwärtigen schwierigen Umständen eine ehrliche und kompetente Verwaltung notwendig sei, damit Unordnung vermieden werde und die Alliierten aufrichtige und loyale Unterstützung erhielten."[186]

---

[185] Sottosegretario di Stato an Hochkommissar für Sardinien, 20. 5. 1944, in: ACS, PCM, Gab. 1943–1944, Salerno, busta 8; vgl. auch Protokoll der Kabinettssitzung vom 4. 5. 1944, in: Placanica, 1944, S. 668–671.

[186] AFHQ, Military Government Section, Report on Italy, No. 2, 5. 2. 1944, in: NA, RG 331, Political, box 6. Zu Bari vgl. auch Filippo Caracciolo Di Castagneto, '43-'44. Diario di Napoli, Florenz

Der zweite, der den Kongreß prägte, war ein weitgehend unbekannter, gerade aus dem Exil zurückgekehrter Sozialist: Oreste Lizzadri, der den Kriegsnamen Longobardi führte. Lizzadri überraschte das Publikum mit einer radikalen Resolution, die offenkundig mit den drei Linksparteien (Sozialisten, Kommunisten, Aktionspartei) abgestimmt war. Der König, so hieß es darin, sollte sofort zum Rücktritt gezwungen werden, der Kongreß von Bari sich selbst zur nationalen Repräsentation des freien Italien ausrufen, die nach der Befreiung von Rom in der Hauptstadt tagen sollte. Bis zur Einberufung einer Verfassunggebenden Versammlung sollte die nationale Repräsentation das Recht haben, eine Regierung auf breiter demokratischer Basis zu berufen, die alle Befugnisse der Krone und des aufgelösten Parlaments ausüben sollte. Bis zur Befreiung von Rom, so heißt es in dem alliierten Bericht schließlich noch, sollte „ein Exekutivausschuß des freien Italien gebildet werden", das den „Krieg fortsetzen und die Freiheit des Volkes schützen" sollte[187].

Nach Longobardis Rede war es mit der antifaschistischen Eintracht zunächst vorbei. Es offenbarte sich „eine tiefe Kluft zwischen jenen, die der Monarchie zuneigten und auf Methoden der [friedlichen] Entwicklung setzten, und jenen, die im Kern eine Republik und revolutionäre Methoden bevorzugten", wie es in einer alliierten Denkschrift hieß[188]. Die Christdemokraten unterstützten zwar die Forderung nach Abdankung des Königs, wollten aber von der Bildung eines Exekutivausschusses nichts wissen, ganz zu schweigen von den noch weiterreichenden Forderungen der Linksparteien. Auch den Liberalen und den Vertretern der rechtssozialdemokratischen Democrazia del lavoro paßte diese Richtung nicht. Sie hielten es für das Beste, Lizzadris Resolution zu vergessen und die Formulierung eines Schlußkommuniques bewährten Antifaschisten wie Croce und Sforza und angesehenen, mit den Fährnissen der Politik vertrauten „elder statesmen" aus allen Parteien zu übertragen. Lieber würden sie ohne Kommuniqué auseinandergehen und damit natürlich auch den Bruch des antifaschistischen Parteienpaktes riskieren, so gaben die Gemäßigten zu verstehen, als die umstürzlerische Resolution der Linken mitzutragen.

Nach langen Debatten konnte man sich aber schließlich doch noch auf einen wohl von Croce inspirierten Kompromiß einigen, der radikaler klang als er in Wirklichkeit war. Man war sich einig, berichtete die Militärregierung, „daß die gegenwärtige Lage eine sofortige Lösung der Frage der Staatsform nicht erlaubte [...], daß die sofortige Abdankung des Königs [...] eine wesentliche Bedingung für den moralischen und wirtschaftlichen Wiederaufbau Italiens [...], daß der Kongreß der wahre Ausdruck des Willens und der [politischen] Kräfte der Nation" sei. Übereinstimmung herrschte auch darüber, daß es notwendig war, eine Regierung zu bilden, die außerordentliche Notstandsbefugnisse haben und aus den Parteien von Bari bestehen sollte, und daß als eine Art Gegenregierung schon

---

1964, S. 114–116 (Einträge vom 28. und 29. 1. 1944).
[187] AFHQ, Military Government Section, Report on Italy, No. 2, 5. 2. 1944, in: NA, RG 331, Political, box 6.
[188] Nicht gezeichnete alliierte Denkschrift, in: Ebenda.

jetzt ein „Executive Committee" geschaffen werden sollte[189], dessen Kompetenzen allerdings weit geringer waren, als Lizzadri es gefordert hatte.

Den Schlußpunkt setzte dann Carlo Sforza. Der frühere Botschafter und Außenminister war im Herbst 1943 nach fast zwanzig Jahren Exil, die er überwiegend in den Vereinigten Staaten verbracht hatte, nach Italien zurückgekehrt. Sehr von sich eingenommen und stets geneigt, sich vom Feuer der eigenen Rede zu polemischen Amokläufen hinreißen zu lassen, nützte der 70jährige Graf die Gelegenheit, um sich als der führende Oppositionspolitiker zu profilieren und als potentieller Nachfolger Badoglios ins Gespräch zu bringen. „*Wir* wissen, daß wir das Italien von morgen sind, *wir* wissen, daß wir das Parlament von morgen sind, *wir* wissen, daß sie aus ihrem Kreis die Männer wählen werden, die Italien regieren werden", stimmte er das Publikum ein, um dann zu einer schonungslosen Abrechnung mit dem König und seiner unfähigen, undemokratischen und politisch belasteten Regierung anzusetzen[190].

Doch beließ es Sforza dabei nicht. Er ging als einziger Redner auch ausführlich auf Tagesfragen ein und bewies dabei ein erstaunliches Maß an Pragmatismus und Augenmaß, das scharf mit den polemischen Zuspitzungen seiner Rede kontrastierte. Auch damit schien er sich im Gegensatz zu seinen Vorrednern für höhere Aufgaben zu empfehlen. Die politische Säuberung, so bemerkte er etwa, müsse selbstverständlich beim König beginnen; es sei aber nicht Haß, „der uns die Absetzung des Königs fordern läßt. Es ist nur so, daß wir erst nach der Entfernung der Symbole des Neo-Faschismus fähig sein werden, den zahllosen Faschisten zu vergeben, die aus Feigheit, Unverständnis oder Gedankenlosigkeit gesündigt haben." Es könne eines Tages so weit kommen, fuhr er fort, „daß wir den Schutz der armen Teufel von Faschisten übernehmen werden, die von der Brindisi-Regierung geopfert worden wären, um der alten Tradition willen, daß es immer die Schwachen sind, die für die Sünden der Starken büßen müssen. Arme ‚sciarpe littorie', arme ‚squadristi', ja sogar arme Teufel von armseligen kleinen Bonzen und anderen schäbigen Schuften. [...] Die wirklichen Verbrecher, laßt uns das nicht vergessen, Gentlemen, sind gewisse Kunststoffkönige, gewisse Stahlkönige." Eine antifaschistische Regierung (unter seiner Führung, wie man unschwer heraushören konnte) würde gerade hier ansetzen. „Wir werden sie in ihren Verwaltungsräten und Banken aufstöbern und werden sie bezahlen lassen, eben weil wir von ganzem Herzen den vielleicht Millionen armer Teufel von Faschisten vergeben wollen, die nichts anderes sind als irre Brüder von uns."[191]

Der Kongreß von Bari zog nicht nur die Aufmerksamkeit Italiens auf sich. Auch in Moskau und in den westlichen Hauptstädten blickte man auf die kleine Hafenstadt, und überall registrierte man die Vorboten einer entscheidenden Wende, die die italienische Politik endgültig aus dem Bannkreis der faschistischen Vergangenheit befreien würde. Niemand verfolgte den Kongreß aber bangeren Herzens als der König, der zu spüren schien, daß sich im Theater Piccinni doch

---

[189] AFHQ, Military Government Section, Report on Italy, No. 2, 5. 2. 1944, in: Ebenda.

[190] Text der Rede von Sforza, in: Ebenda, box 5, 10000/132/260.

[191] Ebenda; zum Kongreß von Bari vgl. La Nascita della Repubblica, S. 72–79; HQ, ACC, Monatsbericht für Januar 1944, in: NA, RG 331, Adjutant, box 28, 10000/101/502; AFHQ, Military Government Section, Report on Italy, No. 2, 5. 2. 1944, in: NA, RG 331, Political, box 6.

nicht die „Geister der Vergangenheit", wie er die Parteien geringschätzig nannte, sondern die Protagonisten des neuen Italien versammelt hatten. Nach Bari durfte er sich über seine politische Zukunft keine Illusionen mehr machen. Am 29. Januar, als die Delegierten aller Parteien, auch die monarchistischen Liberalen und die konservativen Christdemokraten, einmütig seine Abdankung verlangten, mußte ihm klar geworden sein, daß seine mehr als 40 Jahre währende Amtszeit sich unweigerlich dem Ende zuneigte. Für Pietro Badoglio, den Ministerpräsidenten, der sich als loyaler Diener und hartnäckiger Widersacher des Königs entpuppt hatte, blieb noch etwas Hoffnung. Er sah sich zwar durch die Bildung einer Gegenregierung provoziert, letztlich aber hatten sich die Angriffe auf ihn in Grenzen gehalten. Vielleicht hielt die Geschichte doch noch eine Rolle für ihn bereit, vielleicht die eines ehrlichen Maklers zwischen dem Antifaschismus und den reaktionären Beharrungskräften.

Badoglio mußte aber wissen, daß sein Konzept, zum Neuen hinüberzuleiten, ohne das Alte zu zerstören, nur dann Aussicht auf Erfolg hatte, wenn es ihm endlich gelang, Anschluß an den antifaschistischen Zeitgeist zu finden, wenn er sich endlich energisch von den reaktionären Kräften, denen er selbst angehörte, ja die er in einem gewissen Sinne sogar repräsentierte, absetzte. Genau hier lag aber die Schwäche seines Konzepts; er wollte das eine nicht wirklich und war auch zum anderen nicht ernsthaft bereit. Er paßte sich den Umständen an, ließ sich von neuen Entwicklungen ein Stück mitnehmen, wenn er sich Vorteile davon versprach, machte aber auch nach Bari nie den Versuch, den Gang der Dinge selbst zu bestimmen. Ausdruck dieser Politik des Lavierens waren immer neue Zugeständnisse an den Antifaschismus, die aber an der Gesamtausrichtung seiner Politik kaum etwas änderten.

Das wichtigste, aber auch das verräterischste Zugeständnis war Mitte Februar 1944 die Berufung von Tito Zaniboni in das neugeschaffene Amt des „Hochkommissars für die nationale Säuberung vom Faschismus", in dessen noch unklare Kompetenz es vor allem fiel, die Kräfte auf dem Felde der Abrechnung zu bündeln. Der Sozialist Zaniboni war eine der herausragenden Figuren des Widerstandes und insofern eine spektakuläre Wahl, die im Lager des Antifaschismus natürlich aufhorchen ließ[192]. 1883 in Mantua geboren, hatte Zaniboni Rechtswissenschaft studiert und war im Ersten Weltkrieg mehrfach wegen Tapferkeit ausgezeichnet worden. Seit seiner Jugend Mitglied der Sozialistischen Partei, war er 1919 in das Parlament gewählt worden. 1925 hatte er durch ein mißglücktes Attentat auf Mussolini von sich reden gemacht, das ihm eine Strafe von dreißig Jahren Gefängnis einbrachte, die er in Viterbo, in Volterra und auf Ponza verbüßte[193].

Badoglio war auf der anderen Seite aber nicht verborgen geblieben, daß Zaniboni zu den eher harmlosen Antifaschisten zählte, der leicht zu lenken sein würde.

---

[192] Zur Vorgeschichte des Hochkommissariats vgl. undatiertes Memorandum über einen Beschluß des Ministerrats vom 18. 2. 1944, in: ACS, PCM, Gab. 1943–1944, Salerno, Provvedimenti legislativi, busta 3; vgl. auch Exposé des Sottosegretario di Stato in der PCM, 10. 2. 1944, in: Ebenda. Der Gesetzentwurf über die Schaffung des Hochkommissariats und die Berufung von Zaniboni zum Hochkommissar wurde in der Kabinettssitzung vom 23. 2. 1944 beschlossen. Vgl. dazu Protokoll der Kabinettssitzung vom 23. 2. 1944 und Pressekommuniqué, in: Placanica, 1944, S. 637–640.

[193] Vgl. Chapin (einen Bericht des brit. Vize-Präsidenten der Political Section von ACC weiterleitend) an Secretary of State, 9. 3. 1944, in: NA, RG 59, 865.002/269.

Der „Säuberer", wie Zaniboni sich allen Ernstes selbst nannte, war nämlich ein einfacher, manche, wie Benedetto Croce, meinten sogar ein einfältiger Mann geblieben, der weder die juristischen noch die politischen Dimensionen der Säuberung zu überblicken vermochte. „Er sieht einfach, kindlich aus. Mit seinem grauen Haarschopf, seinen blauen Augen und leicht gebeugten Schultern, könnte er leicht ein Bauer sein", charakterisierte ihn ein Offizier der Militärregierung, der gewisse Zweifel an der Befähigung Zanibonis ebenfalls nicht unterdrücken konnte. „Es wird interessant, ob sein Aussehen beim Säubern ebenso täuscht wie beim Attentat."[194]

Außerdem schienen – nach fast zwanzig Jahren Gefängnis und Verbannung kein Wunder – Spannkraft und Konzentrationsfähigkeit Zanibonis merklich nachgelassen zu haben. Ein Journalist, der ihn gut kannte und wie Zaniboni auf eine entbehrungsreiche Geschichte als Regimegegner zurückblickte, war bestürzt, als er von Badoglios Absichten hörte, Zaniboni zum Hochkommissar zu ernennen. „Herr Tito Zaniboni ist augenblicklich nicht in der geistigen Verfassung und er verfügt nicht über die mentale Spannkraft, die eine verantwortungsvolle Erfüllung einer Aufgabe garantieren könnten, die man ihm, so sagt man, wohl übertragen wird", schrieb er am 16. Februar 1944 an Badoglio. „Er läßt täglich nach. Er ist verwirrt und unfähig, seine Tätigkeit zu koordinieren und ihr eine Richtung zu geben. Ihm mangelt es an klaren Ideen und festem Willen, und er kann keine entscheidenden Entschlüsse fassen. Es genügt schon ein flüchtiges Gespräch mit ihm, um sich davon zu überzeugen, daß er Mühe hat, Gedanken zu verknüpfen [...]."[195] Der Journalist stand mit dieser Meinung nicht allein. Auch Sforza hielt von Zaniboni nicht viel, und ein alliierter Offizier prophezeite: „Seine Ernennung wird der Regierung keinen Ruhm einbringen."[196]

Großer Tatendrang war von Zaniboni also nicht zu erwarten, und wenn er sich doch zu säuberungspolitischen Extratouren hinreißen ließ, dann gab es immer noch seine Fehltritte aus den dreißiger Jahren: 1935 hatte Mussolini nämlich der Tochter Zanibonis etwas Geld zufließen lassen, damit sie ihre Ausbildung an der Universität fortsetzen konnte, und allem Anschein nach hatte Zaniboni dem Wohltäter schriftlich dafür gedankt. Noch ein zweiter Brief mit kompromittierenden Wendungen aus dem Jahr 1939 war wohl überliefert; die Faschisten ließen es sich jedenfalls im Januar 1944 nicht nehmen, in einer Radiosendung genüßlich daraus zu zitieren[197]. Zanibonis „Versagen" war natürlich nichts im Vergleich zu den Belastungen eines Badoglio oder der überwiegenden Mehrzahl der Kabinettsmitglieder. Aber auch der „Säuberer" hatte einen Makel, und niemand wußte das besser als Badoglio, der ihn ja nicht zuletzt deshalb zum Hochkommissar gemacht haben dürfte.

Die Ernennung Zanibonis war also wieder einer dieser ganz an den Erfordernissen propagandistischer Verwertbarkeit orientierten Tricks, die Großes verhießen, mit denen zugleich aber die Weichen dafür gestellt wurden, daß nur Kleines

[194] Ebenda.
[195] Pietro Astuni Messineo an Badoglio, 16. 2. 1944, in: ACS, PCM, Gab. 1943–1944, Salerno, busta 5.
[196] Nicht gezeichnete alliierte Denkschrift, 6. 2. 1944, in: NA, RG 331, Political, box 6; Croce, Quando l'Italia era tagliata, S. 84 f.
[197] Vgl. Chapin an Secretary of State, 9. 3. 1944, in: NA, RG 59, 865.002/269.

herauskommen konnte. Meisterhaft ist der Trick Badoglios nur insofern zu nennen, als er damit Zwietracht in die Reihen seiner antifaschistischen Gegenspieler trug, indem er sie vor die Wahl stellte, seine Politik des „Als ob" mitzumachen oder sich der Kooperation mit ihm ganz zu entziehen. Beides war in den Augen der antifaschistischen Parteien gleichermaßen unattraktiv, aber bisher hatten sie sich in ähnlich gelagerten Fällen stets für eine Absage entschieden, die sie mit ihrer prinzipiellen Weigerung zur Zusammenarbeit mit dem König begründeten. Die Ablehnungsfront war aber nie geschlossen gewesen. Vor allem die gemäßigten Kräfte hatten die Tür zu Badoglio nur widerwillig zugestoßen, aber auch manche Sozialisten und Kommunisten hatten schon mit dem Gedanken einer Regierungsbeteiligung gespielt. Nun, da einer ihrer prominentesten Vertreter das Angebot Badoglios akzeptiert hatte und gleichsam im Rang eines Ministers mit am Kabinettstisch saß, mußte den linken Parteien die Entscheidung doppelt schwerfallen.

So war es auch. Zaniboni war, wohl genau wie Badoglio es beabsichtigt hatte, zu einer Belastung für den Antifaschismus geworden. Vor allem seine eigene Partei haderte mit ihrem Aushängeschild, das ihr eine so schwierige Entscheidung abverlangte. Sollten die Sozialisten den Mussolini-Attentäter zum Dissidenten erklären, der die Parteilinie verraten hatte und deshalb auszuschließen war? Die Parteiführung entschied sich am 12. Februar 1944 zähneknirschend dafür, beim alten Kurs zu bleiben. Eine Zusammenarbeit mit dem König und Badoglio, „Faschisten bis zum 26. Juli 1943", wie es in einer Presseerklärung hieß, sei weder mit den Grundsätzen der Partei, noch mit den Beschlüssen von Bari vereinbar, die Zaniboni ja selbst mitgetragen habe. Die Annahme des Postens des Hochkommissars müßte deshalb „unweigerlich zu seinem Ausscheiden aus der Partei führen, die gegen die Monarchie und die Regierung Badoglio kämpft"[198]. Wieder einmal verschanzte sich der Antifaschismus hinter Prinzipien, wo Pragmatismus die Möglichkeit für eine Intensivierung der politischen Säuberung eröffnet hätte.

„Der Weg ist nicht einfach", betonte Zaniboni, als er Ende Februar 1944 sein Amt antrat, „er ist sogar sehr schwierig. Um ihn rasch und ruhig zurücklegen zu können, erbitte ich die ehrliche und aufrichtige Mitarbeit aller Italiener, die meine Gesinnung teilen, ungeachtet der Vergangenheit keinen Groll oder Rachegelüste gegen wen auch immer hegen, und die [...] wollen, daß alle, die im untergegangenen Regime Posten und Privilegien für Übergriffe, Verfolgungen und Diebereien genutzt und mißbraucht haben, unnachsichtig bestraft werden. Auf diese Weise geben wir allen anderen Bürgern, die das faschistische Mitgliedsbuch aus Not hatten, als Preis für ihre Ruhe, die Möglichkeit, in voller Gleichberechtigung in die zivilisierte Gemeinschaft zurückzukehren, als unsere Brüder in jeder Hinsicht. Wir sorgen dafür, daß diese Phase der sozialen Unsicherheit rasch abgeschlossen wird, die nicht ohne Folgen ist für die Lebensgrundlagen unseres Volkes und sie in stärkerem Maße bedroht, als die Öffentlichkeit annimmt."[199]

Dieser hochgestimmte Ton verflüchtigte sich rasch, als Zaniboni die prekäre Lage, in der er sich befand, bewußt zu werden begann: Überstürzte, auf propa-

[198] Presseerklärung der sozialistischen Partei vom 15. 2. 1944 zit. nach Mercuri, L'epurazione, S. 46.
[199] La Gazzetta del Mezzogiorno, 27. 2. 1944, zit. nach Agostino degli Espinosa, Il Regno del Sud, Rom 1973, S. 289; zu den Zielsetzungen Zanibonis vgl. auch Telegramm von Reinhardt an Secretary of State, 28. 2. 1944, in: NA, RG 59, 865.01/2128.

gandistische Verwertbarkeit zielende Improvisation wohin man auch blickte. Zaniboni bekleidete ein Amt, das per Gesetz noch gar nicht existierte; erst Mitte April, also mehr als sechs Wochen nach seinem Amtsantritt, konnten die rechtlichen Grundlagen dafür geschaffen werden[200]. Wichtiger aber war, daß die Kompetenzen des Hochkommissars noch völlig im dunkeln lagen. Fest stand nur, daß er sich nicht um die Säuberung des öffentlichen Dienstes kümmern sollte, die ja gerade durch das Gesetz über die „Commissione Unica" neu geregelt worden war, sondern vor allem um die Strafverfolgung von belasteten Faschisten, und zwar auf der Basis eines Gesetzes, „von dem noch nicht einmal ein Entwurf" existierte, wie Zaniboni später bitter bemerkte[201]. Der Hochkommissar bewegte sich so während seiner gesamten Amtszeit in einem gleichsam rechtsfreien Raum.

Es überrascht deshalb nicht, daß sich von Zanibonis Tätigkeit als Hochkommissar kaum nennenswerte Spuren finden. Zaniboni schien sich im Klein-Klein von Verfahrensvorbereitungen aufzureiben, die in keinem Fall zu greifbaren Ergebnissen führten, und zog sich schon bald resigniert aus der Säuberung zurück. Die logische Konsequenz daraus war, daß sowohl die wirklich auf eine Säuberung bedachten Kräfte als auch Badoglio jegliches Interesse an Zaniboni verloren; er war weder dem im Titel „epuratore" mitschwingenden Anspruch gerecht geworden, noch hatte er der Regierung Badoglio „Ruhm" erworben. Schon Mitte April 1944, zu einem Zeitpunkt also, als die Gazzetta Ufficiale mit dem Gesetz über die Errichtung des Hochkommissariats noch nicht einmal gedruckt war, sprachen Badoglio und Benedetto Croce offen über die Notwendigkeit, den Hochkommissar abzulösen und ihm eine andere Aufgabe zu übertragen, für die er besser geeignet war[202]. Mitte Mai, als sich die kritischen Stimmen mehrten, legte Zaniboni dann von sich aus sein Amt nieder[203].

Auch die Vorgeschichte des Gesetzes, das die Kompetenzen des Hochkommissars fixieren und die rechtlichen Grundlagen für die Ahndung faschistischer Verbrechen schaffen sollte, stand zunächst ganz im Zeichen der Bemühungen Badoglios, Anschluß an den antifaschistischen Zeitgeist zu finden, ohne die Bindung an die reaktionären Beharrungskräfte zu verlieren[204]. Das Kabinett befaßte sich bereits Mitte Februar ausführlich mit diesen Fragen, gelangte aber zu keiner einhelligen Auffassung, weil der von Justizminister Ettore Casati vorgelegte Gesetzentwurf Badoglio und einigen Ministern als viel zu scharf erschien. Casati, ein im Faschismus in höchste Ränge aufgestiegener, politisch aber unbelasteter Jurist mit guten Beziehungen zum Antifaschismus, trug der Kritik aus dem Kabinett teilweise Rechnung und brachte seinen Entwurf in eine neue, allem Anschein nach

---

[200] Vgl. Regio Decreto-Legge, 13. 4. 1944, Nr. 110: Istituzione di un Alto Commissariato per la epurazione nazionale dal fascismo; Regio Decreto, 13. 4. 1944: Nomina dell'Alto Commissario per la epurazione nazionale dal fascismo, in: Gazzetta Ufficiale del Regno d'Italia, Serie Speciale, 19. 4. 1944.

[201] Rede von Zaniboni über Radio Neapel, Mai 1944; Text der Rede in: ACS, PCM, Gab. 1943–1944, Salerno, busta 15.

[202] Vgl. Croce, Quando l'Italia era tagliata, S. 109.

[203] Vgl. Zaniboni an Badoglio, 11. 5. 1944, in: Rossini, L'epurazione, S. 803 f. Vgl. auch Bericht des Sottosegretario di Stato vom 29. 4. 1944 über die Defascistizzazione, in: ACS, PCM, Gab. 1944–1947, 1/7 10124, sottofasc. 0–4.6.

[204] Vgl. Bericht über Pläne der Regierung für ein neues Säuberungsgesetz, Februar 1944, in: ACS, PCM, Gab. 1943–1944, Salerno, Provvedimenti legislativi, busta 3.

grundlegend veränderte Fassung[205], die seinen Kabinettskollegen Anfang März 1944 zuging. Als die ersten Reaktionen darauf wieder nicht sehr ermutigend ausfielen, suchte Casati – ohne Badoglio gegenüber auch nur eine Silbe zu erwähnen – Schützenhilfe bei der Militärregierung, die – das konnte man nach den bisherigen Erfahrungen mit der alliierten Säuberungspraxis erwarten – eine etwas härtere Linie durchaus begrüßen würde[206].

Die ersten Märzwochen über steckten Casati und seine Mitarbeiter ständig mit alliierten Offizieren zusammen, die sich offensichtlich etwas geschmeichelt fühlten, so früh am Gesetzgebungsprozeß beteiligt und um Rat gefragt zu werden. Die Rechnung des Justizministers schien tatsächlich aufzugehen. Die Einwände, die die Juristen der Militärregierung erhoben, ließen sich an den Fingern einer Hand aufzählen; außerdem bezogen sie sich auf unbedeutende Punkte. In einer Besprechung vom 21. März 1944 zwischen Casati und Gerald Upjohn beharrten die Alliierten etwa darauf, im Gesetz nicht von „national epuration", sondern von „fascist epuration" zu sprechen und die Bezeichnung „campo di concentramento" in „colonia di epurazione" zu verwandeln[207]. An der Substanz des Gesetzentwurfs aber hatten die Alliierten nichts auszusetzen[208].

Wenige Tage nach der Besprechung mit Upjohn sandte Casati die Neufassung des Entwurfs dem Regierungschef und den alliierten Stellen zu[209]. Nach Casatis Vorstellungen sollte jeder – Parteimitglied oder nicht – bestraft werden, der an der Vorbereitung und Durchführung des Staatsstreiches vom 28. Oktober 1922 mitgewirkt oder dazu beigetragen hatte, die demokratischen Institutionen zu unterdrücken und die faschistische Diktatur am Leben zu erhalten. Ferner sollte jeder Faschist zur Verantwortung gezogen werden, der sich aufgrund seiner Parteizugehörigkeit Vorteile verschafft oder gegen die Interessen der Nation und der Streitkräfte verstoßen hatte. Grundlage der Bestrafung sollte angeblich nicht neugeschöpftes Recht, sondern das Strafgesetzbuch von 1931 und das Militärstrafrecht von 1940 sein. Casati wollte die strafrechtliche Verfolgung faschistischer Verbrechen in „engen rechtlichen Grenzen" halten, und er betonte das Prinzip, daß „ein Verbrechen nach den Gesetzen geahndet werden muß, die zum Zeitpunkt der Tat galten", umso nachdrücklicher, als er natürlich wußte, daß eine Reihe von faschistischen Verbrechen keinesfalls mit den Gesetzen des Regimes selbst, sondern nur durch zurückwirkende Sonderregelungen zu ahnden waren, die es in seinem Entwurf ebenfalls gab[210].

---

[205] Vgl. den sog. first draft, in: NA, RG 331, Legal, 10000/142/547.

[206] Vgl. Rossini, L'epurazione, S. 738; Memorandum von Dino Philipson über die Epurazione, Ende April 1944, in: ACS, PCM, Gab. 1943–1944, Salerno, Provvedimenti legislativi, busta 3; Ansprache von Zaniboni über Radio Neapel, Mai 1944, in: ACS, PCM, Gab. 1943–1944, Salerno, busta 15; Schreiben von Casati an seine Kabinettskollegen, 4. 3. 1944; die Schreiben des Ministero dell'Interno (7. 3. 1944) und des Ministero delle Finanze (21. 3. 1944) an Badoglio, in: ACS, PCM, Gab. 1943–1944, Salerno, Provvedimenti legislativi, busta 3.

[207] Notiz über die Besprechung, 21. 3. 1944, in: NA, RG 331, Legal, box 7; vgl. auch die Notiz über eine weitere Besprechung zwischen Casati und alliierten Offizieren vom 13. 3. 1944, in: Ebenda.

[208] Vgl. Casati an Upjohn, 7. 3. 1944, in: NA, RG 331, Legal, 10000/142/547; Brief von Major Thackrah an Casati, 17. 3. 1944, und Gutachten der Legal Sub-Commission, 21. 3. 1944, in: Ebenda.

[209] Gemeint ist der sog. second draft. Er findet sich in: Ebenda.

[210] Notiz über die Besprechung zwischen Casati, Zaniboni und Upjohn vom 31. 3. 1944, in: NA, RG 331, Legal, box 7.

Casatis Gesetzentwurf räumte, wie das Gesetz vom 28. Dezember 1943, denjenigen belasteten Faschisten, die einen Strich unter die Vergangenheit gezogen und sich 1943 in der Stunde der Bewährung auf die richtige Seite gestellt hatten, eine Reihe von Rehabilitierungsmöglichkeiten ein. Wer im Kampf gegen den deutschen Feind verwundet worden war oder sich besonders hervorgetan hatte, konnte mit mildernden Umständen rechnen, und wer im Krieg eine „Beförderung oder einen militärischen Orden" erhalten hatte, durfte sogar auf Freispruch hoffen. Darüber hinaus sah der Gesetzentwurf die Aufhebung der Verjährungsfrist für faschistische Untaten, die Annullierung von faschistischen Amnestien und die Revision von Freisprüchen vor, die im Faschismus aus politischen Gründen gefällt worden waren. Wesentliche Bestandteile des Gesetzentwurfes waren schließlich die Errichtung eines Hochkommissariats, die Kodifizierung der Kompetenzen des Hochkommissars und vor allem die Schaffung von Sondergerichten in den Gerichts- und Oberlandesgerichtsbezirken, die aus ausgebildeten Richtern und Geschworenen mit antifaschistischer Vergangenheit bestehen sollten[211].

Da die Neufassung nur wenige Bestimmungen enthielt, die nicht mit den Alliierten vorbesprochen waren, durfte der Justizminister guten Mutes sein, als er am 31. März 1944 zur Endabnahme seines Gesetzentwurfs Upjohn und seine Juristen traf. Die alliierten Offiziere störten sich tatsächlich nur an einigen Artikeln, die leicht zu ändern waren. Ihnen leuchtete beispielsweise nicht ein, wie die italienische Regierung auf die Idee kommen konnte, ausgerechnet das Strafgesetzbuch aus der faschistischen Zeit zur Grundlage der Ahndung von faschistischen Verbrechen zu machen. Auch die weitschweifigen Erklärungen der italienischen Seite, daß man das Prinzip „nulla poena sine lege" nicht antasten wolle, daß außerdem das Strafgesetzbuch von 1931 sehr viel schärfere Strafen (auch die Todesstrafe) vorsehe als das von 1889, vermochten die alliierten Offiziere nicht zu überzeugen. Sie beharrten auf der Tilgung aller Bezüge zu faschistischen Gesetzen. Außerdem war in ihren Augen die Frage offen geblieben, ob diejenigen, die in einem Säuberungsverfahren entlastet worden waren, noch vor Gericht zitiert werden konnten. Hier stellte allerdings die Antwort der italienischen Delegation, daß einer gerichtlichen Ahndung auch in solchen Fällen nichts entgegenstehe, die alliierten Offiziere vollauf zufrieden[212]. Wie nicht anders zu erwarten gewesen war, hatte Casati also genau dort Unterstützung gefunden, wo er sie gesucht hatte.

Ganz anders war die Reaktion Badoglios. Der Ministerpräsident war entsetzt, als er Casatis Entwurf am 27. März 1944 in Händen hielt. Schon nach einem flüchtigen Blick auf die mehr als vierzig Paragraphen wußte er, daß ein solches Gesetz seine sorgsam austarierte Politik des Lavierens aus dem Gleichgewicht bringen mußte. Hätte er seine Unterschrift unter das Papier gesetzt, so wäre das – gar nicht überspitzt formuliert – der Unterzeichnung der Anklageschrift für sich und das

[211] Vgl. den Entwurf von Casati, in: Ebenda, Legal, 10000/142/547.
[212] Vgl. Bericht über die Besprechung vom 31.3. 1944, in: ACS, PCM, Gab. 1943–1944, Salerno, Provvedimenti legislativi, busta 3; Notiz über dieselbe Besprechung, in: NA, RG 331, Legal, 10000/142/547, sowie eine weitere Notiz über das Treffen vom 31.3. 1944, in: Ebenda, Legal, box 7. Vgl. auch ein Schreiben des Rear Headquarters, ACC, Legal Sub-Commission, an Ministero di Grazia e Giustizia, 2.4. 1944, in dem die zwei wichtigsten Änderungswünsche der Alliierten nochmal zusammengefaßt werden; ebenda, Legal, 10000/142/547.

Militär, die Hofgesellschaft und den König, die leitende Beamtenschaft und die Wirtschaftskapitäne, kurz: für alle, die sich in den zurückliegenden zwanzig Jahren mit dem Faschismus eingelassen hatten, gleichgekommen. Ebenso klar stand ihm vor Augen, daß sein Justizminister ihn vor ein fait accompli gestellt hatte und es schon ganz besonderer Anstrengungen bedurfte, um den mit den Alliierten abgestimmten Entwurf wieder aus der Welt zu schaffen.

Nun war freilich auch der Soldat Badoglio in die Kunst der Kabinettspolitik eingeweiht, und wo es galt, sich durch Intrigen und geheime Machenschaften gegenseitig auszumanövrieren, fand er selten seinen Meister. Casati hatte sich durch das Zusammenspiel mit den Alliierten zwar einen enormen, aber doch nicht entscheidenden Vorteil verschafft. Badoglio konnte nämlich sicher sein, daß Casatis Entwurf im Kabinett nicht viele Befürworter finden würde, zumal dann nicht – und hier sollte sich sein taktischer Einfallsreichtum beweisen –, wenn führende Juristen und Staatsrechtler seine Bedenken gegen das vorgeschlagene Gesetz teilten. Der königliche Ministerpräsident sandte deshalb Casatis Entwurf nicht nur den Mitgliedern seines Kabinetts zur Prüfung zu, sondern auch zwei angesehenen Rechtsgelehrten aus Neapel, Ugo Forti und Enrico De Nicola, die nach ihren politischen Präferenzen die sichere Gewähr dafür boten, daß ihre Stellungnahmen in seinem Sinne ausfallen würden[213].

Der Ministerpräsident hatte sich nicht verrechnet. Die Antworten, die er auf sein Schreiben vom 29. März 1944 erhielt, ließen nichts zu wünschen übrig. Besonders aufgebracht zeigte sich Wirtschafts- und Arbeitsminister Epicarmo Corbino, ein königstreuer Liberaler: Der Kreis der Betroffenen sei viel zu weit gezogen. Das öffne die Tür für eine Serie von „persönlichen Racheakten, […] die sich auch […] auf das Privatleben der Bürger erstrecken und unkalkulierbare Folgen für die Familien und die öffentliche und private Moral haben könnten". Vor allem die einleitenden Bestimmungen des Gesetzentwurfes, die die Vielzahl der strafwürdigen Vergehen benannten, könnten nur von einer Revolutionsregierung angenommen werden. „Die unsrige ist aber eine normale Regierung." Wenn es wahr ist, fuhr Corbino fort, „daß Italien eine Nation auf liberal-demokratischen Grundlagen werden soll, dann dürfen wir nicht zulassen, daß das gutgläubige Engagement in einer Partei oder die simple Tatsache, daß einer eine Partei unterstützt, ein Verbrechen bilden können. Auf diese Weise würden wir die Italiener dazu zwingen, sich von den öffentlichen Belangen abzuwenden und sich in Konventen abzuschließen, um dort einzig über die Probleme der Philosophie und Religion zu meditieren. Das Land würde in den Händen derer bleiben, die – da sie nichts zu verlieren haben – alles wagen und dabei sicher sein können, daß sie auf keine Opposition stoßen. Wir müssen verhindern, daß man unter dem Vorwand, die Nation vom Faschismus zu säubern, noch unerhörtere Fehler als der Faschismus macht."[214] Kurz und bündig fiel der Kommentar des Ministers für öffentliche Arbeiten aus: Casatis Entwurf „enthält eine Bürgerkriegserklärung"[215].

---

[213] Vgl. Badoglio an alle Minister und an Forti und De Nicola, 29. 3. 1944, in: ACS, PCM, Gab. 1943–1944, Salerno, Provvedimenti legislativi, busta 3.
[214] Schreiben an Badoglio, 30. 4. 1944, in: Ebenda.
[215] Schreiben an Badoglio, 4. 4. 1944, in: Ebenda; vgl. auch die Antwort des Ministero dell' Agricoltura e delle Foreste vom 3. 4. 1944, in: Ebenda.

Die beiden um juristischen Beistand angerufenen Sachverständigen taten ebenfalls ihre Schuldigkeit. Professor Forti hob warnend hervor, daß ein solches Gesetz „Folgen mit revolutionärem Charakter" haben könne. Seine Bedenken richteten sich namentlich gegen die Rückwirkung des Gesetzes, die Aufhebung von Verjährungsfristen und gegen die Annullierung von Amnestien und sonstigen Strafnachlässen. Auch der Absicht Casatis, die Ahndung faschistischer Verbrechen Sondergerichten zu übertragen, konnte Forti nichts Gutes abgewinnen. Ihm wäre es lieber gewesen, mit dieser heiklen Aufgabe die ordentlichen Gerichte zu betrauen[216]. Enrico De Nicola, dessen Stimme in allen politischen Lagern Gewicht hatte, lehnte Casatis Entwurf ebenfalls kategorisch ab. „Mir scheint", schrieb er an Badoglio, „daß diese Normen außerordentlich schwerwiegend sind, weil sie [...] nicht nur mit den grundlegenden Prinzipien unserer Gesetzgebung kontrastieren, sondern in einigen Punkten auch mit manchen unumstößlichen Grundsätzen des Strafrechts."[217]

Damit begann die von Badoglio angestrebte Front zur Abwehr von Casatis Gesetzentwurf Gestalt anzunehmen. Nun galt es nur noch, die Kräfte zu bündeln und in die gewünschte Richtung zu lenken. Diesem Zweck diente eine Zusammenkunft bei Dino Philipson, einem Vertrauten Badoglios, der vom Ministerpräsidenten den Auftrag erhalten hatte, die Verschwörung gegen Casati anzuführen. In seinem Büro saßen am 4. April 1944 die fünf Minister, die sich dezidiert gegen den Entwurf ausgesprochen hatten, mit Professor Forti und seinem Kollegen Professor Altavilla von der Universität Neapel zusammen – mehr als drei Stunden und selbstverständlich ohne den Justizminister, der erst Tage später von diesem Treffen erfuhr. Seine Widersacher hielten sich dabei nicht allzu lange bei dem vorliegenden Text auf, sondern gingen bald dazu über, die Umrisse eines neuen Gesetzes zu diskutieren, das Casatis Entwurf entgegengestellt werden sollte. Badoglio, das verdient hervorgehoben zu werden, war in alle Einzelheiten dieser Initiative eingeweiht; er empfing die Professoren Forti und Altavilla auch selbst und bat sie, die am 4. April bei Philipson aufgestellten Grundsätze in Gesetzesform zu bringen[218]. Nichts war ihm wichtiger, so schien es, als ein Gesetz zu verhindern, das einen vehementen Auftakt in der Epurazione-Politik verhieß, aber zugleich das Ende seiner Politik des Lavierens und wohl auch seiner Karriere mit sich gebracht hätte.

Die beiden Professoren aus Neapel machten sich nach der Einstimmung bei Badoglio sofort an die Arbeit und legten schon Mitte April 1944 einen eigenen Entwurf vor, der Badoglios Neigung zur Milde weit entgegenkam. Die wichtigsten Voraussetzungen für den dringend gebotenen moralischen Wiederaufbau des Landes, so hieß es in einer den 17 Artikeln beigegebenen Grundsatzerklärung, seien die Rückkehr zur „Legalität" und die Bestrafung von belasteten Faschisten; gemeint waren damit vor allem jene, die sich im strafrechtlichen Sinn schuldig ge-

---

[216] Vgl. die Osservazioni preliminari sullo schema di R.D.L. sull'Epurazione nazionale von Ugo Forti, 4. 4. 1944, in: Ebenda.

[217] Schreiben vom 2. 4. 1944, in: Ebenda.

[218] Vgl. Memorandum von Philipson, Ende April 1944, in: Ebenda; abgedruckt auch in Rossini, L'epurazione, S. 763 ff. Vgl. auch Ansprache von Zaniboni über Radio Neapel, Mai 1944, in: ACS, PCM, Gab. 1943–1944, Salerno, busta 15.

macht hatten oder als politisch gefährlich anzusehen waren, sowie die Gruppe derer, „die nach dem 25. Juli mitbeitrugen, das Gefüge der Streitkräfte zu zerstören und die Abwehr gegen den barbarischen deutschen Angriff zu verhindern". Das Erfordernis, die Schuldigen zu bestrafen, dürfe aber ein „Land von hoher Kultur" nicht dazu verleiten, „jene demokratischen Traditionen zu verleugnen, zu deren Bannerträger es sich in der Gestalt von Cesare Beccaria" gemacht hatte. Im einzelnen hieß das: Forti und Altavilla zogen den Kreis der Betroffenen wesentlich enger als Casati. Sie wandten sich außerdem gegen die Annullierung von Urteilen aus der faschistischen Zeit, die Schaffung einer Sondergerichtsbarkeit und vor allem gegen rückwirkende Strafbestimmungen. Schließlich war ihnen auch die Machtfülle des Hochkommissars ein Dorn im Auge. Zusammenfassend läßt sich sagen, daß sich die Ausarbeitung der beiden Professoren vom Entwurf Casatis vor allem in einer Hinsicht fundamental unterschied: Forti und Altavilla ging es um eine „pacificazione sociale" durch Verzicht auf Säuberung, Casati hingegen um „pacificazione sociale" durch ihre Intensivierung[219].

Die Standpunkte waren so verschieden, daß jeder Versuch, einen Kompromiß zu finden, scheitern mußte. Mitte April 1944 lagen damit gleich zwei Gesetzentwürfe vor. Das Kabinett kam aber nicht mehr dazu, darüber zu beraten, denn zur gleichen Zeit stellte sich eine kaum anders als dramatisch zu nennende Änderung der politischen Rahmenbedingungen ein, die den sterilen Dualismus zwischen Monarchie und Antifaschismus beendete und zur Bildung einer neuen Regierung unter Beteiligung der antifaschistischen Parteien führte. Das Problem der Epurazione, das in den Wochen zuvor die Gemüter bewegt hatte, rückte deshalb vorübergehend in die zweite Reihe.

Eine grundlegende Änderung stand seit dem Sturz Mussolinis im Juli 1943 auf der Tagesordnung der Geschichte – zunächst allerdings mit vielen Fragezeichen versehen und ganz unten, weil es keinen Ersatz für das Königshaus und die Regierung Badoglio zu geben schien. Die überstürzte Flucht von König und Ministerpräsident nach Brindisi, ihre Unfähigkeit, die Zügel fest in die Hand zu nehmen und das Volk hinter sich zu bringen, der wachsende Verdruß in der alliierten Öffentlichkeit darüber, daß ihre Militärregierung in Italien politisch Belastete wie Badoglio und Vittorio Emanuele im Amt hielt, und schließlich die Ausbreitung der antifaschistischen Befreiungskomitees im ganzen Land – das alles schwächte allerdings die Position von Monarchie und königlicher Regierung und ließ eine radikale Wende zunehmend wahrscheinlicher werden. Der entscheidende Anstoß dazu aber war vom Kongreß in Bari ausgegangen.

Dort hatte sich der Antifaschismus erstmals in aller Öffentlichkeit als ernstzunehmende politische Kraft präsentiert und seinen Anspruch auf Übernahme der Regierungsgeschäfte mit der nicht ganz aus der Luft gegriffenen Drohung verbunden, daß – sollten die Dinge so bleiben, wie sie waren – niemand die radikalen Hitzköpfe der Linken unter Kontrolle zu halten vermöchte; selbst die Bildung ei-

---

[219] Text des Gesetzentwurfs von Forti und Altavilla, in: ACS, PCM, Gab. 1943–1944, Salerno, Provvedimenti legislativi, busta 3; abgedruckt auch in: Rossini, L'epurazione, S. 779–788. Vgl. auch Relazione informativa del Guardasigilli Arangio Ruiz sui Progetti precedenti, 28. 4. 1944, in: Rossini, L'epurazione, S. 795–802.

ner Revolutionsregierung sei nicht auszuschließen[220]. Dieser selbstbewußte, von der internationalen Presse in alle Himmelsrichtungen verbreitete Auftritt hatte nicht nur König Vittorio Emanuele tief beeindruckt, der Mitte Februar 1944, gerade zwei Wochen nach Bari, erstmals seine Bereitschaft bekundete, sich nach der Befreiung von Rom in das Privatleben zurückzuziehen und seinem Sohn Umberto die Amtsgeschäfte zu übergeben[221]. Das Selbstbewußtsein des Antifaschismus zwang auch die Alliierten, Farbe zu bekennen. Diese hatten sich im Herbst 1943 darauf verständigt, bis zum Fall von Rom an Badoglio festzuhalten und so lange auch die Frage der Abdankung des Königs auf sich beruhen zu lassen[222]. Grundvoraussetzungen dieses Kompromisses waren die sichere Erwartung, daß die Einnahme der italienischen Hauptstadt kurz bevorstehe, und die Annahme gewesen, daß es zur königlichen Regierung keine Alternative gebe.

Als sich im Winter 1943/44 herausstellte, daß man sich mit dem Einmarsch in Rom noch längere Zeit würde gedulden müssen, war das für die überwiegend monarchistisch eingestellten Briten kein Grund zur Beunruhigung, namentlich für Churchill nicht, der in Badoglio ein „nützliches Instrument" und im Hause Savoyen eine sichere Garantie für die Einheit Italiens erblickte, die Vertreter des Antifaschismus hingegen als „Gruppe von alten und hungrigen Politikern" verspottete[223]. Die amerikanische Regierung aber wurde ungeduldig. Ihr fiel es zunehmend schwerer, der nach dem Darlan-Zwischenfall empfindlich gewordenen „home-front" die Gründe dafür verständlich zu machen, daß im befreiten Italien noch immer eine Clique von Mitläufern und Nutznießern an der Regierung war. Ausdruck dieser Nervosität war ein Schreiben von Außenminister Hull an Präsident Roosevelt vom 25. Januar 1944, in welchem Hull klipp und klar erklärte, „daß in Italien unter dem jetzigen König jeder politische Wiederaufbau unmöglich ist und daß es keine weitere Verzögerung bei der Umbildung der gegenwärtigen italienischen Regierung auf breiter politischer Basis mehr geben sollte"[224].

Nach Bari brach auch noch der zweite Pfeiler des interalliierten Kompromisses vom Herbst 1943 in sich zusammen. Nun gab es – zugespitzt formuliert – zwei Regierungen, eine auf Abruf und eine in spe, die sich in einen erbitterten Grabenkrieg miteinander verwickelt hatten, der jede politische Initiative lähmte. In Washington und auch im Hauptquartier der Militärregierung setzte sich jetzt die Auffassung Hulls durch, daß die Alliierten nicht länger tatenlos zusehen, sondern unverzüglich zugunsten der antifaschistischen Regierung in spe Partei ergreifen sollten[225]. Besonders unerquicklich fand man den Gedanken, daß in Italien antimonarchistische Unruhen ausbrechen und die Alliierten sich so gezwungen sehen

[220] Vgl. Memorandum von Mason-MacFarlane, 11. 2. 1944, in: NA, RG 331, Chief Commissioner, box 11; Memorandum der Executive Junta of the Italian Committee of Liberation für den Chief Commissioner der ACC (Mason-MacFarlane), in: FRUS, 1944, III, S. 1024–1027.
[221] Vgl. Puntoni, Parla Vittorio Emanuele, S. 208 (Einträge vom 18. und 19. 2. 1944); Maitland Wilson an CCS, 29. 2. 1944, in: Coles/Weinberg, Civil Affairs, S. 444; alliierter Bericht (gezeichnet von Roger B. Derby) vom 21. 2. 1944, in: NA, RG 331, Chief Commissioner, box 9, 10000/136/90.
[222] Vgl. Hull an Roosevelt, 25. 1. 1944, in: FRUS, 1944, III, S. 1004f.
[223] Hull an Chapin, 12. 6. 1944; Hull gab darin Churchill wieder, in: Ebenda, S. 1129.
[224] In: Ebenda, S. 1004f. Vgl. auch Miller, The United States and Italy, S. 79.
[225] Vgl. Edelman, Incremental Involvement, S. 178; Miller, The United States and Italy, S. 83ff. und 93; Chapin an Hull, 25. 2. 1944, in: FRUS, 1944, III, S. 1032ff.; Maitland Wilson an CCS, 18. 2. 1944, in: Coles/Weinberg, Civil Affairs, S. 442f.

könnten, „die Vertreibung einer Regierung zu verhindern, die das Volk [...] nicht wünscht"[226].

Im Februar 1944 überzeugte sich auch Roosevelt von der Stichhaltigkeit der Argumente, die für einen Kurswechsel sprachen; nicht aber Churchill, der dem amerikanischen Präsidenten die schwierige Lage der gerade südlich von Rom bei Anzio[227] gelandeten Streitkräfte vor Augen führte und eindringlich dazu riet, in Italien nichts zu überstürzen und mit grundlegenden Änderungen doch bis zur Eroberung von Rom zu warten[228]. „Ich glaube nicht", so telegrafierte er am 13. März 1944 an Roosevelt, „daß die ambitionierten Schwätzer, die jetzt hinter unserer Front agitieren, um selbst die Regierung von Italien bilden zu können, irgendeine repräsentative Grundlage haben. Ich fürchte, wir würden die Aufgabe unserer Streitkräfte nur erschweren, wenn wir den König und Badoglio zum gegenwärtigen Zeitpunkt verjagen."[229] Roosevelt gab schließlich nach, betonte aber, daß sein Einlenken keinem grundsätzlichen Sinneswandel entspringe; es handle sich lediglich um eine „Gnadenfrist für die zwei alten Herren"[230].

So lagen die Dinge, als Mitte März 1944 bekannt wurde, daß sich die Regierung Badoglio und der sowjetische Vertreter im Advisory Council für Italien hinter dem Rücken der Westalliierten über die Aufnahme diplomatischer Beziehungen zwischen den beiden Ländern verständigt hatten – eine sensationelle, mit Geist und Buchstaben des Waffenstillstandes nicht zu vereinbarende Übereinkunft, die es in sich hatte: Der Badoglio-Stalin-Pakt, wie das sowjetisch-italienische Arrangement in überzogener Anspielung an fatale Vorbilder aus der Geschichte der Geheimdiplomatie genannt worden ist, brachte schrille Dissonanzen in die ohnehin nie ganz harmonische Anti-Hitler-Koalition. Sein Abschluß vergiftete außerdem Badoglios Verhältnis zu den Besatzungsmächten, die bis dahin seine stabilste Stütze gewesen waren; diese fühlten sich hintergangen und an die prinzipielle Prinzipienlosigkeit der faschistischen Außenpolitik erinnert. Schließlich brachte der Pakt auch das, was sich schon seit Bari angebahnt hatte, die Mitwirkung des Antifaschismus an der Regierung, zum Durchbruch.

Die Verständigung mit Moskau war so ein spektakulärer außenpolitischer Erfolg Badoglios, der aber innenpolitisch kaum teurer erkauft werden konnte: Er leitete den Anfang vom Ende der königlichen Regierung ein. Die Sowjetunion begnügte sich nämlich keineswegs damit, Botschafter auszutauschen. Sie wollte Einfluß gewinnen und die Anglo-Amerikaner als bestimmende Kraft in Italien aus dem Feld schlagen. Besonders wichtig war Moskau dabei die Bildung eines „Kriegskabinetts", dem alle Parteien, auch die Kommunisten, angehören sollten. Um dieses Ziel zu erreichen, waren die Russen sogar bereit, sich mit dem König und Badoglio zu arrangieren und die Entscheidung über Monarchie oder Repu-

---

[226] Vgl. undatiertes und ungezeichnetes Memorandum (Februar 1944), in: NA, RG 331, Political, box 6; Memorandum von Mason-MacFarlane, 11. 2. 1944, in: Ebenda, Chief Commissioner, box 11.
[227] Vgl. Ernest F. Fisher, Jr., Cassino to the Alps (in: United States Army in World War II, The Mediterranean Theater of Operations), Washington 1977, S. 103–159.
[228] Vgl. Hull an Chapin, 12. 2. 1944, in: FRUS, 1944, III, S. 1019ff.; zur Haltung Roosevelts vgl. Roosevelt an Badoglio, 21. 2. 1944, Hull an Chapin, 15. 3. 1944, und Roosevelt an Churchill, 13.3.1944, in: Ebenda, S. 1031, S. 1053, S. 1055.
[229] In: FRUS, 1944, III, S. 1043.
[230] Zit. nach Edelman, Incremental Involvement, S. 174.

blik bis nach Kriegsende zu vertagen[231]. Diese Ideen propagierte auch Palmiro Togliatti, der Führer der kommunistischen Partei Italiens, als er am 27. März 1944 nach fast zwei Jahrzehnten Exil in seine Heimat zurückkehrte[232]. „Das sind schlechte Nachrichten", kommentierte man im amerikanischen State Department die Rückkehr von Togliatti alias Ercoli, „dieser Bursche ist ein Riese. Er ist einer der schlausten Kommunisten Italiens, und wenn er wieder auf der Szene auftaucht, werden wir einige Probleme bekommen."[233]

„Die Bombe Ercoli ist hochgegangen", schrieb der völlig verblüffte Pietro Nenni in sein Tagebuch, als er von Togliattis Einstand hörte, der in seinen Augen nichts als ein erneuter Beweis für die – um das mindeste zu sagen – taktische Unbekümmertheit der Kommunisten war. Nicht einmal Togliattis Grundprämisse, daß es zwingend nötig sei, alle Kräfte im Kampf gegen die deutschen Invasoren zusammenzufassen, schien Nenni zu teilen. „Ich würde ihm gerne recht geben, wenn es nicht etwas gäbe, das wichtiger ist als der Krieg, nämlich das Kriegsende", notierte er[234]. Die Sozialisten hatten bis dahin am schärfsten gegen den Monarchen und die königliche Regierung polemisiert und wieder und wieder bekräftigt, daß eine Zusammenarbeit mit diesen Verrätern niemals in Frage komme. Nun mußten sie ebenso wie die Vertreter der nicht minder anti-monarchistisch gesinnten Aktionspartei von ihren Grundsätzen abrücken und sich in das Unvermeidliche schicken; zurückweisen ließ sich Togliattis Vorschlag, eine Regierung der nationalen Konzentration zu bilden und die Frage der Staatsform bis zum Kriegsende zurückzustellen, nur auf Kosten der Eintracht des gesamten Antifaschismus und der Einheitsfront von Sozialisten und Kommunisten, die gerade der sozialistischen Parteiführung um Nenni heilig war.

Weniger Probleme hatte der Partito Comunista Italiano (PCI) mit den Richtlinien, die Togliatti aus Moskau mitbrachte. Die Kaderpartei war ja seit Jahrzehnten darauf trainiert, von oben kommende Direktiven auch dann hinzunehmen, wenn sie der bis dahin verfolgten Politik diametral widersprachen. Da und dort regte sich zwar Unzufriedenheit über die „Verbürgerlichung" der Partei und die Preisgabe der revolutionären Zielsetzungen, und hinter vorgehaltener Hand machte sich der Verdruß über die neuerliche Zumutung der Parteiführung auch schon einmal Luft. Aber nur ganz wenige faßten sich so wie Mauro Scoccimarro, neben Togliatti damals die führende Figur der Partei, ein Herz und sprachen offen aus, was sie dachten: „Diese Politik könnt ihr machen."[235] Auch er lenkte aber schließlich ein und beugte sich den strengen Regeln des demokratischen Zentralismus, die von jedem Genossen die unbedingte Beachtung der Parteilinie verlangten.

Schon zehn Tage nach Togliattis Rückkehr aus dem Moskauer Exil waren also die Weichen für die Bildung einer neuen Regierung gestellt. Nicht einmal die Frage

---

[231] Vgl. Chapin an Hull, 29. 3. 1944; Chapin gab die Ansicht Mason-MacFarlanes wieder, in: FRUS, 1944, III, S. 1082f.

[232] Zur Rückkehr Togliattis vgl. ein Memorandum von Prunas an Badoglio, 20. 12. 1943, in: ACS, PCM, Gab. 1943–1944, Salerno, Provvedimenti legislativi, busta 10.

[233] Protokoll eines Interviews mit John Wesley Jones, in: Harry S. Truman Library, Independence, Missouri.

[234] Nenni, Diari, S. 62 (Eintrag vom 2. 4. 1944).

[235] Amendola, Lettere a Milano, S. 301; dort (S. 301–305) auch Auszüge aus der Sitzung vom 3. 4. 1944, in welcher Scoccimarro seinen Standpunkt darlegte und auf heftige Kritik stieß.

der Abdankung des Königs, um die sich der innenpolitische Disput in den zurückliegenden Monaten fast ausschließlich gedreht hatte, schien einer Beendigung der
Konfrontation von Antifaschismus und Monarchie mehr im Wege zu stehen. Die
antifaschistischen Parteien rückten nämlich von ihrer ursprünglichen Forderung
nach Abdankung kurzerhand ab und gaben sich mit einer kurz zuvor noch strikt
abgelehnten Lösung zufrieden, die Vittorio Emanuele schon im Februar 1944 akzeptiert hatte: dem Rückzug des Königs in das Privatleben und der Übertragung
der königlichen Amtsgeschäfte auf seinen Sohn Umberto, der dafür als Statthalter
fungieren sollte. Der einzige noch ungeklärte Punkt war, ob der Monarch an seiner
Absicht festhalten und erst nach der Befreiung von Rom abtreten würde oder ob es
nach den Vorstellungen der antifaschistischen Parteien ginge, die auf die sofortige
Errichtung der Statthalterschaft drängten. Der Unterschied war also, wie Robert
Murphy treffend bemerkte, „simply one of timing"[236].

Diese dramatischen Ereignisse, die als „svolta di Salerno" (Wende von Salerno)
in die Geschichte eingegangen sind, sahen in den Hauptrollen keinen einzigen Repräsentanten der alliierten Besatzungsmächte. Diese hatten die Bühne verlassen
und in den Zuschauerrängen Platz nehmen müssen, weil ihre Vorgesetzten in Washington und London seit Monaten über Regieanweisungen stritten und noch immer zu keinem Ergebnis gekommen waren. „Man hat uns den Ball gegeben [...],
aber durch unser offenkundiges Versäumnis, eine konstruktive Politik zu ergreifen, haben wir ihn fallengelassen. Die Russen haben ihn aufgehoben und rennen
nun davon", so faßte Sam Reber[237], Murphys Assistent, das in den Reihen der Militärregierung herrschende Gefühl zusammen, daß der alliierte Politikverzicht den
Sowjets und der kommunistischen Partei in die Hände spielte.

Das Ansehen Moskaus konnte in Italien tatsächlich größer kaum sein. Die Sowjetunion galt nach der Aufnahme der diplomatischen Beziehungen vielen fast
schon als befreundete Nation, die als einzige großzügig genug war, einen Strich
unter die faschistische Vergangenheit zu ziehen, während Washington und London als nachtragend erschienen, die ein strenges Besatzungsregime errichtet hatten und zu keinerlei Zugeständnissen an das neue Italien bereit waren. Der größte
Glanz aber ging von den Siegen der Roten Armee aus, die auch einen sowjet-kri-
tischen Kopf wie Pietro Nenni tief beeindruckten. „Der Sieg der Russen", schrieb
er Ende März 1944 in sein Tagebuch, „ist nicht nur ein militärischer, sondern auch
ein politischer. Von den drei Regimen, die nach dem imperialistischen Krieg entstanden sind, liegt das faschistische am Boden, im Dreck; das nazistische nähert
sich unweigerlich seiner Niederlage, das bolschewistische siegt, und zwar nicht
aus Zufall oder wegen günstiger äußerer Umstände, sondern weil es in fünfund-
zwanzig Jahren den Geist und die Mittel für einen Kampf zu organisieren vermochte, von dem es wußte, daß er unvermeidlich sein würde. Es siegt, weil es das
bessere ist."[238]

Im Aufwind befand sich auch die kommunistische Partei, die vor 1922 ein
kaum beachtetes Schattendasein geführt hatte. Ihr Ansehen als antifaschistische

[236] Murphy an Hull, 10. 4. 1944, in: FRUS, 1944, III, S. 1091 f. Vgl. auch Mason-MacFarlane an
　　AFHQ, 7. 4. 1944, in: Coles/Weinberg, Civil Affairs, S. 450.
[237] Reber an Dunn, 31. 3. 1944, in: Coles/Weinberg, Civil Affairs, S. 449.
[238] Nenni, Diari, S. 55 f. (Eintrag vom 27. 3. 1944).

Avantgarde, die dem Diktator Mussolini am längsten Widerstand entgegengesetzt und im Kampf gegen ihn viele Genossen verloren hatte, und der selbstlose Einsatz kommunistischer Aktivisten in den überall aufkeimenden Partisaneneinheiten und Befreiungskomitees befreiten die Partei vom Ruf eines sektiererischen Außenseiters und verschafften ihr schon bald eine eindrucksvolle Massenbasis. Hinzu kam die taktische Wendigkeit Togliattis, der den Schlüssel zur Lösung des lähmenden Konflikts zwischen Antifaschismus und Monarchie gefunden und damit – wenn nicht alles täuschte – seine Partei als Dreh- und Angelpunkt der italienischen Politik etabliert hatte.

Angesichts dieser konzertierten Offensive von PCI und Sowjetunion konnten die Alliierten nicht länger untätig bleiben. Rasches Handeln war dringend geboten. Aber keiner konnte genau sagen, worauf man hinwirken sollte, waren doch die Dinge ohne alliiertes Zutun bereits so weit geklärt, daß nicht mehr viel Raum für politische Initiativen blieb: Die Bildung einer neuen Regierung unter Einschluß der Parteien war zum Greifen nahe, und Antifaschismus und Monarchie hatten fast schon einen Modus gefunden, der ihnen bei allen Differenzen die Koexistenz erlaubte. Strittig war, wie erwähnt, lediglich ein Punkt geblieben, der Termin des Rückzugs des Königs, und hier hakten die Alliierten denn auch ein, um wenigstens noch den Eindruck zu erwecken, sie seien in ihrem Besatzungsgebiet Herr der Lage. „Um zu beweisen", so der bittere Kommentar von Paolo Puntoni, dem Adjutanten des Königs, „daß in Italien sie den Ton angeben, haben Briten und Amerikaner den Kopf von Vittorio Emanuele gefordert."[239]

Die Entscheidung dazu fiel Anfang April 1944 in Washington. Präsident Roosevelt hatte nun offensichtlich erkannt, daß man die Dinge in Italien nicht länger treiben lassen konnte und die Alliierten schon viel zu lange an dem kompromittierten König festgehalten hatten, wie er Robert Murphy, dem politischen Berater des alliierten Oberkommandierenden im Mittelmeer, erklärte[240]. Viel Schaden war daraus schon entstanden, wie der Aufschwung der kommunistischen Partei zeigte, und viel größerer konnte für seine eigene politische Karriere daraus noch entstehen, denn das Trauerspiel in Italien drohte dem Präsidenten die in den Wahlen von 1944 möglicherweise ausschlaggebenden Wähler italienischer Herkunft zu entfremden. Der König sollte, so lautete der Marschbefehl für Murphy, so schnell wie möglich von der Bühne verschwinden.

Wieder in Italien zurück, kostete es Murphy keine allzu große Mühe, seine britischen Kollegen von der Notwendigkeit einer alliierten Zwangsmaßnahme gegen den König zu überzeugen; nach Togliattis sensationellem Einstand war man auch in London zur Vernunft gekommen. Macmillan hätte zwar eine weniger radikale Lösung vorgezogen, verstand aber die Sorgen der amerikanischen Regierung zu gut, als daß er sich ihren Wünschen widersetzt hätte[241]. Kein Leichtes war es allerdings, den König zur Räson zu bringen, obwohl ihm Murphy am 10. April 1944 in deutlichen Worten auseinandersetzte, „daß er den Interessen Italiens und der Sache der Alliierten am besten dienen würde, wenn er sich ungesäumt aus den

[239] Puntoni, Parla Vittorio Emanuele, S. 219 (Eintrag vom 10. 4. 1944).
[240] Vgl. Murphy, Diplomat unter Kriegern, S. 248 f.
[241] Vgl. Macmillan, War Diaries, S. 410–417 (Einträge vom 7.4.–11. 4. 1944).

öffentlichen Angelegenheiten zurückzöge"[242]. Vittorio Emanuele ließ sich davon aber nicht beeindrucken. Er strich seine besonderen Verdienste beim Sturz Mussolinis am 25. Juli 1943 heraus und verwickelte seine alliierten Gesprächspartner schließlich in eine leidenschaftliche Diskussion über Faschismus und Monarchie seit 1922, die natürlich auch diese zwang, eine noch deutlichere Sprache zu wählen. So groß diese Verdienste auch sein mochten, meinte Murphy, sie könnten doch nur teilweise „andere Dinge in seiner Vergangenheit" ausgleichen, „zu denen seine Nähe zum faschistischen Programm und seine Unterwerfung unter dieses Programm während einer Zeitspanne von 22 Jahren gehörten, was schließlich zur italienischen Kriegserklärung an die Vereinigten Staaten geführt habe, ganz zu schweigen von den feindseligen Akten Italiens gegen unsere Verbündeten, vor allem Frankreich, Griechenland und Großbritannien"[243]. Auch Macmillan, ein überzeugter Monarchist, der dem König und auch sich selbst eine solche Generalabrechnung gerne erspart hätte[244], gab schließlich seine Zurückhaltung auf und wies Vittorio Emanuele schneidend auf die 230000 Gefallenen „in der mediterranen Kampagne" hin, „die wohl vermieden worden wären, hätte sich Italien aus dem Krieg herausgehalten". „Der König könne nicht erwarten", so Macmillan, „dafür jeder Verantwortung zu entgehen."[245]

Wo spektakuläre Schritte über den Mangel an Weitsicht und Augenmaß hinwegtäuschen müssen, sind die handgreiflichen Ergebnisse in der Regel gering. So war es auch hier: Der italienische König beugte sich dem alliierten Druck – aber nur insofern, als er nun bereit war, öffentlich bekanntzugeben, was er bis dahin nur im kleinen Kreis angedeutet hatte, daß er sich nach der Befreiung von Rom zurückziehen und seinen Sohn mit der Statthalterschaft betrauen würde. „So errang Viktor Emanuel noch einen kleinen persönlichen Triumph – aber es war sein letzter", schrieb Robert Murphy, der schließlich einsehen mußte, daß der alliierten Durchsetzungsfähigkeit durch die selbstgerechte Engstirnigkeit des Königs enge Grenzen gezogen waren[246].

Die von den Alliierten bewirkte öffentliche Rückzugserklärung des Königs vom 12. April 1944, die „verdeckte Abdankung", wie Bonomi treffend meinte[247], hat bei der Findung eines modus vivendi zwischen Monarchie und Antifaschismus und bei der Bildung einer neuen Regierung keine ausschlaggebende Rolle gespielt. Die erste grundlegende Wende der italienischen Politik nach dem Sturz Mussolinis folgte einer Logik, die sich – weil sie so lange gezögert hatten – dem Einfluß der Besatzungsmächte fast ganz entzog. Die Wende verdankte sich in erster Linie dem Befreiungsschlag von Togliatti, der zu wissen schien, daß ein zeitweiliges Arrangement mit der Monarchie die notwendige Voraussetzung für die

---

[242] Murphy an Hull, 14. 4. 1944, in: FRUS, 1944, III, S. 1098.
[243] Ebenda.
[244] Vgl. Macmillan, War Diaries, S. 416 f. (Eintrag vom 10. 4. 1944).
[245] Murphy an Hull, 14. 4. 1944, in: FRUS, 1944, III, S. 1099. Zum Treffen vom 10. 4. 1944 vgl. auch Giovanni Artieri, Umberto II e la crisi della monarchia, Mailand 1983, S. 283 ff.
[246] Murphy, Diplomat unter Kriegern, S. 250. Vgl. Miller, The United States and Italy, S. 94 f.; Macmillan, War Diaries, S. 416–420 (Einträge vom 10.4.–13. 4. 1944); die Rücktrittserklärung des Königs vom 12. 4. 1944 findet sich in: Coles/Weinberg, Civil Affairs, S. 451; zur Abdankung des Königs vgl. auch Noel Charles' Bericht vor dem Advisory Council for Italy vom 21. 4. 1944, Protokoll der 10. Sitzung, in: NA, RG 331, Political, box 11, 10000/132/477.
[247] Bonomi, Diario di un anno, S. 180 (Eintrag vom 18. 4. 1944).

spätere Dominanz des Antifaschismus und die dauerhafte Etablierung seiner Partei im Zentrum der italienischen Politik war.

Arrangement meinte freilich nicht Kompromiß oder dauerhaften Interessenausgleich. Der Antifaschismus gewann fast täglich größere, mitreißendere Dynamik und bewegte sich auf einer Linie, die steil nach oben wies, während die Lebenslinie des Hauses Savoyen sich lange schon abgeflacht hatte und nun nicht weniger steil nach unten zeigte. Das neue Kabinett, das am 22. April 1944 seine Tätigkeit aufnahm, war so gewissermaßen Ausdruck des Schnittpunktes dieser so unterschiedlichen Entwicklungslinien. An der Spitze der Regierung stand als Zeichen der Kontinuität zwar noch der alte Ministerpräsident, seine Machtfülle war aber drastisch beschnitten worden. Früher, im Kabinett der unpolitischen Fachleute, hatte Badoglio nach Belieben zu schalten und zu walten vermocht, nun lag die Initiative bei einer kleinen Runde von Ministern ohne Geschäftsbereich, die noch ein Jahr zuvor als versprengter Exilantenzirkel oder einflußloser Diskussionskreis auf einer Verbannungsinsel vorstellbar gewesen wäre: Benedetto Croce, Carlo Sforza, Palmiro Togliatti, Giulio Rodinò, einer aus der ersten Garde der Democrazia Cristiana, und Pietro Mancini, ein angesehener Veteran der sozialistischen Partei[248].

Blickt man auf die Liste der Ressortminister, so wird noch deutlicher, wie sehr sich die Gewichte zugunsten des Antifaschismus verschoben hatten. Von der alten Ministerriege waren nur noch die drei für die Streitkräfte zuständigen Minister übriggeblieben; sie verdankten ihr Verbleiben im Amt vor allem der Fürsprache der Alliierten, die im sensiblen Bereich der Kriegführung kein Revirement duldeten. Ansonsten aber glich die neue Regierungsmannschaft einer Delegiertenversammlung der antifaschistischen Parteien: Adolfo Omodeo, der energische „epuratore" der Universität Neapel, leitete das Bildungsministerium; Vincenzo Arangio Ruiz, ein langjähriger Regimegegner[249], übernahm das Justizministerium, und Alberto Tarchiani, vor dem Faschismus Chefredakteur des Corriere della Sera[250] und dann Emigrant in den Vereinigten Staaten, wurde das Ministerium für Öffentliche Arbeiten übertragen. Alle konnten als bewährte Antifaschisten gelten, die ihre politischen Überzeugungen auch in schwierigen Zeiten nicht verhehlt und dafür schwere Opfer gebracht hatten.

Trotz des deutlichen Übergewichts kam bei den antifaschistischen Parteien keine rechte Zufriedenheit auf. War der Erfolg nicht doch zu teuer erkauft? Jede Strömung des Antifaschismus verband mit dieser Frage andere Befürchtungen, und allein schon diese Tatsache dokumentierte nachdrücklich, daß hinter der offiziellen Fassade antifaschistischer Eintracht kaum überbrückbare Gegensätze wirkten. In den bürgerlichen Parteien registrierte man die starke Präsenz der Linken, namentlich der Kommunisten, die neben Togliatti auch noch mit anderen

---

[248] Vgl. die Ausführungen von Mason-MacFarlane, der am 6. 5. 1944 den Advisory Council for Italy über das zweite Kabinett von Badoglio informierte: „The five Ministers without Portfolio apparently form a type of consultative committee within the Cabinet, with which the Marshall conducts preliminary discussions before presenting proposals to the whole Cabinet." Protokoll der 11. Sitzung, in: NA, RG 331, Political, box 11, 10000/132/477.

[249] Vgl. Bericht der Carabinieri über die Situation in Neapel, 22. 10. 1943, in: ACS, PCM, Gab. 1943–1944, Salerno, busta 11.

[250] Vgl. Mason-MacFarlane an AFHQ, 21. 4. 1944, in: Coles/Weinberg, Civil Affairs, S. 452.

Funktionären in der Regierung vertreten waren, mit wachsender Sorge[251]. In den Reihen der Sozialisten und der Aktionspartei, aber auch bei nicht wenigen Kommunisten wollte dagegen das Gefühl nicht verstummen, daß man für das Linsengericht einer Regierungsbeteiligung sein revolutionäres Erstgeburtsrecht aus der Hand gegeben hatte. Würde das Arrangement mit der Krone nicht bald weitere Zugeständnisse fordern, bis die revolutionär gestimmten Kräfte schließlich ganz domestiziert waren? Togliattis Eidesleistung beim König, seine skandalöse Äußerung über Badoglio, der in seinen Augen eine „blütenweiße Vergangenheit" hatte[252], und seine lauen Erklärungen zur Epurazione, etwa wenn er sagte, daß die Kommunisten „jede innenpolitische Frage, auch die Epurazione, den Zwängen des Krieges" unterordnen müßten[253] – waren das nicht alles schwer widerlegbare Indizien einer Selbstpreisgabe? Zugespitzt könnte man also sagen, daß im April 1944 eine Art Vier-Kräfte-Koalition aus den mehr und mehr an Einfluß verlierenden Reaktionären um Badoglio, den gemäßigten bürgerlichen Parteien, den ungestümen Jakobinern der Sozialisten und der Aktionspartei sowie den unberechenbar taktierenden Kommunisten an die Macht gekommen war – ein überaus heterogenes Bündnis, das zwar die Resistenzkräfte gegen die deutschen Besatzer und die Regierung von Salò zu aktivieren vermochte, ansonsten aber größte Mühe hatte, eine gemeinsame Linie zu finden.

Das zeigte sich besonders deutlich, als die neue Regierung Ende April 1944 die vier Wochen zuvor in den Hintergrund gedrängte Frage der politischen Säuberung zu lösen versuchte. Der Regierung lagen, wie erwähnt, zwei grundverschiedene Gesetzentwürfe vor, einer vom früheren Justizminister Ettore Casati, der ein strenges Durchgreifen vorsah[254], und der von Badoglio bestellte Vorschlag der beiden Juristen Forti und Altavilla, ein Meisterwerk kalkulierter Unklarheit, das sich vor allem durch Nachsichtigkeit gegenüber belasteten Faschisten auszeichnete.

Als erster reagierte Ettore Casati, der angesichts der neuen Lage natürlich sogleich erkannte, daß sein Gesetzentwurf wieder aktuell geworden war. Seines Erfolges fast schon sicher, schrieb er am 25. April 1944 einen überaus polemischen Brief an Regierungschef Badoglio, in dem er die von Forti, Altavilla und einigen früheren Ministern gegen seine Linie erhobenen Einwände leidenschaftlich zurückwies und seine Widersacher in die Nähe des Faschismus rückte. Diese seien, schrieb er, „von einem sanften philofaschistischen Hang zur Befriedung erfüllt, [dieses Konzept] ist zwar in den süditalienischen Provinzen psychologisch zu vermitteln, wo die ruhmreichen und ruhmlosen Taten des Faschismus nicht von großer Bedeutung waren; es aber in den Regionen nördlich von Rom für angemessen zu halten, ist eine gefährliche Absurdität". Er fürchte, fuhr der frühere Justizminister fort, daß folgendes passieren werde: „Wenn die neue Regierung [...] nicht willens oder in der Lage sein sollte, sich rasch ein juristisches Instrument zu schaffen, das geeignet ist, die Epurazione so durchzuführen, wie die Gerechtigkeit es

---

[251] Vgl. Sforza an Riccardo Bauer, 3. 6. 1944, in: Ebenda, S. 452.
[252] Chapin an Hull, 21. 4. 1944, in: FRUS, 1944, III, S. 1102.
[253] Zit. nach Degli Espinosa, Regno del Sud, S. 335; vgl. auch Murphy an Hull, 22. 4. 1944, in: FRUS, 1944, III, S. 1102 ff.
[254] Vgl. OSS: Cabinet Plans for Prosecution of Fascists, 19. 5. 1944, in: NA, RG 226, CID, Nr. 74644.

erfordert, dann wird die harte Aufgabe von den Kommunisten übernommen werden. Das wird dann allerdings nicht zur Säuberung vom Faschismus führen, sondern zur Beseitigung des Bürgertums, das als verantwortlich für den Aufstieg und die Taten [des Faschismus] gehalten wird."[255]

Doch gab es auch im neuen Kabinett Kräfte, die den Radikalismus Casatis nicht teilten und bei der politischen Säuberung eher zur Zurückhaltung rieten. Diese sammelten sich um Casatis Nachfolger, Vincenzo Arangio Ruiz, einem angesehenen, der liberalen Partei angehörenden Rechtsgelehrten mit tadelloser antifaschistischer Vergangenheit, der die beiden Gesetzentwürfe nach seinem Amtsantritt auf dem Schreibtisch fand und nach kurzer Lektüre wußte, was zu tun war. Der neue Justizminister alarmierte seine Parteifreunde und einige Minister, die seine Vorbehalte teilten, beriet sich mit ihnen und schrieb dann Ende April einen ausführlichen Bericht über Stärken und Schwächen der beiden Entwürfe, den er in der zweiten Kabinettssitzung am 4. Mai 1944 vortrug[256]. Dabei machte er kein Hehl daraus, daß er den Entwurf der Professoren für juristisch solider und politisch opportuner hielt als das „progetto Casati". Die grundlegende Annahme seines Amtsvorgängers, der faschistische Staat habe sich nie in einen Rechtsstaat verwandelt, sondern sei immer ein illegales Revolutionsregime geblieben, und jeder habe sich strafbar gemacht, der zu seiner Durchsetzung, Konsolidierung und Aufrechterhaltung beigetragen habe, bezeichnete er sogar als „fundamentalen Irrtum". Mussolini, so Arangio Ruiz, sei vom König 1922 mit der Regierungsbildung beauftragt worden, seine Regierung sei vom Parlament bestätigt worden und habe sich formal stets an die „gesetzlichen Normen" gehalten. Es könne deshalb auch keine Rede davon sein, daß alle Rechtsakte der Regierung Mussolini, etwa Amnestien und Strafnachlässe, die Casati annullieren wollte, null und nichtig seien[257].

Arangio Ruiz' Äußerungen blieben im Kabinett nicht unwidersprochen. Vor allem Togliatti[258], Sforza und Omodeo sahen im Entwurf der juristischen Fachleute eine stumpfe Waffe, die bei der Abrechnung mit dem Faschismus sehr viel weniger bewirken würde als der Vorschlag von Casati, der im Gegensatz zu den Juristen einen entscheidenden Punkt nicht aus dem Auge verloren hatte – daß es sich nämlich bei der Epurazione um einen „politischen Akt" handelte[259]. Diese Meinung teilten auch einige Minister aus dem gemäßigten Lager, und so kam man schließlich nach gelegentlich sehr aufgeregten Debatten überein, doch das „progetto Casati" zur Grundlage der weiteren Beratungen zu machen[260].

Mit der Aufgabe der Prüfung und Ergänzung von Casatis Entwurf betraute das Kabinett eine kleine Ministerrunde, in der die säuberungspolitischen Bremser nur

[255] In: Rossini, L'epurazione, S. 766–771.
[256] Vgl. Relazione informativa, in: Rossini, L'epurazione, S. 795–802 (wie Anm. 219); OSS: Cabinet Plans for Prosecution of Fascists, 19. 5. 1944, in: NA, RG 226, CID, Nr. 74644; OSS: Fascist Crimes Decree is submitted to ACC and finally enacted by the Cabinet, 20. 6. 1944, in: Ebenda, CID, Nr. 80212.
[257] Vgl. Relazione informativa, in: Rossini, L'epurazione, S. 795–802 (wie Anm. 219).
[258] Zu Togliattis Position vgl. L'Unità, 7. 5. 1944.
[259] OSS: Cabinet Plans for Prosecution of Fascists, 19. 5. 1944, in: NA, RG 226, CID, Nr. 74644; vgl. auch Croce, Quando l'Italia era tagliata, S. 127 f.
[260] Vgl. den Bericht von Mason-MacFarlane vor dem Advisory Council for Italy vom 6. 5. 1944; Protokoll der 11. Sitzung, in: NA, RG 331, Political, box 11, 10000/132/477.

mit Arangio Ruiz, seine Kritiker aber mit dem Sozialisten Attilio Di Napoli und mit Togliatti vertreten waren[261]. Dementsprechend war das Ergebnis der Beratungen, das dann am 11. Mai dem Kabinett vorgelegt wurde. „Im Kern", so Arangio Ruiz zu Lt. Col. Upjohn, hielt man sich an Casatis Entwurf. „Die paar Änderungen bestanden in einer konziseren und rechtskonformeren Definition von faschistischen Verbrechen."[262] Das letzte Wort hatte aber das Kabinett, wo am 11. Mai 1944 die Protagonisten der unterschiedlichen Auffassungen noch einmal heftig aufeinanderprallten. Schützenhilfe erhielt Arangio Ruiz von Badoglio, der bis dahin meist geschwiegen hatte, und vor allem von Benedetto Croce. Der renommierte Philosoph, der schon einige Male scharf gegen die Abrechnung polemisiert hatte, wußte natürlich, daß die Mitglieder der königlichen Familie die ersten waren, die unter das Gesetz fallen würden; vor allem der König war gefährdet[263]. Er war aber nicht nur deshalb der Meinung, so heißt es in einem Bericht der Militärregierung, „daß faschistische Verbrechen, nicht aber Meinungen bestraft werden sollten und daß danach die tödlichste Waffe gegen eine Wiederkehr des Faschismus darin besteht, ihn zu vergessen. Wenn man dieser Ansicht nicht folgt, wird die antifaschistische Säuberung, die heute ein Grund zur Freude ist, bald als öffentliches Ärgernis betrachtet und der Antifaschismus so unbeliebt werden, wie es in Italien alle ‚ismen' sind."[264]

Croces wortgewaltiges Plädoyer[265] vermochte das Blatt nicht mehr zu wenden. Omodeo, Sforza und Togliatti, die am eigenen Leib oder im Bekannten- und Freundeskreis erfahren hatten, zu welchen Schandtaten der Faschismus fähig gewesen war, beharrten auf ihrer Ansicht, „daß es notwendig ist, durch einen revolutionären Akt, der sogar die üblichen Grundsätze des Strafrechts außer Kraft setzen kann, die bürgerlichen Rechte wieder herzustellen, die vom Faschismus verletzt worden sind"[266]. Diesen Argumenten wollten sich, aus unterschiedlichen Motiven, auch manche Vertreter der gemäßigten Parteien im Kabinett nicht verschließen; der eine gab seine Zustimmung aus Überzeugung, der andere, weil er glaubte, seine rechtsstaatlichen oder politischen Bedenken könnten der antifaschistisch gesinnten Öffentlichkeit als törichte Engstirnigkeiten erscheinen, und der dritte aus der Befürchtung heraus, die revolutionäre Linke würde sich sonst mit Gewalt nehmen, was man ihr auf dem Rechtsweg verwehrt hatte.

Ähnliche Motive lagen auch der Entscheidung des Kabinetts zugrunde, der Anregung der Linksparteien zu folgen und im Katalog der Sanktionen für besonders

---

[261] Vgl. OSS: Cabinet Meetings of 4 and 11 May 1944; Discussion of Laws dealing with Punishments for Fascists, 21. 5. 1944, in: NA, RG 226, CID, Nr. 75798. Vgl. auch Le memorie dell' ammiraglio De Courten (1943–1946), hrsg. von Ufficio Storico della Marina Militare, Rom 1993, S. 475 f.

[262] Aktennotiz über Besprechung zwischen Arangio Ruiz und Upjohn, 9. 5. 1944, in: NA, RG 331, Legal, box 7.

[263] Vgl. OSS: Fascist Crimes Decree is submitted to ACC and finally enacted by the Cabinet, 20. 6. 1944, in: NA, RG 226, CID, Nr. 80212; Croce, Quando l'Italia era tagliata, S. 130.

[264] Bericht von Major Gawronski, Mai 1944, in: NA, RG 331, Chief Commissioner, box 12; vgl. auch OSS: Fascist Crimes Decree is submitted to ACC and finally enacted by the Cabinet, 20. 6. 1944, in: NA, RG 226, CID, Nr. 80212; Protokoll der Kabinettssitzung vom 11. 5. 1944, in: Placanica, 1944, S. 674 f.

[265] Vgl. OSS: Cabinet Plans for Prosecution of Fascists, 19. 5. 1944, in: NA, RG 226, CID, Nr. 74644.

[266] OSS: Fascist Crimes Decree is submitted to ACC and finally enacted by the Cabinet, 20. 6. 1944, in: Ebenda, CID, Nr. 80212.

verabscheuungswürdige faschistische Verbrechen die Todesstrafe vorzusehen. Die Befürworter der im liberalen Italien abgeschafften und von Mussolini wieder eingeführten Todesstrafe „betonten, daß sie in normalen Zeiten gegen die Todesstrafe seien, daß dieser Schritt aber jetzt notwendig sei – angesichts der schweren Krise, die der Faschismus verursacht habe, und um in Zukunft neuerliche Staatsstreiche zu verhindern, wie sie Mussolini an die Macht gebracht" hätten. Adolfo Omodeo, ein ganz entschiedener Verfechter des Gedankens eines wehrhaften Antifaschismus, erklärte sogar, „daß er dafür sei, beispielsweise die Todesstrafe für Muttermörder abzuschaffen, daß er aber gezwungen sei, sie in Fällen von bewaffneter Rebellion gegen den Staat zu akzeptieren"[267]. Solche starken Worte dienten aber wohl doch nicht nur der Abschreckung und der Festigung der Staatsautorität, sondern auch der Beschwichtigung eigener Vorbehalte, wußten Omodeo und die anderen Befürworter der Todesstrafe doch nur zu gut, daß sie sich mit ihrer Politik dem Verdacht aussetzten, bei der Bekämpfung des politischen Gegners zu denselben moralisch fragwürdigen Mitteln zu greifen, wie der Faschismus es getan hatte.

Das am 11. Mai 1944 gebilligte, in späteren Kabinetts- und Ausschußsitzungen nur noch geringfügig geänderte Gesetz über die „Ahndung von faschistischen Verbrechen und Vergehen" trat am 1. Juni 1944 in Kraft[268]. Der Kreis der Betroffenen war, wie von Ettore Casati vorgeschlagen, weit gezogen. Zu bestrafen waren die Drahtzieher und Rädelsführer des Marsches auf Rom vom 28. Oktober 1922, die gewalttätigen Aktivisten von faschistischen Banden, die Urheber des Staatsstreiches vom 3. Januar 1925 sowie alle diejenigen, die „durch relevante Taten mitbeitrugen", den Faschismus an der Macht zu halten. Das neue Gesetz bezog sich außerdem auf Hoch- und Landesverrat und ferner auch auf die kaum zu überblickende Gruppe derer, die nicht als Straftäter sondern als „Ausgestoßene" anzusehen waren, weil sie sich gegen „Grundsätze des öffentlichen und privaten Rechts, der Rechtschaffenheit und der politischen Redlichkeit" vergangen hatten; diesen drohten zwar keine strafrechtlichen Sanktionen, sie sollten aber mit Berufsverbot belegt oder, in besonders schweren Fällen, in landwirtschaftliche Kolonien oder Arbeitshäuser verbannt werden. Das Strafmaß für strafrechtliche Vergehen reichte von der Todesstrafe bis zum Verlust der staatsbürgerlichen Rechte. Mildernde Umstände (bis hin zum völligen Straferlaß) sollten jeweils dann gewährt werden, wenn der Betroffene sich im Kampf gegen die deutschen Besatzer besonders hervorgetan hatte.

Außerdem sah das Gesetz im Falle von faschistischen Verbrechen die Aufhebung der üblichen Verjährungsfristen, die Annullierung von faschistischen Amnestien und Strafnachlässen und die Revision von politisch motivierten Urteilen, seien es Freisprüche oder die Verurteilung zu offenkundig nicht angemessenen Strafen, vor. Schließlich schuf das neue Gesetz auch ein „Hochkommissariat für die Ahndung faschistischer Verbrechen und Vergehen", das die von Tito Zaniboni geleitete Säuberungsbehörde ablöste. Das Hochkommissariat war das Herzstück des neuen Abrechnungsapparates, der mit seinen Ablegern in alle Provinzen hin-

---

[267] OSS: Cabinet Meetings of 4 and 11 May 1944; Discussion of Laws dealing with Punishments for Fascists, 21. 5. 1944, in: Ebenda, CID, Nr. 75798; Croce, Quando l'Italia era tagliata, S. 130.

[268] Regio Decreto-Legge, 26. 5. 1944, Nr. 134: Punizione dei delitti e degli illeciti del fascismo, in: Gazzetta Ufficiale del Regno d'Italia, Serie Speciale, 31. 5. 1944.

ausreichte. Es hatte das Recht, Ermittlungen gegen belastete Faschisten zu führen, Gerichtsverfahren einzuleiten, Justizentscheidungen aus der faschistischen Zeit zu revidieren und die Säuberungsurteile, die auf der Grundlage des Gesetzes vom 28. Dezember 1943 verhängt worden waren, zu überprüfen. Richterliche Kompetenz hatte es freilich nicht. Diese lag bei einem neu geschaffenen Strang der ordentlichen Gerichtsbarkeit, nämlich bei den in allen Oberlandesgerichtsbezirken angesiedelten Sondergerichten, die aus einem Richter und sieben Schöffen mit untadeligem Leumund bestehen sollten. In ihre Zuständigkeit fiel die Ahndung der Straftaten; die Überprüfung und Bestrafung der „Ausgestoßenen" dagegen oblag den in allen Provinzen zu bildenden „Commissioni provinciali" aus einem Richter und zwei Schöffen[269].

Hand in Hand mit der Schaffung der juristischen Voraussetzungen für eine Intensivierung der strafrechtlichen Ahndung ging im April/Mai 1944 ein personelles Revirement an der Spitze des Abrechnungsapparates. Die beiden wichtigsten Maßnahmen waren dabei die Berufung Adolfo Omodeos zum Präsidenten der „Commissione Unica", die bis dahin nur auf dem Papier existierte, und die Ernennung Carlo Sforzas zum Hochkommissar. Die Entscheidung für Omodeo fiel in der Kabinettssitzung vom 4. Mai 1944, in der sich die italienische Regierung endlich auch dem alliierten Druck beugte und die „Commissione Unica" sowie die Kommissionen in der Provinz mit Sondervollmachten ausstattete, die ihnen die Möglichkeit unbürokratischer Entlassungen noch vor Abschluß der langwierigen Säuberungsverfahren nach dem Gesetz vom 28. Dezember 1943 einräumte[270].

Daß Omodeo zum Präsidenten der „Commissione Unica" ernannt wurde, wunderte niemanden. Der Historiker hatte sich dafür durch seine Säuberungstätigkeit an der Universität Neapel empfohlen, die ihn als pragmatischen Mann mit Augenmaß und Fingerspitzengefühl auswies. Anders lagen die Dinge bei Sforza, den viele als Chef eines wichtigen Ministeriums erwartet hatten. Es ist aus den zugänglichen Dokumenten nicht ersichtlich, wer ihn für das Amt des Hochkommissars vorschlug, noch weiß man genau, welche Motive diesem Vorschlag zugrunde lagen. Sicher ist aber, daß die britische Regierung erhebliche Bedenken gegen Sforza hatte und ihn, etwa als Außenminister, wohl kaum hingenommen hätte. „Tun Sie alles, was Sie können, um Sforza von einem wirklich einflußreichen Posten fernzuhalten", hatte Churchill am 8. April 1944 an Macmillan telegrafiert[271]. Außerdem ist bekannt, daß Sforza in der Kabinettssitzung vom 13. Mai 1944 einstimmig in das neue Amt gewählt wurde[272] – also auch mit den Stimmen von Badoglio und Arangio Ruiz, die Sforzas Säuberungsvorstellungen gewiß nicht teil-

---

[269] Vgl. einen zusammenfassenden Bericht über Il Decreto-Legge relativo alla punizione dei crimini del fascismo, in: Notizie-Nazioni-Unite, 3. 6. 1944, in: NA, RG 331, Civil Affairs, box 2, 10000/105/90; Bericht von Mason-MacFarlane in der 12. Sitzung des Advisory Council for Italy vom 19. 5. 1944; Protokoll, in: Ebenda, Chief Commissioner, 10000/136/228; OSS: Fascist Crimes Decree is submitted to ACC and finally enacted by the Cabinet, 20. 6. 1944, in: NA, RG 226, CID, Nr. 80212; Comunicato stampa über die Kabinettssitzung vom 23. 5. 1944, in: Placanica, 1944, S. 683–687.

[270] Vgl. Protokoll der Kabinettssitzung vom 4. 5. 1944, in: Placanica, 1944, S. 669; Mercuri, L'epurazione, S. 36 und 47.

[271] Macmillan, War Diaries, S. 414 (Eintrag vom 8. 4. 1944).

[272] Vgl. Protokoll der Kabinettssitzung vom 13. 5. 1944, in: Placanica, 1944, S. 676; Dal diario del Conte Sforza: il periodo post-fascista, S. 452 (Eintrag vom 13. 5. 1944).

ten und einen konservativen Juristen als Hochkommissar lieber gesehen hätten. Sie fanden sich aber mit Sforza ab, weil sie mit einiger Berechtigung die Hoffnung hegen durften, Sforza würde sich in seinem schwierigen Amt verbrauchen. Ähnlich gemischte Gefühle herrschten wohl auch in den Reihen der Linksparteien. Auch sie hätten einen der ihren vorgezogen, doch war ihnen das Risiko eines Mißerfolges zu deutlich bewußt, als daß sie sich um den Posten gerissen hätten. Die Zeiten waren zu unsicher, als daß man sich unnötig exponierte.

Sforzas erste personalpolitische Maßnahme schloß das Revirement an der Spitze des Abrechnungsapparates ab. Dabei handelte es sich um die Besetzung des Postens eines stellvertretenden Hochkommissars, den zunächst die Kommunisten beanspruchten. Eugenio Reale, ein erprobter Genosse, der später Staatssekretär im Außenministerium wurde, war von ihnen gleichsam als Aufseher für Sforza in das Gespräch gebracht worden[273]. Sforza entschied sich aber für Mario Berlinguer, einen vermögenden Rechtsanwalt und führenden Vertreter der Aktionspartei, der nach politischem Profil und sozialem Herkommen erwarten ließ, daß er ganz auf der Linie seines Vorgesetzten liegen würde. Sforza kannte Berlinguer seit mehr als zwei Jahrzehnten – als jungen Parlamentarier, engen Vertrauten von Mussolinis liberaldemokratischem Gegenspieler Giovanni Amendola und engagiertes Mitglied der Gruppe „Controllo democratico" von Filippo Turati und Sforza –, und er wußte, daß Berlinguer seine tiefverwurzelte Abneigung gegenüber dem Faschismus teilte[274].

Sforza und Berlinguer machten sich keine Illusionen darüber, daß sie im Grunde bei Null beginnen mußten. Sie wußten, daß Zaniboni versagt hatte, und ihnen war klar, daß die mittlerweile fast allgemein akzeptierte Forderung nach Abrechnung mit dem Faschismus an öffentlicher Zustimmung verlieren mußte, wenn es bei den meist folgenlosen Ankündigungen der Regierung blieb, und daß die Säuberungskomitees in den Provinzen kaum größere Autorität gewinnen konnten, wenn sie so wie bisher mehr mit sich selbst als mit der lokalen Prominenz des Faschismus beschäftigt waren. Was not tat, war in ihren Augen ein Fanal, das nicht nur den Willen, sondern auch die Fähigkeit der Regierung unterstrich, die Aktivisten, Nutznießer und Steigbügelhalter des Faschismus vor Gericht zur Verantwortung zu ziehen und aus leitenden Positionen in Staat und Gesellschaft zu entfernen. „Es liegt ihm sehr daran, so bald wie möglich einige führende Faschisten vor Gericht zu bringen und zu bestrafen", notierte ein Offizier der Militärregierung am 29. Mai 1944 nach einem Gespräch mit Sforza. „Er behauptet, daß die jetzige Regierung keines ihrer Versprechen gehalten hat und daß sie das Vertrauen der Öffentlichkeit verliert, wenn sie mit ihrem Säuberungsgesetz nicht rasch Ergebnisse erzielt."[275]

Ganz oben auf der Liste derer, die Sforza vor Gericht stellen wollte, standen Giuseppe Frignani, „one of the biggest ‚shots'" in Süditalien[276], und der von den

---

[273] Vgl. Protokoll der Sitzung der Direzione der kommunistischen Partei, 17.5.1944, in: Istituto Gramsci, Bestand PCI 1943–1946, Verbali della Direzione 1944–1946.

[274] Vgl. Risorgimento, 14.5.1944, in: NA, RG 331, Civil Affairs, box 2, 10000/105/90.

[275] Aufzeichnung über eine Besprechung zwischen Sforza und Upjohn, 29.5.1944, in: NA, RG 331, Political, box 5, 10000/132/260.

[276] Notiz von Mason-MacFarlane über ein Gespräch mit Berlinguer, 20.5.1944, in: NA, RG 331, Chief Commissioner, box 35.

Alliierten inhaftierte Reeder Achille Lauro, „ein großer skrupelloser Geschäfts-
mann, der für Geld jedes politische Bekenntnis annehmen und jede Sache unterstützen würde"[277]; ferner der wegen seiner ausgezeichneten Verbindungen zu den
Deutschen der Kollaboration verdächtigte frühere Präfekt von Neapel, Domenico
Soprano, und schließlich auch der frühere Außenminister Dino Grandi, der mittlerweile im sicheren portugiesischen Exil saß[278]. Außerdem wollte der neue
Hochkommissar ein Exempel an den Offizieren statuieren, die sich nach dem
Waffenstillstand vom 8. September 1943 ohne Gegenwehr ergeben hatten. Er verlangte im Kabinett, so hielt Croce in seinem Tagebuch fest, „als notwendiges und
ersehntes Exempel die Hinrichtung einer gewissen Zahl von Generalen, die widerstandslos die Waffen streckten und ihre Leute [dem Feind] übergaben"[279].

Das ließ sich hören. In mehrfacher Hinsicht bestand nun tatsächlich begründete
Hoffnung darauf, daß die Dinge sich bessern würden, zum einen, weil die Säuberungspolitik der neuen Koalitionsregierung nicht mehr nur taktischen Notwendigkeiten gehorchte, sondern – partiell wenigstens – dem genuinen Abrechnungswillen der antifaschistischen Parteien entsprang, zum anderen, weil diese Regierung nach dem Erlaß des Gesetzes über die „Ahndung von faschistischen Verbrechen und Vergehen" erstmals über ein wirksames Instrumentarium verfügte, das
sich auf die Strafverfolgung von Verbrechern ebenso anwenden ließ wie auf die
Säuberung des öffentlichen Lebens, und zum dritten, weil dieses Instrumentarium
beherzten Antifaschisten anvertraut war, die sich durch bürokratische und politische Hemmnisse nicht entmutigen ließen. Sforza, Berlinguer und Omodeo schufen durch ihre ersten öffentlichen Stellungnahmen, ja allein schon durch ihre
bloße Präsenz an der Spitze des Abrechnungsapparates ein neues Säuberungs-
klima, das sich von dem bis dahin herrschenden deutlich unterschied. Ihnen gelang es, der Forderung nach Abrechnung mit dem Faschismus den Charakter einer wohlfeilen Allerweltsforderung zu nehmen, die fast jedermann guthieß, weil
doch nichts geschah, und sie im Bewußtsein der Bevölkerung als eine politische
Frage erster Ordnung zu verankern, die nur durch konkrete Maßnahmen gegen
einzelne oder gegen ganze gesellschaftliche Gruppen zu lösen war. Die Epurazione rückte damit aus der diffusen Sphäre des Unverbindlichen in den Mittelpunkt der öffentlichen Debatte, die kaum jemanden kalt ließ, weil fast alle betroffen waren. Erst jetzt, fast schon ein Jahr nach dem Sturz Mussolinis und dem Beginn der politischen Säuberung, schieden sich an ihr wirklich die Geister.

Die Frage war nur, ob die heterogene Vier-Kräfte-Koalition den Belastungen
standhalten würde, die sich daraus unweigerlich ergeben mußten. Die politische
Linke würde mit dem neuen Kurs keine Probleme haben, wie die Reaktionen auf
die Berufung Sforzas in das Hochkommissariat und auf das am 11. Mai verabschiedete Gesetz zeigten. Die Parteiorgane der Kommunisten und der Sozialisten,
L'Unità und L'Avanti, begrüßten vor allem die neue Säuberungsdirektive, und Togliatti fand am 23. Mai 1944 in einer Radioansprache ebenfalls nur lobende Worte:

---

[277] Mason-MacFarlane an Rear-Admiral Morse, 11. 3. 1944, in: Ebenda.
[278] Vgl. undatierte Meldung der Agentur Italia Nuova, in: ACS, PCM, Gab. 1943–1944, Salerno, busta
15; Notiz von Mason-MacFarlane über ein Gespräch mit Berlinguer, 20. 5. 1944, in: NA, RG 331,
Chief Commissioner, box 35.
[279] Croce, Quando l'Italia era tagliata, S. 133.

„Wir sind kaum vier Wochen in der Regierung und etwas tut sich schon. [...] Als erstes großes Resultat unserer Arbeit betrachte ich die Tatsache, daß endlich ein Gesetz ausgearbeitet und angenommen worden ist, das die strenge Ahndung faschistischer Verbrechen vorsieht."[280]

Der größte Unsicherheitsfaktor waren die bürgerlichen Parteien in der Koalition. Wie würden sie reagieren, wenn die Säuberungsbeauftragten nun tatsächlich zur Sache kamen? Hierüber bestand im Frühjahr 1944 noch keine Klarheit. Sicher aber war, daß die Democrazia Cristiana und die Liberalen Rücksicht nehmen würden auf ihre bürgerlich-ländliche Anhängerschaft in Süditalien, und wie die den neuen Kurs beurteilte, das ermittelten die Carabinieri: Das Volk, so hieß es im Monatsbericht der Polizei aus Kampanien vom 9. Mai 1944, begrüße die Bestrafung „der Spekulanten, der Veruntreuer, der Quäler, die ihre Posten im untergegangenen Regime nutzten, um das Volk auszubeuten und zu unterdrücken." Aber es wolle keine unnötigen Opfer „unter denen, die sich aus Not der faschistischen Partei anschließen mußten, aber nie aktiv wurden"[281].

So dachte allem Anschein nach wohl die Mehrheit in Süditalien, die zwar die korrumpierenden Seiten des Faschismus, nicht aber das brutale Gesicht der Diktatur erlebt hatte und deshalb auch nur geringen Abrechnungsbedarf spürte. „Die drastischen Strafen, die das Gesetz [...] vorsieht, haben [...] viele derer beunruhigt, die sich ein arbeitsames, einträchtiges Leben ohne Haß und Vergeltung erhoffen", stand im Monatsbericht der Carabinieri für Apulien, Molise und die Provinz Matera vom 8. Juni 1944 zu lesen. Die Menschen wollten die Verantwortlichen für die nationale Katastrophe streng bestraft wissen, sie wollten aber nicht „die Fehler des Faschismus wiederholen, der mit Verfolgung, Zwang und Gewalt arbeitete"[282]. Und die Carabinieri der Region Latium hielten am 9. Juli 1944 fest: „Die Meinung ist weit verbreitet, daß man die Verbrecher, die Diebe, die Profiteure, die Fanatiker und die Komplizen der Nazis, d. h. die Faschisten von Salò unnachsichtig bestrafen muß, daß man aber jene Faschisten verschonen sollte, die solche Verbrechen nicht begangen haben."[283]

Für den Fortbestand der Regierung verhieß dieses eindeutige Meinungsbild nichts Gutes. Den gemäßigten bürgerlichen Kräften im Antifaschismus konnte nicht verborgen bleiben, daß sie sich ihre breite Anhängerschaft entfremden mußten, wenn sie im Verbund mit den Linksparteien an einer durchgreifenden politischen Säuberung mitwirkten. Ihr allmählicher Rückzug aus der Epurazione war deshalb unvermeidlich, für die politische Linke hingegen schien er ausgeschlossen, hätte das doch die Preisgabe eines herausragenden Zieles bedeutet, das zu den Kardinalforderungen des Antifaschismus zählte und der eigenen kämpferischen Basis sehr am Herzen lag.

Doch das sind Spekulationen. Im Frühjahr 1944 war man von einem Bruch des Regierungsbündnisses noch weit entfernt. Damals richteten sich alle Augen auf

---

[280] Zit. nach Massimo Caprara, Il Diario di Togliatti (1944–1945), in: Il contemporaneo 1965, Nr. 8, S. 7.

[281] In: ACS, PCM, Gab. 1943–1944, Salerno, busta 10.

[282] In: Ebenda.

[283] Monatsbericht, in: Ebenda; vgl. auch Monatsbericht für Kalabrien und die Provinz Potenza vom 10. 6. 1944, in: Ebenda.

die im Herbst 1943 an den Höhen von Cassino steckengebliebenen alliierten
Streitkräfte, die Anfang Mai zu einer gewaltigen Offensive ansetzten, binnen weniger Tage die deutsche „Gustav-Stellung" überrannten und entschlossen Richtung Norden vorstießen[284]. Die Befreiung von Rom, schrieb Pietro Nenni am
30. Mai in sein Tagebuch, dürfte nun nur noch eine „Frage von Tagen" sein[285].
Danach konnte die Politik von der Provinz wieder in die Hauptstadt zurückkehren.

---

[284] Vgl. Lothar Gruchmann, Der Zweite Weltkrieg. Kriegführung und Politik, München [5]1978,
S. 231 f.; Fisher, Cassino to the Alps, S. 16–223.
[285] Nenni, Diari, S. 77.

Tendenzwende

Bonomi und die Verschärfung der Säuberung
(Juni bis Dezember 1944)

Die Geschichte schien sich zu wiederholen. Die Befreiung Roms am 4. Juni 1944[1] rief in der Bevölkerung eine Stimmung hervor, die in manchem an den antifaschistischen Begeisterungstaumel nach dem Sturz Mussolinis erinnerte. Niemanden hielt es mehr in seinen vier Wänden, die Menschen stürzten auf die Straßen und Plätze und bereiteten den alliierten Soldaten einen begeisterten Empfang. Blumen regneten auf sie herab, Freudengesänge wurden angestimmt, sobald sich die Jeeps und Panzer näherten, überall flogen den Befreiern die Herzen zu[2]. Endlich waren die entnervenden Monate der deutschen Besatzungsherrschaft vorbei, vorbei die Razzien und „Auskämm-Aktionen", die willkürlichen Beschlagnahmen und Festnahmen, vorbei auch der obszöne Luxus und die Zügellosigkeit deutscher Offiziere, der „piccolo-borghesi", wie Elena Carandini Albertini, die „grande dame" der alten Gesellschaft Roms, sie geringschätzig nannte[3]. Rom streifte das bleierne Kettenhemd ab, das die Besatzungsmacht über die Stadt gelegt hatte, und feierte in drückender Hitze Karneval[4].

Wie zehn Monate zuvor, so war die heitere Ausgelassenheit auch nun nicht frei von roher Gewalttätigkeit gegen alles, was mit dem alten Regime zu tun hatte: Parteibüros gingen in Flammen auf, faschistische Embleme, die den Bildersturm nach dem Sturz Mussolinis überdauert hatten, wurden von den Wänden gerissen und zertrümmert. Wer in den letzten Monaten noch den Faschisten herausgekehrt oder gute Beziehungen zu den Deutschen unterhalten hatte, war seines Lebens nicht mehr sicher und tat gut daran, für einige Zeit das Licht der Öffentlichkeit zu meiden. Die hinter der Fassade freudiger Erleichterung steckende Aggressivität war sogar um ein Vielfaches größer als nach dem 25. Juli 1943, denn auf das Schuldkonto des Faschismus gingen nun nicht mehr allein zwanzig Jahre Diktatur und Unterdrückung, sondern auch noch die Verlängerung des Krieges, die Kollaboration mit den Deutschen und die Schandtaten der Söldner von Salò. „Man spricht über den Faschismus nur noch mit Haß", so ein faschistischer Offizier, der in Rom geblieben war[5].

---

[1] Vgl. Fisher, Cassino to the Alps, S. 203–223.

[2] Vgl. den Bericht von Ernesto Vercesi, 6. 8. 1944, in: ACS, SPD CR, RSI, busta 14, fasc. 65.

[3] Elena Carandini Albertini, Passata la stagione. Diari 1944–1947, Florenz 1989, S. 15 (Eintrag vom 4. 6. 1944).

[4] Vgl. den Bericht von Ernesto Vercesi, 6. 8. 1944, in: ACS, SPD CR, RSI, busta 14, fasc. 65.

[5] Ebenda; vgl. auch Nenni, Diari, S. 81 f. (Eintrag vom 5. 6. 1944); Fiorenza Fiorentino, La Roma di Charles Poletti (giugno 1944-aprile 1945), Rom 1986, S. 39 ff.; Mark W. Clark, Mein Weg von Algier nach Wien, Velden/Wien 1954, S. 422–426; Harris, Allied Military Administration of Italy, S. 163–171.

1. Die Bildung der Regierung Bonomi

Während Rom feierte, ruhte die Epurazione, zu der sich die italienische Regierung im Mai 1944 gerade erst verpflichtet hatte – wieder einmal und erneut wegen nationaler Großereignisse, die alles andere von der Tagesordnung verdrängten: Am 5. Juni 1944 zog sich der fast schon seit Menschengedenken regierende König Vittorio Emanuele III. in das Privatleben zurück und übertrug seinem Sohn Umberto die königlichen Amtsgeschäfte. Einen Tag später demissionierte die Regierung, Badoglio erhielt aber von Umberto sogleich wieder den Auftrag, ein neues Kabinett zu bilden[6].

Dieses Mandat besagte freilich nicht viel. Hinter den Kulissen, namentlich in den Parteien und im nationalen Befreiungskomitee, war man längst zu der Überzeugung gekommen, daß in Rom ein grundlegender Neuanfang gemacht werden mußte, der auch vor der militärischen Instanz Badoglio nicht haltmachen würde. An die Öffentlichkeit war darüber aber nichts gedrungen, und Badoglio, der inzwischen Gefallen an der Politik gefunden hatte und als Ministerpräsident gerne weitergemacht hätte, wiegte sich so noch zwei Tage in der Hoffnung, daß er sein Amt würde behalten können. Die Ernüchterung kam am 8. Juni. An diesem Tag traf in Rom eine kleine Runde aus dem Ministerpräsidenten, sieben königlichen Ministern und ebenso vielen Vertretern des nationalen Befreiungskomitees zusammen, um über Programm und personelle Verantwortlichkeiten der neuen Regierung zu sprechen – und zwar im selben Saal des mondänen Grand Hotel, in dem Mussolini 22 Jahre zuvor seine erste Regierung gebildet hatte[7]. Damals hatte das Verhängnis seinen Lauf genommen. Jetzt – so schien sich in der Symbolik anzudeuten – ging es wenigstens im schon befreiten Italien definitiv zu Ende.

Im Grand Hotel kam es zur Selbstinthronisation des Antifaschismus. Noch Mitte April 1944, bei der Bildung der zweiten Regierung Badoglio, waren die Gewichte anders verteilt gewesen. Damals hatte der Antifaschismus die Hand zum Kompromiß mit der Krone und den reaktionären, einst eng mit dem Faschismus verbundenen Beharrungskräften ausgestreckt, nun griff er nach der alleinigen Macht. Badoglio war dabei kein Hindernis, die Geschichte war auch über ihn schon hinweggegangen. Nichts machte dies deutlicher als die Zusammensetzung der kleinen Runde im Grand Hotel, in der er wie ein Fremdkörper wirkte. Um ihn herum saßen fast ausnahmslos Vertreter des „anderen Italien", die mit dem von Badoglio repräsentierten wenig gemein hatten: Emigranten wie Togliatti, Alcide De Gasperi und Sforza, politische Häftlinge und Verbannte wie Pietro Nenni, Mauro Scoccimarro und Ugo La Malfa, Männer der inneren Emigration wie Croce, schließlich Flüchtlinge im eigenen Land wie Alessandro Casati und Bonomi, die bis zur Befreiung von Rom in Klöstern und Konventen Unterschlupf gefunden hatten – eine konspirative Runde von Verrätern und Regimegegnern, so hätte man noch ein Jahr zuvor gesagt. Diesen Männern gehörte nun die Zukunft.

---

[6] Vgl. Giuseppe Mammarella, L'Italia dalla caduta del fascismo ad oggi, Bologna 1974, S. 81.
[7] Daß Mussolini im Grand Hotel seine erste Regierung gebildet hat, geht auf die Nenni-Tagebücher [Nenni, Diari, S. 84 (Eintrag vom 12. 6. 1994)] zurück. Artieri behauptet, daß dort am 15. Dezember 1923 die erste Sitzung des Gran Consiglio stattgefunden habe. Vgl. Artieri, Umberto II, S. 316.

Die Alliierten hatten das Treffen vom 8. Juni arrangiert und Badoglio und seine Minister aus der „Quarantäne von Salerno"[8] nach Rom fliegen lassen. Aber auf das, was im Grand Hotel geschah, hatten sie nicht den geringsten Einfluß. Noel Mason-MacFarlane, der britische Chef der Allied Control Commission, hatte die beiden Delegationen begrüßt, ihnen mit dürren Worten die Bedeutung des Treffens ins Bewußtsein gerufen und sich zurückgezogen. Badoglio nahm dann als erster das Wort und fragte nach den Bedingungen, zu denen „die Parteien des [Befreiungs-]Komitees bereit wären, eine neue Regierung zu bilden"[9]. Die Antworten ließen an Deutlichkeit nichts zu wünschen übrig. Am angeschlagenen Ton, notierte Bonomi, war sofort zu erkennen, daß die Mehrheit „eine ganz neue Regierung mit einem neuen Mann an der Spitze" wollte[10]. Besonders freimütig äußerte sich Pietro Nenni: Seine Partei könne nicht in die Regierung eintreten „ohne eine grundlegende Erneuerung", die sowohl die führenden Männer als auch die Politik erfassen müsse. Badoglio müsse seinen Abschied nehmen, eine von ihm geführte Regierung könne man nicht als antifaschistisch bezeichnen[11].

Dieser Meinung stimmten auch Alcide De Gasperi, schon damals die herausragende Figur der Democrazia Cristiana, und Palmiro Togliatti zu, die Badoglio nach Kräften lobten, um ihm den Abschied von der Politik zu erleichtern. Er habe sich wie ein „wahrer Patriot" betragen, meinte der Kommunist Mauro Scoccimarro und erhob sich sogar, um seinen Worten den nötigen Nachdruck zu verleihen[12]. Gleichwohl empfand es Badoglio als tiefe Kränkung, daß man ihn zum alten, politisch unbrauchbar gewordenen Eisen rechnete[13]. Er war aber Realist genug, einzusehen, daß es nutzlos war, um sein Amt zu kämpfen, und legte noch am Abend des 8. Juni den Auftrag zur Regierungsbildung in die Hände von Umberto zurück[14].

Die Frage, wer Badoglios Nachfolger werden sollte, bereitete niemandem, der dabei etwas zu sagen hatte, großes Kopfzerbrechen. Allen war klar, daß eigentlich nur einer in Frage kam: Ivanoe Bonomi, der Präsident des nationalen Befreiungskomitees und frühere Ministerpräsident. Dieser Meinung war auch Kronprinz Umberto, der Bonomi kurz nach Badoglios Abschied empfing und ihn mit der Regierungsbildung betraute. Genauso problemlos vollzog sich die Zusammenstellung der neuen Ministerriege, und schon am Abend des 9. Juni hieß es im Hause von Elena Carandini Albertini: „Jetzt haben wir die Bescherung."[15]

Das war etwas voreilig, denn auf alliierter Seite mißfiel es doch einigen, daß sie vor einem fait accompli standen, das nur noch um den Preis eines Riesenskandals

---

[8] Carandini Albertini, Diari, S. 35 (Eintrag vom 13. 7. 1944).
[9] Nenni, Diari, S. 84 (Eintrag vom 12. 6. 1944).
[10] Bonomi, Diario di un anno, S. 196 (Eintrag vom 8. 6. 1944).
[11] Nenni, Diari, S. 84 (Eintrag vom 12. 6. 1944).
[12] Vgl. ebenda, S. 85; zum Treffen im Grand Hotel vgl. auch Protokoll der außerordentlichen Sitzung des Advisory Council for Italy vom 17. 6. 1944, in: NA, RG 331, Political, box 11, 10000/132/477; Bonomi, Diario di un anno, S. 195–198 (Eintrag vom 8. 6. 1944).
[13] Badoglio fürchtete wohl auch politische Konsequenzen nach seinem Ausscheiden. General Gamerra sagte über ihn: „Er hat Angst, daß er nach seinem Ausscheiden aus der Regierung von den Parteien der Opposition angegriffen wird und daß diese die Forderung aufstellen, ihn nach den Gesetzen, die er selbst unterschrieben hat, vor eine Säuberungskommission zu ziehen." Vgl. Puntoni, Parla Vittorio Emanuele, S. 235 (Eintrag vom 17. 6. 1944).
[14] Vgl. Nenni, Diari, S. 85 (Eintrag vom 12. 6. 1944).
[15] Carandini Albertini, Diari, S. 24 (Eintrag vom 9. 6. 1944).

rückgängig zu machen war. Erneut hatten die Italiener Buchstaben und Geist der
beiden Waffenstillstandsverträge vom September 1943 einfach ignoriert und so
gehandelt, als stünde die alliierte Besatzungsmacht nicht im Land. Churchill, der
die Neuigkeit der Morgenzeitung entnahm, schätzte Badoglio als Garant des status quo in Italien und empfand eine tiefe Abneigung gegenüber den antifaschistischen Parteien. Er raste: „Die Ersetzung Badoglios durch diese Gruppe von alten
und hungrigen Politikern [...] ist ein großes Desaster." Ihm sei auch nicht bewußt,
so kabelte er am 10. Juni an Roosevelt, „daß wir den Italienern [...] das Recht gegeben haben, jede Regierung, die sie wünschen, zu bilden – ohne Rücksicht auf die
Siegermächte"[16]. Er weigerte sich deshalb zunächst strikt, der Regierung Bonomi,
die am selben Tag erstmals inoffiziell tagte, seinen Segen zu erteilen. Schließlich
mußte er aber doch von seinem Veto abrücken, weil weit und breit keine Alternative zu Bonomi zu erblicken war und weil vor allem die Amerikaner anders dachten; diese waren erleichtert, den König und Badoglio endlich los zu sein. „Ich
denke der Premier wird klein beigeben", so beschrieb Macmillan die Zwickmühle,
in der sein Chef in London steckte, „weil ich glaube, daß es nichts gibt, was man
tun könnte, und weil es alles andere als weise wäre, etwas zu tun."[17] So konnte die
neue Regierung erst am 18. Juni, mehr als eine Woche nach ihrer Bildung, vereidigt werden und offiziell die Arbeit aufnehmen – unter der Voraussetzung, und
darauf hatten die Briten als einer Art Sicherheitsreserve bestanden, daß die neue
Regierung alle von Badoglio eingegangenen Verpflichtungen respektierte und die
Entscheidung über die künftige Staatsform bis zur Befreiung ganz Italiens von der
Tagesordnung strich[18].

Das antifaschistische Profil der Regierung Bonomi war ausgeprägter als das des
zweiten Kabinetts Badoglio, das Mitte April 1944 nach der „Wende von Salerno"
zustandegekommen war. Hatte sich dieses auf eine höchst heterogene Vier-
Kräfte-Koalition aus den Reaktionären um den Regierungschef, den gemäßigten
Bürgerlichen, den ungestümen Sozialisten und ihren Gesinnungsgenossen von der
Aktionspartei sowie den unberechenbar taktierenden Kommunisten gestützt, so
wurde die Regierung Bonomi von einer – bei allen Gegensätzen, die zwischen den
Gruppen existierten – doch homogeneren Drei-Kräfte-Koalition getragen, die aus
den gemäßigten bürgerlichen Parteien, der revolutionären Linken und den Kom-
munisten bestand, die allesamt eine gänzlich unbefleckte Vergangenheit hatten.
Bonomis Regierungsmannschaft gehörten neben bewährten Antifaschisten wie
Togliatti, Sforza, Croce, Pietro Mancini und Fausto Gullo, die schon auf eine fast
zweimonatige Ministerkarriere unter Badoglio zurückblickten, so herausragende
Figuren des Antifaschismus wie De Gasperi und Giovanni Gronchi, beide von der
Democrazia Cristiana, und der Sozialist Giuseppe Saragat an. Von der Prominenz
der Regimeopposition vermißte man eigentlich nur Pietro Nenni, der von allen
Seiten gedrängt worden war, sich aber schließlich doch nicht zum Eintritt in die

[16] Hull an Chapin, 12. 6. 1944; in diesem Bericht wird aus dem Telegramm Churchills vom 10. 6.
     1944 zitiert; das Telegramm vom 12.6. findet sich in: FRUS, 1944, III, S. 1129.
[17] Macmillan, War Diaries, S. 465 (Eintrag vom 14. 6. 1944).
[18] Vgl. Black, The United States and Italy, S. 157; Miller, The United States and Italy, S. 100 f.; Mac-
     millan, War Diaries, S. 460–465 (Einträge vom 9.6.-14. 6. 1944).

Regierung entschließen konnte, weil er kein Vertrauen in den Regierungschef hatte[19].

Nennis Mißtrauen war nicht grundlos. Der Führer der sozialistischen Partei hatte nämlich nicht vergessen, daß Bonomi – rechter Sozialdemokrat, konservativer Monarchist und scharfer Antikommunist – in den frühen zwanziger Jahren eine alles andere als rühmliche Rolle gespielt hatte, daß er sich bei Wahlen von den Faschisten hatte unterstützen lassen, daß er als Minister Mussolinis Squadren gedeckt und daß er als Ministerpräsident 1921/22 vor der Herausforderung des Faschismus versagt hatte. Gewiß, nach dem Mord an Matteotti waren seine Sympathien für den Duce und den Faschismus merklich geringer geworden, und er hatte sich sogar der liberaldemokratischen Oppositionsbewegung um Giovanni Amendola angenähert, aber mehr als ein gänzlich „ungefährlicher Gegner" des Faschismus, wie Mussolini verächtlich über ihn sagte, war er in den zwanziger und dreißiger Jahren nicht gewesen. Erst in der Schlußphase des Faschismus, als der Stern des Diktators mehr und mehr verblaßte, wandelte sich Bonomi zu einem überzeugten Regimegegner. Jetzt gewann er wirklich Anschluß an die zahlreichen, ideologisch äußerst heterogenen Grüppchen und Zirkel des Antifaschismus und wurde zum unbestrittenen Führer des nationalen Befreiungskomitees, das es nicht zuletzt seiner politischen Erfahrung, seiner Geschmeidigkeit und seinen taktischen Fähigkeiten zu verdanken hatte, wenn es sich nicht in fruchtlosen Streitereien verlor. Nenni wußte also durchaus, daß Bonomi Talente hatte. Letztlich blieb aber doch sein Verdacht, daß die Situation des Jahres 1944 einen anderen Mann erforderte, als den, der 1921/22 gescheitert war[20].

Wenn Nenni sich dennoch mit Bonomi als Regierungschef abfand, so aus einem Grund, den auch alle übrigen Parteiführer geltend machten: Bonomi war der kleinste gemeinsame Nenner in einer schwierigen Koalition. Er war der konservativste unter den Reformern und der aufgeschlossenste unter den Konservativen – und obendrein eine reine Übergangslösung, weil er als Führer der kleinen rechtssozialdemokratischen Splitterpartei Democrazia del lavoro keine nennenswerte Basis hatte. Die politische Linke und die Rechte, die gemäßigten Monarchisten und die Republikaner, die Anhänger der Westmächte und die Gefolgsleute Moskaus, kurz: die Drei-Kräfte-Koalition verband ja neben einer Absage an die Vergangenheit und einer recht diffusen Erneuerungs- und Aufbruchbereitschaft im Grunde nur die doppelte Frontstellung gegen Faschismus und deutsche Besatzer. In vielen anderen Fragen aber herrschten gravierende Meinungsverschiedenheiten, die sich nicht ausräumen, aber doch zumindest so lange überbrücken ließen, wie die doppelte Frontstellung dauerte. Dafür war Bonomi, der geschmeidige Moderator ohne klare Linie und Überzeugungen, der richtige Mann. Er verkörperte das prekäre Binnengleichgewicht der antifaschistischen Regierung. Geriet es aus der Balance, weil eine Kraft zu stark zu werden drohte, dann war Bonomis Rolle erfüllt.

In der Stunde der Selbstinthronisation war von dieser inneren Schwäche des Antifaschismus noch kaum etwas zu spüren. Die neue Regierung bewies Schwung

---

[19] Vgl. Nenni, Diari, S. 85 (Eintrag vom 12. 6. 1944); Mason-MacFarlane an AFHQ, 9. 6. 1944, in: Coles/Weinberg, Civil Affairs, S. 465f.
[20] Zu Bonomi vgl. Adrian Lyttelton, La conquista del potere. Il Fascismo dal 1919 al 1929, Rom/Bari 1974, S. 34f., 64, 124–128; Mercuri, 1943–1945, S. 226–235.

und Entschlossenheit und traf schon in den ersten Tagen so einschneidende Maßnahmen, daß man die Machtübernahme Bonomis als „unblutige Revolution" bezeichnet hat[21]. Dieses Diktum ist – zumal auch im Lichte der späteren Ereignisse –
übertrieben, denn es gehörte ja geradezu zum Wesen der Drei-Kräfte-Koalition,
daß revolutionäre Lösungen keine Realisierungschance hatten. Unübersehbar
aber bleibt, daß mit der Bildung der Regierung Bonomi besiegelt wurde, was sich
nach Salerno angekündigt hatte: Italien stand an der Schwelle zu einer neuen Zeit,
deren Gestaltung nicht mehr Sache der Krone und der reaktionären Beharrungskräfte, sondern Sache der antifaschistischen Parteien war.

Das zeigte sich schon bei der Vereidigung des Kabinetts, die nach einem völlig
neuen Modus erfolgte. Die Minister wurden nämlich nicht, wie bis dahin üblich,
auf das Haus Savoyen vereidigt, sondern auf die „höchsten Interessen der italienischen Nation" verpflichtet. Von der Entschlossenheit zum Neubeginn zeugte außerdem die feierliche Erklärung der Regierung, nach Kriegsende eine Verfassung-
gebende Versammlung wählen zu lassen, die entscheiden sollte, ob Italien Monarchie bleiben oder Republik werden sollte. Damit stand das Königtum nicht mehr
nur in der öffentlichen Meinung, sondern gleichsam von Gesetzes wegen auf dem
Prüfstand, und wenn nicht alle Zeichen trogen, würde die Prüfung negativ ausfallen[22].

2. Die Magna Charta der politischen Säuberung
vom 27. Juli 1944

Daß nun ein anderer Wind wehte, machte sich vor allem bei der Säuberung bemerkbar. Namentlich die beiden großen Linksparteien wollten sich bei der Austilgung des Faschismus jetzt durch nichts mehr behindern lassen. „Wir müssen
daraus einen entscheidenden Punkt für unser Bleiben in der Regierung machen",
so hieß es in der Sitzung des Vorstandes der kommunistischen Partei vom 11./12.
Juni 1944, die sich bis dahin noch nie so eindeutig zur absoluten Vorrangigkeit der
Säuberung bekannt hatte[23]. Viel radikaler noch waren die Forderungen der Sozialisten. Ihnen ging es, wie Nenni am 21. Juni im L'Avanti schrieb, nicht nur um die
gründliche Reinigung der Streitkräfte, der Polizei, der Justiz und der Bürokratie,
sondern insbesondere um die Entmachtung jener „zwanzig oder fünfzig Personen", die aufgrund ihres Reichtums die Politik bestimmten. Wenn das nicht gelänge, so prophezeite Nenni, dann „wird die Epurazione schließlich eine Groteske und die Demokratie nur Schein sein".

In der offiziellen Regierungserklärung nach der ersten Kabinettssitzung vom
22. Juni 1944 fanden diese naiven klassenkämpferischen Töne keinen Nieder-

[21] Black, The United States and Italy, S. 163; Sandro Setta, L'uomo qualunque 1944–1948, Bari 1975,
    S. 13.
[22] Vgl. Di Nolfo, Le paure e le speranze, S. 108 f.; Setta, L'uomo qualunque, S. 13; Antonio Gambino,
    Storia del Dopoguerra. Dalla Liberazione al Potere DC, Bari 1975, S. 11; Pressemitteilung über die
    erste Sitzung des neuen Kabinetts vom 22. 6. 1944, in: Placanica, 1944, S. 711–716; Protokoll der
    Kabinettssitzung vom 22. 6. 1944, in: ACS, Verbali del Consiglio dei Ministri.
[23] In: Istituto Gramsci, Bestand PCI 1943–1946, Verbali della Direzione 1944–1946.

schlag[24]; die politische Linke wußte nur zu gut, daß die Regierung Bonomi einer solchen Belastungsprobe nicht standgehalten hätte und daß auch die Militärregierung sofort eingeschritten wäre, wenn die italienische Regierung den Vorsatz gefaßt hätte, auf den „stato totalitario" des Faschismus eine „epurazione totalitaria" des Antifaschismus folgen zu lassen. Ganz folgenlos blieben die radikalen Forderungen der Linken dennoch nicht; sie trugen entscheidend dazu bei, daß die herrschende antifaschistische Erneuerungsstimmung eine weitere Steigerung erfuhr und schließlich eine solche Sogwirkung entfaltete, daß die Bremser und Skeptiker, die es natürlich auch in der neuen Regierung noch gab, verstummten oder kein Gehör mehr fanden.

Die Chancen dafür, daß den Worten nun endlich Taten folgten, standen also noch nie so gut wie nach der Befreiung von Rom. Wollte man sie nutzen und die Sache der Säuberung voranbringen, war vor allem eines gefragt: Juristische Klarheit und administrative Ordnung, die in einem Akt umfassender Neujustierung geschaffen werden mußten. Nach dem alten Muster, das war jedem klar, war die historisch-politisch so bedeutsame Aufgabe der Abrechnung mit dem Faschismus nicht zu meistern: Die Epurazione steckte in einem Gewirr von Direktiven und Gesetzen. In den Säuberungskommissionen herrschte ein Chaos, das jeder Beschreibung spottete. Einzelne Richtlinien waren überaus schlampig formuliert und gaben Anlaß zu ewigen Beschwerden und Nachfragen. Die Säuberungsintensität differierte von Gesetz zu Gesetz so erheblich, daß sich die Kommissionen und Gerichte vor viele unlösbare Rätsel gestellt sahen. Namentlich das harmlosanachronistische Dezember-Gesetz war in einem ganz anderen Geist erlassen worden als die nach der „Wende von Salerno" getroffenen, bemerkenswert scharfen Regelungen zur justitiellen Ahndung faschistischer Straftaten.

Daß das Dezember-Gesetz längst wie ein Fossil in eine grundlegend veränderte politische Landschaft ragte, war noch der Regierung Badoglio aufgefallen, die gleich nach dem Erlaß des scharfen Gesetzes zur justitiellen Abrechnung mit dem Faschismus auf eine Novellierung zu drängen begann. Die dabei noch Ende Mai/Anfang Juni 1944 ins Auge gefaßten Neuerungen bezogen sich im wesentlichen auf eine beträchtliche Ausweitung des Betroffenen-Kreises, auf eine Stärkung der Laienrichter im Säuberungsapparat und schließlich auf die Fusion des Dezember-Gesetzes mit den im April erlassenen Bestimmungen über Aufgaben und Kompetenzen der „Commissione Unica", die künftig „Commissione Centrale" heißen sollte. Diese Neuerungen kamen freilich viel zu spät, um noch in der Ära Badoglio Gesetzesreife zu erlangen. Sie wurden aber nach dem Regierungswechsel aufgegriffen und gingen schließlich in etwas abgewandelter Form in das Gesetz vom 27. Juli 1944 ein, das in der Geschichte der politischen Säuberung in Italien grundlegende Bedeutung erlangte[25].

An eine Änderung des gerade verabschiedeten Gesetzes über die justitielle Ahndung faschistischer Straftaten dachte die Regierung Badoglio mit Sicherheit noch nicht. Diesbezügliche Überlegungen kursierten aber von Beginn an in der

---

[24] Vgl. Protokoll der Kabinettssitzung vom 22. 6. 1944, in: ACS, Verbali del Consiglio dei Ministri.
[25] Vgl. nicht gekennzeichnetes alliiertes Memorandum über die ins Auge gefaßten Neuerungen, 8. 6. 1944, in: NA, RG 331, Legal, 10000/142/552.

neuen Regierung, vor allem im Justizministerium, das nun unter der Leitung des konservativen Christdemokraten Umberto Tupini stand, der wohl nicht nur auf einen Zugewinn an juristischer Klarheit und Rechtsstaatlichkeit bedacht war, sondern sich auch Hoffnungen machte, den einen oder anderen scharfen Paragraphen abmildern zu können. Schon am 20. Juni 1944, also gerade zwei Tage nach der Akkreditierung der neuen Regierung durch die Alliierten, gab Tupini einigen Besatzungsoffizieren zu verstehen, daß das Mai-Gesetz „wahrscheinlich geändert wird, um es auf eine bessere rechtliche Basis" zu stellen. Dieses Vorhaben habe „number one priority"[26].

Angesichts der Fülle der ungelösten Probleme waren aber, was Tupini und die Regierung Badoglio planten, nur Kleinkorrekturen, die an der allgemeinen Abrechnungsmalaise nur wenig geändert hätten. Damit konnte es nicht sein Bewenden haben, wie vor allem die Minister der Linksparteien wußten. Viererlei mußte ihres Erachtens vor allem getan werden: Die bis dahin erlassenen Gesetze und Verordnungen mußten in einem einzigen, für alle mit der Säuberung befaßten Stellen verbindlichen und juristisch einwandfreien Gesetz zusammengefaßt werden, das auch dem Laien eine schnelle Orientierung erlaubte. Es kam außerdem darauf an, daß künftig überall dieselbe Säuberungsintensität spürbar war, – oder anders formuliert – daß bei der Personalsäuberung mit der gleichen Elle gemessen wurde wie bei der Strafverfolgung oder bei der Einziehung unrechtmäßig erworbenen Besitzes. Ferner empfahl es sich, eine Generalüberholung des Säuberungsapparates einzuleiten und dabei eine Koordinierungs- und Kontrollinstanz mit Sanktionskompetenz zu schaffen, deren Hauptaufgabe darin bestand, die säuberungspolitischen Bemühungen zu bündeln und auf eine Linie hin zu orientieren; das schon existierende Hochkommissariat hatte dieser Anforderung nicht gerecht zu werden vermocht, da seine Befugnisse sich fast ausschließlich auf die Strafverfolgung erstreckten. Unverzichtbar war schließlich, daß nun endlich wirklich große Fälle vor Gericht kamen; dabei durfte die Aburteilung der Regimeprominenz auf keinen Fall irgendwelchen lokalen oder regionalen Gerichten im Mezzogiorno überlassen werden, sondern mußte einer „Alta Corte di Giustizia" vorbehalten bleiben, die selbstverständlich in der Hauptstadt zu errichten war. Von dort, wo der Faschismus mehr als zwanzig Jahre geherrscht hatte, mußte ein unüberhörbares Signal ausgehen, daß die Schandtaten des Regimes nicht ungesühnt blieben.

Konkrete Gestalt gewannen diese Überlegungen bereits Anfang Juli 1944, und schon Mitte des Monats lag dem Ministerrat der Gesetzentwurf eines Kabinettsausschusses vor, in dem mit Sforza und Togliatti zwei Befürworter einer durchgreifenden Säuberung und mit Tupini und Ruini zwei konservative Zauderer vertreten waren[27]. Der Entwurf traf am 15. Juli auf allgemeine Zustimmung und wurde zwei Tage später, in der nächsten Kabinettssitzung, nach bewegter Diskussion im Grundsatz angenommen[28]. Dann ging er zur genauen Prüfung an die ein-

---

[26] Aufzeichnung einer Besprechung zwischen Tupini und alliierten Offizieren, 20. 6. 1944, in: Ebenda, box 7.

[27] Vgl. Protokoll der Kabinettssitzung vom 15. 7. 1944, in: ACS, Verbali del Consiglio dei Ministri; OSS: Proceedings of Cabinet Meeting, 15 July 1944, 19. 8. 1944, in: NA, RG 226, CID, Nr. 88358.

[28] Vgl. Protokoll der Kabinettssitzung vom 17. 7. 1944, in: ACS, Verbali del Consiglio dei Ministri.

zelnen Ministerien. Darauf hatte vor allem Togliatti bestanden, der damit zwei
Fliegen mit einer Klappe schlagen wollte: Zum einen wollte er alle Minister, auch
die zögernden aus den Reihen der Konservativen, zu einer klaren Äußerung zwingen und ihnen so die Möglichkeit nehmen, später gegen das Gesetz aufzustehen,
und zum anderen wollte er Fehler und Schlampigkeiten vermeiden, wie sie bei der
Verabschiedung des Dezember-Gesetzes zu allerhand Peinlichkeiten und Verzögerungen geführt hatten[29]. Dieser doppelte Zweck wurde tatsächlich auch erreicht, wie der Rücklauf aus den Ministerien zeigte: Alle Kabinettsmitglieder signalisierten Zustimmung. Manche stießen sich an Kleinigkeiten, die im endgültigen Gesetzestext zum Teil noch korrigiert werden konnten, aber kein Ministerium erhob so grundsätzliche Einwände, daß es nötig gewesen wäre, in erneute
Verhandlungen einzutreten. Damit war am 27. Juli 1944 der Weg frei für die Verabschiedung des Gesetzes über „Sanktionen gegen den Faschismus", das als die
Magna Charta der politischen Säuberung in Italien gelten kann[30].

Die alliierte Militärregierung war über die Bestrebungen zur Novellierung der
Säuberungsgesetze seit Mitte Juni 1944 informiert. Sie stand also diesmal nicht vor
einem fait accompli, wie es ihr Badoglio mehrfach zugemutet hatte, und hätte Zeit
genug gehabt, dem neuen Gesetz ihren Stempel aufzudrücken. Erstaunlicherweise
aber blieben die alliierten Offiziere weitgehend inaktiv. Offenbar erkannten sie
nicht, wie wichtig das neue Gesetz war; sie nannten es geringschätzig „3 in 1-
law"[31], so als glaubten sie, in der neuen Direktive seien lediglich das Dezember-
Gesetz, dessen ergänzende Bestimmungen über die „Commissione Unica" und
die Mai-Richtlinie über die justitielle Ahndung faschistischer Verbrechen zusam-
mengefügt worden.

Wirkliches Interesse fanden auf alliierter Seite nur die Bestimmungen über die
Personalsäuberung, die die italienische Regierung mit größter Entschlossenheit
anpacken und zu einem raschen Ende führen wollte. „Das Ziel, das wir ansteu-
ern", so faßte Col. Upjohn die alliierten Absichten in einer internen Besprechung
zusammen, „ist die Entfernung von bekannten und begeisterten Faschisten von
den Spitzen der Ministerien und nationalen Konzerne und [...] die Entlassung all
derer aus ihren Positionen, die sich auf lokaler Ebene besonders hervorgetan haben."[32] Hier galt es, schnell zu handeln, Zeit war genug vertan worden, mit der
alten Gemächlichkeit sollte es nun endgültig vorbei sein. Die Militärregierung
reagierte denn auch höchst ungehalten, als Mitte Juli aus einigen Ministerien die
Meldung drang, man wolle mit der Bildung von Säuberungskommissionen noch
warten, bis das neue Gesetz definitiv über alle politischen Hürden gebracht sei:
Solche Ausflüchte, die sie in den zurückliegenden Monaten wieder und wieder gehört hatte, wollte sie künftig nicht mehr gelten lassen. Den Ressortchefs seien die
Bestimmungen doch bekannt, so Upjohns schneidender Kommentar, „die das

[29] Vgl. Togliatti an Sforza, 21.7.1944, in: ACS, PCM, Gab. 1944–1947, 1/7 10124, sottofasc. 5–6.1.
[30] Vgl. Ministero dell'Aeronautica an PCM, 23.7.1944; Ministero delle Comunicazioni an PCM, 22.7.1944; Ministero del Tesoro an PCM, 23.7.1944; Ministero delle Finanze an PCM, 24.7.1944; Ministero della Marina an PCM, 26.7.1944, in: ACS, PCM, Gab. 1944–1947, 1/7 10124, sottofasc. 5–6.1; Protokoll der Kabinettssitzung vom 27.7.1944, in: ACS, Verbali del Consiglio dei Ministri.
[31] OSS: Proceedings of Cabinet Meeting, 15 July 1944, 19.8.1944, in: NA, RG 226, CID, Nr. 88358.
[32] Notes of a meeting on defascism, August 1944, in: NA, RG 331, Legal, 10000/142/553.

Gesetz mit sich bringt". Sie könnten „viel Zeit sparen, indem sie jetzt schon die
Personen auswählen, die sie [in Kommissionen] ernennen, wenn das Gesetz erlassen ist. Sie können uns die Namen dieser Personen auch schon unter Vorbehalt
mitteilen, damit wir deren Überprüfung in Gang setzen können. Wenn das nicht
geschieht, wird ganz unnötig Zeit vergeudet."[33] In diesem Ton war der italienischen Regierung noch nicht zugesetzt worden.

Alles übrige aber, also auch die strafrechtliche Ahndung faschistischer Verbrechen, die Verwaltung des immensen Parteivermögens, die Zentralisierung aller
Abrechnungskompetenzen im Hochkommissariat und die Errichtung einer „Alta
Corte di Giustizia", überließ die Militärregierung den Italienern selbst, wie Upjohn
intern anklingen ließ: „An den anderen Teilen [des Gesetzes] sind wir momentan
nicht sehr interessiert."[34] Erstaunlich könnte dabei – zumindest auf den ersten
Blick – anmuten, daß die Alliierten auch der Bildung einer „Alta Corte" zur Aburteilung der Regimeprominenz so wenig Beachtung schenkten, erstaunlich deshalb, weil im alliierten Lager seit 1941 der Gedanke diskutiert wurde, die Kriegsverbrecher der Achsenmächte selbst zu richten oder sie an die Länder auszuliefern,
in denen sie ihre Verbrechen begangen hatten, und weil die Alliierten im „langen",
noch kein Jahr zurückliegenden Waffenstillstand vom 29. September 1943 die Auslieferung Mussolinis und seiner wichtigsten Spießgesellen verlangt hatten. Bei
näherem Hinsehen zeigt sich jedoch, daß die Alliierten aus mannigfachen Gründen
gut daran taten, kein großes Aufheben um die „Alta Corte" zu machen, sie also weder offiziell zu verbieten und damit den Anspruch auf eine wie auch immer geartete
internationale „Behandlung" von Mussolini und Konsorten zu erneuern, noch sie
offiziell gutzuheißen. Letzteres wäre auf eine Revision des Waffenstillstandes und
auf einen langwierigen internationalen Konsultationsprozeß hinausgelaufen, von
dem angesichts der Fragilität und Labilität des Anti-Hitler-Bündnisses niemand sagen konnte, ob und wann er zu einem Abschluß gelangen würde. Ersteres wäre eine
Brüskierung der italienischen Regierung, ja ein unerhörter Schlag gegen alle Säuberungsbemühungen gewesen, weil die Alliierten im Sommer 1944 keinesfalls in
der Lage gewesen wären, selbst tätig zu werden und damit dem Wunsch der Weltöffentlichkeit nach angemessener Bestrafung der faschistischen Übeltäter Rechnung zu tragen; damals war noch keine interalliierte Übereinkunft darüber in Sicht,
ob die „big shots" von Nationalsozialismus und Faschismus einfach an die Wand
oder vor alliierte Gerichte gestellt werden sollten – die Entscheidungen darüber
fielen nach langen entnervenden Verhandlungen erst 1945.

Abgesehen davon, daß die Alliierten im Grunde noch gar nicht wußten, wie sie
die Hauptkriegsverbrecher der Achsenmächte behandeln sollten, verbot es sich
geradezu, belastete Faschisten vor alliierten Gerichten zu belangen, solange noch
britische und amerikanische Soldaten in deutscher und italienischer Kriegsgefangenschaft saßen, also leicht Opfer von Vergeltungsakten werden konnten. Anders
wären die Dinge nur dann gelegen, wenn der Zufall im Sommer 1944 Mussolini in
die Hände der Alliierten gespielt hätte. Ob Washington und London der italieni-

---

[33] Upjohn an die einzelnen Abteilungen der ACC, 20. 7. 1944, in: Ebenda; vgl. auch Stone an die ein-
     zelnen Abteilungen der ACC, 15. 7. 1944, in: Ebenda.
[34] Notes of a meeting on defascism, August 1944, in: Ebenda.

schen Regierung auch dann noch freie Hand bei der Errichtung der „Alta Corte" gelassen hätten oder ob sie von der Weltöffentlichkeit nicht gezwungen worden wären, selbst Gericht zu halten über die Symbolfigur des italienischen Faschismus, ist fraglich. Solange man aber Mussolini nicht hatte, bestand kein Handlungsbedarf, und so verhielten die Alliierten sich auch[35].

Mit dem Gesetz über die „Sanktionen gegen den Faschismus" vom 27. Juli 1944[36] zog – ein Jahr nach dem Sturz Mussolinis – endlich auch der Staat einen dicken Trennungsstrich gegenüber der faschistischen Vergangenheit. Es war zwar kein „Gesetz der Revolution"[37], wie Mario Berlinguer, neben Sforza die Hauptfigur im Säuberungsapparat, treffend bemerkte, es markierte aber doch den entscheidenden Wendepunkt in der Geschichte der politischen Säuberung in Italien. Im Hauptteil I des Gesetzes, der der justitiellen Ahndung faschistischer Straftaten gewidmet war, trat dieser Aspekt noch am wenigsten zutage, weil hier im wesentlichen die Bestimmungen des scharfen Mai-Gesetzes übernommen worden waren. Das neue Gesetz hielt härteste Strafen für die Mitglieder der faschistischen Regierung und andere führende Parteifunktionäre bereit. Mit lebenslanger Haft, in besonders schweren Fällen mit dem Tod, sollte bestraft werden, wer „die Verfassung außer Kraft gesetzt, die Grundrechte der Menschen zerstört, das faschistische Regime errichtet, das Schicksal des Vaterlandes gefährdet und verraten und es in die augenblickliche Katastrophe gestürzt" hatte. Zur Aburteilung dieser „pezzi grossi" wurde eine „Alta Corte di Giustizia" eingerichtet, deren Geschichte noch im einzelnen zu schildern sein wird[38]. Zur Verantwortung zu ziehen waren ferner die Rädelsführer von gewalttätigen Squadristenkommandos, die Urheber des Marsches auf Rom, die Drahtzieher des Staatsstreiches vom 3. Januar 1925 und alle, die durch „relevante Taten" – was immer das genau sein mochte – dazu beigetragen hatten, den Faschismus am Leben zu erhalten; außerdem alle jene, die nach dem 8. September durch eine wie auch immer geartete Zusammenarbeit mit den Deutschen Hoch- und Landesverrat begangen hatten. Diese Gruppen sollten sich vor ordentlichen Schwurgerichten, in denen politisch einwandfreie Laienrichter eine wichtige Rolle spielten, oder vor Militärgerichten verantworten.

Außerdem sah die Juli-Direktive die Aufhebung der üblichen Verjährungsfristen, die Annullierung faschistischer Amnestien und Strafnachlässe sowie die Revision von politisch motivierten Gefälligkeitsurteilen vor. Schließlich bot das neue Gesetz auch Handhaben gegen die nicht unbeträchtliche Zahl derer, die als Faschisten in besonders sinnfälliger Weise gegen „Grundsätze der Redlichkeit und

[35] Vgl. dazu Bradley F. Smith, The American Road to Nuremberg. The Documentary Record 1944–1945, Stanford 1982; ders., Der Jahrhundert-Prozeß. Die Motive der Richter von Nürnberg – Anatomie einer Urteilsfindung, Frankfurt a.M. 1977; Telford Taylor, Die Nürnberger Prozesse. Kriegsverbrechen und Völkerrecht, Zürich 1951; ders., Die Nürnberger Prozesse. Hintergründe, Analysen und Erkenntnisse aus heutiger Sicht, München 1994; History of the United Nations War Crimes Commission and the Development of the Laws of War, zusammengestellt von der United Nations War Crimes Commission, London 1948.

[36] Vgl. Decreto legislativo luogotenenziale, 27. 7. 1944, Nr. 159: Sanzioni contro il fascismo, in: Gazzetta Ufficiale del Regno d'Italia, Nr. 41, 29. 7. 1944, Serie Speciale.

[37] So Mario Berlinguer am 27. 8. 1944 im Kino Reale in Rom über das Gesetz. Vgl. Comando Generale dell'Arma dei Carabinieri Reali an Bonomi, 28. 8. 1944, in: ACS, PCM, Gab. 1944–1947, 1/7 10124, sottofasc. 0-4.6.

[38] Vgl. S. 177–179 und 184–190.

Rechtschaffenheit" verstoßen hatten, ohne daß dieses Verhalten als eigentlich kriminell zu bezeichnen gewesen wäre; ihnen drohte der Entzug aller politischen
Rechte und – im Falle von staatlichen Bediensteten – zeitweiliges Berufsverbot.
Besonders gefährliche Elemente mußten sogar damit rechnen, 10 Jahre in ein Arbeitshaus oder in eine landwirtschaftliche Kolonie geschickt zu werden.

Ähnliche Bestimmungen waren auch schon im Gesetz über die „Ahndung von
faschistischen Verbrechen und Vergehen" vom 26. Mai 1944 enthalten gewesen[39].
Der Hauptunterschied zu den Regelungen aus der Ära Badoglio bestand neben
einer gewissen Präzisierung des Betroffenenkreises und einer Neuordnung der
Sanktionskompetenzen vor allem darin, daß der Gesetzgeber akribisch darauf bedacht gewesen war, so wenig wie möglich gegen den Grundsatz „nulla poena sine
lege" zu verstoßen und damit die Rechtsprechung der nachfaschistischen Zeit aus
dem juristischen Zwielicht herauszuhalten. Die Schaffung rückwirkender Straftatbestände, die im April/Mai für so viel Konfliktstoff gesorgt hatte, sei auch gar
nicht nötig, erklärte Sforza. Der Faschismus sei im Grunde ein Verbrecherregime
gewesen, dem auch mit dem damals geltenden Strafgesetzbuch von 1889 angemessen begegnet werden könne. „Das Gesetz zielt darauf ab", so Sforza, „im Straf-
recht rückwirkende Bestimmungen zu vermeiden. Man beherzigt damit die Lehren unserer Justiztradition."[40]

Diese Versicherung konnte aber niemanden, der mit den Dingen besser vertraut
war, darüber hinwegtäuschen, daß auch das Juli-Gesetz nicht frei war von juristisch fragwürdigen Bestimmungen. Vor allem jene Paragraphen, die die Schaffung des faschistischen Staates und die Mitwirkung bei der Aufrechterhaltung des
Regimes mit hohen Strafen bewehrten, fanden im Strafgesetzbuch natürlich keine
Stütze. Grundlage der „Sanktionen gegen den Faschismus" war mithin eine politisch zwar opportune, juristisch aber angreifbare Mischung aus neu geschöpftem
und überkommenem Recht, wozu auch das Militärstrafgesetzbuch gehörte, das
auf Kollaborationsdelikte Anwendung finden sollte. Anlaß für die Kritik der
strengen Rechtsdogmatiker bot aber nicht nur diese Mischung, sondern auch die
Bestimmung, daß Minister und hohe Parteifunktionäre äußerstenfalls mit dem
Tode bestraft werden konnten; auch sie suchte man im Strafgesetzbuch vergeblich, das überaus fortschrittliche liberale Italien hatte 1889 die Todesstrafe ja gerade abgeschafft[41]. Freilich konnte die Regierung Bonomi hier geltend machen,
daß der Faschismus die Todesstrafe für politische Verbrechen wieder eingeführt
hatte und es sich nun in besonders gravierenden Fällen gefallen lassen müsse, nach
seinen eigenen Grundsätzen beurteilt zu werden. Überzeugend war das nicht,
denn die propagierte radikale Abkehr vom Rechtssystem des Faschismus und die
Restituierung rechtsstaatlicher Prinzipien vertrugen sich nur schlecht mit der
Fortgeltung einer Strafbestimmung, die zu den anstößigsten „Rechtsreformen"
des Faschismus zählte.

Daß mit dem Juli-Gesetz ein neues Kapitel in der Geschichte der politischen
Säuberung begann, oder zurückhaltender formuliert, daß dafür nun zumindest die

[39] Vgl. S. 123 f.
[40] Undatierte Charakterisierung des Juli-Gesetzes von Sforza, in: ACS, Alto Commissariato, titolo I,
    Nr. 4.
[41] Vgl. Carlo Ghisalberti, La Codificazione del Diritto in Italia 1865–1942, Rom/Bari 1985, S. 171.

juristischen Voraussetzungen bestanden, zeigte sich besonders deutlich in den Hauptteilen II und V, die sich mit der Personalsäuberung sowie den Kompetenzen und der inneren Organisation des Hochkommissariats befaßten. Die Säuberung sollte sich vor allem auf den öffentlichen Dienst beziehen; zu säubern waren darüber hinaus aber auch das Militär, halbstaatliche Einrichtungen und Großbetriebe von nationaler Bedeutung. Unter die neuen Belastungskategorien fiel nun nicht mehr nur die relativ kleine Gruppe derer, die bestimmte Merkmale wie „squadrista", „marcia su Roma" oder „gerarca" erfüllten. Der Kreis der Betroffenen wurde ungleich weiter gezogen als in dem anachronistisch gewordenen Dezember-Gesetz, das seine Wirkung fast ganz verfehlt hatte. Mit Entlassung mußte jeder rechnen, der sich – zumal in höherer Stellung – durch „aktive Teilnahme am politischen Leben des Faschismus" oder „wiederholte apologetische Äußerungen" diskreditiert hatte und somit „unwürdig" erschien, dem Vaterland künftig zu dienen; ferner diejenigen, die aufgrund faschistischer Meriten oder Fürsprache Posten erhalten hatten oder befördert worden waren, und schließlich auch alle Faschisten, die durch ihr alltägliches Verhalten bewiesen hatten, daß ihnen der Faschismus in Fleisch und Blut übergegangen war. Es ging also um nicht weniger als um eine Generalüberprüfung des gesamten öffentlichen Dienstes, der sich der kleine Amtsdiener ebenso ausgesetzt sah wie der schwerbelastete Squadristenführer und das riesige Heer der Beamten und Angestellten, die mit nach Salò gezogen waren, und zwar ganz gleich, ob aus innerer Überzeugung, aus wirtschaftlicher Notwendigkeit oder unter Druck.

Sie alle, Schwerbelastete, Nutznießer und harmlose Mitläufer, hatten sich einem Säuberungsverfahren zu stellen: die Beschäftigten der Ministerien und Zentralverwaltungen einer vom Behördenchef gebildeten Kommission, die aus einem Richter, einem hochrangigen Angehörigen der Behörde und einem Delegierten des Hochkommissariats bestand; die Beschäftigten der regionalen und kommunalen Verwaltungen einem vom Präfekten nominierten Ausschuß, dem ein Richter, ein Angestellter der Präfektur und ein politischer Vertrauter des Hochkommissars angehörten. Obwohl eigentlich nur Disziplinarverfahren, hatten diese Säuberungsprozeduren in vielem den Charakter von ordentlichen Prozessen: In ihnen wurde erst nach eingehender Würdigung des Einzelfalles und nach sorgfältiger Abwägung des Für und Wider ein Urteil gefällt, das die Entlassung aus dem öffentlichen Dienst nach sich ziehen konnte; nur bei besonders schwer Belasteten hatten die Amtschefs schon nach der bloßen Einleitung eines Verfahrens das Recht, die Suspendierung vom Dienst zu erwirken. Der „Angeklagte" konnte selbst Zeugen aufbieten und Entlastungsmaterial vorlegen. Er hatte außerdem, wie der als eine Art Ankläger fungierende Hochkommissar, das Recht, eine Revision der erstinstanzlichen Entscheidung zu verlangen, über die dann eine vom Ministerpräsidenten benannte „Commissione Centrale" befand. Den „Angeklagten" hinderte schließlich auch nichts daran, einen Rechtsbeistand zu Rate zu ziehen. Es war also eine Unzahl von langwierigen Verfahren zu erwarten, die jede Hoffnung, die Säuberung könne binnen einiger Monate zum Abschluß gebracht werden, in das Reich der Illusion verwies.

Im Hauptteil V, der zweiten großen Neuerung des Juli-Gesetzes, wurden die Kompetenzen des Hochkommissariats neu geregelt. Dieses war nun nicht mehr nur für die justitielle Variante der politischen Säuberung zuständig, also für die Intensivierung und Koordinierung der Strafverfolgung von faschistischen Verbrechen. In die Zuständigkeit des Hochkommissars fielen nun alle vier Zweige der Abrechnung mit dem Faschismus: neben der Strafverfolgung die „Beschlagnahme von Regimeprofiten", die „Einziehung von faschistischen Gütern" und die Säuberung der Verwaltung. Der Hochkommissar, so hieß es im Gesetz, „leitet und überwacht die Arbeit aller Organe, mittels derer Sanktionen gegen den Faschismus ergriffen werden". Er hatte das Recht, Straf- und Säuberungsverfahren einzuleiten, Vorermittlungen zu führen sowie die sichernde Hand auf das immense Parteivermögen und auf unrechtmäßig erworbene Besitztümer von Parteigenossen zu legen. Die Kompetenz- und Machtfülle des Hochkommissars war also ungleich größer als zuvor, und zwar nicht zuletzt deshalb, weil er nun direkt auf die Arbeit der Säuberungskommissionen in den Zentralverwaltungen und Provinzen einwirken konnte; in allen Säuberungsausschüssen saßen ja seine Delegierten, die in der Praxis von den großen Parteien vorgeschlagen wurden. Erstmals war damit die Säuberung nicht mehr allein die Sache der zu säubernden Behörden; die Mitwirkung des Hochkommissariats gewährleistete wenigstens ein gewisses Maß an öffentlich-politischer Kontrolle und befreite das Verfahren aus dem Netz bürokratischer Klientelbindungen, das es bis dahin umgeben hatte. Die eigentliche Schwachstelle des Epurazione-Gesetzes vom 28. Dezember 1943 war damit beseitigt. Es blieb aber abzuwarten, ob durch die beträchtliche, zum Teil auch unsinnige Ausweitung der Belastungskategorien nicht neue, vielleicht noch schwerer wiegende Probleme geschaffen worden waren[42].

Wie ernst es der Regierung Bonomi mit der Epurazione war, zeigte sich nicht nur an der überraschend zügigen Verabschiedung des scharfen Juli-Gesetzes, sondern auch an der Zusammensetzung der kleinen Gruppe, die sich schon Anfang August 1944 im Hochkommissariat zusammenfand und dort die Mühen der praktischen Säuberung auf sich nahm. Es waren durchweg hochkarätige Leute mit langer Erfahrung im politischen Geschäft, die jedem Kabinett zur Zierde gereicht hätten. An der Spitze stand nach wie vor Carlo Sforza[43], der sich allerdings im „Amt des obersten Säuberers"[44] nicht mehr ganz wohl fühlte. Er hätte lieber heute als morgen die Leitung der Abräumarbeiten im Hochkommissariat mit der Leitung des Außenministeriums getauscht und wäre im Juni 1944 sicherlich auch Chef des Palazzo Chigi geworden, wenn nicht die britische Regierung aus altem Groll gegen ihn alle Hebel in Bewegung gesetzt hätte, um seine Karriere zu stoppen[45]. Sforzas vier Stellvertreter, von denen jeder für einen der großen Zweige der

[42] Zum Juli-Gesetz vgl. neben dem in Anm. 36 zitierten Gesetz die undatierte Charakterisierung von Sforza, in: ACS, Alto Commissariato, titolo I, Nr. 4; Memorandum der Civil Affairs Section der Militärregierung vom 20. 3. 1945 über Defascism, in: NA, RG 331, Civil Affairs, box 19, 10000/ 105/907; Zara Algardi, Processi ai Fascisti, Florenz 1958, S. 2-5; Achille Battaglia, Giustizia e politica nella giurisprudenza, in: Dieci anni dopo, 1945–1955. Saggi sulla vita democratica italiana, Bari 1955, S. 333 ff.; Harris, Allied Military Administration of Italy, S. 206 ff.; Flores, L'epurazione, S. 413 und 420 f.; Mercuri, L'epurazione, S. 51 ff.

[43] Zu seiner Ernennung vgl. Protokoll der Kabinettssitzung vom 27. 7. 1944, in: ACS, Verbali del Consiglio dei Ministri; Mercuri, L'epurazione, S. 58 f.

[44] So spöttisch der junge Giulio Andreotti, Concerto a sei voci. Storia segreta di una crisi, Rom 1945, S. 15.

[45] Vgl. Chapin an Secretary of State, 10. 6. 1944, in: FRUS, 1944, III, S. 1125 f.; Miller, „Special rela-

Säuberung verantwortlich zeichnete, kamen aus den verschiedensten politischen Lagern: Die Aktionspartei schickte wieder Mario Berlinguer, der sich schon in den zurückliegenden Monaten die ersten Sporen im Säuberungsgeschäft verdient hatte; Berlinguer fungierte nun als stellvertretender Hochkommissar für die Strafverfolgung. Die Sozialisten stellten mit Pier Felice Stangoni einen angesehenen Journalisten und politisch Verfolgten ab; er war zuständig für die Liquidation faschistischen Eigentums, während Mario Cingolani von der Democrazia Cristiana, der dritte Stellvertreter, für die Beschlagnahme von Regimeprofiten sorgen sollte. Cingolani, nach dem Ersten Weltkrieg einer der Gründerväter der katholischen Volkspartei, zählte zu den profiliertesten Christdemokraten und saß nach 1945 mehrmals im Kabinett De Gasperi[46].

Das größte politische Gewicht im Quartett der Stellvertreter aber besaß ohne Frage der vierte: der Kommunist Mauro Scoccimarro, der nun die Säuberung der Verwaltung voranbringen sollte. Scoccimarro, einer aus der alten Garde des PCI, brachte den größten Schwung mit in das Hochkommissariat. Für ihn war die Epurazione nicht nur eine historisch-politische Aufgabe ersten Ranges, die es zum Wohl des neuen Staates zu lösen galt, sondern ein persönliches Anliegen, ja ein brennendes Problem der privaten Abrechnung, war er doch vom Faschismus um die besten Jahre seines Lebens gebracht worden. 1926 zu 22 Jahren Zuchthaus verurteilt, blieb der damals gerade 30jährige bis zum Sturz Mussolinis im Kerker und in der Verbannung auf Ponza und Ventotene[47]. Er sei fest entschlossen, schrieb er bei seinem Amtsantritt im Parteiorgan L'Unità, „alle Hindernisse auszuräumen, die ich bei meiner Tätigkeit antreffe. Die Epurazione ist im Kern eine Form des politischen Kampfes [...]. Das italienische Volk kann sicher sein, daß keinerlei Zugeständnisse gemacht werden."[48] Die Säuberung sei aber, so schränkte er selbst gleich ein, kein „Instrument der politischen Verfolgung". Radikale Rezepte, wie Hitzköpfe aus der sozialistischen Partei sie formulierten, hatten bei ihm keine Chance. Er lehne jene Vorschläge des „antifaschistischen Extremismus ab, die darauf abzielen, jedes Mitglied der aufgelösten Partei als 'unrein' zu betrachten und auch die unzweifelhaft redlichen Personen zu entfernen, die sich im guten Glauben oder aus politischer Unerfahrenheit im Faschismus betätigt haben". Er verurteile die Behauptung, „daß die Sünden der Vergangenheit unverzeihlich sind", und er sei gegen Überprüfungen, bei denen es nur um Politik, nicht aber um „die moralische Seite des Problems" gehe[49].

tionship", S. 54; Charakterisierung der Ambitionen Sforzas in: Carandini Albertini, Diari, S. 44 ff. (Eintrag vom 20. 8. 1944).

[46] Zu den biographischen Daten von Cingolani und Stangoni vgl. ein Office Memorandum des amerikanischen Konsulats von Genua vom 17. 7. 1946, in: NA, RG 84, 1946: 800-Italy-Florence-Genova, box 6; die Angaben in Missori, Governi, Alte Cariche dello Stato e Prefetti, S. 128 und 130; die Daten in: Hans Woller, Die Anfänge der politischen Säuberung in Italien 1943–1945. Eine Analyse des Office of Strategic Services, in: VfZ 38 (1990), S. 164.

[47] Zu Scoccimarro vgl. Paolo Spriano, Storia del Partito comunista italiano. La Resistenza, Bd. 5: Togliatti e il partito nuovo, Turin 1975, S. 84 f.; Renzo Martinelli/Maria Luisa Righi (Hrsg.), La politica del Partito comunista italiano nel periodo costituente. I verbali della direzione tra il V e il VI Congresso 1946–1948, Rom 1992, S. 633; Mauro Scoccimarro, Il secondo dopoguerra, hrsg. von Bruzio Manzocchi, Rom 1956, 2 Bde.

[48] L'Unità, 1. 8. 1944.

[49] So Scoccimarro am 8. 9. 1944 im Circolare Nr. 2 über Fini e limiti dell'epurazione, in: NA, RG 331, Civil Affairs, box 19, 10000/105/889.

Für den PCI war die Entsendung Scoccimarros, immerhin des zweiten Mannes nach Togliatti, in das Hochkommissariat nicht leicht zu verschmerzen. „Nach Diskussion", so hieß es in der Sitzung des Vorstandes vom 27. Juli 1944, „in der die politische Bedeutung der Frage betont wird, entschied man im Bewußtsein des Opfers, das dabei von der Partei gefordert wird, den Genossen Scoccimarro als Kandidaten vorzuschlagen."[50] In der nach 20 Jahren Faschismus personell ausgezehrten Partei waren Leute wie Scoccimarro rar. Es gab zwar genügend Heißsporne und Draufgänger, die in der Resistenza ihre Feuertaufe als Parteisoldaten erhalten hatten, von der Partei aber sonst nicht viel wußten. Die wenigsten verfügten über organisatorisches Geschick, rhetorisches Talent und genügend ideologische Schulung, um sich im kommunistischen Kosmos richtig zu bewegen. Scoccimarro hatte dies alles in reichem Maße und dazu noch eine kräftige Portion Selbstbewußtsein und Starrsinn, so daß es ihm bisweilen schwer fiel, sich dem Führungsanspruch Togliattis zu beugen. In manchen Parteikreisen setzte man deshalb etwas übertriebene Hoffnungen in Scoccimarro als Gegenspieler Togliattis, der den Parteichef auf die via maestra der revolutionären Machteroberung zurückführen sollte, von der dieser nach der „Wende von Salerno" offensichtlich abgekommen war. Togliatti, im Innern der Partei alles andere als ein geschmeidiger Lenker, blieben solche, seine Autorität berührenden Stimmungen nicht verborgen, und es ist wohl kaum bloße Phantasterei, wenn man annimmt, daß er den mit dem Wechsel in das Hochkommissariat verbundenen Rückzug seines Vizes aus der Partei nicht ungern sah, wurde er damit doch auf elegante Weise einen potentiellen Rivalen los.

Während bei der Besetzung der Spitze des Hochkommissariats das für den Antifaschismus charakteristische Proporzdenken zum Zuge kam, dominierten im Säuberungsapparat selbst die Linksparteien – was damals zu vielen aufgeregten Spekulationen und Befürchtungen Anlaß gab. Wie groß der Anteil der Linken (zumal der Kommunisten) tatsächlich war, kann im einzelnen nicht mehr bestimmt werden. Feststehen dürfte aber, daß Scoccimarro sich alle Mühe gab, seine Delegierten in den Säuberungskommissionen im Lager der Linksparteien zu rekrutieren und daß er damit beachtliche Erfolge erzielen konnte; manche meinten sogar, daß der Säuberungsapparat zu 100 Prozent oder zumindest zu zwei Dritteln aus Linken bestand[51]. Sicher dürfte außerdem sein, daß manche Delegierte des Hochkommissariats ihre starke Position in den Kommissionen bedenkenlos mißbrauchten, um Vorteile für ihre Parteien herauszuholen. „Es bildete sich sofort die Überzeugung heraus", schrieb der junge Giulio Andreotti in seinem 1945 erschienenen Buch „Concerto a sei voci. Storia segreta di una crisi", daß die „Kommunisten mit der Säuberung politische Absichten" verfolgten, die darauf gerichtet seien, „den gesamten öffentlichen Dienst zu zerstören, um damit eines ihrer prärevolutionären Ziele zu erreichen."[52] Noch deutlicher wurde Mario

[50] Protokoll der Sitzung vom 27. 7. 1944, in: Istituto Gramsci, Bestand PCI 1943–1946, Verbali della Direzione 1944–1946.
[51] Vgl. Andreotti, Concerto a sei voci, S. 14; Edelman, Incremental Involvement, S. 259; Comando Generale dell'Arma dei Carabinieri Reali an Bonomi, 3. 10. 1944, in: ACS, Ministero dell'Interno, Gab. 1944–1946, busta 83, fasc. 6993; Allied Commission for Sardinia an Regional Commissioner, Region 6, 22. 11. 1944, in: NA, RG 331, Civil Affairs, box 17, 10000/105/744–813.
[52] Andreotti, Concerto a sei voci, S. 14.

Scelba, einer der führenden Männer der Democrazia Cristiana, der am 23. November 1944 Don Sturzo wissen ließ: „Die Säuberung ist zu einem Mittel der politischen Erpressung geworden. Über allen Beamten schwebt das Damoklesschwert der Epurazione. Um sich dem zu entziehen, genügt es, der kommunistischen Partei beizutreten. Dies sichert Straffreiheit für faschistische Übeltäter jeder Art."[53]

3. „Rough and ready operations" der Militärregierung

Während die Regierung Bonomi im Juli/August 1944 die rechtlichen Grundlagen und die administrativen Voraussetzungen für eine durchgreifende Abrechnung mit dem Faschismus schuf, waren die alliierten Streitkräfte ihrem Ziel der militärischen Überwindung des Faschismus ein so großes Stück nähergekommen, daß die Hoffnung aufkeimte, Italien könne noch vor dem Wintereinbruch ganz befreit sein. Nach der Einnahme von Rom, der ersten europäischen Hauptstadt, die wieder aus dem „dunklen Schatten der Tyrannei" auftauchte, wie Roosevelt am 7. Juni 1944 an Badoglio kabelte[54], gönnten sich die amerikanische 5. und die britische 8. Armee, die die Frühjahrs- und Sommeroffensive vortrugen, keine Pause. Sie setzten ihren Vormarsch nach Norden „mit aller Energie"[55] fort und zwangen so die Deutschen bis Ende August 1944 zu einem überstürzten Rückzug auf die mittlerweile einigermaßen ausgebaute Gotenlinie, „die südöstlich von La Spezia am Ligurischen Meer bis südlich Rimini an der Adria verlief"[56]. Am 15. Juni fuhren die alliierten Panzer in Orvieto ein, am 3. Juli fiel Siena, zwei Wochen später feierten Arezzo und Ancona ihre Befreiung, und am 4. August 1944 standen die alliierten Truppen auf dem Südufer des Arno in Florenz; die nördliche Stadthälfte konnte 14 Tage später befreit werden[57].

Die Hoffnungen auf ein rasches Kriegsende erfüllten sich aber nicht. Am Westflügel der Gotenlinie blieben den Alliierten im Herbst 1944 weitere Erfolge versagt. An der Adriaküste und in dem gebirgigen Gelände zwischen Florenz und Bologna schob sich die Front zwar bis zum Winterbeginn weiter nordwärts, und die Truppen von General Alexander erzielten hier noch einmal beträchtliche Bodengewinne. Im November/Dezember 1944 kamen sie aber etwa 20 Kilometer vor Bologna und wenige Kilometer nördlich von Ravenna zum Stehen[58].

---

[53] Zit. nach Pietro Scoppola, La proposta politica di De Gasperi, Bologna 1977, S. 276; vgl. auch Giorgio Bocca, Storia dell'Italia Partigiana. Settembre 1943-Maggio 1945, Bari 1966, S. 345; Roger Absalom, Gli Alleati e la Ricostruzione in Toscana (1944–1945). Documenti Anglo-Americani, Bd. 1, Florenz 1988, S. 299; Hans Woller, „Ausgebliebene Säuberung"? Die Abrechnung mit dem Faschismus in Italien, in: Klaus-Dietmar Henke/Hans Woller (Hrsg.), Politische Säuberung in Europa. Die Abrechnung mit Faschismus und Kollaboration nach dem Zweiten Weltkrieg, München 1991, S. 175.
[54] In: Coles/Weinberg, Civil Affairs, S. 459.
[55] Fisher, Cassino to the Alps, S. 236.
[56] Lothar Gruchmann, Totaler Krieg. Vom Blitzkrieg zur bedingungslosen Kapitulation, München 1991, S. 176.
[57] Vgl. Harris, Allied Military Administration of Italy, S. 175 f.
[58] Vgl. ebenda, S. 191–196; Gruchmann, Totaler Krieg, S. 176; Fisher, Cassino to the Alps, S. 227–294.

Um die Jahreswende 1944/45 war die italienische Halbinsel bis auf etwa ein
Viertel vom faschistischen Joch befreit. Das übrige Gebiet, also die Regionen südlich der von der Wehrmacht verbissen verteidigten Gotenlinie, stand zunächst unter der Herrschaft der Alliierten, die im Laufe des Jahres 1944 die frontfernen Gebiete sukzessive an die italienische Regierung zurückgaben: im Februar 1944 wurden die Regionen südlich von Neapel zum Königreich des Südens geschlagen, wo
die Krone in vier Provinzen eine Art von Duodez-Souveränität behauptet hatte,
im Juli 1944 dann die Gegend um Foggia, Campobasso und Benevent. Im Hoch-
sommer kamen die Provinzen von Rom, Frosinone und Littoria zu Italien, das damit wieder „fast die Hälfte des Landes und der Bevölkerung des Königreiches"
umfaßte, wie es in der Rückgabeerklärung von General Alexander vom 17. August 1944 hieß[59]. Im Oktober 1944 traten die Alliierten schließlich noch die Gebiete südlich der Linie Teramo-Viterbo an die italienische Regierung ab[60].

Südlich dieser sich langsam nach Norden schiebenden „Staatsgrenze" zwischen
AMGOT-Land und Italien lag die Initiative zur Abrechnung mit dem Faschismus
bei der italienischen Regierung, nördlich davon bei der Militärregierung, deren
Säuberungsbemühungen im folgenden aus zwei Gründen vor den Anstrengungen
der neuen Regierung Bonomi behandelt werden: Sie spielten zeitlich früher, und
alles das, was die kleine Mannschaft um Sforza erstrebte und erreichte, kann nur
dann angemessen gewürdigt werden, wenn klar herausgestellt worden ist, daß es
sich bei ihren Aktivitäten nicht um eine Erstreinigung, sondern regelmäßig um
eine *Säuberung von zweiter*, je weiter die Front nach Norden rückte, sogar um
eine *Säuberung von dritter Hand* handelte, weil dort auch die Resistenza Monate
vor der Regierung in Rom zum Zuge kam.

Nach dem militärischen Durchbruch der Alliierten bei Monte Cassino bekam
die Aufgabe der Säuberung ganz andere Dimensionen als die „defascistization" in
Süditalien – und zwar nicht nur, weil die Militärregierung nun binnen weniger
Monate so riesige Gebiete unter ihre Verwaltung zu nehmen hatte, daß sich die
territoriale Ausdehnung von AMGOT-Land zeitweise vervielfachte, und auch
nicht nur, weil in Mittelitalien der Grad faschistischer Kontamination ungleich
höher war als im Mezzogiorno, sondern vor allen Dingen deshalb, weil die alliierten Truppen nun erstmals den Boden der Republik von Salò betraten. Aus alliierter Perspektive war das tatsächlich ein tiefer Einschnitt: Hatten die Alliierten es
bis dahin überwiegend mit Parteigängern einfachen Kalibers zu tun gehabt, so
fürchteten sie nun auf Faschisten zu treffen, die noch nach dem Sturz Mussolinis
ihrer Gesinnung treu geblieben waren und sich begeistert zu Salò bekannten. Jeder Beamte, der nördlich von Cassino Dienst tat, galt deshalb als gefährlicher Faschist *und* Kollaborateur, der sich gegen die königliche Regierung und die Alliierten verschworen hatte.

Diese Perzeption faschistischer Gefährlichkeit war der ausschlaggebende
Grund dafür, daß die Alliierten im Frühjahr 1944 ihre Säuberungspolitik einer radikalen Revision unterzogen und dabei vorübergehend zu Regelungen fanden, die

---

[59] In: Coles/Weinberg, Civil Affairs, S. 469.
[60] Vgl. das Memorandum von Stone vom 12. 9. 1944, in welchem die Rückgabe in Aussicht genommen wird, in: Ebenda, S. 471, und La Nascita della Repubblica, S. 194 f.

in manchem an das pauschale Hauruck-Verfahren erinnern, das später im besetzten Deutschland zur Anwendung kam. Bis zu dieser Revision hatte sich die Militärregierung an den noch im Executive Memorandum der Alliierten Kontrollkommission vom 17. März 1944 bekräftigten Grundsatz gehalten, „daß jeder Beamte individuell gemäß seinem Verhalten und nicht nach festgelegten generellen Kriterien zu beurteilen ist. Jede Untersuchung beginnt mit der persönlichen Rolle des Beamten in seinem Wirkungsbereich, und den alliierten Sicherheits- und Militärregierungsoffizieren, die sich an Ort und Stelle befinden und daher am besten zu einem Urteil befähigt sind, ist Gelegenheit zur Meinungsäußerung zu geben." Dabei sollten es sich die Offiziere zur Regel machen, die Bediensteten der öffentlichen Hand in zwei Gruppen einzuteilen, nämlich in die zuerst zu prüfende Gruppe „A" der höheren Beamten (Präfekten, Quästoren, Rektoren und Dekane der Universitäten, Richter und Staatsanwälte) und in die Gruppe „B" derjenigen von „geringerer Bedeutung"; sie alle mußten den standardisierten Fragebogen ausfüllen, der den alliierten Offizieren als eine wichtige Grundlage ihrer Entscheidung über Verbleib oder Entlassung diente[61].

Seit der Revision vom Frühjahr 1944 war von Einzelfallprüfung keine Rede mehr. Augenmaß und Behutsamkeit, die das alliierte Vorgehen bis dahin ausgezeichnet hatten, gingen auf dem heißen Pflaster der Republik von Salò vorübergehend völlig verloren. An ihre Stelle trat eine an formalen Belastungskriterien orientierte Entlassungspolitik, die in ihrer Pauschalität zweierlei erkennen ließ: eine frappierende Unsicherheit in der Beurteilung von Zuschnitt und Geschlossenheit der Gefolgschaft des Regimes von Salò und, daraus resultierend, den Vorsatz, lieber einen Faschisten zu viel als einen zu wenig auszuschalten. Es sei zu erwarten, so hieß es in der nun maßgebenden Direktive des Chief Commissioners der Alliierten Kontrollkommission vom 24. Mai 1944, daß viele Beamte weiter nach Norden geflüchtet seien und deshalb noch nicht belangt werden könnten. Aber „ein Teil wird ohne Zweifel bleiben, und diese sollten automatisch aus ihren Posten entfernt und durch Antifaschisten ersetzt werden". Ausnahmen von dieser Regel sollten nur „in the most exceptional cases" gemacht, eine bestimmte Kategorie (die höheren Beamten) sollte sogar verhaftet und interniert werden[62].

In den Augen der Alliierten gab es nun also keine Unterschiede mehr. Präfekt oder Postbote, fanatischer Faschist oder Mitläufer, alle Beschäftigten der Republik von Salò wurden gleich behandelt und „ipso facto" als nicht beschäftigungswürdig betrachtet[63]. Die Folgen dieser Politik der groben Schläge waren verheerend. Binnen weniger Wochen füllten sich die Lager von Terni und vor allem von Padula, einem kleinen Marktflecken in der Nähe von Salerno, wo nun neben den als gefährlich eingestuften Faschisten auch viele harmlose „Opfer" der verschärften Säuberungspolitik interniert waren[64]. Zugleich leerten sich die Präfekturen und Amtsstuben, und überall im öffentlichen Dienst herrschten bald ähnlich

---

[61] HQ, ACC, Executive Memorandum No. 45, 17. 3. 1944, in: NA, RG 331, Chief Commissioner, box 11.
[62] HQ, ACC, Direktive des Chief Commissioner, 24. 5. 1944, in: Ebenda, box 35.
[63] HQ, AC, Civil Affairs Section: Removal of employees of Fascist Republican Government, 2. 12. 1944, in: Ebenda, Civil Affairs, box 19, 10000/105/906.
[64] Vgl. die diversen Schriftwechsel zwischen italienischen Stellen und der Militärregierung, in: Ebenda, Public Safety, box 35, 10000/143/1508.

chaotische Zustände wie nach der Inkraftsetzung der USFET-Direktive vom
7. Juli 1945 in der amerikanischen Zone im besetzten Deutschland[65]. In manchen
Regionen, so hieß es in einem alliierten Bericht, der auch aus Nürnberg, München
oder Stuttgart hätte stammen können, „wurden in einigen Bereichen [der Verwal-
tung] so viele Personen entlassen, daß es nicht mehr genügend gibt, um die wichtigsten Aufgaben zu erfüllen"[66].

Vieles spricht dafür, daß die Alliierten in Kampanien, in Latium und vor allem
in Rom mit besonderer Härte vorgingen: dort also, wo nach einer kurzen Übergangszeit, in der die mobilen Militärregierungseinheiten der Fronttruppen zum
Zuge kamen, Charles Poletti das Regiment führte. In der Hauptstadt hatte sich
nach der Befreiung zunächst die Militärregierung der 5. US-Army um die Säuberung gekümmert und sich dabei – angesichts der Aufblähung der Entlassungs-
und Verhaftungskategorien nüchternem Realitätssinn folgend – primär auf solche
Gruppen konzentriert, von denen für sie selbst eine besondere Gefahr ausgehen
konnte. Das waren einmal führende Faschisten und Milizionäre, dann die leitenden Beamten der zentralen Verwaltungen und schließlich die bunt zusammenge-
würfelten Polizeikräfte, die 1943 von der neofaschistischen Regierung zur Herstellung von Ruhe und Ordnung nach Rom entsandt worden waren; dazu gehörten auch die mehr als tausend Mann der Polizia Africana Italiana und das Heer der
Schnüffler und Denunzianten von der faschistischen Sicherheitspolizei, die so
manchen Antifaschisten ans Messer geliefert hatten. Diese eigentümlichen Ge-
bilde, halb Polizei, halb dilettierender Geheimdienst, wurden von den Alliierten
aufgelöst, die niederen Dienstgrade entlassen und das Führungspersonal, soweit
es nicht das Weite gesucht hatte, inhaftiert. Alles zusammen genommen gab es in
den ersten Tagen nach der Befreiung mehrere hundert Verhaftungen aus Sicher-
heitsgründen[67].

Das Gröbste war also schon getan, als die Truppe von Charles Poletti am 15.
Juni 1944 die Einheit der 5. Armee ablöste. Polettis Team hatte sich seit Monaten
intensiv auf die Arbeit in Rom vorbereitet; es bestand aus 16 Abteilungen und umfaßte mehr als 100 speziell ausgebildete Offiziere, die ihren Job nicht weniger gut
verstanden als der erfahrene Poletti, der seine Feuertaufe als Chef einer Militärregierungseinheit in Sizilien, Kampanien und Neapel erhalten hatte. Poletti, 1903 im
amerikanischen Bundesstaat Vermont geboren, kannte Italien. Seine Mutter
stammte aus der Lombardei, sein Vater aus dem Piemont, wo er vor seiner Aus-
wanderung als Steinhauer gearbeitet hatte. Nach dem Studium der Politikwissen-
schaft und der Jurisprudenz in Rom, Madrid und Harvard fand Poletti eine An-
stellung als Rechtsanwalt; dabei kam er auch mit der Politik in Berührung. Er trat

---

[65] Vgl. Lutz Niethammer, Entnazifizierung in Bayern. Säuberung und Rehabilitierung unter amerikanischer Besatzung, Frankfurt a.M. 1972; Clemens Vollnhals (Hrsg.), Entnazifizierung. Politische Säuberung und Rehabilitierung in den vier Besatzungszonen 1945–1949, München 1991;
Hans Woller, Gesellschaft und Politik in der amerikanischen Besatzungszone. Die Region Ansbach und Fürth, München 1986, S. 98 ff.
[66] HQ, AC, Civil Affairs Section: Removal of employees of Fascist Republican Government, 2.12.
1944, in: NA, RG 331, Civil Affairs, box 19, 10000/105/906.
[67] Vgl. Work of Allied Military Government of Rome: Report of the first forty-eight hours, 7.6.
1944; Police Reports der Public Safety Division der Militärregierungseinheit der 5. US-Armee
vom Juni 1944, in: Ebenda, Executive Commissioner, 10000/109/1824.

der Demokratischen Partei bei und brachte es 1939 bis 1942 sogar zum Vize-Gouverneur von New York[68].

Poletti, dem vorläufig letzten in der langen Reihe der fremden Herren Roms, ist wie den früheren Eroberern vieles vorgeworfen worden, Korruption und Prasserei ebenso wie Selbstherrlichkeit und Hoffart. Kaum jemand aber hat seine antifaschistische Grundüberzeugung in Zweifel gezogen und ihm übertriebene Nachsicht mit den Faschisten nachgesagt – aus gutem Grund: Die Richtlinien, die er in Sizilien und vor allem als Chef der Militärregierung in Kampanien herausgegeben hatte, waren weit über die Bestimmungen der italienischen Gesetze und die alliierten Säuberungsdirektiven hinausgegangen, die eigentlich auch ihn hätten binden müssen. Sie richteten sich, kurz gesagt, nicht nur gegen führende Faschisten und das gehobene Personal im öffentlichen Dienst, sondern auch gegen „fiancheggiatori" und Nutznießer des Faschismus aus der Welt der Wirtschaft und des großen Geldes, die nun ihre Posten verloren und durch unbelastete Treuhänder ersetzt wurden. Damit hatte sich Poletti in Kampanien nicht nur den Ärger Badoglios zugezogen, sondern auch viele Offiziere der Militärregierung irritiert, denen seine Kompromißlosigkeit denn doch zu weit ging[69].

In Rom angekommen, setzte Poletti sein in Kampanien erprobtes Säuberungsmodell unverzüglich fort. Ende Juni, noch keine vier Wochen nach der Befreiung, konnte die Militärregierung melden, daß mehr als 3700 Faschisten aus ihren Ämtern entlassen und etwa 200 verhaftet worden seien – unter ihnen der Sohn Gabriele D'Annunzios und Gaetano Polverelli, ein Minister aus dem letzten Kabinett von Mussolini[70]. Die Zahl der Verhaftungen war nur deshalb so klein, so heißt es in der offiziösen Geschichte der alliiierten Besatzung Italiens, weil fast überall die Spitzen der Verwaltung, aber auch viele kleinere Beamte ihr Heil in der Flucht nach Norden gesucht hatten[71].

Aus der Einsicht heraus, daß er als Fremder mit den lokalen Belangen nicht recht vertraut war[72], hatte Poletti schon in Sizilien und Kampanien bewährte Antifaschisten an der Säuberung beteiligt; in Rom machte er es nicht anders. In der Regel ist über diese antifaschistischen Ausschüsse kaum mehr bekannt, als daß es sie gegeben hat. Nur da und dort finden sich in den Quellen vereinzelte Hinweise über ihre Befugnisse, Zusammensetzung und ihre Arbeitsweise. Eine Ausnahme bildete schon die relativ dichte Aktenüberlieferung über die Säuberungskommission von Adolfo Omodeo an der Universität von Neapel[73], die Einblicke in Vor-

---

[68] Vgl. Lamberto Mercuri (Hrsg.), Charles Poletti. „Governatore" d'Italia (1943–1945), Foggia 1992, S. 17–23.

[69] Vgl. Harris, Allied Military Administration of Italy, S. 162–171; Fiorentino, La Roma di Poletti, S. 45; die Bemerkungen Polettis auf einer Besprechung der Regional Commissioners, 22. 8. 1944, in: Coles/Weinberg, Civil Affairs, S. 462 f.; De Marco, „Educazione alla democrazia", S. 355 ff.; die von Poletti herausgegebene Ordine amministrativo Nr. 3, 3. 6. 1944; die Ordine Regionale Nr. 1, 26. 6. 1944, in: ACS, PCM, Gab. 1944–1947, 1/7 10124, sottofasc. 0–4.6; Mercuri, L'epurazione, S. 53 f. und 100 f.

[70] Vgl. Fiorentino, La Roma di Poletti, S. 47; Risorgimento, 30. 6. 1944; Polettis Bemerkungen auf einer Besprechung der Regional Commissioners am 22. 8. 1944, in: Coles/Weinberg, Civil Affairs, S. 462 f.

[71] Vgl. Harris, Allied Military Administration of Italy, S. 174.

[72] Vgl. Memorandum der römischen Firma Casaluce an AC, 2. 2. 1945, in: NA, RG 331, Civil Affairs, box 17, 10000/105/744–813.

[73] Vgl. S. 65–72.

gehensweise und Binnenstruktur dieser Beratungsorgane mit weitreichender Sanktionskompetenz erlaubte. Das Dunkel, das diese Organe gleichwohl noch immer umgibt, lichtet sich glücklicherweise noch etwas, weil auch interne Papiere der von Poletti ins Leben gerufenen, offensichtlich für das Stadtgebiet von Rom zuständigen „Commissione per la Epurazione" erhalten geblieben sind, die am 10. Juli 1944 in einem Büro an der Piazza SS. Apostoli Nr. 73 zum ersten Mal zusammentrat[74].

Die römische Kommission – wie wohl alle übrigen Ausschüsse, die im Sommer 1944 im AMGOT-Land gebildet wurden – stand vor einer Aufgabe von fast titanischer Dimension. Sie sollte jeden überprüfen und gegebenenfalls aus seiner beruflichen Stellung entlassen, der in eine der vielen Belastungskategorien fiel, die in der Ordine Regionale Nr. 1 vom 26. Juni 1944 aufgezählt waren – also neben führenden Faschisten auch Bürgermeister und Gemeinderatsmitglieder von größeren Städten, Redakteure von Zeitungen und Journalen, Berufsmilizionäre und das Führungspersonal staatlicher bzw. vom Staat kontrollierter Konzerne und Betriebe. Außerdem war es der Kommission aufgegeben, den gesamten öffentlichen Dienst (einschließlich der Polizei und der Feuerwehr), die Banken und Versicherungen, Telefon- und Rundfunkgesellschaften und alle Betriebe zu durchleuchten, „die nach dem 28. Oktober 1922 finanzielle Unterstützung oder Hilfen vom italienischen Staat, von einer Provinz- oder Gemeindeverwaltung oder von der Ex-Statthalterschaft von Rom erhalten hatten". Mit einem Wort: Es ging um nichts weniger als darum, die gesamte staatliche Verwaltung und jene Bereiche der privaten Wirtschaft unter die Lupe zu nehmen, die Aufgaben von öffentlichem Interesse wahrnahmen. Ausnahmslos jeder, der in diesen allein in Rom wohl nach Hunderten zählenden Betrieben und Einrichtungen Arbeit gefunden hatte, mußte einen Fragebogen ausfüllen und im Falle einer schwerwiegenden Belastung mit seiner Entlassung rechnen.

Doch damit nicht genug. Polettis Kommission hatte ferner alle diejenigen ausfindig zu machen – und wieder war es nicht gerade ein kleiner Kreis –, „die aus ihrer Zusammenarbeit mit den Deutschen seit dem 10. Juni 1940 einen Nutzen gezogen haben", und sie aus dem öffentlichen Dienst und der privaten Wirtschaft zu entfernen. Schließlich fungierte die Kommission auch noch als eine Art Revisionsinstanz für alle Entlassungen, die die Militärregierung in den Wochen zuvor veranlaßt hatte; sie konnte diese Fälle neu aufrollen und eine Rücknahme der Entlassung anregen, wenn diese sich nach eingehender Prüfung als ungerechtfertigt erweisen sollte[75].

Wie eigentlich stets bei der politischen Säuberung, so stand auch bei der „Commissione per la Epurazione" die Dimension der Aufgabe in einem krassen Mißverhältnis zu den personellen Kräften, die zu ihrer Bewältigung aufgeboten wurden. Ganze elf Mann saßen am 10. Juli zusammen, als die Kommission ihre Arbeit aufnahm; einer, Cesare Massini, fehlte. Den Vorsitz führte Lionello Manfredonia,

[74] Die Protokolle der Commissione per la Epurazione finden sich in: ACS, Alto Commissariato, titolo V, Nr. 15.
[75] Vgl. Ordine Regionale Nr. 1, 26. 6. 1944, die für das Gebiet von Rom galt, in: ACS, PCM, Gab. 1944–1947, 1/7 10124, sottofasc. 0–4.6; der Text der Ordine Regionale Nr. 1 findet sich auch in Mercuri, L'epurazione, S. 100 f.

ein erfahrender Rechtsgelehrter; die übrigen elf waren juristisch geschulte Vertreter aller antifaschistischen Parteien, unter ihnen Pietro Grifone, ein führender Kommunist, der in der Verbannung auf Ponza gewesen war, Achille Battaglia, ein Widerstandskämpfer aus der Führungsriege der Aktionspartei, und Renato Brugner, der vermutlich als Mitglied der Democrazia Cristiana nur wenig später in das Hochkommissariat Sforzas berufen wurde[76].

Die erste Sorge des Ausschusses galt natürlich der Etablierung eines Verfahrens, das die rasche Ausschaltung wenigstens der prominenten Faschisten zu gewährleisten versprach, die zweite der nicht weniger wichtigen Frage, ob das Netz denn auch weit genug ausgeworfen worden und engmaschig genug war, um alle wirklichen Faschisten zu erwischen. In beiderlei Hinsicht war die Kommission mit den Grundregeln, auf die Poletti sie verpflichtet hatte, nicht ganz zufrieden. Sie schlug deshalb vor, die in der Ordine Regionale Nr. 1 enthaltenen Belastungskategorien zu erweitern und ihr ein unbürokratisches Zugriffsrecht in jenen Fällen einzuräumen, in denen der Betroffene nicht in eine spezifische Kategorie falle, aber „als notorischer Faschist und Propagandist des Regimes" anzusehen sei[77]. Mit beiden Vorschlägen rannte man offene Türen ein, denn Poletti, „unser gewissenhaftester Fürsprecher und unser wertvollster Helfer", wie die Kommission einmal schrieb[78], war selbst sehr daran gelegen, die Arbeit der Kommission nur ja nicht durch bürokratische Hindernisse zu erschweren.

Während sich Manfredonia und seine Kollegen anschickten, die ersten Fälle zur Verhandlung zu bringen, traf am 18. Juli eine Nachricht ein, die das ganze Wirken der Kommission mit einem großen Fragezeichen versah. Es war nämlich bekannt geworden, daß die italienische Regierung wenige Tage zuvor die Leitlinien eines neuen Säuberungsgesetzes – es handelte sich um das spätere Gesetz vom 27. Juli – gebilligt hatte, die sich in vielerlei Hinsicht gravierend von den Bestimmungen der Ordine Regionale Nr. 1 unterschieden. Die Unterschiede bezogen sich eigentlich auf alles, was in Säuberungsgesetzen wichtig war – auf den Kreis der Betroffenen ebenso wie auf die zu säubernden Bereiche, auf das Strafmaß nicht weniger als auf das Verfahren –, und da zu erwarten stand, daß das italienische Gesetz über kurz oder lang auch in Rom zur Anwendung kommen würde, stellte sich natürlich die Frage: Aufhören oder weitermachen im Bewußtsein, daß die eigenen Entscheidungen schon binnen kurzem revidiert oder gar annulliert werden konnten[79]?

Man einigte sich schließlich darauf, nichts zu überstürzen, mit der Regierung Kontakt aufzunehmen und die Abstimmung der verschiedenen Normen anzuregen, „damit die Kommission ihre Aufgabe erfüllen kann, ohne weiter gehemmt zu werden und mit dem Tempo und der Energie, die die Öffentlichkeit fordert"[80]. Das erwies sich als weise Entscheidung, denn in den Gesprächen mit der eigenen Regierung, namentlich mit Hochkommissar Sforza, stellte sich heraus, daß beide Säuberungsgänge durchaus miteinander in Einklang zu bringen waren. Das, was

---

[76] Zu Grifone vgl. Spriano, Storia del Partito comunista italiano, Bd. 5, S. 71 und 307; zu Battaglia vgl. Ministero dell'Interno an ACC, Sottocommissione Pubblica Sicurezza, 19. 8. 1944, in: NA, RG 331, Public Safety, 10000/143/1507.
[77] Protokoll der Sitzung vom 12. 7. 1944, in: ACS, Alto Commissariato, titolo V, Nr. 15.
[78] Rücktrittsschreiben der Kommission an Poletti, 28. 7. 1944, in: Ebenda.
[79] Protokoll der Sitzung vom 18. 7. 1944, in: Ebenda.
[80] Text einer in der Sitzung vom 18.7. verabschiedeten Entschließung, in: Ebenda.

die Kommission tue, werde Bestand haben, konnte Manfredonia seine Kollegen am 21. Juli unter Hinweis auf ein Gesetz vom 11. Februar beruhigen, „das besagt, daß die Handlungen der alliierten Militärregierung (Ernennungen und Absetzungen eingeschlossen) von der italienischen Regierung [...] nicht aufgehoben werden können"[81].

Damit waren die Zweifel an Sinn und Zweck des eigenen Tun zerstreut. Ganz ohne Folgen blieben die interne Debatte und die anschließende Abstimmung mit Sforza aber wohl doch nicht. Die Kommission konzentrierte ihre Reinigungsanstrengungen nämlich von nun an auf das Netzwerk privater und halbstaatlicher Pfründewirtschaft, das von der Säuberung nach italienischem Gesetz voraussichtlich nur schwer oder überhaupt nicht erreicht werden würde, war diese doch primär auf die staatliche Verwaltung gerichtet. Noch in der Sitzung vom 21. Juli schlug die Kommission über 30 „pezzi grossi" aus dem gehobenen Milieu der Nutznießer zur Entlassung vor, die sich im Faschismus nicht weiter exponiert, im Hintergrund aber viele Fäden gezogen hatten und dabei auf bequeme Weise reich geworden waren; wohldotierte Posten sollten beispielsweise der Präsident und der Generaldirektor der Cassa di Risparmio di Roma verlieren, der Generalstaatsanwalt des Berufungsgerichtes, der Generaldirektor einer großen Versicherung sowie einige leitende Herren der Società Romana Ferrovie Nord und der Società Romana Elettricità[82].

Am 22. Juli traf das Verdikt der Kommission 12 Beamte aus der Führungsetage der Verwaltung der Provinz von Rom, zwei Tage später standen 14 Namen, darunter alles, was bei den Assicurazioni Generali d'Italia zählte, auf der Entlassungsliste, und am 25. und 26. Juli sprach sich Polettis Kommission für weitere 24 Entlassungen bei den römischen Verkehrsbetrieben, beim Istituto Nazionale Infortuni und bei der Compagnia Italiana Turismo aus[83]. „In den oberen Etagen zuschlagen" – so lautete die Devise, unter die Poletti die Arbeit seiner Kommission gestellt hatte, und daran hielt sich diese auch. Binnen weniger Tage verloren in Rom rund 80 Angehörige der besseren Gesellschaft ihre Posten.

Man kann sich vorstellen, daß diese Maßnahmen ein größeres Beben auslösten als wenn – sagen wir – einige Hundert mittlere Angestellte und arme Schlucker über Nacht stellungslos geworden wären. Bedauerlicherweise läßt sich über die Reaktionen darauf wenig sagen. Welche Tricks wurden versucht, der Kommission das Handwerk zu legen? Welche Rolle spielten Offiziere der Militärregierung dabei? Wie dachte die Regierung, wie die Liberalen und die Democrazia Cristiana mit ihren engen Beziehungen zur Hautevolée Roms? Und wie vor allem Sforza, dem es als Hochkommissar doch auch einiges Kopfzerbrechen bereiten mußte, daß sich die Kommission Polettis den frischen Säuberungslorbeer holte, während für ihn oft nur die saure Kleinarbeit blieb? Soviel ist sicher: Die Mitglieder der Kommission erfuhren am 25. oder 26. Juli aus der Zeitung, daß ihr ursprünglicher Auftrag durch eine „Nachbesserung" stark verwässert worden war. Die Anweisung dazu stammte von der Allied Control Commission, der Polettis Säuberungs-

---

[81] Protokoll der Sitzung vom 21. 7. 1944, in: Ebenda.
[82] Ebenda.
[83] Vgl. Protokolle der Sitzungen vom 22., 24., 25. und 26. 7. 1944, in: Ebenda.

eifer so unheimlich geworden war, daß sie sich nicht scheute, ihrem eigenen Mann in den Rücken zu fallen und ihn vor der italienischen Säuberungskommission bloßzustellen. Die Kommission sollte sich nun nicht mehr um die Ausschaltung der „pezzi grossi" kümmern, sondern sich beschränken „auf die Überprüfung der staatlichen Einrichtungen in der Peripherie und der lokalen Ableger der halbstaatlichen oder vom Staat kontrollierten Betriebe". Im Klartext hieß das: auf die „Fälle von geringer Bedeutung, während in den Zentralen, wo sie sich besonders tummeln, [...] diejenigen auf ihren Posten bleiben können, die die größte Verantwortung auf sich geladen haben, weil sie dem Faschismus zwanzig Jahre gedient und davon profitiert haben"[84].

Jeder, der mit den Dingen etwas vertraut war, wußte, daß die Anweisung der Alliierten Kontrollkommission die Arbeit der Säuberungskommission grundlegend veränderte, und keinem, der einen kleinen Blick hinter die Kulissen zu werfen vermochte, konnte verborgen geblieben sein, daß der radikale Kurswechsel vor allem auf Druck aus den Chefetagen der „Hochfinanz und der Versicherungen" zustandegekommen war, die „die vom Kabinett beschlossenen milderen Regelungen kannten und versuchten, sich dem Urteil der Kommission zu entziehen"[85]. Wieder stellte sich also, nun allerdings schärfer als eine Woche zuvor, die Frage, was zu tun war. Und wieder suchte man das Heil in der Vertagung einer Entscheidung. Vor allem die Vertreter der kommunistischen Partei und der Democrazia Cristiana erklärten sich außerstande, ohne vorherige Konsultationen mit ihren Parteien in einer Frage von so weitreichender Bedeutung einen Beschluß zu fassen[86].

Die Mehrheit der Kommission entschied sich schließlich dafür, die Arbeit unter öffentlichem Protest einzustellen. Weiterzumachen unter den neuen, viel schlechteren Bedingungen hätte in ihren Augen bedeutet, das Vorurteil zu bekräftigen, daß man die Großen laufen ließ, während man die Kleinen hängte. Das Volk sähe dadurch seine Hoffnung auf eine „wahre und profunde Gerechtigkeit" enttäuscht. „In ihm würde sich die Überzeugung verfestigen, daß Reichtum, Intrige und Unehrenhaftigkeit so starke Kräfte sind, daß es vergeblich ist, gegen sie anzukämpfen. Wenn Maßnahmen, auch wenn sie gerecht sind, nur gegen schuldig gewordene Kleine ergriffen werden, würde darüber gelacht, und sie würden als nicht mehr betrachtet als ein Hilfsmittel zur Rettung der Hauptverantwortlichen. Als Frucht unserer Arbeit würde sich damit ein Gefühl des Ekels und der Verachtung bei den anständigen Menschen einstellen – also genau das Gegenteil von dem, [...] was wir als Voraussetzung des moralischen Wiederaufbaus unseres Landes betrachteten und betrachten."[87]

Gewiß, das waren ehrenwerte Gründe, die kaum einen Widerspruch litten. Doch war der Rückzug nicht auch ein bißchen bequem? Empfanden es nicht manche, die nun unter lautem Pochen auf Grundsätze und Überzeugungen die Szene verließen, als große Erleichterung, nicht mehr sichten und sondern zu müssen? Namentlich die Vertreter der bürgerlichen Parteien mußten ja in um so grö-

---

[84] Rücktrittsschreiben der Kommission an Poletti, 28. 7. 1944, in: Ebenda.
[85] Protokoll der Sitzung vom 27. 7. 1944, in: Ebenda.
[86] Ebenda.
[87] Rücktrittsschreiben der Kommission an Poletti, 28. 7. 1944, in: Ebenda.

ßere Konflikte mit der Parteiraison gekommen sein, je weiter die Säuberungsarbeit der Kommission geschritten war. Und hatten nicht auch die gute Gründe auf ihrer Seite, die – wie die beiden Vertreter der Kommunisten – dafür sprachen, auszuharren und keinen Platz freiwillig zu räumen, von dem aus man die Säuberung, wie bescheiden auch immer, vorantreiben konnte[88]?

„Geschlossen am 28. Juli 1944", so steht unter den etwa vierzig handschriftlichen Blättern geschrieben, denen die dargelegten Einzelheiten zu entnehmen sind. Nach dem Rückzug von Manfredonia und seinen Kollegen wurden die Aktendeckel zugeklappt, und damit blieb Episode, was vielversprechend begonnen hatte und unter günstigeren Bedingungen vielleicht ein Modell für die Säuberung unter alliierter Regie hätte werden können. Gleichwohl traten in der kurzen Geschichte dieser Kommission einige Merkmale in mehr oder minder großer Deutlichkeit hervor, die für den Säuberungsprozeß in Italien insgesamt charakteristisch sind: In den Reihen der Militärregierung herrschten durchaus unterschiedliche Auffassungen über Intensität und Finalität der Säuberung; keineswegs alle, zumal nicht in den eher konservativen Führungsstäben der Allied Control Commission, wo 1944 noch britische Offiziere den Ton angaben, teilten den Eifer eines Poletti, der in ihren Augen den unverzeihlichen Fehler beging, mitten im Krieg mit dem Abbruch eines politisch-gesellschaftlichen Systems zu beginnen, das einige anstößige Seiten haben mochte, dessen Fortbestand aber der alliierten Kriegführung gute Dienste erwies. Außerdem wird am Beispiel der römischen Kommission deutlich, daß die Fraktionierung alliierter Interessen mannigfache Ansatzmöglichkeiten für italienische Einwirkungsversuche bot, und zwar den Antifaschisten, die ihre Interessen eher bei Offizieren vom Zuschnitt eines Poletti aufgehoben sahen, ebenso wie den konservativen Kräften mit Vergangenheit, die ihre natürlichen Verbündeten in der kriegspragmatischen Führungsschicht der Militärregierung erblickten. Daß in diesem Fall die italienisch-alliierte Kleinkoalition der Befürworter einer durchgreifenden Säuberung sich nicht durchzusetzen vermochte und schließlich enttäuscht das Feld räumte, hing mit vielem zusammen; eine Regel läßt sich daraus nicht ableiten. Welche Gruppe im hochkomplexen Gefüge alliierter-italienischer Besatzungsbeziehungen die Oberhand gewann, variierte von Fall zu Fall und hatte nicht zuletzt mit der Geschlossenheit der antifaschistischen Kräfte zu tun, die im Falle der römischen Kommission nicht bestand. Schließlich zeigte sich am Beispiel der „Commissione per la Epurazione" auch, daß die Gegner einer gründlichen Abrechnung mit dem Faschismus zwar in der Öffentlichkeit kaum mehr präsent waren, aber doch längst nicht aufgesteckt hatten. Im Gegenteil: Jeder Säuberungsversuch weckte neue Gegenkräfte, und es bedurfte der konzertierten Anstrengung des Antifaschismus, sie in Schach zu halten.

Während Charles Poletti seit Mitte Juni 1944 sein Bestes gab, um die Säuberung in Rom voranzubringen, und schließlich sechs Wochen später von vorgesetzter Stelle desavouiert wurde, war die Generallinie der alliierten Säuberungspolitik zweimal grundlegend geändert worden, ohne daß dies freilich in der Praxis zunächst viel bewirkt hätte. Mit der ersten Änderung zog die Militärregierung die Konsequenz aus den Erfahrungen, die sie nach dem militärischen Durchbruch bei

---

[88] Protokoll der Sitzung vom 28. 7. 1944, in: Ebenda.

Monte Cassino mit der Säuberungsdirektive vom 24. Mai 1944 gemacht hatte[89]. Das Hauruck-Verfahren auf der Basis pauschaler Belastungskriterien drohte den gesamten öffentlichen Dienst lahmzulegen und damit auch die alliierte Kriegsanstrengung zu beeinträchtigen. So konnte es nicht weitergehen – und brauchte es auch nicht, wie viele Offiziere bald feststellten, denn nicht einmal auf dem Boden der Republik von Salò waren alle Beamte und Angestellte (wie ursprünglich angenommen) zu den gefährlichen Faschisten zu rechnen. Auch dort bestand das Gros der Parteigänger des Duce eher aus Mitläufern, die sich, wie sie es immer getan hatten, auch mit den neuen Verhältnissen arrangieren würden. Neben den begeisterten Faschisten gebe es viele, so die nüchterne Analyse, die „trotz ihrer Gegnerschaft zum faschistischen Regime mit Gewalt gezwungen worden sind, im Amt zu bleiben, oder es aus Pflichtgefühl auf sich genommen haben, zu bleiben und ihrem Volk zu dienen". Andere wiederum „blieben einige Monate auf ihren Posten und flohen dann aus Angst vor Verfolgung". Angesichts dieser Komplexität sei es „unmöglich, auf den ersten Blick zu sagen, in welche [Belastungs-]Gruppe ein bestimmter Beamter einzustufen war"[90].

Von diesen Einsichten war es nur noch ein kleiner Schritt zu der Erkenntnis, daß der alliierte Säuberungskurs erneut korrigiert werden mußte. Die neue Linie sollte die Erfordernisse der politischen Säuberung mit „urgent military requirements" versöhnen, so die fast klassische Formulierung eines alliierten Offiziers[91]. Außerdem sollte die neue Direktive die Militärregierung davor bewahren, sich tiefer und tiefer in die praktische Säuberung hineinziehen zu lassen, um schließlich – weil die italienische Regierung zu wenig Tatkraft aufbrachte oder das unfeine Säuberungsgeschäft lieber anderen überließ – zur alleinigen Säuberungsinstanz zu werden. Die Säuberung war Sache der Italiener, die Alliierten sollten ermutigen und überwachen, aber nur dort direkt eingreifen, wo (nicht zuletzt aus Gründen der Sicherheit der eigenen Truppen) Eile geboten war oder wo die italienische Regierung wirklich außerstande war, ihren Direktiven Geltung zu verschaffen.

Das Executive Memorandum Nr. 67, das am 5. Juli 1944 in Kraft trat, trug diesen Überlegungen schon zu einem erheblichen Teil Rechnung. Wenn ein Landstrich befreit werde, so schrieb Chief Commissioner Ellery W. Stone später an Ministerpräsident Bonomi, gehe es den Alliierten nicht um eine sofortige Komplettsäuberung, sondern nur um die Ausschaltung gefährlicher Faschisten und um die Reinigung der Spitzenpositionen in der Verwaltung[92]. „Massenhaftes Rausschmeißen von Beamten" sei grundsätzlich zu vermeiden[93], in vielen Fällen werde man auch nicht umhin können, „Ex-Faschisten vorübergehend zu belassen, damit in dieser frühen Phase der [militärischen] Operationen wichtige Erfordernisse der Verwaltung nicht ignoriert werden"[94].

Kernstück des neuen Verfahrens, das absichtlich „simple and easy to carry

---

[89] Entwurf eines internen Memorandums der Militärregierung, Sommer 1944, in: NA, RG 331, Civil Affairs, box 19, 10000/105/906.
[90] HQ, ACC, Executive Memorandum Nr. 67: Treatment of Italian Officials encountered in Advance Northwards, in: Ebenda, box 17, 10000/105/744–813.
[91] AFHQ an HQ, ACC, 8. 8. 1944, in: Ebenda.
[92] Vgl. Stone an Bonomi, 11. 11. 1944, in: Ebenda.
[93] HQ, AC, an Regional Commissioners und SCAO's, 27. 11. 1944, in: Ebenda.
[94] Stone an Bonomi, 11. 11. 1944, in: Ebenda.

out"[95] gehalten war, waren zwei Listen, die Liste „A", auf der in der Reihenfolge
ihrer politischen Wichtigkeit über 40 Regierungsstellen, „die so schnell wie möglich von faschistischem Personal gereinigt werden sollten", verzeichnet waren,
und die Liste „B" mit mehr als 20 „rein faschistischen Einrichtungen" und faschistischen Rängen[96]. Diese beiden Listen sollten die Offiziere in der Praxis gewissermaßen „übereinanderlegen", und dort, wo sie sich überschnitten, galt es tätig
zu werden. „Wenn Sie auf eine Person treffen", so hieß es im Executive Memorandum Nr. 67, „die eine Stelle von Liste A innehatte und einen der Parteiränge von
Liste B hatte, dann handelt es sich wahrscheinlich um einen Beamten, der sofort
zu entlassen ist."[97] Die alliierten Offiziere waren dabei gehalten, schnell zu handeln und keinen großen administrativen Aufwand wie etwa die Ausgabe und Prüfung von Fragebogen zu treiben; davon konnten dann die italienischen Epura-
zione-Kammern, die später zum Zuge kamen, intensiven Gebrauch machen. Auch
die Mitwirkung italienischer Säuberungskommissionen sollte eingeschränkt werden; mit solchen „amateur epuration commission(s)" wollte die Militärregierung
künftig nur noch sporadisch zusammenarbeiten[98].

Verstärkt wurde die für das Executive Memorandum vom 5. Juli 1944 charakteristische Tendenz, die Erfordernisse der Säuberung mit den „urgent military requirements" zu versöhnen, noch durch einen etwa vier Wochen später gefaßten
Beschluß des Chief of Staff, der die italienische Regierung dazu verpflichtete, „daß
Italiener, die in herausgehobener Position in technischen Berufen und in öffentlichen Versorgungsbetrieben beschäftigt sind, im Zuge der Säuberung nicht ohne
vorherige Zustimmung alliierter Behörden entlassen werden sollten". Damit
wollten die Alliierten die Entlassung von Beamten verhindern, deren Dienste als
kriegswichtig angesehen wurden[99]. Nicht wenige alliierte Offiziere hielten diesen
Beschluß für verhängnisvoll, weil er in der Öffentlichkeit als Zeichen für ein
Nachlassen des alliierten Interesses an einer gründlichen Reinigung aufgefaßt
werden konnte. Sie warnten und pochten darauf, daß die Alliierten auch künftig
an dem Grundsatz festhalten sollten, daß niemand „unverzichtbar" sei. Diese
Kräfte mußten aber auch hier erkennen, daß es mit der Durchschlagskraft ihrer
Argumente immer dann nicht recht weit her war, wenn von anderer Seite militäri-
sche Interessen ins Feld geführt wurden[100].

Trotz solcher Tendenzen dachte im alliierten Lager niemand ernstlich daran,
daß mit dem Erlaß des Executive Memorandum Nr. 67 und der Bekräftigung alli-

[95] Ebenda.
[96] Executive Memorandum Nr. 67, in: Ebenda.
[97] Ebenda.
[98] HQ, ACC, Legal Sub-Commission: Notes of a meeting of Legal Sub-Commission on RLOs,
20. 9. 1944, vom 2. 10. 1944, in: Ebenda, Legal, box 7; zum Executive Memorandum Nr. 67 vgl.
HQ, AC, an Regional Commissioners und SCAO's, 27. 11. 1944, in: Ebenda, Civil Affairs, box 17,
10000/105/744–813; HQ, AC, Civil Affairs Section: Defascism, 27. 11. 1944, in: Ebenda, Civil Affairs, box 19, 10000/105/906; HQ, ACC: Treatment of Italian Officials encountered in Advance
Northwards, 1. 8. 1944, in: Ebenda, Civil Affairs, box 17, 10000/105/744–813.
[99] AFHQ, Office of the Chief of Staff, an HQ, ACC: Epuration of Italian Officials, 8. 8. 1944, in:
Ebenda; Stone an AFHQ, 22. 8. 1944, in: Ebenda; Stone an Bonomi, 5. 9. 1944, in: Ebenda, box 19,
10000/105/906.
[100] Notes of a Sub-Commission meeting on defascism, 19. 8. 1944, in: Ebenda, box 17, 10000/105/
744–813.

ierter Reservatrechte in puncto Entlassungen der Rückzug aus der politischen Säuberung begonnen haben könnte. Wenn es sich um einen Rückzug handelte, dann allenfalls um einen Rückzug aus dem säuberungspolitischen Alltagsgeschäft, das – bitte schön – die Italiener selbst besorgen sollten, nicht aber aus der Verantwortung für diese politisch-moralisch so bedeutsame Aufgabe. Ansonsten hatte sich aber an den alliierten Zielsetzungen nicht das mindeste geändert. „Eine der ersten Aufgaben, die nach der Übernahme eines Gebietes erfüllt werden müssen", so hieß es in einer internen Anweisung der Civil Affairs-Abteilung der Militärregierung, „ist, Faschisten aus einflußreichen Positionen zu entfernen."[101] Nichts anderes meinte der amerikanische Außenminister Stettinius, als er im August 1944 das außerordentliche Interesse seiner Regierung an der Säuberung bekräftigte[102], und auch das Office of the Chief of Staff ließ keinen Zweifel daran, daß es der „Wunsch von AFHQ" sei, „die gegenwärtige italienische Regierung bei ihrem Programm zur Säuberung des öffentlichen Dienstes zu unterstützen und zu ermuntern"[103].

Indes mußten Absicht und Wirkung mitnichten identisch sein. In der Öffentlichkeit begann sich jedenfalls im Sommer 1944 der Eindruck einzustellen, daß die Alliierten nicht mehr ganz bei der Sache waren. Stettinius' Äußerungen oder die interne Anweisung der Civil Affairs-Abteilung drangen ja nicht nach außen. Vor aller Augen aber stritten die Militärregierung und die nun energischer zu Werke gehende italienische Regierung über die Entlassung des Direktors der neapolitanischen Telefongesellschaft und über andere Fälle von ähnlicher Bedeutung[104]. Was war davon zu halten, daß die Militärregierung sich für sogenannte „pezzi grossi" stark machte, die italienische Säuberungskommissionen zur Entlassung vorsahen, so dürften sich viele gefragt haben. Was davon, daß die Alliierten zunächst eine radikale Politik der Ausschaltung belasteter Faschisten verfolgten und dann – paradoxerweise je weiter es nach Norden ging, auf das Gebiet der Republik von Salò – zunehmend vorsichtiger agierten? Was davon, daß die Mitarbeit der einheimischen Antifaschisten an der Säuberung zunächst erwünscht gewesen war, dann wieder zurückgewiesen wurde? Für die Rücknahme mancher radikaler Positionen gab es gewiß gute Gründe, und die Absage an pauschale Entlassungskategorien war nicht mehr als ein Gebot praktischer Vernunft. Wahr ist aber auch, daß diese Korrekturen ihren Preis hatten: Die Alliierten stießen damit die antifaschistischen Kräfte vor den Kopf und entfremdeten sich so den Teil der Gesellschaft, der am ehesten für eine Zusammenarbeit im Zeichen von Säuberung und Reform in Frage kam, und sie verminderten – ohne es zu wollen – den Druck auf die italienische Regierung, der vor allem in der Ära Badoglio das bißchen Säuberung, das zu verzeichnen war, bewirkt hatte.

---

[101] AC, Civil Affairs Section: Memorandum on defascism, 6. 2. 1945, in: Ebenda, box 19, 10000/105/907.
[102] Vgl. Stettinius an Kirk, 8. 8. 1944, in: FRUS, 1944, III, S. 1144.
[103] AFHQ, Office of the Chief of Staff, an HQ, ACC, 8. 8. 1944, in: NA, RG 331, Civil Affairs, box 17, 10000/105/744–813.
[104] Zum Fall Ugo Pellegrini, der wegen seiner Bedeutung eigentlich eine ausführliche Behandlung verdiente, vgl. die umfangreichen Aktenbestände in: NA, RG 331, Communications, 10000/147/115; ebenda, Civil Affairs, box 17, 10000/105/744–813; ebenda, Legal, 10000/142/552; ebenda, Civil Affairs, 10000/105/819.

Das alliierte Modell zur Grobreinigung von erster Hand, wie es sich im Sommer 1944 herausbildete, stand und fiel natürlich mit der Fähigkeit der italienischen Regierung, ein eigenes Säuberungsverfahren zu etablieren, das im Anschluß daran zum Einsatz kommen sollte. Bis zur Befreiung von Rom waren diesbezügliche alliierte Wünsche weitgehend ins Leere gegangen; der Regierung Badoglio hatten selbst säuberungspolitische Kleintaten abgetrotzt werden müssen. Anders lagen die Dinge jetzt bei Bonomi. Mit der neuen Regierung schien eine effiziente Arbeitsteilung möglich. Schon Mitte Juli 1944 gab deshalb die Alliierte Kontrollkommission zu erkennen, daß sie bereit war, der italienischen Regierung in puncto Säuberung größere Kompetenzen einzuräumen und die italienischen Säuberungsgesetze auch schon in Regionen zur Anwendung zu bringen, die noch unter alliierter Verwaltung standen. „ACC ist sehr daran gelegen, auch in den Gebieten, die noch nicht Ihrer Verwaltung unterstehen, italienische Gesetze und Verordnungen anzuwenden", schrieb Chief Commissioner Ellery W. Stone am 14. Juli 1944 an Bonomi. „Die Sache ist überaus eilig und wir vertrauen auf die Regierung, daß sie ihre Pläne zum frühest möglichen Zeitpunkt komplettiert."[105]

Als dies mit dem Erlaß des Abrechnungs-Gesetzes vom 27. Juli 1944 geschehen war, zögerte die alliierte Militärregierung keine Sekunde, das Gesetz auch im AM-GOT-Land zu übernehmen, zum selben Zeitpunkt übrigens, am 29. Juli 1944, da es auf italienischem Gebiet in Kraft trat[106]. Das Executive Memorandum Nr. 67 vom 5. Juli war damit nicht hinfällig geworden, das Zwei-Listen-Schnellverfahren sollte aber nur noch in den frontnahen Gebieten praktiziert werden, während in der Etappe die Initiative schon auf die nach italienischem Recht gebildeten Säuberungskommissionen übergehen sollte. Die Alliierten hatten sich dabei vorgenommen, den Italienern weitgehend freie Hand zu lassen; selbst die Auswahl der Kommissionsmitglieder war allein ihre Sache. „Wir müssen darauf vertrauen, daß die Italiener keine Faschisten ernennen", so das Ergebnis einer internen Diskussion[107].

So stand es auf dem Papier, die Wirklichkeit aber sah anders aus. Die italienische Regierung zeigte sich nämlich außerstande, ihrem Gesetz vom 27. Juli im AM-GOT-Land Geltung zu verschaffen: Der Aufbau der Kommissionen zog sich in die Länge; schon bestellte Mitglieder sprangen wieder ab, weil ihnen der Job zu riskant erschien; der Hochkommissar hatte größte Mühe, geeignete Antifaschisten zu finden, die er als Vertraute in die Kommissionen schicken konnte. Überhaupt war das ganze an rechtsstaatlichen Gepflogenheiten orientierte Verfahren viel zu langwierig, als daß es den Bedürfnissen der Öffentlichkeit entsprochen hätte, die nach raschem Handeln verlangte. Auch dort, wo die Kommissionen leidlich gut funktionierten, war man unzufrieden mit ihnen[108].

Aus der Arbeitsteilung zwischen Militärregierung und italienischer Regierung wurde also nichts. Spätestens im September/Oktober 1944 mußte jedem, der die

---

[105] In: NA, RG 331, Civil Affairs, box 17, 10000/105/744–813; vgl. auch Badoglio an Mason-MacFarlane, 6. 6. 1944, und das Antwortschreiben des damaligen Chief Commissioners, in: Ebenda; Bonomi an Stone, 26. 6. 1944, in: Ebenda.
[106] HQ, ACC, R.C. and M.G. Section, an alle Regional Commissioners, 4. 8. 1944, in: Ebenda, box 19, 10000/105/906.
[107] Notes of a meeting on defascism, 6. 8. 1944, in: Ebenda, box 17, 10000/105/744–813.
[108] Nicht näher bezeichnetes alliiertes Memorandum über die Entfaschisierung, Sommer 1944, in: Ebenda, box 19, 10000/105/906.

Lage überblickte, klar geworden sein, daß es angesichts der enormen Schwierigkeiten bei der Etablierung der italienischen Säuberungsprozedur unausweichlich
war, das alliierte Zwei-Listen-Schnellverfahren zur Grobreinigung in dem schma-
len Streifen hinter der Front um ein wiederum alliiertes Anschlußverfahren zu er-
gänzen, das eine gründliche Säuberung in den frontferneren Regionen versprach,
die noch nicht wieder in italienische Verwaltung übergegangen waren. Es dürfe
dort kein säuberungspolitisches Vakuum entstehen, so lautete die Begründung dafür, da sonst antifaschistische Hitzköpfe, die auf eine Abrechnung brannten, die
Sache in die Hand nähmen[109]. Zumal im kurz vor der Befreiung stehenden Norden, wo ein „strong anti-fascist feeling" herrsche, sei es nötig, die Öffentlichkeit
davon zu überzeugen, „daß die Säuberung und die Amtsenthebung verdächtiger
Personen mit größtmöglichem Tempo vollzogen werden"[110]. Daß es sich bei dem
neuen Verfahren um ein nur für eine gewisse Übergangszeit gültiges Provisorium
handeln konnte, das sich am besten an den Kriterien des italienischen Gesetzes
vom 27. Juli orientierte, lag ebenso klar auf der Hand.
    Die nach langen internen Beratungen schließlich am 28. November 1944 erlas-
sene General Order Nr. 35 brachte gegenüber dem italienischen Gesetz tatsächlich keine allzu großen Neuerungen. Wie dieses zielte sie auf die Säuberung von
staatlichen, kommunalen und staatlich-kontrollierten Einrichtungen des öffentlichen Lebens, auf die Privatwirtschaft, die im Auftrag der öffentlichen Hand arbeitete, und auf Konzerne von nationaler Bedeutung. Vom Dienst suspendiert werden sollte dort jeder, der aufgrund seiner faschistischen Vergangenheit, oder weil
er sich als unbelehrbar erwies, „unwürdig" war, dem Staat zu dienen; ferner diejenigen, die ihr Amt faschistischer Protektion verdankten, alle Squadristen und Alten Kämpfer und schließlich auch die Offiziere der Miliz und die große Zahl derer, die im Verdacht der Kollaboration standen. Überraschend war nur, daß die
Militärregierung wieder, anders als im Zwei-Listen-Schnellverfahren, auf die Mitwirkung italienischer Säuberungskommissionen setzte. Deren Hilfe mochte bei
der Grobreinigung entbehrlich sein, wenn es aber um mehr ging, standen die Alliierten ohne den Rat der Regimegegner, die am besten zu beurteilen vermochten,
wer für den Wiederaufbau von Staat und Gesellschaft in Frage kam und wer nicht,
meist auf verlorenem Posten. Es sei „wichtig, daß die Arbeit [...] von den Italienern selbst gemacht wird". Die Militärregierung sollte nur eine Art Oberaufsicht
führen und dabei vor allem auf dreierlei achten: daß die etwa drei- bis fünfköpfi-
gen Kommissionen zügig aufgebaut würden, daß sie ihre Arbeit primär auf die
höhere Beamtenschaft konzentrierten und daß die Verfahren nicht in „Hexenjag-
den" ausarteten[111]. Behutsamkeit sei vor allem dort geboten, wo alliierte Interessen berührt waren oder die Funktionstüchtigkeit der italienischen Verwaltung gefährdet zu werden drohte.

[109] Vgl. Aufzeichnung über eine Besprechung zwischen Sforza und Upjohn, 30. 9. 1944, in: Ebenda;
Notes of Meeting of Sub Commissions Representatives, 14. 10. 1944, in: Ebenda, box 17, 10000/
105/744–813.
[110] HQ, AC, Office of Chief of Staff, an alle Regional Commissioner der nördlichen Regionen, 28. 11.
1944, in: Ebenda, box 19, 10000/105/906.
[111] Ebenda; vgl. auch die General Order Nr. 35, die den genauen Titel Order as to the suspension of
Fascist officials and employees trug, und die Administrative Instructions pursuant to General Order No. 35, in: Ebenda.

Um den alliierten Offizieren vor Ort die Handhabung der neuen Säuberungsdirektive zu erleichtern, sah General Order Nr. 35 die Unterteilung des Kreises
der Betroffenen in drei Gruppen vor: in die „Category Immediate", in welche
etwa Direktoren, Manager und Abteilungsleiter fielen, in die „Category Routine",
der die Gruppe der „Vizes" zugehörte, und in die „Category Postponed", der alles
übrige zugerechnet wurde. Letztere sollten die alliierten Offiziere ignorieren.
„Unter keinen Umständen", so lautete die Anweisung, „soll – ohne vorherige Zustimmung von HQ AC – ein Versuch gemacht werden, Säuberungsverfahren gegen Personen der category postponed einzuleiten."[112] Wer hingegen zu den beiden ersten Gruppen gehörte, mußte binnen weniger Tage eine Rohfassung des
Fragebogens mit 12 Fragen zur politischen Vergangenheit ausfüllen und über seinen Vorgesetzten an die Säuberungskommission weiterleiten. Hier wurden die
angegebenen Daten überprüft und mit anderweitig eingezogenen Informationen
verglichen, ehe die Kommission in einem justizähnlichen Verfahren eine Entscheidung fällte.

Es ist schwer zu sagen, ob sich die in General Order Nr. 35 gesetzten Erwartungen erfüllten, ob sich die säuberungswütigen Gemüter in Norditalien daraufhin
tatsächlich beruhigten und ob bei vielen wirklich die Zuversicht entstand, Staat
und Besatzungsmacht täten ihr möglichstes, um belastete Faschisten auszuschalten. Mit Sicherheit leistete die alliierte Notmaßnahme, und um eine solche handelte es sich ja ebenso wie vorher schon beim Executive Memorandum vom 5. Juli,
aber dem fatalen Trend zur Doppelreinigung Vorschub, der in Italien von Beginn
an in der politischen Säuberung steckte: Die Alliierten hatten das Erstsäuberungs-
recht, und die italienischen Instanzen folgten in der Regel im Abstand von einigen
Monaten. Das wäre nicht tragisch gewesen, wenn man sich die Aufgabe wirklich
geteilt hätte, wenn die einen die „big shots" aufgespürt und die anderen die Masse
des Parteivolkes durchgeprüft hätten. Das Gegenteil aber geschah, es entstand sogar ein unabweisbarer Zwang zur Doppelsäuberung derselben Personengruppen.
Denn alles, was die alliierten Offiziere und die im Winter 1944/45 eingerichteten
Säuberungskommissionen taten, stand im Zeichen der Vorläufigkeit und durfte
die späteren Verfahren nach italienischem Gesetz nicht präjudizieren. „Nichts in
dieser Verordnung", so hieß es beispielsweise in der General Order Nr. 35, „und
keine auf sie gestützte Maßnahme, Entscheidung, Bekanntmachung oder Verfügung darf herangezogen werden, um irgendwelche Kommissionen zu beeinflussen, zu präjudizieren, einzuschränken oder sonst auf irgendeine Weise zu binden", die später nach Maßgabe von Gesetz Nr. 159 vom 27. Juli zu arbeiten beginnen würden[113].

Im Klartext hieß das: Wer in der Erstreinigung seinen Posten verlor, war nur
vom Dienst suspendiert und durfte hoffen, seinem Fall vor einer anderen Instanz
eine günstigere Wendung geben zu können, und wer als nicht betroffen eingestuft
wurde, konnte längst nicht sicher sein, daß die italienische Epurazione-Kommission nicht doch noch politisch Bedenkliches an ihm entdeckte. Aber freilich:
Diese Form der Doppelreinigung und der unglaubliche bürokratische Aufwand –

---

[112] Ebenda.
[113] General Order Nr. 35, in: Ebenda.

die doppelten Zeugenbefragungen und die doppelten Ermittlungen –, der damit verbunden war, war nach Lage der Dinge unvermeidlich, und die Menge an bösem Blut, die deswegen entstand, mußte in Kauf genommen werden. Denn ein Verzicht auf die Erstreinigung durch die Alliierten wäre nicht nur ein politischer Skandal erster Ordnung gewesen, der die gesamte alliierte Kriegführung in ein schiefes Licht gesetzt hätte, er wäre auch überaus teuer erkauft worden: durch monatelange säuberungspolitische Untätigkeit gerade auch in den nördlichen Regionen Italiens, wo die Erbitterung über die Salò-Faschisten besonders groß war.

Blickt man aus der Vogelperspektive auf die Geschichte des ersten Jahres der alliierten Säuberung in Italien, so scheint sie einem klar konturierten Mäander zu gleichen. Es sind vor allem fünf Direktiven, die sich als markante Eckpunkte kennzeichnen lassen: die Direktive der Combined Chiefs of Staff vom 28. Juni 1943, das Executive Memorandum der Kontrollkommission vom 17. März, die Direktive des Chief Commissioners vom 24. Mai, das Executive Memorandum Nr. 67 vom 5. Juli und schließlich die General Order Nr. 35 vom 28. November 1944. In der Nahoptik hingegen verschwimmen die Konturen, und vieles wird diffus: In manchen Regionen wurde noch nach den alten Richtlinien gesäubert, während einige Kilometer weiter schon die neuen in Kraft gesetzt waren. Zuweilen war diese Gleichzeitigkeit zweier Direktiven sogar bei einer einzigen Einheit anzutreffen, wo die eine Abteilung sich schon an die neuen Rezepte hielt, während die andere noch bei den alten blieb, sei es, weil sie von der eingetretenen Änderung nichts erfahren hatte, sei es, weil sich das alte Rezept in ihren Augen bestens bewährt hatte. Gar nicht wenige Einheiten der Militärregierung ignorierten überhaupt, was sie von vorgesetzter Stelle an Anweisungen erreichte, und legten sich ihre eigenen Säuberungsmodelle zurecht. Und es kam sogar vor, daß die Alliierten das Säuberungsrecht auch noch in Gebieten beanspruchten, die längst wieder in italienische Verwaltung übergegangen waren[114].

Allein schon die ständigen Kurswechsel und die Gleichzeitigkeit mehrerer Säuberungsverfahren setzen einer Bilanzierung des Ende 1944 im AMGOT-Land Erreichten enge Grenzen. Eine genaue Statistik kann es aber auch deshalb nicht geben, weil die Alliierten erst in der zweiten Hälfte des Jahres 1944 auf eine Erfassung der vom Dienst suspendierten Beamten und Angestellten hinzuwirken be-

---

[114] In Avellino etwa hatte der FSS ein Eigenleben entfaltet und dabei so viele Verhaftungen vorgenommen, daß man an oberster Stelle der Militärregierung auf die Vorkommnisse in der kampanischen Provinz aufmerksam wurde. „Under what authority", so lautete die Frage, die das Hauptquartier der Alliierten Kommission stellte, „this FSS Section is undertaking defascising" (HQ, AC, Civil Affairs Section, an G2 AFHQ, 8. 11. 1944, in: Ebenda, box 17, 10000/105/744–813). In Aquila, das schon seit Mitte Oktober wieder unter italienischer Verwaltung stand, säuberte noch Ende 1944 eine Kommission weiter, die Monate zuvor von den Alliierten zur Überprüfung der Lehrerschaft eingesetzt worden war. Das Hochkommissariat hatte hier, in dieser inoffiziellen Enklave alliierter Zuständigkeit, wenig zu sagen; seinen Delegierten wurde die Mitwirkung an der Epurazione mit dem Hinweis verweigert, daß „diese Kommissionen, die die Alliierten zuvor geschaffen und ihre Arbeit noch nicht zum Abschluß gebracht hatten, trotz der Rückgabe der Provinz von Aquila an die italienische Regierung ihre Arbeit fortsetzen konnten und mußten, bis sie beendet war." (Alto Commissario aggiunto per l'epurazione an Commissione Alleata, 28. 12. 1944, in: Ebenda; vgl. auch Washburne an Regional Education Officer, Marche-Abruzzi Region, 1. 12. 1944; Upjohn an Regional Commissioner, Abruzzi-Marche Region, 8. 1. 1945, in: Ebenda). Auch in den Provinzen Chieti, Pescara und Teramo setzten solche Säuberungskommissionen ihre Arbeit bis in den Winter hinein fort (vgl. Regional Commissioner, Abruzzi-Marche Region, an HQ, AC, Civil Affairs Section, 13. 1. 1945, in: Ebenda, Education, 10000/144/171).

gannen. Mit einiger Sicherheit läßt sich so nur zweierlei sagen: Erstens, daß es völlig falsch wäre anzunehmen, die Alliierten hätten ihre verschiedenen Säuberungsmodelle gleichsam wie einen Teppich über das eroberte Land gelegt und damit auch den entlegensten Winkel der italienischen Provinz erreicht; dafür fehlte das Personal, und auch die chaotischen Verhältnisse in den befreiten Provinzen ließen ein systematisches Vorgehen und die zielstrebige Exekution der Pläne nicht zu. Zweitens, daß die Zahl der Suspendierten nicht gering war und wahrscheinlich weit in die Tausende ging, wenn sie nicht gar über Zehntausend erreichte. Dafür sprechen zahlreiche Indizien aus verschiedenen Regionen und aus verschiedenen Zweigen der öffentlichen Verwaltung: Die alliierten Offiziere haben, so sagte Poletti schon im August 1944 in Bezug auf Rom und die umliegenden Gebiete, „energisch gesäubert. Tausende von führenden Faschisten wurden aus ihren Ämtern entfernt; Hunderte verhaftet und interniert."[115] Allein an der Universität Rom und an den römischen Schulen kam es zu Dutzenden von einstweiligen Entlassungen[116], „nahezu 100 Professoren", so Lieutenant Colonel Smith von der Education-Abteilung, „haben schon ihre Strafe erhalten"[117].

Die Intensität der Säuberung variierte zwar von Ort zu Ort. Überall aber verloren zumindest die Spitzen der lokalen und regionalen Verwaltung, die Präfekten, die Quästoren und die Bürgermeister, ihre Posten, und überall wurden die Lehrer und Universitätsprofessoren besonders genau unter die Lupe genommen. „Die Säuberung ist in den drei Universitäten von Florenz, Pisa und Siena abgeschlossen und in den Schulen der Provinzen weit fortgeschritten", so lautete die Bilanz des Hauptquartiers der Alliierten Kommission für November 1944[118].

Trotzdem wird in dem wenigen, was die italienische Forschung bisher zur Aufhellung der Geschichte der Epurazione getan hat, fast durchgängig die Behauptung aufgestellt, die Alliierten hätten die politische Säuberung gehemmt, ohne alliierte Reservatrechte wäre mehr erreicht worden. Geht man den Dingen auf den Grund, erweisen sich solche Urteile als unhaltbar. Sicherlich: Die Alliierten schützten den einen oder anderen belasteten Fachmann, der ihnen als unentbehrlich erschien, und sie ersparten den wichtigsten Garanten der staatlichen Kontinuität wie den Mitgliedern des Königshauses oder des Generalstabes ein Säuberungsverfahren. Wahr ist aber auch, daß diesen wenigen Schutzinterventionen eine Vielzahl von säuberungspolitischen Aktivitäten gegenübersteht, die die Alliierten als Antreiber, nicht als Bremser zeigen: Die Zahl der Entlassungen war im alliierten Machtbereich ungleich größer als im italienischen; Tausende und Abertausende wanderten darüber hinaus in schnell improvisierte Lager und Gefängnisse, und ohne ständigen alliierten Druck wäre die italienische Regierung anfangs bei der Epurazione gewiß noch viel zurückhaltender zu Werke gegangen.

---

[115] So Poletti auf einer Konferenz der Regional Commissioners, 22. 8. 1944, in: Coles/Weinberg, Civil Affairs, S. 462 f.
[116] Vgl. den Bericht des Vorsitzenden einer von Poletti eingesetzten Säuberungskommission, 25. 7. 1944, in: NA, RG 331, Education, 10000/144/284; HQ, ACC, Protokoll der Regional Commissioners Conference, 22. 8. 1944, in: Ebenda, Chief Commissioner, box 16.
[117] HQ, ACC, Protokoll der Regional Commissioners Conference, 22. 8. 1944, in: Ebenda.
[118] Monatsbericht für November 1944, in: Ebenda, Adjutant, box 28, 10000/101/502.

4. Die spontane „Erstsäuberung" der Resistenza

Als im Oktober 1944 die Provinzen südlich der Linie Teramo-Viterbo an Italien zurückgegeben und damit offizielles Säuberungsgebiet der italienischen Regierung wurden, waren diese Regionen nicht nur schon einer Monate währenden Grobreinigung der Alliierten ausgesetzt gewesen. Je weiter es nach der Befreiung von Rom nach Norden ging, desto mächtiger begann sich auch die im Süden noch relativ schwache Resistenza in das Säuberungsgeschäft zu mischen; da und dort übernahm sie es vorübergehend sogar ganz allein. Das war vor allem in solchen Gegenden der Fall, wo antifaschistische Gruppen schon vor dem Eintreffen alliierter Truppen die Wehrmacht vertrieben hatten, aber auch in schon länger befreiten Gebieten, die die personell überstrapazierte Militärregierung nicht wirklich zu kontrollieren vermochte. Hier hatte sich ein gewisses Autoritäts- und Säuberungsvakuum aufgetan, und jeder hatte das Recht zur Abrechnung mit dem Faschismus, der es sich nahm.

Damit kam etwa ab Sommer 1944 eine ganz neue Tonlage in die Geschichte der politischen Säuberung in Italien. Die hitzköpfigen Aktivisten des Antifaschismus, die im erbittert geführten Kampf gegen Wehrmacht und Salò-Faschisten täglich ihr Leben riskierten, aber auch die Kader der politischen Parteien, die im Untergrund die ersten Kontakte knüpften, wollten nicht lange warten, bis ihnen irgend jemand sagte, was sie mit diesem oder jenem Faschisten zu tun hätten. Über Fragebögen und dergleichen spotteten sie nur. Sie wußten auch so, wer genug auf dem Kerbholz hatte, um seine berufliche Stellung zu verlieren oder, äußerstenfalls, über die Klinge zu springen – oder glaubten es wenigstens zu wissen, denn so wenig es einem Zweifel unterliegt, daß die Spontansäuberung der Resistenza in vielen Fällen ebenso verständliche wie berechtigte Vergeltung für vorangegangene Missetaten war, so unbestreitbar ist andererseits, daß dieser Abrechnungseifer häufig den diffusen Regeln eines antifaschistischen Volksempfindens gehorchte, das seine Quellen auch im Ressentiment, im Gerücht oder im Sozialneid haben mochte.

Überhaupt ist einzuräumen, daß es im Sommer 1944 noch kein einheitliches Säuberungskonzept des Antifaschismus gab, ja daß die Befreiungskomitees selbst viel zu heterogen, zu spontan und zu fluide waren, als daß sich ein allseits akzeptierter gemeinsamer Nenner in einer politisch so bedeutsamen Frage wie der Epurazione hätte finden lassen. An der Spitze des organisierten Antifaschismus, im Comitato di Liberazione Nazionale und im Befreiungskomitee für Oberitalien, bemühte man sich zwar um eine einheitliche Linie, viel kam aber dabei noch nicht heraus, und selbst das wenige, worauf man sich zu einigen vermochte, war an der Basis meist nicht bekannt. Diese Heterogenität der antifaschistischen Kräfte war freilich nur eine Variable im Prozeß der spontanen Erstsäuberung; was im Autoritätsvakuum in Frontnähe oder in der Etappe im einzelnen geschah, ob es dort zu blutigen Ausschreitungen kam oder ob die Gemäßigten die Oberhand behielten, hing noch von vielen anderen Dingen ab, in erster Linie natürlich vom dort herrschenden Abrechnungsbedürfnis, das sich wiederum nach der Schärfe der Konflikte bei der Durchsetzung und Machtbehauptung des örtlichen Faschismus in

den zwanziger Jahren, nach den kriminellen Energien, die in den dortigen Partei-
gliederungen steckten, und nicht zuletzt danach bemaß, wie die lokale Herrschaft
des Regimes zu Ende gegangen war, ob es sang- und klanglos zerfallen oder von
alliierten Truppen niedergerungen worden war oder ob es die örtlichen Resi-
stenza-Milizen in einem opferreichen Bürgerkrieg zermürbt hatten.

Die spontane Erstsäuberung war somit ein äußerst vielgestaltiger Prozeß. In
der Vielgestaltigkeit lassen sich aber doch drei Grundformen erkennen, die nahezu überall angelegt waren, da und dort auch in idealtypischer Reinform, meist
aber in enger Verquickung miteinander auftraten. Die erste dieser Grundformen,
die gemäßigte Variante der Erstsäuberung, hatten die Offiziere der alliierten Militärregierung erstmals in Rom und den umliegenden Orten des Latiums registriert.
Dort hatten sich, als der Schlachtenlärm näherzog, die Antifaschisten aus ihrer
jahrelangen Deckung erhoben und neben örtlichen Befreiungskomitees auch provisorische Ausschüsse in Betrieben und Behörden gebildet, die in der Stunde der
Regimedämmerung auf den Plan traten und die Leitung ihrer Einrichtungen an
sich rissen. Angesichts ihres informellen Charakters ist es nicht überraschend, daß
sich von diesen oft äußerst kurzlebigen Gremien nur wenige Spuren finden, die
Aufschluß geben über ihre Aktivitäten, ihre soziale Zusammensetzung und ihre
politischen Konzepte.

Soviel aber läßt sich mit Sicherheit sagen: Überall zählten diese Ausschüsse die
Säuberung zu ihren Kardinalanliegen, und überall mußten in den Tagen nach dem
Machtwechsel Hunderte, ja wohl Tausende von belasteten Faschisten ihre Posten
in der Verwaltung und in der Industrie räumen – also lange bevor dort überhaupt
bekannt wurde, daß es italienische Säuberungsgesetze gab, und lange bevor das
Säuberungsverfahren der Alliierten ins Werk gesetzt werden konnte. Allein in der
Hauptstadt gab es wohl Dutzende solcher Ausschüsse, in den Ministerien, in den
großen Betrieben und auch beim Istituto Nazionale delle Assicurazioni und bei
den Assicurazioni d'Italia, wo sich wenige Tage nach der Befreiung entschlossene
Antifaschisten an die Spitze der allgemeinen Empörung über belastete Parteimitglieder und Nutznießer gesetzt und die Entlassung von „über 120 leitenden Angestellten und Beamten" erzwungen hatten[119]. Auch in Tivoli und Fiuggi waren
die Alliierten mit solchen Ausschüssen ganz eigener Legitimation in Berührung
gekommen. „In vielen Fällen", so heißt es dazu in einem Bericht der 8. Armee,
„haben sie eine beträchtliche Zahl von Leuten verhaftet, nicht immer mit großem
Scharfblick; in einigen Fällen wurden diese Leute nur deshalb vor der summari-
schen Hinrichtung bewahrt, weil alliierte Offiziere eintrafen."[120]

Im Juni 1944, als sie erstmals in nennenswertem Maße auf Befreiungskomitees
und ihre Ableger gestoßen waren, hatten die alliierten Offiziere noch gestaunt
über die antifaschistischen Energien, die nach zwanzig Jahren Faschismus in der
italienischen Gesellschaft steckten. Wenige Wochen später – die Spitzen der 5.

---

[119] Vgl. dazu einen ungezeichneten und undatierten Bericht über die Costituzione delle Commissioni
di Epurazione presso l'Istituto Nazionale delle Assicurazioni e le Assicurazioni d'Italia, in:
Ebenda, Civil Affairs, box 17, 10000/105/744–813; zu Kommissionen in Rom vgl. Protokoll der
Sitzung der Commissione per la Epurazione vom 12. 7. 1944, in: ACS, Alto Commissariato, titolo
V, Nr. 15.
[120] Bericht von SCAO Benson, 10. 6. 1944, in: Coles/Weinberg, Civil Affairs, S. 532.

amerikanischen Armee standen mittlerweile tief in der Toskana – gehörte es für
die Militärregierung schon fast zu den alltäglichen Erfahrungen, daß in den befreiten Gebieten antifaschistische Gegeneliten die Dinge in die Hand genommen und
energisch mit dem Abbruch des alten Regimes begonnen hatten. Das galt selbst
für eine so große Stadt wie Florenz. „Als die alliierten Truppen in Florenz eintrafen", so schrieb der amerikanische OSS, „trafen sie [...] auf eine fast komplette
Verwaltung, die von entschlossenen und zielstrebigen antifaschistischen Kräften
errichtet worden war. Ein provisorisches, bis ins letzte Detail geplantes System
funktionierte schon als unangefochtene de-facto-Autorität unter der Aufsicht des
Nationalen Befreiungskomitees der Toskana, das sich selbst als legitime Repräsen-
tantin der italienischen Regierung betrachtet und als solche auf die Anerkennung
durch die Alliierten hofft." Schon Anfang August, als die „battle for Florence"
noch im vollen Gange war, hatte das Befreiungskomitee exakte Pläne „für die Verwaltung der lokalen und Provinz-Belange" geschmiedet[121]. Professor Gaetano
Pieraccini – Giorgio Amendola nannte ihn spöttisch den „alten sozialistischen
Kommunistenfresser"[122] – war zum Bürgermeister bestimmt worden, ein Kommunist und ein Christdemokrat zu seinen Stellvertretern, und zugleich hatten sich
die Vertreter der antifaschistischen Parteien über die Besetzung des Stadtrats verständigt. „Während die Deutschen noch in Florenz waren", so heißt es in dem
OSS-Bericht weiter, „übernahmen der Bürgermeister und der Stadtrat die Stadtverwaltung. Als die alliierten Offiziere eintrafen, standen sie in Kontakt mit der
Öffentlichkeit."[123]

Zu den Dingen, die der neuen Stadtverwaltung am meisten am Herzen lagen,
war fraglos „eine sofortige und sorgfältige Säuberung" zu zählen[124]. Das Befreiungskomitee für die Toskana schuf dafür eine eigene Epurazione-Abteilung, die
den zuvor immer wieder gemachten Ankündigungen, die Faschisten würden nach
einem Machtwechsel nichts zu lachen haben, Taten folgen ließ[125]. Viele Faschisten
wurden aus ihren Posten verjagt und zu demütigenden Aufräumarbeiten gezwungen; mancher verlor in den Befreiungswirren auch sein Leben. In Florenz sei es zu
„einzelnen Fällen von Mord und schweren Mißhandlungen" gekommen, berichtete die dortige Militärregierung. „Einige davon waren ohne Zweifel das Werk von
Partisanen, die damit alte Rechnungen begleichen, aber in anderen Fällen ist es
wahrscheinlich bequem, die Partisanen zu beschuldigen."[126]

Nicht sehr viel anders ging es nach der Vertreibung der deutschen Wehrmacht
und der Schwarzhemden in Siena, Lucca und den anderen Städten der Toskana zu.
Auch dort war die Entmachtung der alten politischen und administrativen Klasse
und die Etablierung einer neuen Elite die Sache von einigen Tagen. „Der wesentliche Teil [der Epurazione] wurde vor unserer Ankunft verrichtet. Zum Beispiel
fanden wir keinen einzigen Bürgermeister im Amt", schrieb etwa die Militärregie-

---

[121] OSS, R+A 2620 S: The Political Role of the Tuscan Committees of Liberation, 20. 10. 1944, in: Absalom, Gli Alleati e la Ricostruzione in Toscana, S. 134 f.
[122] Amendola, Lettere a Milano, S. 400.
[123] OSS, R+A 2620 S, 20. 10. 1944, in: Absalom, Gli Alleati e la Ricostruzione in Toscana, S. 135.
[124] Ebenda.
[125] Vgl. AMG, Florenz, Report for Week ending 26 August 1944, in: Ebenda, S. 386.
[126] AMG, Florenz: Patriots in Florence, 11. 9. 1944, in: Ebenda, S. 362.

rung für die Provinz Florenz[127]. Bemerkenswert an diesem Revirement war nicht
nur, daß es letztlich doch eine sehr viel breitere Schicht von staatlichen und kommunalen Funktionsträgern betraf, als in der Forschung oft angenommen wird,
sondern vor allem auch die Tatsache, daß im Rahmen des Elitenwechsels nicht
ausschließlich, ja wohl nicht einmal überwiegend die „Vizes" zum Zuge kamen,
die vielfach aus dem gleichen sozialen Milieu stammten wie ihre gefeuerten Vorgänger. Nein, in vielen Fällen waren es politische und gesellschaftliche Außenseiter, die nun in die vakanten Posten einrückten: Christdemokraten und Republikaner, aber auch viele Angehörige der Linksparteien, zumal Kommunisten, die sich
in normalen Zeiten kaum je Hoffnungen auf solche Führungspositionen hätten
machen können. Sie hatten sich durch ihr Engagement in der Resistenza einen fast
schon unabweisbaren Anspruch darauf erworben und genossen allgemeines Ansehen, das sie in der Regel durch rechtschaffene und tüchtige Arbeit in den neuen
Stellungen noch zu mehren verstanden. Manche dieser „newcomer" mit Resi-
stenza-Legitimation blieben jahrelang im Amt und bewiesen damit, daß – salopp
gesagt – die Welt noch lange nicht unterging, wenn etwa ein Kommunist das Bür-
germeisteramt bekleidete. In welchem Maße die stupende Erfolgsgeschichte der
kommunistischen Partei in den vierziger und fünfziger Jahren auch mit solchen
Faktoren zu tun hatte, ist schwer zu taxieren; geringzuschätzen ist das politische
Kapital, das die kommunistischen Bürgermeister für ihre Partei anhäuften, aber
sicher nicht.

Bei der zweiten Grundform der spontanen Erstsäuberung handelte es sich um
die blutige Abrechnung mit dem Faschismus, wie sie im selben Zeitraum etwa
auch in Frankreich, Belgien oder auf dem Balkan zu beobachten war. Nördlich
von Rom – und zumal in den norditalienischen Industrieregionen, die im Frühjahr 1945 das Joch des Faschismus und der deutschen Besatzung abschüttelten –
wurden 1944/45 gewissermaßen drei Kriege gleichzeitig ausgefochten: der Zweite
Weltkrieg, ein blutiger Bürgerkrieg zwischen Faschisten und Nichtfaschisten und
zunehmend auch ein Klassenkrieg proletarischer und kleinbäuerlicher Schichten
gegen Besitzbürgertum und Großagrarier. In diesen außer Rand und Band geratenen Verhältnissen brach sich ein von juristischen und humanen Rücksichten kaum
gedämpftes Abrechnungsbedürfnis Bahn, das mit einem aus dem Gefühl jahrzehntelanger Unterdrückung und Frustration gespeisten klassenkämpferischen
Umsturzwillen und rein kriminellen Beweggründen zu einem Rache- und Vergel-
tungstaumel verschmolz, dem neben vielen Mitläufern und Verführten schließlich
derart viele Belastete zum Opfer fielen, daß an eine spätere Renaissance des Faschismus nicht mehr zu denken war[128].

Auch hier wird man kaum je genaue Angaben über die Zahl der Opfer machen
können, die der von Monat zu Monat sich steigernde Abrechnungsfuror schon
1944 forderte. Denn natürlich legten die zu allem entschlossenen Aktivisten der
Resistenza keinen Wert darauf, den Opfern offizielle Totenscheine auszustellen
oder die Polizei zu benachrichtigen; nachträglich ließ sich zwar vieles rekonstru-

---

[127] HQ, AMG, Florence Province, Report of the Provincial Commissioner for Period 0001 HRS 17
September 1944 to 2400 HRS 23 September 1944, in: Ebenda, S. 511; für Lucca vgl. Harris, Allied
Military Administration of Italy, S. 191.
[128] Vgl. die Einleitung von Henke/Woller, Politische Säuberung in Europa, S. 11.

ieren, manche düstere Seite in der Geschichte des italienischen Bruderkrieges der Jahre 1943/45 wird sich aber nie ganz aufhellen lassen. Aus Polizeiberichten, den Zeugnissen von Zeitgenossen und den Dokumenten der Militärregierung ist aber immerhin bekannt, wo die Schwerpunkte dieser spontanen Racheaktionen lagen: In industriellen Zentren, in denen die Arbeiteropposition nie ganz verstummt war, in ländlichen Gegenden, in denen in den frühen zwanziger Jahren der besonders brutale Agrarfaschismus gewütet hatte, und in Landstrichen, in denen entfesselte SS-Einheiten oder der Squadrismus der letzten Stunde ihr Unwesen getrieben hatten. Hier schlugen die Partisanen unbarmherzig zurück, und hier regierten oft tagelang blindwütiger Terror und ein archaisches „Auge um Auge"[129].

In der Toskana beispielsweise, einer traditionell friedlichen Gegend, deren Mordquote im gesamten 20. Jahrhundert deutlich unter dem Landesdurchschnitt gelegen hatte, schnellte diese 1944 auf das 2,7fache des Landesdurchschnitts hoch, der überdies gegenüber früheren Jahren beträchtlich angestiegen war. Auch Umbrien, die Emilia Romagna und die Marken zählten 1944 erstmals zu den Provinzen mit überdurchschnittlich hohen Mordraten, während traditionell gefährliche Gegenden wie die Mafia-Hochburgen Kalabrien und Sizilien den Landesdurchschnitt nun weit verfehlten. Erstaunlich an der nach Regionen aufgeschlüsselten Statistik ist, daß auch Gegenden wie Piemont und das Aostatal, die 1944 noch Hunderte von Kilometern von der Front trennten, eine weit überdurchschnittliche Mordrate aufwiesen; im Aostatal lag sie 1944 sogar beträchtlich höher als 1945, dem Jahr der Befreiung, in Piemont nur um ein geringes unter dem Wert von 1945. In beiden Regionen, und darin ist wohl die Erklärung dafür zu suchen, hatten sich schon 1944 mächtige Resistenza-Gruppen formiert, die der Besatzungsmacht und den Truppen der Republik von Salò auch militärisch die Stirn zu bieten vermochten und da und dort auch schon zeitweise ganze Landstriche kontrollierten; diese Formationen hatten es sich zum Prinzip gemacht, jede Brutalität des Feindes – und es waren viele – mit einer nicht weniger brutalen Rache- und Strafaktion zu beantworten[130].

Es ist allerdings fraglich, ob die Opfer dieses Abrechnungsfurors tatsächlich auf das Konto der „wilden" Säuberung zu buchen sind oder ob es nicht angemessen wäre, sie als Opfer des blutigen Bürgerkriegs zu betrachten, der hinter der Front und in Frontnähe tobte und der ganz anderen – auch militärischen – Gesetzen gehorchte als die Epurazione. Wie dem aber auch sei: Allein für die Toskana verzeichnet die offizielle Statistik für 1944 über 2230 Morde, in der Emilia Romagna fast 2100, im Latium nahezu 1000 und über 500 in den Marken. Jenseits der Front stechen Piemont mit fast 2300 Opfern und Venetien und die Lombardei mit fast 1100 bzw. über 800 ins Auge[131]. In diesen Regionen hatten Polizei und Gesundheitsbehörden vor 1943 eine ungleich geringere Zahl von Morden registriert, in ganz Italien etwa 1931 und 1932 nur jeweils gut über 1000, 1941 unter 500, und selbst in den blutigen Bürgerkriegsjahren nach dem Ersten Weltkrieg hatte die Zahl der Morde 2800 nicht überschritten[132]. Bei der Interpretation der Daten von

---

[129] Vgl. Klinkhammer, Zwischen Bündnis und Besatzung, S. 422–488.
[130] Istituto Centrale di Statistica, Cause di morte negli anni 1943–48, Rom 1952, Serie III, Bd. 1, S. 69.
[131] Ebenda, S. 38 f.
[132] Istituto Centrale di Statistica, Cause di morte 1887–1955, Rom 1958, S. 164 f.

1944 ist dreierlei zu beachten: erstens, daß nicht gänzlich auszuschließen ist, daß
in der Mordstatistik auch die Opfer deutscher Massaker – und sie gehen in die
Tausende – gezählt worden sind, zweitens, daß in gesellschaftlichen Umbruchphasen die Quote der Kriminalität nach aller Erfahrung beträchtlich steigt, und
drittens, daß ein erheblicher Teil der Morde natürlich auf das Konto von Faschisten ging. Dies bedacht, wird man schätzen dürfen, daß im Rahmen der Abrechnung mit dem Faschismus schon 1944 3000 bis 5000 Menschen ihr Leben ließen;
unter ihnen zahlreiche Provinzbonzen, viele Spitzel, Denunzianten und Kollaborateure, die sich für nichts zu schade gewesen waren, und als prominentestes Opfer der philofaschistische Philosoph Giovanni Gentile, der im April 1944 in Florenz von kommunistischen Partisanen erschossen wurde. „Dieser Kleriker",
schrieb darüber ein erschütterter Pietro Nenni in sein Tagebuch, „der Verrat begangen hat, indem er die Kultur prostituierte, sie den Bonzen zu Füßen legte, verdiente Verachtung. Ich bezweifle aber, daß er den Tod verdiente. [...] Ich betrachte
deshalb seine Ermordung als die Überschreitung jeglicher Grenzen in der Entfesselung sektiererischer Emotionen. Der Faschismus wird jetzt tolle Sachen erzählen, aber für diese Entfesselung der Leidenschaften, für diese Rückkehr Italiens
zur Blutrache ist er der Verantwortliche."[133]
    Hinter den Zahlen, Quoten und Statistiken verbirgt sich Unerhörtes: Episoden
von oft beispielloser Grausamkeit und Geschichten, die sich in nichts von denen
unterschieden, die parallel dazu der Faschismus von Salò schrieb. Eine dieser Episoden trug sich im September 1944 in Rom zu, also Hunderte von Kilometern von
jenem frontnahen Autoritätsvakuum entfernt, das üblicherweise eine Voraussetzung der blutigen Variante der spontanen Erstsäuberung war.
    In Rom hatten sich in den Monaten nach der Befreiung im Juni die Gemüter
schon wieder etwas beruhigt, als der erste große Prozeß der Alta Corte di Giustizia[134] die Erinnerungen an das „erlittene Leid, die Auskämm-Aktionen, die Mißhandlungen, die Toten"[135] der Faschisten wieder wachrief und dabei eine allgemeine Abrechnungsbereitschaft freisetzte, die von niemandem in Zaum zu halten
war. Es handelte sich um den Prozeß gegen zwei der meistgehaßten Repräsentanten des untergehenden Faschismus, der am 18. September im Justizpalast beginn-
en sollte: gegen Pietro Caruso, den skrupellosen Polizeichef der Hauptstadt, und
seinen hündischen Sekretär Roberto Occhetto, die beide nicht die geringste Scheu
gezeigt hatten, den Deutschen zu Diensten zu sein, und sich auch für deren
schlimmste Schandtaten hergegeben hatten.
    Auf diesen Prozeß hatte die Öffentlichkeit lange gewartet, schon Tage vor Be-
ginn waren die Zeitungen voll mit Meldungen über das infernalische Gespann,
und überall, in jeder Bar, jedem Gasthaus und auf jeder Piazza, kam das Gespräch
immer wieder auf den bevorstehenden Prozeß. Für die meisten stand fest: Er
konnte nur mit einem Urteil enden – der Todesstrafe. Schon in den frühen Morgenstunden des 18. September hatte sich eine riesige Menge vor dem Justizpalast
versammelt, Schaulustige und Neugierige zumeist, aber auch mancher, der selbst

---

[133] Nenni, Diari, S. 69 (Eintrag vom 17. 4. 1944). Vgl. auch Luciano Canfora, La sentenza. Concetto
      Marchesi e Giovanni Gentile, Palermo 1985.
[134] Vgl. S. 184–186.
[135] Algardi, Processi ai Fascisti (1958), S. 82.

unter Caruso zu leiden gehabt hatte, und auffallend viele Frauen, die im ehemaligen Polizeichef den Peiniger und Mörder ihrer Männer, Brüder und Söhne erblickten. Es braute sich etwas zusammen, das war nicht zu übersehen, denn immer wieder verschaffte sich die allgemeine Erregung in der Forderung Luft, Caruso herauszugeben und ihn der Menge zu überlassen, die schon wisse, wie sie ihn zu behandeln habe. Da nur den wenigsten Einlaß in den Justizpalast gewährt wurde, steigerte sich die Erregung der wartenden und nachdrängenden Menschen von Minute zu Minute, bis es schließlich einigen Jugendlichen gelang, die völlig ungenügenden Absperrungen der Polizei niederzureißen.

Hunderte strömten jetzt in den Justizpalast. Das Gros der Eindringlinge rannte in den ersten Stock, weil sich herumgesprochen hatte, daß dort irgendwo die Verhandlung stattfinden sollte, und binnen kurzem war die große Aula unter den Rufen „Tötet Caruso" und „Wir wollen Caruso" gestürmt und nahezu verwüstet[136]. Dabei hatte der Prozeß noch gar nicht begonnen, saßen Caruso und Occhetto noch gar nicht auf der Anklagebank. Beide wurden auch nicht mehr vorgeführt, denn nach dem Sturm auf den Justizpalast tat der zuständige Richter das einzig Vernünftige: Er vertagte das Verfahren um einige Tage und befahl die Räumung der großen Aula. Damit war die Menge natürlich nicht zufrieden, weil viele glaubten, der Vertagung werde dann irgendwann die Niederschlagung des Verfahrens folgen. Gleichwohl hätte der Zwischenfall hier wahrscheinlich sein Ende gefunden, wenn nicht plötzlich einer aus der lärmenden und murrenden Menge Donato Carretta, den im Juni 1944 von der Militärregierung abgesetzten Direktor des Gefängnisses Regina Coeli, entdeckt hätte. Auf ihn, der von der Anklage als wichtigster Belastungszeuge geladen war, konzentrierte sich nun alle Wut, die zuvor Caruso gegolten hatte, aller Unmut über die untätige Justiz und den stockenden Verlauf der Epurazione. Mit einem Wort: Die Menge hatte doch noch ihr Opfer gefunden.

Nur war es – und hier liegt die Tragik des Falles – das falsche. Denn Carretta war zwar in der Partei gewesen, und er hatte fraglos viele Kompromisse mit dem Faschismus geschlossen, sonst wäre er niemals zum Direktor einer so wichtigen Strafanstalt bestimmt worden. Aber er war dabei anständig geblieben. „Die Vertreter der verschiedenen Parteien im Befreiungskomitee und vor allem der Sekretär der sozialistischen Partei", so hieß es im äußerst detaillierten Abschlußbericht der Kommission, die von der italienischen Regierung zur Klärung der Ereignisse vom 18. September eingesetzt worden war, „haben sich alle aufgerufen gefühlt, dem Geist der Selbstverleugnung und dem Mut ihre Reverenz zu erweisen, den Carretta gezeigt hat, der in vielen Fällen, und in außerordentlicher Weise, politischen Gefangenen geholfen hat." Einige besonders gefährdete Regimegegner und Todeskandidaten verdankten ihm sogar ihr Leben; Carretta hatte sie krankschreiben lassen, ihnen die Flucht ermöglicht oder sie sogar in seiner Wohnung versteckt[137].

---

[136] Protokoll der 21. Sitzung des Advisory Council for Italy vom 22. 9. 1944, in: NA, RG 331, Chief Commissioner, box 23; zu den Einzelheiten vgl. auch Algardi, Processi ai Fascisti (1958), S. 82–86; Bericht der von der italienischen Regierung bestellten Untersuchungskommission, 16. 10. 1944, in: NA, RG 84, 1944: 800, box 106.
[137] Bericht der Untersuchungskommission, 16. 10. 1944, in: Ebenda.

Aber wer fragt in solchen Augenblicken nach Fakten und Zusammenhängen? Die hysterische Menge wollte davon nichts wissen. Junge Burschen und aufgebrachte Frauen bemächtigten sich Carrettas und schlugen so lange auf ihn ein, bis er, über und über blutend, von einigen beherzten Polizisten in einem Nebenraum der Aula in Sicherheit gebracht werden konnte. Dort hätte er bleiben sollen, bis sich die Menge verlief. Carretta aber beging den Fehler, sich schon bald wieder auf den Fluren des noch immer nicht geräumten Justizpalastes zu zeigen – und wurde prompt erneut erkannt. Zwei junge Burschen, gewöhnliche Kriminelle, wie sich später herausstellte, packten ihn und rissen ihn mit sich, während ihm eine Frau – „ein Opfer eines wahren ‚raptus freneticus‘“, wie es im Untersuchungsbericht hieß[138] – die ungeheuerlichsten, aber völlig aus der Luft gegriffenen Anschuldigungen entgegenschleuderte und während in der Menge die Forderung nach Selbstjustiz laut wurde. „Paris! Machen wir es wie in Paris“, so hallte es durch die Gänge des Justizpalastes. Wieder gelang es einigen Polizisten, die Menge abzudrängen. Doch diesmal nur für kurze Zeit, denn nun brachte eine Horde von zehn, zwanzig entfesselten Männern Carretta in ihre Gewalt und ließ ihn nicht mehr los. Die Kleider zerfetzt, taumelnd und fast schon von Sinnen, wurde er zur großen Haupttreppe gezerrt und dort brutal hinuntergestoßen. „Bei Erreichen des Haupteingangs“, so steht im Untersuchungsbericht, „kam eine weitere Menge dazu, um ihre Wut am Leib des unglücklichen Mannes auszutoben, der auch noch über und über heftigst mit Stöcken geschlagen wurde.“[139]

Auf der Straße machten die Carabinieri weitere verzweifelte Versuche, den mittlerweile ohnmächtig gewordenen Carretta zu retten: Sie zogen ihn in ein Taxi, dann in ein zweites, weil das erste nicht anspringen wollte, und schließlich in den Jeep eines amerikanischen Beobachters. Doch die enthemmte Menge eroberte sich ihr Opfer wieder zurück. „Die perversesten atavistischen Instinkte der menschlichen Natur“[140] gewannen dabei die Herrschaft über die Gemüter, und wie in einem Blutrausch wurde von allen Seiten an dem fast leblosen Körper Carrettas gezerrt und gezogen, bis in der allgemeinen Raserei plötzlich einer auf den Gedanken kam, Carretta vor eine Straßenbahn zu werfen, die im Gewühl steckengeblieben war.

Carretta hätte schon hier den Tod gefunden, wäre der Fahrer des Zuges, Angelo Salvatori hieß er, nicht so mutig gewesen. Er weigerte sich, seine Straßenbahn in Bewegung zu setzen, und ließ sich selbst dann nicht umstimmen, als man ihn der Komplizenschaft mit dem alten Regime verdächtigte und handgreiflich zu werden drohte. „Die Ruhe selbst, zeigte er den Mitgliedsausweis der kommunistischen Partei vor“, so kann man in einer zeitgenössischen Publikation lesen. „Trotzdem fehlte nicht viel, daß es zwei Opfer gegeben hätte. Man versuchte, den Waggon anzuschieben, aber der Fahrer zog die Bremsen an und steckte sich die Anlaßkurbel in die Tasche“[141] – und konnte schließlich unbemerkt in der Menge untertauchen.

Carretta verschaffte das freilich nicht einmal eine kurze Atempause, denn gleich darauf fand eine andere perverse Idee die begeisterte Zustimmung der Menge:

---

[138] Ebenda.
[139] Ebenda.
[140] Ebenda.
[141] Zara Algardi, Il processo Caruso, Rom 1944, S. 110.

„Zum Fluß, zum Tiber!" Der Körper des Gefängnisdirektors wurde an die Brüstung der Ponte Umberto geschleift und in das Wasser geworfen. „Carretta, ohnmächtig geworden, versank im Fluß, kam aber nach einer Minute wieder an die Oberfläche, und da er durch den jähen Schock des kalten Wassers das Bewußtsein wiedererlangt hatte, erreichte er, von der Strömung begünstigt, die in jenem Teil des Flusses auf der rechten Seite umzäumte Strecke, die für die Benutzer des Fabio-Tulli-Bads reserviert ist, und konnte sich dort an einem Pfahl festhalten. Die Menge, die sich auf der Brücke und am Ufer drängte, verfolgte mit erbarmungsloser Neugier die langsamen Bewegungen Carrettas; als sie aber sah, daß er sich zu retten suchte, begann sie ihn erneut zu beschimpfen; zwei Männer in Badehosen, die sich in der Badeanstalt befanden, sprangen ins Wasser, und als sie bei ihm angelangt waren, zwangen sie Carretta mit Schlägen auf seine Hände, den Pfahl wieder loszulassen, den er erfaßt hatte. Carretta versuchte nun, zur Anstalt zu kommen, doch zwei andere Personen, ebenfalls in Badehosen, nahmen ein Boot, hinderten ihn daran, der Anstalt nahe zu kommen, und stießen ihn mit ihren Rudern zur Mitte des Flusses. Zugleich gelangte ein anderes Boot, das von der Ponte Umberto kam und in dem zwei vollständig angezogene Männer saßen, zu der Stelle, wo Carretta um sein Leben kämpfte; diese Männer schnitten dem unglücklichen Menschen jeden Fluchtweg ab, und indem sie ihre Ruder gebrauchten, vollendeten sie das schreckliche Verbrechen."[142]

Der Gefängnisdirektor war tot, die Menge hatte aber noch nicht genug, ihre Opfergier war noch immer nicht gestillt. Als die in der Nähe des Justizpalastes mitunter recht starke Strömung des Tibers den toten Carretta einige hundert Meter flußabwärts getragen und ihn schließlich in der Höhe der Ponte S. Angelo an Land gespült hatte, sprangen einige junge Burschen die Böschung hinunter, banden den Toten an einen Kahn und ruderten so bis vor Carrettas frühere Wirkungsstätte, das Gefängnis Regina Coeli, das nicht weit davon entfernt flußabwärts liegt. Dort wurde der Leichnam, „halb nackt, durch Wunden entstellt und immer noch blutend", mit dem Kopf nach unten an den Gitterstäben des Eingangs aufgehängt, gesteinigt und verhöhnt. Erst dann ließ die Menge von ihm ab und ging – so als wäre ihr jetzt plötzlich zu Bewußtsein gekommen, was geschehen war – schweigend auseinander.

Schrecken und blankes Entsetzen erfüllten viele, als sich die Nachricht von dieser Tat in der Stadt und im Land verbreitete. Für einen kurzen Moment konnte es so scheinen, als wollte man sich zumindest auf antifaschistischer Seite besinnen und das archaische Gesetz des „Auge um Auge" aufheben, das auf allen Seiten so viele Opfer forderte. Doch schon ein flüchtiger Blick in die Zeitungen der folgenden Tage genügt, um zu erkennen, daß die Politik und die Interessen der Parteien alsbald wieder ihr Recht forderten. Denn ganz einhellig oder, besser, frei von parteitaktischen Nebenklängen war die Verurteilung dessen, was vor dem Justizpalast und im Tiber geschehen war, nicht. Insbesondere die Linksparteien, zumal die Kommunisten, taten sich schwer, angemessen zu reagieren[143], konnte doch jedes eindeutige Wort der Abscheu von den todesmutigen Resistenza-Aktivisten in der

---

[142] Bericht der Untersuchungskommission, 16. 10. 1944, in: NA, RG 84, 1944: 800, box 106.
[143] Vgl. L'Unità, 19. 9. 1944.

vordersten Linie als Mißbilligung ihrer brachialen Abrechnungsmethoden, als Ta-
del oder als Distanzierung verstanden werden. Die Linkskräfte mußten, mit einem
vielleicht etwas überspitzten Wort, darauf achten, die Welle des Antifaschismus,
die sie seit 1943 vorwärts trug und näher und näher an die Schaltstellen von Staat
und Gesellschaft brachte, nicht zu schwächen, während die bürgerlichen Parteien
genau das entgegengesetzte Interesse hatten – die Delegitimierung zumindest des
aktivistischen Antifaschismus.

Das war freilich nicht der alleinige Grund, weshalb die Verurteilung der
Schandtat vom 18. September durch die Bürgerlichen viel eindeutiger ausfiel als
die der Linksparteien. Ersteren war die ganze Resistenza nicht geheuer. Sie ignorierten die Tatsache, daß die Verantwortung für die Eskalation der Gewalt eindeutig bei der anderen Seite, bei der Wehrmacht und den Salò-Faschisten, lag, daß die
Partisanen in der Regel auf Repressalien und Massaker reagierten und nicht von
sich aus in so brutaler Weise agierten, und sie waren auch der staatspolitischen Erwägung gegenüber taub, daß die internationale Position Italiens entscheidend davon abhing, welchen Beitrag das Land zur Niederringung Hitler-Deutschlands zu
leisten vermochte. Die Resistenza und der Squadrismus der frühen zwanziger
Jahre waren für sie auf einer Ebene angesiedelt, wie der junge Giulio Andreotti,
damals De Gasperis Sekretär, andeutete: „Es erscheint sogar unmoralisch, wenn
sich heute diejenigen, die bewaffnete Schwadronen bilden und sich, ohne Skrupel,
auf die Durchschlagskraft von Gewehrkugeln verlassen, wenn sich dieselben
Leute über weit zurückliegende bewaffnete Aktionen der Squadristen aufre-
gen."[144]

Hinzu kam, daß die Bürgerlichen die Ereignisse des 18. September und ähnliche
Vorfälle vergleichbarer Brutalität, die sich im Sommer und Herbst 1944 zu häufen
begannen, als existentielle Bedrohung empfanden. Dieses Mal hatte die Volkswut
das Leben eines unschuldigen Gefängnisdirektors gefordert, im Frühjahr war
Giovanni Gentile, ein umstrittener Mann, das ja, aber doch kein gefährlicher und
todeswürdiger Faschist, gerichtet worden. Wer würde das nächste Opfer sein, wer
das übernächste, und welche Autorität zeigte genug Kraft und Entschlossenheit,
um der Resistenza Einhalt zu gebieten und um ein Mindestmaß an Recht und
Ordnung zu gewährleisten? War man nicht dabei, so lautete die bange Frage, die
sich viele verängstigte Bürger stellten, im Zeichen der Abrechnung mit dem Faschismus die radikale Umwälzung der gesamten Gesellschaft einzuleiten und von
der Diktatur Mussolinis in eine Diktatur der Straße oder in eine „dittatura social-
comunista" zu schlittern, wie De Gasperi am 12. November 1944 in einem privaten Brief an Don Sturzo meinte[145]? Und war es deshalb nicht das Beste, die Abrechnung mit dem Faschismus ebenso zu beenden wie die Zusammenarbeit mit
den Linken, die allein den Nutzen davon hatten, während die bürgerlichen Parteien nur immer weiter in die Verantwortung für die Opfer des Abrechnungsfurors hineingezogen wurden? Die Ereignisse des 18. September und die Fragen,
die sich daraus ergaben, zeigten mithin nicht nur, welches Rache- und Vergel-
tungspotential in der italienischen Gesellschaft steckte, sondern auch, daß aus den

---

[144] Andreotti, Concerto a sei voci, S. 14f.
[145] Zit. nach Spriano, Storia del Partito comunista italiano, Bd. 5, S. 431.

vielen Haarrissen, die das Gebäude des Antifaschismus immer schon durchzogen hatten, mittlerweile Sprünge und Klüfte geworden waren, die das ganze Gebäude gefährdeten.

Die dritte Grundform der spontanen Erstsäuberung, die justitielle Abrechnung mittels extralegaler Volkstribunale, erlangte im Sommer und Herbst 1944 nur in ganz wenigen Gegenden eine gewisse Bedeutung; der Antifaschismus war für eine solche Aufgabe weder konzeptionell noch organisatorisch gerüstet. Erst im Herbst gewann in den Befreiungskomitees der Gedanke an Boden, daß der Antifaschismus auch in dieser Hinsicht die Dinge selbst in die Hand nehmen müßte. Einer der wenigen Orte, in denen schon 1944 Volksgerichte in Erscheinung traten, war Montecatini Terme, das weltberühmte Heilbad in der Nähe von Pistoia. Hier bildete sich unmittelbar nach der Vertreibung der deutschen Wehrmacht ein Befreiungskomitee, das – ganz so wie andere Komitees in anderen Orten – einen neuen Bürgermeister bestellte und auch sonst die Leitung der örtlichen Verwaltung übernahm. Arrigo Sorini, der neue Mann an der Spitze, ließ Mitte September in der Stadt verkünden, daß in der Via Garibaldi Nr. 5 eine Kommission zur Untersuchung faschistischer Verbrechen ihre Arbeit aufgenommen habe und daß in Kürze ein Volksgericht errichtet werde. „Bürger", so hieß es in dem Aufruf Sorinis, „euer legitimes Verlangen nach Gerechtigkeit wird von uns voll und ganz verstanden und geteilt. Wenn die augenblickliche Situation und militärische Erfordernisse es bis jetzt noch nicht zugelassen haben, unser Werk der Gerechtigkeit zu beginnen, so heißt das nicht, daß es nicht stattfinden wird. Es wird unnachgiebig und unerbittlich sein.

Gegen:
1. Die Faschisten, die verantwortlich sind für den Ruin des Landes,
   und zwar Hauptschuldige und Mitläufer.
2. Die Kollaborateure der Nazifaschisten und der Deutschen.
3. Die Nutznießer und Ausbeuter des Volkes.
4. Die Kriegsgewinnler, die Verbrechen begangen haben."

„Bürger", so lautete der Schlußappell: „22 Jahre lang hat das sogenannte faschistische Recht die Ehrlichen und Anständigen geschlagen: Das Recht des Volkes wird die Verantwortlichen unnachsichtig, aber human zur Verantwortung ziehen. Es ist die Pflicht aller, an dieser heilsamen Aktion teilzunehmen, mit dem Gewissen und der Gewissenhaftigkeit, die der Augenblick erfordert. Verräter, faschistische und nicht-faschistische Verbrecher zur Anzeige zu bringen, ist nicht Denunziation: *Es ist Gerechtigkeit.*"[146]

Das Volksgericht wurde tatsächlich eingerichtet. Es vermochte aber wenig oder gar nichts zu erreichen, denn schon in den ersten Oktobertagen von 1944 regte sich zuerst von Seiten der Carabinieri, dann des Innenministeriums und schließlich auch der Militärregierung heftiger Widerstand, der spätestens im November zur Auflösung des Volksgerichts und zur Absetzung des Bürgermeisters führte. „Gemäß den Proklamationen, die der Bürgermeister und das CLN angeschlagen hatten, wurden keine Verfahren eingeleitet", mit dieser Feststellung setzte die Militärregierung den Schlußpunkt unter diese Episode, deren Ende durchaus sym-

---

[146] In: NA, RG 331, Local Government, box 3, 10000/141/147.

ptomatisch war. Die Zeit war noch nicht reif für solche Formen spontaner Abrechnung, die erst mit der Befreiung Norditaliens im Frühjahr 1945 Bedeutung
gewannen[147].

Alles spricht dafür, daß die drei beschriebenen Formen spontaner Erstsäuberung ihre Wurzeln ausschließlich in den örtlichen Verhältnissen hatten, in denen
sie auftraten. Nirgends war eine lenkende und koordinierende Hand zu spüren,
nirgends ein von oben verordnetes Konzept zu erkennen. Das hieß aber nicht, daß
den führenden Instanzen des Antifaschismus, den überregionalen Befreiungskomitees und dem nationalen Befreiungskomitee an ihrer Spitze, die Einsicht in die
Notwendigkeit einer zentralen Regelung dieser hochbrisanten Fragen gefehlt
hätte. Im Gegenteil: Seit Mitte 1944 verging fast keine Zusammenkunft der Befreiungskomitees für Oberitalien, Piemont oder Ligurien, auf der nicht davon die
Rede gewesen wäre, und zwar nicht zuletzt deshalb, weil die unerhörte Radikalität der von der Basis getragenen spontanen Erstsäuberung selbst bei vielen Aktivisten der Resistenza die Befürchtung nährte, die Dinge könnten gänzlich außer
Kontrolle geraten, wenn nicht rechtzeitig regulierende Vorkehrungen getroffen
würden. „Der Haß, der sich gegen die Faschisten angestaut hat", so beschrieb im
Herbst 1944 ein Richter die Situation in Piemont, „ist grenzenlos [...]. Das Verlangen nach Gerechtigkeit hat sich in gereizte Vergeltungssucht verwandelt; von
vielen Seiten propagiert man die heilige Notwendigkeit, kurzen Prozeß zu machen, was man – wenn schon nicht der Menge – wenigstens Volkstribunalen an-
vertrauen möchte."[148]

Diesem ungestümen „Verlangen nach Gerechtigkeit" galt es entgegenzukom-
men und es zugleich in einigermaßen geordnete Bahnen zu lenken. „Eine der
wichtigsten Aufgaben der örtlichen Befreiungskomitees ist es", so faßte das Befreiungskomitee für Oberitalien diese Doppelabsicht zusammen, durch „geeignete polizeiliche Maßnahmen und juristische Verfahren die Ausschaltung und Bestrafung der Faschisten [von Salò] und ihrer Komplizen in Gang zu bringen. Ziel
ist es zum einen, die Gegner daran zu hindern, daß sie weiteren Schaden anrichten,
und, zum anderen, Beispiele einer harten und unnachsichtigen Strafjustiz zu statuieren, die geeignet sind, die moralische Ordnung wiederherzustellen, wobei jedoch Exzesse und ‚kurze Prozesse' zu verhindern sind."[149] Die Befreiungskomitees kamen deshalb im Sommer/Herbst 1944 überein, schon jetzt, noch im Untergrund, in allen Provinzen und größeren Städten Volksgerichte und Säuberungskommissionen zu bilden, die in der Stunde der Befreiung sofort auf den Plan treten und sich möglichst noch vor der Ankunft der Alliierten in „voller Tätigkeit"
befinden sollten. „Aus offensichtlichen Gründen der Würde", so die Richtlinie
des Befreiungskomitees für Oberitalien, „muß das italienische Volk selbst die an-

---

[147] HQ, AC, Local Government Sub-Commission, an Ministero dell'Interno, 24. 11. 1944, und andere Dokumente, die ebenfalls die Ereignisse von Montecatini Terme betreffen, in: Ebenda.
[148] Peretti-Griva an Ministero di Grazia e Giustizia, 27. 10. 1944; zit. nach Alessandro Galante Garrone, Documenti sull'organizzazione clandestina della giustizia, in: MLI 1950, Nr. 6, S. 23.
[149] CLNAI an die CLN der Regionen und Provinzen, 16. 8. 1944, in: Grassi, „Verso il governo del
popolo", S. 157; Galante Garrone, Documenti, S. 23; Guido Jesu, I processi per collaborazionismo
in Friuli, in: Storia contemporanea in Friuli, 1976, Nr. 7, S. 217.

gemessenen Sanktionen gegen die Verantwortlichen für das autokratische Regime und das imperialistische Abenteuer verhängen."[150]

Am weitesten fortgeschritten waren im Herbst 1944 die Pläne zur Errichtung von Volkstribunalen, die der Befriedigung des „revolutionären Volksempfindens" wenigstens ein Mindestmaß an Rechtsförmigkeit verleihen sollten. Die geplanten Volksgerichte hatten mit den traditionellen, heillos korrumpierten Organen der Justiz und deren Funktionsweise kaum etwas gemein. Der revolutionäre Bruch mit den Regeln der ordentlichen Rechtsprechung kam nicht nur in der Tatsache zum Ausdruck, daß die Etablierung und Zusammensetzung allein Sache der örtlichen Befreiungskomitees war. Er äußerte sich auch in der Übertragung der Aufgaben der Staatsanwaltschaft auf von der Resistenza gebildete „Commissioni di giustizia", die zugleich als eine Art politische Polizei fungierten, und er fand seinen Niederschlag in der Verweigerung einer Berufungsmöglichkeit[151].

Gewiß, diese Pläne waren in den Reihen des Antifaschismus nicht unumstritten. Bürgerliche Kräfte und eine einflußreiche Gruppe von Juristen in Piemont, die dem dortigen Befreiungskomitee angehörte, favorisierten den Gedanken, die Behandlung von Faschisten und Kollaborateuren den traditionellen Schwurgerichten zu übertragen, und ein dritter Flügel des Antifaschismus hätte einen Mittelweg vorgezogen. Ihm mißfiel die Absicht, in Gestalt der Volkstribunale eine neue Gerichtsbarkeit zu schaffen, ebenso wie die Vorstellung, die ordentliche Justiz mit der Abrechnung mit dem Faschismus zu befassen. Diesen Gruppen wäre es am liebsten gewesen, vorübergehend die Kriegsgerichte der Partisanenverbände mit der Ahndung faschistischer Verbrechen zu betrauen[152].

Definitiv entschieden war im Herbst 1944 noch nichts. Die Kommissionen und Volkstribunale standen einstweilen nur auf dem Papier – und sorgten dennoch schon für helle Aufregung im bürgerlichen Lager, wo man darin ein weiteres Indiz dafür erblickte, daß die Zukunft im Zeichen grundstürzender Umwälzungen alles bis dahin Gültigen stehen werde.

5. Die bürokratische „Drittsäuberung" durch das Hochkommissariat

So war die Lage, als sich Carlo Sforza und seine kleine Mannschaft im Sommer 1944 an die Arbeit machten: Italien war in drei Säuberungszonen zerfallen. In der

[150] CLNAI an die CLN der Regionen und Provinzen, 16. 8. 1944, in: Grassi, „Verso il governo del popolo", S. 157; vgl. darin auch den sehr radikalen Entwurf eines Gesetzes über die Abrechnung mit dem Faschismus vom Juni 1944 (S. 42 ff.), das Gesetz über „l'assunzione da parte dei CLN dei poteri di amministrazione e di governo nei territori liberati", 26. 10. 1944 (S. 198), und die Anordnung über die „commissioni di epurazione", 26. 10. 1944 (S. 199); vgl. weiter Paride Rugafiori (Hrsg.), Resistenza e ricostruzione in Liguria. Verbali del CLN Ligure 1944/1946, Mailand 1981, S. 69, 81, 85, 91, 93, 104, 106, 151, 159f., 165, 170; Pavone, La continuità dello Stato, S. 236f.

[151] Vgl. CLNAI an die CLN der Regionen und Provinzen, 16. 8. 1944, in: Grassi, „Verso il governo del popolo", S. 157ff.; Guido Neppi Modona, Il problema della continuità dell'amministrazione della giustizia dopo la caduta del fascismo, in: Ders. (Hrsg.), Giustizia penale e guerra di liberazione, Mailand 1984, S. 16–19; Galante Garrone, Documenti, S. 10–29.

[152] Vgl. Neppi Modona, Il problema della continuità, S. 18.

ersten, frontnahen Zone lag die Initiative zur Säuberung zunächst bei der Resistenza, ehe sie auf die Militärregierung überging, die auch in den frontferneren, aber noch nicht wieder italienischen Gebieten der zweiten Zone den Ton angab. Blieb die dritte Zone, die im Sommer 1944 das gesamte Gebiet südlich von Rom umfaßte und sich im Oktober 1944 bis zur südlichen Toskana hinaufschob; hier durften sich Sforza und seine Leute bewähren.

Daß das eine äußerst undankbare Aufgabe war, braucht nicht umständlich erläutert zu werden. Sforza und seine Mannschaft mußten, nach Lage der Dinge unvermeidlich, immer zu spät kommen und konnten nur dort Hand anlegen, wo die Resistenza, die Militärregierung und auch die Regierung Badoglio bereits Monate zuvor und monatelang tätig gewesen waren und sich den frischen Säuberungslorbeer geholt hatten. Zu sichten und zu sondern, zu untersuchen und zu richten, gab es in der dritten Zone immer noch mehr als genug; die Alliierten und die Resistenza hatten sich ja nur um das Gröbste gekümmert und nicht einmal darum sehr planmäßig. Aber die Dinge waren mehr als ein Jahr nach dem Sturz des Faschismus schwieriger geworden. Das war nicht nur eine Folge der Zeit, die gerade in diesen Fragen ihr oft fatales Heilungswerk verrichtete, sondern vor allem auch eine Folge der tagtäglichen Erfahrung, daß die meisten der noch nicht zur Verantwortung gezogenen ehemaligen Faschisten im Grunde keine wirkliche politische Gefahr darstellten. Sie waren, wenn man so will, zumal in Süditalien in ihrer übergroßen Masse nur noch eine moralische und juristische, aber keine brennende politische Herausforderung mehr.

Sforza und sein Team bekamen das sogleich zu spüren. Allein schon die objektiven Schwierigkeiten, die einem zügigen Aufbau des Hochkommissariats und des verzweigten Säuberungsapparates entgegenstanden, waren immens. Eines der größten Probleme, so Berlinguer zu einem alliierten Offizier, sei der Mangel an unbelasteten Juristen, die den Vorsitz der Kammern und Kommissionen führen konnten[153]. Dort, wo es sie in genügender Zahl gab, blieben sie lieber in der sicheren Justizlaufbahn, als sich auf die ungewisse und unerquickliche Tätigkeit im Säuberungsapparat einzulassen; in vielen Fällen sperrten sich auch die Militärregierung und der Justizminister gegen den Abzug fähiger Richter, weil dadurch die ordentliche Justiz lahmgelegt zu werden drohte[154]. Kaum weniger schwer fiel ins Gewicht, daß auch viele unbelastete Bürger den Schritt in das Säuberungsgeschäft scheuten, das nur Verdruß bereitete und letztlich doch irgendwie anrüchig blieb, auch wenn es von der Regierung zu einer staatspolitischen Aufgabe ersten Ranges erklärt worden war. Ungezählte Male mußte die Bildung von Säuberungskommissionen verschoben werden, weil die Mannschaft nicht komplett war, und Legion ist die Zahl der Fälle, in denen sich Mitglieder bei den ersten Schwierigkeiten wieder zurückzogen, weil sie Nachteile befürchteten[155].

---

[153] Vgl. Aufzeichnung über eine Besprechung zwischen Berlinguer und Upjohn, 6. 11. 1944, in: NA, RG 331, Civil Affairs, 10000/105/821.

[154] Vgl. HQ, AC, Civil Affairs Section: Provincial Epuration, 10. 2. 1945, in: Ebenda, Civil Affairs, box 17, 10000/105/744–813.

[155] Vgl. Capo di Gabinetto an Ministero dell'Interno, 3. 9. 1944, in: ACS, Ministero dell'Interno, Gab. 1944–1946, busta 5, fasc. 375; Präfekt von Siracusa an Ministero dell'Interno, 22. 10. 1944, in: Ebenda, busta 14, fasc. 1053; Präfekt von Bari an Alto Commissariato, 9. 9. 1944, in: Ebenda, busta 5, fasc. 378; Alto Commissariato aggiunto per l'epurazione, Circolare No. 4: Epurazione nelle

Das war aber nicht alles, was Sforza und seine Mannschaft an einem furiosen Start hinderte. Entscheidend war, daß sie nirgends offene Türen einrannten, daß sie überall auf Vorbehalte, in vielen Fällen sogar auf Feindschaft stießen und daß sie um jeden Millimeter Terrain ringen mußten. Das begann bei der Zuteilung von Papier und Schreibmaschinen, setzte sich bei den Recherchen nach belastenden Dokumenten fort und endete schließlich bei der oft vergeblichen Suche nach Zeugen – und wiederholte sich so oft, daß sich ohne Mühe eine umfangreiche „chronique scandaleuse" der Säuberung zusammenstellen ließe, die einmal mehr zeigte, wie resistent die italienische Gesellschaft gegen solche Eingriffe war, auch wenn sie mittlerweile vom Faschismus nicht mehr viel wissen wollte. Scoccimarro, der wohl am meisten unter diesen ewigen Behinderungen zu leiden hatte, gab seinen Frustrationen darüber im November 1944 in einem Interview mit dem Parteiorgan der Sozialisten Ausdruck und traf dabei wohl direkt ins Schwarze. Bei der Epurazione, so sagte er, sei das Ringen zweier antagonistischer Kräfte zu beobachten, auf der einen Seite die fortschrittlichen Kräfte, die eine tiefgehende Reinigung wollten, auf der anderen Seite „die Schwarzen, die faschistischen Kräfte", die sich jeder Säuberungsbemühung widersetzten. Dazwischen stehe die große Masse von eher unpolitischen oder konservativen Beamten, die mit ihren belasteten Kollegen durch ein dichtes Netzwerk von persönlichen und dienstlichen Beziehungen verbunden sei und sich regelmäßig auf deren Seite stelle, wenn er, Scoccimarro, zum Mittel der Entlassung greifen wolle. „Von ihnen geht die passive Resistenz aus", fuhr er fort, und zwar nicht nur wegen solcher Rücksichtnahmen innerhalb der Kollegenschaft, sondern auch aus Sorge um den Fortbestand des Staatsapparates, der den allermeisten ja die Existenzgrundlage bot. „Man sagte sich", so Scoccimarro in treffender Einschätzung der Ängste, die sein Parteibuch weckte, „daß ich als Kommunist die ganze staatliche Verwaltung in die Luft jagen wollte", und tat sein Möglichstes, um dem Kommunisten aus dem Hochkommissariat die Arbeit zu erschweren[156].

Exemplarisch traten diese Schwierigkeiten bei der Etablierung der Alta Corte di Giustizia, immerhin der höchsten juristischen Instanz der Abrechnung mit dem Faschismus, zutage. Die Alta Corte hatte laut Gesetz vom 27. Juli 1944 die Aufgabe, die Regimeprominenz zur Rechenschaft zu ziehen, und man durfte eigentlich erwarten, daß Staat und Parteien alles daran setzen würden, das oberste Gericht rasch in Gang zu bringen und großzügig mit den nötigen Mitteln auszustatten. Aber weit gefehlt: Es dauerte Monate, bis die personelle Besetzung der Alta Corte komplett war. Das Kabinett hatte sich zunächst schnell auf eine Liste mit hochrangigen Persönlichkeiten geeinigt, die nach Lebensweg und Leumund für die herausgehobenen Posten bestens geeignet erschienen, unter ihnen Adolfo Omodeo, der Rektor der Universität Neapel[157], und Eugenio Reale, einer aus der Führung der kommunistischen Partei. Als Präsident war Ettore Casati vorgesehen, der als energischer Säuberer bekannte ehemalige Justizminister im Kabinett

---

Provincie, 7. 11. 1944, in: ACS, PCM, Gab. 1944–1947, 1/7 10124, sottofasc. 10.1–10.14; Aufzeichnung über eine Besprechung zwischen Scoccimarro und Upjohn, 5. 12. 1944, in: NA, RG 331, Civil Affairs, 10000/105/819.
[156] L'Avanti, 10. 11. 1944.
[157] Siehe S. 65–72.

Badoglio[158], obwohl sich gerade gegen ihn manche Stimme erhoben hatte – war doch allgemein bekannt, daß er in der Partei gewesen war[159]. Gleichwohl hielt die Regierung an dem sonst untadeligen Casati auch dann noch fest, als wenig später die ursprünglich vorgesehene Besetzung der Alta Corte platzte, weil einige Mitglieder politisch untragbar waren und andere den ehrenvollen Auftrag letztlich doch nicht annahmen[160].

Die zweite Liste, die das Kabinett Mitte August verabschiedete, hatte ebenfalls nicht lange Bestand, denn einen Monat später – der erste große Prozeß stand gerade vor der Tür – legte Casati indigniert sein Amt nieder, weil er wegen seiner Parteimitgliedschaft öffentlich angeprangert und zum Objekt schmerzlicher Sticheleien geworden war[161]; sein Nachfolger wurde Ende September der 69jährige Lorenzo Maroni, ein hochrangiger Jurist, der ebenfalls bis 1943 Parteimitglied gewesen war, aber trotzdem überall einen guten Ruf genoß. Die übrigen sieben Mitglieder, die mit Dekret vom 18. August 1944 bestimmt wurden, waren im Durchschnitt über 65 Jahre alt, alle hatten eine untadelige politische Vergangenheit. Vier Mitglieder waren parteilich gebunden; zwei davon bekannten sich zu den Sozialisten, einer zu den Kommunisten und einer zur rechtssozialdemokratischen Democrazia del lavoro; zwei von diesen vieren waren als Rechtsanwälte juristisch geschult. Von der Gruppe der Parteilosen blickten zwei auf eine lange Karriere im Justizdienst zurück, aus dem sie aber vor 1943 aus Altersgründen ausgeschieden waren; einer schließlich war Botschafter gewesen, er befand sich ebenfalls schon im Ruhestand[162].

Die mehrfachen personellen Umbesetzungen und die Intrigen gegen Casati mochten noch die üblichen Begleiterscheinungen bei Personaldispositionen von solcher Bedeutung sein und nicht etwa Ausdruck eines gezielten Versuches interessierter Kreise, die Arbeit der Alta Corte zu stören. Was anderes als blanke Obstruktion sollte es aber sein, wenn die Alta Corte Ende September 1944 noch nicht einmal die nötigste Grundausrüstung hatte und wenn noch immer ungeklärt war, wer für die Gehälter der Angestellten und für die Mietkosten aufkommen sollte, die für den Justizpalast und den Palazzo Corsini fällig wurden, wo die ersten Prozesse stattfanden? Der Präsident der Alta Corte mußte sogar, man glaubt es kaum, Beschwerde einlegen, daß ein kleiner Angestellter sein Geld wiederbekam, das er für eine Dienstreise vorgestreckt hatte[163].

Am meisten ärgerte Maroni und die anderen Richter aber, daß lange ungeklärt blieb, wohin die Alta Corte verwaltungsmäßig gehörte. Erst hieß es, sie ressortiere beim Hochkommissar, dann gab es Anzeichen dafür, daß sie dem Kabinett unterstellt werden sollte, und schließlich traf die Nachricht ein, das Justizministerium

---

[158] Siehe S. 107 f.
[159] Vgl. Protokoll der Kabinettssitzung vom 27. 7. 1944, in: ACS, Verbali del Consiglio dei Ministri.
[160] Vgl. Protokoll der Kabinettssitzung vom 17. 8. 1944, in: Ebenda. Vgl. auch Alta Corte di Giustizia an Alto Commissario per le sanzioni contro il fascismo, 19. 8. 1944, in: ACS, PCM, Gab. 1944–1947, 1/7 10124, sottofasc. 11.
[161] Vgl. Casati an Bonomi, 19. 9. 1944, in: ACS, Alto Commissariato, titolo I, Nr. 4 (3. Bd.).
[162] Vgl. Battaglia, Giustizia e politica, S. 341; Protokoll der Kabinettssitzung vom 29. 9. 1944, in: ACS, Verbali del Consiglio dei Ministri; Dekret vom 18. 8. 1944, in: ACS, PCM, Gab. 1944–1947, 1/7 10124, sottofasc. 11.
[163] Vgl. Maroni an Bonomi, 28. 9. 1944, in: Ebenda.

sei für das hohe Gericht zuständig. „Daß man sich offensichtlich gegenseitig die Kompetenzen zuschiebt, [dieses Hin und Her] hat zur Folge, daß man das verzögert, was eine sofortige und klare Entscheidung erforderte", so Maroni, der sich das staatliche Engagement bei einer politisch-moralisch so bedeutsamen Aufgabe gewiß anders vorgestellt hatte. „Das kann dem ordentlichen und raschen Funktionieren der Alta Corte nur schaden."[164]

Wenn es schon in der Alta Corte an allen Ecken und Enden fehlte, dann bedarf es keiner allzu lebendigen Phantasie, um zu erahnen, wie es um die Säuberungskommissionen in den Provinzen bestellt war: Die Lage war desolat und blieb es bis weit in den Herbst 1944 hinein. Zumal in den Provinzen Süditaliens, die schon mehr als ein Jahr unter dem Damoklesschwert der Säuberung lebten und auch schon den einen oder anderen Anlauf zur Epurazione erlebt hatten, gelang es fast nirgends, die Kommissionen rechtzeitig ins Leben zu rufen. Irgend etwas fehlte immer: in Siracusa und Catanzaro der Delegierte des Hochkommissars, in Lecce die Gazzetta Ufficiale mit dem Gesetzestext, in Bari das von niemandem je erlassene „Regelwerk für die Ausführung des Gesetzes", und in Terni stockte das schon begonnene Säuberungswerk, weil zwei Mitglieder der Kommission plötzlich erkannten, daß ihnen die ganze Stoßrichtung des Gesetzes nicht paßte[165].

Im Unterschied zur Ära Badoglio erschöpfte sich die politische Säuberung nun aber nicht mehr in einer Geschichte skandalöser Obstruktion oder in halbherzigen Zugeständnissen an antifaschistische Zeitbedürfnisse. Sforza und seine beiden wichtigsten Mitarbeiter Mario Berlinguer und Mauro Scoccimarro setzten ihren ganzen Ehrgeiz daran, das bis dahin ineffiziente Hochkommissariat in ein wirkungsvolles Abrechnungsinstrument zu verwandeln – und sie hatten Erfolg damit, weil überall dort, wo sich „resistenza passiva" regte, auch die „resistenza attiva", die wirkliche Resistenza, auftrat, die mittlerweile in vielen Fällen doch stärker war.

Mauro Scoccimarro hatte sich mit der Personalsäuberung gewiß die schwierigste Aufgabe aufgebürdet. Zwanzig Jahre Faschismus waren an der Verwaltung nicht spurlos vorübergegangen: Über allen Zweigen lag eine dicke Schicht von Korruption, in allen Schaltstellen saßen treue Parteigenossen, und noch in der unbedeutendsten Behörde tummelten sich Günstlinge der Partei, die ihre Posten als Sinekuren betrachtet und dort kaum je einmal einen Finger krumm gemacht hatten – unmöglich schier, das ganze Dickicht aus Protektion, Kontamination und Unfähigkeit zu lichten. Doch Scoccimarro ließ sich davon nicht entmutigen. Unermüdlich holten er und seine engsten Mitstreiter Informationen über Belastete ein und brachten die einschlägigen Fälle zur Anzeige. Mit Zähigkeit und Einfallsreichtum zog er außerdem binnen weniger Wochen zumindest in den Ministerien und den von der Zentralverwaltung kontrollierten Einrichtungen leidlich funktionierende Epurazione-Kommissionen auf.

---

[164] Ebenda.
[165] Vgl. den Brief der beiden Delegierten an den Provveditore degli Studi von Terni, 30. 10. 1944, in: ACS, Ministero dell'Interno, Gab. 1944–1946, busta 53, fasc. 4396; Präfekt von Bari an Ministero dell'Interno, 27. 9. 1944, in: Ebenda, fasc. 378; Präfekt von Catanzaro an Ministero dell'Interno, 16. 9. 1944, in: Ebenda, busta 9, fasc. 567; Präfekt von Lecce an Ministero dell'Interno, 12. 8. 1944, in: Ebenda, busta 5, fasc. 375.

Anfang Oktober 1944 waren vom Hochkommissariat bereits 6000 Fälle aufgegriffen worden, 3500 davon hatte es an die 61 mittlerweile existierenden Kommissionen zur Aburteilung weitergeleitet und in 650 Fällen die Suspendierung vom
Dienst vorgeschlagen; 167 Personen waren tatsächlich entlassen worden[166]. Ende
des Jahres, als Scoccimarro aus dem Amt schied, hatten das Hochkommissariat
und die Verwaltung selbst über 16 000 Personen angezeigt. Nahezu 3600 Fälle hatten die nun 125 Kommissionen in erster Instanz zum Abschluß gebracht; dabei
waren fast 600 Entlassungen und über 1400 weniger fühlbare Sanktionen ausgesprochen worden[167] – gegen die über 1500 Freisprüche legte das Hochkommissariat nur in rund 230 Fällen Berufung ein und zeigte damit, daß sie die Entscheidungen der Kommissionen „respektierte", wie Sforza in seinem Abschlußbericht
vom 5. Januar 1945 bemerkte[168].

Diese magere Bilanz gibt freilich nicht annähernd wieder, was im öffentlichen
Dienst 1943/44 an personellen Veränderungen tatsächlich zu verzeichnen war.
Unberücksichtigt ist etwa das in die Abertausende gehende Heer derjenigen Faschisten, die der „Erst"- und „Zweit"-Säuberung von Resistenza und Militärregierung zum Opfer gefallen waren, sowie die Zahl der Belasteten, die bei der bloßen Androhung von Sanktionen von sich aus die Konsequenzen zogen oder von
ihren Vorgesetzten zum Schritt in den Ruhestand überredet werden konnten. Außer acht blieb außerdem die nicht unbeträchtliche Menge derer, die von Scoccimarro und seinen Leuten, ohne den Ausgang des Epurazione-Verfahrens abzuwarten, umstandslos vor die Tür gesetzt wurden; anfangs hielten viele dieses eigenmächtige Vorgehen für durchaus gesetzeskonform, erst im September, als sich
diese Praxis mehr und mehr einbürgerte, zog Regierungschef Bonomi die Notbremse und untersagte die Entlassung vor Abschluß des Verfahrens[169].

Aus den dürren Zahlen geht schließlich auch nicht hervor, daß sich die Entlassungen zu einem erheblichen Teil auf die neuralgischen Punkte des öffentlichen
Dienstes, nämlich auf die höhere Beamtenschaft, bezogen. Wenn man von den insgesamt etwa 1600 Beamten der vier höchsten Dienststufen die noch in der Prüfung befindlichen und die Fälle belasteter Faschisten abziehe, die nach Norden
oder anderswohin geflohen waren, „so ergebe sich", so Scoccimarro, „daß die Anzeigen […] bei den höheren Rängen einen Prozentsatz erreichen, der 60 % über-
steigt". Im mittleren Bereich liege der Prozentsatz bei 20 Prozent, bei den kleinen
Angestellte und Beamten bei einem Prozent[170].

Diese Feststellung ist insofern überraschend, als sie in eklatantem Widerspruch
zu dem auch in Italien wieder und wieder bemühten Schlagwort steht: „Die Kleinen hängt man, die Großen läßt man laufen." Ob sie die Realität trifft und sich

---

[166] Vgl. Text der Rede von Upjohn vor dem Advisory Council for Italy, 6. 10. 1944, in: NA, RG 331,
Civil Affairs, box 19, 10000/105/906.

[167] Vgl. Abschlußbericht von Scoccimarro, 3. 1. 1945, in: Ebenda, 10000/105/889.

[168] Sforza an Bonomi, 5. 1. 1945, in: ACS, PCM, Gab. 1944–1947, 1/7 10124, sottofasc. 0–4.6.

[169] Vgl. Abschlußbericht von Scoccimarro, 3. 1. 1945, in: NA, RG 331, Civil Affairs, box 19, 10000/
105/889; Text der Rede von Upjohn vor dem Advisory Council for Italy, 6. 10. 1944, in: Ebenda,
10000/105/906; die Anweisung von Bonomi vom 4. 9. 1944 findet sich in: ACS, PCM, Gab. 1944–
1947, 1/7 10124, sottofasc. 30–50; vgl. auch das Interview Scoccimarros mit L'Avanti, 10. 11. 1944,
in dem er behauptete, daß man ihm anfangs das Recht zu Entlassungen zugestanden habe.

[170] Abschlußbericht von Scoccimarro, 3. 1. 1945, in: NA, RG 331, Civil Affairs, box 19, 10000/105/
889.

zum gesicherten Befund erhärten läßt, müßte sich vor allem in Detailuntersu-
chungen über einzelne Ministerien und Behörden erweisen. Angesichts einer erheblich gestörten Aktenüberlieferung sind solche Nahaufnahmen freilich nur in
Ausnahmefällen möglich. Eine davon gibt den Blick frei auf die Situation im diplomatischen Dienst. Dort hatte sich der Personalbestand am 8. September 1943,
am Tag der Kapitulation der italienischen Streitkräfte, auf 490 Beamte belaufen. 84
davon wurden bis zum Januar 1945 in den Ruhestand versetzt, mehr als zwei Drittel (70) schon vor dem Erlaß des Juli-Gesetzes. Von den verbliebenen 406 Beamten waren 135 so belastet, daß sie sich einem Säuberungsverfahren zu stellen hatten: 51 gingen straffrei aus, sieben erhielten ihre Entlassungspapiere, zehn wurden
zurückgestuft, getadelt oder mit kleineren Strafen belegt. In 27 Fällen lief das Verfahren noch, und in 40 Fällen war es noch gar nicht eröffnet worden, weil der Betroffene abwesend war. Der Prozentsatz der Entlassungen bzw. der Versetzungen
in den Ruhestand lag bei den ranghöchsten Diplomaten am höchsten: bei den Bot-
schaftern in Klasse 2 bei 50 Prozent, bei den Gesandten in Klasse 3 bei 40 Prozent
und in den folgenden Klassen dann deutlich niedriger; von den 40 Beamten, die
zur Klasse 10 zu rechnen waren, mußten aber immerhin noch 5 in den vorzeitigen
Ruhestand treten[171].

Die zahlreichen Entlassungen im Auswärtigen Amt, so mag man kritisch ein-
wenden, dürften wohl kaum als typisch für den gesamten öffentlichen Dienst zu
bezeichnen sein, weil die italienische Regierung hier gewissermaßen unter den
Augen der internationalen Öffentlichkeit handelte und deshalb gar nicht anders
konnte, als strengste Maßstäbe anzulegen, während sie dort, wo das ausländische
Interesse fehlte, weniger skrupulös war. Ganz von der Hand zu weisen sind diese
Einwände nicht; tatsächlich ist es wohl in den meisten anderen Bereichen der öffentlichen Verwaltung zu viel weniger Entlassungen gekommen, aber auch hier
waren es die leitenden Beamten, die als erste durchleuchtet wurden. Im Justizministerium etwa hatten sich von den 4200 Beamten bis zum Januar 1945 etwas mehr
als 1000 einer Voruntersuchung stellen müssen; gegen 250 war ein Verfahren eröffnet worden, und 33 mußten schließlich ihre Posten räumen – sie kamen fast ausschließlich aus der höheren Beamtenschaft. Hinzugezählt werden müssen übrigens noch Hunderte von Richtern, die *vor* Abschluß ihrer Verfahren dem Justizdienst freiwillig oder auf Druck ihrer Vorgesetzten den Rücken kehrten; allein in
Rom war das wohl fast die Hälfte der rund 250 dort tätigen Richter[172].

Mario Berlinguer von der Aktionspartei, der im Hochkommissariat für die justitielle Ahndung faschistischer Verbrechen zuständig war, hatte mit kaum gerin-

---

[171] Vgl. Liste über den Stand der Epurazione im diplomatischen Dienst, 15. 1. 1945, in: Ebenda,
10000/105/892; eine ähnliche Aufzeichnung vom Juli 1944, in: Ebenda, Political, box 5, 10000/132/
293.

[172] Vgl. Defascism Progress Report für das Ministero di Grazia e Giustizia, 15. 1. 1945, in: Ebenda,
Civil Affairs, 10000/105/869; Ministero di Grazia e Giustizia: Funzionari sottoposti al giudizio di
epurazione, 4. 9. 1944; Commissione di epurazione, Listen der Verfahren vom 18., 23., 30.8. und
1. 9. 1944; HQ, ACC, Legal Sub-Commission: Defascistization of Magistracy, 23. 8. 1944, in:
Ebenda, Legal, 10000/142/553; Aufzeichnungen über Besprechungen zwischen dem Justizminister und alliierten Offizieren vom Sommer 1944, in: Ebenda, Legal, box 7; Administrative Section,
White, an Legal Sub-Commission, 17. 8. 1944, in: Ebenda, Legal, 10000/142/553; Ministero di
Grazia e Giustizia an Sottocommissione Legale, 31. 7. 1944, in: Ebenda, aus welchem die Zusammensetzung der Epurazione-Kommission im Justizministerium hervorgeht.

geren Schwierigkeiten zu kämpfen als sein Kollege Scoccimarro. Die ordentliche
Justiz war heillos korrumpiert und konnte trotz vieler Entlassungen noch längst
nicht als „gesäubert" gelten. Überall fehlten unbelastete Richter, und in fast allen
Ämtern hatten die Kriegswirren und die kopflose Umsiedlung der faschistischen
Regierung an den Gardasee ein so unbeschreibliches Durcheinander in den Regi-
straturen von Partei, Polizei und öffentlicher Verwaltung hinterlassen, daß es
meist unmöglich war, viel belastendes Material über einzelne Angeklagte zu finden. Irgendwie schaffte es aber auch Berlinguer immer wieder, diese objektiven
Hemmnisse zu überwinden, und im Herbst/Winter 1944 stellten sich auch hier
die ersten Erfolge ein. Bis zum Jahreswechsel untersuchten Berlinguer und sein
kleiner Stab von unbescholtenen Juristen über 3000 Einzelfälle und übergaben
mehr als ein Drittel davon den zuständigen Gerichten, die ihrerseits natürlich
auch aktiv geworden waren und eine Unzahl von Verfahren eingeleitet hatten.
Außerdem ließ Berlinguer die düstersten Aspekte der faschistischen Rechtssprechung durchleuchten und die skandalös milden Urteile gegen diejenigen Faschisten für „inexistent" erklären, die in den zwanziger und dreißiger Jahren beherzte
Regimegegner wie etwa Giacomo Matteotti, Giovanni Amendola und Don Min-
zoni ermordet hatten. Und schließlich gelang es ihm in weit über 200 Fällen auch,
faschistische Amnestien zu widerrufen, die Verbrechern mit Parteibuch zugute
gekommen waren[173].

Es verdient nochmals hervorgehoben zu werden, daß Berlinguers Abteilung im
Grund kaum mehr tun konnte, als anstößige Einzelfälle aufzugreifen und in Vor-
untersuchungen zu klären, ob genügend belastendes Material für die Eröffnung
eines Verfahrens vorhanden war. Die Entscheidung über die Verfahrenseröffnung
und erst recht das Verfahren selbst waren aber Sache der Gerichte. Berlinguers
Abteilung gab gewissermaßen die Initialzündung, von den Gerichten aber hing es
ab, ob sich die Ahndungs-Maschinerie daraufhin in Bewegung setzte oder ob die
Zündung verpuffte. Wie oft das eine geschah oder das andere, wie oft die Gerichte
von sich aus die Initiative ergriffen und wie scharf sie dabei vorgingen, müßte in
Fall- und Lokalstudien ermittelt werden. Da sie fehlen, wird man sich zunächst
mit der Feststellung zufriedengeben müssen, daß, wie Berlinguer am 14. November 1944 an Upjohn schrieb, bei den Gerichten und Kriegsgerichten „Tausende
von Prozessen" anhängig, aber noch nicht zum Abschluß gebracht worden waren.
„Die Gefängnisse sind überfüllt, die Presse und die öffentliche Meinung protestieren", so Berlinguer[174].

Aus diesen etwas resignativen Worten darf freilich nicht der pauschale Schluß
gezogen werden, die Gerichte hätten die Auseinandersetzung mit dem personellen Erbe des Faschismus generell verzögert und behindert. Gewiß, Obstruktion
und Verschleppung waren im Justizwesen kein Fremdwort; aber es gab auch ge-
genläufige Tendenzen, die vor allem damit zusammenhingen, daß viele Gerichte
unter dem Druck der Resistenza standen oder sich instinktiv dem antifaschistischen Zeitgeist anpaßten. Pardon wird nicht gegeben, schien sich beispielsweise
das Gericht von Grosseto als Devise gewählt zu haben. Es hatte seine Pforten be-

---

[173] Vgl. Sforza an Bonomi, 5. 1. 1945, in: ACS, PCM, Gab. 1944–1947, 1/7 10124, sottofasc. 0-4.6.
[174] In: NA, RG 331, Civil Affairs, 10000/105/828.

reits Anfang August 1944 geöffnet und natürlich sofort ein Verfahren gegen die ortsbekannten Faschisten auf die Tagesordnung gesetzt. Dabei handelte es sich um Lorenzo Frosi, den Sekretär der faschistischen Partei in Scarlino, und seine beiden Stellvertreter, Liveno Novelli und Archimede Petri, die nach dem Waffenstillstand vom 8. September 1943 Geld für die faschistische Armee eingetrieben hatten und dabei auch vor dem Einsatz brachialer Mittel nicht zurückgeschreckt waren. Entsprechend hart fiel das Urteil aus: 18 Jahre Haft und 15000 Lire Geldstrafe – für damalige Verhältnisse ein unglaublich hoher Betrag – für Frosi, der auch anderer Vergehen für schuldig befunden wurde, 13 Jahre Haft und 25000 Lire Geldstrafe für Petri und 4 Jahre Haft und 20000 Lire Geldstrafe für Novelli[175].

Auch in den folgenden Verfahren, so scheint es, hielten die Richter von Grosseto an dieser harten Linie fest. Gelegentlich taten sie vielleicht sogar des Guten etwas zuviel – etwa, als sie am 24. November 1944 elf Faschisten zu Haftstrafen zwischen 3 Jahren, 4 Monaten und einem Jahr, 9 Monaten verurteilten, die im Februar 1923, also vor über zwanzig Jahren, in Pancole di Scansano vier Antifaschisten öffentlich gedemütigt und zum Trinken von Rizinus-Öl gezwungen hatten[176]. Solche persönlichen Demütigungen waren, das zeigen auch andere Beispiele[177], nicht vergessen, und viele wären in der aufgeheizten Situation des Winters 1944/45 in höchstem Maße entrüstet gewesen, wenn die Gerichte diese offenen Rechnungen nicht mit gleicher Münze (und wenn möglich mit Zins und Zinseszinsen) beglichen hätten.

Daß die Abrechnung mit dem Faschismus im Herbst 1944 Tempo und Stetigkeit zu gewinnen begann, zeigte sich nicht nur an den Fortschritten bei der Personalsäuberung und bei der justitiellen Ahndung faschistischer Verbrechen, die, zusammengenommen, wohl jetzt schon einige Zehntausend politisch Kompromittierte und Verbrecher betrafen. Auch in anderen Bereichen tat sich etwas, auch dort ließ das Hochkommissariat seine Entschlossenheit erkennen, den Pflichten nachzukommen, die ihm das Gesetz vom 27. Juli 1944 auferlegte. So leitete es beispielsweise bis zum Jahreswechsel 1944/1945 über 3000 Ermittlungen gegen Faschisten ein, die im Verdacht standen, sich in den zurückliegenden Jahren auf illegale Weise bereichert zu haben. In Hunderten von Fällen zog schon die Einleitung von Ermittlungen die vorläufige Sequestrierung des Besitzes nach sich; allein in Neapel hatte das Hochkommissariat in über 900 Fällen zum Mittel der „protective sequestration" gegriffen[178]. Zu einer definitiven Entscheidung war es aber in ganz Italien erst in den wenigsten Fällen gekommen; die „wirklichen Beschlagnahmen […] belaufen sich bis heute auf 334", schrieb Sforza bei seinem Ausscheiden aus dem Amt des Hochkommissars am 5. Januar 1945[179].

---

[175] Vgl. HQ, AC, Public Relations Branch: Press Release-Immediate, 10. 1. 1945, in: NA, RG 84, 1945: 800, box 140.

[176] Ebenda.

[177] Vgl. ebenda und HQ, AC, Monatsbericht für November 1944, in: NA, RG 331, Adjutant, box 28, 10000/101/502.

[178] So Upjohn vor dem Advisory Council for Italy vom 6. 10. 1944, in: Ebenda, Civil Affairs, box 19, 10000/105/906; Sforza an Bonomi, 5. 1. 1945, in: ACS, PCM, Gab. 1944–1947, 1/7 10124, sottofasc. 0–4.6; Relazione dell'attività svolta dall'Alto Commissariato Aggiunto per l'Avocazione Profitti di Regime, 3. 10. 1944, in: NA, RG 331, Civil Affairs, 10000/105/822.

[179] In: ACS, PCM, Gab. 1944–1947, 1/7 10124, sottofasc. 0–4.6. Vgl. List of fascists whose property has been sequestrated, 15. 2. 1945, in: NA, RG 331, Public Safety, 10000/143/2227.

Ausdruck des neu belebten Säuberungs- und Abrechnungswillens nach der Befreiung von Rom war auch „the suspension of 309 out of the 420 senators"[180] und
vor allem die Entschiedenheit, mit der die Alta Corte di Giustizia trotz der beschriebenen Hemmnisse[181] zu Werke ging. „Die Verfahren", so urteilte Sforza,
„wurden sehr rasch abgeschlossen. Die Alta Corte, die sehr gut gearbeitet hat [...],
hat mit diesen Prozessen schmerzliche Ereignisse aufgehellt, die wir aus freien
Stücken brandmarken mußten und müssen, wenn wir verhindern wollen, daß uns
eines Tages – und von unerwarteter Seite – der Vorwurf gemacht wird, ängstlich
geschwiegen zu haben."[182]
Traf dieses positive Urteil zu oder unterlag Sforza der Versuchung aller Amtschefs, die Leistungen und Erfolge seiner Behörde in einem zu günstigen Licht zu
zeigen? Läßt man die Namen der Angeklagten Revue passieren, die schon 1944
vor der Alta Corte standen, so wird man dem Hochkommissar schwerlich zu-
stimmen können: Pietro Caruso, Roberto Occhetto, Vincenzo Azzolini, Ettore
Del Tetto und Riccardo Pentimalli – keiner von ihnen gehörte zum Kreis derer,
die das Gesicht des Faschismus bestimmt hatten. Diese hatten sich nach Norden
abgesetzt oder waren aus anderen Gründen nicht vor Gericht zu ziehen: Giuseppe
Bottai diente mittlerweile in der französischen Fremdenlegion[183], Dino Grandi
saß im sicheren portugiesischen Exil[184], Galeazzo Ciano war von den Faschisten
selbst hingerichtet worden[185], Roberto Farinacci gab in Cremona eine Zeitschrift
heraus[186], und der von seinen deutschen Verbündeten reinthronisierte Duce
höhnte nur über die Anklagen, die ihm der Gerichtshof in Rom entgegenschleuderte. Die Alta Corte mußte sich – nolens volens – mit der Aburteilung nachge-
ordneter Regimekreaturen begnügen.
Als erster stand am 20. und 21. September 1944 der Polizeichef von Rom, Pietro
Caruso, vor dem obersten Abrechnungsgericht. Caruso, ein Faschist der ersten
Stunde – Squadrist in Neapel, Teilnehmer am Marsch auf Rom und Milizionär in
Triest –, war erst 1944 nach Rom gekommen, hatte dort aber sogleich beträchtliches Unheil zu stiften begonnen. Die Anklage warf ihm vor, an der Seite der Deutschen bei Auskämmaktionen mitgewirkt und mit SS und Gestapo sowie mit der
berüchtigten faschistischen Bande von Pietro Koch zusammengearbeitet zu haben; der schlimmste Vorwurf aber lautete: Caruso habe sich nicht gescheut, die
Basilika von San Paolo fuori le Mura stürmen und 65 Antifaschisten herausholen
zu lassen, die dort Zuflucht gesucht hatten, und er habe den Deutschen zugearbei-

---

[180] HQ, ACC, Monatsbericht für August 1944, in: Ebenda, Chief Commissioner, box 16; vgl. auch die
    Aufzeichnung über eine Besprechung zwischen Sforza und Upjohn vom 30. 9. 1944, in welcher
    Sforza sagte: „It would have been just that all senators except these 25 [die immer gegen die Regie-
    rung gestimmt hatten] would be removed from office but he did not do so because he did not like
    to suppress, practically, the Senate while we had agreed for 'no institutional changes' until war
    exists." In: Ebenda, Civil Affairs, 10000/105/819.
[181] Vgl. S. 177–179.
[182] Sforza an Bonomi, 5. 1. 1945, in: ACS, PCM, Gab. 1944–1947, 1/7 10124, sottofasc. 0–4.6. Vgl.
    auch Aga-Rossi, L'Italia nella sconfitta, S. 141.
[183] Vgl. Bottai, Diario 1935–1944.
[184] Grandi, Mio paese, S. 657.
[185] Vgl. S. 54–56.
[186] Vgl. Marco Innocenti, I gerarchi del fascismo. Storia del ventennio attraverso gli uomini del Duce,
    Mailand 1992, S. 150.

tet, als sie die Liste der über 330 Häftlinge zusammenstellten, die als Antwort auf den Mord an 33 deutschen Soldaten im Frühjahr 1944 in den Fosse Ardeatine vor den Toren Roms hingemetzelt wurden[187].

„Wir können und müssen zeigen, daß Italien selbst in der Lage ist, die Verursacher des faschistischen Terrors zu bestrafen, der sich während des Einfalls der [deutschen] Barbaren bis zu einem unerhörten Maße verschärft hat", so Mario Berlinguer, der die Anklage selbst vertrat und – an das Gericht gewandt – fortfuhr: „Die ganze zivilisierte Welt wartet auf Eueren Urteilsspruch. Sie will erfahren, ob wir uns aus eigenen Kräften rehabilitieren können. Ihr ruft dieses Urteil in die Welt hinaus. Ihr sprecht es zu unseren heldenhaften Brüdern, die leiden, kämpfen und warten. Ihr sprecht es als Warnung an alle Abtrünnigen, Verräter und Brudermörder." Jede andere Forderung als die nach der Todesstrafe für Caruso und seinen Assistenten Roberto Occhetto, der ebenfalls vor Gericht stand, wäre ein öffentlicher Skandal gewesen und von Berlinguer – wie er selbst einräumte – als Verrat am Antifaschismus empfunden worden[188].

Tribunale in Umbruchphasen unterliegen eigenen Gesetzen, das Recht, dem sie gehorchen, ist revolutionäres Recht und hat mit Rechtstaatlichkeit wenig zu tun, und die Richter, die sie führen, sind vielfältigen öffentlichen Pressionen und politischen Zwängen ausgesetzt. In solchen Verfahren geht es um mehr als um Sühne für ein Verbrechen, es geht vor allem um ein Signal für die Öffentlichkeit. Es geht – mit einem Wort – mehr um die Inszenierung als um ein gerechtes Urteil.

So war es auch hier: Schon die kurze Verhandlungsdauer von nur zwei Tagen bot gewiß nicht ausreichend Gelegenheit, Carusos Anteil an den ebenso grauenhaften wie komplexen Verbrechen zu klären. Außerdem wurde nur das wenigste dessen, was die Angeklagten vielleicht hätte entlasten können, angemessen gewürdigt, vor allem nicht die Tatsache, daß Kompetenz und Eigenverantwortung Carusos angesichts der faktischen deutschen Herrschaft in Rom relativ gering waren. Unberücksichtigt blieb in dem Eilprozeß schließlich auch, daß es sich bei Caruso wie bei Occhetto um äußerst schwache, in mancher Hinsicht sogar um kindliche Naturen handelte, um Marionetten in den Händen anderer, die aber nicht zu belangen waren. Beide waren verabscheuungswürdige, in gewisser Hinsicht aber auch armselige Kreaturen der Verhältnisse, in die sie hineingeraten waren. „Caruso hat den Fehler gemacht und er war naiv genug, an die faschistische Idee zu glauben", so sein Pflichtverteidiger, „und als er zum Quästor von Rom ernannt wurde [...], machte er sich keinen Begriff von seiner schweren Verantwortung und unvorbereitet und unfähig, wie er war, ging er seinem schrecklichen Schicksal entgegen."[189]

Juristisch ließ sich das, was Caruso getan hatte, in vielerlei Hinsicht fassen. Das Gesetz vom 27. Juli bot die Möglichkeit, den ehemaligen Polizeichef von Rom wegen schwerer Kollaborationsverbrechen zum Tode zu verurteilen. Es hielt aber auch die andere Möglichkeit bereit, ihm wegen schuldhafter Verstrickung und Beihilfe zu Verbrechen, die im Grunde andere – vor allem die deutschen Besatzer

---

[187] Vgl. Algardi, Processi ai Fascisti (1958), S. 71–82; dies., Il processo Caruso.
[188] Vgl. Algardi, Processi ai Fascisti (1958), S. 95 und 98.
[189] Ebenda, S. 104f.

– zu verantworten hatten, eine langjährige Haftstrafe aufzuerlegen, was auch deshalb in Betracht zu ziehen gewesen wäre, weil der Angeklagte geständig war und
seine Taten ehrlich bereute. Das Gericht nahm darauf keine Rücksicht und entschied so, wie es die Umstände erzwangen: Es sah die von der Staatsanwaltschaft
erhobenen Vorwürfe als bewiesen an, das Urteil lautete deshalb auf Todesstrafe.
„Der Schaden ist sehr groß, der dem Staat durch die starke Beeinträchtigung seiner militärischen Kapazität und seiner kriegerischen Anstrengung entstand, ganz
zu schweigen von der Beeinträchtigung der Widerstandskraft des Volkes, die in jedem Krieg nötig ist, umso mehr aber im gegenwärtigen, der nicht nur ein Krieg
zwischen Streitkräften, sondern zwischen Völkern ist", hieß es im Urteil vom
21. September 1944, das sich passagenweise nicht wie ein Verdikt gegen einen einzelnen Angeklagten, sondern gegen das Gesamtphänomen der Kollaboration
las[190]. Das Todesurteil gegen Caruso wurde einen Tag später im Forte Bravetta am
Rande von Rom vollstreckt. Carusos Assistent kam mit 30 Jahren Haft davon –
glimpflich, wird man angesichts der Umstände sagen können.

Das Urteil der Alta Corte und Carusos Hinrichtung trafen auf breite Zustimmung. Alle großen Zeitungen lobten die Entschlossenheit der obersten Abrech-
nungsinstanz und zeigten sich zufrieden damit, daß ein Übeltäter wie Caruso seiner gerechten Strafe nicht entgangen war. In der Öffentlichkeit begann so der Eindruck zu entstehen, wenigstens bei der Alta Corte sei die Sache der Abrechnung
mit dem Faschismus in guten Händen. Als Folge davon ließ der Erwartungsdruck,
der vor dem Prozeß gegen den ehemaligen Polizeichef von Rom auf dem obersten
Gericht gelastet hatte, ein wenig nach. Die Alta Corte konnte nun ihre Arbeit unter etwas entspannteren Verhältnissen fortsetzen und sich auch etwas mehr Zeit
zur Prüfung der Einzelfälle nehmen.

Vincenzo Azzolini, der drei Wochen nach Carusos Hinrichtung vor Gericht
stand, profitierte als erster von dieser leichten Entspannung. Der ehemalige Präsident der Banca d'Italia war politisch ein gänzlich unbeschriebenes Blatt. Er selbst
behauptete von sich, daß er stets zu den Gegnern des Regimes gehört und dieser
Gegnerschaft in vielfältiger Weise Ausdruck verliehen habe, während die Anklage
die Meinung vertrat, Azzolini sei dem Faschismus gegenüber sehr aufgeschlossen
gewesen. Diese Affinität sei auch der Grund dafür gewesen, daß er den Deutschen
ohne Not die italienischen Goldreserven, immerhin 117 Tonnen, ausgeliefert habe.
Dadurch habe er gegen seine „Treuepflichten verstoßen und dem jahrhunderteal-
ten Feind Italiens einen überaus wertvollen Dienst erwiesen, der dessen militärischen Operationen sicherlich zum Vorteil gereicht habe". Das sei „eine Form [...]
von schwerem Verrat, den die Gesetze zu allen Zeiten und in allen Völkern immer
gebrandmarkt und streng bestraft haben", wie es im Urteil des hohen Gerichts
vom 14. Oktober 1944 hieß, das denselben Straftatbestand wie im Falle von Caruso
als erfüllt ansah, nämlich den der Kollaboration mit dem deutschen Feind[191].

Selbstverständlich konnte Azzolini den zentralen Vorwurf der Anklage, den
Deutschen die Goldreserven überlassen zu haben, nicht entkräften. Er machte

---

[190] Ebenda, S. 99.
[191] Urteil der Alta Corte di Giustizia, 14. 10. 1944, in: NA, RG 331, Legal, 10000/142/551; zu Azzolini vgl. auch Rome Police Report, Nr. 6, 10. 6. 1944, in: Ebenda, Executive Commissioner, 10000/
109/1824.

aber zu seiner Entlastung geltend, daß jeder Versuch, die ja nicht ganz kleine Menge Gold zu verstecken, zwecklos gewesen wäre; die Deutschen, Experten auf diesem Felde, wie Azzolini wohl nicht ganz zu Unrecht vermutete, hätten das Gold in jedem Fall entdeckt und entsprechend hart reagiert, wenn sie sich getäuscht fühlen mußten. Um Schlimmeres zu verhüten, habe er darauf verzichtet, die Deutschen zu reizen, und der Bitte (oder drohenden Forderung?) nach Übergabe des Goldes entsprochen.

Hätte Azzolini als erster vor der Alta Corte gestanden, so hätten diese Überlegungen, so vernünftig sie vielleicht auch sein mochten, nichts gefruchtet. Man wäre über sie ebenso hinweggegangen wie über die Tatsache, daß Azzolini nach dem Goldtransfer sich mancher gewagter Tricks bedient hatte, um wenigstens einen Teil des Goldes zu retten, oder über das gerade vom juristischen Standpunkt aus schwer von der Hand zu weisende Argument, Italien habe sich zum Zeitpunkt der Übergabe des Goldes überhaupt noch nicht im Krieg mit dem Deutschen Reich befunden. „Das, was zählt", so das hohe Gericht in souveräner Mißachtung unwiderleglicher Fakten, „ist die Tatsache, daß Krieg geführt wird, nicht die formelle [Kriegs-]Erklärung."[192] Azzolini wäre zum Tode verurteilt worden – genauso wie jeder andere, der den vom Gericht a posteriori aufgestellten Maßstäben von antifaschistischem Heldenmut und patriotischer Opferbereitschaft nicht entsprochen hätte. Mit Caruso aber war dem antifaschistischen Zeitgeist das geschuldete Opfer schon gebracht worden. Azzolini kam deshalb mit dem Leben davon – um Haaresbreite, wie sich Giulio Andreotti erinnerte, denn im Richterkollegium hatte eine Stimme den Ausschlag für eine Verurteilung zu 30 Jahren Gefängnis gegeben[193].

Parallel zu den beiden Verfahren gegen Caruso und Azzolini hatte die Alta Corte einen dritten Prozeß vorbereitet, in dessen Mittelpunkt die Aufklärung der Ereignisse stehen sollte[194], die zum Zusammenbruch der italienischen Streitkräfte und insbesondere zur fast kampflosen Übergabe von Rom geführt hatten. Endlich Licht in diese von Gerüchten und Mutmaßungen umschwirrten Ereignisse zu bringen, war nicht nur ein Anliegen der Öffentlichkeit, sondern lag auch dem Hochkommissar, Carlo Sforza, sehr am Herzen. Den Offizieren der Militärregierung hingegen kam der Wunsch der italienischen Regierung, eine „flächendeckende Untersuchung" vorzunehmen[195], mehr als ungelegen, mußten sie doch damit rechnen, wie Macmillan in seinem Tagebuch schrieb, daß „der Hauptzweck der Untersuchung ist, den König und Badoglio zu attackieren"[196].

Was tun? Ellery W. Stone, Acting Chief Commissioner der Militärregierung, und Alexander Kirk, der amerikanische Delegierte im Advisory Council für Italien, hätten das geplante Verfahren am liebsten untersagt, während Harold Macmillan den Standpunkt vertrat, daß man die Sache, die nach Lage der Dinge nicht

---

[192] Urteil vom 14. 10. 1944, in: Ebenda, Legal, 10000/142/551.
[193] Vgl. Andreotti an Lamberto Mercuri, 11. 7. 1987, in: Mercuri, L'epurazione, S. 259.
[194] Vgl. OSS: Treatment of former fascists by the Italian Government, 17. 3. 1945, in: NA, RG 226, R+A, Nr. 2688; abgedruckt auch in: Woller, Die Anfänge der politischen Säuberung in Italien, S. 156–190.
[195] Macmillan, War Diaries, S. 521 (Eintrag vom 14. 9. 1944).
[196] Ebenda.

zu verhindern war, am besten gleich hinter sich bringen sollte[197]. Nach eingehender Diskussion einigte man sich schließlich darauf, so Macmillan, „Verfahren gegen jede einzelne Person zu erlauben, gegen die es *prima facie* triftige Gründe gibt, aber *keine* flächendeckende Untersuchung zuzulassen"[198].

Eine umfassende Klärung wurde bis nach Kriegsende vertagt. Dem Hochkommissar blieb so zunächst nur die undankbare Aufgabe, das Verhalten einzelner Generäle am 8. September 1943 zu prüfen. Die Linksparteien schäumten, als sie davon erfuhren, und hoben bei jeder sich bietenden Gelegenheit hervor, daß damit wieder die Falschen belangt würden, denn die Verantwortung für das Desaster vom 8. September 1943 liege nicht bei diesem oder jenem General, sondern bei Vittorio Emanuele III. und Pietro Badoglio, die aber auf alliierten Befehl nicht angetastet werden dürften. Nachdem Sforza so in die Schranken verwiesen war, beabsichtigte der Hochkommissar, wenigstens die beiden unrühmlichsten Fälle kampfloser Kapitulation vor der deutschen Wehrmacht, nämlich die Übergabe der Städte Rom und Neapel, in einem einzigen Prozeß untersuchen zu lassen. Für den Fall eines alliierten Vetos gegen die Koppelung der beiden Verfahren drohte er vollmundig mit seinem Rücktritt, selbst auf die Gefahr, daß er damit einen „‚world-wide' scandal" verursachen würde[199]. Letztlich mußte er aber auch hier zurückstecken und sich dem Willen der Alliierten beugen, die allem Anschein nach zuerst am Beispiel Neapels ausprobieren wollten, wie groß die Gefahr für Krone und Generalstab selbst in einem so limitierten Verfahren war.

Alliierte Wünsche waren es vermutlich auch[200], die für eine fast zweimonatige Verschiebung des ursprünglich für den 23. Oktober 1944 angesetzten Prozeßbeginns sorgten[201]. Erst am 14. Dezember war endlich alles so arrangiert, daß der Prozeß gegen die Generäle Riccardo Pentimalli und Ettore Del Tetto, die es versäumt hatten, ihre Truppen zur Verteidigung Neapels zum Einsatz zu bringen, gefahrlos beginnen konnte. Pentimalli und Del Tetto, so lautete die Anklage in diesem aller politischen Implikationen entkleideten Verlegenheitsverfahren, hatten mit dem Feind kollaboriert, ihre Truppen im Stich gelassen und die Ausführung von Befehlen verweigert, weshalb der Staatsanwalt „mit tiefem Bedauern, aber in vollem Bewußtsein, die Todesstrafe für die beiden Generäle" forderte[202].

Damit drang er natürlich nicht durch. Die Alta Corte, so wird man zugespitzt sagen können, durfte nichts finden, was über den lokalen Rahmen von Neapel hinauswies, und hielt sich peinlich genau an diese Maßgabe. Sie ging deshalb dem Vorwurf der Kollaboration und der Befehlsverweigerung gar nicht ernstlich nach, weil dabei unweigerlich zweierlei herausgekommen wäre, was die Krone, die Regierung und den Generalstab in einem äußerst ungünstigen Licht gezeigt hätte:

---

[197] Ebenda.
[198] Ebenda.
[199] OSS: Treatment of former fascists by the Italian Government, 17. 3. 1945, in: NA, RG 226, R+A, Nr. 2688.
[200] Ebenda.
[201] Vgl. dazu Sforza an Upjohn, 12. und 19. 10. 1944, in: NA, RG 331, Civil Affairs, 10000/105/822; hierin befindet sich auch eine Zusammenfassung der wesentlichen Anklagepunkte im Verfahren gegen Pentimalli und Del Tetto.
[202] AFHQ, Psychological Warfare Branch, Italian Theatre Headquarters: Del Tetto and Pentimalli Trial Final Phase and Sentence, 24. 12. 1944, in: NA, RG 84, 1944: 800, box 106; Kirk an Secretary of State, 20. 12. 1944: Proceedings of Trials of Generals Pentimalli and Del Tetto, in: Ebenda.

daß die Streitkräfte von niemandem auf den „Seitenwechsel" und die Kapitulation vorbereitet worden und daß die gleichsam in letzter Sekunde bei den Truppen eingetroffenen Befehle hinsichtlich des Verhaltens gegenüber der deutschen Wehrmacht keineswegs eindeutig gewesen waren. Im Gegenteil: Sie ließen mehrere Auslegungen zu oder waren so nichtssagend, daß sie die Truppenkommandeure nur verwirrten. Die Alta Corte konzentrierte sich statt dessen auf den im höheren Sinne ungefährlichsten, von den Angeklagten auch nicht bestrittenen Vorwurf der Entfernung von der Truppe – und verurteilte die beiden Generale am 22. Dezember 1944 zu je 20 Jahren Gefängnis[203]. Pentimalli und Del Tetto werden in das Gefängnis gesteckt, so der sarkastische Kommentar des republikanischen Blattes Voce Repubblicana, „weil sie die Wünsche des Königs, des Prinzen und des Achsenpartners gewissenhaft interpretiert haben. Sie wurden verurteilt, weil sie dem Beispiel des Königs und des Prinzen gefolgt sind. Sie verließen ihre Posten, nachdem die Hauptstadt von der militärischen Führung verlassen worden war, nachdem der König, der Prinz und Badoglio geflohen waren."[204]

Auch in diesem letzten Verfahren, das 1944 zum Abschluß gelangte, zeigte sich das Grunddilemma, vor dem die Alta Corte stand: Die eigentliche Regimeprominenz war nicht zu packen. Vor Gericht standen die Falschen, die aber wegen des gesellschaftlichen Erwartungsdrucks so behandelt werden mußten, als wären sie die Richtigen. Dort, wo – wie im Verfahren gegen Del Tetto und Pentimalli – wirklich die Chance bestanden hätte, die eigentlich Verantwortlichen zur Rechenschaft zu ziehen, legte die Militärregierung ihr Veto ein. Sie schuf damit einen den italienischen Säuberungsprotagonisten unzugänglichen Tabubezirk, dessen bloße Existenz die Glaubwürdigkeit des gesamten Säuberungsverfahrens in Mitleidenschaft zog. Denn was war davon zu halten, wenn die italienischen Hochkommissare aus Gründen der von den Alliierten definierten Staatsräson die diskreditierten Spitzen des Staates unangetastet lassen mußten, zugleich aber die Entlassung untergeordneter Funktionäre und Beamter betreiben sollten?

Streng juristisch genommen, waren die ersten Verfahren der Alta Corte di Giustizia alles andere als ein Ruhmesblatt. Politisch gesehen fällt das Urteil aber etwas anders aus, denn trotz aller Schwächen stimulierten die großen Prozesse die öffentliche Debatte über den Faschismus. Sie legten, partiell wenigstens, den verbrecherischen Charakter des alten Regimes bloß und stigmatisierten die neofaschistische Regierung von Salò als eine Clique von Quislingen, die nur Verachtung verdiente. Auch das Verfahren gegen die Generale Del Tetto und Pentimalli hatte diesen aufklärerischen Effekt, und zwar wohl gerade deshalb, weil die Alliierten alles getan hatten, um es seines politischen Charakters zu entkleiden. Wo so großer Aufwand getrieben wurde, um etwas nicht ans Licht zu bringen, mußte tatsächlich viel zu verbergen sein, dachten viele. Die alliierte Schutzintervention reizte die Phantasie, trieb die Spekulationen und Gerüchte auf die Spitze und brachte das Königshaus und den Generalstab noch mehr ins Gerede, als sie das ohnehin schon

---

[203] Vgl. dazu den Abschlußbericht der Alta Corte an PCM, 22. 10. 1945, in: ACS, PCM, Gab. 1944–1947, 1/7 10124, sottofasc. 11.16; Kirk an Secretary of State, 28. 12. 1944, in: NA, RG 84, 1944: 800, box 106; Telegramm von Kirk an Secretary of State, 23. 12. 1944, in: Ebenda.
[204] Zit. nach AFHQ, Psychological Warfare Branch, Italian Theatre Headquarters: Del Tetto and Pentimalli Trial Final Phase and Sentence, 24. 12. 1944, in: NA, RG 84, 1944: 800, box 106.

waren. Das schadete der Krone vermutlich mehr als ein Verfahren vor der Alta
Corte, das doch nicht so eindeutig negativ ausgefallen wäre wie die Vorverurteilung in der Öffentlichkeit.

6. Scoccimarro und die Zerfallskrise im antifaschistischen Lager

Im Sommer 1944 hatte sich das Räderwerk des Säuberungsapparates endlich in
Bewegung gesetzt, und die Aussichten waren gut, daß es sich von Monat zu Monat schneller drehen würde. Im Hochkommissariat, das eine schwere Zeit der Stagnation und des mühseligen Aufbaus hinter sich hatte, wuchs nun erstmals etwas
Zuversicht, die Dinge doch meistern zu können. Einer wurde davon allerdings
nicht erfaßt: Mauro Scoccimarro, der Mann für die Personalsäuberung im öffentlichen Dienst. Dem Säuberungspuristen und Gerechtigkeitsfanatiker ging auch
jetzt noch alles viel zu langsam. Es schmerzte ihn, daß mehr als ein Jahr nach der
Entmachtung Mussolinis noch immer zahlreiche Faschisten in herausgehobenen
Positionen saßen, und er litt unter den Fesseln, die ihm das Gesetz vom 27. Juli
1944 auferlegte. „Das Gesetz", sagte er einem Reporter des L'Avanti, „überträgt
dem Kommissariat die Aufgabe, das gesamte Säuberungswerk zu leiten und zu
überwachen, aber [...] nicht die Kompetenzen, die dazu nötig wären."[205]
Scoccimarro war mit der Magna Charta der Säuberung nie zufrieden gewesen.
Schon am 7. August hatte er einem Offizier der Militärregierung anvertraut, daß
er alles daran setzen werde, das soeben verabschiedete Gesetz zu ändern[206]. Um
drei Dinge ging es ihm besonders: Er pochte auf eine Ausweitung seiner eigenen
Befugnisse, die tatsächlich reichlich knapp bemessen waren. Außerdem bestand er
darauf, dem Hochkommissariat per Dekret die Möglichkeit einzuräumen, belastete Spitzenbeamte vor Abschluß ihrer Verfahren vom Dienst zu suspendieren.
Und schließlich beanspruchte er auch eine Art von Generalkompetenz bei der
Schaffung der Säuberungskommissionen oder wenigstens ein Vetorecht gegen die
von einzelnen Ministern vorgeschlagenen Mitglieder der Kommissionen, denen er
generell wenig zu trauen schien. „Der Hochkommissar war der Ansicht", gab Upjohn die Meinung Scoccimarros wieder, „daß er den allgemeinen Auftrag hatte,
diese Ausschüsse zu überwachen, daß es absurd wäre, wenn in die Kommissionen
Faschisten berufen würden, und daß er berechtigt sei, ungeeignete Ernennungen
zu verhindern."[207]
Manche Indizien deuten darauf hin, daß Scoccimarro im Sommer 1944 so
agierte, als wären seine Neuerungswünsche tatsächlich gebilligt worden. Er verfügte zahlreiche Entlassungen von meist hochrangigen Beamten, bestimmte die
Zusammensetzung von Säuberungskommissionen und reizte damit natürlich die

---

[205] L'Avanti, 10. 11. 1944.
[206] Vgl. Aufzeichnung über eine Besprechung zwischen Scoccimarro und Upjohn, 7. 8. 1944, in: NA,
    RG 331, Civil Affairs, 10000/105/821.
[207] Aufzeichnung über eine Besprechung zwischen Scoccimarro und Upjohn, 5. 12. 1944, in: Ebenda,
    10000/105/819.

bürgerlichen Parteien und auch die Militärregierung, denen solche Eigenmächtigkeiten viel zu weit gingen. Als erster reagierte Bonomi, der am 4. September 1944 eine Weisung an alle Minister herausgab, in der es hieß, „daß die Anzeige eines Bediensteten [...] nicht automatisch die Suspendierung vom Dienst" bedeuten müsse. Wenn der Hochkommissar vor Abschluß des Verfahrens die Suspendierung eines Beamten verlange, der zuständige Minister aber dagegen sei, werde er künftig selbst entscheiden[208].

Scoccimarros Sonderkurs war damit ein Riegel vorgeschoben. Bonomi hatte gewissermaßen die Notbremse gezogen, in der Art, wie er es tat, aber zugleich zu erkennen gegeben, daß Scoccimarros eigenmächtige Entlassungen tatsächlich einen wunden Punkt berührten. Denn niemand konnte die Augen vor der Tatsache verschließen, daß die höhere Beamtenschaft noch auf Monate hinaus mit Belasteten durchsetzt bleiben würde, wenn man sich weiter an das etwas schwerfällige Säuberungsverfahren gemäß Gesetz vom 27. Juli hielt: Es dauert einfach zu lange, ehe eine Entscheidung fiel, weil Unterlagen fehlten, Kommissionen nicht komplett waren oder einzelne Verfahren so umständlich angepackt wurden, daß es fast schon an Obstruktion grenzte. Auch die Suspendierungsmöglichkeit, die der Ministerpräsident hatte, brachte nicht die gewünschte Linderung, denn erstens nahm auch dieses Verfahren viel Zeit in Anspruch und zweitens durften suspendierte Beamte vor Abschluß des Verfahrens nicht dauerhaft ersetzt werden; ihre Plätze blieben also leer. Eine Neuregelung war nach Auffassung derer, die mit den Dingen befaßt waren, dringend geboten, damit im öffentlichen Dienst endlich wieder Ruhe einkehren konnte. „Es ist ganz wichtig", so Carlo Sforza zu einem Offizier der Militärregierung, „daß das Ziel rasch erreicht und damit der Verwaltung erlaubt wird, zur Ruhe zu finden [...] und zu arbeiten. Es können keine Fortschritte erzielt werden, bis nicht ein gewisses Gefühl von Sicherheit herrscht."[209]

Erste Überlegungen, wie das durch eine Ergänzung des Juli-Gesetzes zu erreichen war, hatten Sforza und seine Mitarbeiter im Hochkommissariat bereits im August 1944 angestellt. Scoccimarro, der das größte Interesse an dieser Frage hatte, hätte am liebsten zu einer Brachiallösung simpelster Art gegriffen und alle höheren Beamten auf einen Schlag vor die Tür gesetzt – und zwar unter Zahlung einer angemessenen Pension. Wer sich davon ungerecht behandelt fühlte, konnte vor einer zentralen Epurazione-Kommission auf Wiedereinstellung klagen; hatte der Betreffende Erfolg damit, so hätte man ihn behandelt, als wäre die Entlassung nie verfügt worden. Bestätigte die Kommission aber nach eingehender Prüfung diese Maßnahme, dann blieb es nicht nur bei der Entlassung, der Betreffende verlor auch noch seine Pensionszahlung – eine riskante Angelegenheit also. „Der Vorschlag läuft auf eine Selbstreinigung hinaus", hielt Upjohn nach einem Gespräch mit Scoccimarro fest, „wenn ein Beamter sich seiner faschistischen Vergan-

[208] In: ACS, PCM, Gab. 1944–1947, 1/7 10124, sottofasc. 30–50; vgl. dazu auch Präfekt von Pescara an PCM, 11. 10. 1944, in: ACS, Ministero dell'Interno, Gab. 1944–1946, busta 83, fasc. 6993, wo davon die Rede ist, daß Scoccimarro versuchte, die Generalanweisung Bonomis zu unterlaufen.
[209] So Sforza in einer Besprechung mit White, 8. 9. 1944, in: NA, RG 331, Civil Affairs, 10000/105/819. Vgl. auch Bonomi an alle Präsidenten der Epurazione-Kommissionen, 29. 8. 1944, in: ACS, Alto Commissariato, titolo I, Nr. 1.

genheit bewußt ist, wird er seine Pension nicht durch einen Antrag auf Wiederbeschäftigung aufs Spiel setzen."[210]

Zu Scoccimarros Experiment der erzwungenen Selbstreinigung ist es nicht gekommen. Niemand von denen, die etwas zu sagen hatten, machte sich seinen Vorschlag zu eigen. Die Militärregierung fürchtete, daß die vielen gleichzeitigen Entlassungen ein administratives Chaos nach sich ziehen würden, und hatte wohl
auch politische Bedenken gegen eine Stärkung der Position Scoccimarros, dem
man zutraute, die Säuberung als ein „party tool" zu mißbrauchen[211]. „Erst wenn
sich herausgestellt hat, daß es unmöglich ist, das gegenwärtige Gesetz anzuwenden, sollten Alternativen erwogen werden", so die Linie der Militärregierung[212].
Ähnlich zurückhaltend nahm Bonomi Scoccimarros Ideen auf, und auch Sforza
machte in Gesprächen mit alliierten Offizieren kein Geheimnis daraus, daß er die
Pläne des Kommunisten an seiner Seite als viel zu radikal empfand. Beiden war
aber auch bewußt, daß die Dinge nicht auf die lange Bank geschoben werden durften. Die höhere Beamtenschaft habe so lange unter faschistischer Aufsicht gearbeitet, so Sforza, „daß praktisch alle unvermeidlicherweise die Dinge von dem
einzigen Standpunkt, den sie kennen [...], aus betrachten, dem faschistischen".
Selbst wenn es sich bei einem höheren Beamten nicht um einen notorischen Faschisten handelte, so seien dessen Erfahrungen und Ansichten doch faschistisch
und es sei besser „reinen Tisch zu machen [und die] alten Männer [zu entlassen],
die meistens zu alt sind, um Neues zu lernen"[213].

Sforza legte deshalb einen eigenen, mit Bonomi abgestimmten Plan vor, der
Scoccimarros Radikalismus die Spitze nehmen und zugleich den Einfluß des stellvertretenden Hochkommissars gering halten sollte. Im einzelnen lief Sforzas Vorschlag darauf hinaus, alle Beamten der vier höchsten Tarifklassen in den Ruhestand
zu versetzen und ihnen diese bittere Pille mit einer großzügigen Pensionsregelung
zu versüßen. Ausgenommen davon waren diejenigen, die wegen besonderer
Kenntnisse und Fertigkeiten als unentbehrlich galten; wer das war, sollten allein die
zuständigen Ressortminister entscheiden, die – das ließ die bis dahin gemachte
Erfahrung erwarten – von diesen von Scoccimarro nicht vorgesehenen Ausnahmeregelungen reichlich Gebrauch machen würden. Die Betroffenen hatten das Recht,
gegen die Entlassung Berufung einzulegen, über die eine Kommission aus Sforza,
Scoccimarro und dem zuständigen Ressortminister befand. „Wenn seinem Antrag
stattgegeben wird, wird er [der Beamte] auf die Liste derer gesetzt, die der Minister
im Amt behalten will; wenn ihm nicht stattgegeben wird, wird er ohne Pension entlassen."[214] Die Säuberung der höheren Beamtenschaft wäre damit Sache der
Regierung oder einzelner Minister gewesen, während nach Scoccimarros Vorstellungen die Suspendierungskompetenz fast ausschließlich bei ihm gelegen hätte.

Sforzas Pläne kamen den Vorstellungen der Militärregierung zwar näher als
Scoccimarros Brachialkonzept, zufrieden aber war sie nicht. Sie fürchtete, daß

---

[210] Aufzeichnung über eine Besprechung zwischen Upjohn und Scoccimarro, 2. 9. 1944, in: NA, RG
331, Civil Affairs, 10000/105/819.
[211] Aufzeichnung über eine Besprechung zwischen Sforza und White, 8. 9. 1944, in: Ebenda.
[212] Aufzeichnung über eine Besprechung zwischen Scoccimarro und Upjohn, 4. 9. 1944, in: Ebenda.
[213] Aufzeichnung über eine Besprechung zwischen Sforza und White, 8. 9. 1944, in: Ebenda.
[214] Ebenda.

auch der neue Plan eine Welle von Entlassungen und damit einen Zusammenbruch der Verwaltung auslösen könnte, und sie hatte eine tiefe Abneigung gegen
die Gewohnheit vieler italienischer Politiker, Schwierigkeiten grundsätzlich mit
Gesetzesänderungen zu beantworten, und zwar auch dann, wenn ein Gesetz gerade erst verabschiedet worden war und überhaupt keine „real chance to prove
itself" gehabt hatte. Die Zustimmung der Alliierten war dafür also nicht zu erreichen. Nur in zweierlei Hinsicht ließen sie eine Ergänzung des Gesetzes vom
27. Juli zu, das aber im übrigen nicht angetastet wurde: durch eine Regelung, die
das Verfahren zur Säuberung der höheren Beamtenschaft beschleunigte, und
durch einen Passus, der es der Regierung erlaubte, politisch oder fachlich untragbare Beamte der höchsten Gehaltsstufen unter bestimmten Umständen ohne Verfahren zu entlassen[215].

Scoccimarro wollte es zunächst nicht glauben, daß Sforza und Bonomi hinter
seinem Rücken einen Alternativplan entworfen und mit den Alliierten diskutiert
hatten, und er war außer sich, als sich auch das Kabinett über seine Ansichten hinwegsetzte und am 22. September 1944 die Grundlinien eines Gesetzentwurfes bil-
ligte, in dem alle wesentlichen Vorbehalte der Alliierten berücksichtigt waren[216].
Der Kommunist ließ deshalb kein gutes Haar an den Beschlüssen des Kabinetts.
Die Fristen zur Beschleunigung des Verfahrens, die der Entwurf vorsah, seien viel
zu knapp, schrieb er am 27. September an Bonomi. Außerdem würden die höheren Beamten eindeutig bevorzugt; diese hätten „durch das neue komplizierte Verfahren viele Wege und Möglichkeiten", sich dem üblichen Säuberungsverfahren
zu entziehen, und nur diesen würde eine großzügige Pensionsregelung bei Ruhe-
standsversetzung zugestanden, während man bei den kleinen Beamten auf jede
Lira schaue. „Es ist klar", so Scoccimarro weiter, „daß die neue Richtlinie einen
Vorteil für die Hauptverantwortlichen bringt; das steht im Widerspruch zu dem,
was wiederholt und von amtlicher Seite öffentlich gesagt worden ist. [...] All das
bedeutet, daß das Kommissariat aus dem Säuberungsverfahren für die höheren
Beamten praktisch ausgeschlossen ist."[217]

Doch es nützte alles nichts. Das am 11. Oktober 1944 fertiggestellte neue Dekret trat am 1. November, so wie es zwischen Sforza und der Militärregierung ab-
gesprochen worden war, in Kraft[218]. Die Verfahren gegen höhere Beamte hatten
nun absolute Priorität, was nicht zuletzt darin zum Ausdruck kam, daß die entsprechenden Fristen drastisch verkürzt worden waren: Bis zum 30. November
mußten alle belasteten höheren Staatsdiener zur Anzeige gebracht werden; die
Epurazione-Kommissionen hatten bis zum 31. Dezember eine erstinstanzliche
Entscheidung zu treffen, gegen die das Hochkommissariat und der betroffene Be-

---

[215] Vgl. Aufzeichnungen der Besprechungen zwischen Sforza und Upjohn, 16. 9. 1944, und Sforza
und White, 8. 9. 1944, in: Ebenda; Notes of a meeting of representatives of Sub-Commission, 4. 9.
1944, in: Ebenda, Legal, 10000/142/556. Eine solche Entlassungsmöglichkeit hatte bereits vor dem
Erlaß des Juli-Gesetzes bestanden, sie war aber offenbar nicht genutzt und dann im Juli-Gesetz
auch nicht mehr eröffnet worden.
[216] Vgl. Protokoll der Kabinettssitzung vom 22. 9. 1944, in: ACS, Verbali del Consiglio dei Ministri.
[217] Scoccimarro an Bonomi, 27. 9. 1944, in: ACS, Alto Commissariato, titolo II, Nr. 1.
[218] Vgl. Decreto Legislativo Luogotenenziale, 11. 10. 1944, Nr. 257: Norme per l'acceleramento del
giudizio di epurazione e per il collocamento a riposo dei dipendenti civili e militari dello Stato appartenenti ai primi quattro gradi della classificazione del personale statale, in: Gazzetta Ufficiale
del Regno d'Italia, Nr. 72, 24. 10. 1944, Serie Speciale.

amte binnen weniger Tage Berufung vor einer zentralen Kommission einlegen
konnten. Bis zum Jahresende hatte der Ministerpräsident außerdem das Recht,
politisch untragbare Spitzenbeamte in Pension zu schicken – per administrativem
Akt und ohne Verfahren vor einer Säuberungskommission[219].

Scoccimarro zog also hier, wie in vielen anderen Fällen, den kürzeren. Überhaupt nahm sein Einfluß in der kurzen Zeitspanne zwischen seinem Amtsantritt
im Sommer 1944 und seinem Ausscheiden aus dem Hochkommissariat am Jahresende stetig ab. Gleichwohl war die Bilanz alles andere als enttäuschend: Gegen
mehr als 60 Prozent der höheren Beamten war ein Säuberungsverfahren eingeleitet und bis zum Jahresende zum Abschluß gebracht worden; lediglich in drei Ministerien gab es noch kleine Säuberungsrückstände. Die Regierung wollte deshalb
aber die Geltungsdauer des Gesetzes nicht verlängern, so ein alliierter Offizier
nach einem Gespräch mit Scoccimarro, „und hatte es in solchen Fällen, in denen
nicht ganz sicher war, ob die Verfahren termingerecht abgeschlossen werden
könnten, vorgezogen, alle Beamten zu suspendieren, die belastet erschienen"[220].
Bis März 1945 waren im befreiten Italien 136 höhere Beamte (= 9 %) entlassen
und 283 (= 18 %) in den Ruhestand versetzt oder sonstwie zum Abschied veranlaßt worden. „Es sollte nicht übersehen werden", sagte Upjohn, als er diese Zahlen am 6. April 1945 vor dem Advisory Council for Italy kommentierte, „daß die
größten Faschisten unter diesen Beamten nach Norden geflohen sind, so daß die
Quote der Entlassungen nicht so hoch ist, wie sie sonst wäre."[221]

Kein anderer von Sforzas Stellvertretern konnte um die Jahreswende 1944/45
auf eine ähnlich positive Bilanz verweisen. Der Weg, der zu diesem Erfolg führte,
war allerdings äußerst beschwerlich und mit Rückschlägen gepflastert. Scoccimarro verbiß sich förmlich in seine Aufgabe – und zwar um so mehr, je geringer
sein Einfluß wurde. Er ging keinem Streit mit Ressortministern aus dem Weg, ja er
provozierte ihn sogar immer wieder mit ebenso pauschalen wie schlecht begründeten Entlassungsforderungen und ließ sich nicht entmutigen, wenn er damit
nicht durchdrang. Er rang um jede Entlassung, auch dann noch, wenn sich der Regierungschef im Streit um einen angeblich unentbehrlichen Beamten längst auf die
Seite eines Ressortministers geschlagen hatte, der die Entlassung verhindern
wollte – was gerade im Herbst 1944, als Bonomi mit der Weisung vom 4. September die Notbremse gezogen hatte, häufig geschah[222].

Der Name Scoccimarro wirkte deshalb auf viele Kabinettsmitglieder bald wie
ein rotes Tuch. Vor allem die Minister der liberalen Partei und der Democrazia
Cristiana reagierten zunehmend gereizter auf die Unbedingtheit, mit der Scoccimarro seine Entlassungsforderungen wieder und wieder vorbrachte und auch
dann nicht einlenkte, wenn einzelne Abteilungen personell schon völlig ausgezehrt waren. Das Faß war im Herbst 1944 voll, zum Überlaufen brachte es Scoc-

---

[219] Ebenda.
[220] Aufzeichnung über eine Besprechung zwischen Scoccimarro und Upjohn, 3. 1. 1945, in: NA, RG
331, Civil Affairs, 10000/105/819; vgl. auch den Abschlußbericht von Scoccimarro, 3. 1. 1945, in:
Ebenda, Civil Affairs, box 19, 10000/105/889.
[221] Protokoll der 33. Sitzung des Advisory Council for Italy, in: Ebenda, Chief Commissioner, box 23.
[222] Vgl. die Dokumente in: ACS, PCM, Gab. 1944–1947, 1/7 10124, sottofasc. 32.3., 32.4., 32.5., 32.6.,
32.7., 32.8., 32.9., 32.10., 32.11.; Scoccimarro an Ministero della Pubblica Istruzione, 11. 9. 1944, in:
Ebenda, sottofasc. 30–50.6.

cimarro mit einem Interview, das er Anfang November 1944 dem Parteiorgan der sozialistischen Partei, dem L'Avanti, gewährte. Scoccimarro holte dabei zu einer Fundamentalkritik aus, die sich in schonungsloser Offenheit gegen alle richtete: gegen Regierung und Parteien, die es am nötigen Rückhalt für das Hochkommissariat fehlen ließen, gegen Ministerialbürokratie und Justiz, die nicht den Mut aufbrachten oder nicht die innere Freiheit hatten, in das Netzwerk sozialer und kultureller Beziehungen zu schneiden, dem sie selbst angehörten, und gegen Faschisten und Reaktionäre, die sich schon wieder überall frech herauswagten[223].

So offen hatte noch niemand über diese Dinge gesprochen. Ungewöhnlich war vor allem die Tatsache, daß die Kritik nicht intern vorgebracht wurde, sondern daß einer aus dem innersten Kreis des Hochkommissariats an die Öffentlichkeit ging und sich nicht scheute, Roß und Reiter zu nennen. Namentlich Finanzminister Soleri und Marineminister De Courten, die in den zurückliegenden Monaten schon manchen Strauß mit Scoccimarro ausgefochten hatten[224], mußten sich sagen lassen, daß sie die Säuberung boykottierten[225].

Das waren starke Worte, die von denen, die sie angingen, nicht unbeantwortet blieben. Soleri, De Courten und andere Mitglieder der Regierung nahmen den Fehdehandschuh, der ihnen zuflog, sogar gerne auf; Scoccimarro hatte es ihnen mit seinem Rundumschlag ja auch ziemlich leicht gemacht: Er hatte gegen die Regeln kollegialer Solidarität verstoßen und Interna an die Öffentlichkeit getragen, ohne vorher in der Regierung darüber gesprochen zu haben. „Mir scheint", schrieb der Finanzminister entrüstet an Bonomi, „daß all das wenig konform geht mit dem, was in der letzten Kabinettssitzung beschlossen worden ist, nämlich die fraglichen Dinge erst vor den Ausschuß der Minister ohne Portefeuille zu bringen, bevor Angriffe gegen die Regierung oder gegen ihre Maßnahmen veröffentlicht werden."[226]

Die zweite Blöße, die Scoccimarro sich gab, war noch gravierender. Seine Vorwürfe waren nicht nur überzogen, sondern auch noch schlecht begründet. Soleri wies ihm in einem Schreiben vom 11. November 1944 minutiös nach, wo er irrte – und das war faktisch in allem: Von den neun höheren und 53 kleineren Beamten des Finanzministeriums, deren Entlassung Scoccimarro gefordert hatte, waren acht bzw. dreißig vom Dienst suspendiert; 18 Fälle von niederen Beamten lagen beim Regierungschef, der die endgültige Entscheidung traf – von Untätigkeit oder Boykottierung konnte also nicht die Rede sein[227]. „Die Situation, die als Folge der Epurazione im Finanzministerium entstanden ist", schrieb Soleri einen Tag später an Bonomi, „ist so schwierig, daß ich nicht mehr länger schweigen kann, denn es ist unmöglich für mich, in diesem Ministerium [...] meine Arbeit zu tun."[228]

---

[223] Vgl. L'Avanti, 10. 11. 1944.
[224] Zur Auseinandersetzung Soleris mit Scoccimarro vgl. zwei Schreiben von Soleri an Bonomi, 8. 11. 1944, in denen Soleri den Regierungschef bat, den Entlassungswünschen Scoccimarros entgegenzutreten (ACS, PCM, Gab. 1944–1947, 1/7 10124, sottofasc. 30–50.). Vgl. auch Istituto Poligrafico dello Stato an Soleri, 1. 11. 1944, und PCM, Gabinetto: Appunto per S.E. il Presidente del Consiglio dei Ministri, 7. 12. 1944, in: Ebenda.
[225] L'Avanti, 10. 11. 1944.
[226] Soleri an Bonomi, 11. 11. 1944, in: ACS, PCM, Gab. 1944–1947, 1/7 10124, sottofasc. 30–50.6. Zu Soleri vgl. auch Marcello Soleri, Memorie, Turin 1949.
[227] Vgl. Soleri an Scoccimarro, 11. 11. 1944, in: ACS, PCM, Gab. 1944–1947, 1/7 10124, sottofasc. 30–50.6.
[228] Soleri an Bonomi, 12. 11. 1944, in: Ebenda; vgl. auch Soleri an Bonomi, 13. 11. 1944, in: NA, RG

Wenn hier nicht bald eine Änderung eintrete, müsse er Bonomi bitten, ihn von seinen Pflichten zu entbinden.

De Courten ging noch einen Schritt weiter. Hatten ihn schon die ungerechtfer-
tigten Vorwürfe Scoccimarros ziemlich aufgebracht, so steigerte sich dieser Ärger
in maßlose Erregung, als der Minister erkennen mußte, daß Bonomi zu den „Aus-
fällen" Scoccimarros schwieg und damit den Eindruck erweckte, die Vorwürfe
seien berechtigt. „Mein Verbleiben in meiner augenblicklichen Position", so be-
schied er den Regierungschef am 14. November 1944, „scheint mir nicht kompatibel damit zu sein, daß Scoccimarro weiter auf seinem Posten bleibt." Er, De
Courten, werde jedenfalls von seinem Posten zurücktreten, damit das Kabinett in
größter Freiheit über diese Dinge beraten könne[229].

Mitte November 1944 lagen eine Rücktrittsdrohung und ein Rücktrittsschreiben auf dem Tisch von Ivanoe Bonomi, der sich keine Illusionen über die Botschaft machte, die darin zum Ausdruck kam: Die Regierungsparteien waren nicht
länger bereit, ihre partikularen Interessen den Geboten antifaschistischer Eintracht unterzuordnen. Das Innenministerium hatte die Situation richtig eingeschätzt, als es im Oktober 1944 in einem Monatsbericht schrieb: „Ein auffallendes
Kennzeichen der allgemeinen politischen Situation, das sich im Oktober herausgebildet hat, ist die Schwächung des gemeinsamen Nenners Antifaschismus, der
alle antifaschistischen Parteien verbunden [...] und sie zu einer Übereinkunft über
ein gemeinsames politisches Aktionsprogramm veranlaßt hat."[230]

Das Gewand des Antifaschismus paßte also nicht mehr. Es war eng und unbequem geworden, und zwar den bürgerlichen Kräften, die nun offen mit dem
Bruch des Allparteienpaktes drohten, ebenso wie den Linksparteien, die ihrem
Unmut nur noch nicht in ultimativen Forderungen Ausdruck gaben. Gründe für
die Krisenstimmung in der antifaschistischen Koalition gab es mehr als genug: Die
Linksparteien mußten im Herbst 1944 mit der bitteren Enttäuschung fertig werden, daß sich ihre seit dem Sturz Mussolinis steil nach oben weisende Erfolgs-
kurve abflachte. Nach dem Triumph der Befreiung von Rom begann der Alltag,
der sich bald als reichlich mühselig entpuppte. Eine Besprechung jagte die andere,
und was war das Ergebnis? Eine Kette von Kompromissen mit den konservativen
Parteien, die darauf hinausliefen, daß vieles doch so blieb, wie es immer gewesen
war. Keines der brennenden Probleme des Landes war angepackt worden, weder
die Agrarfrage, noch die Neugestaltung der Beziehungen zwischen Arbeiterschaft
und Unternehmertum oder die Rückständigkeit des Südens. Ließ man die große
Chance zur Erneuerung von Staat und Gesellschaft, die sich bot, nicht ungenutzt
verstreichen, so fragten sich viele und mußten kleinlaut einräumen, daß überall Indizien für Stagnation und Lähmung zu konstatieren waren.

Die Folge waren Ernüchterung und Enttäuschung, die um so drückender empfunden wurden, als sich im Herbst 1944 die Hoffnung auf eine rasche Befreiung
Norditaliens zerschlug und als gleichzeitig neofaschistische Strömungen an Be-

331, Civil Affairs, box 17, 10000/105/744–813.
[229] In: ACS, PCM, Gab. 1944–1947, 1/7 10124, sottofasc. 30–50.6. Vgl. dazu auch Le memorie
dell'ammiraglio De Courten, S. 482–484.
[230] Ministero dell'Interno, Direzione Generale Pubblica Sicurezza, Monatsbericht für Oktober 1944,
in: ACS, Ministero dell'Interno, Gab. 1944–1946, busta 49, fasc. 3978.

deutung zu gewinnen schienen. Immer häufiger konnte man faschistische Losungen an Wänden und Stadtmauern lesen, immer häufiger griffen die Carabinieri Jugendliche auf, die nach einigen Gläsern Wein den Mut fanden, faschistische Hymnen zu singen, und da und dort tauchten sogar Flugblätter von obskuren Organisationen auf, die auf eine weitverzweigte, von der Republik von Salò gesteuerte Untergrundtätigkeit faschistischer Gruppen schließen ließen. Die Linksparteien maßen diesen Episoden – um mehr handelte es sich tatsächlich nicht – eine übertrieben große Bedeutung bei, weil sie glaubten, die Krone und das Militär steckten mit solchen neofaschistischen Bewegungen unter einer Decke und steuerten im Bunde mit ihnen auf einen Rechtsputsch zu, der alle antifaschistischen Erneuerungs- und Revolutionshoffnungen zunichte machen sollte. „Diskussionen über die Zukunft, die nach Meinung von Togliatti im Zeichen einer latenten Drohung mit einem militärisch-monarchistischen Putsch steht", notierte Nenni am 12. Oktober 1944 in seinem Tagebuch[231].

Das waren kurz gefaßt die Gründe dafür, daß so mancher aus den Reihen der Linksparteien im Herbst 1944 immer gereizter und unduldsamer reagierte, wenn über Sinn und Zweck des Allparteienpaktes diskutiert wurde. Die Pragmatiker in den Reihen von Sozialisten und Kommunisten hatten dagegen einen schweren Stand. Zum Bündnis aus Linken und Rechten gebe es keine Alternative, meinten sie und versuchten, die hitzköpfigen Revolutionäre mit dem Hinweis darauf zu beschwichtigen, daß die „Zwangsehe" mit den Konservativen nur eine Etappe auf dem Weg zur revolutionären Umwälzung sei. Dieser Einschätzung stimmte ein zweiter Flügel im Grundsatz zu; er drang aber darauf, stärker die Straße zu mobilisieren und vor allem das Profil der Linken in der Regierung schon jetzt deutlich zu schärfen; das Innen-, Außen- und das Kriegsministerium waren das mindeste, was die Linksparteien unter ihre Kontrolle bringen mußten, damit die Dinge sich in ihrem Sinne entwickeln konnten. Der revolutionäre Flügel, der immer größeren Zulauf bekam, hielt auch davon nicht viel. Er hätte den Allparteienpakt der Resistenza am liebsten beendet und statt dessen mit ganzer Kraft auf die Schaffung eines Bündnisses der Linksparteien oder auf die Etablierung einer Räteherrschaft gesetzt, wie sie nach dem Ersten Weltkrieg etwa in der Sowjetunion, in Ungarn und im Deutschen Reich errichtet worden war. Für diese radikale Variante trat neben den Heißspornen in der kommunistischen Partei insbesondere die Aktionspartei ein, die im November 1944 mit einem Vorschlag von sich reden machte, der sich auf den Nenner „Alle Macht den Befreiungskomitees" bringen ließ. Die Machtübernahme der fast überall von den Linksparteien dominierten „Comitati di Liberazione" bot in ihren Augen die einzige und beste Gewähr dafür, daß „die Rutschpartie nach rechts" zum Stillstand kam und endlich eine grundlegende Umgestaltung von Staat und Gesellschaft eingeleitet werden konnte[232].

Während also die Linksparteien einen Rechtsruck festzustellen glaubten und infolgedessen weiter und weiter nach links rückten, bewegten sich die bürgerli-

---

[231] Nenni, Diari, S. 97.
[232] Vgl. Gambino, Storia del Dopoguerra, S. 20–25; Aga-Rossi, L'Italia nella sconfitta, S. 186; Edelman, Incremental Involvement, S. 256f.; Protokoll der 26. Sitzung des Advisory Council for Italy, 1. 12. 1944, in: NA, RG 331, Chief Commissioner, box 23; HQ, AC, Monatsbericht für November 1944, in: Ebenda, Adjutant, box 28, 10000/101/502.

chen Parteien Stück um Stück nach rechts. Viele Konservative aus den Reihen der
Democrazia Cristiana und des Partito Liberale waren fest davon überzeugt, daß
die Linksparteien auf dem Vormarsch waren und eine sozialistische Revolution
drohte, wenn nicht rasch entschiedene Abwehrmaßnahmen ergriffen würden. Er
befürchte eine „dittatura social-comunista", schrieb Alcide De Gasperi am 12.
November 1944 an Don Sturzo, den ins Exil getriebenen Gründervater des katholischen Partito Popolare nach dem Ersten Weltkrieg. „Ich nehme diese beiden
Worte [social-comunista] zusammen und benutze sie so", fuhr er fort, „weil es
trotz der Hoffnungen einiger unserer Freunde und trotz der wirklichen sozialde-
mokratischen Empfindungen von vielen sozialistischen Intellektuellen in meinen
Augen für lange Zeit ausgeschlossen ist, daß sich die Sozialisten aus der Abhängigkeit von den Kommunisten lösen können. Die Kommunisten haben den Mythos
und die Stärke Rußlands auf ihrer Seite. Sie verfügen über gut ausgebildete und
gut bezahlte Kader von Propagandisten, über beeindruckende Mittel und fähige
Führer; vor allem aber beherrschen sie die Partisanen im Norden, die 100000 bis
120000 Mann zählen. […] Es ist am wahrscheinlichsten, daß sie sich der wichtigsten Posten bemächtigen, um dann die Regierung unter Druck zu setzen. Bis jetzt
verfolgen sie ihre Penetrationstaktik mit Zähigkeit und Erfolg. Meinem Eindruck
nach hoffen sie, auf demokratischem Weg eine faktische Diktatur etablieren zu
können."[233]

Oberstes Gebot war es deshalb, den Linksparteien entgegenzutreten und ihnen
nur dort die Hand zur Zusammenarbeit zu reichen, wo es unvermeidlich war. Die
bis dahin von den Bürgerlichen verfolgte Politik weitreichender Kompromisse
mit der Linken, wie sie etwa im Abrechnungsgesetz vom 27. Juli 1944 ihren Niederschlag gefunden hatte, sollte schleunigst aufgegeben und durch eine Allianz
mit den konservativen Eliten in Wirtschaft und Bürokratie ersetzt werden. Denn
die bisherige Linie, das war common sense geworden im bürgerlichen Lager,
nützte vor allem der Linken, die sich damit als regierungsfähig zu profilieren vermochte, während die konservativen Parteien ihrer Anhängerschaft bald nur noch
als Erfüllungsgehilfen der Kommunisten und Sozialisten galten, die alles deckten
oder wenigstens stillschweigend hinnahmen: den unbändigen Radikalismus der
Resistenza ebenso wie die zahllosen Fälle von illegaler Landnahme und die maßlosen Ansprüche der Befreiungskomitees, die als ernstzunehmende Herausforderung des Staates anzusehen und in manchen Regionen schon an dessen Stelle getreten waren.

Daß sie sich im Bündnis mit den Linkskräften heillos kompromittierten und
daß es höchste Zeit für eine politische Neuorientierung war, erfuhren die Führer
der Democrazia Cristiana und der liberalen Partei nicht nur in vertraulichen Gesprächen mit der Spitze des Vatikans, dem der betonte Antifaschismus und die Re-
formfreudigkeit zumal der Democrazia Cristiana schon immer ein Dorn im Auge
gewesen war[234]. Unmißverständlich zeigte dies auch der gravierende Ansehens-
verlust der bürgerlichen Parteien in den ländlichen und kleinstädtischen Regionen

---

[233] Zit. nach Spriano, Storia del Partito comunista italiano, Bd. 5, S. 431. Vgl. auch Taylor an Roosevelt und Hull, 5. 10. 1944, in: Ennio Di Nolfo (Hrsg.), Vaticano e Stati Uniti 1939–1952. Dalle carte
di Myron C. Taylor, Mailand 1978, S. 371.
[234] Vgl. Scoppola, La proposta politica di De Gasperi, S. 273 ff.

Mittel- und Süditaliens, dort also, wo die große Masse ihrer Anhänger lebte. Die Menschen in diesen rückständigen, eigentlich noch kaum zum politischen Leben erwachten Gebieten sehnten sich 1944, nach den Umwälzungen und Strapazen von Faschismus und Krieg, in erster Linie nach einer „Neuauflage des italienischen Lebens [...] in den traditionellen Formen, ohne jähe Wechsel", wie Ennio Di Nolfo treffend geschrieben hat[235]. Diese Schichten fühlten sich von der großen Politik unverstanden und vernachlässigt – von den Linksparteien sowieso, in zunehmendem Maße aber auch von der Democrazia Cristiana und den Liberalen, die in ihren Augen zu viele Zugeständnisse an den antifaschistischen Zeitgeist machten. Hier galt es für die konservativen Parteien auf der Hut zu sein, daß nicht breite gesellschaftliche Schichten bei neuen rechten Protestbewegungen Zuflucht suchten[236].

Als Bonomi im November 1944 die Rücktrittsdrohung seines Finanzministers und das Rücktrittsschreiben seines Marineministers in Händen hielt und wenig später selbst demissionierte, war klar: Die Rechte war auf dem Weg nach rechts, die Linke tendierte weiter nach links, und die antifaschistische Mitte war verlassen. Dort, wo bis dahin trotz nie ausgeräumter Differenzen ein gewisses Maß an Einvernehmlichkeit geherrscht hatte, war eine gespannte Atmosphäre der Selbstbezogenheit und des Mißtrauens entstanden, in der jeder jedem alles zutraute – bis hin zu Putsch und Umsturz. Darüber ging natürlich die Politik- und Zukunftsfähigkeit der antifaschistischen Koalition weitgehend verloren. Die unterschiedlichen Ansichten über die Epurazione waren nicht der einzige Grund dafür; der daraus resultierende Dauerstreit über den angemessenen Umgang mit der Hinterlassenschaft des Faschismus wirkte aber wie ein Katalysator für den Zerfall der Regierung Bonomi und des Allparteienpaktes. De Courtens Rücktritt und Soleris Rücktrittsdrohung waren deshalb auch mehr als eine Antwort auf Scoccimarro; sie hatten Signalcharakter und waren ein Indiz für neugewonnenes Selbstbewußtsein. Die bürgerlichen Parteien gaben damit erstmals unmißverständlich zu erkennen, daß sie nicht länger bereit waren, im gemeinsamen Kampf gegen Faschismus und deutsche Besatzungsherrschaft die Gefahr zu ignorieren, die ihnen von links drohte. Dort, wo sich Gelegenheit bot, würden sie den Linksparteien von nun an entschieden entgegentreten, und dort, wo ihre Interessen berührt waren, durften Kompromisse und Konzessionen nicht mehr erwartet werden; das galt auch und gerade für die politische Säuberung.

7. Der Kurswechsel der Kommunisten und die Bildung der zweiten Regierung Bonomi

Nicht alle Linksparteien erkannten die Dimension der Krise, in die der Antifaschismus im Herbst 1944 geraten war. Insbesondere die Sozialisten und die Aktionspartei erblickten im neuesten Streit kaum mehr als eine zwar von großem Palaver begleitete, letztlich aber doch normale Regierungskrise. Deren Bedeutung

---

[235] Di Nolfo, Le paure e le speranze, S. 121.
[236] Vgl. Setta, L'uomo qualunque, S. 28 ff.

war in ihren Augen auch deshalb nicht allzu hoch zu veranschlagen, weil in wenigen Monaten mit der Befreiung Norditaliens zu rechnen war. Dann würden die
Karten ohnehin neu gemischt, dann würde der von Pietro Nenni angekündigte
„frische Wind aus dem Norden" alle Hindernisse hinwegfegen, die einer Erneuerung von Staat und Gesellschaft im Wege standen.

Nicht so die Führung der Kommunisten. Sie machte sich über die wahre Bedeutung dessen, was im Herbst 1944 vor sich ging, keine Illusionen. Der Partito
Comunista Italiano (PCI), die wichtigste Kraft des Antifaschismus, hatte sich
nach dem Sturz Mussolinis zunächst ganz revolutionär gegeben, ehe er im Frühjahr 1944 von Togliatti auf eine pragmatische Politik breiter Bündnisse mit bürgerlichen und bäuerlichen Schichten eingeschworen worden war. Dieser mit Moskau abgestimmte Zähmungsversuch, der als „Wende von Salerno" in die Geschichte eingegangen ist[237], konnte freilich bis weit in die fünfziger Jahre hinein
nicht als gelungen angesehen werden. Der PCI blieb eine unruhige Partei, die „revolutionären und subversiven Versuchungen"[238] nur mit Mühe widerstand, und
nicht wenige aus der alten Garde und von den jungen Genossen hätten lieber
heute als morgen zu den Waffen gegriffen, um die bürgerlichen Minister aus ihren
Ämtern zu vertreiben, und die Diktatur ihrer Partei ausgerufen. Togliatti, der un-
ermüdliche Prediger des Pragmatismus, mußte deshalb auch nach der „svolta di
Salerno" viel Zeit darauf verwenden, seine Partei von umstürzlerischen Abenteuern abzuhalten.

Die Zerfallskrise des Antifaschismus im Herbst 1944 war, wenn man so will,
auch die erste wirkliche Nagelprobe für die Kommunisten. Würden sie die Forderungen der bürgerlichen Parteien als Zumutungen empfinden, die Fesseln abstrei-
fen, die der Allparteienpakt auch ihnen auferlegte, und sich auf ihre revolutionäre
Tradition besinnen? Oder würden sie auf dem Kurs bleiben, den Togliatti ihnen
verordnet hatte, und sich den Forderungen der bürgerlichen Parteien beugen? Der
Partito Comunista blieb, um es vorwegzunehmen, der Linie von Salerno treu. Der
Parteichef trug in der innerparteilichen Debatte, die der Regierungskrise folgte, einen Sieg davon, wie sich insbesondere am Kurswechsel in der Säuberungspolitik
des PCI zeigte.

Togliatti hatte, was die Frage der Behandlung belasteter Faschisten angeht, zunächst selbst reichlich radikale Töne von sich gegeben. Noch vom Exil aus hatte er
im Januar 1944 seinen Genossen in Italien über Radio ins Gedächtnis gerufen, daß
die Säuberung niemals allein nur eine Sache von Gesetzen, Gerichten und Kommissionen sein dürfe. „Solange sich die Dinge in den vier Wänden einer Kommission abspielen, wird es für jeden Bonzen nur zu leicht sein, der Kommission ein X
für ein U vorzumachen, seine Verbrechen zu verheimlichen oder sich als einer zu
präsentieren, auf den man heute nicht verzichten kann." Wenn ein Haus von einer
Wanzenplage befallen sei und man es wieder bewohnbar machen wolle, so hatte er
hinzugefügt, „dann beläßt man es nicht dabei, die Insekten zu suchen und sie ein-
zeln zu erschlagen; man reißt die Fenster auf, läßt die Sonne herein und sprüht
noch in den letzten Winkel ein Desinfektionsmittel, das die Parasiten für immer

---

[237] Vgl. S. 115 f.
[238] Paolo Spriano, Le passioni di un decennio (1946–1956), Mailand 1986, S. 83.

beseitigt. Im Fall der faschistischen Bonzen ist dieses Desinfektionsmittel der heilige Haß des Volkes gegen die niederträchtigen Männer, die es zwanzig Jahre lang unterdrückt und ausgesaugt haben."[239]

Nicht weniger entschieden fiel noch Mitte April 1944 Togliattis Urteil aus, als er sich nach seiner Rückkehr in die Heimat erstmals eingehend zur Frage der Epurazione äußerte. Ein neues Säuberungsgesetz zu schaffen, „daß die lebenswichtige Aufgabe der Wiedergesundung des öffentlichen Lebens nicht unter juristischen Quisquilien erstickt", war in seinen Augen eine vordringliche Aufgabe, der sich die neue Regierung Badoglio sofort stellen müsse. Zwischenzeitlich aber sei es absolut vorrangig, zwei Dinge zu tun, und zwar ganz gleich, ob es dafür eine rechtliche Grundlage gebe oder nicht: Zum einen müßten alle Verräter, Agenten und alle Handlanger des Feindes sowie alle Saboteure unnachsichtig bestraft werden. „Ein Land im Krieg um seine Freiheit", meinte er, „kann und darf keine Angst davor haben, Exekutionskommandos gegen Verräter zu schaffen." Zum anderen müßten alle, die im Verdacht standen, „eine Aktion des Feindes oder im Interesse des Feindes bewerkstelligen oder begünstigen zu können, rücksichtslos aus dem Verkehr gezogen werden". Ist es nicht seltsam, so spielte Togliatti auf die Versäumnisse der Regierung an, „daß man noch nicht einmal einen von jenen Faschisten gefunden und an die Mauer gestellt hat, von denen wir wissen, daß sie da sind und sich gegen Italien verschwören"[240]?

Im Sommer 1944 dämpfte Togliatti diesen Radikalismus. Er begann offensichtlich zu erkennen, welcher ungeheure Sprengstoff in seinen nur wenige Wochen zurückliegenden Äußerungen steckte. Er ließ zwar von seiner Forderung nach einer tiefgreifenden Reinigung nicht ab, nahm ihr aber die Spitze, etwa wenn er seinen Genossen einschärfte: „Wir müssen in unserem Kampf für die Epurazione im Gedächtnis behalten, daß es ein wichtiges Ziel unserer Partei ist, die Beteiligung eines beträchtlichen Teiles der Massen, die dem Faschismus in gutem Glauben gefolgt sind, an unserem Kampf zu erlangen."[241] Solche taktischen und strategischen Äußerungen traten im Sommer 1944 mehr und mehr in den Vordergrund, im November 1944 gewannen sie schließlich ganz die Oberhand.

Für diese Volte gab es triftige Gründe. Die Forderung nach einer radikalen Säuberung, wie sie etwa ein Scoccimarro erhob, war in den eigenen Reihen auf zunehmend heftigeren Widerstand gestoßen, zumal bei denen, die selbst auf eine faschistische Vergangenheit zurückblickten und fürchten mußten, trotz aller antifaschistischen Referenzen, die sie sich nach 1943 in der Resistenza oder in der Partei ver-

---

[239] Text der Radio-Ansprache vom 4. 1. 1944, in: Istituto Gramsci, NL Togliatti.

[240] So Togliatti in dem mit La questione dell'epurazione überschriebenen Artikel in der L'Unità vom 16. 4. 1944; vgl. auch den Text einer Radio-Ansprache von Togliatti vom 19. 4. 1944, in: Istituto Gramsci, NL Togliatti; typisch für Togliattis anfänglichen Kurs war auch sein hartherziger Kommentar zur Ermordung des Philosophen Giovanni Gentile durch kommunistische Partisanen und seine schroffe Erwiderung auf einige prominente Juristen, die auf die strikte Respektierung rechtsstaatlicher Gepflogenheiten auch im Rahmen der Epurazione pochten. Das alles sei „juristischer Schwachsinn": „Die Säuberung, d. h. die Austilgung des Faschismus, wird entweder mit juristischen Methoden (im guten und richtigen Sinn des Wortes und nicht im Zeichen von Spitzfindigkeit und reaktionärer Dummheit) oder mit proletarischen Mitteln gemacht." Vgl. Spriano, Storia del Partito comunista italiano, Bd. 5, S. 351, und L'Unità, 7. 5. 1944 (süditalienische Ausgabe).

[241] Protokoll der Sitzung der Direzione des PCI vom 15. 8. 1944, in: Istituto Gramsci, Bestand PCI 1943–1946, Verbali della Direzione 1944–1946.

dient haben mochten, selbst vor Gericht oder eine Säuberungskommission gestellt zu werden. Wie hoch die Quote der Ehemaligen in der gesamten Partei oder in einzelnen regionalen Gliederungen war, läßt sich nicht genau sagen. Bekannt ist nur, daß sich der PCI ebenso bedenkenlos wie die anderen Parteien den geläuterten, reumütigen oder auch nur opportunistischen Faschisten öffnete, daß mithin auch die kommunistische Partei zu den wichtigsten „Kontinuitätsschleusen"[242] zwischen dem Faschismus und der neu heraufziehenden Zeit gehörte. Und sicher dürfte sein, daß in manchen Provinzen der Anteil von Alt-Parteigenossen und unbelasteten Neu-Mitgliedern kaum größer war als der Anteil der Kommunisten mit Vergangenheit; in der sardischen Provinz Nuoro etwa, wo sich der Präfekt die Mühe gemacht hatte, die Mitgliedschaft der einzelnen Parteien genauer unter die Lupe zu nehmen, hielten sich im PCI beide Anteile die Waage; in der Democrazia Cristiana lag der Anteil der Ex-Faschisten ebenfalls bei 50 Prozent, während sich die Sozialisten mit 30 Prozent begnügen mußten[243].

Die Fortsetzung der politischen Säuberung verbot sich aber nicht nur aus Rücksicht auf die eigene Klientel, die man mit ihrer Vergangenheit nicht weiter behelligen wollte. Ähnlich lagen die Dinge im Hinblick auf die politisch am meisten belasteten Mittelschichten, die ebenfalls nicht vor den Kopf gestoßen werden durften, wenn Togliattis Konzept breiter Zweckbündnisse und der Schaffung einer in der Gesellschaft verankerten linken Volkspartei Aussicht auf Erfolg haben sollte[244]. Ausschlaggebend für den Rückzug der Kommunisten aber war, daß die bürgerlichen Parteien im November 1944 offen damit drohten, den aus der Resistenza hervorgegangenen Allparteienpakt des Antifaschismus scheitern zu lassen, wenn die Linksparteien ihre säuberungspolitischen Radikalforderungen nicht merklich dämpften.

Der Bruch des Allparteienpaktes hätte die kommunistische Partei aber weit mehr gekostet als nur ein paar Ministersessel, nämlich die dreifache Chance, ihr Image eines sektiererischen Außenseiters abzustreifen, sich als vertrauenswürdige Regierungspartei zu profilieren und als führende Kraft in Staat und Gesellschaft zu etablieren. Letztlich stand also für die Kommunisten die gerade erst im Bündnis mit den anderen Parteien erworbene politisch-gesellschaftliche Akkreditierung und damit natürlich auch ihr gesamtes politisches Programm auf dem Spiel. Abbruch der Monarchie und Etablierung einer Republik, Erarbeitung einer neuen Verfassung, mit der sich alle gesellschaftlichen „Lager" identifizieren konnten, Bodenreform, betriebliche Mitbestimmung und damit Integration der Industrie- und Landarbeiterschaft in den Staat – diese Großziele waren nach Lage der Dinge nur unter demokratischem Vorzeichen und nur im Zusammenwirken mit der stärksten bürgerlichen Kraft, der Democrazia Cristiana, zu erreichen. Jede andere

---

[242] Zum Begriff vgl. Lutz Niethammer, Zum Wandel der Kontinuitätsdiskussion, in: Herbst, Westdeutschland 1945–1955, S. 78.

[243] Vgl. Ministero dell'Interno, Direzione Generale Pubblica Sicurezza, Monatsbericht für Oktober 1944, in: ACS, Ministero dell'Interno, Gab. 1944–1946, busta 49, fasc. 3978; Stato Maggiore Generale, Ufficio I, Ispettorato Censura Militare: Relazione delle Emergenze della Corrispondenza postale e telegrafica censurata durante il mese di gennaio 1945, in: Ebenda, pacco 15; Bocca, Storia dell'Italia Partigiana, S. 345; Setta, L'uomo qualunque, S. 17f.

[244] Vgl. Giorgio Amendola, Der Antifaschismus in Italien. Ein Interview mit Piero Melograni, Stuttgart 1977, S. 182.

Strategie, etwa die von vielen Linken so inständig geforderte revolutionäre Umwälzung, wäre zum Scheitern verurteilt gewesen und hätte das Land im schlimmsten Fall in einen Bürgerkrieg gestürzt – den zweiten, denn im Norden tobte ja bereits der Bürgerkrieg zwischen Faschisten und Anti-Faschisten.

Stehen in Fragen von solcher Bedeutung politisch Opportunes und moralisch Gebotenes gegeneinander, dann bleibt in der Regel die Moral auf der Strecke. Togliatti und die große Mehrheit der Parteiführung zögerten keinen Augenblick, die Bedingungen der konservativen Parteien zu akzeptieren, wie sich in drei bewegten Sitzungen des Vorstandes im Dezember 1944 in aller Deutlichkeit zeigte: Mauro Scoccimarro, der einzige führende Genosse, der nicht nur wohlklingende Reden über die Notwendigkeit einer unnachsichtigen Selbstreinigung gehalten, sondern sich in der Praxis der Säuberung aufgerieben und dabei Beachtliches geleistet hatte, stand plötzlich ganz allein. Die bürgerlichen Parteien forderten seinen Kopf, und in seiner eigenen Partei gab es keinen, der ihm beigestanden wäre; man äußerte sogar Verständnis für die Argumente der Gegenseite und fiel selbst in den Chor der Kritiker ein.

Das geschah in der Sitzung des Vorstandes vom 5. Dezember noch relativ leise, etwa als Togliatti seinen zweiten Mann wegen des Interviews im L'Avanti tadelte[245]. Doch Scoccimarro war lange genug mit den Gebräuchen seiner Partei vertraut, um zu wissen, daß es dabei nicht sein Bewenden haben würde, daß man – mit einem Wort – ein Opfer brauchte, das man mit allen nun als unverzeihlich angesehenen „Sünden" der Vergangenheit beladen und in die Wüste schicken konnte. Er bot deshalb von sich aus seinen Rücktritt an, der aber – so lautete der Konsens in der Sitzung des Vorstandes am 8. Dezember[246] – nur angenommen werden sollte, wenn die bürgerlichen Parteien ihn ausdrücklich forderten. Damit wurde die Entscheidung über das Schicksal Scoccimarros freilich nur um einige Tage hinausgeschoben, denn auch dem Vorstand des PCI dürfte nicht entgangen sein – was alle Welt wußte –, daß eine solche Forderung seit Beginn der Regierungskrise auf dem Tisch lag. „Mein Verbleiben" im Amt, so hatte Marineminister De Courten am 14. November 1944 geschrieben, „scheint mir nicht kompatibel damit zu sein, daß Scoccimarro weiter auf seinem Posten bleibt."[247]

Die definitive Entscheidung über Scoccimarro fiel in der Marathonsitzung des Vorstandes vom 16. bis 18. Dezember 1944, und sie gehorchte, wie in vielen anderen Fällen innerparteilicher Konfliktaustragung, den ungeschriebenen Gesetzen des sogenannten demokratischen Zentralismus und den nirgends kodifizierten Regeln autoritärer Ein-Mann-Herrschaft, die de facto von Togliatti ausgeübt wurde. Der Parteichef eröffnete die Diskussion um Scoccimarro und gab dabei auch die Stoßrichtung der Kritik an, die dann von den übrigen Rednern nur noch variiert, niemals aber in Frage gestellt wurde. Das Interview Scoccimarros, hob Togliatti an, „war ein Fehler, auch im Hinblick auf die Parteidisziplin. Die politischen Auswirkungen davon waren, daß wir uns in einer Situation, von der man wußte, daß sie zur Krise führen würde, selbst in eine ungünstige Lage gebracht ha-

---

[245] Vgl. Protokoll der Sitzung vom 5. 12. 1944, in: Istituto Gramsci, Bestand PCI 1943–1946, Verbali della Direzione 1944–1946.

[246] Vgl. Protokoll der Sitzung vom 8. 12. 1944, in: Ebenda.

[247] Vgl. S. 196.

ben […]. Eine andere Sache muß man feststellen, nämlich: wie wir bei der Epurazione gearbeitet haben, haben wir Fehler begangen. Der erste Fehler ist gewesen,
daß wir nicht am [Säuberungs-]Gesetz festgehalten und versucht haben, es zu ändern. Der zweite Fehler ist der, der die Verabschiedung eines Gesetzes über die
vier Ränge [der Spitzenbeamten] ermöglicht hat; der dritte Fehler war, daß wir im
Kampf für die Epurazione nicht genügend auf den Kontakt mit den Massen ge-
achtet haben.“[248]

Nach dieser Philippika, die in dem Vorwurf parteischädigenden Verhaltens gipfelte, erhielt das Opfer Gelegenheit zu bußfertiger Selbstkritik, die Scoccimarro
freilich nicht ergriff. Im Gegenteil, er verteidigte sich und seine Arbeit im Hochkommissariat: „Er habe das Gefühl“, gab er selbstbewußt zurück, „in die Epurazione einen positiven Geist getragen und damit die Partei im Bewußtsein der Massen gestärkt zu haben […]. Das Interview mit L'Avanti, das er unter dem Gesichts-
punkt der Form als nicht einwandfrei ansehe, war Ausfluß seiner Überzeugung
[…], daß es nötig sei, etwas zu tun, um eine Situation aufzubrechen, die sich im
Rahmen der Regierungstätigkeit herausgebildet hatte.“[249]

Scoccimarro machte damit die Sache nur noch schlimmer. Mit seiner Weigerung, die Vorwürfe der Parteiführung stillschweigend auf sich zu nehmen, ver-
stieß er gegen die erwähnten Regeln innerparteilicher Konfliktaustragung und zog
damit weitere Kritik auf sich. Zugegeben, meinte der angesehene kommunistische
Gewerkschaftsführer Giuseppe Di Vittorio, die Aufgabe Scoccimarros im Hochkommissariat sei alles andere als dankbar, aber – und damit verschärfte er die Kritik Togliattis noch – man müsse auch erkennen, „daß es dem Genossen Scocci
trotz seiner Bemühungen nicht gelungen ist, gemäß der Parteilinie zu agieren. Die
Partei ist eine Partei der breiten nationalen Einheit. Bei der Epurazione ist aber
der Eindruck entstanden, als wollten wir unbarmherzig alle jene bestrafen, und es
sind Millionen, die sich in irgendeiner Weise faschistisch betätigt haben.“[250] Im
Hinblick auf das Interview, das Scoccimarro dem L'Avanti gegeben hatte, teilte Di
Vittorio die Ansicht Togliattis und schlug vor, daß künftig jedes Interview eines
führenden Parteimitglieds mit dem Vorstand oder wenigstens mit Togliatti abge-
sprochen werden mußte, damit solche Dinge sich nicht wiederholten.

Ähnlich äußerten sich Velio Spano und Agostino Novella, beide durch Verfolgung und Emigration geprägte Veteranen der Partei, und auch Celeste Negarville,
ein enger Vertrauter Togliattis, hieb in dieselbe Kerbe: „Ohne die Idee eines Waffenstillstandes zu akzeptieren, die vielleicht bald von den Christdemokraten lan-
ciert wird, ist er der Meinung, daß wir den Hauptakzent unserer Politik in Richtung auf eine Verteidigung der Gruppen verändern müssen, die vom Faschismus
getäuscht worden sind. Wir müssen auf eine Bestrafung der ‚großen Tiere‘ und auf
eine Amnestie für den Rest zielen. Das gehört im übrigen zu unserer Politik der
nationalen Einheit, die wir nicht erst seit heute verfolgen.“[251] Der stockkonserva-
tive Badoglio hatte ein Jahr zuvor nicht sehr viel anders argumentiert, und mit

---

[248] Protokoll der Sitzung vom 16. bis 18. 12. 1944, in: Istituto Gramsci, Bestand PCI 1943-1946, Verbali della Direzione 1944–1946.
[249] Ebenda.
[250] Ebenda.
[251] Ebenda.

ganz ähnlichen Forderungen trat im Herbst/Winter 1944 die populistisch-rechts-
radikale Bewegung „L'uomo qualunque" hervor, die sich ebenfalls als Anwältin
der kleinen Faschisten empfahl[252].

Obwohl alle wußten, daß Scoccimarro stets im Einklang mit der Parteilinie gehandelt hatte, nahm ihn keiner der führenden Genossen in Schutz. Lediglich Eugenio Reale, der spätere Staatssekretär im Außenministerium, machte einen in seiner Schüchternheit und Zaghaftigkeit kaum erkennbaren Versuch, Scoccimarro zu
entlasten, indem er darauf hinwies, daß auch „wir verantwortlich sind für den
Ausbruch der [Regierungs-]Krise, und zwar nicht nur wegen des Interviews von
Scocci, sondern auch wegen einiger regierungskritischer Artikel in der Unità"[253].
Scoccimarro zeigte sich von alledem wenig beeindruckt und dachte gar nicht
daran, sich dem Ritual der demütigenden Selbstkritik zu unterwerfen. „Er kann
Fehler gemacht haben", so heißt es im Protokoll der Sitzung des Vorstandes.
„Aber diese Fehler haben gewiß nicht die Bedeutung, die ihnen beigemessen wird.
Sein Fehler ist gewesen, die reaktionären Kräfte nicht richtig eingeschätzt zu ha-
ben, die unter allen Umständen unseren Ausschluß aus der Regierung erreichen
wollten [...]. Im Hinblick auf die Epurazione ist er mit dem, was gesagt worden
ist, nicht einverstanden. Keine seiner Taten berechtigt dazu, unsere Partei zu kritisieren und sie als Partei hinzustellen, die die Massen des Volkes angreifen will.
Rundschreiben und konkrete Maßnahmen beweisen das."[254]

Togliatti hatte wie immer das letzte Wort. Er faßte zusammen, was er selbst und
andere an Scoccimarro und dessen Säuberungsanstrengungen auszusetzen hatten,
und was er sagte, galt hinfort als Politik der kommunistischen Partei: „Im Hinblick auf die Säuberung muß man die unter schwierigsten Umständen erzielten
Erfolge anerkennen, aber gleichzeitig müssen wir uns darüber klar sein, daß dadurch auch einige Elemente unserer Politik der Gewinnung der Mittelschichten
gelitten haben. Wir müssen auf diesem Gebiet einer Revision unterziehen, was
notwendig ist, und uns dabei vergegenwärtigen, daß wir unter allen Umständen
die Mittelschichten erreichen müssen."[255] Im Klartext hieß das: Verzicht auf eine
durchgreifende Säuberung und wenigstens partielle Preisgabe eines der kardinalen
Anliegen des Antifaschismus. Danach war in den Führungsetagen der kommunistischen Partei von Epurazione kaum noch die Rede.

Der Kurswechsel des PCI hatte weitreichende Konsequenzen. Die kommunistische Partei zog sich damit nicht nur aus der Säuberung zurück, zugleich signa-
lisierte sie, daß sie an der seit der „Wende von Salerno" verfolgten Politik auch
dann festzuhalten gedachte, wenn sie dafür in zweifacher Hinsicht einen hohen
Preis zahlen mußte: durch die Aufgabe zentraler Forderungen des Antifaschismus
und durch die Gefährdung der Einheitsfront mit den Sozialisten, die den eklatanten Sinneswandel ihres Verbündeten mit verständnislosem Kopfschütteln quittierten. Auf der anderen Seite schuf die Neuorientierung des PCI die Vorausset-

[252] Vgl. Setta, L'uomo qualunque, passim.
[253] Protokoll der Sitzung vom 16. bis 18. 12. 1944, in: Istituto Gramsci, Bestand PCI 1943–1946, Verbali della Direzione 1944–1946.
[254] Ebenda.
[255] Ebenda. Zur Position von Togliatti vgl. auch Giorgio Amendola, Gli anni della Repubblica, Rom
1976, S. 39.

zungen für die Bildung einer neuen Regierung, die mit der Tradition des Antifaschismus noch keineswegs brach, auch wenn Gewicht und Einfluß der bürgerlichen Parteien in ihr deutlich zugenommen hatten.

Der Weg dahin war trotz des Schwenks der Kommunisten noch überaus stei-
nig. Das lag zum einen an der Taktiererei Bonomis, der seinen Rücktritt am 26.
November 1944 nicht dort erklärte, wo er es nach den Regeln der antifaschistischen Allparteien-Koalition hätte tun müssen, nämlich im „Comitato di liberazione nazionale", das ihn im Juni 1944 als Ministerpräsident nominiert hatte, sondern bei Hofe, der damit wenigstens einen Teil der verfassungsrechtlichen Kompetenzen wiedererlangte, den er im Juni verloren hatte. Bonomi, der natürlich keinen Augenblick mit dem Gedanken spielte, sich aus dem Regierungsgeschäft zurückzuziehen, versprach sich von diesem Schritt eine Stärkung seiner Position,
durfte er doch sicher sein, daß der königliche Statthalter, Kronprinz Umberto, ihn
sogleich wieder mit der Bildung der neuen Regierung beauftragen würde. Daß er
damit das nationale Befreiungskomitee brüskierte und das Klima zwischen den
Parteien weiter belastete, nahm Bonomi für diesen taktischen Vorteil in Kauf[256].

Schwierigkeiten bei der Regierungsbildung ergaben sich ferner aus dem Veto
der britischen Regierung gegen Carlo Sforza[257], den viele gerne an der Stelle von
Bonomi als Ministerpräsident oder wenigstens als Außenminister gesehen hätten,
und aus der verständlichen Scheu der Kommunisten, ihren Kurswechsel der eigenen Basis und den verbündeten Sozialisten zu erklären; das brauchte eine gewisse
Zeit und sollte möglichst ohne größeren Gesichtsverlust für Togliatti vor sich gehen. Die Unerquicklichkeiten auf dem Weg zu einer neuen Regierung hatten aber
vor allem damit zu tun, daß die sechs Parteien des Antifaschismus nicht mehr
konsensfähig waren. Sie hatten sich mittlerweile über so vieles entzweit, daß sie
sich nicht einmal mehr auf einen Kandidaten für das Amt des Ministerpräsidenten
zu einigen vermochten – weder auf Bonomi, den die Sozialisten, die Aktionspartei
und zunächst auch die Kommunisten als untragbar empfanden, noch auf De Gasperi, der von Togliatti ins Spiel gebracht worden war, und auch nicht auf Meuccio
Ruini von der rechtssozialdemokratischen Democrazia del lavoro, der Bonomi im
Amt des Vorsitzenden des nationalen Befreiungskomitees nachgefolgt war und
sich schon – wie Nenni in seinem Tagebuch süffisant schrieb – „in der Haut des
Ministerpräsidenten ‚in partibus'" gefühlt hatte, ehe die Liberalen und schließlich
auch die Christdemokraten ihre Ablehnung zu erkennen gaben[258].

Diese Uneinigkeit nützte natürlich niemand anderem als Bonomi, der in dreifa-
cher Hinsicht im Vorteil war: Er hatte seit dem 30. November den Auftrag Umbertos zur Bildung einer Regierung. Die Alliierten kamen gut mit ihm aus, und er
wußte aus vertraulichen Gesprächen mit den führenden Männern der Democrazia
Cristiana, der Liberalen und seiner eigenen Partei, daß diese äußerstenfalls auch
zur Bildung einer kleinen Mitte-Rechts-Koalition unter seiner Führung bereit

---

[256] Vgl. Gambino, Storia del Dopoguerra, S. 16f.; Edelman, Incremental Involvement, S. 257.
[257] Zum britischen Veto vgl. Acting Secretary of State an Winant, 30. 11. 1944, in: FRUS, 1944, III,
S. 1160; Black, The United States and Italy, S. 198f.; Miller, The United States and Italy, S. 122;
Macmillan, War Diaries, S. 593 (Eintrag vom 28. 11. 1944); Antonio Varsori, Bestrafung oder Aussöhnung? Italien und Großbritannien 1943–1948, in: Woller, Italien und die Großmächte, S. 140f.
[258] Nenni, Diari, S. 104 (Eintrag vom 1. 12. 1944); vgl. auch Andreotti, Concerto a sei voci, S. 21–40;
Gambino, Storia del Dopoguerra, S. 14–20.

waren. Lieber wäre ihnen, zumal der Democrazia Cristiana, freilich die Fortfüh-
rung des Allparteienpaktes des Antifaschismus bis Kriegsende gewesen – unter
der Voraussetzung, versteht sich, daß die politische Linie der Regierung von ihnen
festgelegt würde[259].

An Bonomi führte also kein Weg vorbei, seine Position war einfach zu stark.
Die Linksparteien mußten sich nach ihm richten, und den Kommunisten blieb
keine andere Wahl, als Farbe zu bekennen. Das geschah am Nachmittag des 7. Dezember 1944 in ihrem Hauptquartier, wo Nenni und Togliatti zu einem letzten
Meinungsaustausch vor der Entscheidung zusammentrafen. Togliatti erweckte
dabei bei seinem Gesprächspartner den Eindruck, als sei er fest entschlossen, Bonomi eine Absage zu erteilen und ganz auf De Gasperi als künftigen Ministerpräsidenten zu setzen. Dann seien aber, schrieb Nenni in seinem Tagebuch, überraschend Scoccimarro und Di Vittorio erschienen, die ihren „capo" beschworen,
diese Entscheidung noch einmal zu überdenken. „Wir haben über zwei Möglichkeiten weiterdiskutiert: Regierung mit De Gasperi als Präsident; Opposition. Die
Kommunisten haben sich gegen beides ausgesprochen. Togliatti selbst hat schließlich gesagt, daß er einem ‚starken' Mann wie De Gasperi, der eine große Partei
hinter sich habe, einen ‚schwachen' Mann wie Bonomi vorziehe, der niemand hinter sich habe."[260]

„Auf diese Art und Weise", fuhr Nenni fort, „wurde die Krise ohne und gegen
uns gelöst."[261] Die Kommunisten blieben wie die Christdemokraten, die Liberalen und Bonomis eigene Gruppierung in der Regierung, die am 12. Dezember
1944 offiziell ihre Arbeit aufnahm. Es handelte sich, wie Roosevelts Berater Harry
Hopkins bemerkte, um eine Koalition zwischen „konservativen Rechten und der
extremen Linken"[262]. Das war noch nicht das Ende des Antifaschismus, wie damals viele meinten. Seine Mission war noch nicht erfüllt, aber es litt keinen Zweifel mehr, daß ihn letztlich nur noch die Frontstellung gegen einen gemeinsamen
Feind einte, und es war unübersehbar, daß die Linksparteien in der Regierungskrise vom November 1944 einen Rückschlag erlitten hatten. Darüber konnte auch
die Tatsache nicht hinwegtäuschen, daß die kommunistische Partei im neuen Kabinett stark vertreten war und ihre Vertreter in Schlüsselministerien zu placieren
vermocht hatte: Antonio Pesenti im Finanzministerium, Fausto Gullo im Land-
wirtschaftsministerium, das wegen der groß angekündigten Landreform von zentraler Wichtigkeit zu sein schien, und Mauro Scoccimarro im neugeschaffenen Ministerium für die noch nicht befreiten Gebiete. Togliatti fungierte an der Seite Bonomis als stellvertretender Ministerpräsident[263].

Die Sozialisten hatten sich von der Aussicht auf ähnlich einflußreiche Posten
ebensowenig zum Mitmachen bewegen lassen wie die Führungsgremien der Aktionspartei. Diese beiden Parteien, die als die vehementesten Befürworter einer ra-

---

[259] Vgl. Andreotti, Concerto a sei voci, S. 21–40; Nenni, Diari, S. 100–107 (Einträge vom 26.11.–
7.12.1944).
[260] Ebenda, S. 106 (Eintrag vom 7. 12. 1944).
[261] Ebenda.
[262] Zit. nach Aga-Rossi, L'Italia nella sconfitta, S. 187.
[263] Vgl. Missori, Governi, Alte Cariche dello Stato e Prefetti, S. 162 ff.; Harris, Allied Military Administration of Italy, S. 215; Protokoll der 27. Sitzung des Advisory Council for Italy vom 15. 12.
1944, in: NA, RG 331, Chief Commissioner, box 23.

dikalen Selbstreinigung gelten konnten, gingen nicht zuletzt deshalb in die Opposition, weil ihnen das Tempo des Umbaus von Staat und Gesellschaft zu langsam
erschien und weil namentlich auch die Epurazione nicht entschlossen genug vorangetrieben wurde. Von außen, durch die Mobilisierung der Straße, so hofften sie,
lasse sich mehr bewirken als im Kabinett, wo nun diejenigen unter sich waren, die
der Abrechnung mit dem Faschismus keinen größeren politischen Stellenwert
mehr einräumten.

Der doppelte Rückzug im Dezember 1944, der Rückzug der kommunistischen
Partei aus der Epurazione und der Rückzug der Sozialisten und der Aktionspartei
aus der Regierung, hatte für die italienische Innenpolitik um so größere Bedeutung, als er mit einer gewissen Lockerung der alliierten Besatzungsherrschaft in
Italien zusammenfiel. Der Beginn dieser Tendenz ist ziemlich genau zu datieren,
und zwar auf den 26. September 1944, als Roosevelt und Churchill in Quebec und
Hyde Park eine Erklärung herausgaben, die nach dem Willen des amerikanischen
Präsidenten einen „New Deal for Italy" einleiten sollte. Das italienische Volk, so
hieß es in der Erklärung, „hat in den letzten zwölf Monaten seinen Willen demonstriert, frei zu sein, auf der Seite der Demokratien zu kämpfen und einen Platz unter den Vereinten Nationen einzunehmen"[264]. Sie hielten deshalb die Zeit für gekommen, die Fesseln der beiden Waffenstillstandsverträge vom September 1943 in
wirtschaftlicher und militärischer Hinsicht zu lockern und insbesondere die italienische Regierung mit größeren politischen Befugnissen auszustatten; als Ausdruck dieser Absicht sollte beispielsweise die Allied Control Commission in Allied Commission umbenannt und Rom das Recht zugestanden werden, mit London und Washington offizielle diplomatische Beziehungen aufzunehmen[265].

Im Besatzungsalltag erlangte diese Erklärung zunächst kaum größere Bedeutung. Sie war, so hat Antonio Varsori es einmal formuliert, eine „geschickt einge-
fädelte Propagandaaktion", die Roosevelts Jagd nach italo-amerikanischen Stimmen im Präsidentschaftswahlkampf von 1944 erleichtern sollte[266], im übrigen aber
so vage und nachlässig formuliert worden, daß sie die verantwortlichen Offiziere
in Italien von einer Verlegenheit in die andere stürzte. Die gemeinsame Erklärung
des Präsidenten und des Premierministers, schrieb Sir Henry Maitland Wilson,
Eisenhowers Nachfolger als alliierter Oberbefehlshaber im Mittelmeer, am 4. Oktober 1944 an die Combined Chiefs of Staff in Washington, „hat natürlich viele
Fragen von alliierten und italienischen Stellen hervorgerufen. Angesichts des Fehlens von Direktiven von Ihnen hinsichtlich des Zeitpunktes und der Art und
Weise der Umsetzung der niedergelegten Politik, weise ich den Chief Commissioner an, noch keine speziellen Aktivitäten zu entfalten." Um die vielen Fragen beantworten und um „the present period of speculation" beenden zu können, so
setzte er fast händeringend hinzu, „bitte ich darum, daß man mir so bald wie möglich Direktiven gibt"[267].

Darauf mußte der alliierte Oberbefehlshaber aber noch geraume Zeit warten,
weil Washington und London nur mit größter Mühe zu einer gemeinsamen Ita-

---

[264] Die gemeinsame Erklärung vom 26. 9. 1944 findet sich in: Coles/Weinberg, Civil Affairs, S. 499 f.
[265] Vgl. ebenda und Miller, The United States and Italy, S. 113.
[266] Varsori, Bestrafung oder Aussöhnung, S. 140; vgl. auch Miller, „Special relationship", S. 49–68.
[267] Wilson an CCS, 4. 10. 1944, in: Coles/Weinberg, Civil Affairs, S. 506 f.

lienpolitik fanden. Die Briten, so wird man diesen Dauerstreit zusammenfassend charakterisieren können, sahen keinen Anlaß, von ihrer Strafpolitik gegenüber der ehemaligen Achsenmacht abzulassen, während ihr amerikanischer Partner in Italien fast schon einen Verbündeten erblickte. Das Kunststück, einen Kompromiß zu finden, der über bloße Absichtserklärungen hinausging, gelang schließlich Harold Macmillan, der am 18. November 1944 an die Spitze der Allied Commission trat und nach eingehenden Beratungen mit Fachleuten vor Ort eine umfangreiche Denkschrift vorlegte, die amerikanischen Wünschen weit entgegenkam, ohne britische Interessen zu ignorieren[268]. Macmillan appellierte an seine Vorgesetzten in London und Washington, über dem Grundsatzstreit eines nicht zu vergessen: „Wir haben, wie immer die Nachkriegspolitik gegenüber Deutschland aussehen mag, Italien in einer Position akzeptiert, die sich von der eines geschlagenen Feindes unterscheidet; wir haben die Doktrin von der Mit-Kriegführung erfunden und von ihr in einem gewissen Maße profitiert; ferner ist – unter dem größeren Aspekt – Prosperität, wie der Frieden, unteilbar … Es wird all der Geduld, der Courage und des Eifers bedürfen, die britische und amerikanische Administratoren aufbringen können, wenn wir Italien und seine 45 Millionen Menschen vom Absturz in Verzweiflung, Anarchie und Revolution bewahren wollen. Sollten wir die Anstrengung unterlassen, weil wir Italien einiges vorwerfen, so kann das darauf hinauslaufen, daß wir, so berechtigt die Vorwürfe sein mögen, zwar den Krieg gewonnen, den Frieden aber verloren haben."[269] Es komme deshalb vor allem darauf an, meinte Macmillan weiter, Italien wirtschaftlich zu kräftigen, selbst wenn das eine äußerst kostspielige Sache werden dürfte, und der italienischen Regierung Realitäts- und Verantwortungssinn einzuimpfen, was nur zu erreichen sei, wenn sich die Alliierten auf die Rolle von Beratern zurückzögen, die von ihren im Waffenstillstand niedergelegten Kontrollrechten nur dort Gebrauch machten, wo militärische Interessen es erforderten[270].

Finanzielle Großzügigkeit und politische Selbstbeschränkung, so hätte das Motto von Macmillan lauten können, wobei ihm der Gedanke der Selbstbeschränkung wohl am wichtigsten war. Die italienische Regierung mußte vom Verdacht der puren Auftragsverwaltung ohne eigene Legitimation befreit und in Stand gesetzt werden, so zu agieren, daß sie den Namen Regierung verdiente. Dazu sei es nötig, endlich die längst anachronistisch gewordene Political Section der Allied Commission aufzulösen, die ihrer eigentlichen Aufgabe, die außenpolitischen Beziehungen Italiens zu lenken und zu überwachen, ohnehin nie gerecht geworden war; Italien sollte seine Außenpolitik künftig in voller Freiheit gestalten können. Ferner regte Macmillan an, die Kontrollen über die italienische Gesetzgebung aufzuheben; die bisherige Praxis, daß jedes Gesetz der alliierten Zustimmung bedurfte, bevor es in der Gazzetta Ufficiale publiziert werden konnte, sei überholt. „Unter den neuen Umständen ist es weise, sich auf moralische Überredung und, wenn nötig, sogar auf Druckausübung zu verlassen [...]. Der förmliche

---

[268] Ebenda, S. 494; Macmillan, War Diaries, S. 590f. (Eintrag vom 23. 11. 1944).
[269] Macmillans Denkschrift über Allied Policy toward Italy vom 23. 11. 1944 findet sich in den wichtigsten Auszügen in: Coles/Weinberg, Civil Affairs, S. 508–513 (Zitat S. 509).
[270] Ebenda, S. 508.

Verzicht auf das Recht, Gesetze zu genehmigen, wird von den Italienern sicherlich begrüßt werden."[271]

Außerdem schlug Macmillan vor, den Italienern künftig in der Personalpolitik freie Hand zu lassen. Die Alliierten hatten sich hier gewisse Kontrollrechte vorbehalten, weil sie durch eine Art von Regelanfrage vor der Ernennung von Kabinettsmitgliedern und höheren Beamten sicherstellen wollten, daß den Erfordernissen einer gründlichen Säuberung Genüge getan wurde. Dieser Zweck sei erreicht worden, meinte Macmillan. „Im Gegenteil, die Säuberung in Italien (wie in anderen Ländern) kann gefährlich weit getrieben werden."[272] Schließlich war in den Augen Macmillans auch die Zeit gekommen, den Militärregierungsapparat drastisch abzubauen und vor allem die Offiziere aus den einzelnen Provinzen abzuberufen, die dort oft auch noch nach der Rückgabe dieser Gebiete das letzte Wort hatten. Die Militärregierung sollte ihre Aufgaben künftig sehr viel enger definieren und ihren Einfluß nur noch über die italienische Regierung zur Geltung bringen.

Macmillan hatte damit die überaus vage gebliebene Erklärung Roosevelts und Churchills vom 26. September 1944 in praktikable Vorschläge verwandelt, und zwar so brillant und zugleich mit so viel Fingerspitzengefühl für die unterschiedlichen britischen und amerikanischen Empfindlichkeiten, daß es keiner allzu langen Beratungen mehr bedurfte, um sie – im wesentlichen unverändert – am 30. Januar 1945 in einer Direktive der Combined Chiefs of Staff zur offiziellen Politik der Alliierten zu erheben[273].

Das hieß freilich nicht, daß sich die Alliierten von einem Tag auf den anderen aus der Besatzungsherrschaft in Italien zurückgezogen hätten. Die neue Politik galt selbstverständlich nur für die schon wieder unter italienische Verwaltung gestellten Gebiete südlich der Linie Grosseto – Ancona. Nördlich davon, also in den schon befreiten Provinzen der Toskana, Umbriens, der Emilia Romagna und der Marken diesseits der Gotenlinie, die zwischen Ravenna im Osten und Viareggio im Westen verlief, war das anders; dieser etwa 150 km breite Gürtel war weiterhin besetztes Land, in dem die Alliierten schalteten und walteten, wie sie wollten. Hier galt nach wie vor die im Herbst 1944 herausgegebene General Order Nr. 35 über die Grundsätze der politischen Säuberung[274], und niemand dachte daran, sie abzumildern oder gar außer Kraft zu setzen. Richtig ist auf der anderen Seite aber auch, daß die historische Bedeutung der gemeinsamen Erklärung des amerikanischen Präsidenten und des britischen Premiers und der dann folgenden Direktive

---

[271] Ebenda, S. 510.
[272] Ebenda.
[273] Vgl. CCS an AFHQ, 30. 1. 1945, in: Ebenda, S. 515 ff.; Macmillan stellte die neue Politik gegenüber Italien am 24. 2. 1945 in Rom der Presse vor und legte dabei ein Aide-Mémoire vor, das die wesentlichen Punkte des New Deal noch einmal zusammenfaßte. Das Aide-Mémoire findet sich in: NA, RG 331, Chief Commissioner, box 12. Vgl. auch Macmillan, War Diaries, S. 701 (Eintrag vom 24. 2. 1945); HQ, AC, an AFHQ: New CCS Directive on the Allied Commission, 19. 2. 1945, in: NA, RG 331, Communications, box 13, 10000/147/378; Memorandum über Withdrawal of Allied Commission Officers from Italian Government Territory, 19. 2. 1945, in: Ebenda; Stone an Bonomi, 19. 2. 1945, in: Ebenda; HQ, AC, Southern Region, an HQ, AC: Reduction in Strength. Southern Region, 2. 2. 1945, in: Ebenda; HQ, AC: Acting President's Conference, 26. 2. 1945, in: NA, RG 331, Communications, box 13, 10000/147/370.
[274] Vgl. S. 159 f.

der Vereinigten Stabschefs sich nicht in der Lockerung und Aufhebung einiger Besatzungsklauseln erschöpfte. Italien, das war die eigentliche Botschaft, hatte auf dem Weg von der „cobelligeranza" zum Bündnis mit den Westmächten ein beträchtliches Stück zurückgelegt; das Ende der Bewährungs- und Resozialisierungsfrist, die dem Land 1943 auferlegt worden war, schien erreicht. Alle Anstrengungen der Alliierten begannen sich nun auf den Wiederaufbau des ehemaligen Kriegsgegners zu richten, der wirtschaftlich und politisch gekräftigt und so gegen totalitäre Versuchungen immunisiert werden sollte. Welche Auswirkungen dieser Kurswechsel auf die politische Säuberung haben würde, mußte das neue Jahr zeigen.

Vor der Befreiung

Bürokratische Abwicklung und revolutionäre Erwartung (Januar bis April 1945)

1. Säuberungspolitische Stille

Der Rückzug der Sozialisten und der Aktionspartei aus der Regierung und der säuberungspolitische Kurswechsel der Kommunisten nahmen der gerade anlaufenden Epurazione viel Schwung. Im Säuberungsgeschäft gaben nun diejenigen den Ton an, die aus den ersten Erfahrungen mit Fragebogen, Kommissionen und Ermittlungsverfahren den Schluß gezogen hatten, daß die im Gesetz vom 27. Juli 1944 anvisierte Generalabrechnung mit zwanzig Jahren Faschismus enorme Kosten verursachen würde: eine endlose Serie von Prozessen und Verfahren, die immer neue Wunden rissen, ohne alte wirklich zu heilen, und vor allem den Bruch der großen Koalition des Antifaschismus, die gerade in den Monaten vor der Befreiung zur Mobilisierung aller kriegerischen Energien unentbehrlich war. Dieser Preis war zu hoch, die Säuberungsbemühungen wurden deshalb abgebremst – gleichsam auf halber Strecke und zu einem Zeitpunkt, als der Faschismus noch längst nicht besiegt war.

Im Frühjahr 1945 konnte es sich freilich niemand leisten, offen darüber zu sprechen oder gar einen Säuberungsstop zu verhängen. Die 1944 in Gang gesetzte Abrechnungsmaschinerie wälzte sich deshalb weiter, von Süden nach Norden und von der Hauptstadt in die Provinz, die bis dahin weitgehend unberührt geblieben war. Sie wurde aber – und das kennzeichnet die Lage im Vergleich zu 1944 – sich selbst überlassen und von der großen Politik ignoriert. Am deutlichsten machte sich diese Tendenz im Hochkommissariat bemerkbar, dessen leitende Positionen bis dahin mit Sforza und Scoccimarro hochkarätig besetzt gewesen waren. Beide nahmen nach der Umbildung der Regierung Bonomi im Dezember 1944 ihren Abschied, während Mario Berlinguer, Mario Cingolani und Pier Felice Stangoni, also die politisch weniger profilierten stellvertretenden Hochkommissare, auf ihren Posten blieben. Der Kommunist Scoccimarro trat zähneknirschend zurück[1], Sforza hingegen schied leichten Herzens; er strebte nach Höherem – die Leitung des Außenministeriums oder das Amt des Regierungschefs schwebte ihm vor – und hatte schon seit längerem nach einem Anlaß gesucht, sich der unbequem gewordenen Aufgabe zu entledigen.

---

[1] Vgl. Aufzeichnung über eine Besprechung zwischen Upjohn und Scoccimarro, 3. 1. 1945, in: NA, RG 331, Civil Affairs, 10000/105/819; OSS, Field Memorandum 113 (FR-190), 5. 1. 1945, in: NA, RG 165, CAD, 319.1 Intelligence.

Weder Sforza noch Scoccimarro wurden gleichwertig ersetzt. An Scoccimarros Stelle als stellvertretender Hochkommissar für die Personalsäuberung trat sein Parteifreund Ruggero Grieco, ein aus dem Moskauer Exil zurückgekehrter „ardent Russia-trained Communist"[2], der wegen einiger ideologischer Schwankungen in den zwanziger und dreißiger Jahren vom engeren Führungszirkel um Togliatti zunächst noch ferngehalten wurde. Er wie auch einige andere Genossen, die in der Vergangenheit Mühe gehabt hatten, die ewigen Schwenks der Partei widerspruchslos nachzuvollziehen, „mußten etwas Buße tun", wie Giorgio Bocca ebenso sarkastisch wie treffend geschrieben hat[3]. Das Hochkommissariat war dafür genau der richtige Platz – eine Art von Fegefeuer, das es klaglos zu durchschreiten galt, ehe der Sünder wieder für höchste Parteiaufgaben in Frage kam.

Sforzas Posten als Hochkommissar blieb sogar vakant – sechs Monate lang. Das sagte alles über den Säuberungselan der neuen Regierung. Bonomi hatte zunächst mit dem Gedanken gespielt, das Hochkommissariat ganz aufzulösen[4] und die Verantwortung für die Säuberung[5] den einzelnen Ministerien zu übertragen; das wäre die eindeutigste Konsequenz aus der angedeuteten neuen Politik gewesen und letztlich auf eine Säuberung à la Badoglio hinausgelaufen. Der Regierungschef war damit aber bei seinen Koalitionspartnern nicht durchgedrungen, und auch mit seinen Plänen, Sforza durch einen hochrangigen Juristen oder einen Kabinettsausschuß zu ersetzen[6], scheiterte er. Im Kabinett einigte man sich schließlich am 5. Januar 1945 darauf, einem Vorschlag De Gasperis zu folgen und die Frage de facto offen zu lassen. „Die Funktionen des Hochkommissars", so lautete der Beschluß, „werden unter der Leitung des Ministerpräsidenten von den vier stellvertretenden Hochkommissaren gemeinsam ausgeübt."[7]

Bonomi, auf dem Papier nun der Hauptverantwortliche für die „Sanktionen gegen den Faschismus" hat, so wird man annehmen dürfen, seinen neuen Arbeitsplatz nur selten betreten. Er hatte Wichtigeres zu tun und bestand deshalb darauf, im Hochkommissariat die Stelle eines Generalsekretärs zu schaffen und mit Giovanni Boeri zu besetzen, dem er die Abwicklung der Tagesaufgaben – mehr sollte dort auch nicht mehr geschehen – übertrug. Bonomi zeigte sich damit erneut als Meister taktischer Finessen, denn Boeri, ein Antifaschist, der gerade aus dem Schweizer Exil heimgekehrt war, war politisch viel zu schwach, um sich der Tendenz zur Entpolitisierung der Epurazione widersetzen zu können, als Mitbegründer der Aktionspartei aber durchaus auch eine politische Lösung, insofern nämlich, als allein schon die Tatsache, daß einer der ihren an exponierter Stelle im

[2] HQ, 426th CIC Detachment: Political Situation in Rome, 1. 2. 1945, in: NA, RG 331, Political, box 6. Zu Grieco vgl. Michele Pistillo, Vita di Ruggero Grieco, Rom 1985.
[3] Bocca, Togliatti, S. 397 f.
[4] Vgl. Bulletin Nr. 36 der Public Relations Branch, HQ, AC, 12. 12. 1944, in: NA, RG 331, Executive Commissioner, 10000/109/499.
[5] Vgl. Aufzeichnung über eine Besprechung zwischen Upjohn und Scoccimarro, 3. 1. 1945, in: Ebenda, Civil Affairs, 10000/105/819.
[6] Vgl. ebenda; HQ, 426th CIC Detachment: Political Situation in Rome, 1. 1. 1945, in: Ebenda, Political, box 5, 10000/132/293; OSS-Situation Report: Italy, 30. 12. 1944, in: NA, RG 226, R+A, Nr. 1112.91.
[7] Protokoll der Kabinettssitzung vom 5. 1. 1945, in: ACS, Verbali del Consiglio dei Ministri.

Hochkommissariat tätig war, es der nun in der Opposition stehenden Aktionspartei erschwerte, die Säuberungspolitik der Regierung scharf zu kritisieren[8].

Nach dem Ausscheiden von Sforza und Scoccimarro war das Hochkommissariat auf dem besten Wege, eine Behörde unter vielen zu werden. Genau das hatte die Regierung gewollt, als sie im November/Dezember 1944 den Kurswechsel in der Säuberungspolitik einleitete. Entpolitisierte Routine war nun das Hauptmerkmal der Epurazione; der Wunsch nach Abrechnung, der zuvor den gesamten Apparat durchpulst hatte, schien fast ganz erloschen. Symptomatisch dafür war die stupende gesetzgeberische Passivität der Regierung in den ersten Monaten des Jahres 1945: Bis März/April geschah so gut wie nichts[9], obwohl in zahlreichen Sektoren akuter Handlungsbedarf bestand und obwohl niemand übersehen konnte, daß die Säuberung nach der Befreiung Norditaliens ganz neue Dimensionen gewinnen würde und daß dafür entsprechende Vorkehrungen getroffen werden mußten. In manchen Ministerien und im Hochkommissariat grübelte man zwar zuweilen über die Ausweitung der Säuberung auf die Privatwirtschaft, die Schaffung neuer Gerichte und die Verbesserung des Zugriffs auf illegal erworbene Besitztümer, aber keines dieser mit mehr oder weniger großem Elan verfolgten Vorhaben erlangte Gesetzesreife; alles blieb im undurchschaubaren Geflecht interministerieller Abstimmung und Obstruktion hängen[10].

Das war kein Zufall, aber doch erstaunlich, weil auch die italienische Regierung nicht an der Tatsache vorbeisehen konnte, daß bis Anfang 1945 nur der öffentliche Dienst für seine Verstrickung in das faschistische Regime belangt worden war, während andere soziale Großgruppen wie etwa die Manager und Unternehmer, die ebenfalls ihren Frieden mit dem Faschismus gemacht und kräftig davon profitiert hatten, gänzlich unbehelligt geblieben waren. Die Ausweitung der Epurazione wäre deshalb ein Gebot der Gleichbehandlung und der politischen Vernunft gewesen, wie auch Sforza in seinem Abschlußbericht vom 5. Januar 1945 andeutete: „Man kann trefflich über das Konzept streiten, nur die Beamten zu säubern, die in einer zwanzigjährigen Ära der Korruption nur die äußeren, mehr oder weniger auffallenden Symbole waren. Gelegentlich habe ich mich selbst gefragt, ob es nicht Heuchelei ist, nur die Beamten zu belangen, so als wären sie die einzig Schuldigen." Aber diese Gedanken, so fügte er salomonisch hinzu, „sind fehl am Platze, wenn man ein bestimmtes Gesetz anwenden muß"[11].

[8] Zu Boeri vgl. Protokoll der 30. Sitzung des Advisory Council for Italy vom 2. 2. 1945, in: NA, RG 331, Chief Commissioner, box 23; die Deliberazione vom 22. 1. 1945, in der Boeri zum Vertreter Bonomis ernannt wurde, in: ACS, Alto Commissariato, titolo I, Nr. 12/5.

[9] Vgl. Decreto Legislativo Luogotenenziale, 4. 1. 1945, Nr. 2: Norme integrative dei decreti legislativi Luogotenenziali, 27 luglio 1944, n. 159; 11 ottobre 1944, n. 257, e 23 ottobre 1944, n. 285, sulle sanzioni contro il fascismo e sul collocamento a riposo dei dipendenti dello Stato appartenenti ai primi quattro gradi della classificazione del personale statale, in: Gazzetta Ufficiale del Regno d'Italia, Nr. 4, 9. 1. 1945; Decreto Legislativo Luogotenenziale, 23. 2. 1945, Nr. 44: Modificazioni ed aggiunte alle disposizioni legislative per l'epurazione dell'Amministrazione, in: Ebenda, Nr. 29, 8. 3. 1945.

[10] Vgl. die Protokolle der Kabinettssitzungen vom 21. und 27.2. sowie vom 8. 3. 1945, in: ACS, Verbali del Consiglio dei Ministri; Aufzeichnung über eine Besprechung zwischen Upjohn und Boeri, 24. 2. 1945, in: Ebenda, Alto Commissariato, titolo I, Nr. 10; Protokoll einer Dienstbesprechung im Hochkommissariat vom 13. 2. 1945, in: Ebenda; HQ, AC, Monatsbericht für Februar 1945, in: NA, RG 331, Adjutant, box 28, 10000/101/503.

[11] Sforza an Bonomi, 5. 1. 1945, in: ACS, PCM, Gab. 1944–1947, 1/7 10124, sottofasc. 0–4.6.

Erstaunlich war die gesetzgeberische Passivität aber vor allem deshalb, weil die
italienische Regierung sich damit eindeutigen Wünschen der Militärregierung widersetzte, die in den Monaten vor der Befreiung immer wieder versuchte, ihre eigenen säuberungspolitischen Vorstellungen in italienische Gesetze verwandeln zu
lassen. Zweierlei lag den alliierten Offizieren dabei besonders am Herzen: Zum
einen drängten sie seit Januar 1945 auf eine Intensivierung der Säuberung im Bereich der Privatwirtschaft, wo die Epurazione bis dahin allenfalls als Drohung
empfunden, aber kaum je als Realität spürbar geworden war. Das Gesetz vom
27. Juli 1944, das dafür eine gewisse Handhabe bot, hatte sich nicht bewährt, es
sollte deshalb durch eine neue, weiter gefaßte Richtlinie ersetzt werden, die ein
schnelles Zugreifen ermöglichte[12]. Zum anderen hielt die Militärregierung es für
dringend geboten, frühzeitig Klarheit darüber zu gewinnen, welche Gerichte sich
nach der Befreiung Norditaliens um die Ahndung von Kollaborationsverbrechen
kümmern sollten. Vorbild dafür hätten die französischen „Cours de Justice" sein
können, die durch einen Erlaß vom 26. Juni 1944 ins Leben gerufen worden waren
und sich „nach dem Muster der Schwurgerichte aus einem Richter und vier Schöffen" zusammensetzten[13]. Um die Funktionsweise dieser speziellen Gerichtshöfe
näher kennenzulernen, hatte die Militärregierung um den Jahreswechsel 1944/45
eigens einen hochqualifizierten Offizier, Major Palmieri, nach Frankreich gesandt,
der nach seiner Rückkehr einen vielbeachteten Bericht verfaßte, in dem es über die
„Cours de Justice" unter anderem hieß: „Man muß zugeben, daß die Einrichtung
der Gerichtshöfe von einer sehr zu lobenden Weitsicht, von einer exzeptionell exakten Wahrnehmung der Ereignisse zeugt, die sich nach der Befreiung in Frankreich abgespielt haben."[14]

„Es sei seine Überzeugung", so Gerald Upjohn, als er am 24. Februar 1945 mit
Giovanni Boeri über den Bericht Palmieris sprach, „daß die Verfahren in Frankreich rasch abgewickelt werden, während man das von Italien nicht sagen kann."[15]
Upjohn rannte damit bei seinem Gesprächspartner offene Türen ein, denn Boeri
hatte sich ebenfalls schon an der französischen Sondergerichtsbarkeit orientiert,
„eine sehr sorgfältige Studie über die französischen Gesetze" veranlaßt und
schließlich sogar einen Gesetzentwurf erarbeitet, „der ähnliche Gerichte schaffen
sollte"[16]. Darüber sei auch das Befreiungskomitee für Norditalien informiert worden[17]. Doch dann blieb auch diese Initiative irgendwo stecken.

So war denn die in einem Gesetz vom 4. Januar 1945 in Aussicht genommene Bil-

[12] Vgl. Aufzeichnung einer Besprechung zwischen Upjohn und Boeri, 24. 2. 1945, in: NA, RG 331,
Civil Affairs, 10000/105/819; Aufzeichnung einer Besprechung zwischen Upjohn und Scoccimarro, 3. 1. 1945, in: Ebenda. Vgl. auch einen die Säuberung von Versicherungen betreffenden
Vorgang, in: Ebenda, box 17, 10000/105/744–813, aus dem klar zu ersehen ist, daß die Alliierten
auch hier auf eine italienische Initiative drängten.
[13] Henry Rousso, L'Épuration. Die politische Säuberung in Frankreich, in: Henke/Woller, Politische
Säuberung in Europa, S. 211.
[14] E.L. Palmieri, Report on French System of Epuration and the Prosecution of Crimes of Collabo-
ration, Januar 1945, in: NA, RG 331, Civil Affairs, box 19, 10000/105/896.
[15] Italienische Aufzeichnung über die Besprechung vom 24. 2. 1945, in: ACS, Alto Commissariato,
titolo I, Nr. 10.
[16] Englische Aufzeichnung über die Besprechung zwischen Upjohn und Boeri, 24. 2. 1945, in: NA,
RG 331, Civil Affairs, 10000/105/819.
[17] Italienische Aufzeichnung über die Besprechung vom 24. 2. 1945, in: ACS, Alto Commissariato,
titolo I, Nr. 10.

dung von dreiköpfigen, dem Hochkommissariat unterstellten Delegationen in den Provinzen die einzige nennenswerte Neuerung, die in den ersten drei Monaten des Jahres 1945 zu verzeichnen war. Diese Delegationen waren gewissermaßen der verlängerte Arm des Hochkommissariats in den Städten und Dörfern außerhalb der Hauptstadt. Dort war die Epurazione bis dahin fast ausschließlich Sache der Präfekten gewesen, die entweder gar nicht erst den Versuch gemacht hatten, die Richtlinien aus dem fernen, immer etwas mißtrauisch betrachteten Rom in die Tat umzusetzen, oder aber bei ihren Säuberungsbemühungen schnell im sozialen Geflecht von nachbarschaftlichen und kollegialen Beziehungen hängengeblieben waren. Nur in einigen wenigen Provinzen hatten die Präfekten bis zum Jahreswechsel 1944/45 genügend Energie und Durchsetzungsvermögen aufgebracht, die im Juli-Gesetz von 1944 bindend vorgeschriebenen Säuberungskommissionen einzurichten und zu kontinuierlicher Arbeit anzuhalten. Diesem Mißstand sollten die Delegationen des Hochkommissariats abhelfen. Ihre Aufgabe war es, über die örtlichen Verhältnisse nach Rom zu berichten und die Bildung der Säuberungskommissionen voranzutreiben; ferner sollten sie die Vorermittlungen gegen Belastete führen und schließlich auch die Verfahren vor den Kommissionen einleiten – mit einem Wort, von ihnen erwartete man, daß sie in der Lage wären, die zähen örtlichen Beharrungskräfte zu überwinden, die Versäumnisse der zurückliegenden Monate aufzuholen und die „epurazione nella periferia" rasch dem Ende zuzuführen[18].

In diese gesetzgeberische Stille platzte Anfang März 1945 eine Nachricht, die die Regierung Bonomi in den Grundfesten erschütterte: Mario Roatta war in der Nacht vom 4. auf den 5. die Flucht aus der Untersuchungshaft gelungen. Oberbefehlshaber der 2. italienischen Armee in Jugoslawien und Chef des militärischen Abschirmdienstes, bevor Badoglio ihn 1943 an die Spitze des Generalstabes des Heeres berufen hatte, war Roatta im Faschismus zu höchsten militärischen und geheimdienstlichen Ehren gekommen. Er galt „wegen seiner Beteiligung an der rücksichtslosen Hinrichtung von Tausenden von Geiseln und Partisanen" in Jugoslawien als Kriegsverbrecher und stand im Verdacht, maßgeblich an den Planungen und Vorbereitungen beteiligt gewesen zu sein, die zur Ermordung des jugoslawischen Königs Alexander I. 1934 und der Protagonisten des antifaschistischen Widerstandes Carlo und Nello Rosselli 1937 geführt hatten[19].

Also doch! Die Blätter der Linksparteien durften sich in ihren Vermutungen bestätigt fühlen: Roatta genoß also doch die Protektion höchster, noch immer mit

---

[18] Zu den Delegationen des Hochkommissariats vgl. Alto Commissariato Aggiunto per l'Epurazione, Circolare Nr. 5, 1. 3. 1945, in: Ebenda, titolo II, Nr. 14; Relazione sull'attività svolta dall'Alto Commissariato aggiunto per la epurazione nel periodo 1° gennaio-15 luglio 1945, in: Istituto Gramsci, NL Grieco; vgl. weiter das für Bonomi bestimmte Memorandum von Grieco vom 8. 2. 1945 über den Säuberungsapparat, in: ACS, PCM, Gab. 1944–1947, 1/7 10124, sottofasc. 10. Das Gesetz vom 4. Januar 1945, in dem der Rahmen für die Bildung der Delegationen des Hochkommissariats gesteckt war, wurde übrigens Gegenstand einer ernsten Auseinandersetzung zwischen der Militärregierung und der Regierung Bonomi. Grund dafür war, daß das Gesetz in der Gazzetta Ufficiale veröffentlicht worden war, ohne daß die Zustimmung der Militärregierung eingeholt worden war. Die Militärregierung hatte nur eine vorläufige Version des Gesetzes erhalten, das dann im Kabinett noch abgeändert wurde. Vgl. den Beschwerdebrief von Stone an Bonomi vom 29. 1. 1945 und die Antwort Bonomis vom 16. 2. 1945, in: NA, RG 331, Civil Affairs, 10000/105/852.

[19] Vgl. OSS: Treatment of former fascists by the Italian Government, 17. 3. 1945, in: NA, RG 226, R+A, Nr. 2688.

überzeugten Faschisten oder Sympathisanten des alten Regimes durchsetzten
Stellen, wie sie seit seiner Verhaftung im November 1944 geschrieben hatten. Genaues wußte niemand, aber auffallend war schon gewesen, daß der Prozeßbeginn
vor der Alta Corte di Giustizia so lange auf sich hatte warten lassen und daß der
Prozeß selbst mit enervierender Teilnahmslosigkeit geführt worden war. Offenkundig fehlte die Entschlossenheit zur Aburteilung des hohen Militärs und Faschisten – und nun also die Flucht, die vielen als Produkt der Zusammenarbeit
zwischen Roatta und seiner alten Kaste erschien.

Kein Wunder, daß die schon früher umlaufenden Gerüchte damit neue Nah-
rung erhielten und in immer bunteren Farben schillerten. Roattas Flucht, so hieß
es, sei von Regierungsstellen, von den Carabinieri und vom Geheimdienst vorbereitet worden. Auch die Briten hätten ihre Hände im Spiel gehabt, angeblich um
Roatta zu besänftigen, der damit gedroht hatte, über anstößige Beziehungen
Churchills zu Mussolini auszupacken. Der faschistische General halte sich im Vatikan versteckt, er habe in der spanischen Botschaft Zuflucht gefunden, ihm sei –
per U-Boot – die Flucht nach Norden gelungen[20]. So widersprüchlich und aben-
teuerlich diese Gerüchte im einzelnen auch sein mochten, sie wurden geglaubt,
weil in ihnen vieles von dem anklang, was in der Öffentlichkeit längst Allgemein-
gut war: Zahllose Faschisten saßen noch in herausgehobenen Stellen, sie hielten
Kontakt mit ihren Gesinnungsgenossen im Untergrund und schmiedeten munter
Komplotte – und die Regierung brachte es nicht fertig, diese tödliche Gefahr für
den neuen demokratischen Staat zu bannen.

Anstatt die Gemüter zu beruhigen und die Öffentlichkeit darüber aufzuklären,
daß die faschistische Bedrohung so groß nicht war, heizten die Linksparteien sie
weiter an. Das geschah vor allem in einer großen Protestkundgebung im Kolosseum, die am Tag nach Roattas Flucht, also am 6. März, stattfand. Mehr als 15 000
Menschen, meist Arbeiter und Arbeitslose, hatten sich eingefunden. Über dem
antiken Amphitheater flatterte eine rote Fahne, im weiten Ruinenrund erklang das
Kampflied „Bandiera Rossa", und auf zahlreichen Transparenten waren aggressive Losungen wie „Nieder mit der Monarchie", „Tod dem König", „Wir fordern
Volksgerichte" und „Wollt Ihr einen zweiten Fall Carretta?" zu lesen[21]. Die Stimmung war gereizt und wurde es zunehmend mehr, als einige Redner ihrer Empörung in starken Worten Luft verschafften. Am weitesten ging eine Abgesandte der
linksgerichteten Frauenunion, die den König und seine faschistischen Komplizen
auf der Piazza del Popolo baumeln sehen wollte[22].

---

[20] Vgl. US-Botschaft in Rom an Secretary of State, 9. 3. 1945, in: NA, RG 84, 1945: 800, box 140; Untersuchungsbericht des Ministero dell' Interno zur Flucht Roattas, in: NA, RG 331, Public Safety,
box 37, 10000/143/1600; Stars and Stripes, 7. 3. 1945; Bericht von Stone vor dem Advisory Council
for Italy vom 16. 3. 1945; Protokoll der 32. Sitzung, in: NA, RG 331, Chief Commissioner, box 23;
State Department an US-Botschaft in Rom, 12. 3. 1945, in: NA, RG 59, 865.00/3–1245.
[21] Vgl. Bericht des HQ, AC, Public Safety Sub Commission, Security Division, vom 7. 3. 1945 über
die Vorfälle in Rom, in: NA, RG 331, Public Safety, box 37, 10000/143/1600; Bericht des HQ,
AMG, Lazio-Umbria-Region, 7. 3. 1945, in: Ebenda; die englische Übersetzung eines Berichts von
Carlo Perinetti vom 6. 3. 1945, in: Ebenda; die englische Übersetzung eines Berichts des Quästors
von Rom, in: Ebenda; Bericht des Ministero dell' Interno an AC, Public Safety Sub Commission,
vom 7. 3. 1945, in: Ebenda; Stars and Stripes, 7. 3. 1945.
[22] Vgl. Bericht des HQ, AC, Public Safety Sub Commission, Security Division, über die Vorfälle in
Rom, vom 7. 3. 1945, in: NA, RG 331, Public Safety, box 37, 10000/143/1600.

So aufgestachelt, drängte es einen nicht unbeträchtlichen Teil der Menge zur Aktion. Noch bevor der letzte Redner geendet hatte, verließen Tausende von Demonstranten das Kolosseum, um die nahegelegene Residenz der königlichen Familie, den Quirinalspalast, zu stürmen. Dabei ereigneten sich schreckliche Szenen: Steine und Stöcke flogen gegen die Wachen, berittene Polizei kam zum Einsatz und trieb die Menge rücksichtslos auseinander, aufgewühlte Demonstranten zündeten Handgranaten und schleuderten sie gegen die Ordnungskräfte, die schließlich aber doch die Oberhand behielten. Ein 36jähriger Arbeiter fand dabei den Tod, mehrere Demonstranten und Polizisten wurden verletzt[23].

Damit war der Spuk noch nicht zu Ende. Der Leichnam des Arbeiters wurde zum Palazzo Viminale, dem Sitz der Regierung, gebracht, Ministerpräsident Bonomi sollte mit eigenen Augen sehen, welche Folgen die Untätigkeit seiner Regierung hatte. Vor dem Viminale bot sich ein ähnliches Bild wie vor dem Quirinal, dort hatten sich nach der Kundgebung im Kolosseum ebenfalls Tausende von Demonstranten eingefunden. Auch sie machten Anstalten, in den Palazzo einzudringen, konnten aber von der Polizei zunächst daran gehindert werden. Der Anblick des in ein rotes Tuch gehüllten, immer noch blutüberströmten Toten änderte aber schlagartig die Situation. Die Empörung schlug um in Haß, der Verdruß über die Regierung verwandelte sich in Umsturzwillen. Die Menge geriet außer Rand und Band, jugendliche Draufgänger, in deren wildem Geist noch ganz anderes brütete als nur die Verärgerung über die Flucht Roattas und den Tod des Demonstranten, überwanden die Sicherheitskräfte, verschafften sich gewaltsam Zutritt zu zahlreichen Amtsräumen und ließen sich erst dann etwas beruhigen, als Bonomi eine Delegation der Demonstranten empfing und versicherte, daß die Roatta-Affäre weitreichende Konsequenzen haben werde[24].

Waren das die Vorboten eines revolutionären Umsturzes? Nicht wenige hatten diesen Eindruck, und er war nicht ganz unbegründet, denn das, was am 6. März 1945 in Rom geschah, war kein Einzelfall. Überall waren, wie der amerikanische Geheimdienst OSS treffend schrieb, die „Gefühle [...] wegen der Unzufriedenheit mit dem sozialen, wirtschaftlichen und politischen System aufs äußerste gereizt"[25], und überall entluden sich diese Spannungen in heftigen Explosionen. Die Anlässe dazu waren oft nichtig, manchmal genügte schon ein kleiner Funke – ein durch nichts begründeter Verdacht, ein mutwillig gestreutes Gerücht oder eine spektakulär aufgemachte Meldung, die in normalen Zeiten kaum jemand zur Kenntnis genommen hätte –, um gewalttätige Ausschreitungen auszulösen. Das zeigte sich am Beispiel der Epurazione, die vielen als zu lasch erschien, ebenso wie im Dauerstreit um die Landreform, der oft sehr schnell in blutige Kämpfe zwischen Grundbesitzern und Polizei einerseits und dem Heer der Landarbeiter andererseits ausartete. Kaum je in der Geschichte Italiens saßen die Messer so locker, kaum je war die Bereitschaft, schon bei geringfügigen Anlässen die Fäuste sprechen zu lassen oder zum Gewehr zu greifen, so groß. Verkümmert schien dagegen die Neigung, sich gütlich zu einigen, und gänzlich erloschen war das ja nie beson-

---

[23] Vgl. den offiziellen Untersuchungsbericht des Ministero dell' Interno vom 9. 3. 1945, in: NA, RG 84, 1945: 800, box 140.
[24] Vgl. ebenda und die in Anm. 20 und 21 zitierten Berichte.
[25] OSS-Situation Report: Italy, 10. 3. 1945, in: NA, RG 226, R+A, Nr. 1112.101.

ders ausgeprägte Vertrauen in die Konfliktlösungskompetenz des Staates. Jeder
fühlte sich berechtigt seine Interessen selbst in die Hand zu nehmen und ihnen mit
aggressiver Unbedingtheit Geltung zu verschaffen[26].

Der Regierung Bonomi waren der Autoritätsverfall des Staates und die unerhörte Zunahme der Gewaltbereitschaft in breiten Schichten natürlich nicht verborgen geblieben. Gleichwohl hatte sie – vielleicht im Vertrauen darauf, daß sich
nach der Befreiung Norditaliens vieles von selbst regulieren würde – die Dinge
treiben lassen und nie die Kraft zu jener energischen Aktion gefunden, die nötig
gewesen wäre, um das Land zu befrieden und das eigene Ansehen wieder etwas zu
heben. Erst die Flucht Roattas und der Sturm auf das Viminale rissen die Regierung aus ihrer Lethargie, weil nun erstmals deutlich geworden schien, daß Staat
und Regierung von zwei Seiten bedroht waren: nicht nur von links, von der Straße
und schwer kontrollierbaren antifaschistischen Aufrührern, sondern anscheinend
auch von rechts, von eng mit den alten gesellschaftlichen Führungsschichten ver-
flochtenen faschistischen Gruppen, die wieder ihr Haupt erhoben und mit der Befreiung Roattas ihr erstes größeres Erfolgserlebnis hatten. Die Regierung fühlte
sich in die Zange genommen und mußte der Öffentlichkeit und sich selbst beweisen, daß sie Tatkraft und Schwung genug besaß, um die doppelte Herausforderung zu bestehen.

Diesen Beweis ist sie tatsächlich nicht schuldig geblieben. Schon am Morgen
des 7. März, also etwa zwölf Stunden nach der Erstürmung des Regierungssitzes,
trat das Kabinett zu einer ganztägigen Krisensitzung zusammen. Im Zentrum der
Beratungen stand die politische Säuberung, die in den zurückliegenden Monaten
mehr als stiefmütterlich behandelt worden war. Das hatte sich als gravierender
Fehler erwiesen – so die allgemeine Auffassung, die allerdings niemand offen auszusprechen wagte –, der dringend korrigiert werden mußte, wenn man die angeblich überall wühlenden faschistischen Gruppen in Schach halten und zugleich die
Gefahr bannen wollte, daß die Säuberung eine Sache der Straße würde. Das Hochkommissariat „habe seinen einheitlichen Charakter verloren, den es anfangs hatte
[...]. Es sei notwendig, das Organ so zu reorganisieren, daß es besser funktioniert", meinte Regierungchef Bonomi, der entscheidend dazu beigetragen hatte,
daß dieser deplorable Zustand entstanden war[27]. Dieser Meinung stimmte nicht
nur Mauro Scoccimarro zu, der als neuer Minister für das besetzte Norditalien
„ein energischeres Vorgehen gegen die Überreste des Faschismus" forderte. Auch
der starke Mann der Democrazia Cristiana, Alcide De Gasperi, sein Parteifreund
Giovanni Gronchi vom sozialreformerischen Flügel der Christdemokraten und
Meuccio Ruini von der Democrazia del lavoro teilten den Standpunkt des Ministerpräsidenten[28]; auch sie hielten die faschistische Gefahr für größer als sie tatsächlich war und waren nun doch wieder, allein schon aus Sorge um ihre eigene
Position und aus Angst vor einer Wiederkehr des Faschismus, zu einem härteren
Durchgreifen bereit. „Die Formel, die wir annehmen müssen", so der christdemo-

---

[26] Vgl. dazu die Monatsberichte des Ministero dell' Interno aus dem Frühjahr 1945, in: ACS, Ministero dell'Interno, Gab. 1944–1946, busta 49, fasc. 3978.
[27] Protokoll der Kabinettssitzung vom 7. 3. 1945 (vormittags), in: ACS, Verbali del Consiglio dei Ministri.
[28] Ebenda.

kratische Justizminister Tupini, „lautet folgendermaßen: 'Kampf gegen die Überreste des Faschismus'." Darunter verstand er „eine radikale Wende in der Innenpolitik. Dafür gilt es u. a. Maßnahmen zu ergreifen, die abzielen: a) auf die Ausschaltung faschistischer Elemente, b) auf die Bestrafung faschistischer Bonzen,
c) auf die Einziehung faschistischer Güter"[29].

Diese Forderungen von christdemokratischer Seite waren der Ausgangspunkt
eines noch am 7. März 1945 beschlossenen Sofortprogramms. Es sah unter anderem die „Einweisung von Elementen des alten Regimes, die gefährlich sind, in Internierungslager, landwirtschaftliche Kolonien oder Arbeitshäuser" vor; eine gesetzliche Handhabe dazu war seit fast einem Jahr vorhanden, sie war nur gänzlich
ungenutzt geblieben. Außerdem wurde ein Kabinettsausschuß ins Leben gerufen,
der Pläne zur Reorganisation des Hochkommissariats vorlegen, ein Gesetz zur
Bestrafung jeglichen Versuchs, den Faschismus wiederzubeleben, vorbereiten und
„rechtliche Grundsätze für die Sanktionen gegen die Faschisten in Norditalien"
erarbeiten sollte[30]. „Im allgemeinen kann gesagt werden", so schrieb der amerikanische Botschafter in Rom, Alexander Kirk, am 21. März 1945 an seinen Außenminister, „daß die Regierung nach einer Phase relativer Ruhe durch die Flucht
Roattas gezwungen worden ist, in puncto Beschleunigung der Säuberung wieder
aktiver zu werden."[31]

Der neue Elan war in allen Bereichen der Säuberung zu bemerken, in der
Hauptstadt ebenso wie in den Provinzen, wo die Kommissionen endlich auch den
politischen Rückenwind verspürten, den sie sich immer erhofft hatten. Auch vieles, was in den Monaten zuvor in den Ministerien steckengeblieben oder an der
Entscheidungsschwäche des Kabinetts gescheitert war, kam nun voran und
konnte über die administrativen und politischen Hürden gebracht werden. Treibende Kraft dieser Entwicklung war der unmittelbar nach der Roatta-Krise eingesetzte Kabinettsausschuß, dem Justizminister Tupini, Postminister Mario Cevo-
lotto von der Democrazia del lavoro, der spätere NATO-Generalsekretär Manlio
Brosio von den Liberalen sowie – und das war die große Überraschung – Mauro
Scoccimarro angehörten. Kein Vierteljahr zuvor als stellvertretender Hochkommissar entlassen und in das eigenartige Ministerium für das besetzte Norditalien
abgeschoben, erlebte Scoccimarro damit eine Art offizieller Rehabilitierung, und
zwar nicht nur in der Regierung, sondern auch in seiner eigenen Partei, die ebenfalls eingesehen hatte, daß der Rückzug aus der Epurazione voreilig gewesen
war. „Die Zusammensetzung der Kommission", so kommentierte der OSS am
10. März 1945, „überrascht aus zwei Gründen." Die Tatsache, daß der zuvor von
konservativer Seite heftig kritisierte Scoccimarro „bei der Planung der Reorganisation einen einflußreichen Posten erhalten hat […], kann andeuten, daß sich die
Linksparteien mit ihren Forderungen nach einer wirksameren Säuberung teilweise durchgesetzt haben". Auf der anderen Seite dürfe man aber nicht übersehen,
daß „Scoccimarros Einfluß durch seine Kollegen in der Vier-Mann-Kommission
stark modifiziert werden kann, bei denen man durch die Bank erwarten könne,

---

[29] Protokoll der Kabinettssitzung vom 7. 3. 1945 (nachmittags), in: Ebenda.
[30] Ebenda.
[31] In: NA, RG 59, 865.00/3–2145.

daß sie eine weniger durchgreifende Säuberung als die Kommunisten wollten". Es sei deshalb nicht unwahrscheinlich, „daß sich innerhalb der Kommission einige Gegensätze entwickeln"[32].

Diese Skepsis war gewiß am Platze. Zu oft schon hatten die Offiziere der Militärregierung und der Geheimdienste in Italien die Erfahrung machen müssen, daß zwischen Wollen und Handeln selbst dann ein weites Feld lag, wenn beherzte Aktionen mit der größten Entschiedenheit angekündigt worden waren. Schwierigkeiten und Verzögerungen blieben natürlich auch diesmal nicht aus. Heftigste Debatten gab es vor allem wegen der von den Kommunisten erhobenen Forderungen nach Säuberung der Privatwirtschaft und radikaler Beschlagnahme von Regimeprofiten, deren klassenkämpferische Stoßrichtung unverkennbar war[33]. Hier erhob sich erbitterter Widerstand auf seiten der konservativen Parteien und auch der Militärregierung, die einen definitiven Beschluß vor der Befreiung Norditaliens verhinderten. Mancher alliierte Offizier meinte sogar, die vom PCI ins Auge gefaßten gesetzlichen Regelungen „könnten die wichtigsten Industrien Italiens unter die Kontrolle der Regierung bringen"[34].

Ungeachtet solcher Dissonanzen fand man aber in vielen anderen Punkten so rasch einvernehmliche Lösungen, daß der Ausschuß bereits Mitte April seine Arbeit beenden konnte. Herausgekommen waren fünf Gesetzesinitiativen, die Scoccimarro und seine drei Kollegen nach intensiven Beratungen mit Boeri und den leitenden Männern des Hochkommissariats am 17. April im Kabinett zur Debatte stellten. Der erste Vorschlag bezog sich auf die Ergänzung der Magna Charta der politischen Säuberung vom 27. Juli 1944[35]. Besonders bemerkenswert daran war, daß künftig auch unbelastete Rechtsprofessoren, Rechtsanwälte und pensionierte höhere Beamte zu Vorsitzenden von Säuberungskommissionen bestellt werden konnten; das brachte eine beträchtliche Erleichterung mit sich, denn der gravierende Mangel an politisch einwandfreien Richtern, die bis dahin allein für dieses Amt in Frage gekommen waren, hatte häufig die Bildung von Säuberungskommissionen verhindert. Noch wichtiger war, daß den Arbeitgebern der öffentlichen Hand nun erneut die Möglichkeit eingeräumt wurde, belastete Beamte schon vor Abschluß des Säuberungsverfahrens in Pension zu schicken – wohl gemerkt: alle und nicht nur die höheren Chargen, in deren Reihen schon vor der Jahreswende kräftig gesiebt worden war[36].

Der zweite Vorschlag, der schließlich ebenfalls Gesetzeskraft erlangte, gab dem

[32] OSS-Situation Report: Italy, 10. 3. 1945, in: NA, RG 226, R+A, Nr. 1112.101; zur Zusammensetzung des Kabinettsausschusses vgl. auch die Protokolle der Kabinettssitzungen vom 7.3. (nachmittags) und 17. 4. 1945 (nachmittags), in: ACS, Verbali del Consiglio dei Ministri.
[33] Vgl. die Protokolle der Kabinettssitzungen vom 16.3. (nachmittags) und 17.4. 1945 (nachmittags), in: Ebenda; die Aufzeichnung über eine Besprechung zwischen Upjohn und Boeri, 24. 3. 1945, in: ACS, Alto Commissariato, titolo I, Nr. 10; die entsprechenden Unterlagen, in: NA, RG 331, Chief Commissioner, box 35, und ebenda, Civil Affairs, 10000/105/856.
[34] So Stone an den britischen Botschafter in Rom, 15. 3. 1945, in: NA, RG 331, Chief Commissioner, box 35.
[35] Vgl. Protokoll der Kabinettssitzung vom 17. 4. 1945, in: ACS, Verbali del Consiglio dei Ministri.
[36] Ebenda und Decreto Legislativo Luogotenenziale, 22. 4. 1945, Nr. 179: Nuove disposizioni integrative per l'epurazione dell'Amministrazione, in: Gazzetta Ufficiale del Regno d'Italia, Nr. 57, 12. 5. 1945. Vgl. auch den Bericht von Stone vor dem Advisory Council for Italy vom 20. 4. 1945; Protokoll der 41. Sitzung, in: NA, RG 331, Chief Commissioner, box 23.

Hochkommissar das Recht, Urteile anzufechten, die in Verfahren gegen belastete Faschisten ergangen waren, während einer weiteren Empfehlung des Kabinettsausschusses der Gedanke zu Grunde lag, jegliche Form von faschistischer Betätigung im befreiten Italien unter schärfste Strafe zu stellen[37]. Ergänzt wurde diese Initiative durch einen vierten Gesetzentwurf, der eine Handhabe gegen politisch gefährliche, aber nicht straffällig gewordene Faschisten bieten sollte. Diese Personen, die in der Vergangenheit „ein Verhalten an den Tag gelegt hatten, das sich an den Methoden und Unsitten des Faschismus orientierte, oder sich weiter so betrugen", konnten künftig ohne große Umstände in eine landwirtschaftliche Kolonie, in ein Arbeitshaus oder in die Verbannung geschickt werden[38].

Die größte Bedeutung unter den fünf Gesetzesinitiativen, die am 17. April 1945 dem Kabinett vorlagen und verabschiedet wurden, hatte das Gesetz über die „Einrichtung von außerordentlichen Schwurgerichten für die Verbrechen der Kollaboration mit den Deutschen". Die Wurzeln dieses Gesetzes reichen weit in das Jahr 1944 zurück und sind so schwer zu bestimmen wie die Quellen des Nils. Sicher ist aber: Der italienischen Regierung stand schon im Herbst 1944 klar vor Augen, daß die ordentliche Justiz, überlastet und personell ausgezehrt wie sie war, der Ahndung der Kollaborationsverbrechen nicht gewachsen sein würde. Es mußte also eine Art von Sondergerichtsbarkeit geschaffen werden, die unmittelbar nach der Befreiung bereitstand und garantierte, daß wenigstens das Gros der Verfahren zügig erledigt würde; nur so konnte in der Bevölkerung der Eindruck entstehen, die Regierung sei Herr der Situation und in der Lage, rechtsstaatlichen Gepflogenheiten Geltung zu verschaffen. Dies war um so dringender geboten, als die Regierung seit geraumer Zeit wußte, daß die norditalienischen Befreiungskomitees die Abrechnung mit dem Faschismus als ihre Exklusivsache betrachteten und dafür bereits ein umfassendes Programm zu entwerfen begonnen hatten, das in puncto Radikalität die Magna Charta vom 27. Juli 1944 und alles andere, was die Regierung in Rom bis dahin beschlossen hatte, weit übertraf. Aus der Sicht der Regierung bestand also doppelter Handlungsbedarf: Sie mußte versuchen, die riesige Masse der anstehenden Prozesse zu bewältigen, rasch und im Rahmen des Rechtsstaates, und es galt, alles daranzusetzen, um den in ihren Augen unberechenbaren Befreiungskomitees die Dinge aus der Hand zu nehmen oder – besser – sie gar nicht erst in deren Hände gelangen zu lassen. Doch trotz dieser doppelten, nicht zuletzt von den Alliierten immer wieder betonten Herausforderung zeigte sich die Regierung lange Zeit merkwürdig unentschlossen. Es bedurfte auch hier des Anstoßes durch die Roatta-Krise; ohne sie wäre die italienische Justizgeschichte um ein Kapitel des Versagens reicher.

---

[37] Vgl. Protokoll der Kabinettssitzung vom 17. 4. 1945, in: ACS, Verbali del Consiglio dei Ministri. Vgl. auch Decreto Legislativo Luogotenenziale, 3. 5. 1945, Nr. 196: Attribuzione all'Alto Commissario per le sanzioni contro il fascismo della facoltà di impugnare le sentenze emanate nella materia dei delitti fascisti, in: Gazzetta Ufficiale del Regno d'Italia, Nr. 58, 15. 7. 1945; Decreto Legislativo Luogotenenziale, 26. 4. 1945, Nr. 195: Punizione dell'attività fascista nell'Italia liberata, in: Ebenda.

[38] Decreto Legislativo Luogotenenziale, 26. 4. 1945, Nr. 149: Applicazione di sanzioni a carico di fascisti politicamente pericolosi, in: Gazzetta Ufficiale del Regno d'Italia, Nr. 51, 28. 4. 1945; Schriftwechsel zwischen italienischen Stellen und alliierten Einrichtungen, in: NA, RG 331, Civil Affairs, 10000/105/861; Circolare Nr. 12 des Alto Commissariato Aggiunto per la punizione dei delitti, in: ACS, Alto Commissariato, titolo XV, Nr. 1.

Der Entwurf zu dem Gesetz, das am 17. April im Kabinett allgemeine Zustimmung fand, stammte von Giovanni Boeri, dem Generalsekretär des Hochkommissariats, der sich bei der Niederschrift vor allem am Beispiel der französischen „Cours de Justice" orientiert hatte – den 1944 in allen Departements eingerichteten, ausschließlich mit der Ahndung von Kollaborationsverbrechen befaßten Sondergerichtshöfen aus einem Richter und vier von den Befreiungskomitees benannten Schöffen[39]. Die Militärregierung, die von Boeri frühzeitig in den Gesetzgebungsprozeß eingeschaltet worden war, hatte daran nichts auszusetzen. Im Gegenteil, auch sie hielt das in Frankreich praktizierte Verfahren, wie bereits erwähnt[40], für nachahmungswürdig. Die Militärregierung stieß sich lediglich an der Bezeichnung „Außerordentliche Schwurgerichte"; ihr wäre es lieber gewesen, man hätte von „Gerichten für die Ahndung faschistischer Verbrechen" gesprochen. Außerdem mißfiel ihr, daß das Gesetz nur für Norditalien gelten sollte. Man glaubte, es sei besser, wie Upjohn in einer Besprechung mit Boeri am 20. März 1945 sagte, „das Gesetz so zu gestalten, daß es für ganz Italien geeignet war, und dafür zu sorgen, daß es in solchen Teilen Italiens in Kraft gesetzt werden könne, die durch Verordnung des Ministerpräsidenten bestimmt wurden"[41].

Wenigstens diesen Wunsch nahm die italienische Regierung partiell auf. Die Anregung zur Bezeichnung der neuen Gerichte und einige weitere Änderungsvorschläge, die Unwesentliches betrafen oder ganz an der Sache vorbeigingen, hielt man dagegen nicht für beherzigenswert. So trat das Gesetz schließlich Anfang Mai im wesentlichen in der von Boeri vorgeschlagenen Form in Kraft[42]. Es schuf außerordentliche Schwurgerichte, und zwar in den noch von der deutschen Wehrmacht besetzten Gebieten Norditaliens und „in jenen anderen Regionen, die per Gesetz festgelegt werden". Aufgabe der Sondergerichte war es, diejenigen zur Verantwortung zu ziehen, die nach dem 8. September 1943, dem Tag der Kapitulation der italienischen Streitkräfte, durch eine wie auch immer geartete Zusammenarbeit mit den Deutschen gegen die obersten Pflichten gegenüber dem Staat verstoßen hatten. Automatisch, das heißt ohne Prüfung des Einzelfalles, als strafwürdiger Kollaborateur anzusehen war, wer nach der Errichtung der Republik von Salò im Herbst 1943 leitende Positionen in Staat und Partei bekleidet hatte, also Minister, Staatssekretäre, hochrangige Parteifunktionäre, die Präsidenten und Mitglieder der faschistischen Sondergerichte, die Chefredakteure der politischen Presse und die Rädelsführer der Todesschwadronen des Squadrismus. In allen übrigen Fällen mußte natürlich die jeweilige Verantwortung einzelner Betroffener für bestimmte Verbrechen nachgewiesen werden. Dabei mußten die außerordentlichen Schwurgerichte allerdings nicht die üblichen Verfahrenswege einschlagen. Sie konnten es sich einfacher machen und gewissermaßen nach Augenschein ur-

[39] Vgl. Aufzeichnung über eine Besprechung zwischen Boeri und Upjohn, 24. 2. 1945, in: NA, RG 331, Civil Affairs, 10000/105/819.

[40] Vgl. S. 216.

[41] In: NA, RG 331, Civil Affairs, 10000/105/821; eine italienische Fassung der Gesprächsnotiz findet sich in: ACS, Alto Commissariato, titolo I, Nr. 10; vgl. Boeri an White, 3. 4. 1945, in: NA, RG 331, Civil Affairs, 10000/105/819.

[42] Vgl. Decreto Legislativo Luogotenenziale, 22. 4. 1945, Nr. 142: Istituzione di Corti straordinarie di Assise per i reati di collaborazione con i tedeschi, in: Supplemento ordinario alla Gazzetta Ufficiale, Nr. 49, 24. 4. 1945.

teilen, ohne alle Beweise und Gegenbeweise zusammenzutragen und gegeneinander abzuwägen.

Außerordentliche Schwurgerichte sollten in den Hauptstädten aller Provinzen errichtet werden. Sie setzten sich aus einem vom Präsidenten des zuständigen Berufungsgerichts ernannten Richter und vier Geschworenen zusammen, die durch das Los aus einem zunächst von den Befreiungskomitees vorgeschlagenen, dann vom Präsidenten des Provinzgerichts auf die Hälfte reduzierten Kreis von unbescholtenen und politisch einwandfreien Bürgern ermittelt wurden. Erwähnenswert ist ferner, daß den außerordentlichen Schwurgerichten das gesamte Spektrum an Sanktionen zur Verfügung stand, das das Militärstrafrecht im Krieg vorsah (mithin auch die Todesstrafe), daß die Verurteilten die Möglichkeit hatten, vor dem Kassationshof in die Revision zu gehen, und daß die Laufzeit des Gesetzes auf lediglich sechs Monate befristet war. Danach sollten die außerordentlichen Schwurgerichte aufgelöst und die noch unerledigten Fälle von den ordentlichen Schwurgerichten abgewickelt werden[43].

Niemand wird behaupten wollen, daß es sich bei den außerordentlichen Schwurgerichten um revolutionäre Volkstribunale handelte, wie sie dem radikalen Flügel der Befreiungskomitees vorschwebten. Sie waren aber auch nicht einfach Instanzen der traditionellen, heillos korrumpierten Justiz. „Ganz neu"[44] war vor allem die Rückbindung der Geschworenen an die Befreiungskomitees, die im übrigen natürlich auch das Klima bestimmten, in dem die Verfahren stattfanden. Dem Herkommen verpflichtet war hingegen die Regelung der Revisionsmöglichkeit, die den vom Antifaschismus gänzlich unberührten Richtern des Kassationshofes weitreichende Kompetenzen gab, und insbesondere die Bestimmung über die Staatsanwaltschaft. Deren Rolle war nicht anders als in früheren Zeiten. Es lag an ihr – und nicht etwa an von der Resistenza gebildeten „Commissioni di giustizia", wie das die Befreiungskomitees forderten –, ob Ermittlungen eingeleitet wurden, und sie allein entschied über die Eröffnung eines Strafverfahrens. Damit hatte man den Bock zum Gärtner gemacht, denn, so schrieb Guido Neppi Modona, einer der produktivsten Rechtshistoriker Italiens, das Personal der Staatsanwaltschaften bei den außerordentlichen Schwurgerichten rekrutierte sich fast ausschließlich aus dem Kreis der alten, regimetreuen Staatsanwälte, „die wegen ihrer nachgeordneten Stellung gegenüber dem Justizministerium mehr als die Richter" in das Regime verstrickt gewesen waren[45]. Die neuen Sondergerichte hatten also von beiden etwas – von ordentlichen Schwurgerichten freilich deutlich mehr als von Revolutionstribunalen –, so daß man vielleicht sagen kann, daß das Gesetz über die außerordentlichen Schwurgerichte zeitlich befristete Ausnahmeregelungen für einen Ausnahmefall traf, die in einigen Punkten dem Neugestaltungswillen der Resistenza entgegenkamen, letztlich aber das Regelwerk des traditionellen Justizwesens doch unangetastet ließen[46].

---

[43] Ebenda.
[44] Jesu, I processi per collaborazionismo in Friuli, S. 220.
[45] Neppi Modona, Il problema della continuità, S. 21.
[46] Vgl. ders., L'attività legislativa del CLNRP. Sanzioni contro il fascismo e amministrazione della giustizia, in: Aspetti della Resistenza in Piemonte, Turin 1977, S. 360ff.; Francesco Rigano, Partecipazione popolare e giustizia penale nella Resistenza, in: Rivista Trimestrale di Diritto e Procedura Civile 1980, Nr. 1, S. 613ff.

Die Verabschiedung des Gesetzes über die außerordentlichen Schwurgerichte und vier weiterer Gesetze in der Kabinettssitzung vom 17. April 1945 zeigte mit unabweisbarer Deutlichkeit: Der Schock der Roatta-Krise saß tief, auch bei den bürgerlichen Parteien und bei den Kommunisten, die den Gedanken an eine durchgreifende Säuberung fast schon aufgegeben hatten. Die Regierung setzte sich nun wieder an die Spitze der vagabundierenden Abrechnungsenergien und versuchte ihnen Richtung und Stetigkeit zu geben, anstatt sie, wie bisher, einzudämmen. Der Trend zur Entpolitisierung der Epurazione war damit unterbrochen, und alle diejenigen konnten sich nun wieder ermuntert fühlen, die in ihrem Entschluß zur rückhaltlosen Aufklärung und Ahndung faschistischer Untaten auch in den widrigen Monaten zuvor nicht schwankend geworden waren.

Verlauf und Entwicklungsdynamik der politischen Säuberung waren so im Frühjahr 1945 – wie das Wetter im April – gegensätzlichen Einflüssen ausgesetzt, vorwärtstreibenden ebenso wie retardierenden, und es hing von vielen Faktoren ab, welche Einflüsse sich durchzusetzen vermochten. Im Bereich der Personalsäuberung, seit jeher eine Domäne der politischen Linken, machte sich die Tendenz zur Entpolitisierung und Marginalisierung der Säuberung am wenigsten bemerkbar. 1944, in der Ära Scoccimarro, hatten sich die Reinigungsanstrengungen vor allem auf die Ministerialbürokratie bezogen. Dabei waren beachtliche Erfolge erzielt worden. Man könne davon ausgehen, lobte auch die sonst selten zufriedene Militärregierung, „daß alle höheren Beamten von Klasse IV aufwärts, die eine faschistische Vergangenheit hatten, entlassen worden sind"[47]. Über diesen „qualitativen Schnitten" war freilich vieles andere vernachlässigt worden – die mittleren und kleineren Beamten etwa und insbesondere die staatlichen und halbstaatlichen Einrichtungen in der Provinz. Hier setzte nun Grieco, Scoccimarros Nachfolger, an, und natürlich blieb ihm nicht verborgen, daß er sich damit eine höchst undankbare Aufgabe aufgeladen hatte. Alles drehte sich letztlich um „quantitatives Aufholen", um eine Säuberung – so kann man etwas zugespitzt sagen –, die eher in die Breite als in die Tiefe ging.

Das war noch schwierig genug. Leichte Erfolge gab es bei der Reinigung der kleinen Beamten genausowenig wie bei der Säuberung in den Spitzenpositionen der Ministerien, und die Resistenz gegenüber säuberungspolitischen Eingriffen war in der Provinz nicht geringer als in der Hauptstadt. Die „chronique scandaleuse", von der in bezug auf das Jahr 1944 schon die Rede war[48], läßt sich also mühelos um einige Kapitel erweitern: Säuberungskommissionen, die nach langem Hin und Her zustande gekommen waren, mußten nach wenigen Wochen umgebildet werden, gingen schließlich ganz ein und konnten dann wieder nur mit Mühe ins Leben gerufen werden. Ein Richter kehrte seiner Kommission den Rükken, weil eine Karriere im Justizdienst winkte; ein Delegierter ging, weil er die Überzeugung gewonnen hatte, bei der Urteilsfindung würde eher das Parteibuch

[47] Memorandum von White über die Epurazione, 27. 7. 1945, in: NA, RG 331, Civil Affairs, 10000/105/869; vgl. auch das Protokoll der Kabinettssitzung vom 17. 4. 1945 (nachmittags), in: ACS, Verbali del Consiglio dei Ministri; die Stellungnahme von Grieco in der Sitzung der Direzione der kommunistischen Partei vom 17. 3. 1945, in: Istituto Gramsci, Bestand PCI 1943–1946, Verbali della Direzione 1944–1946.
[48] Vgl. S. 177 f.

den Ausschlag geben als Recht und Gesetz; ein anderer zog sich zurück, weil er manche Entscheidungen als zu hart empfand, und der dritte schied aus, weil es ihm als Farce erschien, daß um jede Dienstreise, um jedes Fahrzeug, ja um jede Telefoneinheit und um jede Kilowattstunde für seine Schreibtischlampe gerungen werden mußte[49].

Das war für diejenigen, die in der Epurazione mehr sahen als nur einen lästigen Job, ebenso frustrierend wie die Tatsache, daß sie häufig auf eine Mauer des Schweigens trafen, wenn sie irgendwo um Amtshilfe nachsuchten. „Ich glaube nicht", so urteilte ein mit den Dingen bestens vertrauter Offizier der Militärregierung am 21. April 1945, „daß alle Ministerien die Säuberung wie vom Gesetz vorgesehen durchgeführt haben oder auch nur den Willen dazu hatten."[50] Das Justizministerium etwa ließ sich nicht selten dreimal bitten, ehe es einen Richter für den Säuberungsdienst abstellte, und in anderen Ministerien schaltete man auf stur oder tat Dienst nach Vorschrift, wenn es um Auskünfte über belastete Beamte ging[51]. Nicht viel kooperativer verhielten sich die leitenden Männer der Provinzverwaltungen; der eine oder andere behandelte die Säuberungskommissionen wie Luft und verweigerte jede Form der Zusammenarbeit. Erst müßten der Präfekt und der Quästor ersetzt werden, stöhnte der Delegierte des Hochkommissariats in Bari, ehe an eine Säuberung überhaupt gedacht werden könne[52]. Auch die Carabinieri setzten sich immer wieder über ihren gesetzlichen Auftrag hinweg, an der Epurazione nach Kräften mitzuwirken. Ihre Berichte seien häufig nichts anderes als „Lobreden" auf die Belasteten, klagte ein Delegierter aus Cosenza[53]. Selbst die Befreiungskomitees waren nicht überall mit Feuereifer bei der Sache. In der Öffentlichkeit wurden sie zwar nicht müde zu betonen, wie heilig ihnen die Säuberung war, in den Kommissionen selbst aber regierten schon bald Desinteresse und Parteiegoismus.

Die vom Hochkommissariat als Waffe gegen Gleichgültigkeit und Obstruktion geschaffenen dreiköpfigen Delegationen in den Provinzen vermochten gegen diese Grundübel der Epurazione nicht viel auszurichten[54]. Sie waren Anfang 1945 eingerichtet worden, ohne daß irgendwelche Voraussetzungen bestanden hätten,

---

[49] Vgl. Appunto per S.E. Grieco über Epurazione Enti vigilati vom 22. 5. 1945, in: ACS, Alto Commissariato, titolo I, Nr. 20; Relazione sull'attività svolta dall'Alto Commissariato aggiunto per la epurazione nel periodo 1° gennaio-15 luglio 1945, in: Istituto Gramsci, NL Grieco; undatierter Bericht von Mario Paparazzo über die Säuberung in den Provinzen Ravenna, Forlì, Bologna, Parma, Reggio Emilia, Piacenza, Ferrara, Modena, in: ACS, Alto Commissariato, titolo II, Nr. 4; Relazione della Riunione dei *Delegati* Provinciali per l'Epurazione per l'Italia meridionale ed insulare tenutasi nei locali dell'Alto Commissariato per le sanzioni contro il fascismo nei giorni 25 e 26 giugno 1945, in: Ebenda, titolo VII, Nr. 11; Grieco an Bonomi, 16. 5. 1945, in: ACS, PCM, Gab. 1944–1947, 1/7 10124, sottofasc. 10; Commissione Centrale, 3. Sektion, an den 1. Vorsitzenden der Commissione centrale per l'epurazione, 21. 4. 1945, in: Ebenda, sottofasc. 39.1.–39.17; Präfektur von Matera an PCM, in: Ebenda, sottofasc. 10, sowie – als Beispiel eines Einzelfalles – den Schriftwechsel, in: NA, RG 331, Public Safety, 10000/143/1507.
[50] Memorandum von White, in: NA, RG 331, Civil Affairs, 10000/105/816.
[51] Vgl. dazu Grieco an Bonomi, 16. 5. 1945, in: ACS, PCM, Gab. 1944–1947, 1/7 10124, sottofasc. 10; Memorandum von White vom 21. 4. 1945, in: NA, RG 331, Civil Affairs, 10000/105/816.
[52] Vgl. die Relazione della Riunione dei *Delegati* Provinciali per l'Epurazione per l'Italia meridionale ed insulare tenutasi nei locali dell'Alto Commissariato per le sanzioni contro il fascismo nei giorni 25 e 26 giugno 1945, in: ACS, Alto Commissariato, titolo VII, Nr. 11.
[53] Ebenda.
[54] Vgl. S. 216f.

und hatten zunächst oft mit genau denselben Schwierigkeiten zu kämpfen wie die Säuberungskommissionen, die sie auf Vordermann bringen sollten. Es fehlte buchstäblich an allen Ecken und Enden, an Geld für die Bezahlung der Delegierten ebenso wie an Autos für Dienstreisen, an Büros nicht weniger als an Personal. In der Provinz Potenza traten diese Schwierigkeiten besonders kraß zutage. Dort stand die Delegation noch in der zweiten Märzwoche vor dem administrativen und personellen Nichts. Ein Sekretär, den sie sich von der Staatsanwaltschaft „ausleihen" wollte, wurde nicht freigestellt. Zwei Schreiber, die ihren Dienst schon aufgenommen hatten, mußten diesen gleich wieder quittieren, weil das Justizministerium nicht einverstanden war. Blieb ein einziger, nur halbtags beschäftigter, vom Berufungsgericht abgestellter Gerichtsschreiber, mit dem natürlich nicht viel Staat zu machen war. „Unter diesen Umständen", so die Präfektur von Potenza an das Innenministerium, „kann die Delegation des Hochkommissariats für die Epurazione nicht arbeiten, sie kann überhaupt nicht tätig werden."[55]

Diese Unzulänglichkeiten wogen um so schwerer, als die Säuberungsbemühungen sich nun nicht mehr auf die überschaubare höhere Beamtenschaft in den Ministerien konzentrierten. Nun ging es darum, das nach Hunderttausenden zählende Heer der kleinen und mittleren Angestellten zu überprüfen, die öffentliche Verwaltung in den Provinzen zu durchleuchten und im Labyrinth der Einrichtungen zu sichten und zu sondern, die im Gesetz „spezielle Unternehmen, die zu staatlichen Verwaltungen und Betrieben gehören, Privatbetriebe, die öffentliche Aufgaben erfüllen", und „Betriebe von nationaler Bedeutung" genannt wurden[56]. Der Kundenkreis der Säuberungskommissionen hatte sich damit vervielfacht, die Epurazione riesige Ausmaße angenommen.

Das aber war nicht alles, und vielleicht war es nicht einmal das Wichtigste. Hinzu kam, daß niemand so recht wußte, wieviele halbstaatliche und vom Staat kontrollierte Einrichtungen und Firmen es überhaupt gab, wo sie ihre Stammsitze hatten und wieviele Angestellte sie beschäftigten. Allein im Bereich der staatlich kontrollierten Gesellschaften schätzte man mehr als 2200 über das ganze Land verstreute Betriebe mit rund 90 000 Angestellten und Arbeitern im befreiten Italien, darunter Gesellschaften wie die AGIP mit 5000, die Banca Commerciale mit 7000 und die Credito Italiano mit 10 000 Beschäftigten, die allein schon größer waren als die wichtigsten Ministerien in Rom. Griecos Säuberungsmannschaft war zu bedauern. Immer neue Aufgaben immer größerer Dimension galt es anzupacken, und je tiefer sie in das Netzwerk der Gesellschaft eindrang, um so schwieriger und unübersichtlicher wurde es[57].

Dennoch stellten sich im Frühjahr 1945 doch immer wieder Erfolge ein. Ministerpräsident Bonomi sagte am 17. April 1945 im Kabinett, aus den ihm vorliegenden Daten ergebe sich ein Bild, „das [...] alles zusammengenommen eine so intensive Säuberungstätigkeit bezeugt, wie das Land sie sich vielleicht nicht vor-

---

[55] Schreiben vom 9. 3. 1945, in: ACS, Ministero dell'Interno, Gab. 1944–1946, busta 12, fasc. 834. Vgl. auch die Relazione sull'attività svolta dall'Alto Commissariato aggiunto per la epurazione nel periodo 1⁰ gennaio-15 luglio 1945, in: Istituto Gramsci, NL Grieco.

[56] Vgl. Decreto Legislativo Luogotenenziale, 27. 7. 1944, Nr. 159: Sanzioni contro il fascismo, in: Gazzetta Ufficiale del Regno d'Italia, Nr. 41, 29. 7. 1944.

[57] Vgl. Appunto per S.E. Grieco über Epurazione Enti vigilati, 22. 5. 1945, in: ACS, Alto Commissariato, titolo I, Nr. 20.

stellt"[58]. Es mag (und muß auch) dahingestellt bleiben, ob sich diese Erfolge den neuen Impulsen verdankten, die nach der Roatta-Krise von der Regierung ausgegangen waren, oder eher den nie erloschenen gesellschaftlichen Abrechnungsenergien, die sich aus ganz eigenen örtlichen Quellen speisten und von Kurswechseln auf der Ebene der großen Politik kaum tangiert wurden. Ruggero Grieco und sein Stab im Hochkommissariat vermochten jedenfalls im Frühjahr 1945 – trotz aller Hemmnisse – ein dichtes Netz von Säuberungskommissionen über das befreite Italien südlich der Gotenlinie zu legen. Ende 1944 war dieses Geflecht noch sehr löchrig gewesen, im Sommer 1945 aber existierten in jeder Provinz eine Haupt- und mehrere Unterkommissionen; insgesamt arbeiteten mit über 300 solcher Kammern etwa doppelt so viele wie ein halbes Jahr zuvor. 160 davon waren allein in Rom am Werk, auf das sich als Sitz der Ministerien natürlich der größte Säuberungsehrgeiz bezog[59]. Außerdem konnte als Erfolg verbucht werden, daß im Frühjahr 1945 die Quote der Ministerialbeamten von Monat zu Monat rasch stieg, die eine Überprüfung durch den Arbeitgeber hinter sich hatten. Um die Jahreswende 1944/45 war erst bei 25 Prozent aller Beschäftigten festgestellt worden, ob ihre Vergangenheit eine „formelle Untersuchung"[60] durch das Hochkommissariat oder eine Säuberungskommission erforderte. Ende April lag die Quote bereits bei 64 Prozent, und im Juli 1945 konnte Grieco melden, daß alle Beschäftigten in den Ministerien diese Art der internen Vorprüfung durchlaufen hatten. Hingegen gab es im Bereich der Lokal- und Provinzialverwaltung und im Bereich der halbstaatlichen bzw. vom Staat kontrollierten Firmen und Gesellschaften noch enorme Rückstände: Griecos Bemühungen hatten hier nicht viel bewirkt. Insgesamt waren bis Juli 1945 südlich der Gotenlinie nicht weniger als etwa 580 000 Überprüfungen eingeleitet und gut die Hälfte davon abgeschlossen worden[61].

Stetig voran ging es auch bei den Säuberungsverfahren selbst. Anfang Januar 1945, als Scoccimarro seine Abschlußbilanz vorgelegt hatte, waren lediglich einige tausend Verfahren anhängig gewesen. Im Juli hatten die Kommissionen schon 37 000 Verfahren in Gang gesetzt; mehr als 16 000 waren in erster Instanz bereits abgeschlossen. Das hieß: In rund 12,5 Prozent aller geprüften Fälle kam es zu einem ordentlichen Säuberungsverfahren; in einigen wohl besonders kontaminierten Ministerien wurde sogar gegen 30 bis 40 Prozent der Beschäftigten ein Verfahren eröffnet[62].

---

[58] Protokoll in: ACS, Verbali del Consiglio dei Ministri.

[59] Vgl. HQ, AC, Civil Affairs, Report on Defascism for year ending 31 Jul. 45, in: NA, RG 331, Civil Affairs, 10000/105/869; Griecos Relazione sull'attività svolta dall'Alto Commissariato aggiunto per la epurazione nel periodo 1° gennaio-15 luglio 1945, in: Istituto Gramsci, NL Grieco.

[60] HQ, AC, Civil Affairs, Report on Defascism for year ending 31 Jul. 45, in: NA, RG 331, Civil Affairs, 10000/105/869.

[61] Vgl. die Summaries of Defascism Reports vom 15.2., 31.3. und 30. 4. 1945, in: Ebenda, box 19, 10000/105/898; HQ, AC, Civil Affairs, Report on Defascism for year ending 31 Jul. 45, in: Ebenda, Civil Affairs, 10000/105/869. Aufschlußreich sind in diesem Zusammenhang auch die Defascism Progress Reports aus den Ministerien, die für die Militärregierung angefertigt werden mußten. Sie finden sich in: Ebenda, box 19, 10000/105/887, sowie in ebenda, 10000/105/885, 883, 873, 899, 889, 898; vgl. auch die Berichte, in: Ebenda, Public Safety, box 36, 10000/143/1510, und ebenda, Civil Affairs, 10000/105/869.

[62] Vgl. Summary of Defascism, 30. 4. 1945, in: Ebenda, box 19, 10000/105/898; HQ, AC, Civil Affairs, Report on Defascism for year ending 31 Jul. 45, in: Ebenda, Civil Affairs, 10000/105/869.

Ging man dabei auch mit Bedacht und einiger Gründlichkeit vor und was kam heraus? 3000 Entlassungen! Gemessen an den rund 300 000 Überprüfungen, die bis Juli 1945 durchgeführt wurden, nimmt sich diese Zahl nicht eben großartig aus[63]. Setzt man sie aber in Beziehung zu den 16 000 abgeschlossenen Verfahren, und nur das kann eine sinnvolle Bemessungsgrundlage sein, so ergibt sich daraus die bemerkenswert hohe Entlassungsquote von rund 18 Prozent; wenn einmal alle Verfahren abgeschlossen sein würden, so schätzten die Alliierten, würden südlich der Gotenlinie etwa 12 000 Entlassungen zu verzeichnen sein[64]. Bei den 3000 Entlassungen – das verdient hervorgehoben zu werden – handelte es sich durchweg um Disziplinarmaßnahmen nach einem ordnungsgemäßen Säuberungsverfahren. Die eigentlichen Entlassungswellen mit Tausenden von Betroffenen waren über den öffentlichen Dienst schon viel früher hinweggegangen. Sie wurden von den antifaschistischen Befreiungskomitees und insbesondere von der Militärregierung ausgelöst, die überall früher zur Stelle waren als die Regierung und die Hochkommissare. Diesen blieb dann oft nur die mühselige Nachbehandlung, während die entscheidenden Eingriffe schon vorher erfolgt waren.

Bemerkenswert ist ferner die Zielgenauigkeit der ergriffenen Maßnahmen. Grieco konzentrierte sich nämlich nicht nur auf die mittleren und kleinen Beamten und auf das Personal der halbstaatlichen und vom Staat kontrollierten Einrichtungen, er komplettierte auch die Säuberung der Spitzenbeamten, die in der Ära Scoccimarro schon weit gediehen war. Diejenigen mit eingerechnet, die man ohne Verfahren in den Ruhestand geschickt hatte, mußten bis Sommer 1945 in Süd- und Mittelitalien „66 1/2 % (2 out of 3) of all senior grades officials" aus dem öffentlichen Dienst ausscheiden[65]. Der Bereich der mittleren und kleineren Beamten und Angestellten blieb dagegen fast unberührt, wenn man davon absieht, daß auch er durch Überprüfungen und Verfahren kräftig durchgeschüttelt wurde. Zu Entlassungen kam es aber nur selten, wie eine Quote für die mittleren Beamten von 2,5 Prozent und von 1,7 Prozent für die kleinen Beamten zeigt[66]. Überblickt man die geleistete Arbeit, so schrieb Grieco im Juli 1945 nicht ohne Stolz, „so zeigt sich, daß bei der Epurazione zwar nicht alle gesteckten Ziele erreicht worden sind, daß man aber in relativ kurzer Zeit doch Ergebnisse von beträchtlicher Bedeutung erreicht hat". Einige Tausend seien aus dem öffentlichen Dienst entlassen worden, „weiteren Tausenden" wurden kleinere Sanktionen auferlegt. Außerdem seien durch „Degradierungen und ähnliche Maßnahmen" zahlreiche „ungerechte Beförderungen aufgrund faschistischer Verdienste" rückgängig gemacht worden, die in der inneren Verwaltung für viel böses Blut gesorgt hatten[67].

Griecos Bilanz wäre gewiß noch überzeugender ausgefallen, hätten diejenigen, die in erster Instanz mit dem Verlust ihrer Stellung bestraft wurden, nicht die Möglichkeit gehabt, vor der „Commissione Centrale" in die Berufung zu gehen. Diese Mitte Februar 1945 eingerichtete Revisionsinstanz hatte mit einer Säube-

---

[63] Vgl. HQ AC, Civil Affairs, Report on Defascism for year ending 31 Jul. 45, in: Ebenda.
[64] Ebenda.
[65] Ebenda.
[66] Ebenda.
[67] Griecos Relazione sull'attività svolta dall'Alto Commissariato aggiunto per la epurazione nel periodo 1^0 gennaio-15 luglio 1945, in: Istituto Gramsci, NL Grieco.

rungskommission kaum mehr Ähnlichkeit. Sie tagte an der Piazza SS. Apostoli in Rom, fernab der kritischen Öffentlichkeit, die die Arbeit der Kommissionen in der Provinz und in den Ministerien ansonsten beeinflußte. Waren die Angeklagten und ihre Schandtaten dort genau bekannt, so herrschte in der „Commissione Centrale" fast schon Anonymität. Hinzu kam, daß in der Revisionsinstanz die politischen Laienrichter in der Minderheit waren. In der wichtigsten Sektion 1 beispielsweise, die unter dem Vorsitz von Conte Stefano Jacini von der Democrazia Cristiana stand, saßen neben zwei Delegierten des Hochkommissariats ein hoher Ministerialbeamter, ein Consigliere des Kassationshofes, ein Staatsrat und ein stellvertretender Generalstaatsanwalt – hochrangige Juristen mithin, die alle im Faschismus Karriere gemacht hatten[68].

Die politische Säuberung war für die „Commissione Centrale" vor allem ein juristisches Problem. Graf Jacini und seine Kollegen hielten sich an ganz andere Kriterien als die Richter und Laienbeisitzer der ersten Instanz, die in der Epurazione nicht selten eine politische Aufgabe erster Ordnung erblickten oder angesichts des Erwartungsdrucks einer hochgradig emotionalisierten Öffentlichkeit oft gar nicht anders konnten, als auch rein politische Argumente in die Urteilsfindung einzubeziehen. Für Grieco war die Tatsache, daß erste und letzte Instanz sich nicht denselben Grundsätzen verpflichtet fühlten, eine Quelle ständigen Verdrusses. Ihm waren schon viele Ersturteile nicht hart genug ausgefallen, in zahlreichen Fällen sei eine „exzessive Nachsicht" zu beklagen, schrieb er im Juli 1945. Um so mehr mußte es ihn empören, wenn die „Commissione Centrale" auch noch einiges von dem, was die erste Instanz zustandegebracht hatte, zunichte machte und zugleich viele Revisionsanträge, die er selbst gegen zu milde Urteile stellte, zurückwies. Besonders ärgerlich war in seinen Augen, daß die „Commissione Centrale" auch manches Urteil gegen höhere Beamte umstieß, das er für durchaus gerechtfertigt hielt. „Ich glaube", so hieß es in seinem Rechenschaftsbericht vom Sommer 1945, „darauf hinweisen zu müssen, daß die Unzufriedenheit der Öffentlichkeit, die wegen einiger Freisprüche von hohen Beamten von seiten der Commissione Centrale entstanden ist, und daß die Irritation, die durch die Freisprüche in den Kommissionen [...] aufgetreten ist, Fakten sind, die besondere Beachtung verdienen." Die oberste Revisionsinstanz „hat in einigen Fällen wenigstens die eine Hälfte des Grundsatzes vernachlässigt, ‚die Großen packen und die Kleinen verschonen', und zwar unglücklicherweise die Hälfte, die zuerst genannt wird"[69].

Während bei der Personalsäuberung Licht und Schatten zu konstatieren waren, bot sich im Bereich der gerichtlichen Ahndung faschistischer Verbrechen ein durchweg düsteres Bild. Hier war in den ersten Monaten des Jahres 1945, als es darauf angekommen wäre, durch energische Taten das Vertrauen der Bevölkerung Norditaliens in die Handlungsfähigkeit der Regierung in Rom zu gewinnen, ein Zustand eingetreten, der fast schon als Stillstand zu bezeichnen ist. Dabei hatte es

---

[68] Vgl. die Aufstellung über die personelle Besetzung der Commissione Centrale, in: ACS, PCM, Gab. 1944–1947, 1/7 10124, sottofasc. 39.1–39.17; zur Commissione Centrale vgl. auch die Rede, die Bonomi anläßlich ihrer Errichtung hielt, in: NA, RG 331, Executive Commissioner, 10000/ 109/499, und das Protokoll der 1. Sitzung der Commissione Centrale vom 14. 2. 1945, in: ACS, Alto Commissariato, titolo V, Nr. 15.

[69] Relazione sull'attività svolta dall'Alto Commissariato aggiunto per la epurazione nel periodo 1⁰ gennaio-15 luglio 1945, in: Istituto Gramsci, NL Grieco.

nach der Umbildung der Regierung Bonomi im Dezember 1944 zunächst manche Indizien gegeben, die dafür sprachen, daß die Gerichte nun noch entschlossener zu Werke gehen würden als in den Monaten zuvor, die bereits Tausende von Verfahren gesehen hatten. Aber das war gleichsam nur die Aussicht auf ein Versprechen gewesen, das schließlich doch nicht eingehalten wurde.

Symptomatisch dafür war die Tätigkeit der Alta Corte di Giustizia, die am 22. Januar 1945, also nur vier Wochen nach dem Abschluß des Prozesses gegen die Generale Pentimalli und Del Tetto, mit dem Fall von Mario Roatta ein besonders heißes Eisen anzufassen begann. Roatta, dessen Flucht aus der Untersuchungshaft am 4. März 1945 bereits erwähnt worden ist[70], stand nicht allein vor den Schranken des Hochgerichts. Mitangeklagt waren vierzehn weitere Faschisten, unter ihnen Fulvio Suvich, nach 1926 Staatssekretär im Finanz- und im Außenministerium, Francesco Jacomoni, von 1939 bis 1943 Mussolinis Mann in Albanien, der auch in enger Verbindung mit Ante Pavelić' kroatischen Terrorbanden gestanden hatte, und – in absentia – der italienische Botschafter in Berlin, Filippo Anfuso, ein fanatischer, in seiner Duce-Gläubigkeit kaum zu übertreffender Faschist[71]. Dem Vertreter der Anklage, Mario Berlinguer vom Hochkommissariat, stand zwar klar vor Augen, daß die einzelnen Fälle höchst unterschiedlich gelagert waren – bei dem einen Angeklagten ging es vor allem um die verbrecherischen Aktivitäten des Geheimdienstes SIM in Frankreich und Spanien, beim anderen eher um Schandtaten in Albanien und Äthiopien, während beim dritten die enge Zusammenarbeit mit nationalsozialistischen Stellen wie der Gestapo im Vordergrund stand[72]. Dennoch hielt er es für das Beste, ein Kollektivverfahren einzuleiten: Das sparte Zeit und Geld. Außerdem glaubte Berlinguer, daß „Beweise, die sich im einen Fall ergeben, häufig auch für den anderen relevant sein würden"[73].

Roattas Fall war gewiß nicht der wichtigste unter den 15 Fällen, die am 22. Januar 1945 zur Verhandlung anstanden, aber er war der heikelste, weil Roatta in den dreißiger Jahren als Chef des SIM allem Anschein nach eng mit dem britischen Geheimdienst zusammengearbeitet hatte und eine Menge von „secret service papers" besaß, die – so schrieb Macmillan in sein Tagebuch – „wahrscheinlich den Regierungen der Vereinigten Staaten und Großbritanniens schaden" würden. „Man sagt sogar", setzte Macmillan noch hinzu, „daß Roatta […] ein Dokument besitzt, mit dem Chamberlain Mussolini französische Kolonien (sprich Tunis) anbietet."[74] Darüber hinaus hatte Roatta als engster militärischer Mitarbeiter von Badoglio – immerhin war er nach dem Sturz Mussolinis zum Chef des Generalstabes des Heeres avanciert – natürlich genaue Kenntnisse der Waffenstillstandsverhandlungen, der schmählichen Flucht von König und Regierung aus Rom und der

[70] Vgl. S. 217f.
[71] Vgl. die in Heft 1 der VfZ von 1990 abgedruckte Analyse des OSS vom 17. 3. 1945 (S. 170 ff. und 187 f.) über Treatment of former fascists by the Italian Government und einen Bericht der US-Botschaft in Rom vom 13. 1. 1945 über Reporting Press Comment Concerning Forthcoming Roatta Trial, in: NA, RG 59, 865.00/1–1345. Vgl. auch Algardi, Processi ai Fascisti (1958), S. 27–70.
[72] Vgl. US-Botschaft in Rom an Secretary of State: Newspaper Following Termination of Roatta-Suvich Trial, 17. 3. 1945, in: NA, RG 59, 865.00/3–1745.
[73] Zit. nach dem in Anm. 71 erwähnten OSS-Bericht (S. 172).
[74] Macmillan, War Diaries, S. 645 (Eintrag vom 12. 1. 1945).

militärischen Operationen der alliierten Streitkräfte in Italien[75]. Alles das konnte er trefflich ins Feld führen, wenn es galt, sich zu verteidigen oder den eigenen Beitrag zu dieser und jener Missetat herunterzuspielen.

Die alliierten Stellen wußten um die Sprengkraft, die der Fall Roatta barg, und sie machten sich keine Illusionen, daß sich das Verfahren gegen den Geheimdienstgeneral leicht in einen Prozeß gegen die Krone und, im schlimmsten Fall, gegen die Alliierten selbst verwandeln konnte. Sie taten deshalb im Vorfeld alles, um den vierten großen Prozeß der Alta Corte soweit zu entschärfen, wie es nach außen hin nur irgend vertretbar war. Einfach verbieten durfte man das Verfahren allein schon mit Rücksicht auf die Presse nicht, die sich natürlich mit Vergnügen auf alliierte Eingriffe in die italienische Justiz gestürzt hätte. Man konnte aber versuchen, die Alta Corte durch politischen Druck zu einer Art Selbstbeschränkung zu bringen. Ellery W. Stone, der Chef der Militärregierung, sollte mit Ministerpräsident Bonomi sprechen und ihn bitten, „die Dinge so zu arrangieren, daß weder von der Anklage noch von der Verteidigung Beweismaterial eingebracht werden kann, das a) mit alliierten Operationen zu tun hat, b) Dokumente enthält, die von einer alliierten Regierung stammen oder stammen sollen". Er sollte ihn darum *bitten*, so lautete die Formel, auf die man sich nach intensiven britisch-amerikanischen Beratungen am 16. Januar 1945 einigte, „doch soll er es nicht ohne weitere Ermächtigung fordern"[76].

Bonomi mußte wohl nicht lange bearbeitet werden, bevor er tat, was man von ihm erwartete, und auch Mario Berlinguer entsprach umstandslos der alliierten Bitte[77]. „Es scheint daher klar zu sein", so kommentierte der amerikanische Geheimdienst OSS, „daß entgegen früheren Annahmen weder König Viktor Emanuel noch Marschall Badoglio darin verwickelt werden können."[78] Ganz zufrieden war man auf alliierter Seite dennoch nicht. Denn natürlich war den Besatzungsoffizieren klar, daß ihr Vorgehen auf die „Unterdrückung von Beweisen" hinauslief, „was auf das Urteil von Einfluß sein kann, bei dem es um das Leben etlicher Menschen geht"[79]. Außerdem wußten sie, daß niemand es Roattas Rechtsbeistand verbieten konnte, alle erreichbaren Beweise auf den Tisch zu legen und alle Register der Verteidigungskunst zu ziehen, um seinen Mandanten vor einer Verurteilung zu bewahren. Sollte man in einem solchen Fall den Dingen einfach ihren Lauf lassen oder das Verfahren aussetzen, „bis es Sicherheits- oder andere Gründe nicht mehr verbieten, über solche Beweise öffentlich zu verhandeln"[80]?

Die Entscheidung über diese Frage machte sich die Militärregierung nicht leicht. Nach eingehenden Beratungen mit dem State Department und dem Fo-

---

[75] Vgl. Algardi, Processi ai Fascisti (1958), S. 27–70; Macmillan, War Diaries, S. 645 (Eintrag vom 12. 1. 1945).
[76] Ebenda, S. 649 und 651 (Einträge vom 16.1. und 18. 1. 1945).
[77] Vgl. den OSS-Situation Report: Italy, 24. 2. 1945, in: NA, RG 226, R+A, Nr. 1112.99, und das am 20. 1. 1945 im State Department einlaufende Telegramm aus Caserta, in: NA, RG 59, 865.00/1–2045.
[78] OSS-Situation Report: Italy, 24. 2. 1945, in: NA, RG 226, R+A, Nr. 1112.99.
[79] Geheimes Memorandum über ein Gespräch zwischen George Middleton von der britischen Botschaft und John Wesley Jones von der US-Botschaft vom 23. 1. 1945, in: NA, RG 59, 865.00/1–2345.
[80] Ebenda.

reign Office scheint man schließlich übereingekommen zu sein, im Falle des Falles
zunächst die beiden Botschafter in Italien, Alexander Kirk und Sir Noel Charles,
und Chief Commissioner Stone (oder den Oberbefehlshaber der alliierten Streitkräfte im Mittelmeerraum) einzuschalten. Sie sollten klären, ob die vorgelegten
Beweismaterialien zugelassen werden konnten oder nicht. Waren alle der Meinung, daß daraus kein Schaden entstehen konnte, so waren sie selbst befugt, dem
Gericht grünes Licht zu geben. War man sich aber uneinig oder gelangte man
übereinstimmend zu der Meinung, alliierte Interessen seien berührt, mußten die
Combined Chiefs of Staff oder die Regierungen in London und Washington mit
der Angelegenheit befaßt werden[81]. Es handelte sich also wohl doch nicht nur um
„nette kleine Probleme", wie Macmillan in seinem Tagebuch schrieb, sondern um
Interna aus der großen Politik, deren Aufdeckung einigen Wirbel auslösen
konnte[82].

Alles spricht dafür, daß die Alliierten diese Vorkehrungen umsonst trafen. Weder die Anklage noch die Verteidigung machte offenbar Anstalten, in den Tabubezirk einzudringen, den die Alliierten für absolut unzugänglich erklärt hatten. Das
Verfahren bewegte sich in den „vorgeschriebenen" Bahnen und fraß sich bald fest:
Keiner der Angeklagten bekannte sich zu den Taten. Sie leugneten und logen, sie
beriefen sich auf Befehle von oben, schoben sich gegenseitig die Schuld zu und belasteten abwesende oder längst verstorbene Parteigenossen, die niemand mehr be-
fragen konnte. Die Verteidiger stellten Beweisantrag um Beweisantrag, verwickelten das Gericht immer wieder in Befangenheits- und Zuständigkeitsdiskussionen
und ließen Dutzende von Zeugen aufmarschieren; insgesamt wurden in 35 Verhandlungstagen fast 100 Zeugen vernommen[83]. Berlinguer hatte dagegen einen
schweren Stand, denn das Beweismaterial, auf dem die Anklage fußte, war bei genauer Prüfung doch recht dünn. „Angesichts des Fehlens von spezifischem Beweismaterial und der Unbeweisbarkeit der Anklage", so umschrieb Alexander
Kirk die mißliche Situation der Anklage, „geriet das Verfahren [...] zu einer allgemeinen Untersuchung (und Verurteilung) faschistischer Außenpolitik hinsichtlich ihrer Ausrichtung wie ihrer Methoden."[84]

Das Verfahren wäre so wohl noch Wochen und Monate weitergegangen und
schließlich von der Öffentlichkeit ganz vergessen worden, hätte die Flucht Roattas nicht auch hier die Dinge wieder in Bewegung gebracht. Die großen Tageszei-
tungen stürzten sich erneut auf den Prozeß und gaben mit starken Worten ihrer
Empörung über die rechtsstaatlichen Engstirnigkeiten der Alta Corte und die
ewigen Verzögerungen Ausdruck[85]. Nun mußte gehandelt und der Prozeß rasch
zu Ende gebracht werden, wollte die Alta Corte den Strom der Kritik wieder etwas eindämmen, der ihr ganzes Ansehen zu unterspülen drohte. Am 12. März,

---

[81] Vgl. ebenda sowie eine Stellungnahme von Jones vom 24. 1. 1945, in: Ebenda.
[82] Macmillan, War Diaries, S. 645 (Eintrag vom 12. 1. 1945).
[83] Vgl. HQ, 426th CIC Detachment: Political Situation in Rome, 1. 2. 1945, in: NA, RG 331, Politi-
      cal, box 6; Bericht von Stone vor dem Advisory Council for Italy vom 2. 2. 1945, Protokoll der 30.
      Sitzung, in: Ebenda, Chief Commissioner, box 23; Alta Corte di Giustizia: Relazione sul lavoro
      giudiziario compiuto, 22. 10. 1945, in: ACS, PCM, Gab. 1944–1947, 1/7 10124, sottofasc. 11.16.
[84] US-Botschaft in Rom an Secretary of State: Newspaper Comment Following Termination of Ro-
      atta-Suvich Trial, 17. 3. 1945, in: NA, RG 59, 865.00/3–1745.
[85] Ebenda.

schon eine Woche nach der spektakulären Flucht, lag das Urteil auf dem Tisch. Es ließ an Härte nichts zu wünschen übrig und entsprach damit ziemlich genau den Erwartungen, die in der Öffentlichkeit bestanden. Roatta selbst und zwei weitere Angeklagte erhielten lebenslängliche Haftstrafen, Fulvio Suvich und Francesco Jacomoni mußten mit je 24 Jahren Zuchthaus rechnen, einige weitere prominente Faschisten mit über zehnjähriger Haft, und auch bei Filippo Anfuso gab die Alta Corte kein Pardon; der Botschafter in Berlin wurde zum Tode verurteilt[86].

Die rasche, vielleicht sogar überstürzte Beendigung des Verfahrens und die Härte der Urteile vermochten aber der justitiellen Säuberung keinen neuen Schwung zu verleihen. Sie waren kein Auftakt zu größeren Taten; der Kredit, den die Alta Corte sich damit erworben haben mochte, war schnell aufgebraucht, weil das nächste Verfahren wieder Wochen auf sich warten ließ und zudem einem Faschisten galt, der nun wahrlich nicht jenes Kaliber besaß, das eigentlich vor der Alta Corte stehen sollte: Federico Scarpato, einem feigen Denunzianten und brutalen Schläger, der sich in Rom als Übersetzer bei der SS verdingt und dabei viel Unheil angerichtet hatte. „Ein exemplarisches Todesurteil [...] würde auch im Norden günstig aufgenommen", meinte Berlinguer, während andere, insbesondere Justizminister Tupini, den Fall am liebsten einem ordentlichen Gericht übergeben hätten, das für gewöhnliche Verbrecher ohne größere politische Bedeutung wohl auch zuständig gewesen wäre. Tupini drang damit aber nicht durch[87]. Scarpato wurde am 26. April 1945 nach nur zwei Verhandlungstagen zum Tode verurteilt[88].

Die Gründe für den rapiden Tempoverlust nach verheißungsvollem Beginn sind schnell benannt: Die Alta Corte war – man kann es ruhig so drastisch sagen – ein Störfaktor. Ob sie wollte oder nicht, sie mußte immer wieder in das dichte Beziehungsgeflecht hineinleuchten, das zwischen Monarchie, alten Eliten und Faschismus bestanden hatte; das trübte den Burgfrieden, der in der Frage der künftigen Staatsform verabredet worden war. Außerdem kam die Alta Corte, bei allem was sie tat, unweigerlich in die Nähe jener Bezirke, die die Alliierten als Tabubereiche ausgewiesen hatten; das belastete das Einvernehmen mit den Besatzungsmächten. Die Regierung ließ es deshalb immer wieder an politischer Rückendeckung für die Alta Corta fehlen und stattete sie auch nie mit den Mitteln und Kompetenzen aus, die zur Erfüllung ihres Auftrages nötig gewesen wären. Berlinguer war darüber maßlos enttäuscht und überhäufte seine Vorgesetzten mit Beschwerde- und Bittbriefen. Alles lag im argen, nichts war so, wie er und seine Mitarbeiter es für angemessen hielten. Weder die Personalstärke war ausreichend, noch die Ausstattung mit Sachmitteln und die Zuteilung von Räumen. Nicht einmal die Richter hatten eigene Büros; Verhöre mußten in überfüllten Zimmern vorgenommen werden, in denen auch der öffentliche Parteiverkehr abgewickelt

---

[86] Vgl. Alta Corte di Giustizia: Relazione sul lavoro giudiziario compiuto, 22.10.1945, in: ACS, PCM, Gab. 1944–1947, 1/7 10124, sottofasc. 11.16; Bericht des Vorsitzenden der Alta Corte, Lorenzo Maroni, Ende März 1945, in: Ebenda, Alto Commissariato, titolo XVI, Nr. 0–8/16; Algardi, Processi ai Fascisti (1958), S. 56.

[87] Vgl. Berlinguer an Boeri, 20.3.1945, und Boeri an Berlinguer, 28.3.1945, in: ACS, Alto Commissariato, titolo XVI, Nr. 8-1.

[88] Vgl. Alta Corte di Giustizia: Relazione sul lavoro giudiziario compiuto, 22.10.1945, in: ACS, PCM, Gab. 1944–1947, 1/7 10124, sottofasc. 11.16.

wurde. Besonders schmerzlich empfand Berlinguer den Mangel an Richtern, die als Vertreter der Anklage fungieren konnten. Niemand wollte sich diese Bürde aufladen, wo und sooft Berlinguer auch anfragte, immer erhielt er eine Absage. Er mußte deshalb, wie im Verfahren Roatta, selbst als Staatsanwalt einspringen und wurde damit von seinen eigentlichen Pflichten als stellvertretender Hochkommissar abgehalten[89].

Vier Forderungen waren es in den Augen Berlinguers vor allem, die schleunigst erfüllt werden mußten, sollte die Sache der justitiellen Abrechnung nicht weiter Schaden nehmen und schließlich vielleicht ganz verkommen. Als erstes mußte selbstverständlich dem Personalmangel begegnet werden, der offenbar in manchen Bereichen so gravierend war, daß viele Dinge einfach liegenblieben. Weiter galt es, im Hochkommissariat umgehend eine zentrale Ermittlungsstelle einzurichten, die die Verbrechensgeschichte des Faschismus systematisch aufhellen und die dabei anfallenden Informationen den Staatsanwaltschaften zuleiten sollte; damit hoffte man die mit Händen zu greifenden Schwächen der dezentralen Ahndung faschistischer Verbrechen beheben zu können[90]. Ferner sollten die Kompetenzen der Alta Corte beträchtlich ausgeweitet werden. „Man muß immer im Gedächtnis behalten", schrieb Berlinguer Ende März 1945, „daß die Alta Corte di Giustizia – so will es das Gesetz – nur sehr wenige Fälle aufgreifen kann (schätzungsweise einen von tausend); alle anderen fallen in die Kompetenz der Gerichte vor Ort, wo vor allem die Ermittlungen stagnieren."[91] Um diesem Mißstand abzuhelfen, sollte die Alta Corte nach den Vorstellungen Berlinguers in die Lage versetzt werden, eine größere Zahl von Prozessen durchzuführen, und zwar in einer Art Eilverfahren ohne eingehende Prüfung der Beweislage. Ihre Aufgabe sollte es außerdem sein, in allen zur Anzeige gebrachten Fällen die Ermittlungen zu führen und die Verfahren zu eröffnen – in *allen* Fällen und nicht nur in den wenigen, die laut Gesetz vor der Alta Corte zu behandeln waren[92]. Schließlich forderte Berlinguer auch noch – und das war sein viertes Hauptanliegen, das er seit längerem immer wieder vorbrachte und schließlich mit einer Rücktrittsdrohung verband[93] – die sofortige Eröffnung einer zweiten Kammer der Alta Corte, die einen Teil der Arbeit übernehmen sollte. Er stieß damit aber ebenso auf taube Ohren wie mit seinen anderen Forderungen. Der Ahndung von Verbrechen stellten sich, wie Berlinguer richtig und wohl auch etwas resigniert erkannte, die „größten Hindernisse in den Weg"[94].

Berlinguers Forderungen waren nicht unerfüllbar. Das größte Problem, vor dem die Alta Corte stand, war aber nicht zu lösen: Es fehlten noch immer erstran-

[89] Vgl. dazu Berlinguer an Boeri, 6. 4. 1945, in: ACS, Alto Commissariato, titolo XV, Nr. 2; Berlinguer an Boeri, 20. 3. 1945, in: Ebenda, titolo XVI, Nr. 8-1; Salvatore Italia an De Gasperi, 2. 3. 1945, in: Ebenda; Berlinguer: Appunti sulla Punizione dei delitti fascisti, 30. 3. 1945, in: Ebenda.
[90] Vgl. Salvatore Italia an De Gasperi, 2. 3. 1945, in: Ebenda.
[91] Berlinguer: Appunti sulla Punizione dei delitti fascisti, 30. 3. 1945, in: Ebenda.
[92] Vgl. ebenda und Berlinguer an Boeri, 20. 3. 1945, in: Ebenda.
[93] Vgl. Stars and Stripes, 3. 4. 1945 (in: NA, RG 331, Chief Commissioner, box 23); Berlinguer: Appunti sulla Punizione dei delitti fascisti, 30. 3. 1945, in: ACS, Alto Commissariato, titolo XVI, Nr. 8-1; Protokoll einer Dienstbesprechung im Hochkommissariat, 13. 2. 1945, in: Ebenda, titolo I, Nr. 10.
[94] Berlinguer: Appunti sulla Punizione dei delitti fascisti, 30. 3. 1945, in: ACS, Alto Commissariato, titolo XVI, Nr. 8-1.

gige Faschisten als Angeklagte, deren Verfahren die Aufmerksamkeit der Öffentlichkeit gefesselt und die Glaubwürdigkeit des ganzen Säuberungsverfahrens gehoben hätten. Bis zum Frühjahr 1945 waren fast ausnahmslos Faschisten der zweiten und dritten Garnitur und erbärmliche Regimekreaturen vor der Alta Corte gestanden, „aber es hat noch keinen einzigen Prozeß gegeben, der wirklich in den Kompetenzbereich der Alta Corte di Giustizia gefallen wäre", wie Boeri, der Koordinator im Hochkommissariat, am 28. März 1945 an Berlinguer schrieb[95]. Das konnte dem Abrechnungsprozeß nicht bekommen.

Berlinguer und Boeri waren sich dieses Grunddilemmas ebenso bewußt wie der Tatsache, daß es keine Abhilfe dafür gab. Als sie in der zweiten Märzhälfte darüber berieten, welche Fälle die Alta Corte nach dem Verfahren gegen Roatta als nächste anpacken sollte, mußten sie sich erneut eingestehen, daß das Angeklagtenreservoir nicht sehr viel hergab. Neun Verfahren waren im Hochkommissariat vorbereitet und zur Prozeßreife gebracht worden; einige davon hielt nicht einmal Berlinguer selbst für geeignet, vor der Alta Corte behandelt zu werden: Filippo Pennavaria, ehemals Staatssekretär und Fraktionschef der Faschisten im Parlament, sei keine „Figur von großer Bedeutung". Ein Verfahren gegen ihn würde sich nicht lohnen und wohl auch nur „geringe Resonanz" in der Öffentlichkeit finden. Nicht sehr viel anders war es bei dem früheren Sekretär der faschistischen Partei und Mitglied des Großrates, Nicola Sansanelli, der auch noch einige bekannte Antifaschisten als Fürsprecher aufzubieten vermochte, und bei Alfredo Rocchi, der als Präfekt von Perugia ein besonders scharfer Hund gewesen war. „Aber die Tatsache", so Berlinguer, „daß er flüchtig ist, so scheint mir, würde die Verurteilung zum Tode weniger exemplarisch machen [...], weil das Urteil nicht vollstreckt werden könnte." Berlinguer schlug deshalb von sich aus vor, das Verfahren einem ordentlichen Gericht zu überlassen[96].

Nur ein einziger Fall war in den Augen von Berlinguer und Boeri „wirklich politisch", seine rasche Behandlung erschien beiden als „politisch sehr nützlich"[97]. Es handelte sich um Giacomo Acerbo, „ehemaliger Minister, hochrangiger Funktionär, Mitglied des Großrates, etc.", mit einem Wort, um den ersten wirklich hochrangigen Faschisten, den die Carabinieri erwischt hatten. Mit ihm sollten Giuseppe Bottai, Luigi Federzoni und Edmondo Rossoni angeklagt werden, die freilich alle drei nicht nur den Makel hatten, daß sie flüchtig waren. Ihr Angeklagtenstatus war vor allem dadurch befleckt, daß sie sich 1943 im Großrat gegen Mussolini gestellt hatten und deshalb schon im Prozeß von Verona – in gewisser Hinsicht das faschistische Gegenstück zur Alta Corte – in Abwesenheit zum Tode verurteilt worden waren, also von den Faschisten selbst, die in Bottai, Federzoni und Rossoni feige Verräter und Abtrünnige sahen. Berlinguer störte das nicht weiter, für diese drei sei die Beweislage so überzeugend, daß nichts dagegen spreche, sie gemeinsam mit dem Fall Acerbo zu behandeln, „der ebenfalls einfach sei und mit wenigen Zeugen" geführt werden könne. Die Anklage werde in allen Fällen

[95] In: Ebenda.
[96] Berlinguer an Boeri, 20. 3. 1945, und Boeri an Berlinguer, 28. 3. 1945, in: Ebenda.
[97] Ebenda.

die Todesstrafe fordern, es sei aber möglich, so Berlinguer, „daß die Alta Corte gegen Acerbo auf lebenslänglich erkennt"[98].

Es war bezeichnend für die Unentschlossenheit und politische Unsicherheit der italienischen Gerichte im Frühjahr 1945, daß das um der Glaubwürdigkeit und öffentlichen Resonanz willen so bitter nötige Großverfahren gegen Acerbo und Co. erst Wochen nach der Befreiung zustande kam. Wo immer die Verantwortung für diese erneute Verzögerung auch liegen mochte, fest steht: Das Signal, das von einer Verurteilung dieser vier „pezzi grossi" des Faschismus unzweifelhaft ausgegangen wäre, blieb aus. Die Alta Corte kam vor der Befreiung Norditaliens über den Rang einer Instanz für Zweitrangiges nicht hinaus. Die in sie gesetzten Erwartungen vermochte sie nicht oder nur partiell zu erfüllen.

Noch sehr viel bescheidener fällt die Bilanz für die ebenfalls mit der Ahndung faschistischer Verbrechen befaßten Schwurgerichte in den einzelnen Gerichtsbezirken aus. Berlinguer fand kein gutes Wort für das, was von der „magistratura periferica" vor Kriegsende geleistet wurde. Allein sein Hochkommissariat hatte bis März/April 1945 rund 4400 Faschisten zur Anzeige gebracht; vielfach waren die Vorermittlungen bereits so weit gediehen, daß die Fälle sofort hätten angepackt werden können. Diese Vorermittlungen seien eine äußerst mühsame und leider auch ziemlich nutzlose Arbeit gewesen, so Berlinguer frustriert, weil sie nicht aufgegriffen worden seien oder mit zu vielen Verfahrenseinstellungen geendet hätten[99]. Ein ähnliches Schicksal hatte die noch ungleich größere Zahl von Anzeigen, die von Privatleuten, Parteien oder der Polizei stammten und direkt an die Schwurgerichte gegangen waren. Auch sie blieben unbearbeitet im Gestrüpp lokaler Abhängigkeiten und Rücksichtnahmen hängen oder wurden noch im Ermittlungsstadium stillschweigend fallengelassen, weil die Untersuchungsrichter entweder nichts finden wollten oder – wie man auch sagen könnte – gewisse Schwierigkeiten hatten, „Grundsätze zu interpretieren, die politischen Charakter hatten"[100]. Viele Nutznießer des Regimes und zahlreiche überzeugte Faschisten, die „jemanden getötet und verletzt hatten, die für Verhaftungen und Razzien verantwortlich waren, die jemanden gequält hatten und sich aufgrund dieser Verbrechen oft Ehren und Reichtümer erworben hatten", blieben so zumal in den abgelegenen Provinzen, die in den Jahren 1943 bis 1945 ein fast uneingeschränktes Eigenleben führten und von keiner römischen Autorität zu erreichen waren, unangetastet[101].

Niemand vermag gegenwärtig zu sagen, wieviele Anzeigen bis zum Frühjahr 1945 bei den Schwurgerichten einliefen, wieviele Fälle über erste Vorermittlungen

[98] Berlinguer an Boeri, 20. 3. 1945, in: Ebenda; vgl. dazu auch Il processo contro Luigi Federzoni, Giacomo Acerbo, Giuseppe Bottai, Edmondo Rossoni. Requisitoria del vice Alto Commissario aggiunto per la punizione dei delitti fascisti, avvocato Salvatore Italia nell'udienza del 25 maggio 1945, Rom 1945; US-Botschaft in Rom an Secretary of State: Further Epuration Trials, 7. 4. 1945, in: NA, RG 84, 1945: 800, box 140.

[99] Vgl. Memorandum von Berlinguer über L'Alta Corte di Giustizia, März 1945, in: ACS, Alto Commissariato, titolo XV, Nr. 2; vgl. auch die Rede von Upjohn vor dem Advisory Council for Italy vom 6. 4. 1945, Protokoll der 33. Sitzung, in: NA, RG 331, Chief Commissioner, box 35.

[100] Berlinguer: Appunti sulla Punizione dei delitti fascisti, 30. 3. 1945, in: ACS, Alto Commissariato, titolo XVI, Nr. 8-1; vgl. auch Berlinguer an Boeri, 20. 3. 1945, in: Ebenda.

[101] Relazione sull'attività svolta dall'Alto Commissariato aggiunto per la epurazione nel periodo 1° gennaio-15 luglio 1945, in: Istituto Gramsci, NL Grieco; Grieco an Berlinguer, 23. 2. 1945, in: ACS, Alto Commissariato, titolo XV, Nr. 2.

nicht hinauskamen, wieviele Verfahren tatsächlich eröffnet wurden und mit welchen Urteilen sie endeten. Hier bleibt für die Forschung, zumal für die Lokal- und Regionalgeschichte, noch viel zu tun. In einem noch größeren Maße gilt das für die Militärgerichte, über deren Tätigkeit letztlich nicht mehr bekannt ist[102], als daß auch diese traditionellen Organe der Justiz – wie die Schwurgerichte – durch das Gesetz vom 27. Juli 1944 für die Großaufgabe der Ahndung faschistischer Straftaten eingespannt und dafür mit besonderen Vollmachten ausgestattet worden waren, die, unter Preisgabe gewisser rechtsstaatlicher Garantien, auf eine beträchtliche Vereinfachung der Verfahren hinausliefen. Die Militärgerichte sollten damit in die Lage versetzt werden, alle diejenigen Militärs rasch zur Verantwortung zu ziehen, die Hoch- und Landesverrat begangen und in irgendeiner Form mit dem deutschen Feind kollaboriert hatten; das waren theoretisch Hunderttausende, die Skala der potentiellen Angeklagten reichte von General Graziani, dem Kriegsminister von Salò, bis zum einfachen Gefreiten, der irgendwelche Hilfsdienste für die Wehrmacht versah und nicht rechtzeitig vor der Befreiung den Absprung zur anderen Seite schaffte[103].

Zusammenfassend kann man sagen, daß die politische Säuberung am Vorabend der Befreiung wieder etwas Schwung gewonnen hatte. Die Depression, die sich um die Jahreswende 1944/45 eingestellt hatte, war überwunden. Der Schock nach der Roatta-Krise hatte die Regierung aufgerüttelt und neue Kräfte freigesetzt, die da und dort sogar stark genug waren, die Säuberung aus dem zähen Morast der Verhältnisse zu befreien, der sie umgab und immer wieder lähmte. In manchen Bereichen waren bereits bemerkenswerte Erfolge erzielt worden, in anderen lag noch vieles, wenn nicht alles, im argen. Hier waren die Impulse, die man sich von der Befreiung versprach, bitter nötig.

2. „Business as usual"

Während die Säuberungspolitik der italienischen Regierung im Frühjahr 1945 beträchtlichen Wandlungen unterlag, blieben die Alliierten bei ihrem Vorsatz, die italienische Gesellschaft so gründlich wie möglich von faschistischen Einflüssen zu säubern. Die Schutzintervention im Verfahren gegen Mario Roatta und das Veto gegen eine Initiative des kommunistischen Finanzministers, die auf eine radikale Beschlagnahme von Regimeprofiten zielte, waren nur geringfügige Abweichungen von einem sonst eisern durchgehaltenen Kurs, und auch der im September 1944 von Churchill und Roosevelt eingeleitete „New Deal for Italy" ging nicht mit einem Disengagement der Militärregierung in der Säuberungsfrage einher, wie viele befürchtet hatten. Die Militärregierungsoffiziere zogen sich im Frühjahr 1945

---

[102] Vgl. US-Botschaft in Rom an Secretary of State: Further Epuration Trials, 7. 4. 1945, in: NA, RG 84, 1945: 800, box 140; Civil Affairs Section, Monatsbericht für März 1945, 15. 4. 1945, in: NA, RG 331, Civil Affairs, box 5; die Richtlinien des HQ, AC, Civil Affairs Section: Defascism – North Italy, 10. 4. 1945, in: NA, RG 331, Civil Affairs, box 17, 10000/105/744–813.

[103] Vgl. Decreto legislativo luogotenenziale, 1. 2. 1945, Nr. 65: Istituzione del Tribunale militare ordinario di guerra per l'Italia Settentrionale, in: Gazzetta Ufficiale del Regno d'Italia, Nr. 36, 24. 3. 1945; Bando del Capo di Stato Maggiore Generale, 14. 3. 1945, Nr. 41: Norme circa il funzionamento dei Tribunali militari territoriali di guerra, in: Ebenda, Nr. 35, 22. 3. 1945.

zwar aus der „day to day administration" und den einzelnen Provinzen zurück, die
sie bis dahin fast allein verwaltet hatten, nicht aber aus der Verantwortung für die
Politik, die dort betrieben wurde – und schon gar nicht aus der Verantwortung für
die Säuberungspolitik, wie Chief Commissioner Ellery W. Stone noch im September 1945 betonte: „Die Säuberung ist ein ganz spezieller Punkt von besonderer
Wichtigkeit und besonderem Interesse für die Alliierten."[104]

Konkret hieß das: Die Militärregierung hielt das ganze Jahr 1945 über an dem
Säuberungsverfahren fest, das sich 1943/44 nach einigen Unsicherheiten und Fehl-
schlägen herausgebildet hatte[105]. „Unser Ziel ist es", so hieß es in der revidierten
Fassung des Executive Memorandums Nr. 67 der Allied Commission vom 7.
April 1945, „unmittelbar nach der Befreiung eines Gebietes alle führenden Faschisten aus einflußreichen Positionen zu entfernen. Vor allem gilt das für Kollaborateure, die von der republikanisch-faschistischen Regierung ins Amt gebracht worden sind."[106] Die ersten Entlassungsmaßnahmen sollten sich ausschließlich auf
eine genau bezeichnete Kategorie von Spitzenfunktionären und Leitungspositionen beziehen und so rasch wie möglich ergriffen werden, galt es doch, die Bevölkerung durch energische Taten von der Entschlossenheit der Alliierten zur Austilgung des Faschismus zu überzeugen. Diesem Ziel diente auch die sofortige Verhaftung von „potentially dangerous" Faschisten, die in alliierte Lager gesteckt
oder der italienischen Polizei übergeben werden sollten.

Dem säuberungspolitischen Erstschlag folgte „eine genauere Säuberung"[107],
deren Regelwerk in der General Order Nr. 35 vom Herbst 1944 niedergelegt war.
Wie schon gezeigt[108], wurde dabei eine eigene „AMG defascising machinery" mit
Säuberungskommissionen aus italienischen Antifaschisten ins Leben gerufen, die
„alle höheren und mittleren Beamten" per Fragebogen erfassen, überprüfen und
gegebenenfalls vom Dienst suspendieren sollten[109]. Massenentlassungen, so
wurde mehrfach betont, seien tunlichst zu vermeiden, und zwar nicht allein deshalb, weil man um die Funktionstüchtigkeit der Verwaltung fürchtete, sondern
auch aus der Einsicht heraus, daß existentielle Sicherheit und berufliches Fortkommen, gar nicht zu reden von einem einigermaßen befriedigenden Leben, im
Faschismus oft nur um den Preis einer gewissen Verstrickung in das verbrecherische und korrumpierende Regime zu haben gewesen waren. Pardon wurde freilich nur bei kleineren und mittleren Angestellten gegeben, nicht bei leitenden Beamten. Die Militärregierungsoffiziere konnten sich zwar die Freiheit nehmen, den
einen oder anderen belasteten Ministerialbeamten, Schulleiter oder besonders be-

[104] Stone an Parri, 3. 9. 1945, in: NA, RG 331, Civil Affairs, box 17, 10000/105/744–813; vgl. auch das
Schreiben von Stone an Bonomi, 29. 1. 1945, in dem es heißt: „The removal of fascists from posi-
tions of authority is one of the points specifically mentioned in the Armistice Terms and as such is
one of the matters of more particular moment to this Commission and one on which this Commission must be kept particularly well informed." (Ebenda, Civil Affairs, 10000/105/852).
[105] Vgl. S. 161 f.
[106] HQ, AC, Civil Affairs Section, Executive Memorandum, No. 67 (revised): Treatment of Italian
Officials encountered in Advance Northwards, 7. 4. 1945, in: NA, RG 331, Chief Commissioner,
box 35.
[107] Ebenda.
[108] Vgl. S. 145–162.
[109] CA Section: Memorandum on Defascism, 6. 2. 1945, in: NA, RG 331, Civil Affairs, box 19, 10000/
105/907.

fähigten Techniker im Amt zu belassen, aber nur dann, wenn partout kein Ersatz zu finden war und wenn die Umstände es erzwangen. Solche Ausnahmen durften nur in „most exceptional" Fällen und „nur als vorübergehender Notbehelf" gemacht werden[110]. Nach General Order Nr. 35 sollte schließlich – gewissermaßen als Abschluß der dreistufigen Reinigungsprozedur – das italienische Verfahren zum Zuge kommen, wie es in der Magna Charta der politischen Säuberung vom 27. Juli 1944 festgelegt war.

Ganz heraushalten sollte sich die Militärregierung hingegen aus der gerichtlichen Ahndung von faschistischen Straftaten. Das war allein Sache italienischer Gerichte, vor alliierten Militärgerichten sollten nur Verstöße gegen Erlasse und Anordnungen der Besatzungsmächte verhandelt werden. Diese Faustregel mochte sich in soundso vielen Fällen bewähren, sie half aber nicht weiter, wenn es um die Frage ging, was mit italienischen Kriegsverbrechern zu geschehen hatte. Die Auffassung der Allied Commission hierzu war klar, und sie hat sich in der Praxis wohl auch durchgesetzt: Die Allied Commission sollte sich in dieser heiklen Frage auf das Nötigste, d. h. auf die Weiterleitung der Beweise zur United Nations War Crimes Commission, beschränken, die alliierten Militärgerichte sollten überhaupt nicht tätig werden. Italienische Kriegsverbrecher, die sich ausschließlich an eigenen Landsleuten vergangen hatten und damit per definitionem außerhalb der Kompetenz der United Nations War Crimes Commission lagen, wollte man italienischen Gerichten überlassen. Kriegsverbrecher, die ihre Schandtaten an den eigenen Landsleuten *und* an Angehörigen der Vereinten Nationen verübt hatten, sollten ebenfalls im Lande selbst zur Verantwortung gezogen werden; hier wollte die Allied Commission allerdings die Einschränkung festgeschrieben wissen, daß die Alliierten diese Fälle vor dem United Nations War Crimes Tribunal erneut aufrollen konnten, wenn die Strafen unangemessen milde ausgefallen waren. In die Kompetenz der War Crimes Commission sollte nach Auffassung der Allied Commission lediglich der dritte Typus von Kriegsverbrecher fallen, nämlich der, der seine Taten ausschließlich gegen Angehörige der Vereinten Nationen begangen hatte[111].

Um so größer war das alliierte Engagement auf der anderen Seite, als es den Primat der ordentlichen Justiz bei der gerichtlichen Ahndung faschistischer Verbrechen sicherzustellen galt. Antifaschistische Volkstribunale, wie sie der Resistenza vorschwebten, sollten keine Gelegenheit erhalten, ihre revolutionären Ambitionen zu verwirklichen. „Es ist die Pflicht von AMG, alles in ihrer Macht stehende zu tun, um diese Gerichte aufzulösen", hieß es in einer grundlegenden Anweisung der Civil Affairs Section vom 10. April 1945, die später offensichtlich auch streng befolgt wurde[112].

---

[110] HQ, AC, Civil Affairs Section, Executive Memorandum Nr. 67 (revised): Treatment of Italian Officials encountered in Advance Northwards, 7. 4. 1945, in: NA, RG 331, Chief Commissioner, box 35; Upjohn an Regional Commissioner, Abruzzi-Marche Region, 21. 2. 1945, in: Ebenda, Civil Affairs, box 17, 10000/105/744–813.

[111] Vgl. Memorandum von Upjohn über Investigation of Fascist Personnel and Collaborators, März/ April 1945; Upjohn an die G-5 Section, AFHQ, 5. 4. 1945, in: NA, RG 331, Executive Commissioner, 10000/109/499; Civil Affairs Section, HQ, AC: Defascism – North Italy, 10. 4. 1945, in: NA, RG 331, Chief Commissioner, box 35.

[112] Ebenda.

Bedauerlicherweise hat sich auf alliierter Seite niemand der Mühe unterzogen, im einzelnen nachzuprüfen, was aus dem Executive Memorandum Nr. 67, dem Executive Memorandum Nr. 67 (Revised) und der General Order Nr. 35 in der Praxis geworden ist. In den Quellen finden sich lediglich Hinweise, ein gesichertes Bild ergeben sie nicht. So viel wird man aber sagen können, ohne die Aussagekraft der verstreuten Indizien über Gebühr zu strapazieren: Die alliierte Militärregierung hielt 1945 nicht nur an den alten Direktiven fest, sie ging auch in der Praxis mit demselben Rigorismus zu Werke, der schon 1943/44 zu beobachten gewesen war. Hunderte, ja Tausende von belasteten Faschisten verloren nach dem Einmarsch der alliierten Streitkräfte ihre Posten, und viele wanderten in schnell improvisierte Lager, wo sie oft Monate und Jahre auf ihr Verfahren warten mußten. Allein in Perugia hatte der zuständige Offizier, zum blanken Entsetzen seiner Vorgesetzten, mehr als 900 Parteigenossen entlassen[113]. In Siena mußten über 160 ihre Posten räumen, in Lucca waren es 320[114]. Die Richtlinien, die das Hauptquartier der Militärregierung ausgegeben hatte, scheinen dabei nicht immer genau beachtet worden zu sein. Im Zweifel taten die Offiziere vor Ort eher zu viel als zu wenig, um sich nur ja nicht dem Vorwurf auszusetzen, belastete Faschisten im Amt zu belassen oder gar mit ihnen gemeinsame Sache zu machen.

Daß sich an der alliierten Säuberungspolitik nicht das geringste geändert hatte, zeigte sich nicht nur im AMGOT-Land, dort also, wo die britischen und amerikanischen Offiziere selbst nach Belieben schalten und walten konnten, weil diese Gebiete noch ganz unter ihrer Kontrolle standen. Nicht minder deutlich wurde dies in den nicht mehr zum Besatzungsgebiet zählenden Regionen südlich der Linie Viterbo – Ascoli, wo die Alliierten nur noch die Oberaufsicht führten und insbesondere die Einhaltung der von der italienischen Regierung eingegangenen Verpflichtungen überwachten. Auch hier ließen sie nicht nach, ihre Säuberungsprinzipien zu bekräftigen und der Regierung in Rom wieder und wieder vorzuhalten, daß sie sich, etwa in den beiden Waffenstillstandsverträgen von 1943, zu einer durchgreifenden Säuberung verpflichtet hatte und auf dem Weg dahin erst ein kleines Stück vorangekommen war. Die Allied Commission mahnte, drängte und drohte, sie setzte Boeri und Grieco in zahlreichen Gesprächen unter Druck und bohrte auch bei Ministerpräsident Bonomi ständig nach. Zugleich spornte sie die eigenen Unterabteilungen an, Verzögerungen und Versäumnisse nicht durchgehen zu lassen und bei den italienischen Stellen genau nachzufragen, weshalb manche Fälle liegenblieben, gesetzliche Fristen nicht eingehalten wurden und wie es komme, daß von manchen Säuberungskommissionen zwar die Fälle von kleinen Angestellten, nicht aber diejenigen des Leitungspersonals behandelt würden. „Dafür sind die Alliierten (Sie) verantwortlich", schärfte Major Palmieri von der Civil Affairs Section den Leitern der Subcommissions der Allied Commission ein[115].

---

[113] Vgl. Aufzeichnung über eine Besprechung zwischen Upjohn und Grieco, 5. 2. 1945, in: ACS, Alto Commissariato, titolo I, Nr. 10.
[114] Vgl. White: Report on Tour of Toscana, 10.–17. 3. 1945, und Report on Tour, 11.–16. 2. 1945, der wohl ebenfalls von White stammt, in: NA, RG 331, Civil Affairs, box 17, 10000/105/744–813; Airgram der US-Botschaft in Rom an Secretary of State, 20. 3. 1945, in: NA, RG 59, 865.00/3-2045.
[115] Palmieri an Land Forces/Subcommission und Air Force/Subcommission, 3. 5. 1945, in: NA, RG 331, Civil Affairs, box 19, 10000/105/885; die Akten der Militärregierung sind voller Hinweise

Dabei ist anzumerken, daß es den Alliierten nicht um die sture Implementierung einmal festgelegter Richtlinien ging. Den eigenen Grundsätzen Geltung zu verschaffen, war die eine Sache, sie im Kontakt mit der gesellschaftlichen Wirklichkeit zu überprüfen und zu revidieren, wenn die Umstände es erforderten, die andere. Die Folge davon war im Frühjahr 1945 eine Ausweitung des Betroffenenkreises, weil die alliierten Offiziere ja nicht übersehen konnten, daß die Säuberungserwartung der italienischen Gesellschaft immer größer wurde, je weiter es nach Norden ging, und daß Säuberung zunächst nichts anderes als Säuberung des öffentlichen Dienstes hieß, während andere, nicht weniger korrupte Bereiche gewissermaßen im toten Winkel lagen. Das sollte sich ändern, so lautete ein Vorsatz der Militärregierung, die spätestens seit der Jahreswende 1944/45 versuchte, das Kabinett Bonomi zu einer Überprüfung der privaten Wirtschaft zu bewegen. Besonders wichtig sei es, so Upjohn, international tätige Konzerne zu säubern, denn diese „können Infektionsherde in anderen Ländern werden oder als Zentren für faschistische Propaganda oder für die Sammlung von Informationen fungieren". Auch Firmen mit „large financial interests" sollten genauestens unter die Lupe genommen werden, „um zu verhindern, daß beträchtliche Summen für faschistische Zwecke zur Verfügung gestellt werden"[116].

Viel Erfolg hatten die Alliierten damit freilich nicht. Die italienische Regierung legte zwar im Frühjahr 1945 pflichtschuldig einen Gesetzentwurf vor, der eine Handhabe für die Epurazione in den Chefetagen großer Konzerne, Versicherungsgesellschaften und Banken bieten sollte. Das Gesetz „ziele darauf ab", so Boeri im Gespräch mit Upjohn, „die Faschisten aus gewissen Positionen zu entfernen, automatisch und ohne irgendein Verfahren vor einer Kommission"[117]. Vor allem im Norden würde es einen „äußerst günstigen Eindruck" machen, so schrieb er am 16. April 1945 an Bonomi, wenn man die sofortige „Entlassung des Personenkreises" verfügen würde, „der wegen seiner sozialen und finanziellen Position die größte politische Verantwortung hat. Ich denke, daß es im höchsten Maße schädlich wäre, wenn man den Eindruck erweckte, daß man sie nicht sofort entfernen wollte."[118]

So leicht, wie Boeri sich das vorstellte, ging es aber nicht. Das Establishment der italienischen Wirtschaft bot seinen ganzen Einfluß auf, um das Gesetz zu verhindern. Einige Minister machten rechtliche Bedenken geltend oder gaben zu verstehen, daß ihnen die Bestimmungen des Entwurfs zu weit gingen. Sie warteten

---

darauf, daß die Alliierten ständig drängten. Vgl. etwa HQ, AC, Civil Affairs Section, an Commerce Subcommission, 25. 7. 1945, in: Ebenda, box 19, 10000/105/883; HQ, AC, Civil Affairs Section, an Public Safety Subcommission und Education Subcommission, 11.8. und 30. 5. 1945, in: Ebenda, box 19, 10000/105/873 und 872; Minutes, Special Senate Committee Investigating the National Defense Program, 3. und 4. 6. 1945, in: Ebenda, Chief Commissioner, box 16; HQ, AC, Civil Affairs Section, an Public Safety Subcommission, 27. 7. 1945, in: Ebenda, Civil Affairs, box 19, 10000/105/873.

[116] So Upjohn vor dem Advisory Council for Italy vom 6. 4. 1945, Protokoll der 33. Sitzung, in: Ebenda, Chief Commissioner, box 35; vgl. auch das aufschlußreiche Memorandum des Insurance Department der Finance Subcommission von AC, 9. 3. 1945, über zwei Repräsentanten der Versicherungswirtschaft, in: Ebenda, Civil Affairs, box 17, 10000/105/744–813.

[117] Aufzeichnung über eine Besprechung vom 24. 3. 1945, in: ACS, Alto Commissariato, titolo I, Nr. 10.

[118] In: ACS, PCM, Gab. 1944–1947, 1/7 10124, sottofasc. 6.10.

ebenso mit Korrekturvorschlägen und Modifikationswünschen auf wie die Offiziere der Alliierten Commission, in deren Augen der Entwurf viel zu zahm ausgefallen und vor allem nicht umfassend genug angelegt war. Das Netz, so dachte man
auf alliierter Seite, war nicht weit genug ausgeworfen und viel zu weitmaschig geknüpft, so daß viele „große Fische" hindurchschlüpfen konnten. Der Entwurf
wurde also im Frühjahr 1945 in einem Klima bester Absichten zerredet und erlangte erst Monate nach der Befreiung Norditaliens Gesetzesreife[119].

Die Erfolglosigkeit ihrer Bemühungen, noch vor der Befreiung Norditaliens
ein Gesetz zur Säuberung der Wirtschaft zustandezubringen, reizte die Militärregierung. Ihr Unmut und ihre Verärgerung waren so groß, daß sie nicht einmal davor zurückschreckte, Auslandskontakte italienischer Firmen zu unterbinden, solange an deren Spitze noch „unliebsame Elemente" standen[120]. Wichtiger als solche Einzelfälle war freilich noch, daß die Militärregierung im Frühjahr 1945 dort,
wo sie auf die italienische Regierung keine Rücksicht zu nehmen brauchte, nämlich im AMGOT-Land, selbst die Initiative ergriff und eine Säuberung der privaten Wirtschaft ins Werk zu setzen begann. Sporadische Ansätze dazu hatte es da
und dort bereits 1944 gegeben, im Frühjahr 1945 wurden sie zur offiziellen Politik
gebündelt. Das fand seinen Niederschlag zunächst in einem Memorandum der Civil Affairs Section vom 10. April 1945, in dem ein ganzer Abschnitt der „Epuration of Business Concerns" gewidmet war[121], und dann schließlich, am 2. Juni
1945, im Erlaß der General Order Nr. 46 über die „Epuration of Private Industry", die freilich nicht mehr allein auf das Leitungspersonal, sondern auf die gesamte Belegschaft der Betriebe zielte[122].

Ob diese neuen Direktiven große praktische Bedeutung erlangten, muß späte-
rer Detailforschung vorbehalten bleiben. Eines zeigten die alliierten Initiativen
aber in aller Deutlichkeit: Die ursprüngliche Zielsetzung, die italienische Gesellschaft von faschistischen Einflüssen zu reinigen und dabei nach Recht und Gesetz
zu verfahren, gewann im Frühjahr 1945 immer größere Bedeutung. Denn nur so,
durch eigene prompte Säuberungsleistungen, konnte das zu erwartende Argument der Resistenza entkräftet werden, die Alliierten seien an einer wirklichen
Abrechnung mit dem Faschismus nicht interessiert, weshalb sie selbst tätig werden mußte.

Ein Jahr zuvor, bei der Befreiung von Rom im Juni 1944, hatte der bewaffnete
Antifaschismus im alliierten Kalkül noch kaum eine Rolle gespielt. Das änderte
sich nach der Eroberung von Florenz, als die Alliierten erstmals auf Tausende von
gut organisierten und hochgradig politisierten Partisanen stießen. Nun begann
man sich im alliierten Lager immer häufiger die Frage nach der militärischen und

---

[119] Vgl. das in Anm. 116 zit. Memorandum vom 9. 3. 1945; Gronchi an AC, Finance Subcommission,
22. 1. 1945, in: NA, RG 331, Civil Affairs, box 17, 10000/105/744–813; Aufzeichnung Boeris über
eine Besprechung mit Hancock, 26. 4. 1945, in: ACS, Alto Commissariato, titolo I, Nr. 10; die
diesbezüglichen Unterlagen, in: ACS, PCM, Gab. 1944–1947, 1/7 10124, sottofasc. 6.10; Protokolle der Kabinettssitzungen von März bis August 1945, in: ACS, Verbali del Consiglio dei Ministri.

[120] Vgl. das in Anm. 116 zit. Memorandum vom 9. 3. 1945.

[121] Vgl. HQ, AC, Civil Affairs Section: Defascism – North Italy, 10. 4. 1945, in: NA, RG 331, Chief
Commissioner, box 35.

[122] Allied Military Government of Occupied Territory, General Order Nr. 46, in: Ebenda, Chief
Commissioner, box 13, 10000/147/114.

politischen Opportunität einer Zusammenarbeit mit diesen Freiwilligen-„bands"
vorzulegen. Für eine enge Kooperation sprachen insbesondere das militärische
Gewicht der Partisanen-Verbände, die 1944 immerhin einige deutsche Divisionen
beschäftigten, und die Tatsache, daß die Befreiungskomitees in Norditalien die
einzige Instanz waren, die Autorität genug besaß, um nach der Vertreibung der
deutschen Wehrmacht ein Minimum an Ruhe und Ordnung herzustellen und an
staatlich-administrativer Dienstleistung zu gewährleisten. Gegen eine solche Kooperation ließen sich vor allem politische Erwägungen ins Feld führen, die in der
Sorge wurzelten, ob den Partisanen zu trauen sei oder ob sie nicht doch der Versuchung erliegen würden, die Macht an sich zu reißen und eine eigene Regierung
nach sowjetischem Vorbild auszurufen – was in einem Bürgerkrieg mit dem anderen, dem königlichen Italien enden und die alliierte Kriegsanstrengung erheblich
erschweren konnte.

Solche Sorgen waren nicht einfach von der Hand zu weisen. Die Partisanen traten nach den ersten, von ihnen selbst nicht für möglich gehaltenen Triumphen
über die deutsche Wehrmacht und deren Söldner von Salò tatsächlich immer
selbstbewußter auf und waren immer weniger bereit, sich den Befehlen der Alliierten zu beugen. Insbesondere die kommunistisch fühlenden Einheiten machten
kaum mehr ein Hehl daraus, daß sie fest entschlossen waren, ihre Waffen nicht nur
gegen die verhaßten Nazifaschisten zu richten. Außerdem lehrten auch die Ereignisse in Belgien, Frankreich und namentlich Griechenland, daß im Umgang mit
Partisanen und Befreiungsbewegungen höchste Vorsicht am Platze war. Die dortigen Erfahrungen, so schrieb Ellery W. Stone am 16. Januar 1945, „haben die tödliche Gefahr aufgedeckt, die jede Regierung, ob des Militärs oder der einheimischen Zivilbevölkerung, bedroht, welche in den Anfangsstadien der Befreiung mit
der Existenz von Scharen bewaffneter Männer konfrontiert ist, die sich, daran ge-
wöhnt, allein auf Waffengewalt gestützt zu leben, bereitwillig von politischen Organisationen gewinnen lassen, deren Ziel darin besteht, die Macht der legitimen
Regierung zu usurpieren und eine Regierung mit Gewalt statt durch Wahlen einzusetzen"[123]. War man nicht dabei, so faßte ein führender Mann aus dem Foreign
Office die alliierten Befürchtungen kurz und bündig zusammen, durch Waffenlieferungen und politische Protektion „wie im Falle der EAM in Griechenland einen
monströsen Frankenstein" großzuziehen, dessen man dann nur noch mit größter
Mühe, wenn überhaupt, Herr werden würde[124]?

Die Alliierten entschieden sich letztlich für eine mittlere Linie, die darauf hinauslief, die Resistenza zu zähmen, sie aber nicht zu erdrosseln; dazu war sie zu
nützlich. Die Partisanen konnten auch weiterhin mit alliierten Lebensmitteln,
Ausrüstungsgegenständen und vor allem Waffen rechnen. Die Alliierten taten
aber zugleich alles, um die Resistenza zu lenken, vertraglich zu binden und auf
Felder abzudrängen, wo sich ihre umstürzlerischen Energien nicht ganz so be-
drohlich entfalten konnten. Diesem Ziel diente vieles, was die Alliierten 1944/45
taten: Die Entsendung von OSS- und SOE-Teams zu den Untergrundzentralen

---

[123] Memorandum von Stone an SACMED, in: Coles/Weinberg, Civil Affairs, S. 536.
[124] So Sir Orme Sargent in einem Memorandum vom 27. 11. 1944; zit. nach Massimo De Leonardis,
La Gran Bretagna e la Resistenza partigiana in Italia (1943–1945), Neapel 1988, S. 236.

der Resistenza, wo sie als politische Berater tätig sein sollten, gehörte ebenso dazu wie der Versuch, die Resistenza zum Verzicht auf eine allgemeine Erhebung zu überreden und sie statt dessen in isolierten „antiscorch"- und Sabotage-Aktionen einzusetzen, und die frühzeitige Bereitstellung von italienischen Beamten und Carabinieri-Einheiten, die unmittelbar nach der Befreiung nach Norden gebracht werden konnten und dort für Ruhe und Ordnung sorgen sollten[125].

Seinen reinsten Ausdruck fand das Zähmungskonzept in einer offiziellen Abmachung zwischen den Alliierten und Vertretern der oberitalienischen Resistenza, die am 7. Dezember 1944 in Rom unterzeichnet wurde. Darin versicherte das CLNAI, sich vor, während und nach der Befreiung der Autorität der Besatzungsmacht zu beugen und sich „jedem Befehl" zu fügen, auch solchen, die die „Auflösung und die Ablieferung der Waffen verlangten"[126]. Das kam einer partiellen Selbstfesselung der Resistenza gleich, die natürlich – wie man sich denken kann – nicht freiwillig erfolgte und im übrigen in den Reihen des Antifaschismus höchst umstritten war. Die Alliierten hatten mehr oder weniger ultimativ darauf bestanden und die Fortsetzung ihrer Hilfsleistungen und Waffenlieferungen davon abhängig gemacht, wohl wissend, daß die Reserven der Resistenza restlos erschöpft waren und deren Unterhändler keine andere Wahl hatten, als das kaum verschleierte Oktroi zu akzeptieren.

Unausweichliche Konsequenz dieser Strategie der Alliierten war eine gewisse Verschärfung des eigenen antifaschistischen Profils. Das mag paradox klingen, trifft die Wirklichkeit aber insofern, als die Alliierten auf die Hoffnungen und Erwartungen der antifaschistischen Öffentlichkeit nicht mit sturer „law and order"-Politik antworten konnten. Sie mußten versuchen, diese Stimmungen aufzufangen, am besten durch forcierten Antifaschismus, schnell und energisch, denn jede Verzögerung und jedes Versäumnis spielte den Radikalen in der Resistenza in die Hände. Galt diese Regel generell, so galt sie für die politische Säuberung, „einem Punkt, der den italienischen Partisanen außerordentlich wichtig war"[127], wie es in einem alliierten Memorandum hieß, in besonderem Maße. Jeder prominente Faschist, der den alliierten Maßnahmen der ersten Stunden entging, konnte von den Partisanen leicht als Vorwand genommen werden, die alliierte Säuberungsbereitschaft zu denunzieren und die Dinge selbst in die Hand zu nehmen. Was das hieß, darüber machten sich die Alliierten nach dem Abrechnungsterror, der im befreiten Frankreich und auch in Bulgarien gewütet hatte, keine Illusionen[128].

[125] Zu den Zähmungsmaßnahmen vgl. im einzelnen Delzell, Mussolini's Enemies, S. 410–546; De Leonardis, La Gran Bretagna, S. 275–402; die bei Coles/Weinberg, Civil Affairs, S. 526–549, abgedruckten Dokumente; ACC Instruction for All Concerned on Administration of Patriots in MG Territory, 18. 7. 1944, in: Coles/Weinberg, Civil Affairs, S. 534, wo es hieß: „[…] an unemployed patriot is not only a disgrace to the community but a menace."
[126] Memorandum of Agreement between the Supreme Allied Commander Mediterranean Theatre of Operations and the Committee of National Liberation for Northern Italy, in: Pietro Secchia/Filippo Frassati, La Resistenza e gli alleati, Mailand 1962, S. 193; vgl. auch Spriano, Storia del Partito comunista italiano, Bd. 5, S. 446; Paul Ginsborg, Storia d'Italia dal dopoguerra a oggi. Società e politica 1943–1988, Turin 1989, S. 72ff., 84; David Ellwood, L'ipotesi anglo-americana: Un'insurrezione 'legale' e 'ordinata', in: L'insurrezione in Piemonte, hrsg. vom Istituto Storico della Resistenza in Piemonte, Mailand 1987, S. 81–93.
[127] Beevor, HQ SOM, an G-3 Special Operations, AFHQ, 23. 2. 1945, in: NA, RG 331, Civil Affairs, box 17, 10000/105/744–813.
[128] Vgl. HQ, AC, Monatsbericht für Januar 1945, in: NA, RG 331, Adjutant, box 28, 10000/101/503;

Die Alliierten wollten die Partisanen also durch energische Taten von der Ernsthaftigkeit ihrer Säuberungspolitik überzeugen und zugleich von gefährlichen Extratouren abhalten[129]. Diesem Zweck hatte schon die Verschärfung der Säuberungsrichtlinien im Frühjahr 1945 gedient. Aber war das genug? Darüber herrschten in der Militärregierung durchaus unterschiedliche Ansichten. Die Special-Operations-Abteilung, die schon von ihrem Namen her zu Besonderem verpflichtet war, meinte etwa, man täte gut daran, eigene „Special investigation units" zu bilden und in allen größeren Städten zum Einsatz zu bringen; diese Teams sollten „Listen mit beschuldigten Personen zusammenstellen und diese in Verwahrung nehmen, bis die entsprechenden Gerichte etabliert waren". Mit solchen Aktionen könne man am besten zur „Wiederherstellung der Ordnung" beitragen und den „extremistischen Elementen eines ihrer stärksten Argumente rauben", die sie ins Feld führten, um „ihre Waffen zu behalten und eine feindselige Haltung gegenüber den Besatzungstruppen einzunehmen"[130]. Für andere wie etwa Gerald Upjohn von der Civil Affairs Section, die mit den Verhältnissen in Italien und der Frage der Säuberung besser vertraut waren, waren solche Überlegungen nur Ausdruck blinden Aktionismus. Die alliierten Eingreifteams, so meinten sie, würden nur „den äußersten Rand des Problems" berühren und letztlich nur Verwirrung stiften. Die Abrechnung mit dem Faschismus sollte die Sache der Italiener bleiben, die Alliierten sollten nur darauf achten, daß die Italiener auch taten, was man von ihnen verlangte. Die Alliierten seien im übrigen auch gar nicht in der Lage, die von der Special-Operation-Abteilung skizzierten Aufgaben zu erfüllen. Man habe weder das Personal, das für solche Missionen nötig sei, noch verfüge man über ausreichendes lokales und regionales „know-how", um einigermaßen zielsicher zugreifen zu können[131].

Upjohns Argumente waren nicht zu widerlegen, die Bildung alliierter Eingreifteams unterblieb. Aber allein schon die Diskussion darüber unterstrich erneut, wie ernst die Alliierten die politische Säuberung noch immer nahmen. Während die Regierung Bonomi und die Parteien des Antifaschismus schon längst schwankend geworden waren und zum leisen Rückzug aus der Epurazione geblasen hatten, gab es auf alliierter Seite niemanden, der Abstriche am ursprünglichen Säuberungskonzept forderte.

3. Die Pläne der Resistenza

Als die alliierten Offiziere um die Jahreswende 1944/45 über die Gefahren zu diskutieren begannen, die von den Partisanen drohten, waren diese vollauf damit beschäftigt, zu überleben und dem erbarmungslosen Zugriff der Wehrmacht zu entkommen. Erst im Februar/März fanden sie wieder die Kraft zu vermehrten Gue-

Gawronski an Mason-MacFarlane, 11. 2. 1945, in: NA, RG 84, 1945: 800, box 142.

[129] Vgl. Beevor, HQ SOM, an G-3 Special Operations, AFHQ, 23. 2. 1945, in: NA, RG 331, Civil Affairs, box 17, 10000/105/744–813.

[130] Ebenda.

[131] Upjohn an G-5 Section, AFHQ, 5. 4. 1945, in: NA, RG 331, Executive Commissioner, 10000/109/499.

rilla- und Sabotage-Aktionen. Dabei zeigte sich, daß die Strukturen und Befehls-
stränge der Verbände trotz der Rückschläge im Winter weitgehend intakt geblieben waren, die Kader an innerer Kohäsion gewonnen hatten und der Kampfgeist
mitnichten geringer geworden war. Im Gegenteil, die brutalen Verfolgungs- und
Terrormaßnahmen der deutschen Wehrmacht und der von ihr ausgehaltenen
Söldner von Salò hatten im Widerstand eine fast verzweifelte Kampfentschlossen-
heit provoziert, die selbst Zögernde und Ängstliche mitriß und zusammen mit der
Aussicht auf ein baldiges Kriegsende im März/April 1945 immer weitere Kreise in
ihren Bann schlug.

Hand in Hand damit wurde das Bedürfnis nach Abrechnung mit dem Kollaborationsfaschismus von Salò mit jedem Opfer größer und unbändiger – zugleich
aber auch bedrohlicher, weil seine Entladung verheerende Folgen haben konnte.
Wie ließ es sich eindämmen, ja sollte man überhaupt den Versuch dazu machen?
Über diese schon 1944 aktuellen Fragen kam es in den Reihen des Antifaschismus
zu einem entnervenden Dauerstreit. Die revolutionäre Linke wollte das Abrech-
nungspotential schüren und nutzen, um ihrem hochfliegenden Ziel einer radikalen
Umgestaltung von Staat und Gesellschaft näherzukommen. Die Liberalen und die
Democrazia Cristiana hingegen hatten ganz anderes im Sinn. Ihnen ging es natürlich auch um die Bestrafung von Kollaborateuren und faschistischen Übeltätern,
nicht minder aber darum, durch eine schnelle Präsenz von schlagkräftigen, aber
legalen Abrechnungsorganen die Herrschaft der Straße zu verhindern.

Wie tiefgreifend diese Meinungsverschiedenheiten waren, war schon im Sommer 1944 deutlich geworden. Damals hatten sich – wie schon erwähnt[132] – drei
Modelle für die Ahndung von faschistischen Verbrechen herausgebildet: Das erste
lief auf die Schaffung von Volkstribunalen hinaus, die mit den traditionellen Einrichtungen der Justiz und deren Regelwerk kaum noch etwas gemein hatten. Das
zweite sah vor, die strafrechtliche Verfolgung von faschistischen Untaten den ordentlichen Gerichten zu überlassen und dabei auch von der Schaffung rückwirkender Straftatbestände abzusehen. Nach dem dritten Modell schließlich hätten
die seit Mitte 1944 existierenden Militärgerichte der Partisaneneinheiten die personelle Hinterlassenschaft des Kollaborationsfaschismus zur Verantwortung ziehen müssen – allerdings nur für eine kurze Übergangszeit, dann wären die ordentlichen Gerichte zum Zuge gekommen[133].

Das zweite Modell, das deutete sich 1944 schon an, war mit den antifaschistischen Zeitbedürfnissen nur schwer in Einklang zu bringen. Zu groß war das Mißtrauen gegenüber der Justiz, die sich in den zurückliegenden Jahren als willfährige
Dienerin des Regimes gezeigt hatte. Zu groß waren außerdem die Zweifel, ob die
ordentlichen Gerichte personell in der Lage sein würden, die enorme Fülle der anstehenden Prozesse zu bewältigen. Und zu groß war schließlich auch die Entschlossenheit der antifaschistischen Befreiungskomitees, die Sache, die ihnen so
sehr am Herzen lag, auch selbst in die Hand zu nehmen.

In der Stunde der Befreiung würde also die Stunde der Volkstribunale und Mi-

---

[132] Vgl. S. 175.
[133] Vgl. Rigano, Partecipazione popolare, S. 611 ff.; Neppi Modona, L'attività legislativa del CLNRP,
S. 337 f.; Galante Garrone, Documenti, S. 10.

litärgerichte schlagen. Diesen Schluß legt zumindest die Generalanweisung des Befreiungskomitees für Norditalien vom 16. August 1944 nahe[134]. Darin rief das CLNAI die Befreiungskomitees der Regionen und Provinzen auf, alles zu tun, damit bei der Befreiung eine funktionsfähige Justiz bereitstünde: „Die Alliierten sollten eine politische Justiz vorfinden, die schon so gut funktioniert, daß sie kein Interesse daran haben, sie anzutasten; aus offenkundigen Gründen der [nationalen] Würde muß es das italienische Volk selbst sein, das die angemessenen Sanktionen gegenüber den Verantwortlichen für das autokratische Regime und das imperialistische Abenteuer verhängt." Administratives und politisches Kernstück dieser Abrechnungsplanungen waren von den Befreiungskomitees ernannte „Commissioni di giustizia", die politische Polizei und Ermittlungsbehörde in einem sein und sich in ihrer Arbeit nicht nur an Recht und Gesetz, sondern vor allem auch an „offenkundige Kriterien von politischer Zweckmäßigkeit" halten sollten. Die eigentlichen Verfahren sollten dann vor Schwurgerichten stattfinden, die sich freilich von den Schwurgerichten der traditionellen Art so sehr unterschieden, daß man sie besser als Volkstribunale bezeichnet, weil sie Legitimation und Sanktionskompetenz nicht mehr vom Staat, sondern ausschließlich von den in der Verfassung nirgends vorgesehenen Befreiungskomitees bezogen, die sowohl die Geschworenen wie auch die Richter und Staatsanwälte beriefen[135].

Die Prinzipien, die der Generalanweisung des CLNAI vom 16. August 1944 zugrunde lagen, standen bis zur Befreiung Norditaliens immer wieder im Mittelpunkt heftigster Debatten. Manchen regionalen Komitees ging der revolutionäre Bruch mit der traditionellen Justiz zu weit, andere hätten sich sogar noch größere Radikalität gewünscht, und da und dort änderte sich die Meinung über die Generalanweisung genauso oft wie die Zusammensetzung des Komitees. Letztlich aber behielten doch dieselben Kräfte die Oberhand wie im August 1944, so daß schließlich mit dem Gesetz über „die gerichtlichen Befugnisse des CLNAI" vom 25. April 1945[136] ein Abrechnungsmodell verabschiedet wurde, das wie die Leitlinien der Generalanweisung fast alles umstieß, was in der italienischen Justizgeschichte als heilig gegolten hatte. Das Gesetz sah in jeder Provinz die Bildung von „Volksgerichten" vor, die sich aus vier von den Befreiungskomitees vorgeschlagenen Geschworenen und einem Richter zusammensetzten, der vom „Befreiungskomitee der [betreffenden] Provinz in Übereinkunft mit dem ersten Präsidenten des Berufungsgerichts" bestellt wurde, der seinerseits von der Resistenza zu benennen war; die Volkstribunale sollten freilich erst nach Beendigung des Ausnahmezustandes tätig werden, der kurz vor oder unmittelbar nach der Befreiung verhängt werden würde – in dieser kurzen Zeitspanne von nur wenigen Tagen war die Ahndung von faschistischen Verbrechen Sache der Militärgerichte der Partisaneneinheiten.

Eine Staatsanwaltschaft alten Zuschnitts war in dem Gesetz überhaupt nicht vorgesehen. Ihre Rolle sollten die von den Befreiungskomitees beherrschten „Commissioni di giustizia" übernehmen, die – wie auch in der Generalanweisung

---

[134] Vgl. Ai CLN regionali e provinciali, 16. 8. 1944, in: Grassi, „Verso il governo del popolo", S. 157 ff.
[135] Ebenda.
[136] In: Grassi, „Verso il governo del popolo", S. 324–328.

vom 16. August 1944 geplant – politische Polizei und Ermittlungsinstanz, Vertreterin der Anklage und politisches Aufsichts- und Kontrollorgan der Gerichte sein sollten[137]. Damit war genau das erreicht worden, was ein Vertreter der kommunistischen Partei im Herbst 1944 gefordert hatte, nämlich die Schaffung von Sondergerichten, „die dem gegenwärtigen historischen Moment gemäß und dem Geist des Volkes verwandt sind, etwas außerordentliches, so wie auch die Aufgabe außerordentlich ist, die ihnen übertragen worden ist". Diese Gerichte sollten in der Lage sein, „wenn nötig, den juristischen Grundsätzen, wie immer diese sein mögen, anständige und gerechte Kriterien entgegenzustellen, die sich aus politischen Zwecken ergeben"[138].

Drei Tage vor dem Erlaß der Resistenza-Direktive, am 22. April 1945, hatte die Regierung in Rom ein Gesetz verabschiedet, das ebenfalls der strafrechtlichen Ahndung von faschistischen Verbrechen dienen sollte[139]. Die Unterschiede konnten kaum größer sein. Sie betrafen die Zusammensetzung und die Funktionsweise der Gerichte, vor allem aber die Personengruppe, die es zur Verantwortung zu ziehen galt. Denn während das staatliche Gesetz nur auf die Verbrechen des Kollaborationsfaschismus von Salò seit 1943 zielte, bezog sich das Gesetz der Resistenza auf die gesamte Verbrechensgeschichte des Faschismus seit 1922, also auch auf die Gründerväter und Aktivisten der ersten Stunde, „die schuldig waren: an der Abschaffung der verfassungsgesetzlichen Garantien mitgewirkt, die Freiheitsrechte des Volkes zerstört, das faschistische Regime geschaffen, das Geschick des Vaterlandes kompromittiert, es verraten und in die augenblickliche Katastrophe geführt zu haben", und auf diejenigen Verbrecher, „die faschistische Squadren organisiert, Gewalttaten begangen und Verwüstungen angerichtet sowie […] den Aufstand vom 28. Oktober 1922 befohlen und ausgeführt haben"[140].

Diese Bestimmungen erinnern an umfassend angelegte Abrechnungskonzepte aus den Jahren 1943/44, und tatsächlich stammen sie wörtlich aus der Magna Charta der politischen Säuberung in Italien vom 27. Juli 1944, die ansonsten aber mit keiner Silbe erwähnt wird – weder das Hochkommissariat noch die Alta Corte di Giustizia, die ja eigentlich für die Aburteilung der Regimeprominenz zuständig war. Inhaltlich, so wird man diesen stillschweigenden Rückbezug auf das Juli-Gesetz deuten dürfen, war die Resistenza mit vielem durchaus einverstanden, was die Regierung sich in puncto Säuberung vorgenommen hatte. Sie hatte aber längst jeden Glauben verloren, daß man in Rom genügend politischen Willen und Durchsetzungskraft besaß, den eigenen Vorsätzen Geltung zu verschaffen. Auch deshalb empfahl es sich, nicht zu warten, bis staatliche Gerichte tätig werden konnten, sondern selbst zu richten – durch Volkstribunale, die sich von rechtsstaatlichen Fesseln fast ganz befreit fühlen konnten und nur auf eines wirklich

[137] Vgl. Regolamento per il funzionamento delle commissioni di giustizia, 20.4.1945, in: Ebenda, S. 316–321.
[138] Text der Forderung vom 26.10.1944, zit. nach Rigano, Partecipazione popolare, S. 598.
[139] Vgl. Decreto Legislativo Luogotenenziale, 22.4.1945, Nr. 142: Istituzione di Corti straordinarie di Assise per i reati di collaborazione con i tedeschi, in: Supplemento ordinario alla Gazzetta Ufficiale, Nr. 49, 24.4.1945.
[140] Decreto sui poteri giurisdizionali del CLNAI, 25.4.1945, in: Grassi, „Verso il governo del popolo", S. 325.

Rücksicht nehmen mußten: auf den wütenden Abrechnungswillen einer aufgebrachten Öffentlichkeit.

Ähnliche Motive lagen der Entscheidung der norditalienischen Befreiungskomitees zugrunde, sich nicht auf die Säuberungsmaschinerie zu verlassen, die von
der Militärregierung und dann von der italienischen Regierung in Gang gesetzt
werden würde, sondern ein eigenes Verfahren zur Personalsäuberung im öffentlichen Dienst und in anderen gesellschaftlichen Bereichen zu etablieren. Den ersten
Schritt dazu machte – soweit bekannt ist – das Befreiungskomitee von Piemont
bereits am 4. Februar 1944, als es den Offizieren und Unteroffizieren der italienischen Streitkräfte, die am 8. September 1943 unter Waffen gestanden und sich
dann faschistischen Verbänden oder der deutschen Wehrmacht zur Verfügung gestellt hatten, sowie den Polizeikräften im Dienste der „Nazifaschisten" die auto-
matische Entlassung und den Verlust aller Pensionsansprüche androhte[141]. Das
gleiche Schicksal erwartete, so die Quintessenz einer Bestimmung vom 9. März
1944, die Leiter von öffentlichen Verwaltungen, von Organen der Justiz, von
Schulen und anderen Bildungseinrichtungen, wenn sie den Eid auf die Republik
von Salò geleistet hatten[142]. Etwas behutsamer sollte hingegen mit den kleinen
und mittleren Angehörigen des öffentlichen Dienstes, die dem Regime von Salò
ebenfalls Treue geschworen hatten, sowie den Bossen und Bediensteten der Privatwirtschaft umgegangen werden[143]; sie unterlagen nicht irgendeinem Automatismus, sondern sollten sich nach Kriegsende einem Säuberungsverfahren unterziehen müssen.

Die Befugnis dafür sollte nach dem Willen des piemontesischen Befreiungskomitees nicht bei der Verwaltung liegen; wohin das führte, auf welche politischen
und sozialpsychologischen Hemmnisse man dabei traf, hatten sowohl das von Badoglio als auch das von der Regierung Bonomi ins Werk gesetzte Verfahren zur
Genüge bewiesen. Das Befreiungskomitee verließ sich auch hier lieber auf sich
selbst und rief mit Gesetz vom 28. November 1944 „Commissioni provinciali" ins
Leben, die ihm direkt unterstellt und aus Mitgliedern der antifaschistischen Parteien zusammengesetzt waren; diese sollten in erster Instanz urteilen, in der Revision entschieden dann die Befreiungskomitees selbst[144].

Regelungen solcher Art, die sich fundamental von den Säuberungsrichtlinien
der Regierung unterschieden, traf auch das zentrale Befreiungskomitee für Norditalien[145]. Ihm war es ebenso wie dem Befreiungskomitee von Piemont vor allem
um zweierlei zu tun: Die Personalsäuberung sollte nicht beim öffentlichen Dienst
stehenbleiben, sondern auch auf die Privatwirtschaft ausgedehnt werden – was am
26. Oktober 1944 geschah –, und es sollte ein möglichst einfaches Verfahren mit
unmißverständlichen Entlassungskriterien gefunden werden, das keinen Raum

[141] Vgl. Neppi Modona, L'attività legislativa del CLNRP, S. 324 f.
[142] Ebenda.
[143] Ebenda, S. 326.
[144] Ebenda. Zur Diskussion über die Schaffung von Säuberungskommissionen der Befreiungskomitees vgl. auch Rugafiori, Resistenza e Ricostruzione in Liguria, S. 81, 91, 200, 211, 218 f., 224, 227,
236 und 244 f.
[145] Vgl. Decreto sulle sanzioni da applicare agli ufficiali delle forze armate e ai pubblici funzionari,
14. 9. 1944, und Delibera sulle commissioni di epurazione, 26. 10. 1944, in: Grassi, „Verso il governo del popolo", S. 171 f. und 199 f.

für juristische Spitzfindigkeiten bot und niemandem erlaubte, sich einem Verfahren zu entziehen. Im Bemühen, größtmögliche Einfachheit und Praktikabilität zu erreichen, ging das CLNAI sogar noch weiter als das Befreiungskomitee von Piemont. Wäre sein Gesetz zum Zuge gekommen, hätten alle Offiziere und Unteroffiziere der Streitkräfte von Salò und alle staatlichen Bediensteten von Salò, die „am Tage der Befreiung Dienst taten", ihre Posten verloren; ausgenommen davon waren nur diejenigen, die zweifelsfrei beweisen konnten, daß sie Sabotageakte gegen die Republik von Salò unternommen oder die Resistenza aktiv unterstützt hatten[146].

Dem CLNAI-Gesetz vom 25. April 1945 und den Epurazione-Regelungen der Resistenza wird vor allem von der linksorientierten Geschichtsschreibung ein exzeptioneller Platz in der italienischen Justizgeschichte zugewiesen und selbstverständlich der Vorzug gegeben vor den staatlichen Gesetzen, die sich auf Personalsäuberung und strafrechtliche Ahndung bezogen. Solche Urteile sind aber ebenso einseitig wie übertrieben, ein wissenschaftlicher Vergleich beider Modelle ist zudem so gut wie unmöglich: Das Gesetz vom 25. April war nämlich – wie noch genauer gezeigt werden wird – nur wenige Tage in Kraft, und auch die Säuberungsrichtlinie des CLNAI ist nicht dauerhaft wirksam geworden. Niemand vermag deshalb zu ermessen, welche Konsequenzen sich ergeben hätten, wäre der „Wille des Volkes", wie es anmaßend hieß, tatsächlich zur obersten Richtschnur der Abrechnung mit dem Faschismus geworden. Zu vermuten ist aber doch, daß die Pauschalmaßnahmen der Resistenza nicht zuletzt wegen der gravierenden rechtsstaatlichen Defizite auf Kosten der historischen Gerechtigkeit gegangen wären und zugleich viel größeren Schaden angerichtet hätten als der, der wegen der Unzulänglichkeiten, Fehler und Schwerfälligkeiten der staatlichen Gesetze entstand. Vor allem die Pläne für die Personalsäuberung waren ohne Maß und Ziel, sie orientierten sich nicht an vergangener Belastung oder zukünftiger Gefährlichkeit, sondern ausschließlich an der Tatsache, ob einer zum Zeitpunkt der Befreiung in den Diensten der Regierung von Salò stand oder nicht. Radikaler, aber auch unangemessener und totalitärer ist die Generalächtung der Kollaborateure nirgends propagiert worden.

Sieht man einmal von solchen Grundgebrechen ab, die sich wohl auch dem aufgeheizten Klima der Konfrontation verdankten, in dem sie entstanden, so wird man feststellen müssen, daß sich die Resistenza 1944/45 ein äußerst ambitioniertes Programm zur Abrechnung mit dem Faschismus zurechtgelegt hatte. Sie handelte hier wie auch in allen anderen Fragen völlig souverän und ganz so, als wäre das, was sie plante und vorbereitete, auf Dauer angelegt. Dabei mußte den führenden Köpfen der Befreiungskomitees klar vor Augen stehen, daß ihrer Macht Grenzen gezogen waren und daß diese von der Regierung in Rom und zunächst vor allem von der Militärregierung bestimmt wurden. Nichts anderes besagten die römischen Verträge vom Dezember 1944[147], in denen schwarz auf weiß zu lesen war, daß sich die Resistenza der Autorität der Militärregierung und der italienischen

---

[146] Decreto sulle sanzioni da applicare agli ufficiali delle forze armate e ai pubblici funzionari, 14. 9. 1944, in: Ebenda, S. 171 f.
[147] Vgl. S. 246.

Regierung zu beugen habe, und nichts anderes hatten die Unterredungen mit Aldobrando Medici Tornaquinci, dem Staatssekretär für das besetzte Italien, ergeben, der Ende März/Anfang April 1945 die Untergrundzentralen der Resistenza in Norditalien besucht hatte, um die Befreiungskomitees daran zu erinnern, daß ihre Machtbefugnisse mit der Ankunft der Alliierten erlöschen würden[148].

Über den Dispositionen der Resistenza für die Zeit nach der Befreiung lag mithin ein tiefer Schatten der Vergeblichkeit. Gerade auf dem Felde der Abrechnung mit dem Faschismus war nicht zu übersehen, daß der ungeheure Aufwand, den die Befreiungskomitees bei der Erarbeitung von Gesetzen und Verordnungen trieben, in einem äußerst ungünstigen Verhältnis zur Möglichkeit stand, diesen Regelungen einmal Geltung zu verschaffen. Die Alliierten „sind kategorisch gegen Volkstribunale", und auch sonst seien revolutionäre Experimente mit ihnen nicht zu machen, so Medici Tornaquinci zu den Repräsentanten der norditalienischen Resistenza[149], die damit von einem Vertreter der Regierung in Rom das gleiche zu hören bekamen, was ihnen alliierte Offiziere schon mehrfach gesagt hatten. Es gab nur eine einzige Möglichkeit, die Konzepte der Befreiungsbewegung zur Anwendung zu bringen, und diese bestand darin, daß die Befreiungskomitees vor der Ankunft der Alliierten die Macht an sich rissen und vollendete Tatsachen schufen, die niemand mehr zu revidieren vermochte. „Natürlich können uns die Alliierten ihren Willen aufzwingen, wenn sie ankommen", meinte der kommunistische Vertreter im Befreiungskomitee von Piemont Anfang April 1945, „aber bis dahin werden wir uns in den Gerichten an die Grundsätze und Regeln halten, die wir uns selbst zurechtgelegt haben."[150]

Das hieß nicht mehr und nicht weniger als: „l'insurrezione nazionale di tutto il popolo", Aufstand des Volkes vor dem Eintreffen der alliierten Streitkräfte. Debatten darüber hatte es in den Befreiungskomitees schon das ganze Jahr 1944 über gegeben, aber erst mit der rapide fortschreitenden militärischen Erschöpfung der deutschen Wehrmacht und den gleichzeitigen Triumphen der Anti-Hitler-Koalition im Frühjahr 1945 hatten die Aufstandsplanungen konkrete Gestalt gewonnen. Treibende Kraft dabei waren die Linksparteien und namentlich die Kommunisten, die in der bewaffneten Erhebung „den natürlichen Epilog eines langen Kampfes"[151] erblickten. In ihren Augen wären die Opfer und Entbehrungen vergeblich und politisch sinnlos gewesen, wenn die Resistenza im Schlußfinale abstinent geblieben wäre oder sich mit einer marginalen Rolle abgefunden hätte. Weniger als eine Hauptrolle durfte es für die Befreiungsbewegung nicht geben: Das verlangte der Patriotismus, der die Partisanen beseelte, und das gebot das damit eng verknüpfte Bedürfnis nach Rehabilitierung der nationalen Würde, die es nicht zuletzt gegenüber den Alliierten zu behaupten galt[152].

---

[148] Vgl. Neppi Modona, L'attività legislativa del CLNRP, S. 355 f.; Testo dell'accordo fra il rappresentante del Governo e il CLNAI, 29. 3. 1945, in: Grassi, „Verso il governo del popolo", S. 291 ff.; Resistenza e governo italiano nella missione Medici-Tornaquinci, in: MLI 1953, Nr. 24 und 25, S. 3–38 und 25–59.

[149] Zit. nach Neppi Modona, L'attività legislativa del CLNRP, S. 355; vgl. auch Bocca, Storia dell'Italia Partigiana, S. 580–583.

[150] Zit. nach Galante Garrone, Documenti, S. 26.

[151] Spriano, Storia del Partito comunista italiano, Bd. 5, S. 542.

[152] Vgl. ebenda, S. 541.

Die kommunistische Partei hatte freilich noch weitere, kaum weniger gewichtige Gründe, wenn sie auf eine nationale Erhebung pochte. Ihr ging es auch darum, im Befreiungskampf den Mythos zu schaffen, das Land habe aus eigener Kraft die Fesseln von Faschismus und Fremdherrschaft abzustreifen vermocht, und den unbestreitbar großen Beitrag, den sie selbst und die von ihr angeleitete Arbeiterklasse dazu geleistet hatte, als nationale Großtat herauszustellen. Der PCI knüpfte damit an die populäre Vorstellung an, die staatliche Einigung im 19. Jahrhundert sei einem feindlichen Ausland abgetrotzt worden, und zwar nicht nur von Cavour und dem Hause Savoyen, sondern vor allem dank einer breiten levée en masse im Risorgimento. Die Resistenza war in dieser Perspektive gleichsam das zweite, von den Kommunisten inspirierte und getragene Risorgimento, dem die Nation ihre Revitalisierung und ihren Fortbestand zu verdanken habe.

Die kommunistische Partei tat deshalb alles, was in ihren Kräften stand, um das große Ziel der nationalen Erhebung nicht zu verfehlen. Jede Form des Attentismus, so schärften Togliatti, Longo und Secchia ihren Genossen immer wieder ein, gelte es zu bekämpfen, jede Annäherung von faschistischen Kreisen oder der deutschen Wehrmacht, die auf eine friedliche Kriegsbeendigung zielte, energisch zurückzuweisen und jeden Versuch der Alliierten oder der katholischen Kirche, die Partisanen zur Zurückhaltung zu bringen, zu ignorieren. „Unsere Partei und die Genossen, die sie repräsentieren, dürfen auf keinen Fall [...] Vorschläge, Ratschläge oder Pläne akzeptieren, die darauf hinauslaufen, die nationale Erhebung des ganzen Volkes zu be- oder zu verhindern", so hieß es in der berühmten Direktive Nr. 16 der Parteiführung vom 10. April 1945[153]. Klar war dabei auch, daß alles vermieden werden mußte, was den Anschein erwecken konnte, die Erhebung sei eine Sache der kommunistischen Partei und diene revolutionären Zwecken. Auf keinen Fall durfte es zu einer Wiederholung der Ereignisse in Griechenland kommen, wo die Kommunisten im Dezember 1944 einen Aufstand gegen die Regierung inszeniert hatten, der von britischen Truppen niedergeschlagen worden war. Togliatti schleuderte deshalb immer wieder zornige Blitze der Empörung gegen die Linksabweichler in seiner Partei, und er rief den revolutionären Hitzköpfen mehr als einmal in Erinnerung, der PCI dürfe sich nicht isolieren, die „insurrezione" müsse ganz im Zeichen eines breiten nationalen Konsenses stehen und habe einzig und allein der Befreiung von Faschismus und Fremdherrschaft zu gelten. Nur im äußersten Notfall, wenn sich in den übrigen Parteien des Befreiungskomitees die Zauderer durchsetzen würden, sollte die Partei alleine losschlagen, dabei aber „versuchen, so viele andere Kräfte wie möglich mitzureißen, und immer im Namen des Befreiungskomitees handeln und unter dem politischen Motto der Einheit aller Kräfte des Volkes für die Vertreibung der Deutschen und der Faschisten"[154].

Die Befürchtungen der Kommunisten, die „insurrezione" könne gleichsam in letzter Sekunde sabotiert werden, waren übertrieben. In den bürgerlichen Parteien gab es zwar tatsächlich nicht wenige, die zur Vorsicht rieten und eher auf eine Verhandlungslösung mit der Wehrmacht und den Söldnern von Salò setzten,

---

[153] Zit. nach ebenda, S. 539.
[154] Direktive Nr. 16 zit. nach ebenda.

weil sie glaubten, damit unnötiges Blutvergießen verhindern zu können. Letztlich vermochten aber auch sie sich der mitreißenden Dynamik nicht zu entziehen, die die Resistenza im Frühjahr 1945 angesichts des nahen Triumphes entfaltete. Die Befreiungsbewegung in ihrer Gesamtheit wollte schließlich den Aufstand, sie bedurfte seiner, wie Giorgio Bocca treffend schrieb, „als Würdigung von zwanzig Monaten Kampf, als [...] feierliche Proklamation des Willens des italienischen Volkes, sich zu rehabilitieren und selbst zu regieren, als Besiegelung der wiedergewonnenen nationalen Würde"[155].

So ist denn im Befreiungskomitee für Norditalien der Entschluß zum bewaffneten Aufstand auch einstimmig gefällt worden. Niemand sprach dagegen, keiner ließ irgendwelche Vorbehalte erkennen. Dieselbe Einmütigkeit herrschte im übrigen auch, als das CLNAI in den Tagen vor der Befreiung eine Reihe von Proklamationen und Gesetzen verabschiedete, die den Faschisten und Kollaborateuren nichts Gutes verhießen: etwa das Gesetz über die „Kapitulation der Nazifaschisten" vom 19. April, die Erklärung über die „Zerstörung von Wirtschaftsgütern" vom 20. April, die „Proklamation des Ausnahmezustandes" vom 25. April oder die „Deklaration über die Übernahme der Verwaltungs- und Regierungsgeschäfte" vom 26. April[156]. Die faschistischen Formationen und die republikanischen Militärverbände seien aufgelöst, sie müßten ihre Waffen strecken und ihre Gewehre und Geschütze abliefern, so hieß es etwa in der Erklärung über den Ausnahmezustand. Wer sich dem nicht sofort fügte, konnte auf der Stelle hingerichtet werden. Das gleiche Schicksal drohte jenen Faschisten, die bei der Zerstörung von Wirtschaftsgütern mitwirkten, und nichts Besseres hatte der zu erwarten, der nach der Verhängung des Ausnahmezustandes mit der Waffe in der Hand angetroffen wurde.

Gewiß, an solchen martialischen Losungen ist nichts Ungewöhnliches. Sie gehören zum Prozeß der Kriegsbeendigung wie Gewitter zum Wetter. Gleichwohl stellt sich die Frage: Was bewirkten sie in der aufgeheizten Endphase eines Bürgerkrieges, wo ja nicht an Ordnung und Disziplin gewöhnte Divisionen und Armeen die Waffen niederlegten, sondern hochgradig ideologisierte, auf Vergeltung brennende und durch kein militärisches Reglement gebundene Heerhaufen als Befreier auftrumpften? Mußten die heißblütigen Revolutionäre der kommunistischen Partei, die Togliattis Strategie nie gebilligt oder in ihr nur ein Täuschungsmanöver gesehen hatten, in solchen Losungen nicht das Signal für den gewaltsamen Umsturz von Staat und Gesellschaft erkennen, das sie so sehr ersehnten? Entstand dadurch im Bewußtsein der Partisanen nicht die Vorstellung, in einem rechtsfreien Raum zu agieren, in den sie kraft ihrer Legitimation als siegreiche Bewegung hineinstoßen konnten und dabei nach Kriterien richten durften, die sie allein bestimmten? Würde das Rechtsvakuum nicht gerade von den zahlreichen, vom Befreiungsethos der Resistenza kaum erfaßten Opportunisten und Konjunk-

---

[155] Bocca, Storia dell'Italia Partigiana, S. 586.
[156] Vgl. Grassi, „Verso il governo del popolo", S. 308 f., 311 f., 323 f., 331. Vgl. auch Arrendersi o perire! Agli ufficiali, sottufficiali, soldati delle forze armate fasciste, ai funzionari statali e parastatali del cosiddetto governo fascista repubblicano; agli ufficiali, sottufficiali, soldati delle forze armate tedesche, ai funzionari dell'apparato di occupazione germanico, 19. 4. 1945, in: Ebenda, S. 309 ff.

turrittern genutzt werden, die sich der Befreiungsbewegung erst im letzten Moment und aus ganz eigensüchtigen Motiven angeschlossen hatten?

Fragen über Fragen, und wieder bleibt nichts als das Eingeständnis, daß wohl
niemand befriedigende Antworten auf sie zu geben vermag. Klar dürfte aber doch
sein, daß die einzige Chance der Resistenza, ihre eigenen, 1944/45 erarbeiteten
Säuberungs- und Abrechnungsmodelle zur Anwendung zu bringen, mit einem
beträchtlichen Risiko verbunden war – mit dem Risiko nämlich, daß sich im bewaffneten Aufstand durch nichts gezügelte Abrechnungsenergien mit einem aus
dem Gefühl jahrzehntelanger Unterdrückung gespeisten klassenkämpferischen
Umsturzwillen und opportunistischen Beweggründen zu einem Rache- und Vergeltungsfuror verbinden könnten, der zahlreiche Opfer fordern mußte.

Abrechnungsfuror oder
soziale Revolution?

Lynchjustiz, Volkstribunale und
außerordentliche Schwurgerichte nach der Befreiung

In der Fotoabteilung der National Archives in Washington wird ein Bild ver-
wahrt, das niemanden gleichgültig läßt. Es zeigt den Leichnam eines Mannes, der
entsetzlich zugerichtet ist. Hinge nicht ein Namensschild um seinen Hals, keiner
vermöchte zu sagen, um wen es sich handelt. Der Kopf ist eingeschlagen und so
deformiert, daß man Mühe hat, Augen, Nase und Mund zu erkennen. Tiefe Wunden ziehen sich über den kahlen Schädel, Stirn und Kinn sind zerschunden, auf
Oberlippe, Nase und Wangen verraten kleine, tiefe Brandstellen, daß dort Ziga-
retten ausgedrückt wurden. Der Tote trägt ein weißes, kurzärmeliges Unterhemd,
das über und über blutverschmiert ist, und eine Reithose, wie sie zur Offiziersuni-
form der faschistischen Miliz gehört; auch sie ist arg mitgenommen, die Leiche ist
offenbar lange auf dem Boden dahingeschleift und mit Unrat beworfen worden.
Dicht neben dem Mann liegt eine Frau, sie ist ebenfalls tot und von den Furien der
Leichenschändung schwer mißhandelt worden. Ihr Kopf mit dem aufgeschürften
Gesicht ist dem Manne zugeneigt, ganz so wie sie ihm zu Lebzeiten zugeneigt gewesen war. Die Tote heißt Claretta Petacci; sie war die Geliebte des Mannes, den
das Pappschild mit der Registriernummer 167 als: Mussolini, Benito, Herkunft: –,
ausweist[1].

1. Das blutige Ende von Salò

Mussolini hatte nach seiner Befreiung im September 1943 als Chef der Republik
von Salò alles versucht, um dem von den Deutschen wiedererweckten Faschismus
ein wenig eigenes Leben einzuhauchen und die kriegs- und politikmüde Bevölkerung Nord- und Mittelitaliens für die korrigierte Neuauflage des am 25. Juli 1943
eingestürzten Regimes zu gewinnen. Doch was er auch tat, nichts gelang – weder
die Schaffung einer neuen Armee, die ihm etwas Spielraum gegenüber dem Achsenpartner hätte verschaffen können, noch die Revitalisierung der faschistischen
Partei und auch nicht die späten Sozialismus-Experimente, die er in der Hoffnung
eingeleitet hatte, die rebellierende Arbeiterschaft auf seine Seite ziehen zu können.
Der Duce kam aus dem Schatten nicht heraus, den die in der Bevölkerung zuneh-

---

[1] Das beschriebene Foto findet sich in der Pictures Branch der National Archives, Washington D.C.,
unter der Registriernummer Mailand, SC 208241.

mend verhaßte deutsche Besatzungsmacht warf. Er war und blieb der Gefangene seiner Befreier, die ihn skrupellos für ihre Zwecke mißbrauchten.

Als Anfang April 1945 die alliierte Frühjahrsoffensive begann, war das Spiel von Salò endgültig aus. Mussolini machte sich darüber keine Illusionen: Die 5. US-Armee, die den Stoß gegen Bologna führte und den Angriff auf der westlichen Stiefelseite vortrug, und die 8. britische Armee, die an der Adriaflanke operierte und Venedig als Ziel vor Augen hatte, durchbrachen binnen weniger Tage die Gotenlinie der Deutschen, die sich im Herbst 1944 noch als unüberwindlich erwiesen hatte. Am 11./12. April eroberte die 5. Armee Massa Carrara, am 21. April fiel Bologna, und kurz darauf standen die alliierten Einheiten am Po, ohne daß die planlos zurückflutende Wehrmacht auch nur die Chance gehabt hätte, sich wieder etwas zu fangen. Ermutigt durch die raschen Erfolge der Alliierten hatte sich gleichzeitig überall die Resistenza aus ihren Deckungen und Unterschlüpfen erhoben und zum bewaffneten Aufstand, dem Schlußakt des nationalen Befreiungskrieges, angesetzt[2].

Ganz Norditalien, auch die Regionen nördlich des Po, die nominell noch in deutscher Hand waren, befand sich in gespannter Erwartung oder schon in hellem Aufruhr. In der vierten Aprilwoche legten in Mailand, Turin, Genua und den anderen größeren Städten Hunderttausende von Arbeitern und Angestellten auf ein Zeichen des CLNAI, des Befreiungskomitees für Norditalien, die Arbeit nieder. Die Maschinen von FIAT, Lancia und Pirelli standen ebenso still wie die öffentlichen Verkehrsmittel. Eine gespenstische Ruhe bemächtigte sich für kurze Zeit der Städte, dann brach nicht nur im Triangolo industriale, sondern überall, auch in entlegenen Bergdörfern und schwer zugänglichen Tälern, der große Sturm los. Am 24. April erhob sich Genua und verjagte die deutschen Besatzer und die Faschisten von Salò. Wenig später folgten Mailand und Turin, und am 30. April konnte Lt. Gen. Mark W. Clark, der Oberbefehlshaber der 15. Army Group, feststellen: „Die militärische Kraft der Deutschen in Italien ist praktisch erloschen."[3]

Mussolini war zu diesem Zeitpunkt schon tot. Er hatte am 18. April seinen goldenen Käfig am Gardasee verlassen und den Sitz seiner Regierung nach Mailand verlegt, in die Stadt also, wo der Faschismus mehr als zwanzig Jahre zuvor gestartet war. In Mailand, so hoffte er, würde er sich der deutschen Kontrolle besser entziehen können als am Gardasee. Was er aber mit der neugewonnenen Freiheit anfangen sollte, wußte er selbst nicht genau: Sich von Hitler lossagen und mit dem antifaschistischen Befreiungskomitee oder mit den Alliierten verhandeln, um eine „italienische Lösung" des Krieges zu finden[4]? Sich in die Schweiz oder nach Spanien absetzen, wo Franco ihm vielleicht Schutz gewährt hätte? Doch mit den Deutschen nach Tirol gehen? Sich in Mailand verbarrikadieren und die Stadt in ein „italienisches Stalingrad" verwandeln? Oder mit dem letzten Aufgebot in das Veltlin ziehen und sich dort – wer weiß mit welchen Zielen – verschanzen?[5]

---

[2] Vgl. Fisher, Cassino to the Alps, S. 437–512; Grassi, „Verso il governo del popolo", insbesondere S. 264–336.

[3] Zit. nach der Rede von Stone vor dem Advisory Council for Italy, 4. 5. 1945; Protokoll der 35. Sitzung, in: NA, RG 331, Chief Commissioner, box 23.

[4] Vgl. Deakin, Brutale Freundschaft, S. 891.

[5] Vgl. ebenda, S. 891–914; Kirkpatrick, Mussolini, S. 559–563; Giorgio Bocca, La Repubblica di Mussolini, Bari 1977, S. 323–335.

Letztlich aber war Mussolini unfähig, eine Entscheidung zu treffen. Einen ehrenvollen Abgang von der politischen Bühne, die er 1943 nur mehr widerwillig betreten hatte, gab es nicht; sowohl die Alliierten als auch die Resistenza verlangten seine bedingungslose Kapitulation. Mussolini wich deshalb nur immer weiter zurück und überließ es schließlich fast dem Zufall, was mit ihm geschah. Am 25. April, nach einer Woche hektischer Verhandlungen und kopfloser Unterredungen, wurde es ihm in Mailand, wo es von Partisanen nur so wimmelte, zu gefährlich. Das gut 50 Kilometer weiter nördlich gelegene Como schien sicherer zu sein; dort traf er am Abend des 25. April ein. Mussolini gebot um diese Zeit nur noch über einige Tausend bewaffneter Milizionäre. Die allgemeine Absetzbewegung vom Faschismus hatte in den zurückliegenden Wochen und Monaten auch die Funktionäre und Ideologen von Salò erfaßt. Im April 1945 gewann sie immer größere Dynamik, und schließlich riß sie alle diejenigen mit, die nicht längst alle Brücken hinter sich abgebrochen hatten oder dem Duce in besonderer Weise verbunden waren. Der eine arrangierte sich mit den Partisanen, der andere suchte Schutz bei der Kirche, der dritte setzte sich mit den Alliierten ins Benehmen – und viele verkrochen sich einfach dort, wo sie sich am sichersten fühlten. „Die großen und die kleinen Ratten", so hat Leo Valiani damals treffend geschrieben, „sind gleichermaßen begierig, das untergehende Boot zu verlassen."[6]

Mussolini rührte keinen Finger, dem allgemeinen „Rette sich, wer kann" Einhalt zu gebieten. Im Gegenteil: Als er vor seiner Abfahrt aus Mailand erfuhr, daß die Deutschen und die Alliierten dabei waren, sich auf einen Waffenstillstand zu verständigen, entband er alle Mitglieder der Partei und die Streitkräfte von ihrem Treueid. Niemand schuldete ihm mehr Gehorsam, jeder sollte selbst sehen, wo er blieb. Auch in Como wurde Mussolini das Pflaster bald zu heiß. Im Morgengrauen des 26. April ließ er erneut aufbrechen und die „seltsame Fahrt" fortsetzen, die „keinen Sinn [hatte] und [...] auf keine Lösung" zielte, wenn nicht auf die, das Ende noch ein wenig aufzuschieben[7]. Die Reise führte weiter nach Norden, dem westlichen Seeufer entlang nach Menaggio. In seiner Begleitung befand sich neben einer kleinen deutschen Wachmannschaft, die sich einfach nicht abschütteln ließ, eine Gruppe von Ministern, Parteibonzen und heillos Duce-Gläubigen. Sie alle hofften in ihrer Verzweiflung noch immer auf eine Rettung in der Schweiz oder im Veltlin, obwohl sie doch wissen mußten, daß der Weg in das Nachbarland abgeschnitten war und das Gebirgstal zwischen Sondrio und Morbegno von Partisanen kontrolliert wurde.

In Menaggio, das man noch am 26. April erreichte, begann die letzte Etappe der Odyssee. Mussolini schloß sich dort einer etwa 200 Mann starken deutschen Flakeinheit an, die sich in der allgemeinen Auflösung der Wehrmacht selbständig gemacht hatte und nach Tirol durchbrechen wollte. Was hatte er in den zurückliegenden Jahren nicht alles getan, um sich aus der deutschen Bevormundung zu lösen? Nun legte er sein Schicksal doch wieder in deutsche Hände. Führte dabei nur der Zufall Regie oder war hier auch die fatale Logik des deutsch-italienischen

---

[6] Leo Valiani, Tutte le strade conducono a Roma, Bologna 1983, S. 238.
[7] Deakin, Brutale Freundschaft, S. 915.

Achsenbündnisses am Werk? Wie ein großer Magnet die Eisenspäne, so hatten die Nazis Mussolini seit den dreißiger Jahren angezogen und schließlich so fest an sich gebunden, daß eine Trennung nicht mehr möglich war – nicht einmal im Untergang, als die Zeit Mussolinis schon fast abgelaufen war.

Weit kam der deutsch-italienische Trupp, der Menaggio am Morgen des 27. April verließ, auf den engen Uferstraßen des Comer Sees nicht. Kurz vor Dongo wurde er von kommunistischen Partisanen gestoppt, die zunächst die Kapitulation verlangten, nach endlosen Verhandlungen dann aber doch bereit waren, die deutschen Soldaten ziehen zu lassen; italienische Staatsbürger, so lautete die Forderung der Partisanen, müßten bleiben. Mussolini, der sofort erkannte, daß die Deutschen um seinetwillen nichts riskieren wollten, warf sich daraufhin den Mantel eines deutschen Unteroffiziers über, setzte einen Stahlhelm auf und kauerte sich in einen Lastwagen. Ein Zurück gab es nicht mehr, nur noch die leise Hoffnung, von den Partisanen nicht entdeckt zu werden[8].

Aber diese Hoffnung trog. Der Duce wurde erkannt und festgenommen, während die deutsche Flakeinheit ihren Weg fortsetzte. Die 52. Garibaldi-Brigade, die den Duce nun in ihrem Gewahrsam hatte, war natürlich stolz auf den Fang, der ihr gelungen war, zugleich aber auch ziemlich verunsichert, denn niemand hatte Vorkehrungen für einen solchen Fall getroffen. Sicher war nur eines: Mussolini durfte keinesfalls in die falschen Hände geraten – nicht in die der Faschisten oder der italienischen Regierung, aber auch nicht in die der Alliierten, die sich Ende April fieberhaft bemühten, ihn in ihre Gewalt zu bringen[9]. Der Duce wurde deshalb nach seiner Gefangennahme mehrmals verlegt; nur eine Handvoll kommunistischer Partisanen kannte sein Versteck. Die Entscheidung über sein Schicksal sollte allein Sache der Resistenza sein.

Wer diese Entscheidung letztlich traf und wer sie vollstreckte, ist unklar. Akten dazu gibt es kaum, und von den unmittelbar Beteiligten hat jeder eine etwas andere Version erzählt. Am plausibelsten ist immer noch die Schilderung von Walter Audisio, einem im Spanischen Bürgerkrieg bewährten Kommunisten, der Mussolini am 28. April 1945 wahrscheinlich erschoß[10]. Seinem detaillierten Bericht zufolge fiel die Entscheidung, mit dem Duce kurzen Prozeß zu machen, im engsten militärischen Führungskreis der Resistenza, der sich dabei auf einen Beschluß des Befreiungskomitees von Oberitalien berief, die herausgehobenen Parteifunktionäre hinzurichten, wenn sie sich nicht freiwillig stellten. Alle, so Audisio, waren sich einig, daß es auf keinen Fall zu einem Gerichtsverfahren gegen Mussolini kommen sollte – etwa vor der Alta Corte di Giustizia in Rom, die für solche Zwecke eigentlich eingerichtet worden war, oder vor einem alliierten Gericht, das

[8] Vgl. ebenda, S. 916f.; Kuby, Verrat auf deutsch, S. 531–544; Urbano Lazzaro, Il compagno Bill. Diario dell'uomo che catturò Mussolini, Turin 1989, S. 110–146.

[9] Vgl. Pietro Secchia, Il Partito comunista italiano e la guerra di Liberazione 1943–1945. Ricordi, documenti inediti e testimonianze, Mailand 1973, S. 1051; Secchia/Frassati, La Resistenza e gli alleati, S. 363f.

[10] Vgl. Walter Audisio, In nome del popolo italiano, Mailand 1975, S. 334–393. Vgl. dazu auch L'Unità, 23.1., 24.1. und 25.1.1996, in der auf der Basis neu entdeckter Dokumente die Version von Audisio im wesentlichen bestätigt wird, sowie Bruno Giovanni Lonati, Quel 28 aprile. Mussolini e Claretta: la verità, Mailand 1994.

nach den Bestimmungen des Waffenstillstandes von 1943 für ein Verfahren gegen Mussolini zuständig gewesen wäre[11].

Audisio hatte mithin einen eindeutigen Befehl in der Tasche, als er sich auf den Weg nach Dongo machte. Er traf dort aber auf große Widerstände, die den Erfolg seiner Mission zeitweise ernstlich gefährdeten. Vor allem der Präfekt und das Befreiungskomitee von Como weigerten sich zunächst, die Weisung von oben zu akzeptieren und den prominenten Gefangenen herauszugeben; sie hätten Mussolini am liebsten in Mailand vor Gericht gestellt und lenkten erst ein, als Audisio und vor allem sein Begleiter Aldo Lampredi, auch er ein strammer Kommunist, den ganzen Einfluß ihrer Partei aufgeboten hatten. Am 28. April, gegen vier Uhr nachmittags, hatte Audisio sein Ziel erreicht: Er stand Mussolini und Claretta Petacci gegenüber, die alles getan hatte, um an der Seite ihres Geliebten bleiben zu können. „Oberst Valerio", so Audisios Kriegsname, spielte den beiden Gefangenen vor, zu ihrer Rettung gekommen zu sein, führte sie dann eilig zu seinem Wagen und fuhr mit ihnen zu einem Landhaus am Rande des Dorfes Giulino di Mezzegra. Dort mußten Mussolini und Claretta Petacci aussteigen, wenig später wurden sie umstandslos erschossen[12].

Audisios Auftrag war damit noch nicht erfüllt. Er kehrte eilends nach Dongo zurück, wo er sein „blutiges Handwerk"[13] an den Ministern und Parteibonzen fortsetzte, die am Morgen des 27. April Menaggio hinter sich gelassen hatten und dann zusammen mit Mussolini gefangengenommen worden waren. 15 von ihnen waren nach einem Beschluß des Kommandos der 52. Brigade[14] dem Tod geweiht[15]. Das bezog sich auf den unerbittlichen Prediger des Terrorismus, Alessandro Pavolini, auf die vier Minister Augusto Liverani, Fernando Mezzasoma, Ruggero Romano und Valerio Zerbino, ferner auf Paolo Porta, den Führer der faschistischen Partei in der Lombardei, und Alfredo Coppolo, den Rektor der Universität Bologna, sowie auf einen Piloten der italienischen Luftwaffe und einen ziemlich unbekannten Journalisten. Das Gesicht dem Comer See zugewandt, wurden sie gegen sechs Uhr nachmittags, etwa eine Stunde nach Mussolinis Tod, auf der Piazza in Dongo hingerichtet[16].

Mussolini war tot, doch das war den Protagonisten des Befreiungskomitees zu wenig. Der Tod des Duce durfte nicht in der Anonymität von Giulino di Mezzegra untergehen. Er verlangte nach Publizität, schließlich handelte es sich bei den Ereignissen vom Comer See nicht um eine lokale Tat. Hier war der Trennungsstrich zur faschistischen Vergangenheit gezogen worden, der weithin sichtbar werden sollte. „Es war nötig, sich vom Faschismus auf eine Weise loszulösen, die auch das Gefühl ansprach."[17] Der Leichnam Mussolinis und die übrigen Leichen

[11] Vgl. Hibbert, Mussolini, S. 312–316; Kirkpatrick, Mussolini, S. 571 f.; Corriere della sera, 9. 3. 1947; Audisio, In nome del popolo italiano; Secchia, Il Partito comunista e la guerra di Liberazione, S. 1051; Delzell, Mussolini's Enemies, S. 539 ff.; Valiani, Tutte le strade, S. 255 f.
[12] Vgl. Kirkpatrick, Mussolini, S. 573; Antonio Spinosa, Mussolini. Il fascino di un dittatore, Mailand 1989, S. 478 ff.
[13] Kirkpatrick, Mussolini, S. 573.
[14] Vgl. L'Unità, 23.1.1996 und Lazzaro, Compagno Bill, S. 172.
[15] Ebenda.
[16] Vgl. ebenda, S. 170–173.
[17] Zit. nach Pavone, Una guerra civile, S. 513.

wurden deshalb am 29. April 1945 in einem Möbelwagen nach Mailand gebracht und dort auf den Piazzale Loreto gekippt.

Der Ort war mit Bedacht und mit Sinn für Symbolik gewählt. Auf dem kleinen Platz waren im August 1944 auf deutschen Befehl fünfzehn italienische Geiseln von faschistischen Milizionären niedergestreckt und zur Abschreckung ausgestellt worden[18]. Dort wurde nun die Antwort darauf und auf die Entbehrungen und Opfer gegeben, die der Faschismus vor allem im Krieg gefordert hatte. Sie fiel so brutal aus, daß man am liebsten den Schleier des Vergessens darüber breiten möchte: Aus der ganzen Stadt strömten die Menschen auf dem Piazzale Loreto zusammen, um den toten Tyrannen und sein letztes Gefolge zu sehen. Es herrschte bald Volksfeststimmung, die freilich immer wieder in archaische Raserei umschlug. Junge Burschen trampelten auf den Toten herum. Einige Schaulustige hatten Gewehre und Pistolen mitgebracht und feuerten auf die Leichen. Andere spuckten oder schlugen mit Peitschen und Ochsenziemern auf sie ein. Einige Frauen genierten sich nicht einmal, über dem toten Duce ihre Notdurft zu verrichten.

Alles entlud sich nun, was sich in den zurückliegenden Jahren angestaut hatte: die Wut über die Zumutungen des Regimes, die Trauer über die persönlichen Verluste, wohl auch die Enttäuschung über die nicht eingehaltenen Versprechen Mussolinis, und nichts war widerwärtig genug, als daß die Menge davor zurückgeschreckt wäre. Ein kräftiger Partisan machte sich sogar den perversen Spaß, auf Zurufe der johlenden Menge hin einzelne Opfer hochzuhalten, so daß auch die weiter hinten Stehenden noch auf ihre Kosten kamen. Das ging eine Weile, bis schließlich jemand auf den Gedanken verfiel, Stricke zu besorgen und die Leichen kopfüber an einer Tankstelle aufzuhängen. Mussolini war der erste; unter Hohngeschrei wurde seine Leiche hochgezogen und dabei noch mit Steinen und Müll beworfen. Der tags zuvor in der Stadt aufgegriffene und im Schnellverfahren zum Tode verurteilte Achille Starace, in den dreißiger Jahren als Generalsekretär der Partei lange Zeit die rechte Hand Mussolinis, mußte diesem Schauspiel zusehen, ehe auch er hingerichtet und auf den Leichenhaufen geworfen wurde. Zuvor zwang man ihn noch, dem vor ihm baumelnden Mussolini mit dem römischen Gruß die letzte Ehre zu erweisen[19].

Die faschistischen Führer konnten bei Kriegsende nirgends auf Nachsicht hoffen – und zwar ganz gleich, ob den von ihnen repräsentierten Systemen und Kollaborations-Regimen von außen, von den Armeen der Anti-Hitler-Koalition, ein Ende bereitet wurde oder ob sie auch von innen, von nationalen Befreiungsbewegungen in einem erbitterten Partisanen- und Bürgerkrieg unterhöhlt worden waren. Wenn sie den Krieg überlebten und sich ihrer Verantwortung nicht durch Selbstmord oder Flucht entzogen, sahen sie 1945/46 in der Regel dem Todesurteil und der Hinrichtung entgegen. Das gilt für Quisling ebenso wie für Laval, für Mussert nicht weniger wie für Petain[20]. Keiner von ihnen aber wurde so erbärm-

[18] Vgl. Deakin, Brutale Freundschaft, S. 918.
[19] Vgl. Bocca, La Repubblica di Mussolini, S. 338; Innocenti, I gerarchi del fascismo, S. 117.
[20] Vgl. allgemein Paul Sérant, Die politischen Säuberungen in Westeuropa am Ende des Zweiten Weltkrieges in Deutschland, Österreich, Belgien, Dänemark, Frankreich, Großbritannien, Italien, Luxemburg, Norwegen, den Niederlanden und der Schweiz, Oldenburg/Hamburg 1966; Henke/Woller, Politische Säuberung in Europa.

lich behandelt wie der einst vergötterte, als Mann der Vorsehung gepriesene Duce. Fast scheint es, als wollten die Massen mit dem Manne selbst auch die Erinnerung an ihn und die eigene Verstrickung in den Faschismus auslöschen.

Über diese Art der Abrechnung hat man viel spekuliert – über ihre befreiende Wirkung (im Sinne einer Emanzipation von Mussolini), über ihre Abschreckungseffekte für die Zukunft und auch darüber, daß durch solche Exempel die Vergeltungswut der Bevölkerung gedämpft wurde, weil jedermann sehen konnte, daß das Verlangen nach unnachsichtiger Bestrafung der Schuldigen in guten Händen war[21]. Den Ton für diese Spekulationen gab das Befreiungskomitee von Norditalien vor, das am 29. April 1945 eine Erklärung zur Hinrichtung Mussolinis herausgab, in der es hieß: Die Tötung des Duce „ist der angemessene Abschluß eines historischen Zeitabschnittes, der unser Land mit materiellen und moralischen Trümmern übersät hat [...]. Es ist der Abschluß eines Revolutionskampfes, der die Voraussetzung bildet für die Wiedergeburt und den Wiederaufbau des Vaterlandes. Das italienische Volk könnte niemals ein freies und normales Leben beginnen [...], wenn das CLNAI nicht rechtzeitig seine eiserne Entschlossenheit demonstriert hätte, sich ein Urteil zu eigen zu machen, das die Geschichte schon gesprochen hatte. Nur um den Preis dieser scharfen Abgrenzung gegenüber einer beschämenden und verbrecherischen Vergangenheit konnte das italienische Volk die Gewißheit erlangen, daß das CLNAI entschlossen ist, die demokratische Erneuerung des Landes kraftvoll zu verfolgen. Nur um diesen Preis kann und muß sich nach der Beendigung der Erhebung die fällige Abrechnung mit den Überresten des Faschismus in streng rechtlichen Formen vollziehen."[22]

Zahlreiche Historiker halten noch heute an solchen Interpretationen fest und suchen sie durch allerlei sozialpsychologische Spitzfindigkeiten zu stützen[23]. Aber waren in der Erklärung des CLNAI die wahren Motive der Verantwortlichen der Resistenza benannt? War denn ein demokratischer Neuaufbau wirklich nur dann möglich, wenn man kurzen Prozeß mit Mussolini machte? Was sprach gegen einen langen Prozeß nach rechtsstaatlichen Kriterien, in dessen Verlauf die gesamte Verbrechensgeschichte des Faschismus seit 1919 hätte aufgehellt und der breiten Öffentlichkeit vor Augen geführt werden können? Was sollte es heißen, die Resistenza habe lediglich ein Urteil vollstreckt, das die Geschichte schon gefällt hatte?

Ausflüchte und rhetorischer Pomp. In Wirklichkeit ging es denen, die im April 1945 die Hinrichtung Mussolinis befahlen und anschließend das makabre Schauspiel auf dem Piazzale Loreto inszenierten, wohl doch um etwas anderes, in sich auf den ersten Blick höchst Widersprüchliches: nämlich, erstens, um die Aufstachelung der Leidenschaften zum Zwecke der Perpetuierung der „wilden" Säuberungen, was wiederum den Nährboden für eine soziale Revolution bilden sollte, und, zweitens, um den Verzicht auf einen groß angelegten Prozeß gegen Musso-

[21] Vgl. vor allem Pavone, Una guerra civile, S. 512 ff.; Mirco Dondi, Piazzale Loreto 29 aprile: aspetti di una pubblica esposizione, in: Rivista di storia contemporanea 19 (1990), S. 219–248. Vgl. auch Chessa, De Felice. Rosso e Nero, S. 126 und S. 144–148.
[22] Dichiarazione sulla fucilazione di Mussolini e dei suoi complici, 29 aprile 1945, in: Grassi, „Verso il governo del popolo", S. 334 f.
[23] Vgl. vor allem Dondi, Piazzale Loreto 29 aprile.

lini, der viele unbequeme Wahrheiten über die Anpassungsbereitschaft der nun von den Linksparteien umworbenen Mittel- und proletarischen Schichten ans Licht gebracht hätte. Die „scharfe Abgrenzung gegenüber einer beschämenden und verbrecherischen Vergangenheit" diente so eher der Verschleierung als der Selbstbefreiung von der faschistischen Vergangenheit, und die Inszenierung auf dem Piazzale Loreto lieferte die plebiszitäre Legitimation dafür. Oder anders ausgedrückt: Die Hinrichtung Mussolinis war in einem höheren Sinne auch ein Akt der Kapitulation vor der Komplexität der Epurazione. Denn wenn man schon den Hauptverantwortlichen für die Schandtaten des Faschismus nicht wirklich zur Rechenschaft ziehen wollte, sondern sich seiner nur entledigte, wie sollte man es dann bei den Steigbügelhaltern, Nutznießern oder Mitläufern tun? Da man sie nicht alle hinrichten konnte, blieb eigentlich nur die Amnestie. Für die belasteten Faschisten, die im Frühjahr 1945 um ihr Leben bangten, hieß das: Wer das Wüten des Abrechnungsterrors in den ersten Monaten nach der Befreiung überstand, hatte gute Chancen, nicht nur mit dem Leben, sondern weitgehend ungeschoren davonzukommen.

2. „Wilde" Säuberungen als Massenphänomen

Indes war es für die belasteten Faschisten gar nicht so leicht, in der unsicheren Zeit der Befreiung ihre Haut zu retten. Die Städte und Dörfer Norditaliens gehörten im April/Mai 1945 der Resistenza, der es häufig schon Tage vor dem Eintreffen der Alliierten gelungen war, die demoralisierte, längst ausgelaugte deutsche Wehrmacht zu vertreiben. Partisanen patrouillierten durch die Straßen, „einige von ihnen waren wandelnde [Waffen-]Arsenale. Sie trugen Hand- und Stielhandgranaten und sogar Mörser."[24] Über den großen Industriebetrieben flatterte die rote Fahne, in den Werkshallen propagierten Wandzeitungen die Diktatur des Proletariats, Stalins Konterfei wies den Weg dazu. Befreiung und Revolution schienen eins zu sein.

Das Befreiungskomitee für Norditalien hatte sich auf den Fall der Machtübernahme seit Monaten vorbereitet. In zahllosen Sitzungen waren Gesetze und Erlasse erarbeitet, Sofortmaßnahmen ins Auge gefaßt und personelle Verantwortlichkeiten festgelegt worden. Ein Regierungsapparat stand bereit, der am Tage der Befreiung in Gang gesetzt wurde und so gut funktionierte, daß die später eintreffenden Alliierten nur staunen konnten: Die Einheiten der Militärregierung, „darauf vorbereitet, chaotische Verhältnisse vorzufinden, fanden stattdessen verblüffende Normalität", so hieß es in einem Bericht der Allied Commission vom Mai 1945. „In jeder Provinzhauptstadt Norditaliens fuhren die Züge, Licht und Wasser funktionierten in den meisten größeren Städten und die Geschäfte waren gut gefüllt. Das nationale Befreiungskomitee leitete die Verwaltung der Provinzen und Gemeinden mit Effizienz, und das AMG stand deshalb vor dem gänzlich

---

[24] US-Generalkonsulat von Genua an Kirk, 4. 5. 1945 (Anlage zu einem Bericht der US-Botschaft in Rom an Secretary of State, 10. 5. 1945), in: NA, RG 84, 1945: 800, box 141.

neuen Problem, mit Fingerspitzengefühl die Zügel von einer bestehenden Organisation zu übernehmen."[25]

Man darf sich von solchen positiven Urteilen aber nicht täuschen lassen. Gewiß, manches funktionierte weit besser, als zumal nach den Erfahrungen in Süditalien erwartet werden konnte. Vieles war aber auch nur Fassade, und gerade der Bereich der öffentlichen Sicherheit bereitete den Befreiungskomitees großes Kopfzerbrechen. Ihre Autorität reichte hier nicht sehr weit; oftmals wurde sie nicht einmal von den eigenen Leuten respektiert, die die Gunst der Stunde nutzen wollten, um alte Rechnungen zu begleichen oder ihre klassenkämpferischen Ziele zu verwirklichen. „Im Zuge der Erhebung und in den Tagen unmittelbar danach wurde von Partisanen häufig kurzer Prozeß gemacht mit Personen, die durch ihre Tätigkeit im faschistisch-republikanischen Regime schwer belastet waren", schrieb beispielsweise der Präfekt von Turin[26]. Allein in der Provinz Bologna soll es mehr als 500 Tote gegeben haben[27], und in den Straßen von Genua fand man nach einem Bericht des amerikanischen Generalkonsuls noch Mitte Mai 1945 Morgen für Morgen durchschnittlich zehn Leichen[28].

Dabei ist hervorzuheben, daß Verlauf, Intensität und Dynamik der „wilden" Säuberung von Region zu Region und von Stadt zu Stadt erheblich variierten, ohne daß genau zu erkennen wäre, welche Gründe dafür maßgebend waren. Viele Indizien sprechen aber dafür, daß die Schärfe der Abrechnung und die Zahl der Opfer, die sie forderte, zum einen mit den Konflikten bei der Durchsetzung des örtlichen Faschismus nach 1919, mit dem totalitären Gleichschaltungsdruck seiner Herrschaft und mit den kriminellen Energien zu tun hatten, die der Neofaschismus von Salò und die von ihm befehligten Todesschwadronen insbesondere in der Schlußphase des Bürgerkrieges entfalteten. Das Ausmaß der „wilden" Säuberung hing zum anderen von der Stärke und dem ideologischen Zuschnitt der antifaschistischen Opposition ab, die im Frühjahr 1945 an die Macht gelangte; kommunistische Garibaldi-Einheiten gingen mit ihren Feinden anders, gnadenloser, um, als autonome Verbände oder Partisanen-Einheiten, die sich der Democrazia Cristiana verbunden fühlten.

Erheblichen Einfluß hatte schließlich auch, wieviele Faschisten den Partisanen in die Hände fielen und unter welchen Umständen dies geschah – nach erbittertem Kampf oder nach freiwilliger Kapitulation; im ersten Fall brauchten sich die Partisanen durch nichts gebunden fühlen. „Sich ergeben oder sterben!", hieß ihre Parole[29], mit der sie den Faschisten einen Ausweg aus ihrer bedrängten Lage zu weisen versucht hatten, der sie aber auch skrupellos Taten folgen ließen, wenn ihre Mahnungen nichts fruchteten. Streckten dagegen einzelne Faschisten oder ganze

---

[25] HQ, AC, Bericht für Mai 1945, zit. nach Coles/Weinberg, Civil Affairs, S. 561.
[26] Zit. nach Pietro Di Loreto, Togliatti e la „doppiezza". Il Pci tra democrazia e insurrezione (1944–49), Bologna 1991, S. 74 f.
[27] Ebenda, S. 74.
[28] Vgl. US-Generalkonsulat von Genua an Secretary of State, 24. 5. 1945, in: NA, RG 84, 1945: 800, box 141.
[29] Aufruf des CLNAI: Arrendersi o perire! Agli ufficiali, sottufficiali, soldati delle forze armate fasciste, ai funzionari statali e parastatali del cosiddetto Governo fascista repubblicano; agli ufficiali, sottufficiali, soldati dalle forze armate tedesche, ai funzionari dell'apparato di occupazione germanico, 19. 4. 1945, in: Grassi, „Verso il governo del popolo", S. 309 ff.

Formationen freiwillig die Waffen, dann war die Chance, am Leben zu bleiben, ungleich größer. In solchen Fällen hielten sich die Partisanen meist an die Regelungen, die das CLNAI und die lokalen und regionalen Befreiungskomitees getroffen hatten: Offiziere und Unteroffiziere der militärischen und paramilitärischen Verbände von Salò wurden ebenso wie die Funktionäre faschistischer Organisationen als Kriegsgefangene betrachtet und in Lager gebracht, wo man die Böcke von den Schafen schied. Mutmaßlich Schuldige hatten ein Gerichtsverfahren zu gewärtigen, alle übrigen wurden den Alliierten übergeben. Einfache Wehrpflichtige hingegen kamen nur dann in ein Lager, wenn Verdachtsmomente gegen sie vorlagen; war das nicht der Fall, ließen die Befreiungskomitees in der Regel Milde walten[30].

Die „wilde" Säuberung hatte also viele Facetten, die vielleicht nie hinreichend erforscht werden können, weil die blutige Abrechnung zwar natürlich von den eben angedeuteten Faktoren beeinflußt wurde, im wesentlichen aber doch das Werk einzelner oder kleiner Gruppen war, über deren Motive nur in den seltensten Fällen so viel in Erfahrung zu bringen sein wird, daß sich daraus Typisierungs- und Kategorisierungskriterien gewinnen lassen. Die vorliegenden Zahlen erlauben aber immerhin eine geographische Eingrenzung: Die „wilde" Säuberung war im Frühjahr 1945 vor allem ein Phänomen der größeren Städte Norditaliens, und der Abrechnungsfuror wütete namentlich in den Großräumen von Turin, Bologna und Venedig. Im Bezirk des Berufungsgerichts von Turin liefen 1945 über 3200 Anzeigen wegen Totschlags und Körperverletzung mit Todesfolge ein; in den Jahren zuvor waren es (wie in allen übrigen Bezirken) deutlich weniger gewesen: 1937 bis 1942 zwischen 51 und 66, 1943 162 und 1944 238. Der Bezirk des Berufungsgerichts von Bologna hielt mit 1749 Anzeigen (1945) den zweiten Platz in dieser traurigen Statistik, dann folgten Venedig mit 1239, Genua mit 871, die Mafiahochburg Palermo mit 720 und Mailand mit 700[31].

Namentlich in Turin war 1945 das Leben eines Faschisten nicht viel wert. In der „citta rossa" mit ihren Zehntausenden von Industriearbeitern hatte sich der Faschismus immer schwer getan. Selbst in der „guten" Zeit des Regimes, in den Jahren des Konsenses, als der Faschismus sonst überall auf breite Zustimmung traf, war die Arbeiteropposition bei FIAT oder Lancia lebendig geblieben. Aus solchen Resistenzströmungen hatte sich nach der Errichtung der Republik von Salò eine schlagkräftige Resistenza entwickelt, die von der Wehrmacht und den faschistischen schwarzen Brigaden auch durch den Einsatz brachialster Mittel nicht auszulöschen gewesen war. Der Abrechnungsbedarf war in diesem Klima schärfster Konfrontation schon vor dem bewaffneten Aufstand im April 1945 größer gewesen als anderswo; während des Aufstandes und danach wurde die Liste der „conti aperti" (offene Rechnungen) noch beträchtlich länger, weil die verhaßten „Nazifaschisten" hier nicht freiwillig aufgaben, sondern den Partisanen tagelang erbitterte Kämpfe lieferten. Bis in die ersten Maitage hinein hielten sich Dutzende von Heckenschützen, die den verängstigten Bürgern das Leben schwer machten und

---

[30] Vgl. Marco Pippione, Como dal fascismo alla democrazia, Mailand 1991, S. 171 f.
[31] Vgl. Statistiche giudiziarie. Reati denunciati negli anni dal 1940 al 1946, in: Gazzetta Ufficiale della Repubblica Italiana, Supplemento straordinario, Nr. 211, 15. 9. 1947.

von den Partisanen erst nach verlustreichen Nahkämpfen ausgeschaltet werden konnten; 320 Partisanen sollen dabei ums Leben gekommen sein[32].

Der hinterhältige Schlußterror des untergehenden Faschismus hat den Rache- und Vergeltungsfuror ebenso angeheizt wie die Tatsache, daß die „citta rossa" nach der erfolgreichen Erhebung eine Domäne der politischen Linken war. Der Präfekt war Sozialist, der Polizeichef zählte zur Aktionspartei, und der Bürgermeister kam aus den Reihen der kommunistischen Partei; alle verdankten ihr Amt dem örtlichen Befreiungskomitee, das natürlich auch das Stadtparlament kontrollierte. In Dutzenden von Industriebetrieben und Einrichtungen des öffentlichen Lebens waren die alten Besitzer und Chefs vertrieben worden – bei FIAT ebenso wie bei Lancia, bei Italgas nicht weniger als bei der SIP. Die Entlassungen zählten nach Tausenden, und sie betrafen vor allem die Führungskräfte aus der Produktion und dem Management, die von der Arbeiterschaft aus politischen oder anderen Gründen als untragbar empfunden wurden. Überall gaben von der Resistenza bestellte Treuhänder oder innerbetriebliche Befreiungskomitees den Ton an, die sich nach den Worten eines alliierten Beobachters bald in einen „mild type of Soviets" zu verwandeln begannen[33].

Niemand wird behaupten wollen, die neuen Autoritäten Turins hätten die massenhafte Hinrichtung politischer Belasteter angeordnet. Nein, sie taten alles, um den Abrechnungsterror zu unterbinden, konnten es aber nicht – und manche wollten es auch nicht, weil sie mit dem Herzen bei denen waren, die kurzen Prozeß machten. Das gilt vor allem für einige Kommunisten, die den nationalen Befreiungskampf in einen Klassenkampf einmünden lassen wollten und – ganz zugespitzt gesagt – um jeden Kapitalisten weniger froh waren. Giorgio Amendola etwa, einer der führenden Männer des PCI in Piemont, gehörte zu dieser Fraktion, die vielen Partisanen natürlich das Gefühl vermittelte, sie handelten in ihrem Sinne oder gar im Sinne der neuen Stadtverwaltung, wenn sie möglichst viele Faschisten eliminierten. Als Amendola kurz nach der Befreiung in der großen Werkskantine von FIAT Mirafiori in Turin sprach, überbrachte er den Arbeitern die Nachricht, daß Vittorio Valletta, der Generaldirektor von FIAT, vom Befreiungskomitee für Piemont als Kollaborateur zum Tode verurteilt worden sei und die Partisanen den Auftrag hätten, das Urteil zu vollstrecken. Nichts davon entsprach der Wahrheit, wie Amendola natürlich wußte. Das Befreiungskomitee hatte niemanden zum Tode verurteilt, weder Valletta, noch Agnelli, sondern im März 1945 lediglich ein Säuberungsverfahren gegen die Bosse von FIAT in Gang gesetzt und sie als Kollaborateure (vor-)verurteilt. „In meinen politischen Propagandareden", gab Amendola später zu, „gab es beängstigende Schwankungen – einerseits alle

---

[32] Vgl. Pier Giuseppe Murgia, Il Vento del Nord, Mailand 1975, S. 108; Giorgio Vaccarino/G. Gobetti/Romolo Gobbi, L'insurrezione di Torino, Parma 1968; Fabio Levi/Paride Rugafiori/Salvatore Vento, Il triangolo industriale tra ricostruzione e lotta di classe 1945/1948, Mailand 1974; Gigi Padovani, La Liberazione di Torino, Mailand 1979.

[33] HQ, AC, Office of the Executive Commissioner: Pol Adv Sitreps from the North, 6. 5. 1945, in: NA, RG 331, Chief Commissioner, box 12. Vgl. dazu auch Neppi Modona, L'attività legislativa del CLNRP, S. 332; Alessandro Galante Garrone, Attività del Comitato di liberazione nazionale per il Piemonte dall'insurrezione al 31 dicembre 1945, in: Aspetti della Resistenza in Piemonte, S. 479 f.; Santhia in der Direzione des PCI vom 29. 6. 1945, in: Istituto Gramsci, Bestand PCI 1943–1946, Verbali della Direzione 1944–1946.

Freiheit für die Gewehre in den Händen der Arbeiter, andererseits die Aufforderung zur Wiederaufnahme der Produktion und zum nationalen Wiederaufbau."[34]

„Citta rossa" – diese stolze Bezeichnung mit ihren Anklängen an eine große Tradition der Arbeiterbewegung erhielt so im Frühjahr 1945 noch eine andere Bedeutung. Wer politisch belastet war, tat besser daran, das Weite zu suchen oder sich versteckt zu halten, sonst war die Wahrscheinlichkeit groß, an die Wand gestellt oder aufgehängt zu werden. Nacht für Nacht hörte man Schüsse in der Stadt, und Morgen für Morgen fand man Leichen in den Straßen, die wegen der großen Frühjahrshitze schnell begraben oder einfach in den Po geworfen wurden. Frauen, die bei den Faschisten oder bei der Wehrmacht irgendwelche Hilfsdienste verrichtet hatten, wurden öffentlich geschoren, verhöhnt, durch die Stadt getrieben und in nicht wenigen Fällen umstandslos hingerichtet[35]. Das prominenteste Opfer des Abrechnungstaumels in Turin war der Chef der örtlichen faschistischen Partei, Giuseppe Solaro, ein Fanatiker, der den aussichtslosen „Endkampf" der faschistischen Heckenschützen organisiert hatte. Solaro war zu bekannt und zu verhaßt, um einfach hingerichtet und verscharrt zu werden. Auch hier lag den dominierenden Kräften im Befreiungskomitee an einer öffentlichkeitswirksamen Inszenierung. Kommunistische Partisanen stellten Solaro deshalb vor ein improvisiertes Gericht, das ihn im Schnellverfahren zum Tod durch den Strang verurteilte. Das Urteil sollte auf dem Corso Vinzaglio vollstreckt werden, dort hatte Solaro wenige Wochen zuvor vier Partisanen aufhängen lassen. Auf einem Lastwagen stehend, wurde der einst mächtige Faschist quer durch die Stadt zur Richtstätte gebracht, wo ihn eine aufgebrachte Menge erwartete, die nach Rache und Vergeltung verlangte, und zwar in ihrer plebiszitären Variante mit Eigenbeteiligung. Das Exekutionskommando der Garibaldi-Partisanen, so Giorgio Amendola, der das Schauspiel beobachtete, „mußte sich eine wahre Schlacht liefern, um den Lynchmord an dem Elenden zu verhindern und das Todesurteil ordnungsgemäß vollstrecken zu können"[36].

Insgesamt, so ergibt sich aus italienischen wie aus alliierten Quellen[37], fielen der „wilden" Säuberung in den Tagen nach der Befreiung allein in Turin mehr als 1000 Menschen zum Opfer; in einer von der Regierung veranlaßten Untersuchung ist sogar von 1138 Toten die Rede[38]. Mit diesen unglaublichen hohen Zahlen ist der

---

[34] Amendola, Lettere a Milano, S. 577; vgl. auch Piero Bairati, Valletta, Turin 1983, S. 130f. und 137f.

[35] Vgl. Murgia, Vento del Nord, S. 108.

[36] Amendola, Lettere a Milano, S. 573. Vgl. auch Paolo Greco, Cronaca del Comitato Piemontese di Liberazione Nazionale (8 settembre 1943–9 maggio 1945), in: Aspetti della Resistenza in Piemonte, S. 251; Disposizioni circa le modalità di esecuzione della sentenza nei confronti di Giuseppe Solaro e Giovanni Cabras, 29. 4. 1945, in: Ebenda, S. 437f.; Massimo De Leonardis, Monferrato, in: L'insurrezione in Piemonte, hrsg. vom Istituto Storico della Resistenza in Piemonte, Mailand 1987, S. 437 und 445.

[37] Vgl. Bericht des Polizeichefs von Turin vom Mai, in: Di Loreto, Togliatti e la „doppiezza", S. 74; HQ, AC, Office of the Executive Commissioner: Pol Adv Sitreps from the North, 6. 5. 1945, in: NA, RG 331, Chief Commissioner, box 12; HQ, AC, Monatsbericht für Mai 1945, 11. 7. 1945, in: Ebenda, Adjutant, box 28, 10000/101/503; Bocca, Storia dell'Italia Partigiana, S. 604; Protokoll der Sitzung der Direzione des PCI vom 29.6. bis 3. 7. 1945, in: Istituto Gramsci, Bestand PCI 1943–1946, Verbali della Direzione 1944–1946; Giancarlo Carcano, Note sull'ordine pubblico a Torino dopo la Liberazione, in: Studi Piacentini. Rivista dell'Istituto storico della resistenza di Piacenza, Dezember 1990, S. 74 und 97.

[38] Vgl. Appunto des Ministero dell' Interno, 4. 11. 1946, in: ACS, Ministero dell' Interno, Gab. 1950–1952, busta 33, fasc. 11430/16; Nazario Sauro Onofrio, Il triangolo rosso (1943–1947). La verità sul dopoguerra in Emilia-Romagna attraverso i documenti d'archivio, Rom 1994, S. 65f.

Terror allerdings nur zum Teil erfaßt. Denn im selben Zeitraum nahmen auch Delikte wie Raub, Erpressung und Entführung sprunghaft zu, die nicht selten politischen Hintergrund hatten: Die Behörden im Bezirk des Berufsgerichts von Turin verzeichneten 1945 fast 2300 diesbezügliche Anzeigen; ein Jahr zuvor waren es nur knapp über 400 gewesen. Im Großbezirk Mailand kam es zu 2500 solchen Anzeigen und in Bologna gar zu über 3200[39].

Was in der Hauptstadt von Piemont geschah, trug sich im Frühjahr 1945 so ähnlich in ganz Norditalien zu. Faschisten und Kollaborateure waren zeitweise überall fast vogelfrei: In der Provinz Aquila wurde eine junge Frau, die sich mit den Deutschen eingelassen hatte, kopfüber an einem Baum aufgehängt und brutal erschlagen. In Imola löschten Partisanen eine ganze Familie aus[40]. In Modena und Ravenna verschwanden Tag für Tag mehrere Belastete und tauchten nie mehr auf. Faschisten und Kollaborateure waren nicht einmal in Gefängnissen, im Gerichtssaal oder in Krankenhäusern ihres Lebens sicher. Im Mai 1945 verschaffte sich eine Gruppe schwer bewaffneter Partisanen Zugang zum Gefängnis von Castiglione di Oneglia (Provinz Imperia) und zwang die Leitung, ihr 26 inhaftierte Faschisten zu überlassen; am Tag darauf fand man in der Nähe des Ortes 26 Leichen[41]. Solche verbrecherischen Eigenmächtigkeiten erregten auch in Cesena, in Solesina (Provinz Padua), in Finalborgo (Provinz Savona), in Ferrara und in Carpi bei Modena die Gemüter; insgesamt blieben bei der Erstürmung dieser fünf Gefängnisse etwa 55 Faschisten auf der Strecke[42]. In einigen Gegenden bildeten sich sogar „Mordkommandos", die von Ort und Ort zogen und offene Rechnungen beglichen[43]. Diese Banden scheinen vor allem in der Umgebung von Reggio, Parma und Bologna ihr Unwesen getrieben zu haben; dort entdeckte man Ende der vierziger, Anfang der fünfziger Jahre zahlreiche Gräber, in denen jeweils Dutzende von Faschisten so etwas wie die letzte Ruhe gefunden hatten. „Triangolo della morte" hat man diese 1944/45 furchtbar heimgesuchte Gegend denn auch genannt[44].

[39] Vgl. Statistiche giudiziarie, in: Gazzetta Ufficiale della Repubblica Italiana, Supplemento straordinario, Nr. 211, 15. 9. 1947; Political Report on Province of Florenz, US-Konsulat in Florenz, 5. 10. 1945, in: NA, RG 84, 1945: 800, box 142; Ministero dell'Interno, DGPS, an Ministro dell' Interno, Zusammenfassung der Berichte der Präfekturen über die Lage in den Provinzen, Oktober und November 1945, in: Ebenda.

[40] Vgl. Ministero dell'Interno, DGPS, an Ministro dell' Interno, Zusammenfassung der Berichte der Präfekturen über die Lage in den Provinzen, Mai und September 1945, in: Ebenda.

[41] Vgl. Ministero dell'Interno, DGPS, an Ministro dell' Interno, 9. 8. 1945, in: Ebenda, busta 140, fasc. 12489.

[42] Vgl. L'Avanti, 18. 5. 1945; HQ, AMG, Venezia Region, Monatsbericht für Mai 1945, 16. 6. 1945, in: NA, RG 331, Civil Affairs, box 6; Murgia, Vento del Nord, S. 111; ACS, Ministero dell'Interno, Gab. 1944–1946, busta 140, fasc. 12494; HQ, AC, Monatsbericht für Juni 1945, 13. 8. 1945, in: NA, RG 331, Adjutant, box 28, 10000/101/503.

[43] Vgl. Di Loreto, Togliatti e la „doppiezza", S. 84; Dino Mengozzi, L'epurazione nella città del „Duce" (1943–1948), Rom 1983, S. 64; HQ, AMG, Lombardia Region, Monatsbericht für Mai 1945, in: NA, RG 331, Civil Affairs, box 6.

[44] Vgl. Di Loreto, Togliatti e la „doppiezza", S. 76. Zu den Gewaltexzessen im Frühjahr 1945 vgl. auch Paolo Scalini, Fare Giustizia in Romagna, hrsg. von Giuseppe Sangiorgi, Bologna 1991; La Resistenza tradita. Atti del convegno sulla violenza politica nel dopoguerra a Reggio e in Emilia (Supplemento al n. 9–10 di Argomenti socialisti, September-Oktober 1990); Vittorio Martinelli, Primavera di sangue 1945. La „Corriera Fantasma", Brescia 1988; Enrico Deaglio, Il triangolo della vendetta, in: La Stampa, 17. 1. 1992; Paolo Alatri, I triangoli della morte, Rom 1948; Guido Crainz,

Wirklichen Schutz hatten diejenigen, die etwas auf dem Kerbholz oder ihr
Schicksal sonstwie mit dem Faschismus verknüpft hatten, im Frühjahr 1945 nur
von zwei Seiten zu erwarten: von der katholischen Kirche, die jedem half, wenn er
sich nur reuig zeigte, und von den Besatzungsmächten, über deren Interventionen
zugunsten von Faschisten und Nutznießern in der italienischen Forschung viel
spekuliert worden ist[45]. Die Alliierten, so heißt es, hätten sich dabei von einer gewissen Affinität zum Faschismus leiten lassen und insbesondere auch herausragenden, tief in den Faschismus verstrickten Garanten des Kapitalismus Schutz geboten – in der Absicht, so die Sozialisierungspläne der Linksparteien zu durchkreuzen.

So einfach liegen die Dinge aber nicht: Die Alliierten wußten, daß es im Frühjahr 1945 in Norditalien zu „vulkanischen Ausbrüchen eines über Jahre aufge-
stauten Hasses"[46] kommen würde und daß es kein Mittel gab, dies zu verhindern.
Also versuchten sie es auch nicht. Sie bedeuteten den Partisanen vielmehr, daß das,
was in puncto Säuberung vor ihrer Ankunft geschah, Sache der Resistenza war.
Diese hatte dafür „carte blanche", wie sich Col. Stevens in einer Besprechung mit
dem Befreiungskomitee von Piemont ausdrückte[47]. Die alliierten Offiziere reagierten deshalb auch ziemlich zurückhaltend, als sie von der Hinrichtung Mussolinis und von den Ereignissen auf dem Piazzale Loreto hörten. „Der Baum der
Freiheit gedeiht nur dort", so sagte einer, „wo er von Zeit zu Zeit mit dem Blut
von Tyrannen und Märtyrern gegossen wird."[48] Mit der Etablierung der Militärregierung verlor der Freibrief für die Partisanen aber sofort seine Gültigkeit. Auf
die Alliierten sollte nicht der geringste Schatten einer Mitverantwortung für die
„wilde" Säuberung fallen. Außerdem durfte ihr Image als Hüterin von Recht und
Gesetz nicht befleckt werden, und schließlich erforderte auch die Sicherheit der
eigenen Streitkräfte die sofortige Beendigung der Periode der rechtlosen Außer-
Ordentlichkeit in Norditalien. Die Alliierten wandten sich deshalb nicht nur gegen jede Art von Volkstribunalen, sondern ergriffen sofort auch energische Maßnahmen, „um der Ausbreitung des Terrorismus ein Ende zu setzen, der in den
Städten und Vorstädten besorgniserregende Formen angenommen hat"[49].

Daß es den Alliierten mit diesem Vorsatz ernst war, wurde der Führung der Resistenza unmißverständlich klar gemacht. Die „wilden" Hinrichtungen seien nach
Auffassung der Militärregierung „absolut illegal", so der Kommandant des
„Corpo Volontari della Libertà" (CVL) der Lombardei in einem Schreiben vom
17. Mai 1945, das sämtlichen Partisaneneinheiten der Region zuging. „Die Kommandanten sind verantwortlich für die illegalen Erschießungen und die vorge-
täuschten Fluchten, die mit der Tötung desjenigen enden, der nie versucht hat zu

---

Il conflitto e la memoria. „Guerra civile" e „triangolo della morte", in: Meridiana, Nr. 13, 1992,
S. 17–55.

[45] Vgl. Bocca, La Repubblica di Mussolini, S. 336; Murgia, Vento del Nord, S. 29 f.; Colarizi, La seconda guerra mondiale e la Repubblica, S. 413 f.

[46] HQ, AC, Monatsbericht für Mai 1945, 11. 7. 1945, in: NA, RG 331, Adjutant, box 28, 10000/101/
503.

[47] Greco, Cronaca del Comitato Piemontese di Liberazione Nazionale, S. 244; vgl. auch Domenico,
Italian Fascists on Trial, S. 154.

[48] Zit. nach Valiani, Tutte le strade, S. 256. Vgl. auch Mercuri, Charles Poletti, S. 70–73.

[49] So hieß es in der englischen Übersetzung eines italienischen Berichtes vom 21. 5. 1945, den Bonomi am 28. 5. 1945 an Stone sandte. In: NA, RG 331, Chief Commissioner, box 12.

fliehen, und die an die Methoden der ‚Muti' und der ‚SS' erinnern. Das alliierte Kommando hat diesbezüglich deutlich gemacht, daß es bereit ist, einer äußerst strengen, aber legalen Ahndung ihren Lauf zu lassen, daß es aber alle örtlichen Kommandanten *persönlich* wegen fahrlässiger Tötung belangen wird, wenn sich illegale Hinrichtungen wiederholen sollten."[50]

Carte blanche vor der Befreiung, Respektierung rechtsstaatlicher Regeln danach – so lauteten die Grundsätze der alliierten Besatzungspolitik, an die sich die Militärregierung meistens auch hielt. Eine gewisse Abweichung davon bildete der Fall Rodolfo Graziani: Mussolinis letzter Kriegsminister, der „Schlächter von Äthiopien", wie er von manchen auch genannt wurde[51], hatte sich am 26. April 1945 vom Duce und dessen letztem Anhang getrennt. Die Wege in sein Hauptquartier waren aber von Partisanen versperrt, und schließlich landete auch der Marschall nach einer längeren Irrfahrt bei den Deutschen, genauer bei einer SS-Einheit, die sich in der Villa Locatelli bei Cernobbio an der Südspitze des Comer Sees eingenistet hatte. Auch dort wurde die Lage schnell brenzlig. Überall tauchten Partisanen auf, denen Graziani wohl auch in die Hände gefallen wäre, wenn er nicht in seinem verzweifelten Bemühen, seine Haut zu retten, das erzbischöfliche Ordinariat in Mailand angerufen und dabei seine Absicht bekundet hätte, sich dem militärischen Oberbefehlshaber der Befreiungsbewegung, General Cadorna, zu stellen. Die Kirche sollte die Schirmherrschaft bei dieser heiklen Operation übernehmen[52].

Graziani war in den letzten Apriltagen kein Privatmann, der Cadorna gleichgültig sein konnte, sondern immer noch der Kriegsminister von Salò und der Oberbefehlshaber der faschistischen Streitkräfte, dessen persönliche Kapitulation auch die seiner Soldaten und der Milizverbände nach sich ziehen konnte. Genau dies machte ihn auch für die Alliierten interessant, die bereits seit Monaten auf eine unblutige Beendigung des Krieges in Norditalien hinwirkten[53] und dabei natürlich auch mit Graziani rechnen mußten. Gleichwohl wäre es verkehrt anzunehmen, die Schutzintervention zugunsten des Kriegsministers sei von höchster alliierter Stelle angeordnet und von langer Hand vorbereitet worden. Vieles daran verdankte sich dem Zufall und der Initiative von Captain Emilio Q. Daddario vom 2677. OSS-Regiment, der ohne, vielleicht sogar gegen die Weisung seiner Vorgesetzten handelte. Daddario, ein Italo-Amerikaner, dessen Großvater (wie Graziani) aus den Abruzzen stammte, war am 25. April 1945 aus Lugano kommend in der Gegend von Como eingetroffen, wo ihm bald zu Ohren kam, daß Graziani in der Villa Locatelli in der Klemme saß und einen Ausweg suchte. Sein eigentlicher Auftrag war weit gefaßt. Er sollte, so schrieb er selbst, Maßnahmen ergreifen „hinsichtlich der Waffenstreckung deutscher Truppen und diesbezüglicher Vereinbarungen mit ihnen"[54]. Das konnte er auch in der Villa Locatelli tun,

[50] Zit. nach Pippione, Como dal fascismo alla democrazia, S. 167.
[51] Domenico, Italian fascists on trial, S. 154.
[52] Vgl. Rodolfo Graziani, Ho difeso la patria, Mailand 1951, S. 530; Murgia, Vento del Nord, S. 29.
[53] Vgl. Bradley F. Smith/Elena Agarossi, Unternehmen „Sonnenaufgang", Köln 1981.
[54] Bericht von Captain Daddario über seine Aktivitäten vom 25. 4. 1945–1.5.1945, 22. 5. 1945, in: NA, RG 226, 2677th Regiment OSS, Entry 99, box 25, folder 121. Vgl. auch Delzell, Mussolini's Enemies, S. 536, und vor allem Giuseppe Mayda, Graziani, L'Africano. Da Neghelli a Salò, Florenz 1992, S. 258–271.

wo jederzeit mit dem Ausbruch von Kämpfen zwischen der SS und den sie belagernden Partisanen gerechnet werden mußte.

Daddario kam gerade noch rechtzeitig, um eine Eskalation zu verhindern. Der alliierte Offizier arrangierte eine Art Waffenstillstand, nahm Graziani in Kriegsgefangenschaft und fuhr dann mit seinem Häftling nach Mailand, wo er ihn im Hotel Milano unterbrachte und von vertrauenswürdigen sozialistischen Partisanen bewachen ließ. Dort erreichte Daddario, der mittlerweile auch seine Vorgesetzten über seinen Gelegenheitsfang ins Bild gesetzt hatte, die Nachricht, daß Graziani „von der 15. Army group gewünscht wurde und daß ich ihn zu einem Bomber bringen sollte, den sie schicken würden"[55]. Erst damit wurde das, was Daddario tat, eine Intervention der militärischen Spitze, die natürlich zugriff, als man ihr einen so hochkarätigen Gefangenen „of intelligence value" offerierte, der bei der Durchsetzung des Waffenstillstandes in Norditalien wertvolle Dienste leisten konnte.

Dessen ungeachtet hing Grazianis Schicksal auch weiterhin an einem seidenen Faden, denn nach dem makabren Schauspiel auf dem Piazzale Loreto hatte die aufgestachelte Menge gewissermaßen Blut geleckt. Mussolinis Kriegsminister sollte das nächste Opfer sein und den Alliierten entrissen werden. Vier Partisanen drangen in das Hotel Milano ein, verhöhnten, verspotteten und bedrohten den Marschall – und zogen dann doch unverrichteter Dinge wieder ab; der Anführer hatte es nicht über sich gebracht, den wehrlosen Graziani zu erschießen. Auch die sozialistischen Partisanen, die zu Grazianis Schutz aufgeboten waren, ließen sich vom aufgeheizten Klima in der Stadt anstecken und forderten die Auslieferung ihres Schutzbefohlenen an das CLNAI[56].

Angesichts dieser Zuspitzung mußte Daddario seinen ganzen Einfluß aufbieten, um die Gefahr für den mittlerweile in das Gefängnis San Vittore verlegten Graziani abzuwenden. Wie er das tat, ist im einzelnen nicht bekannt. Irgendwie gelang es ihm aber offenbar, die Unterstützung von General Cadorna zu gewinnen, der sich daraufhin über eindeutige Wünsche des CLNAI hinwegsetzte und Daddario sogar die Erlaubnis gab, Graziani aus dem Gefängnis zu holen und in einer Nacht- und Nebelaktion, die jeden Kriminalroman schmücken würde, in das Hauptquartier einer amerikanischen Einheit in der Nähe von Brescia zu bringen. Zur selben Stunde beriet übrigens das CLNAI über die Errichtung eines Volkstribunals, das Graziani zur Verantwortung ziehen sollte[57].

Grazianis weiteres Geschick ist bekannt: Er wurde im Februar 1946 den italienischen Behörden übergeben, im Oktober 1948 vor Gericht gestellt, im Mai 1950 zu 19 Jahren Haft verurteilt und drei Monate später auf freien Fuß gesetzt. Ohne Daddarios Eingreifen wäre Graziani wohl hingerichtet worden. Doch läßt sich daraus ein Generalvorwurf an die Adresse der Alliierten konstruieren? Grazianis

---

[55] Bericht von Captain Daddario über seine Aktivitäten vom 25.4.–1.5.1945, in: NA, RG 226, 2677th Regiment OSS, Entry 99, box 25, folder 121. Vgl. auch Alessandro Cova, Graziani. Un generale per il regime, Rom 1987, S. 259.

[56] Ebenda, S. 259f.; vgl. Bericht von Captain Daddario über seine Aktivitäten vom 25.4.–1.5.1945, in: NA, RG 226, 2677th Regiment OSS, Entry 99, box 25, folder 121; Graziani, Ho difeso la patria, S. 538ff.

[57] Vgl. Bericht von Captain Daddario über seine Aktivitäten vom 25.4.–1.5.1945, in: NA, RG 226, 2677th Regiment OSS, Entry 99, box 25, folder 121.

Rettung war ein wohl überwiegend vom Zufall und von persönlichen Motiven bestimmter Alleingang eines Offiziers, der mit größter Wahrscheinlichkeit fehlgeschlagen wäre, hätte nicht auch der militärische Führer der Resistenza seine schützende Hand über Graziani gehalten. Alliierte Stäbe erfuhren von Daddarios Aktion erst, als Graziani schon ihr Gefangener war. Wenn ihnen überhaupt ein Vorwurf zu machen ist, dann höchstens der, daß sie Graziani fast zehn Monate in ihrer Gewalt behielten und damit der italienischen Gerichtsbarkeit entzogen. Weshalb das geschah und ob dabei die Internationale der Militärs im Spiel gewesen ist, ist nicht zu klären und kann auch dahingestellt bleiben. Die italienische Justiz hatte ab Februar 1946 jedenfalls reichlich Gelegenheit, den Fall Graziani zu behandeln. Sie hat diese Gelegenheit aber – euphemistisch ausgedrückt – nur mit größter Zurückhaltung genützt und schließlich bis zur Verurteilung so viel Zeit verstreichen lassen, daß kaum noch jemand größeres Interesse an der Bestrafung von Mussolinis letztem Kriegsminister hatte. Das eigentliche Versäumnis liegt also bei der italienischen Justiz, die Vorwürfe gegen die Alliierten lenken davon nur ab[58].

Zu einem ähnlichen Ergebnis wird man kommen, wenn man die Fälle von Wirtschaftsbossen und Großindustriellen wie Agnelli, Pirelli und Valletta untersucht, in denen ebenfalls immer wieder von alliierten Schutzinterventionen die Rede ist. Auch hier zeigt sich schnell: Die Alliierten haben diesen „pezzi grossi" der italienischen Wirtschaft nach der Befreiung zeitweise Schutz geboten und sie damit – wie auch zahlreiche gänzlich Unbekannte – womöglich vor der Hinrichtung durch die Partisanen bewahrt. Eine „große", von kapitalistischen Interessengruppen gesteuerte Politik zur Rettung der Wirtschaftskapitäne aber gab es nicht; von alliierter Seite wurde nicht einmal der leiseste Versuch unternommen, Agnelli, Valletta oder Pirelli ein Gerichts- oder Säuberungsverfahren zu ersparen. Im übrigen wird man gerade in den Fällen Valletta und Agnelli nicht übersehen dürfen, daß deren Schutz nicht nur von alliierten Stellen, sondern auch von Teilen der FIAT-Belegschaft garantiert wurde. Diese konnten durchaus unterscheiden zwischen einem „padrone ,bravo' " und einem „padrone ,cattivo' ", oder anders ausgedrückt: Die Loyalität gegenüber den alten Chefs war in vielen Fällen ausgeprägter als ein von klassenkämpferischen Impulsen genährter Abrechnungsbedarf[59].

Die „wilden" Säuberungen nach 1945 waren in Norditalien wie etwa auch in Frankreich und Belgien typische Erscheinungen einer Übergangszeit, in der das staatliche Gewaltmonopol gewissermaßen fragmentiert auf der Straße lag und jeder sich berufen fühlen konnte, es nach seinen Vorstellungen und Ressentiments auszuüben. Nach einer ersten Konsolidierung der staatlichen Verhältnisse hörten sie normalerweise bald auf. Für Italien gilt diese generelle Bemerkung nicht im selben Maße wie für andere europäische Staaten. Hier war zwar ebenfalls eine rasche Beruhigung zu beobachten, blutige Säuberungsaktionen blieben aber bis Ende 1945 an der Tagesordnung, und selbst 1947/48 hatte sich der Abrechnungsfuror

---

[58] Vgl. Graziani, Ho difeso la patria, S. 557 ff.; Processo Graziani, 3 Bde., Rom 1950; Algardi, Processi ai fascisti (1958), S. 125–181.

[59] Vgl. Bairati, Valletta; Valerio Castronovo, Giovanni Agnelli, Turin 1971; die Unterlagen zum Fall Valletta, in: ACS, Alto Commissariato, titolo II, Nr. 4; Verbale della seduta del CLNAI, 18. 7. 1945, in: Grassi, „Verso il governo del popolo", S. 400 f., wo sich einige Hinweise auf den Fall Donegani finden; Romolo Gobbi, Note sulla commissione d'epurazione del CLN piemontese, in: MLI 1967, Nr. 89, S. 62 ff.

noch nicht ganz ausgetobt[60]. Der „underground war", von dem der amerikanische Generalkonsul in Genua im Mai 1945 sprach[61], ging im Sommer und Herbst weiter – mit geringerer Intensität als im Frühjahr, mit anderen regionalen und lokalen Schwerpunkten und wohl auch mit etwas veränderter politischer Stoßrichtung.

Die illegalen Säuberungen mit Todesfolge waren nun nämlich nicht mehr hauptsächlich großstädtische Phänomene. In erster Linie trafen sie jetzt die Dörfer und Kleinstädte in der unteren Po-Ebene und in den gebirgigen, schwer zugänglichen Zonen der Emilia Romagna und der Toskana, die von Polizei- und anderen Ordnungskräften fast ganz entblößt waren. Hier bildeten sich aus den Resten der aufgelösten Partisanenverbände und anderen unruhigen Elementen Banden in der Stärke von einigen Dutzend Mann, die ganze Regionen in Angst und Schrecken versetzten. Bewaffnete, sich überwiegend zur kommunistischen Partei bekennende Gruppen, schrieb der amerikanische Konsul von Florenz am 21. November 1945, waren in diesen Landstrichen „eine ständige Bedrohung und verantwortlich für viele Akte von Einschüchterung, Gewalt und bewaffnetem Raub"[62]. In dem kleinen, zwischen Bologna und Pistoia gelegenen Ort Gaggio Montano ereignete sich am 16. November 1945 „eine der gräßlichsten Episoden dieser Art"[63], als eine bis an die Zähne bewaffnete Bande plündernd und raubend durch die Straßen zog, ohne daß sie von irgendeiner Seite daran gehindert werden konnte. Fünf Menschen verloren dabei ihr Leben: Ein kleiner Bankangestellter auf der Stelle, drei Männer und eine Frau wurden mitgenommen und später erschossen. Der Vorsitzende der örtlichen Aktionspartei entging diesem Schicksal, weil er sich zufällig nicht in der Stadt aufhielt; nach ihm hatte die Bande besonders intensiv gesucht[64].

Die ursprünglichen Motive der „wilden" Säuberung, also die Abrechnung mit den Faschisten und Kollaborateuren, ging im Sommer und Herbst selbstverständlich nicht verloren; es gab noch immer viele tödliche Abrechnungstaten gegen Faschisten, die von Gerichten freigesprochen, von den Alliierten nach kurzer Haft wieder entlassen worden waren oder einfach in Gefängnissen festgehalten wurden, ohne daß ihnen der Prozeß gemacht worden wäre. Offene Rechnungen verfielen nicht so schnell, wie insbesondere das Beispiel von Schio (Provinz Vicenza) zeigte, wo Anfang Juli 1945 15 Partisanen in ein Gefängnis eindrangen und 54 Faschisten kaltblütig erschossen[65]. Die Erstmotivation wurde mit der Zeit aber doch

[60] Vgl. Di Loreto, Togliatti e la „doppiezza", S. 84ff.
[61] US-Generalkonsulat in Genua an Secretary of State, 24. 5. 1945, in: NA, RG 84, 1945: 800, box 141; vgl. auch Ministero dell'Interno, DGPS, an den Ministro dell' Interno, Zusammenfassung der Berichte der Präfekten über die Lage in den Provinzen, Mai-November 1945, in: ACS, Ministero dell'Interno, Gab. 1944–1946, busta 49, fasc. 3978.
[62] Bericht an die US-Botschaft in Rom, in: NA, RG 84, 1945: 800, box 142; vgl. auch HQ, AMG, Venezia Region, 16. 7. 1945, in: Ebenda, RG 331, Civil Affairs, box 6.
[63] Ebenda.
[64] Zu den Vorfällen in Gaggio Montano vgl. ebenda; Bericht des US-Konsulats von Florenz an die US-Botschaft in Rom, 17. 1. 1946, in: NA, RG 84, 1946: 800, box 6; AC, Liaison Office Bologna, Monatsbericht für November 1945, in: Ebenda, RG 331, Civil Affairs, box 6; Luca Alessandrini/ Angela Maria Politi, Nuove fonti sui processi contro i partigiani 1948–1953. Contesto politico e organizzazione della difesa, in: Italia contemporanea 1990, Nr. 178, S. 48ff.; Alatri, I triangoli della morte, S. 17–19.
[65] Zu Schio vgl. Stone an US-Botschaft in Rom, 21. 12. 1945, in: NA, RG 84, 1945: 810.8, Vol. 43 (3), box 148; Stars and Stripes (Rom), 10. 9. 1945; Protokoll der 40. Sitzung des Advisory Council for

etwas grau, und zunehmend traten auch andere Beweggründe, die mit der Abrechnung nichts zu tun hatten, in den Vordergrund. Gemeint sind damit nicht rein kriminelle Antriebskräfte, die seit Beginn der „wilden" Säuberung im Spiel waren und auch im Sommer und Herbst ihre Bedeutung behielten; gemeint ist vielmehr die ideologisch begründete Absicht, alles aus dem Weg zu räumen, was sich einem „antifaschistisch-revolutionären" Umbau von Staat und Gesellschaft widersetzte. Konkret hieß das, daß im Sommer und Herbst 1945 auch viele Pfarrer, Landbesitzer, Funktionäre der bürgerlichen Parteien und Industrielle zu den Opfern der „wilden" Säuberung gehörten[66], deren klassenkämpferischer Akzent sich damit gegenüber dem Frühjahr 1945 noch deutlich verstärkte.

Der im Vergleich mit anderen europäischen Ländern nur langsame Rückgang der „wilden" Säuberung und deren allmähliche Verwandlung in einen „underground war" mit klassenkämpferischen Akzenten hatten viele Gründe. Das Chaos der Nachkriegszeit wäre hier ebenso zu nennen wie die bald haarsträubend schlechte Versorgungslage und die mit einer Verwilderung der Sitten einhergehende Zunahme der Gewaltbereitschaft[67], die bei den Partisanen besonders stark ausgeprägt war. Diese kamen nach den langen entbehrungs- und opferreichen Kämpfen, nach den existentiellen Erfahrungen in der tödlichen Konfrontation mit den Faschisten und nach der als Triumph des Voluntarismus verstandenen Befreiung nur langsam zur Ruhe. Niemand nahm die Partisanen mit offenen Armen auf, der Eintritt in ein ziviles Leben mißlang und erschien vielen nach dem ungebundenen Abenteurerleben im Untergrund und in den Bergen als sinnlos und öde. Hinzu kam, daß viele Partisanen große Erwartungen hinsichtlich eines politischen Neubeginns, einer durchgreifenden Säuberung und ihrer eigenen Rolle beim Neuaufbau von Staat und Gesellschaft gehegt hatten und dann bald erkennen mußten, daß vieles doch beim alten blieb und daß namentlich auch die Faschisten nicht mit der in ihren Augen nötigen Entschiedenheit gepackt wurden. Letztlich, so könnte man sagen, fanden sich die Partisanen in der Rolle von lästigen Außenseitern wieder, die mit ihren ständigen Forderungen nach Reform und Umwälzung die Linksparteien nicht weniger störten als die politische Rechte, die der Resistenza immer schon reserviert begegnet war. Enttäuscht über die geringe Resonanz und Anerkennung, die sie fanden, und angewidert von den „faulen" Fundamentalkompromissen der Politik, zu denen auch die Sozialisten und der PCI die Hand gereicht hatten, fühlten sich die Partisanen von allen im Stich gelassen.

Dieses Frustrationserlebnis ließ das Gefühl entstehen, die Mission der Resistenza sei noch nicht erfüllt, der Kampf müsse weitergeführt werden, bis der Faschismus und die ihn einst tragenden sozialen Kräfte mit Stumpf und Stiel ausgerottet seien. Das gerade in der Endphase des Krieges mit martialischen Resistenza-

Italy, 20. 7. 1945, in: Ebenda, RG 331, Chief Commissioner, box 23, 10000/136/229; Relazione dei delegati del CLNAI sui fatti di Schio, 15. 7. 1945, in: Grassi, „Verso il governo del popolo", S. 394–397.
[66] Vgl. Giorgio Tupini, De Gasperi. Una testimonianza, Bologna 1992, S. 88 f.; Mirco Dondi, Azioni di guerra e potere partigiano nel dopoliberazione, in: Italia contemporanea 1992, Nr. 188, S. 457–477; Jens Petersen, Der Ort der Resistenza in Geschichte und Gegenwart Italiens, in: QFIAB 72 (1992), S. 563; Alcide De Gasperi, Discorsi politici, hrsg. von Tommaso Bozza, Rom 1969, S. 81 ff. Auf S. 81 spricht De Gasperi von Taten von „squadristi rossi".
[67] Vgl. S. 219.

Losungen noch einmal verstärkte Denken in Freund-Feind-Kategorien, die „mentalità militarista"[68], wie Pietro Di Loreto dieses Phänomen genannt hat, blieb mithin lebendig. Die Methoden des Bürgerkrieges wurden auf die Nachkriegszeit übertragen, der latente Bürgerkrieg schwelte auch nach der Kapitulation weiter und flackerte in der allgemeinen Unzufriedenheit über die Misere und die Unfähigkeit der Regierung, Abhilfe zu schaffen, immer wieder auf. Das konnte um so leichter geschehen, als Norditalien im Sommer und Herbst 1945 noch ein weitgehend rechts- und autoritätsfreier Raum war. Das Machtvakuum, das sich nach dem Abzug der Wehrmacht und dem Untergang des Faschismus herausgebildet hatte, konnte weder von den Befreiungskomitees, noch von der Militärregierung und erst recht nicht vom nur langsam nach Norden expandierenden italienischen Staat gefüllt werden. Diese drei Autoritäten mit begrenzter Reichweite lähmten sich sogar häufig gegenseitig, und insbesondere die Militärregierung und die Befreiungsbewegung hatten sich bald in einen kleinlichen Dauerstreit verstrickt, der lange nicht beizulegen war. Gegenseitiges Mißtrauen war der ausschlaggebende Grund dafür: Die Befreiungskomitees verdächtigten die Alliierten, mit den reaktionär-monarchistischen Kräften zu paktieren und jeden Reformansatz im Keim zu ersticken[69], während die Militärregierung in der Resistenza eine umstürzlerische Bewegung erblickte, die es schleunigst zu zähmen galt, wollte man sich nicht ähnliche Schwierigkeiten einhandeln wie in Griechenland.

Vor diesem Hintergrund war es nur logisch, daß die Militärregierung eine rasche Entwaffnung der Widerstandskämpfer forderte und daß die Partisanen diesen Forderungen nur mit größter Zurückhaltung entsprachen und ihre bewährten militärischen Strukturen partiell beibehielten. Vor allem von leichten Waffen trennten sie sich nur schwer[70]: Revolver, Maschinengewehre und Handgranaten symbolisierten Eigenständigkeit und Unabhängigkeit, sie garantierten ein Stück Bewegungsfreiheit und wurden ziemlich bedenkenlos eingesetzt, wenn die Durchsetzung der eigenen Ziele es erforderte und in der zivilen politischen Auseinandersetzung mit Argumenten nichts mehr auszurichten war[71].

Man kann es sich freilich auch leicht machen, die angedeuteten Gründe ignorieren und behaupten, hinter der Fortsetzung des Bürgerkrieges im Frieden sei eine Strategie der Kommunisten zu erkennen. Anhaltspunkte, die solche Schuldzuweisungen scheinbar stützen, gibt es genug. Die „wilden" Säuberungen waren in der Tat primär das Werk von Partisanen mit Bindungen zur kommunistischen Partei; auch das schauerliche Massaker von Schio, wo im Juli 1945 54 inhaftierte Faschisten erschossen wurden, geht überwiegend auf das Konto kommunistischer Parti-

---

[68] Di Loreto, Togliatti e la „doppiezza", S. 79. Vgl. auch Roberto Botta, Il senso del rigore. Il codice morale della giustizia partigiana, in: Massimo Legnani/Ferruccio Vendramini (Hrsg.), Guerra, Guerra di Liberazione, Guerra Civile, Mailand 1990, S. 154.

[69] Vgl. Verbale della seduta del CLNAI, 27.6. 1945, in: Grassi, „Verso il governo del popolo", S. 372 f.; Dondi, Azioni di guerra, S. 471.

[70] Vgl. Secchia/Frassati, La Resistenza e gli alleati, S. 370 f.; G-5, 5. US-Army, Bericht für April 1945, in: Coles/Weinberg, Civil Affairs, S. 564; HQ, AC, Monatsbericht für April 1945, 21.6. 1945, in: NA, RG 331, Adjutant, box 28, 10000/101/503.

[71] Vgl. US-Generalkonsulat von Genua an Secretary of State, 24.5. 1945, in: NA, RG 84, 1945: 800, box 141.

sanen[72]. Wahr ist aber auch, daß Parteichef Togliatti diese Exzeßtaten stets schärfstens verurteilte und daß es keinen Grund gibt, an der Ehrlichkeit seiner Verdikte zu zweifeln; sie liegen ganz auf der Linie seiner Politik der „nationalen Einheit", die Togliatti seit seiner Rückkehr aus dem Moskauer Exil verfolgte, und er sprach sie auch intern mit derselben Entschiedenheit aus wie in öffentlichen Veranstaltungen. „Im Norden ist es nötig, daß die Partei jede Form von gesetzwidrigem Handeln bekämpft [...]. Das gilt besonders für die Provinzen der Emilia, wo die Gesetzwidrigkeiten am stärksten sind", schärfte er etwa am 5. August 1945 dem Vorstand für Norditalien ein[73].

Es kostete Togliatti aber keine geringe Mühe, seine Partei auf diesen Standpunkt einzuschwören. Nicht einmal Pietro Secchia und Luigi Longo, die ruhmbedeckten Resistenza-Helden des PCI, stimmten ihrem Parteichef vorbehaltlos zu. Intern und zumal in Anwesenheit von Togliatti wandten sie sich zwar ebenfalls gegen „Ungesetzlichkeiten" und „Blutbäder"[74], vor kleinen und mittleren Parteikadern oder vor Partisanen ließen sie sich aber doch auch oft zu Äußerungen hinreißen, die in ihrer Widersprüchlichkeit Anlaß zu Mißverständnissen bieten konnten. „Der Faschismus ist in unserem Land noch immer tief verwurzelt", so Secchia am 18. Mai 1945 in Genua, „wir müssen das Land erneuern, indem wir alle Überreste des Faschismus austilgen, damit sich nie mehr wiederholen kann, was in diesen 20 Jahren geschehen ist. Wenn wir von Epurazione sprechen, dann meinen wir damit nicht nur die blutige Säuberung, die radikale Epurazione, das An-die-Mauer-stellen unserer Feinde; diese Form der Säuberung ist teilweise gemacht worden. Ein Teil der Hauptverantwortlichen hat die Strafe erhalten, die er verdiente. Wir dürfen aber nicht unerbittlich sein mit jenen faschistischen Elementen, die Parteimitglieder wurden, weil sie sonst keine Arbeit bekommen hätten. Diejenigen, denen wir nicht vergeben dürfen, das sind die Großindustriellen, die ihn [den Faschismus] getragen und unterstützt haben [...]. Den Hauptverantwortlichen, dieser 'Bande', dürfen wir nicht verzeihen."[75]

Solche klassenkämpferischen Töne gefielen vor allem der alten orthodoxen Garde und den jungen, ganz vom Partisanenkampf geprägten Genossen. Diese hatten an der bedächtigen Politik des Parteichefs nie recht Gefallen finden können. Die alte Lehre und die Erfahrung der Resistenza sagten ihnen, daß ihnen die Macht im Staate nicht einfach so zufallen würde; um sie zu erlangen, bedurfte es eines „gewalttätigen Angriffs"[76], und dieser Überzeugung entsprechend handelten sie oft genug auch. „Ununterbrochen gibt es Versuche, von der Partei die Genehmigung zur Bildung geheimer militärischer Verbände zu erlangen", hieß es in einem Bericht der lombardischen Partei für die Zeit vom 25. April bis zum 30. Juli

[72] Vgl. Bocca, Togliatti, S. 387; Lovering Hill, PWB, Political Notes, 17. 5. 1945 (Enclosure No. 1 to Despatch No. 2, 24. 5. 1945, Generalkonsulat Genua), in: NA, RG 84, 1945: 800, box 141; US-Konsulat in Florenz an US-Botschaft in Rom, 21. 11. 1945, in: Ebenda, box 142; Bericht von Leonard R. Mills vom US-Konsulat in Florenz vom 17. 1. 1946 über die politische Situation in der Emilia Romagna, in: Ebenda, 1946: 800, box 6.
[73] Zit. nach Di Loreto, Togliatti e la „doppiezza", S. 83.
[74] Ebenda, S. 80 f.
[75] Text der Rede, in: Istituto Gramsci, Bestand Liguria, Genova 1945; vgl. auch die Rede Secchias vom 28. 5. 1945 vor den Kadern Genuas, in: Ebenda.
[76] So die treffende Analyse Di Loretos, in: Togliatti e la „doppiezza", S. 84.

1945, „und in Versammlungen und Veranstaltungen wird oft der Ruf nach der Maschinenpistole laut."[77] Der Vorstand mußte sich deshalb den ganzen Sommer und Herbst 1945 über mit solchen Fragen befassen und diejenigen Teile der Partei zur Ordnung rufen, die von „dieser Maschinenpistolen-Krankheit" infiziert waren[78]. Oft vergeblich! Der PCI blieb, wie selbst der Parteihistoriker Paolo Spriano einräumte, eine unruhige Partei, die „revolutionären und subversiven Versuchungen" nur mit Mühe widerstand[79].

Hervorzuheben ist in diesem Zusammenhang freilich auch, daß der PCI 1945 noch weit entfernt war von jener straff organisierten stalinistischen Partei, zu der er sich in den fünfziger Jahren entwickelte. Die vor 1922 eigentlich kaum existente Partei zählte nach Kriegsende über 1,5 Millionen[80] meist jüngere Mitglieder, die in faschistischen Organisationen groß geworden oder gänzlich unpolitisch gewesen waren. Die meisten von ihnen waren erst wenige Monate dabei, die Ziele der Partei waren ihnen noch ganz fremd, von der kommunistischen Ideologie machten sie sich nur eine äußerst vage Vorstellung. Ausschlaggebend für ihren Eintritt in die Partei dürfte gewesen sein, daß die Kommunisten an der Spitze des Befreiungskrieges standen und dort Beachtliches leisteten und daß ihre programmatischen Vorstellungen den vor allem in den unteren Schichten der Gesellschaft verbreiteten Sehnsüchten nach Partizipation, Emanzipation und sozialer Gerechtigkeit entgegenkamen. Es war so vielleicht der unruhigste Teil der Bevölkerung, der sich auf die Kommunisten hin orientierte, von diesen aber noch keineswegs gelenkt oder kontrolliert werden konnte; dafür waren die Bindungen einfach zu schwach und die Führungskapazitäten des PCI mangels geschulter Kader zu gering. In besonderem Maße gilt dies für die kommunistischen Partisanen, die einen beträchtlichen Teil der blutigen Abrechnung besorgten. Kommunistisch war an ihnen oft nur der Name, ansonsten aber entzogen sie sich der Partei fast völlig. „Diese Partisanen", so schimpfte im August 1945 ein Genosse aus Belluno, „kommen nie zur Partei, der größte Teil von ihnen ist gegen die Partei. Von Politik verstehen sie wenig, sie denken noch immer an die Maschinenpistole und schlagen in vielen Fällen illegale Wege ein, die ins Verderben führen."[81]

Eine kommunistische Strategie zur Fortsetzung des Bürgerkrieges gab es also nicht. Die Führung der Partei und namentlich Togliatti haben nach Kräften versucht, die subversiven Strömungen in der Gesellschaft an den PCI zu binden und sie damit in geordnete Bahnen zu lenken. Dieser Versuch ist 1945/46 oft fehlgeschlagen, und er hat der Partei den Vorwurf eingetragen, ein doppeltes Spiel zu treiben, weil sie die oft skrupellosen Revolutionäre nicht ausgeschlossen hat. Die italienische Gesellschaft als Ganzes aber hat wohl davon profitiert, denn ohne die

---

[77] In: Istituto Gramsci, Bestand Lombardia, Milano 1945.
[78] So hieß es in der Sitzung der Direzione des PCI von Norditalien vom 3. 8. 1945; Protokoll in: Ebenda, Bestand PCI 1944–1946, Verbali Direzione Italia Nord 1945.
[79] Spriano, Le passioni, S. 83.
[80] Vgl. Ginsborg, Storia d'Italia, S. 110.
[81] So der Delegierte aus Belluno in der Sitzung der Direzione für Norditalien vom 24. 8. 1945; Protokoll, in: Istituto Gramsci, Bestand PCI 1944–1946, Verbali Direzione Italia Nord 1945. Zum Verhältnis PCI und Partisanen bzw. zum Problem der Erziehungsarbeit des PCI vgl. Angela Maria Politi/Luca Alessandrini, I partigiani emiliani dalla liberazione ai processi del dopoguerra, in: Guerra, Resistenza e Dopoguerra. Storiografia e polemiche recenti, hrsg. vom Istituto Storico Provinciale della Resistenza Bologna, Bologna 1991, S. 64 f. und 83.

ständige Erziehungs- und Disziplinierungsarbeit der Kommunisten hätte Italien noch länger gebraucht, um endlich zur Ruhe zu kommen.

Wieviele Opfer die „wilde" Säuberung und der als Abrechnung bemäntelte Klassenkampf 1945 forderten, ist schwer zu bestimmen. Für die italienische Geschichtsschreibung bleibt hier noch viel zu tun, sie hat das schmerzliche Kapitel der „wilden" Säuberung aus Rücksicht auf den strahlenden Mythos der Resistenza bis heute weitgehend ignoriert. Im wissenschaftlichen Schrifttum und in der Presse geistern deshalb höchst unterschiedliche, durch nichts gestützte Opferzahlen herum, die je nach politischem Standort des Autors zwischen 7000 und 300 000 schwanken[82]; Innenminister Mario Scelba hat 1952 im Parlament gar nur von 1732 Abrechnungsopfern gesprochen[83]. Ein einigermaßen exaktes Bild läßt sich aus der allgemeinen Mordstatistik, die auf Angaben von Ärzten und von der Leichenschau beruht, gewinnen: Danach lag die Zahl der Morde in den Jahren vor 1943 zwischen 450 und 800. 1943 stieg sie auf rund 2100, 1944 schnellte sie auf fast 12 000 hoch. 1945 nahm die Zahl der Morde geringfügig ab (10 000), 1946 betrug sie immerhin noch 3000. In den folgenden Jahren sank sie dann auf 1300 (1947) und 1100 (1948)[84]. Daten, die zwei Jahre nach dem Krieg von der italienischen Justiz herausgegeben worden sind, bestätigen dieses Bild, auch wenn einige signifikante Abweichungen zu konstatieren sind: Ihnen zufolge gab es zwischen 1937 bis 1939 durchschnittlich 1406 Anzeigen wegen Totschlag und Körperverletzung mit Todesfolge; 1940 liefen 1001 solcher Anzeigen bei den Gerichten ein, 1941 784, 1942 830. Dann stiegen die Anzeigen sprunghaft an: 1943 waren es 1554, 1944 5126, 1945 erreichten sie mit 12 060 den Höhepunkt, 1946 fielen sie auf 6027 ab. Die wichtigste Abweichung von 1944 erklärt sich daraus, daß Ärzte und Leichenbeschauer offenbar auch zahlreiche Opfer, die der Krieg forderte, zu den „Morden" rechneten[85].

Diese Daten sind natürlich nicht mit der Zahl der Abrechnungsopfer identisch. Es gelten hier dieselben Einschränkungen, die schon für die Ereignisse von 1944 formuliert worden sind[86]. Dies alles bedacht, wird man schätzen dürfen, daß im Rahmen der Abrechnung mit dem Faschismus in den Jahren 1943 bis 1946 etwa 10 000 bis 12 000 Menschen ihr Leben ließen; allein im Jahr der Befreiung dürften es 5000 bis 8000 gewesen sein. Zu einem nur geringfügig anderen Ergebnis kam das Innenministerium schon 1946. Damals konnte es in einem internen, lange geheimgehaltenen Bericht feststellen, daß die „wilde" Säuberung bis dahin mehr als

---

[82] Vgl. Sérant, Die politischen Säuberungen in Westeuropa, S. 237.
[83] Vgl. Pavone, Una guerra civile, S. 511.
[84] Vgl. Istituto Centrale di Statistica, Le cause di morte in Italia nel decennio 1939–1948, Rom 1950, S. 6f.; Istituto Centrale di Statistica, Cause di morte negli anni 1943–1948, Rom 1952, Serie III, Bd. 1, S. 38–41, 58–61, 68–71, 78–81, 98–101, 190–193, 210–213.
[85] Vgl. Statistiche Giudiziarie. Reati denunciati negli anni dal 1940 al 1946, in: Gazzetta Ufficiale della Repubblica Italiana, Supplemento straordinario, Nr. 211, 15. 9. 1947; Guido Neppi Modona, Guerra di Liberazione e Giustizia Penale: Dal fallimento dell'epurazione al processo alla Resistenza, in: Guerra, Resistenza e Dopoguerra. Storiografia e polemiche recenti, hrsg. vom Istituto Storico Provinciale della Resistenza Bologna, Bologna 1991, S. 50f.; Politi/Alessandrini, I partigiani emiliani, S. 55ff.
[86] Vgl. S. 167f.

8000 Opfer gefordert hatte und daß rund 1200 Faschisten noch immer vermißt seien[87].

Autoren mit neofaschistischen Neigungen halten diese Zahlen für stark untertrieben. Sie warten mit angeblichen Enthüllungen ungeheuerlicher Skandale auf und lassen nichts unversucht, die Resistenza in ein verbrecherisches Zwielicht zu rücken[88]. Vieles von dem, was diese Autoren an Einzelheiten über Morde und Massaker zutage gefördert haben, wird in der Tat kaum zu widerlegen sein. Ein Ärgernis sind diese Publikationen aber doch, und zwar vor allem aus zwei Gründen: Zum einen sind die dort genannten Zahlen nicht nur viel zu hoch (und durch keine gesicherten Daten gestützt); sie sind auch irreführend, weil von den Autoren nicht einmal der Versuch gemacht wird, zwischen denen zu unterscheiden, die im Bürgerkrieg von 1943 bis 1945 ihr Leben ließen, im Zuge der Befreiung umkamen und nach der Befreiung erschossen wurden; jeder tote Faschist wird der Resistenza angelastet. Zum anderen wird von diesen Autoren fast ständig so getan, als habe es sich bei den Opfern der „wilden" Säuberung in der Regel um unschuldige kleine Faschisten gehandelt, als sei die Säuberung von der kommunistischen Partei ausschließlich zu klassenkämpferischen Zwecken mißbraucht und als seien in den Abrechnungswirren oft eher persönliche als politische Rechnungen beglichen worden. Der Blick zurück, der zeigen würde, daß viele Opfer zuvor grausame Täter gewesen sind, wird vermieden.

In diesem Zusammenhang ist freilich einzuräumen, daß es keine einzige systematische Untersuchung über die Sozialstruktur, das politische Profil und die Tätergeschichte der Opfer der „wilden" Säuberungen gibt; parteiischen Spekulationen neofaschistischer Autoren ist deshalb Tür und Tor geöffnet. Fest steht aber: Die tödliche Vergeltung der Partisanen traf nicht nur Mussolini und die kleine Gruppe führender Faschisten, die ihn am Schluß begleiteten, sondern etwa auch Leandro Arpinati, den Chef der faschistischen Partei in Bologna, Sandro Giuliani, den ehemaligen Chefredakteur beim Popolo d'Italia, den Polizeichef von Como, die Präfekten von Florenz, Varese und Grosseto sowie eine Reihe von Offizieren der berüchtigten Todesschwadronen „Pappalardo", „Muti" und „Koch"[89] – also Dutzende, nein: Hunderte von lokalen und regionalen Partei- und Milizbonzen, die das faschistische Regime vor Ort repräsentiert und dort mitunter sehr viel Leid verursacht hatten. Außer acht gelassen sind dabei noch die sicher ebenfalls nach Hunderten zählenden Aktivisten und Fanatiker, die 1945 von Volkstribunalen, Militärgerichten und außerordentlichen Schwurgerichten in den Tod geschickt wurden[90]; Roberto Farinacci zählte ebenso zu dieser Gruppe wie Guido Buffarini Guidi, der einstige Innenminister, außerdem der Präfekt von Vercelli, die

---

[87] Vgl. Appunto des Ministero dell' Interno, 4. 11. 1946, in: ACS, Ministero dell' Interno, Gab. 1950–1952, busta 33, fasc. 11430/16; Onofri, Il triangolo rosso, S. 12, 59 f. und 65 f.

[88] Vgl. Giorgio Pisanò/Paolo Pisanò, Il triangolo della morte. La politica della strage in Emilia durante e dopo la guerra civile, Mailand 1992; Carlo Simiani, I „Giustiziati Fascisti" dell'aprile 1945, Mailand 1949; Giorgio Pisanò, I giorni della strage, Mailand 1975; ders., Storia della guerra civile in Italia (1943–1945), Mailand 1966, 3 Bde.; Irene Rosa Colizzi, J'accuse. Quello che non fu detto di terra d'Emilia, Rom 1988.

[89] Vgl. Romano Canosa, Le sanzioni contro il fascismo. Processi ed epurazione a Milano negli anni 1945-'47, Mailand 1978, S. 32 ff., 57, 60, 63; Angaben in Mario Missori, Gerarchi e statuti del P.N.F., Rom 1986; ders., Governi, Alte Cariche dello Stato e Prefetti.

[90] Vgl. S. 281–307.

Polizeichefs von Brescia und Novara und viele, viele Offiziere der schwarzen Brigaden[91]. Die Leistungsträger des faschistischen Systems sind im Frühjahr 1945 so stark dezimiert worden, daß an seine Wiederbelebung allein schon aus diesem Grunde nicht mehr zu denken war. Rechtsstaatliche Grundsätze wurden dabei mit Füßen getreten – das ist wohl wahr –, aber doch nicht in demselben schrecklichen Maße wie in der Agoniephase des Faschismus nach 1943, als es zu einer Renaissance des blutigen Squadrismo der zwanziger Jahre, zu unvorstellbaren Grausamkeiten gegen Angehörige der Resistenza und zu zahlreichen brutalen Willkürakten gegen Unschuldige gekommen war[92].

3. Volkstribunale, Militärgerichte und illegale Massenentlassungen

Nicht alle offenen Rechnungen wurden 1945 gleich mit dem Maschinengewehr beglichen. Die „wilde" Säuberung war nur die extremste Form dessen, was nach der Befreiung in puncto Abrechnung geschah. Daneben gab es viele andere – wenn man so will: humanere – Formen, die tausend- und abertausendfach zu beobachten waren und das Klima in den Städten und Dörfern Norditaliens prägten. Die häufigsten davon waren die illegalen Massenentlassungen durch innerbetriebliche Komitees, die „juristische" Abrechnung durch Volkstribunale und Militärgerichte und eine dritte Form, die man als Spontanvergeltung ohne Todesfolge bezeichnen könnte.

Dieser letzte Typus war eine Erscheinung weniger Tage. Er zielte vor allem auf die psychische Verfassung der einzelnen Belasteten, auf ihre soziale und politische Ausgrenzung durch persönliche Demütigung. Parteibonzen, die in den zurückliegenden Jahren in ihren Dörfern und Städten den Ton angegeben und in oft obszönem Luxus gelebt hatten, mußten nun die rauhere Seite der Wirklichkeit kennenlernen. Sie wurden zu strapaziösen Aufräumarbeiten und zur Ablieferung von Kleidern und Möbeln gezwungen, so daß ihnen oft nur das Nötigste blieb. Mancher mußte sogar die Reinigung von öffentlichen Bedürfnisanstalten übernehmen; Fotos, die dabei geschossen wurden, hingen zur allgemeinen Belustigung tagelang im Rathaus oder auf der Piazza aus. Andere Bonzen wurden für eine gewisse Zeit aus ihrer Heimat verbannt, von besonders schlagkräftigen Partisanen geohrfeigt oder in provisorische Arbeitslager gesteckt, wo sie wenig zu lachen hatten. Besonderer Beliebtheit erfreute sich das Scheren jener Frauen, die im Verdacht einer wie auch immer gearteten Kollaboration mit deutschen Soldaten standen. Junge Burschen machten sich einen Spaß aus diesem Handwerk; sie führten ihre Opfer durch die Straßen und behängten sie mit Plakaten, die Auskunft über ihre Verfehlungen gaben. Diese Frauen waren gesellschaftlich ebenso erledigt wie die vielen Parteifunktionäre, Denunzianten und Squadristen, die Rizinusöl trinken mußten und dann so lange öffentlich ausgestellt wurden, bis das Mittel seine Wirkung tat. Eine größere Demütigung war kaum vorstellbar – das wußten die Antifaschisten

---

91 Wie Anm. 89.
92 Vgl. Klinkhammer, Zwischen Bündnis und Besatzung, S. 422–488.

nur zu gut, hatten viele von ihnen Anfang der zwanziger Jahre diese Prozedur doch selbst erleiden müssen[93].

Hinter dieser brachialen Abrechnung steckte kein zielgerichteter politischer Wille, nirgends war eine (ver-)ordnende Hand zu erkennen, Spontaneität und Anarchie diktierten das Geschehen. Das gilt für die beiden anderen Formen, die unmittelbar nach der Befreiung am häufigsten auftraten, auch, aber in viel geringerem Maße. Die Volksgerichte, Militärgerichte und Säuberungskomitees der ersten Stunde hatten zumindest einen klaren politischen Auftrag, und sie konnten sich in aller Regel auf eine Handvoll Gesetze und Grundsätze stützen, die von den Befreiungskomitees erarbeitet worden waren.

Klar war dabei von vornherein, daß die Befreiungskomitees ganz anderes im Sinn hatten, als sich am Säuberungsmodell der Regierung zu orientieren. Sie wollten wirklich ernst machen und hatten sich deshalb schon vor der Befreiung auf ein eigenes Modell geeinigt, das erstens rasches Handeln erlaubte, zweitens nur wenig Raum für juristische Spitzfindigkeiten bot, drittens nicht nur den öffentlichen Dienst, sondern auch die private Wirtschaft betraf, und viertens den Einfluß der Behörden, Einrichtungen und Fabriken, die gesäubert werden sollten, auf ein Minimum beschränkte. Die Personalsäuberung war, mit einem Wort, eine Sache der Befreiungskomitees; sie allein entschieden, wer aufgrund seiner Vergangenheit für eine Position im öffentlichen Dienst und in der Wirtschaft in Frage kam und wer nicht[94].

Auf der anderen Seite konnten die Befreiungskomitees aber nicht so tun, als hätten sie von den Säuberungsregelungen der Regierung in Rom noch nie etwas gehört. Das wäre nicht nur naiv, sondern auch politisch kurzsichtig gewesen. Man durfte die Eigenmächtigkeit nicht zu weit treiben und mußte wenigstens den Schein der Gesetzeskonformität wahren, sonst bestand die Gefahr, daß alle Maßnahmen, die die Befreiungskomitees vor der Ankunft der Alliierten ergriffen, als „ab initio constitutionally invalid"[95] angesehen und einfach für null und nichtig erklärt wurden. Die Befreiungskomitees übernahmen deshalb einen Teil der inhaltlichen Bestimmungen des Gesetzes vom 27. Juli 1944[96], die bei entsprechender Auslegung durchaus brauchbar erschienen. Zu überprüfen und gegebenenfalls zu entlassen waren folglich alle diejenigen, die sich – speziell in höheren Rängen – durch ihr Verhalten im Faschismus diskreditiert hatten und somit „unwürdig" waren, ihre alten Stellungen zu behalten; ferner alle Arbeiter und Angestellten (auch die kleinsten), die Posten, Beförderungen oder Vergünstigungen der Fürsprache der Partei oder eines Parteibonzen verdankten, sowie der Kreis derer, die sich in ihrem Denken und Handeln als unfähige, sektiererische Faschisten erwiesen hatten; außerdem alle Alten Kämpfer, Offiziere der Miliz und Freiwilligen im

---

[93] Vgl. Dondi, Azioni di guerra, S. 457–477; Rugafiori, Resistenza e Ricostruzione in Liguria, S. 337; Präfektur von Pesaro-Urbino an Ministero dell'Interno, 30. 10. 1945, in: ACS, Ministero dell'Interno, Gab. 1944–1946, busta 167, fasc. 15838; Renato Vannutelli an PCM, 17. 9. 1945, in: Ebenda, fasc. 15871; Ministero dell'Interno, DGPS, an Ministro dell' Interno, Zusammenfassung der Berichte der Präfekturen über die Lage in den Provinzen, Mai 1945, in: Ebenda, busta 49, fasc. 3978.

[94] Vgl. S. 251 f.

[95] Lovering Hill, PWB, Political Notes, 17. 5. 1945 (Enclosure No. 1 to Despatch No. 2, 24. 5. 1945, US-Generalkonsulat Genua), in: NA, RG 84, 1945: 800, box 141.

[96] Vgl. S. 134–145.

Spanischen Bürgerkrieg und schließlich alle diejenigen, die nach 1943 der neuen faschistischen Partei beigetreten waren, den Treueeid auf die Regierung von Salò abgelegt oder sonstwie mit dem Neofaschismus kollaboriert hatten[97].

Mit der schwerfälligen Säuberungsmaschinerie, die im Süden angelaufen war, glaubte man diese Ziele nicht erreichen zu können. Die Befreiungskomitees hatten deshalb ein zügigeres und „volks"-näheres Verfahren vorgesehen, an dem drei Instanzen beteiligt waren: Die Initiative sollte von den innerbetrieblichen oder behördlichen Befreiungskomitees ausgehen, die mit den Verhältnissen am besten vertraut waren. Diese Basiskomitees sollten belastendes Material über die mutmaßlich untragbaren Faschisten sammeln und es den Säuberungskommissionen zuleiten, die bei den Befreiungskomitees in den Provinzen zu bilden waren. Hier, in diesen wohl nach dem Parteienproporz zusammengesetzten Kommissionen, fiel die Entscheidung über Entlassung oder Verbleib, Einsprüche dagegen sollten von den Befreiungskomitees der Provinzen selbst behandelt werden[98].

Diese Dinge müssen noch im einzelnen untersucht werden. Herauskommen dürfte dabei, daß die Praxis vielfach anders aussah als die schönen Beschlüsse. Vorschriften und „Dienstwege" waren schnell vergessen, belastete Faschisten wurden einfach vor die Tür gesetzt, wenn jemand es verlangte und Einfluß genug besaß, seinen Forderungen Geltung zu verschaffen. Mit schlechtem Beispiel gingen die Befreiungskomitees selbst voran, die die wichtigste Säuberungsmaßnahme ohne Verfahren, ohne Beteiligung der Basiskomitees, einfach per Dekret trafen, das noch im Untergrund vorbereitet worden war[99]. Diese Maßnahme bezog sich auf die alte politische und administrative Elite in den Städten und Provinzen, die ob ihrer politischen Vergangenheit, aber auch wegen ihrer Trägheit und mediokren Engstirnigkeit nicht mehr in die neue Zeit zu passen schien. Sie wurde am Tag der Befreiung aus ihren Stellungen verjagt und durch eine unbelastete, in der Resistenza bewährte Gegenelite ersetzt, die streng dem Parteienproporz entsprach. Tausende verloren im Rahmen dieses gründlich vorbereiteten und blitzartig ins Werk gesetzten Revirements ihre Posten: Präfekten, Bürgermeister, Polizeichefs, Schulräte, Hochschulrektoren, Gerichtspräsidenten, Generalstaatsanwälte, ja sogar Theaterintendanten und Orchesterchefs[100]. Die neue Elite bezog ihre Legitimation zunächst nur von der Resistenza, später dann auch von der Militärregierung, die Anfang Mai 1945 die Macht übernahm und damit die Befreiungskomitees aus ihrer dominanten Stellung verdrängte. Für die neuen Amtsinhaber hatte dieser Regimewechsel keine Konsequenzen, denn von wenigen Ausnahmen abgesehen wurden sie in ihren gerade übernommenen Positionen bestätigt: nicht etwa aus Verlegenheit, weil sich – wie in Süditalien so häufig – niemand fand, der

---

[97] So lauteten die Belastungskriterien, die das Befreiungskomitee von Ligurien am 13. 4. 1945 aufgestellt hatte; vgl. Levi/Rugafiori/Vento, Il triangolo industriale, S. 66.

[98] Vgl. Levi/Rugafiori/Vento, Il triangolo industriale, S. 66.

[99] Vgl. etwa das Protokoll der Sitzung des CLNAI vom 20. 2. 1945, in: Grassi, „Verso il governo del popolo", S. 268–273.

[100] Vgl. HQ, AC, Monatsbericht für Mai 1945, 11. 7. 1945, in: NA, RG 331, Adjutant, box 28, 10000/101/503; HQ, AC, Civil Affairs Section, Monatsbericht für Mai 1945, in: Ebenda, Civil Affairs, box 5; Neppi Modona, L'attività legislativa del CLNRP, S. 332; Galante Garrone, Attività del Comitato di liberazione nazionale per il Piemonte, S. 478. Vgl. auch die Lokalstudien in Renzo Barazzoni/Ulisse Gilioli, La Liberazione dell'Emilia Romagna, Mailand 1979, S. 27, 58, 84, 124, 168, 202, 232 f.

ein öffentliches Amt übernehmen wollte, sondern weil die Präfekten, Bürgermeister und Schulräte aus den Reihen der Resistenza durch Tatkraft und Engagement zu überzeugen wußten. „Die Verbesserung im Hinblick auf das Kaliber der Beamten nördlich des Po ist auffällig", so hieß es im Monatsbericht der Alliierten Kommission für April 1945, man habe dort ein beträchtliches Maß an „Initiative und Tatkraft" angetroffen[101].

Doppelt legitimiert, saßen die neuen Amtsinhaber bis zur „Rückgabe" der nördlichen Regionen an die italienische Regierung Ende 1945 fest im Sattel. Nach 1946, im Zeichen der restaurativen Herrschaft der Democrazia Cristiana, mußten viele ihre Posten wieder räumen; vor allem die von der Resistenza bestellten, „ungelernten" Präfekten und Quästoren wurden von altgedienten, unpolitischen Beamten abgelöst. In zahlreichen anderen Fällen aber blieben die neuen Amtsinhaber unangetastet. Die Befreiungsbewegung setzte somit im April/Mai 1945 einen tiefgreifenden, wenngleich nicht vollständigen Elitenwechsel durch, der in der neueren Geschichte Italiens ohne Beispiel ist. Das Besondere daran war, daß das Revirement nicht nur einige wenige Schlüsselstellen betraf, sondern in die Breite ging und auch die Dörfer und Kleinstädte erfaßte, und daß bei diesem Austausch zahlreiche Newcomer und gesellschaftliche Außenseiter zum Zuge kamen, die nach Herkunft, Ausbildung und politischer Orientierung in normalen Zeiten kaum eine Chance gehabt hätten. Das gilt namentlich für viele Kommunisten und Sozialisten, die Jahre im Exil, in der Verbannung, im Untergrund gelebt hatten oder in ihren Heimatorten an den Rand gedrängt worden waren. Vom „Wind aus dem Norden" in die höchsten regionalen und kommunalen Positionen getragen, konnten sie beweisen, was in ihnen steckte, und erwarben sich dabei so großes Ansehen, daß auch die Parteien, die sie vertraten, langsam das Image gefährlichen Sektierertums abzustreifen vermochten. Die Erfolgsgeschichte insbesondere der kommunistischen Partei in den fünfziger Jahren hatte, wie schon angedeutet[102], viel mit diesen personellen Weichenstellungen nach der Befreiung zu tun.

Auch in anderer Hinsicht blieben die detaillierten Säuberungspläne der Resistenza totes Papier. In manchen Bereichen des öffentlichen Dienstes gab es nämlich keine Basiskomitees, die Verfahren hätten in Gang setzen können[103]; hier hing alles vom Säuberungswillen des neuen Präfekten, Bürgermeisters oder Gerichtspräsidenten ab. Da und dort hatten es die Befreiungskomitees in den Provinzen auch versäumt, rechtzeitig Säuberungskommissionen ins Leben zu rufen, so daß die Entlassungspetitionen der Basiskomitees irgendwo verstaubten. Die Erstsäuberung im öffentlichen Dienst dürfte deshalb höchst unterschiedlich ausgefallen sein. In manchen Behörden gingen die Antifaschisten mit unerbittlicher Rigorosität zu Werke, während anderswo die Säuberung nur als Drohung empfunden wurde. Insgesamt mußten aber doch wohl Tausende von Angehörigen des öffentlichen Dienstes ihre Stellungen räumen. In Ligurien waren es allein bei der Bahn

---

[101] HQ, AC, Monatsbericht für April 1945, 21. 6. 1945, in: NA, RG 331, Adjutant, box 28, 10000/101/503.
[102] Vgl. S. 166.
[103] Vgl. HQ, AMG, Venezia Region, Monatsbericht für Mai 1945, 16. 6. 1945, in: NA, RG 331, Civil Affairs, box 6. Zur Problematik allgemein vgl. Gaetano Grassi, Documenti sull'attività di Aurelio Becca a Milano nel periodo successivo alla Liberazione, in: Rivista giuridica del lavoro e della previdenza sociale, Januar-April 1974, S. 5f.

rund 1500 Angestellte und Arbeiter[104]. Nicht immer gab dabei die politische Belastung den Ausschlag, gerade in den ersten Tagen nach der Befreiung war alles möglich. Eine Denunziation und ein durch nichts begründetes Gerücht genügten, um einen Kollegen „abzuschießen". Auf diese Weise wurden persönliche und geschäftliche Angelegenheiten geregelt, Konkurrenten ausgeschaltet und gutdotierte Posten für arbeitslose Partisanen freigemacht. Wen Ende April/Anfang Mai 1945 der Faschismusverdacht traf, war beruflich erledigt. Zunächst gab es kein Mittel, sich dagegen zu wehren. „Der Vorwurf, Faschist zu sein, und Forderungen nach Entlassung, Verhaftung und Verbannung sind immer dann auf der Tagesordnung, wenn Interessengegensätze oder persönliche Zänkereien im Spiel sind", schrieb der Präfekt von Cosenza. „In 99 Prozent der Fälle sind die Vorwürfe unbegründet."[105]

Nach Plan lief auch bei der Säuberung der Privatwirtschaft nicht alles. Daß die Personalmaßnahmen hier gelegentlich im Zeichen wilder Anarchie standen, lag vor allem an den innerbetrieblichen Befreiungskomitees, die im Frühjahr 1945 vor Selbstbewußtsein strotzten und sich von niemandem Vorschriften machen lassen wollten. Diese überwiegend von der kommunistischen Partei dominierten Basisausschüsse hatten vor der Befreiung Streiks und Demonstrationen organisiert, dann den bewaffneten Aufstand gegen die deutsche Wehrmacht und die Kollaborateure von Salò getragen und schließlich die Leitung ihrer Betriebe übernommen. Dort konnten sie zunächst nach Belieben schalten und walten, und es fiel ihnen gar nicht ein, das Privileg der Personalsäuberung an eine Kommission abzutreten und sich selbst mit der Rolle von Zulieferern zu begnügen. Die Belegschaft und ihre Vertreter wußten am besten, wer in den zurückliegenden Jahren den Faschisten herausgekehrt, Kollegen schikaniert und dicke Profite eingestrichen hatte, und es widersprach einfach den proletarischen Umgangsformen, diese Übeltäter bei irgendeiner Kommission zu melden. Man packte sie lieber selber.

In der Forschung wird oft der Eindruck erweckt[106], der Bereich der privaten Wirtschaft sei eine Art Sperrbezirk gewesen, den allenfalls schwache Ausläufer der Säuberungswellen erreichten. Bei genauer Betrachtung wird man – zumindest im Hinblick auf die erste Phase nach der Befreiung – das Gegenteil konstatieren müssen: Nirgends war die Säuberungsintensität so groß, in keinem gesellschaftlichen Bereich gab es im Frühjahr 1945 so viele Entlassungen. Die Befreiungskomitees setzten zuerst mit aller Macht in den Betrieben an, denn waren erst einmal die Verfügungsrechte über die Produktionsmittel in Frage gestellt, dann, so hieß es ja

[104] Vgl. HQ, AMG, Liguria Region, an HQ, AC, Civil Affairs Section, 30. 7. 1945, in: NA, RG 331, Civil Affairs, box 17, 10000/105/744–813; Bericht des Abgesandten (Dr. Franceschelli) des Hochkommissars für die Abrechnung mit dem Faschismus über eine Inspektionsreise nach Norditalien, 17. 7. 1945, in: ACS, Alto Commissariato, titolo I, Nr. 20; Ministero dell'Interno, DGPS, an Ministro dell' Interno, Zusammenfassung der Berichte der Präfekturen über die Lage in den Provinzen, Mai 1945, in: Ebenda, Ministero dell'Interno, Gab. 1944–1946, busta 49, fasc. 3978.
[105] Stralcio della relazione del Prefetto di Cosenza sulla situazione della provincia durante il trimestre aprile-giugno 1945, in: Ebenda, busta 114, fasc. 9827. Vgl. HQ, AC, Civil Affairs Section, Monatsbericht für Mai 1945, in: NA, RG 331, Civil Affairs, box 5.
[106] Vgl. Colarizi, La seconda guerra mondiale e la Repubblica, S. 413 ff.; Ginsborg, Storia d'Italia, S. 93; Canosa, Le sanzioni contro il fascismo; Sandro Setta, Profughi di lusso. Industriali e manager di Stato dal fascismo alla epurazione mancata, Mailand 1993.

auch in den marxistischen Lehrbüchern, würden sich Änderungen im gesellschaftlichen und staatlichen Überbau von alleine ergeben.

In der historischen Rückschau mögen solche Ambitionen reichlich übertrieben
erscheinen, in der Befreiungseuphorie des Frühjahrs 1945 aber ging von ihnen
eine so bezwingende Kraft aus, daß viele glaubten (oder fürchteten), sie könnten
tatsächlich Wirklichkeit werden. Erste, nicht unbedeutende Schritte in diese Richtung waren schon getan: Viele Firmeninhaber, Generaldirektoren und Aufsichtsräte hatten das Weite gesucht oder waren gewaltsam vertrieben und durch antifaschistische Treuhänder ersetzt worden, die in den innerbetrieblichen Befreiungskomitees und in der zum Kommunismus neigenden Arbeiterschaft starken Rückhalt fanden. Norditalien schien an der Schwelle zur Revolution zu stehen. „Die
Atmosphäre sei heute in der Fabrik", so sagte der Direktor einer großen Fabrik
vor den Toren Genuas einem alliierten Offizier, der darüber seine Vorgesetzten
unterrichtete, „womöglich noch gespannter als während der letzten Tage des
Nazi-Faschismus, nur die Farben der Flagge und die Form des Grüßens hätten
sich geändert. Er sei ebenso unfrei wie unter dem früheren Regime und müsse mit
seinen Worten und seinem Verhalten nicht weniger vorsichtig sein. Bis vor einem
Monat sei es ein schwerer Fehler gewesen, zusammen mit einem Deutschen gesehen zu werden. Heute gelte das, wenn man sich mit Personal der Alliierten zeige.
Die kommunistischen Arbeiter betrachteten die Anglo-Amerikaner als ihre ideologischen und kapitalistischen Feinde [...], die praktisch die gleiche Art von Skla-
ventreibern seien wie die Faschisten."[107]

Ähnliche Ansichten äußerte Rocco Piaggio, einer der einflußreichsten Industriellen Liguriens. Er glaubte, so hielt ein alliierter Offizier nach einem Gespräch
mit ihm fest, „daß die Belastung der Industrie mit drückendsten finanziellen Bür-
den und die Lähmung ihrer Organisation durch die Säuberung nicht nur der Absicht dienten, die Lebensbedingungen der Arbeiter zu bessern und ihnen verhaßte
Männer zu entfernen, um so Platz für sie und ihre politischen Freunde zu schaffen. Diese Maßnahmen hätten eine viel tiefere Bedeutung und seien Teil einer umfassenden politischen Strategie, die darauf abziele, die Industrie in Bankrott und
Desorganisation zu treiben, um so ihre Sozialisierung und Übernahme durch den
Staat zu beschleunigen und zu erleichtern. Treibe man einen Konzern in den
Bankrott, so sei es nicht schwer, ‚dem Volk' zu erzählen, die finanziellen Schwie-
rigkeiten seien die Folge der Gier und der Raffsucht der Besitzer, während nach
der Zerrüttung der Organisation durch die Entfernung von Schlüsselfiguren ‚dem
Volk' eingeredet werden könne, daß Privateigentum gleich Inkompetenz und da-
her zur Leitung des Konzerns unfähig sei." Italien steuerte nach Auffassung Piaggios geradewegs auf den Kommunismus zu: „Man dürfe nie vergessen, daß der
Boden durch zwanzig Jahre Faschismus, wie der Kommunismus eine totalitäre
Diktatur, gut vorbereitet sei. Die Leute seien für den Kommunismus trainiert und
präpariert, weshalb es ein Leichtes sein werde, ihnen das kommunistische System
überzustreifen. Für das italienische Volk werde das lediglich einen Wechsel des
Namens und des Grades bedeuten: seien die Italiener unter dem Faschismus zu 50

---

[107] Bericht von Lovering Hill, PWB, Genua, 25. 5. 1945, in: NA, RG 84, 1945: 800, box 141.

Prozent Sklaven gewesen, so würden sie unter dem Kommunismus zu 100 Prozent Sklaven sein."[108]

Piaggios Pessimismus hatte seinen Grund vor allem in den vielen Entlassungen. In manchen Fabriken erhielten „80 Prozent des technischen und 40 Prozent des Verwaltungspersonals" ihre Papiere. Zehn Prozent davon, so sagte der Direktor einer Genueser Fabrik, die besonders stark betroffen war, „sind aus politischen Gründen entfernt worden, die übrigen 90 Prozent aus rein persönlichen Gründen. Dazu gehören der Groll von Arbeitern, die einmal von ihren Vorgesetzten bestraft worden sind und nun die Rechnung begleichen wollen, und der Ehrgeiz anderer, die sich aus Opportunismus den linken Parteien angeschlossen haben, jetzt Mitglieder der Säuberungskommission sind und für sich selber oder ihre Freunde möglichst viele lukrative freie Stellen schaffen wollen." Aus der Arbeiterschaft, so der Direktor weiter, „sind bisher lediglich 5 Prozent gesäubert worden"[109].

So ähnlich war die Situation auch bei FIAT in Turin, wo im Frühjahr 1945 Hunderte ihre beruflichen Stellungen verloren, wie Battista Santhià am 29. Juni 1945 im Vorstand der kommunistischen Partei sagte: „Die Gesäuberten kommen vor allem aus der Leitungsebene. Die Zahl der Gesäuberten und Entlassenen beläuft sich auf 734 Personen, davon sind 22 Direktoren der Ia-Kategorie, 21 der IIa-Kategorie und 33 der IIIa-Kategorie."[110] Überall sei die Tendenz zu beobachten, hieß es in einem internen Bericht des PCI, „nicht nur die Faschisten loszuwerden, sondern auch diejenigen, die – obschon man ihnen wegen ihrer politischen Vergangenheit nichts vorwerfen kann – eine arbeiterfeindliche Haltung an den Tag gelegt hatten"[111]. Das war natürlich kein Grund für eine Entlassung, schon gar nicht für eine dauerhafte, die auch der Überprüfung der Militärregierung standgehalten hätte. Um diesen Mangel zu vertuschen, operierten die innerbetrieblichen Befreiungskomitees mit äußerst dehnbaren Belastungsformeln, die ihren Willkürmaßnahmen wenigstens den Anschein der Rechtsförmigkeit geben sollten. Die wohl am häufigsten gebrauchte Formel war „Unerwünschtheit". Daneben, so sagte ein führendes Mitglied des Befreiungskomitees von Ligurien, gebe es als zweite Formel „Asozialität, die nicht weniger vage ist als die erste und nicht weniger geeignet für äußerst gefährliche extensive Auslegungen". Schließlich würden viele auch mit der Begründung entlassen, sie seien „unbeliebt bei den Massen, was mehr als die anderen [Formeln] das Motiv der Maßnahme offenlegt"[112].

---

[108] Lovering Hill, PWB, Bericht Nr. 7, 26. 6. 1945 (Enclosure to Despatch No. 19, 29. 6. 1945, US-Generalkonsulat Genua), in: Ebenda, box 142.

[109] Bericht von Lovering Hill, PWB, Genua, 25. 5. 1945, in: Ebenda, box 141.

[110] Protokoll, in: Istituto Gramsci, Bestand PCI 1943–1946, Verbali della Direzione 1944–1946. Andere Quellen sprechen sogar von 1200 „esperti tecnici", die bei FIAT hätten gehen müssen (Murgia, Vento del Nord, S. 74f.). Vgl. auch Memorandum für den Chief Commissioner, HQ, AC: Statement as to purpose of General Order No. 46, Juni 1945, in: NA, RG 331, Civil Affairs, box 17, 10000/105/744–813; Levi/Rugafiori/Vento, Il triangolo industriale, S. 66f.; Pippione, Como dal fascismo alla democrazia, S. 175f.

[111] Rapporto politico-organizzativo, 25.4.–30. 6. 1945, in: Istituto Gramsci, Bestand Lombardia, Milano 1945.

[112] Protokoll der Sitzung der für die Säuberung der Wirtschaft zuständigen Delegierten der Befreiungskomitees von Ligurien, 6. 9. 1945, in: Rugafiori, Resistenza e Ricostruzione in Liguria, S. 679; vgl. auch CLN von Piemont: Criteri direttivi della prossima legislazione in tema di epurazione secondo il C.L.N. regionale per il Piemonte, 19. 9. 1945, in: ACS, Alto Commissariato, titolo II, Nr. 4.

Den Befreiungskomitees der Provinzen und ihren Säuberungskommissionen blieben diese Eigenmächtigkeiten nicht verborgen. Eigentlich allein zu Entlassungen befugt, mußten sie ohnmächtig mitansehen, wie die innerbetrieblichen Basiskomitees regelmäßig ihre Kompetenzen überschritten und Massenentlassungen verfügten, die schwerwiegende Konsequenzen für die Betroffenen und die Betriebe hatten[113]. Gegen die starke Stellung der Basiskomitees war aber nicht anzukommen, weder durch Appelle an die wirtschaftliche Vernunft, noch durch neue Richtlinien des CLNAI[114], die den innerbetrieblichen Befreiungskomitees – nolens volens – schließlich so große Kompetenzen einräumten, wie diese sich längst genommen hatten[115].

Wie für die Opfer der „wilden" Säuberungen, so wurden die Kommunisten oft auch für die „Verwüstungen durch die Säuberung"[116] in der privaten Wirtschaft verantwortlich gemacht. Sie hätten unter dem Deckmantel der politischen Säuberung den Klassenkampf in die Betriebe getragen und die Wirtschaft damit schwer geschädigt. Bei näherer Betrachtung zeigt sich aber auch hier, daß solche Schuldzuweisungen die historische Wahrheit verfehlen. Die Verhältnisse sind komplexer und auch noch längst nicht so gründlich erforscht, daß man von gesicherten Erkenntnissen ausgehen könnte. Drei Faktoren dürften es vor allem gewesen sein, die Intensität und Dynamik der Säuberung in den Betrieben bestimmten: Die Arbeiterschaft, die radikalen Aktivisten der Basiskomitees und die Führung der kommunistischen Partei.

Die Arbeiterschaft war in dieser Frage gespalten. Viele Arbeiter hatten sich im Frühjahr 1945 ganz dem Klassenkampf verschrieben und betrachteten jeden Fabrikdirektor und Firmenchef, ja schon jeden Vorarbeiter und Lohnbuchhalter als kapitalistischen Feind, den zu vertreiben es galt. Genauso viele Beispiele belegen aber, daß es auch „signori" gab, die weiterhin großes Ansehen in der Belegschaft genossen. Das war zumal dann der Fall, wenn die Betriebe wie etwa FIAT, Pirelli oder Innocenti sich in der Vergangenheit durch ein gewisses Maß an sozialer Sensibilität ausgezeichnet hatten. Namentlich die älteren, seit Jahren eng mit ihrem „Werk" verbundenen Arbeiter sahen dann leicht darüber hinweg, daß ihre Chefs sich mit dem Faschismus oder mit der deutschen Besatzungsmacht arrangiert hatten. Wenn sie im Betrieb anständig geblieben waren, war politisch vieles erlaubt.

Anders lagen die Dinge aber dort, wo zur politischen Belastung irgendeine Form von persönlichem Fehlverhalten trat. Dann wurde es ernst, dann war die politische Belastung ein willkommener Anlaß, um endlich abzurechnen. Vorarbeiter, die ihre Untergebenen von oben herab behandelten, Techniker, die das Akkordtempo immer höher schraubten, Firmenchefs, die selbst bei Fliegeralarm

---

[113] Vgl. Protokoll der Sitzung der für die Säuberung der Wirtschaft zuständigen Delegierten der Befreiungskomitees für Ligurien, 6. 9. 1945, in: Rugafiori, Resistenza e Ricostruzione in Liguria, S. 679.

[114] Vgl. Norme sull'epurazione nelle aziende, 9. 5. 1945, in: Grassi, „Verso il governo del popolo", S. 346; Riunione dei prefetti e presidenti dei CLN della provincia, 16. 6. 1945, in: Rugafiori, Resistenza e Ricostruzione in Liguria, S. 643 und 658; Comunicato sui procedimenti di epurazione, 19. 5. 1945, in: Grassi, „Verso il governo del popolo", S. 358 f.

[115] Vgl. Lovering Hill, PWB, Political Notes, 17. 5. 1945 (Enclosure No. 1 to Despatch No. 2, 24. 5. 1945, US-Generalkonsulat Genua), in: NA, RG 84, 1945: 800, box 141.

[116] Bericht von Lovering Hill, PWB, Genua, 25. 5. 1945, in: Ebenda.

noch arbeiten ließen, oder Kantinenpächter, die für sich selbst manches abzweigten, hatten 1945 einen schweren Stand. Sie mußten tatsächlich um ihre berufliche Zukunft fürchten, wie Agostino Novella am 5. August 1945 im Vorstand des PCI sagte. „Man hat nicht immer Faschisten bestraft, sondern namentlich das technische Personal, das streng mit den Arbeitern gewesen war; wir haben deshalb Hunderte und Aberhunderte, die von Gesetzes wegen nicht hätten bestraft werden können, nicht einmal nach proletarischem Gesetz."[117] In solchen Fällen wurden schnell auch klassenkämpferische Töne laut, die in der aufgebrachten Arbeiterschaft so starke Resonanz fanden, daß der Eindruck entstehen konnte, der Sturm der Revolution werde gleich losbrechen.

Geschürt wurde diese Stimmung vor allem von den innerbetrieblichen Basiskomitees, die sich zu einem erheblichen Teil aus dem weiten Umfeld der kommunistischen Partei rekrutierten. Für die Basiskomitees war „Klassenkampf" keine bloße ideologische Floskel, sondern oberstes Gebot, das sie mit revolutionärer Unerbittlichkeit befolgten. Die Zeit der verhaßten „signori" und „magnati" war in ihren Augen abgelaufen, sie mußten verschwinden – ganz gleich, ob sie sich im Faschismus schuldig gemacht hatten oder nicht. Die PCI-Führung um Palmiro Togliatti widersetzte sich solchen klassenkämpferischen Experimenten stets entschieden und vermochte den orthodoxen Flügel der Partei schließlich auch in Schach zu halten. Sie wußte nicht nur, daß alliierte Panzer im Land standen, die jederzeit eingreifen konnten. Ihr stand außerdem klar vor Augen, daß Auslandskredite, die für den Wiederaufbau der Industrie bitter nötig waren, ausbleiben würden, wenn die Linksparteien zum Klassenkampf aufrufen sollten. Schließlich hatte sie auch erkannt, daß ihr Konzept der Schaffung einer großen linken Volkspartei niemals aufgehen konnte, wenn sie im Zuge der Säuberung die Mittelschichten in Angst und Schrecken versetzte. Togliatti und andere Genossen aus der Parteispitze warnten deshalb immer wieder davor, bei der Säuberung des technischen und administrativen Personals zu weit zu gehen und bei der Durchprüfung der Chefetagen aus dem Auge zu verlieren, daß viele „capi" und „signori" einfach unentbehrlich waren, wenn die Produktion wieder anlaufen sollte. Symptomatisch für diese Haltung war Togliattis persönlicher Einsatz für den Generaldirektor von FIAT, Vittorio Valletta, der im Frühjahr 1945 aus der Firma verbannt worden war. Togliatti, so schreibt Piero Bairati in seiner Biographie über Valletta, „überredete seine Partei, den Fall Valletta im Lichte allgemeiner politischer Interessen neu zu prüfen. Im Zentralkomitee erklärte er offen, daß es sich nicht um das einzelne Individuum handele, sondern um den potentiellen Gesprächspartner der kommunistischen Partei vor dem Hintergrund einer Bündnispolitik, die auf die Mittelschichten, auf die Selbständigen aus der Bourgeoisie, auf die Techniker ausgedehnt werden müsse."[118]

Die Botschaft der PCI-Führung konnte klarer kaum sein: Die Belegschaften sollten sich weniger um die Säuberung und mehr um die Ankurbelung der Wirtschaft kümmern. Hier war ihr Einsatz gefragt und nicht bei der Epurazione und

---

[117] Protokoll der Direzione Italia Nord, in: Istituto Gramsci, Bestand PCI 1944–1946, Verbali Direzione Italia Nord 1945.
[118] Bairati, Valletta, S. 150.

der damit verbundenen Realisierung klassenkämpferischer Ambitionen, die Togliattis Konzept breiter Zweckbündnisse nur störten. Stachanow hieß denn auch
das Vorbild für den italienischen Arbeiter, das die kommunistischen Zeitungen
propagierten[119]. Der sowjetische Bergarbeiter hatte durch mustergültige Überer-
füllung des Plansolls von sich reden gemacht; Politik war seine Sache nicht, die
oblag der Parteiführung. Daran sollte sich auch in Italien der klassenbewußte Arbeiter so rasch wie möglich gewöhnen.

Mitte Mai 1945 ging die Zeit der Massenentlassungen durch die Basiskomitees
in der Wirtschaft und im öffentlichen Dienst zu Ende – zumindest dort, wo die
Detachments der Militärregierung wirklich das Kommando übernahmen. Hier
kamen nun überall die Säuberungsvorstellungen der Alliierten zum Zuge; alles andere hatte daneben keinen Platz. Praktisch bedeutete das, daß die Alliierten zunächst überall das Executive Memorandum Nr. 67 in Kraft setzten, das eine erste
Schnellreinigung der wichtigsten Posten gewährleisten sollte, und dann ihr umfassend angelegtes Verfahren gemäß General Order Nr. 35 etablierten[120].

Letztlich verhielten sich die Alliierten also im Norden nicht anders als südlich
der gerade überwundenen Gotenlinie. Nur in einem Punkte erzwangen die Verhältnisse in Norditalien eine Neuerung, nämlich im Hinblick auf die Säuberung
der Wirtschaft, die Anfang Juni 1945 durch eine neue General Order geregelt
wurde. Ganz überraschend kam das nicht: Die Alliierten drängten schon seit Anfang 1945 auf ein diesbezügliches italienisches Gesetz[121], weil niemandem mehr
verständlich zu machen war, daß nur im öffentlichen Dienst Säuberungsbedarf bestehen sollte, nicht aber in den großen Konzernen, Banken und Versicherungen.
Die Säuberung der Wirtschaft war außerdem ein Kardinalanliegen der Resistenza,
das nur um den Preis großer politischer Verstimmungen frustriert werden konnte;
irgendwie mußte diesem Anliegen entsprochen werden, wenn auch keinesfalls in
der radikalen, vom Zufall und vom Furor des Klassenkampfes geprägten Form,
die den Befreiungskomitees vorschwebte und die sie zum Teil auch schon in die
Tat umgesetzt hatten.

Das Ergebnis der alliierten Überlegungen war die General Order Nr. 46, die am
2. Juni 1945 von Ellery W. Stone unterzeichnet und kurz darauf in allen Provinzen
Norditaliens in Kraft gesetzt wurde. Der Hauptzweck der Generalanweisung mit
dem Titel „Epuration in Private Industry" bestand in der Beendigung der „wilden" Entlassungen durch die Basiskomitees und in der Schaffung eines Säuberungsverfahrens, das den Prinzipien von „justice and good order" gehorchte.
Kernstück dieses Verfahrens waren – wie sollte es anders sein – die üblichen Kommissionen, gebildet aus einem Präsidenten und je einem Vertreter der Arbeitgeber
und der Arbeitnehmer. Ihr Aktionsfeld war der einzelne Betrieb, ihr Orientie-
rungsrahmen das italienische Gesetz vom 27. Juli 1944. Zu ihrem Kundenkreis
zählte jeder, der im Verdacht der Kollaboration stand und – von wem auch immer
– angezeigt worden war, und vor allem die große Masse der bereits Entlassenen,
die sich ungerecht behandelt fühlte und Anspruch auf Rückkehr in die Betriebe

---

[119] Vgl. Levi/Rugafiori/Vento, Il triangolo industriale, S. 135.
[120] Vgl. S. 145–162.
[121] Vgl. S. 216.

erhob. Säuberung und Rehabilitierung lagen also – wie in fast allen Säuberungsprozeduren, die nach dem Ende von Faschismus und Nationalsozialismus zur
Anwendung kamen – nahe beieinander[122].

Es würde zu weit führen und auch neue, intensive Quellenrecherchen erforderlich machen, Aufbau und vor allem Arbeitsweise der alliierten Säuberungskommissionen nach der Befreiung im einzelnen zu beschreiben. Hervorzuheben ist
aber: Die Alliierten nahmen den Säuberungsdruck, den sie seit Beginn der Besät-
zung ausübten, nicht zurück. Im Gegenteil, sie verstärkten ihn zeitweise sogar
noch und begannen nun auch gesellschaftliche Bereiche ins Visier zu nehmen, die
bis dahin im toten Winkel ihrer Säuberungsbemühungen gelegen waren. Dabei
setzten sie von Beginn an auf eine enge Kooperation mit dem Antifaschismus, dessen Repräsentanten in den gemäß G.O. 35 und 46 gebildeten Säuberungskommissionen prominent vertreten waren; häufig ging die Kooperationsbereitschaft der
Alliierten sogar so weit, daß sie die Säuberungstribunale der Basiskomitees übernahmen, die in den ersten Tagen nach der Befreiung mit eisernen Besen durch die
Betriebe und den öffentlichen Dienst gegangen waren[123]. Die Alliierten behielten
sich lediglich eine Art Richtlinienkompetenz vor, die sie allem Anschein nach immer dann zur Geltung brachten, wenn sich die Kommissionen von anderen als
säuberungspolitischen Gesichtspunkten leiten ließen oder nicht mit dem gebotenen Ernst zur Sache gingen. Ansonsten aber mischten sich die Alliierten in das
Geschäft der Kommissionen wenig ein.

Was dabei über eine gewisse Zähmung der Antifaschisten mittels Kooperation
hinaus erreicht wurde, läßt sich nicht genau quantifizieren, weil sich in den Quellen nur sporadische Hinweise finden: So wurden in Ligurien von April bis Dezember 1945 annähernd 23 000 Fragebögen ausgegeben, zahlreiche Einzelfälle genauer überprüft und rund 470 Entlassungen verfügt. In Venetien mußten 85 000
Personen einen Fragebogen ausfüllen; hier kam es zu etwa 1500 Entlassungen.
Ungleich höher lag die Zahl der Suspendierten in der Emilia Romagna (Juli 1945:
2213) und in der Lombardei (Dezember 1945: 1073); allein in der Provinz Mailand
mußten 700 Personen ihre Posten räumen, in der Provinz Parma 650 und in Cremona 530. Die „Sanktionen gegen den Faschismus", so schrieb Ende 1945 ein Ab-
gesandter des Hochkommissariats nach einer Inspektionsreise durch die Emilia
Romagna, „werden als effizient und streng bezeichnet, und zwar sowohl vom
Volk als auch von den Behörden, namentlich von denen, die aus den Befreiungskomitees hervorgegangen sind."[124]

---

[122] G.O. 46: Epuration in Private Industry, in: NA, RG 331, Communications, box 13, 10000/147/
114; vgl. auch ein Memorandum für den Chief Commissioner, HQ, AC: Statement as to purpose
of General Order No. 46, Juni 1945, in: Ebenda, Civil Affairs, box 17, 10000/105/744–813.

[123] Vgl. Commissione Provinciale per la Sospensione dei Funzionari e degli Impiegati Fascisti an
CLNAI, Commissione Legislativa, 7. 8. 1945, in: INSML, CLNAI, busta 15, fasc. 7; Protokoll der
Sitzung der für die Säuberung der Wirtschaft zuständigen Delegierten der Befreiungskomitees von
Ligurien, 6. 9. 1945, in: Rugafiori, Resistenza e Ricostruzione in Liguria, S. 677f.

[124] Bericht von Mario Paparazzo über die Säuberung in der Emilia Romagna, o.D. (Ende 1945), in:
ACS, Alto Commissariato, titolo II, Nr. 4; zu den Zahlen aus Ligurien, Venetien und der Lombardei vgl. die Epuration Returns aus den einzelnen Regionen, in: NA, RG 331, Civil Affairs, box 17,
1000/105/744–813. Vgl. auch HQ, AMG, Lombardia Region, Monatsbericht für Juni 1945, in:
Ebenda, Civil Affairs, box 6; HQ, AMG, Venezia Region, Monatsbericht für Mai 1945, 16. 6. 1945,
in: Ebenda.

Besonders am Herzen lag der Militärregierung auch nach der Befreiung die Überprüfung der Schulen und Universitäten. Hier nahmen sie es genauer als in anderen Bereichen, und hier waren wohl auch die größten Säuberungserfolge zu verzeichnen. In der Emilia Romagna war schon im Juli 1945 die Säuberung der Grund- und weiterführenden Schulen abgeschlossen. In allen anderen Regionen Norditaliens, so hieß es in einem Bericht der Allied Commission, „schreitet die Epurazione voran, vor allem in *Piemont*, von wo ausgezeichnete Fortschritte gemeldet werden". Auch die Säuberung der Universitäten ließ nichts zu wünschen übrig. Die Hochschulen von Bologna, Padua und Genua konnten im Juli 1945 den Lehrbetrieb wieder aufnehmen[125], und im August berichtete die Civil Affairs Section: „Im gesamten Norden sind mittlerweile fast ohne Ausnahme die Universitäten und höheren [Bildungs-]Einrichtungen gesäubert und reorganisiert."[126]

Auch in der Privatwirtschaft scheint sich das Säuberungsmodell der Alliierten im Sommer/Herbst 1945 bewährt zu haben. Gewiß, viele Aktivisten der innerbetrieblichen Basiskomitees trauerten der eigenen Machtvollkommenheit, die ihnen durch die Generalanweisung Nr. 46 genommen worden war, lange nach. Langsam setzte sich aber auch bei ihnen die Einsicht durch, daß die G.O. 46 ihre guten, ja viel bessere Seiten hatte, als anfangs angenommen worden war. Diese Wertschätzung, die im September 1945 in dem Ausspruch eines Säuberungsaktivisten bei Ansaldo gipfelte, die G.O.46-Ausschüsse bildeten das „Beste, was zu erreichen" war[127], hatte ihre Ursache zum einen in der allmählich zur Gewißheit werdenden Erkenntnis, daß die innerbetrieblichen Basiskomitees im Frühjahr 1945 viel zu weit gegangen waren, als sie Tausende aus den Betrieben gejagt hatten, und daß sie vor allem das Argument, dieser oder jener Vorarbeiter, Abteilungsleiter oder Akkordführer sei „unbeliebt bei den Massen", allzuoft für persönliche und politische Zwecke mißbraucht hatten. „Man muß redlich sein und zugeben, daß nicht immer gerecht gehandelt wurde", sagte im September 1945 ein Resistenzafunktionär bei Fossati, als die für die Säuberung zuständigen Delegierten der Befreiungskomitees von Ligurien über die Notwendigkeit diskutierten, das Haurruckverfahren der betriebsinternen Basiskomitees zu überprüfen und offensichtlich nicht säuberungspolitisch motivierte Entlassungen rückgängig zu machen[128]; die pragmatische Linie der Kommunisten, dies sei nur am Rande erwähnt, hatte sich also auch in diesem Punkt durchgesetzt.

Die Wertschätzung, die die G.O. 46 schließlich genoß, hing zum anderen damit zusammen, daß das Verfahren anscheinend leidlich funktionierte und zu Ergebnissen führte, die den Säuberungsambitionen der Befreiungsbewegung weit entgegenkamen. „Die Epurazione ist im Gange", so der schon erwähnte Säuberungsprotagonist bei Ansaldo im September 1945. „Sie ist Kommissionen anvertraut, die sie, im Bewußtsein der politischen Bedeutung ihrer Aufgabe, nach mühevoller

---

[125] Vgl. HQ, AC, Monatsbericht für Juli 1945, 17. 9. 1945, in: NA, RG 331, Adjutant, box 28, 10000/101/503; HQ, AC, Monatsbericht für Juni 1945, 13. 8. 1945, in: Ebenda; HQ, AC, Civil Affairs Section, Monatsbericht für Juli 1945, 15. 8. 1945, in: Ebenda, Civil Affairs, box 5.
[126] HQ, AC, Civil Affairs Section, Monatsbericht für August 1945, 14. 9. 1945, in: Ebenda.
[127] Protokoll der Sitzung der für die Säuberung der Wirtschaft zuständigen Delegierten der Befreiungskomitees von Ligurien, 6. 9. 1945, in: Rugafiori, Resistenza e Ricostruzione in Liguria, S. 677f.
[128] Ebenda, S. 685.

und ausgewogener Recherche mit unerschütterlicher Gerechtigkeit durchführen."[129] Ende 1945 war die Säuberung in vielen Betrieben bereits abgeschlossen, heißt es etwa in dem Protokoll der Sitzung des Comitato Interaziendale Industrie Milanesi vom 3. Januar 1946. „In unserem Betrieb", so hob ein Teilnehmer hervor, „sind alle gesäubert worden. Wenn es noch einen gäbe, der entfernt werden müßte, dann würden wir ihn zum Fenster hinauswerfen, ganz gleich, was die Richtlinien sagen."[130]

Um die Jahreswende 1945/46 standen in Norditalien wohl Tausende und Abertausende aufgrund einer alliierten Entlassungsorder auf der Straße. Das Säuberungswerk der Militärregierung war damit aber noch längst nicht beendet; vor allem in den größeren Städten blieb noch viel zu tun – freilich nicht mehr von den Alliierten selbst, denn am 1. Januar 1946 wurde ganz Norditalien (mit Ausnahme des zwischen Italien und Jugoslawien umstrittenen Gebiets um Triest) wieder „italienisch". Die alliierte Grobreinigung lief damit aus, während die italienische Regierung ihr Verfahren zur Tiefenreinigung nun auch auf die nördlichen Provinzen ausdehnen konnte – mit der Folge, daß viele derjenigen, die man 1945 zum Fenster hinausgeworfen hatte, 1946 durch die Tür wieder zurückkehrten[131].

Noch sehr viel intensiver als auf die Säuberung im öffentlichen Dienst und in der freien Wirtschaft hatten sich die Befreiungskomitees auf die strafrechtliche Ahndung faschistischer Untaten vorbereitet. Diese hatte absolute Priorität, und alles war getan worden, um die gesamte Verbrechensgeschichte des Faschismus so rasch wie möglich aufdecken, die Schuldigen zur Verantwortung ziehen und unnachsichtig bestrafen zu können. Tausende von Resistenza-Aktivisten und -Sympathisanten sollten daran mitwirken: in den Volksgerichten, die in allen Provinzen zu bilden waren, in den „Commissioni di giustizia", die als eine Art politische Polizei mit staatsanwaltschaftlicher Kompetenz fungieren sollten, und in den Militärgerichten der Partisaneneinheiten, die in den ersten Tagen nach der Befreiung das Abrechnungswerk beginnen sollten[132].

So wollten es die in endlosen Sitzungen erstellten Pläne, die Wirklichkeit sah dann auch hier anders aus. Die Alliierten blieben nämlich bei ihrem strikten Verbot von Volksgerichten und bei ihrer Absicht, das staatliche Gesetz über die Errichtung von außerordentlichen Schwurgerichten zur Ahndung von Kollaborationsverbrechen auch in ihrem Herrschaftsgebiet so rasch wie möglich in Kraft zu setzen. Die Befreiungskomitees hatten also nur wenige Tage – genauer: von der Befreiung bis etwa zur ersten Maiwoche –, um ihr ambitioniertes Abrechnungssystem aufzubauen und in Gang zu setzen.

Das war zu kurz, der Gestaltungsspielraum der Resistenza war auch hier viel zu eng bemessen. Was als Alternative zur traditionellen Justiz gedacht war und endlich Schwung in die Ahndung von faschistischen Straftaten bringen sollte, sorgte zwar einige Tage für Gesprächsstoff, kam aber nie recht auf die Beine und verschwand dann schnell wieder von der Bildfläche. Am besten funktionierten wohl noch die Militärgerichte der Partisaneneinheiten, die zum Zeitpunkt der Befrei-

---

[129] Ebenda, S. 681.
[130] Zit. nach Canosa, Le sanzioni contro il fascismo, S. 152.
[131] Vgl. S. 373 und 378.
[132] Vgl. S. 247–256.

ung nicht erst neu eingerichtet werden mußten, sondern schon auf oft monatelange Erfahrungen im Umgang mit Kollaborateuren, Spionen und Verrätern aus
den eigenen Reihen zurückblicken konnten[133]. Diese Gerichte sollten nach der
Beendigung der Feindseligkeiten noch einige Tage weiterbestehen und konnten,
so hieß es in einem Dekret des CLN für Piemont vom 15. Oktober 1944, Verfahren an sich ziehen, die normalerweise der ordentlichen Justiz vorbehalten waren,
die aber „wegen der Grausamkeit der Tat und der moralischen Empörung des öffentlichen Bewußtseins" lieber der Militärgerichtsbarkeit übertragen wurden[134].
    Man darf sich freilich auch von den Militärgerichten der Partisanen keine über-
triebene Vorstellung machen. Vor allem in Gegenden, wo die Resistenza relativ
schwach geblieben war und nur kleinere Verbände operierten, konstituierten sich
die Gerichte nur von Fall zu Fall. Die Fluktuation der Richter war groß, und nur
die wenigsten von ihnen hatten eine Ahnung von gerichtlichen Gebräuchen. In
den Resistenza-Hochburgen, in denen die Partisanen ihre militärischen und politischen Strukturen zu konsolidieren vermocht hatten, so etwa in Turin, Mailand,
Como und Cremona, war das anders. Hier bestand tatsächlich in jeder Provinz
ein Gericht aus einem juristisch vorgebildeten Präsidenten und vier Richtern, und
hier gelang es auch tatsächlich, den Militärgerichten eine dauerhafte Form zu geben[135].
    Wieviele Faschisten im April/Mai 1945 vor Militärgerichten standen und wel-
che Strafen diese verhängten, muß ebenso offenbleiben wie die Frage nach der
Rechtsstaatlichkeit dieser Verfahren. Die zeitgeschichtliche Forschung steht hier
noch ganz am Anfang und wird über diesen Zustand auch erst dann hinauskom-
men, wenn es gelingt, die Akten dieser Gerichte aufzuspüren. Manches deutet
aber jetzt schon darauf hin, daß die Militärgerichte ihrem eigenen Anspruch, „unnachsichtig und rasch, aber unter voller Respektierung des Rechts" zu urteilen[136],
selten gerecht wurden. Wie es scheint, stellten sie in der Regel keine exakten Ermittlungen an, billigten den Angeklagten oft keinen Verteidiger zu und kümmer-
ten sich wenig darum, ob sie den Grundsatz „nulla poena sine lege" verletzten
oder nicht. Die Verfahren waren oft eine Sache weniger Stunden und endeten häufig mit dem Todesurteil[137] – so geschehen in Asti, wo ein Militärgericht 24 Todesurteile aussprach, in Cremona, wo „un Gruppo di criminali di guerra" hingerich-

---

[133] Vgl. dazu Botta, Il senso del rigore, S. 161; Cesare Bermani, Giustizia partigiana e guerra di popolo
in Valsesia, in: Legnani/Vendramini, Guerra, Guerra di Liberazione, Guerra Civile, S. 166f.;
Neppi Modona, L'attività legislativa del CLNRP, S. 350 und 358; Greco, Cronaca del Comitato
Piemontese di Liberazione Nazionale, S. 250 ff.; Galante Garrone, Attività del Comitato di libera-
zione nazionale per il Piemonte, S. 478 f.; Ulisse Gilioli, L'insurrezione di Reggio, in: Barazzoni/
Gilioli, La Liberazione dell'Emilia Romagna, S. 150 ff.

[134] Zit. nach Giovanni Colli, La giustizia militare partigiana, in: A.N.P.I., 25 aprile. La Resistenza in
Torino, Turin 1984, S. 220 f.

[135] Vgl. ebenda, S. 216–230; Rolando Balugani, La Repubblica Sociale Italiana a Modena. I Processi ai
Gerarchi Repubblichini, Modena 1990, S. 59 und 136; Verbale della seduta del CLN Ligurien, 3. 5.
1945, in: Rugafiori, Resistenza e Ricostruzione in Liguria, S. 293; Colli, La giustizia militare partigiana, S. 229; HQ, AC, Monatsbericht für Mai 1945, 11. 7. 1945, in: NA, RG 331, Adjutant, box
28, 10000/101/503; HQ, AC, Office of the Executive Commissioner: Pol Adv Sitreps from the
North, 6. 5. 1945, in: Ebenda, Chief Commissioner, box 12.

[136] Zit. nach Colli, La giustizia militare partigiana, S. 229.

[137] Vgl. Balugani, La Repubblica Sociale Italiana a Modena, S. 59; L'Avanti, 18. 5. 1945; HQ, AC, Office of the Executive Commissioner: Political Advisers – Sitreps from N.Italy, 24. 5. 1945, in: NA,
RG 331, Chief Commissioner, box 12; Colli, La giustizia militare partigiana, S. 225 ff.

tet wurde, und in Mailand und Como, wo – einem alliierten Bericht vom 24. Mai 1945 zufolge – „halb-legale außerordentliche Militärgerichte [...] mehrere Todesurteile verhängt und vollstreckt haben"[138].

Anders als die Militärgerichte, die immerhin in manchen Gegenden vorübergehend das Geschehen bestimmten, kamen die Volkstribunale so gut wie überhaupt nicht zum Zuge. Das nach mehr als einjährigen, äußerst kontroversen Debatten am 25. April 1945 schließlich doch noch verabschiedete „Dekret über die gerichtlichen Befugnisse des CLNAI"[139] war rasch Makulatur; Anfang Mai 1945 in Kraft gesetzt, wurde es von den Alliierten sogleich wieder aufgehoben. Lediglich in einigen wenigen Provinzen vermochten die Befreiungskomitees Volkstribunale ins Leben zu rufen. Das gilt etwa für Cremona, Genua, Turin, Mailand und einige andere Städte Liguriens, Piemonts und der Emilia[140]. Ganz sicher ist freilich nicht einmal dies, denn in den Quellen wird häufig auch dann von „tribunali del popolo" gesprochen, wenn eigentlich Militärgerichte gemeint sind[141].

Gesichertes ist nur über das „Tribunale del Popolo" in Udine bekannt, das aus einem Richter als Präsidenten und neun Laienschöffen bestand, die alle vom örtlichen Befreiungskomitee ernannt worden waren. Dieses Gericht tagte nur ein einziges Mal, am 5. Mai. Angeklagt war ein junger, in Pola gebürtiger Bursche, der sich der Waffen-SS angeschlossen hatte und im Verdacht stand, bei der Hinrichtung und Folterung von Partisanen mitgewirkt zu haben. Große Chancen, ein faires Verfahren zu erhalten und mit dem Leben davon zu kommen, hatte der Angeklagte nicht. Die „Commissione di giustizia", die das Verfahren vorbereitet hatte, plädierte auf Todesstrafe. Die Zeugen der Anklage – andere waren gar nicht erst geladen worden – erwarteten nichts anderes, und auch in der Presse forderte man den Kopf des jungen Mannes[142].

Angesichts dieses Erwartungsdruckes hatte das Gericht wohl gar keine andere Wahl, als die Höchststrafe zu verhängen. Die Öffentlichkeit war zufrieden damit, und auch viele Historiker neigen der Auffassung zu, daß die Säuberung in Italien besser gelaufen wäre, hätten die Volkstribunale wirklich eine Chance erhalten. Solche Spekulationen sind schwer zu widerlegen, zumal dann, wenn die Quellenlage so kläglich ist wie in diesem Fall[143]. Mag sein, daß die Todesstrafe von Udine, die dann auch umgehend vollstreckt wurde, begründet war, mag sein, daß sich das dortige Volksgericht in anderen Fällen mehr Mühe gegeben hätte, den Angeklag-

---

[138] Office of the Executive Commissioner der Allied Commission, 24. 5. 1945, in: NA, RG 331, Chief Commissioner, box 12; Balugani, La Repubblica Sociale Italiana a Modena, S. 68f.

[139] Vgl. S. 249.

[140] Vgl. Galante Garrone, Attività del Comitato di liberazione nazionale per il Piemonte, S. 479; Verbale della seduta del CLN von Ligurien, 14. 5. 1945, in: Rugafiori, Resistenza e Ricostruzione in Liguria, S. 300; vgl. auch den Bestand Lombardia, Cremona 1945, in: Istituto Gramsci; Renzo Barazzoni, Primavera rossa a Parma, in: Barazzoni/Gilioli, La Liberazione dell'Emilia Romagna, S. 199ff.

[141] Vgl. Neppi Modona, L'attività legislativa del CLNRP, S. 359; Simiani, I „Giustiziati Fascisti", S. 77; Aufruf der „Giacobini di Marat" aus Mailand vom 18. 6. 1945, in dem von Volkstribunalen die Rede ist, obwohl zweifelsfrei die außerordentlichen Schwurgerichte gemeint sind. In: ACS, Ministero dell'Interno, Gab. 1944–1946, busta 140, fasc. 12413.

[142] Libertà, 7. 5. 1945; zit. nach Jesu, I processi per collaborazionismo in Friuli, S. 226; zum gesamten Vorgang vgl. ebenda, S. 224–229.

[143] Vgl. Lovering Hill, PWB, Political Notes, 17. 5. 1945 (Enclosure No. 1 to Despatch No. 2, 24. 5. 1945, US-Generalkonsulat Genua), in: NA, RG 84, 1945: 800, box 141.

ten Gerechtigkeit widerfahren zu lassen, und es mag auch sein, daß die statistische Bilanz über die Abrechnung mit dem Faschismus in ganz Italien insgesamt besser ausgefallen wäre, wenn die Alliierten die Volksgerichte nicht verboten hätten.

Zu vermuten ist freilich auch, daß die Verbesserung der statistischen Bilanz teuer erkauft worden wäre, hätte das Beispiel Udine Schule gemacht. Die kurze Vorbereitungszeit des Prozesses und die Schnelligkeit des Verfahrens, das aufgeheizte Klima im Gerichtssaal und die beschnittenen Rechte des Angeklagten, der weder einen Verteidiger zu Rate ziehen, noch Entlastungszeugen aufbieten konnte – allzu ermutigende Anzeichen für das, was geschehen wäre, hätte die Resistenza tatsächlich die Möglichkeit erhalten, ihre revolutionären Konzepte im ganzen Land anzuwenden, waren das nicht. Der Bruch mit der Vergangenheit hätte wohl zahlreiche, auch unschuldige Opfer gefordert, denn letztlich waren die Volksgerichte nicht als Instrumente der Rechtsprechung konzipiert, sondern immer – wenigstens von einem Teil der Resistenza – als „Waffe der Revolution"[144] betrachtet worden.

4. Die außerordentlichen Schwurgerichte

Die „Waffe der Revolution" blieb wegen des alliierten Vetos letztlich stumpf. Anfang Mai mußten die wenigen Volkstribunale, die man einzurichten vermocht hatte, wieder schließen. Die Enttäuschung darüber hielt sich aber in Grenzen. Selbst in den Reihen der Resistenza verflog der Ärger über das Verbot rasch. Das lag zum einen daran, daß die staatlichen Sonderschwurgerichte, die nach Maßgabe des Gesetzes vom 22. April 1945 in allen Provinzen Norditaliens geschaffen werden sollten, im Mai/Juni 1945 tatsächlich umstandslos etabliert wurden, und das hatte zum anderen mit der Tatsache zu tun, daß das neue Gesetz den Befreiungskomitees große Mitwirkungsmöglichkeiten bot und so weitreichende Verfahrenserleichterungen („summarische Untersuchung", „Schnellverfahren") mit sich brachte, daß einer raschen Ahndung von faschistischen Verbrechen nichts im Wege stand[145].

Die Mitwirkungsmöglichkeiten der Befreiungskomitees gingen freilich nicht so weit, daß dadurch der Charakter der Sonderschwurgerichte als Organe der traditionellen Justiz wirklich in Frage gestellt worden wäre. An ihrer Spitze stand ein vom Präsidenten des zuständigen Berufungsgerichts ernannter Richter. Die Urteile der ersten Instanz konnten vor dem Kassationshof angefochten werden, und die Staatsanwaltschaft blieb in ihren herkömmlichen Funktionen unangetastet. Der Einfluß der Befreiungskomitees bezog sich vor allem auf die Bestellung der Geschworenen[146]; hierin lag das eigentlich innovative Element des Gesetzes vom 22. April 1945, und hierin lag wohl auch das Geheimnis des Erfolges dieser „Zwit-

---

[144] So der Abgeordnete Bettiol in der Consulta vom 7. 11. 1945, in: Consulta Nazionale. Commissioni riunite affari politici e amministrativi, Giustizia, 7. 11. 1945.
[145] Vgl. S. 223–225.
[146] Vgl. S. 225.

ter-Gerichte", der in der italienischen Forschung bisher kaum zur Kenntnis genommen wird.

Das Gesetz vom 22. April 1945 hatte nur eine Laufzeit von sechs Monaten; in dieser kurzen Zeitspanne hoffte man, das Gros der Verfahren abschließen zu können. Eile war aber nicht nur aus diesem Grund geboten. Viel wichtiger war noch, daß das Gesetz große Erwartungen geweckt hatte, denen so rasch wie möglich durch Taten entsprochen werden mußte. Niemandem war das deutlicher bewußt als den Parteien und vor allem den Befreiungskomitees, die nach dem Verbot der Volksgerichte alles daran setzten, die Sonderschwurgerichte zu einer wirksamen Waffe der Abrechnung zu machen: Binnen weniger Tage legten die Parteien ihre Vorschläge für die Geschworenen vor, und schon nach kurzer Frist waren in Absprache mit den Präsidenten der Berufungsgerichte die Richter ernannt.

Besonders zügig und problemlos ging der Aufbau der Sonderschwurgerichte in Gegenden vor sich, in denen die Befreiungskomitees es verstanden hatten, die höchsten Positionen der Justiz mit eigenen Leuten zu besetzen. In Piemont, einem der Kerngebiete der Resistenza, standen mit Domenico Riccardo Peretti-Griva als Präsident des Berufungsgerichts und mit Giacinto Bozzi als Generalstaatsanwalt zwei bewährte Antifaschisten an der Spitze des staatlichen Justizapparates, die in den zurückliegenden Jahren auf das engste mit dem Befreiungskomitee zusammengearbeitet hatten[147]. Hier mußte nicht erst lange über Sinn und Zweck der neuen Gerichte verhandelt werden, hier konnte man gleich an die Arbeit gehen und auf der Basis gemeinsamer Überzeugungen die nötigen personellen Dispositionen treffen[148].

In anderen Gegenden und vor allem in den Diasporagebieten der Resistenza traten hingegen die üblichen Probleme auf: Es fehlten politisch untadelige Richter, die genug Zivilcourage besaßen, das undankbare Amt eines Vorsitzenden zu übernehmen. Es mangelte an Räumen, Geld und Schreibkräften. Außerdem hielt sich in den Staatsanwaltschaften so viel vom alten Geist, daß die Antifaschisten Mühe hatten, sich dagegen zu behaupten[149]. Das größte Problem aber hatte paradoxerweise mit dem enormen Abrechnungsbedarf und vielleicht auch mit der etwas naiven Überzeugung vieler Antifaschisten zu tun, mit der Etablierung der Sonderschwurgerichte werde die Gerechtigkeit von allein ihren Lauf nehmen. Die Folge davon war, daß im Mai/Juni 1945 zwar zahlreiche Anzeigen bei den Staatsanwaltschaften eingingen, aber nur die wenigsten enthielten so präzise Angaben über Tathergang und Täter, daß sofort hätte Anklage erhoben und ein Verfahren in Gang gesetzt werden können. Viele Opfer und Tatzeugen waren sich ihrer Sache einfach zu sicher und konnten sich gar nicht vorstellen, daß die Verbrechen, die an ihnen selbst oder an guten Bekannten verübt worden waren, auch noch eingehend nachgewiesen werden mußten[150].

Die Richter und Schöffen ließen sich von solchen und ähnlichen Schwierigkeiten aber nicht entmutigen. Ende Mai war der Aufbau der Sonderschwurgerichte

---

[147] Vgl. Neppi Modona, Il problema della continuità, S. 21; Grassi, Documenti sull'attività di Aurelio Becca, S. 5-15; Neppi Modona, L'attività legislativa del CLNRP, S. 369 f.
[148] Vgl. vor allem Grassi, Documenti sull'attività di Aurelio Becca, S. 10.
[149] Zur Rolle der Staatsanwaltschaft vgl. Jesu, I processi per collaborazionismo in Friuli, S. 207–211.
[150] Vgl. Grassi, Documenti sull'attività di Aurelio Becca, S. 11.

im wesentlichen abgeschlossen und die Vorbereitung einzelner Fälle so weit gediehen, daß die Gerichte ihre Pforten öffnen konnten[151]. Von nun an standen Monat für Monat Hunderte von Kollaborateuren vor den etwa 50 bis 100 Sonderschwurgerichten Norditaliens. In Venetien gab es bis Ende Juni etwa 150 Verfahren, in der Lombardei 135[152]. Selbst mitten in der Ferienzeit lief die neue Abrechnungsmaschinerie auf Hochtouren. Im Juli 1945 kamen allein in Mailand über 270 Fälle zur Verhandlung[153], und für den August berichtete die Militärregierung von 134 abgeschlossenen Fällen aus der Lombardei und 136 Fällen aus Piemont[154]. Vieles spricht dafür, daß in diesen ersten, noch ganz unter dem Eindruck des brutalen Bürgerkrieges stehenden Verfahren vor allem die Parteiprominenz und besonders verhaßte Kollaborateure gepackt wurden; in Mailand etwa standen im Frühjahr und Sommer drei Minister vor Gericht: Attilio Teruzzi, von 1939 bis 1943 Kolonialminister und später General der schwarzen Brigaden, Guido Buffarini Guidi, der intrigante Innenminister von Salò, und Mussolinis letzter Finanzminister, Giampietro Pellegrini; außerdem der Staatssekretär im Kriegsministerium und Präfekt von Genua, Carlo Emanuele Basile, und der fanatische Hetzer Ermanno Amicucci, der zuletzt den Corriere della Sera geleitet hatte[155].

Das gleiche Bild bot sich in vielen anderen Städten Norditaliens. Auch dort zitierten die Sonderschwurgerichte zuerst die Präfekten, Quästoren, die örtlichen Parteichefs und vor allem die Schergen der Pubblica Sicurezza vor ihre Schranken[156] und gaben kein Pardon. Sie schöpften das volle Strafmaß aus, das ihnen das Militärstrafrecht bot, und schreckten auch vor der Verhängung von zahlreichen Todesurteilen nicht zurück. Nie zuvor in der italienischen Geschichte dürften in einem Zeitraum von wenigen Monaten so viele Todesurteile ergangen sein wie im Sommer und Frühherbst 1945: Im Juni waren es, Angaben der Militärregierung zufolge, in Venetien 30[157], in der Lombardei 13[158]. Im August kamen 9 Kapitalstrafen in Piemont und 14 in der Lombardei hinzu[159]. In Reggio Emilia verhängte das dortige Sonderschwurgericht allein am 24. Juli 24 Todesurteile[160], und in Lodi ergingen an einem Septembertag 18 Todesurteile[161]. Daß die neuen Gerichte an-

[151] Vgl. HQ, AMG, Venezia Region, Monatsberichte für Mai und Juni 1945, 16.6. und 16. 7. 1945, in: NA, RG 331, Civil Affairs, box 6; HQ, AMG, Lombardia Region, Monatsbericht für Juni 1945, in: Ebenda; Grassi, Documenti sull'attività di Aurelio Becca, S. 7; Pippione, Como dal fascismo alla democrazia, S. 244; Mengozzi, L'epurazione nella città del „Duce", S. 74; Mirco Dondi, Considerazioni sulle corti straordinarie d'assise: I casi di Bologna e Ravenna (1945–1946), in: L'Almanacco. Rassegna di Studi Storici e di Ricerche sulla Società Contemporanea, Nr. 19, Dezember 1991, S. 25–32.

[152] Vgl. HQ, AMG, Venezia Region, Monatsbericht für Juni 1945, 16. 7. 1945, in: NA, RG 331, Civil Affairs, box 6; HQ, AMG, Lombardia Region, Monatsbericht für Juni 1945, in: Ebenda.

[153] Vgl. Mercuri, L'epurazione, S. 157.

[154] Vgl. HQ, AC, Monatsbericht für August 1945, 1. 11. 1945, in: NA, RG 331, Adjutant, box 28, 10000/101/503.

[155] Vgl. Canosa, Le sanzioni contro il fascismo, S. 18–23 und 39.

[156] Vgl. Jesu, I processi per collaborazionismo in Friuli, S. 233 f.; Pippione, Como dal fascismo alla democrazia, S. 174; Mengozzi, L'epurazione nella città del „Duce", S. 74.

[157] Vgl. HQ, AMG, Venezia Region, Monatsbericht für Juni 1945, 16. 7. 1945, in: NA, RG 331, Civil Affairs, box 6.

[158] Vgl. HQ, AMG, Lombardia Region, Monatsbericht für Juni 1945, in: Ebenda.

[159] Vgl. HQ, AC, Lombardia Region, Monatsbericht für August 1945, 1. 11. 1945, in: NA, RG 331, Adjutant, box 28, 10000/101/503.

[160] Vgl. Kirk an Secretary of State, 8. 8. 1945, in: NA, RG 84, 1945: 800, box 140.

[161] Vgl. Kirk an Secretary of State, 25. 9. 1945, in: NA, RG 59, 865.00/9–2545.

fangs keine Gnade kannten, belegen auch Angaben aus Genua, Rovigo, Udine, Como und vielen anderen Städten[162].

Für viele zeitgenössische Beobachter bestand kein Zweifel, daß viele dieser Todesurteile juristisch anfechtbar und nur deshalb verhängt worden waren, weil die Gerichte sich dem Druck der Straße nicht zu entziehen vermocht hatten. An solchen Einschätzungen ist viel Wahres: Zahlreiche Verfahren hätten tatsächlich für ungültig erklärt werden müssen, weil elementare Grundsätze der Rechtsprechung mit Füßen getreten wurden. Das gilt etwa für die Rechte der Verteidiger, die in vielen Fällen nicht einmal zu Wort kamen; sie wurden von der aufgebrachten Menge, die nicht verstehen wollte, daß sich jemand zur Verteidigung eines belasteten Faschisten hergab, niedergeschrien und mußten ihre Plädoyers schriftlich einreichen[163]. Andere Juristen legten ihr Mandat nieder, weil sie bedroht wurden und um ihr Leben fürchteten[164]. Ähnlich schwierig war die Lage für die Zeugen der Verteidigung: In Genua lehnte der Präsident des Gerichts dreißig Zeugen der Verteidigung ohne Begründung einfach ab. In Savona mußten sich Zeugen, die Positives über den Angeklagten zu sagen hatten, übelste Beschimpfungen gefallen lassen; manche wurden sogar tätlich angegriffen und so sehr geschlagen, daß sie schließlich nicht mehr aussagen konnten[165].

Daß viele Angeklagte keinen fairen Prozeß erhielten, lag vor allem an der aufgeheizten Atmosphäre in den Gerichtssälen. Gerade in den ersten Monaten nach der Befreiung war jedes Verfahren gegen einen prominenten oder besonders verbrecherischen Faschisten ein exzeptionelles Ereignis, das größte Aufmerksamkeit fand. Die Gerichtssäle waren überfüllt, häufig wurden die Verhandlungen sogar über Lautsprecher nach draußen übertragen, wo noch einmal ganze Menschentrauben standen und über die Schandtaten der Angeklagten debattierten. Im Saal selbst hatten die Angeklagten einen äußerst schweren Stand. Ihnen schlug zunächst meist nur Verachtung entgegen, die sich allerdings rasch in gereizte Feindseligkeit verwandelte, als die ersten Zeugen auftraten und ihre Opfergeschichten darlegten – und als die Angeklagten versuchten, ihre Verantwortung zu relativieren oder, gegen jede Evidenz, ihre Unschuld zu beteuern. Jede solche Äußerung wurde dann mit Hohn und Spott überzogen. Häufig wurden Angeklagte auch mißhandelt[166]. In Padua gelang es einer außer Rand und Band geratenen Menge sogar, sich der sechs Angeklagten zu bemächtigen; einer wurde gelyncht, die übri-

[162] Vgl. US-Generalkonsul von Genua an Kirk, 7. 11. 1945, in: Ebenda, 865.00/11–745; Gianni Sparapan (Hrsg.), Fascisti e collaborazionisti nel Polesine durante l'occupazione tedesca. I processi della Corte d'Assise Straordinaria di Rovigo, Venedig 1991, S. 21; Jesu, I processi per collaborazionismo in Friuli, S. 233 f.; Pippione, Como dal fascismo alla democrazia, S. 174. Vgl. dazu auch das von Giuseppe Sangiorgi herausgegebene Interview mit dem ehem. Richter Paolo Scalini, das 1991 in Bologna unter dem Titel „Paolo Scalini. Fare Giustizia in Romagna" herausgekommen ist.
[163] Vgl. etwa Mengozzi, L'epurazione nella città del „Duce", S. 75.
[164] Vgl. Balugani, La Repubblica Sociale Italiana a Modena, S. 166.
[165] Vgl. US-Generalkonsul von Genua an Kirk, 25. 8. 1945, in: NA, RG 84, 1945: 800, box 142; HQ, AC, Legal Sub-Commission, an Ministero di Grazia e Giustizia, 25. 8. 1945, in: NA, RG 331, Executive Commissioner, 10000/109/500.
[166] Vgl. Balugani, La Repubblica Sociale Italiana a Modena, S. 166; Mengozzi, L'epurazione nella città del „Duce", S. 74 f.

gen fünf konnten von alliierten Militärpolizisten gerade noch befreit und in Sicherheit gebracht werden[167].

Zumal die von den Befreiungskomitees vorgeschlagenen Geschworenen konnten sich diesem Klima nicht entziehen – viele wollten es auch nicht. Sie scherten sich wenig um Paragraphen und Bestimmungen und nahmen eine Art Naturrecht auf Abrechnung in Anspruch, dessen Normen sie allein bestimmten. Die Schuld der Angeklagten lag in ihren Augen offen zutage, sie hielten es deshalb für völlig überflüssig, noch lange nachzufragen, Verteidiger und Zeugen zu Wort kommen zu lassen und die Urteile im einzelnen zu begründen. Nicht selten ließen sich davon auch die Richter anstecken, die eigentlich juristischen Sachverstand in die Verfahren bringen sollten.

Besonders empört reagierten die Offiziere der Militärregierung auf die rechtsstaatliche Unbekümmertheit der außerordentlichen Schwurgerichte; schlimmer hätte es ihrer Ansicht nach auch mit den Volkstribunalen der Resistenza nicht werden können. Namentlich die Sonderschwurgerichte in der Emilia Romagna bereiteten ihnen erhebliches Kopfzerbrechen. Diese hatten sich anscheinend in reine Revolutionstribunale verwandelt, die nur noch dem antifaschistischen „Volksempfinden" folgten und Todesurteil um Todesurteil fällten, ohne daß die Beweise dafür ausgereicht hätten[168]. Nach einem aufsehenerregenden Prozeß in Reggio Emilia, bei dem 24 Faschisten unter juristisch fragwürdigen Umständen zum Tode verurteilt worden waren, wurden die Alliierten aktiv: Der amerikanische Botschafter in Rom, Alexander Kirk, informierte seinen Außenminister über die anstößige Art der Urteilsfindung[169], und die Juristen der Allied Commission warnten den italienischen Justizminister. „Es ist nicht", so schrieb der Chief Legal Advisor Anfang August 1945, „wie Sie wissen, die Politik von AMG, sich in die normale Anwendung italienischen Rechts durch italienische Gerichte einzumischen. Jedoch ist klar, daß es in Fällen dieser Art notwendig ist, AMG gegen jeden Verdacht zu schützen, im Bereich der eigenen Autorität die Verübung schwerer Unrechtsakte zuzulassen. Für den Fall, daß der Kassationshof in diesen Fällen die Urteile des Sonderschwurgerichts bestätigt, habe ich daher Anweisung, Sie zu ersuchen, dem britischen und dem amerikanischen Botschafter Mitteilung von den Schritten zu machen, die Sie bezüglich der verhängten Urteile unternehmen werden."[170]

Die Kritik der Rechtsoffiziere der Militärregierung war berechtigt. Besser wäre es freilich gewesen, die Rechtsoffiziere hätten schon im Juni/Juli 1945 auf die Mißstände bei den Sonderschwurgerichten hingewiesen, als die neuen Gerichte auf Hochtouren arbeiteten und als die Besatzungsmächte wirklich noch Möglichkeiten hatten, ihren Anschauungen Geltung zu verschaffen. Im August aber war es nicht nur fast zu spät, weil der alliierte Rückzug aus der direkten Besatzung schon weit fortgeschritten war, sondern auch schon fast unnötig, weil die Sonder-

[167] Vgl. HQ, AC, Monatsbericht für Juni 1945, 13. 8. 1945, in: NA, RG 331, Adjutant, box 28, 10000/101/503; HQ, AC, Monatsbericht für August 1945, 1. 11. 1945, in: Ebenda; L'Unità vom 31. 7. 1945, die über einen ähnlichen Fall berichtete.
[168] Vgl. HQ, AC, Monatsbericht für Juli 1945, 17. 9. 1945, in: NA, RG 331, Adjutant, box 28, 10000/101/503.
[169] Vgl. Kirk an Secretary of State, 8. 8. 1945, in: NA, RG 84, 1945: 800, box 140.
[170] Legal Sub-Commission an Ministro di Grazia e Giustizia, 3. 8. 1945, in: Ebenda.

schwurgerichte ihren anfänglichen Rigorismus doch schon zu dämpfen begannen[171]. Die Gründe für diese Versachlichung liegen auf der Hand: Im Sommer 1945 ließ der Druck der antifaschistischen Öffentlichkeit nach, der Einfluß der Befreiungskomitees schwand. Der Abrechnungsfuror hatte sich in den vielen Verfahren gegen verhaßte Faschisten und Kollaborateure aufgezehrt. Die „große Mehrheit der Bevölkerung", so die treffende Beobachtung des amerikanischen Generalkonsuls in Genua, „scheint es müde zu sein, von Prozessen und Exekutionen zu lesen, sie ist weit mehr mit den wirtschaftlichen Problemen ihres Alltagslebens beschäftigt. Die lokalen Zeitungen bringen nur gelegentlich Berichte von Verfahren vor dem Sonderschwurgericht, und diese Berichte sind nicht mehr groß aufgemacht und unweigerlich auf die zweite Seite verwiesen."[172]

Wie insbesondere die Forschungen von Guido Neppi Modona zeigen, gewannen so innerhalb der Gerichte allmählich die Richter an Boden, während die hochgradig politisierten Schöffen in dem Maße Gewicht und Einfluß verloren, wie das öffentliche Interesse an den Verfahren zurückging. Zugleich wurden die juristisch wohl unangreifbaren, politisch aber recht sterilen Beurteilungskriterien der von Antifaschismus und Resistenza kaum berührten Kassationshöfe mehr und mehr auf die Sonderschwurgerichte übertragen. Das war unvermeidlich, denn die Aufstiegschancen der bei den Sonderschwurgerichten tätigen Richter hingen auch davon ab, wie häufig ihre Urteile von der höheren Instanz beanstandet oder aufgehoben wurden. Wer etwas werden wollte, tat also gut daran, sich vom antifaschistischen „Volksempfinden" zu emanzipieren und den Kriterien der Kassationshöfe anzupassen[173]. Die Folge davon war nicht etwa ein radikaler Sinneswandel der Sonderschwurgerichte; diese lösten sich aber rasch aus ihrer Rolle als „Organe einer politischen Justiz"[174], die sie zu Beginn gewesen waren. Konkret hieß das: Die Sondergerichte griffen auch weiterhin hart durch, orientierten sich aber zunehmend mehr an rechtsstaatlichen Gebräuchen und ahndeten so fast zwangsläufig eher „die ‚Exzeßtaten' des Bürgerkrieges gegen die Partisanen [...], nicht aber die ‚institutionellen' Taten und Verantwortlichkeiten der Regierung von Salò"[175], die oft tatsächlich schwer zu beweisen waren.

Als sich im Spätsommer 1945 diese von Neppi Modona konstatierte Tendenz herauszubilden begann, stellte sich für die italienische Politik die Frage, was mit den für sechs Monate eingerichteten Sonderschwurgerichten künftig geschehen sollte. Sollte man ihre Laufzeit verlängern und sie damit in die Lage versetzen, die begonnene Arbeit zu Ende zu führen, oder sollte man sie schließen und die noch anhängigen Verfahren den ordentlichen Schwurgerichten überweisen? Letztlich kam es, wie noch näher dargestellt werden wird[176], zu einem Kompromiß zwischen den bürgerlichen Parteien, die in den Sonderschwurgerichten „ein Hinder-

[171] Vgl. Luigi Bernardi, Il fascismo di Salò nelle sentenze della magistratura piemontese, in: Neppi Modona, Giustizia penale e guerra di Liberazione, S. 72; Jesu, I processi per collaborazionismo in Friuli, S. 242 ff.
[172] Bericht vom 7. 11. 1945 an Kirk, in: NA, RG 59, 865.00/11–745; vgl. auch HQ, AC, Monatsbericht für Juli 1945, 17. 9. 1945, in: NA, RG 331, Adjutant, box 28, 10000/101/503.
[173] Vgl. Neppi Modona, Il problema della continuità, S. 26; Bernardi, Il fascismo di Salò, S. 72.
[174] Neppi Modona, Il problema della continuità, S. 35.
[175] Ebenda, S. 22.
[176] Vgl. S. 324–329.

nis für die Normalisierung"[177] erblickten, das es schleunigst zu beseitigen galt, und der Linken, die die Verlängerungslösung favorisierte. Die Sonderschwurgerichte blieben demzufolge wie sie waren; sie wurden aber durch ein Gesetz vom 5. Oktober 1945 auf ganz Italien ausgedehnt und in „Sezioni speciali" der ordentlichen Schwurgerichte umbenannt, die ein weiteres Jahr unter Ausnahmebedingungen arbeiten konnten. Danach sollten endgültig die „normalen Regeln" Anwendung finden[178].

Daß die konservativen Parteien diesen Kompromiß akzeptierten, lag vor allem an der unabweisbaren Tatsache, daß im Herbst 1945 noch Tausende von Verfahren unerledigt waren. „In Norditalien und im Bezirk von Florenz", so Justizminister Togliatti am 7. November 1945 in der Consulta, „lauten die Zahlen so:

eingeleitete Verfahren   21 454
bis zum 15. August
abgeschlossene Verfahren   10 028
anhängige Verfahren   11 426."[179]

Die ohnehin überlasteten ordentlichen Schwurgerichte wären mit einer solchen Zahl von Verfahren niemals zurechtgekommen. Eine andere Lösung als die Prolongierung der außerordentlichen Instanzen gab es damit faktisch nicht. Die Rückkehr zur „normalizzazione", die den bürgerlichen Parteien so sehr am Herzen lag, war noch nicht möglich.

Zahlreichen Indizien zufolge hatte die Umbenennung der außerordentlichen Schwurgerichte in „Sezioni speciali" keine gravierenden praktischen Auswirkungen. Die „Sezioni speciali" setzten den harten Kurs fort, der sich nach einer gewissen Beruhigung der antifaschistischen Leidenschaften im Sommer und Herbst 1945 herausgebildet hatte; namentlich verhaßte Parteibonzen und skrupellose Denunzianten hatten, wenn die Beweise ausreichten, vor Gericht auch weiterhin keine Milde zu erwarten. In dem einen oder anderen Fall wurde sogar noch 1947 die Höchststrafe ausgesprochen[180].

Es ist beim gegenwärtigen Stand der Forschung schwer zu sagen, wieviele Verfahren zwischen 1945 und 1947 (dem Jahr der endgültigen Schließung der „Sezioni speciali") vor den außerordentlichen Schwurgerichten und den „Sezioni speciali" durchgeführt, wieviele politisch Belastete dabei zur Verantwortung gezogen und mit welchen Strafen sie belegt wurden. Zwar liegen mittlerweile einige Studien über die Vorgänge in Piemont, in Friaul, in Mailand, Forlì, Modena und Rovigo vor[181]; wissenschaftlichen Maßstäben genügen davon allerdings nur die Forschungen der Gruppe um Neppi Modona über Piemont sowie die innovativen Arbeiten von Angela Maria Politi und Luca Alessandrini über die Emilia Roma-

---

[177] So Brosio in der Kabinettssitzung vom 3. 10. 1945 (vormittags), in: ACS, Verbali del Consiglio dei Ministri.

[178] Decreto legislativo luogotenenziale, 5. 10. 1945, Nr. 625: Modificazioni alle norme sulle sanzioni contro il fascismo, in: Gazzetta Ufficiale del Regno d'Italia, Nr. 123, 13. 10. 1945.

[179] Consulta Nazionale. Commissioni riunite affari politici e amministrativi, Giustizia, 7. 11. 1945.

[180] Vgl. etwa Sparapan, Fascisti e collaborazionisti nel Polesine; Jesu, I processi per collaborazionismo in Friuli, S. 251 ff.

[181] Vgl. Neppi Modona, Giustizia penale e guerra di Liberazione; Jesu, I processi per collaborazionismo in Friuli; Canosa, Le sanzioni contro il fascismo; Mengozzi, L'epurazione nella città del „Duce"; Balugani, La Repubblica Sociale Italiana a Modena; Sparapan, Fascisti e collaborazionisti nel Polesine.

gna[182]. Der von Gianni Sparapan herausgegebene Band über das außerordentliche Schwurgericht und dessen Nachfolger in Rovigo bietet hingegen nur eine Sammlung interessanter Dokumente, die der Herausgeber selbst nicht ausgewertet hat.

Aus diesen Dokumenten ergibt sich folgendes Bild: In der zwischen Padua und Ferrara gelegenen Provinz Rovigo mit ihren rund 340 000 Einwohnern standen zwischen Juni 1945 und März 1947 in rund 340 Verfahren 466 Faschisten und Kollaborateure vor Gericht; 20 davon waren Frauen. Von der Altersschichtung her überwogen mit 280 Angeklagten eindeutig die 30 bis 50jährigen, also die Gruppe derjenigen, die im Faschismus aufgewachsen war und Karriere gemacht hatte. Am zweitstärksten vertreten waren mit 92 Angeklagten die 20 bis 30jährigen, während die unter 20jährigen und die über 50jährigen mit 45 bzw. 46 Angeklagten deutlich zurückblieben; der jüngste Angeklagte war gerade 16 Jahre alt. Vor der Amnestie vom Juni 1946, die aus vielerlei Gründen eine Zäsur bewirkte[183], wurden 343 Personen angeklagt; fast die Hälfte, nämlich 150, wurde freigesprochen. 31 Angeklagte erhielten Gefängnisstrafen zwischen 10 und 20 Jahren, 11 mußten mit mehr als 20 Jahren Haft rechnen, und gegen 13 Faschisten und Kollaborateure wurde die Todesstrafe verhängt; die übrigen 138 Angeklagten sahen Strafen zwischen einigen Monaten und zehn Jahren entgegen[184] – alles in allem eine Mischung, die anzudeuten scheint, daß das Gericht, trotz mancher eklatanter Mängel in den ersten Wochen, Augenmaß und Gerechtigkeitssinn besaß.

Bedauerlicherweise lassen sich aus den von Gianni Sparapan veröffentlichten Dokumenten kaum gesicherte Angaben über den Bildungsgrad, die ausgeübten Berufe oder die politischen und militärischen Funktionen der Angeklagten gewinnen. Vieles deutet aber darauf hin, daß neben der örtlichen politischen Prominenz und den höheren Chargen der faschistischen Milizen und schwarzen Brigaden vor allem kleine Denunzianten, Spione, einfache Soldaten und Milizionäre zur Verantwortung gezogen wurden, die an „Auskämm-Aktionen", Folterungen von Partisanen und Plünderungen von Dörfern beteiligt gewesen waren, die sich – mit einem Wort – die Hände schmutzig gemacht und dabei juristisch klar definierbare und personell eindeutig zuweisbare Verbrechen begangen hatten. Übeltätern dieses Typs war auch in Rovigo juristisch einfacher beizukommen als den Geldgebern der faschistischen Partei, den Nutznießern in der Wirtschaft und den Hetzern in Schulen und Universitäten, die sich nur selten direkt an Verbrechen beteiligt hatten. Ihnen gegenüber waren freilich nicht nur die Sonderschwurgerichte machtlos, sondern jede Art von Gericht, das sich an Recht und Gesetz hielt.

Zu ähnlichen Ergebnissen kommt, wie schon erwähnt, Guido Neppi Modona in seinen Forschungen über die Region Piemont[185]. Vor den dortigen elf Sonderschwurgerichten fanden zwischen 1945 und 1947 rund 2400 Verfahren mit etwa 3600 Angeklagten statt. 203 wurden zum Tode verurteilt, 23 erhielten lebenslänglich, 319 Gefängnisstrafen über 20 Jahre, und 853 Angeklagte sahen sich zu Haft-

---

[182] Vgl. Politi/Alessandrini, I partigiani emiliani, S. 55–83.
[183] Vgl. S. 378–391.
[184] Eigene Berechnungen anhand der Dokumente, die in Sparapan, Fascisti e collaborazionisti nel Polesine, veröffentlicht sind. Die Altersangaben beziehen sich alle auf das Stichjahr 1945.
[185] Vgl. Neppi Modona, Giustizia penale e guerra di Liberazione.

strafen zwischen 5 und 20 Jahren verurteilt[186]. Über 2100 Angeklagte waren im weiteren Sinne als „militari" zu bezeichnen; mehr als 1300 davon waren einfache Dienstgrade, die vor allem die Uniform der Guardia Nazionale Repubblicana (546) und der schwarzen Brigaden (504) getragen hatten; nur 540 beziehungsweise 263 der über 2100 „militari" waren Offiziere und Unteroffiziere. Die fast 1100 Angeklagte zählende Gruppe der „civili" setzte sich vor allem aus Polizeibeamten (217), Funktionsträgern der faschistischen Partei (144) und Angehörigen des öffentlichen Dienstes (165) zusammen; bei letzteren überwogen die einfachen Angestellten deutlich. Der Anteil der weiblichen Angeklagten war in Piemont (wie auch in Rovigo) relativ gering: nur 438 von über 3600; die meisten von ihnen hatten irgendwelche Hilfsdienste bei der Wehrmacht oder bei faschistischen Organisationen geleistet[187].

Nimmt man alles zusammen, so wird man eines mit Gewißheit sagen können: Die außerordentlichen Schwurgerichte und die „Sezioni speciali" der ordentlichen Schwurgerichte haben es sich nach gewissen Anfangsschwierigkeiten mit der Ahndung faschistischer Verbrechen nicht leicht gemacht. Sie haben zwischen 1945 und 1947 wohl mehr als 20 000, vielleicht sogar 30 000 Verfahren gegen belastete Faschisten und Kollaborateure angestrengt und dabei durchaus harte Strafen verhängt: an die 1000 Todesurteile und Tausende von langjährigen Haftstrafen[188] – und das, nachdem gerade eine blutige Welle „wilder" Abrechnungen über das Land gegangen war, die allein im Frühjahr 1945 5000 bis 8000 in den Tod gerissen hatte[189].

In keinem Land Europas – Frankreich vielleicht ausgenommen – gingen die Gerichte so rasch und so massiv gegen belastete Faschisten vor, nirgendwo sonst mußten sich schon 1945 so viele Repräsentanten des untergegangenen Regimes für ihre Schandtaten verantworten[190]. Ein beträchtlicher Teil dessen, was die erste Instanz in puncto Abrechnung geleistet hatte, wurde allerdings von den Berufungsinstanzen, die anders als die Sonderschwurgerichte dem Einfluß der Befreiungskomitees fast ganz entzogen und auch von der politischen Säuberung kaum berührt worden waren, wieder zunichte gemacht. Der Gerechtigkeit halber muß man freilich auch sagen, daß die Revisionsinstanzen häufig gar nicht anders konnten, als die allzu lässig kompilierten Urteile der Sonderschwurgerichte aufzuheben und als das zu entlarven, was sie häufig auch waren: mit viel Abrechnungseifer getränktes Laienwerk. Auch hier fehlen genaue Angaben, aus vielen verstreuten Indizien ergibt sich aber der Eindruck, daß Anfang der fünfziger Jahre fast alle Verurteilten wieder auf freiem Fuß waren[191].

Es versteht sich von selbst, daß die Berufungsinstanzen auch viele Todesstrafen korrigierten. In Piemont folgte den 203 Todesurteilen nur in 18 Fällen die Hin-

---

[186] Vgl. ders., Il problema della continuità, S. 24.
[187] Vgl. Luigi Bernardi/Silvana Testori, Collaborazionisti e partigiani di fronte alla giustizia penale, in: Neppi Modona, Giustizia penale e guerra di Liberazione, S. 52, sowie die in ebenda, S. 81–172, gebotenen Daten.
[188] Im November 1945 gab Ministerpräsident Parri bekannt, daß etwa 320 Todesurteile ausgesprochen worden waren. Vgl. Department of State, Incoming Telegram, 16. 11. 1945, in: NA, RG 59, 865.00/11–1645.
[189] Vgl. S. 279.
[190] Vgl. die einzelnen Beiträge in Henke/Woller, Politische Säuberung in Europa.
[191] Vgl. S. 387f.

richtung[192], in Mailand wurden wahrscheinlich 2 von 36 Todesurteilen vollstreckt[193], und in Rovigo mußten von den 13 zur Höchststrafe Verurteilten 5 zur
Richtstätte gehen[194]. Bis November 1945, so hieß es in italienischen Zeitungen unter Berufung auf staatliche Stellen, gab es in ganz Italien etwa 40 bis 50 Hinrichtungen aufgrund von Todesurteilen[195]. Danach wurden zwar ebenfalls noch häufig Höchststrafen verhängt, aber doch immer seltener exekutiert, so daß man von
etwa 60 bis 80 vollstreckten Todesurteilen wird ausgehen können[196].

Im Frühjahr 1945 als Ersatz für die Revolutionstribunale der Resistenza etabliert und anfangs gerade so energisch wie es die Volksgerichte nur hätten sein
können, gaben die außerordentlichen Schwurgerichte und ihre Nachfolgeorgani-
sationen, die „Sezioni speciali", ihren anfänglichen Rigorismus rasch auf und
schwenkten auf eine dann beibehaltene Linie ein, die sowohl rechtsstaatlichen
Kriterien als auch dem gewandelten gesellschaftlichen Klima entsprach. Zu Instanzen der Rehabilitierung und der Schadensabwicklung wurden sie nie – weit
entfernt davon. Das besorgten schon ab 1945 die Revisionsinstanzen, vor allem
der Kassationshof in Rom, die dabei – wenn nicht alles täuscht – ganze Arbeit leisteten.

Ist aber deshalb die kurze Geschichte der Sonderschwurgerichte schon als unbedeutende Episode abzutun, die abgesehen von einigen Dutzend Hinrichtungen
kaum dauerhafte Spuren hinterlassen hat? Eine wissenschaftlichen Ansprüchen
genügende Antwort auf diese Frage kann es nicht geben, schon gar nicht, wenn
große Partien des Problems noch ganz im dunkeln liegen und zentrale Aspekte
noch längst nicht geklärt sind. Zu vermuten ist aber, daß sich in den 20 000 bis
30 000, zum Teil unter größter öffentlicher Anteilnahme geführten Prozessen ein
nicht unbeträchtlicher Teil des in langen Jahren aufgebauten Abrechnungspoten-
tials relativ gefahrlos entladen konnte, das ansonsten wohl zu gewaltigen und
überaus opferreichen Eruptionen geführt hätte[197]. Anzunehmen ist außerdem,
daß die zahlreichen Gerichtsverfahren das öffentliche wie private Nachdenken
über den Faschismus, über die Korruption der Bonzen, die Schäbigkeit der Denunzianten und über die feige Geschmeidigkeit der Mitläufer und Nutznießer stimulierten; nach diesem historischen Aufklärungsunterricht, der in den Gerichtsverfahren tausendfach geleistet wurde, konnte eigentlich nur noch den ewig Un-

---

[192] Vgl. Bernardi, Il fascismo di Salò, S. 79.
[193] Vgl. Canosa, Le sanzioni contro il fascismo, S. 18.
[194] Vgl. Sparapan, Fascisti e collaborazionisti nel Polesine, S. 83.
[195] Vgl. Department of State, Incoming Telegram, 16. 11. 1945, in: NA, RG 59, 865.00/11–1645.
[196] In einem Schreiben des Justizministeriums an De Gasperi vom 21. 1. 1953 (in: ACS, Segreteria De
    Gasperi, busta 1, fasc. 1) ist sogar von 91 Hinrichtungen die Rede. Diese Zahl kann, muß aber nicht
    richtig sein, denn im selben Schreiben wird erwähnt, daß es nach Kriegsende nur zu 259 Todesur-
    teilen gekommen sei – was sicher unzutreffend ist. Die Tatsache, daß viele der zum Tode verurteil-
    ten Faschisten und Kollaborateure schließlich doch mit dem Leben und zuweilen sogar sehr
    glimpflich davon kamen, hing nicht nur mit der Rolle des Kassationshofes zusammen, der zumal
    nach dem Erlaß der Amnestie für jeden Schwerbelasteten einen Milderungsgrund fand (oder er-
    fand), sondern auch mit der Zurückhaltung der Militärregierung und mit der Einstellung des Ju-
    stizministeriums, die jeder Hinrichtung zustimmen mußten und auch das Gnadenrecht ausüben
    konnten. Vgl. dazu im einzelnen Sparapan, Fascisti e collaborazionisti nel Polesine, S. 59–64; Pro-
    tokoll einer Besprechung zwischen alliierten Offizieren und italienischen Ministerialbeamten und
    Juristen vom 30. 6. 1945, in: NA, RG 331, Legal, box 7.
[197] Vgl. dazu auch ähnliche Überlegungen bei Dondi, Considerazioni sulle corti straordinarie d'assise,
    S. 31.

belehrbaren der Sinn nach Apologie oder gar nach einer Renaissance des Faschismus stehen. Eine ernsthafte Überlegung ist schließlich auch die Frage wert, ob die auf den ersten Blick so unbefriedigend wirkende Mischung aus zunächst harter Bestrafung und dann rasch folgender großzügiger Rehabilitierung nicht auch ihr Gutes hatte – in dem Sinne vor allem, daß sie den vor Gericht gestellten Faschisten und Kollaborateuren vor Augen führte: Die Wiederholung des faschistischen Experiments war unter schärfste Strafe gestellt, jedoch sollten die geläuterten oder wenigstens anpassungsbereiten Anhänger des alten Regimes nicht dauerhaft an den Rand der Gesellschaft gedrängt und ausgegrenzt werden. Der Staat war bereit, jede Art der Stigmatisierung aufzuheben; der Weg in die Demokratie stand auch denjenigen offen, die im Bürgerkrieg auf der falschen Seite (und oft mit verbrecherischen Mitteln) gekämpft hatten.

Wie immer man solche Überlegungen bewerten mag, vieles spricht dafür, daß ein beträchtlicher, wahrscheinlich der überwiegende Teil der italienischen Gesellschaft mit dieser Lösung einverstanden war. Das Klima der antifaschistischen Generalmobilisierung, das sich seit dem Sturz Mussolinis aufgebaut, im Frühjahr 1945 kaum jemanden unberührt gelassen und den psychologischen Rahmen der brachialen Abrechnungen gebildet hatte, schlug schon im Sommer/Herbst 1945 um. Atemloser Schrecken und Abscheu erfüllten viele, als sich das ganze Ausmaß der Opfer erkennen und als sich erahnen ließ, wohin es führen würde, wenn die Rezepte der revolutionär gestimmten Jakobiner in der Resistenza Anwendung finden sollten. Das Maß war voll; zumal diejenigen (und das war die Mehrheit), die den Terror des Agoniefaschismus nicht am eigenen Leib erlebt hatten, hatten genug von Prozessen, Todesurteilen, Hinrichtungen und der ständigen Aufregung, die mit dieser Form der Vergangenheitsbewältigung verbunden war, und begannen des selbstgerechten Rigorismus der Partisanen überdrüssig zu werden, die immer neue Opfer forderten, ohne sich selbst kritisch zu fragen, woher sie die Legitimation dazu nahmen. „Der Mann auf der Straße", schrieb der amerikanische Generalkonsul von Genua am 25. August 1945, „beginnt auch Zweifel zu haben, was die Integrität einiger der ‚reinen' und eifrigeren Säuberer angeht. [...] Viele Leute fragen sich, ob die Justiz im befreiten Italien von heute, der vielgepriesenen neuen Demokratie zum Trotz, nicht mehr und mehr die vertrauten und düsteren Züge jener ‚Justiz' annimmt, wie sie in den Tagen des Faschismus geblüht hat."[198]

Dem „non basta" der Heißsporne in der Befreiungsbewegung setzten insbesondere die bürgerlich-katholischen Schichten, die nichts sehnlicher wünschten als die rasche Rückkehr zu leidlich normalen Zeiten, ein entschiedenes „basta" entgegen – dabei kräftig unterstützt im übrigen vom Papst, der sich im Oktober 1945 in die Debatte über die Sonderschwurgerichte, die von ihnen verhängten Todesurteile und deren Vollstreckung einschaltete und dabei zu erkennen gab, daß ihn die ganze Richtung, die die Abrechnung mit dem Faschismus genommen hatte, auf das äußerste bekümmerte. Die Todesurteile der Sonderschwurgerichte, so der

[198] Schreiben vom 25. 8. 1945 an Kirk, in: NA, RG 84, 1945: 800, box 142. Vgl. dazu auch Ministero della Guerra, Stato Maggiore Regio Esercito, Monatsbericht für Juli-August 1945: Risultanze emerse dalla Censura postale e dalle telecomunicazioni per l'estero, in: ACS, Ministero dell'Interno, Gab. 1944–1946, pacco 15.

apostolische Nuntius Francesco Borgongini Duca in einem Schreiben an Außenminister Alcide De Gasperi, „sind das Resultat der örtlichen Aufgewühltheit und
von gewalttätigen Leidenschaften, die – das liegt auf der Hand – dem Richter nicht
die Ruhe und Ausgewogenheit gewähren können, die vor allem dann nötig sind,
wenn es um die Entscheidung über das Leben eines Menschen geht". Das schade
dem Ansehen Italiens im Ausland und sei auch der inneren Befriedung abträglich,
an der dem Papst besonders gelegen war[199]. Es sei Zeit für ein Zeichen der Gnade
und – so konnte man zwischen den Zeilen lesen – für eine grundlegende Wende in
der Säuberungspolitik.

Die neue Regierung Parri, die nach der Befreiung gebildet worden war, mußte
Rücksicht nehmen auf solche Stimmen, wollte sie mehr sein als der Ausdruck der
aktivistischen Kräfte der Resistenza, die das Feuer des politischen Purgatoriums
entzündet und im Frühjahr und Sommer 1945 so kräftig geschürt hatten, daß in
der übergroßen Hitze auch die antifaschistischen Sympathien, die sie getragen
hatten, weitgehend zerstört worden waren.

[199] Schreiben vom 4. 10. 1945, in: NA, RG 59, 865.00/12–1245.

Rückzug auf Raten

Parri und die Entpolitisierung der Säuberung
(Juni bis Dezember 1945)

„Zu sagen, daß viel geschehen ist, seit ich zuletzt zu Ihnen gesprochen habe, wäre ein Understatement", sagte Ellery W. Stone, der Chef der Alliierten Kommission, als er am 4. Mai 1945 die 35. Sitzung des Advisory Council für Italien eröffnete und natürlich sofort auf die wenige Tage zurückliegenden Ereignisse von „wahrhaft historischer Bedeutung" zu sprechen kam: „Die Dinge haben sich in den letzten zwei Wochen rapide entwickelt, und Italien ist Zeuge des unaufhaltsamen Vordringens der alliierten Armeen gewesen, der Erhebung der italienischen Partisanen zur Beteiligung an der Befreiung ihrer Städte, der Gefangennahme und Exekution Mussolinis und anderer Faschistenführer, schließlich der bedingungslosen Kapitulation der deutschen Streitkräfte im Norden."[1]

Anfang Mai 1945 schwiegen in Italien die Waffen. In jedem Dorf und in jeder Stadt wurde gefeiert, überall gab es Siegesparaden und feierliche Kundgebungen, und zumal die Partisanen und die politische Linke befanden sich in prächtiger Stimmung; nach den langen Jahren der Unterdrückung war – so glaubten sie – endlich ihre Zeit gekommen, dem Faschismus würde, wie der Tag auf die Nacht, der Sozialismus folgen.

Aber merkwürdig: Über den Siegesparaden und Freudenfeiern lag ein tiefer Schatten. Aufatmen und Seufzen waren oft kaum voneinander zu unterscheiden, die Menschen waren nun, da Weltkrieg und Bürgerkrieg wirklich vorbei waren, da die alliierten Luftangriffe und die deutschen Vergeltungsschläge der Vergangenheit angehörten, nicht annähernd so freudig gestimmt wie im Sommer 1943, als die Nachricht vom Sturz Mussolinis fast ein ganzes Volk zu Begeisterungsstürmen hingerissen hatte, weil es sich in der dann bald enttäuschten Hoffnung gewiegt hatte, die Entmachtung des Duce sei gleichbedeutend mit dem Ausscheiden Italiens aus dem Krieg und der Rückkehr zu normalen Zeiten. Zuviel war seither geschehen, als daß noch einmal jener naive Freudentaumel hätte ausbrechen können: Hunderttausende saßen mittellos auf der Straße und wußten nicht, wo sie Zuflucht suchen sollten. Nahezu jede Familie hatte Tote zu beklagen. Die Kriegsmaschinerie der Besetzer, aber auch die der Befreier, hatte ganze Landstriche verwüstet.

Kaum weniger schwer fiel ins Gewicht, daß viele Menschen, die 1943 noch in der Gewißheit gelebt hatten, die Zukunft werde in etwa so werden wie die Ver-

---

[1] Protokoll der 35. Sitzung des Advisory Council for Italy, 4. 5. 1945, in: NA, RG 331, Chief Commissioner, box 23. Zum Kriegsende in Italien vgl. auch Eric Morris, La Guerra Inutile. La campagna d'Italia 1943–1945, Mailand 1993.

gangenheit vor dem Faschismus oder in den Jahren des Konsenses vor dem Krieg, mittlerweile jegliche Zuversicht verloren hatten. Vieles von dem, was bis dahin Orientierung und Halt geboten hatte, war entweder schon untergegangen oder befand sich in Auflösung: das Königshaus, die berufsständischen Organisationen mit ihren festen Regeln und Gepflogenheiten, die klientelaren Bindungen an traditionelle Autoritäten. Überall machte sich ein neuer Geist bemerkbar, überall traten neue Parteien und Organisationen auf den Plan, die herrisch ihre Ansprüche formulierten und mit Gewalt durchsetzten, wenn sich ihnen etwas in den Weg stellte. Die illegalen Landnahmen nach der Befreiung zeigten das ebenso wie die Betriebsbesetzungen, die Säuberungswellen nicht weniger als die Exzesse der „wilden" Abrechnung, die im Frühjahr 1945 die Menschen in Angst und Schrecken versetzten. Genaues wußte keiner. Zehntausende, so meinten die einen, waren diesen Exzessen zum Opfer gefallen, während andere sich von ihrer überreizten Phantasie zu Schätzungen verleiten ließen, die in die Hunderttausende gingen.

Presse und Plätze gehörten nach Kriegsende natürlich nicht diesem verschreckten Pessimismus, der weite Kreise erfaßt hatte. Die Schlagzeilen und Rednertribünen waren fest in der Hand des intransigenten Antifaschismus, der von dort aus seine Reformprojekte unter die Leute brachte und seine Revolutionshoffnungen verbreitete. Hinter den Kulissen aber lagen die Dinge anders; die politischen Gewichte hatten sich längst nicht so stark zugunsten der Linken verschoben, wie es ihre öffentliche Selbstinszenierung und ihre dröhnende Zukunfts- und Erfolgsgewißheit vermuten ließen. Mit den bürgerlichen Kräften, die sich mehr und mehr zum Sprachrohr von Skepsis und Pessimismus machten, war auch weiterhin zu rechnen – auf mittlere Sicht vielleicht sogar mehr als zuvor, denn die Umstürzler und Neuerer kräftigten unweigerlich auch ihr immer schon starkes Pendant, die oft schweigende Mehrheit der Bedächtigen und Bewahrer, die ihre politische Heimat fast ausschließlich bei den Christdemokraten und den Liberalen fanden und deren Reihen stärkten.

1. Die Regierung Parri

Die große Politik folgte deshalb auch nach der Befreiung wieder den alten Regeln des Ausgleichs und des mühseligen Kompromisses, die den All-Parteien-Pakt des Antifaschismus seit seiner Gründung 1943 charakterisiert hatten. Niemand rüttelte ernstlich daran, lediglich der Moderator an der Spitze stand zur Disposition. Ministerpräsident Bonomi war verbraucht, er ragte wie ein Fossil in die Gegenwart hinein, und namentlich die revolutionäre Linke wollte sich nicht länger mit ihm sehen lassen. Bonomi, der Vermittler ohne eigenen Gestaltungswillen, mußte den neuen Zeitbedürfnissen geopfert werden.

Aber wer sollte an seine Stelle treten? Welche Politik sollte die neue Regierung verfolgen? Und wie sollte man es künftig mit den Befreiungskomitees halten, die eine führende Rolle in Staat und Gesellschaft beanspruchten? Um diese Fragen zu beantworten, nahmen sich die Parteien und die Befreiungsbewegung mehr als 50 Tage Zeit, die ausgefüllt war mit entnervenden Verhandlungen und Positionskämpfen: Die Repräsentanten der Resistenza Norditaliens kamen dafür Anfang Mai nach Rom. Die Regierung, die führenden Männer der Parteien und des nationalen Befreiungskomitees reisten vierzehn Tage später mit großem Troß zum Gegenbesuch nach Mailand, um sich ein Bild zu machen von der aufgewühlten Situation im Norden, der die künftige Regierung angeblich schon von ihrer Zusammensetzung her Rechnung tragen mußte. Anfang Juni war eine zweite Delegation aus dem Norden in der Hauptstadt, und jedesmals drehte man sich bis in die Morgenstunden hinein im Kreise[2].

Am schnellsten einigte man sich noch über die Grundsätze der Regierungspolitik, die in einem umfangreichen Dokument festgehalten wurden, dessen dürre Quintessenz die Alliierte Kommission in ihrem Monatsbericht für Mai 1945 so zusammenfaßte:

„1. Es ist notwendig, eine neue Regierung zu bilden.
 2. Der Chef der Regierung soll ausgewechselt werden.
 3. Alle sechs Parteien sollen in der neuen Regierung vertreten sein.
 4. Die Schlüsselpositionen in der neuen Regierung sollen Männern anvertraut werden, die den fortschrittlichen Geist repräsentieren, den das Volk in seinem Befreiungskampf gezeigt hat."[3]

Sehr viel schwieriger, als sich über solche Selbstverständlichkeiten zu verständigen, war es schon, einen gemeinsamen Nenner über die künftige Rolle der Befreiungskomitees zu finden. Am entschiedensten waren hier die Liberalen, in deren Augen die historische Mission der Befreiungsbewegung erfüllt war. Sie fürchteten, so charakterisierte der amerikanische Geheimdienst OSS die liberale Position, „daß die Komitees in den Betrieben kleine Sowjets werden und daß die Ausschüsse in den Gemeinden die Autorität der Regierung untergraben könnten"[4] – und forderten deshalb die sofortige Auflösung der tatsächlich von den Linken beherrschten Komitees. Von diesem Standpunkt gingen die Liberalen nicht ab. Nach schier endlosen Debatten fanden sie sich lediglich dazu bereit, die Komitees auf lokaler und regionaler Ebene bis zu den Gemeindewahlen bestehen zu lassen und ihnen beratende Funktionen einzuräumen[5].

Ganz unmöglich aber schien es, einen Nachfolger für Bonomi zu finden. Die besten Chancen durfte sich unmittelbar nach der Befreiung der Führer der Sozialisten, Pietro Nenni, ausrechnen, der nicht nur von seinen eigenen Leuten, den Kommunisten und der Aktionspartei auf den Schild gehoben wurde, sondern

[2] Vgl. dazu Nenni, Diari, S. 114–120 (Einträge vom 11. 5.-2. 6. 1945); Andreotti, Concerto a sei voci, S. 49–54; Leone Cattani, Dalla caduta del fascismo al primo governo De Gasperi, in: Storia contemporanea 1974, Nr. 4, S. 737–785; OSS-Report: From the Crisis to the Parri Cabinet, 2. 7. 1945, in: NA, RG 59, 865.00/8-145; Bericht von Lovering Hill, PWB, Genua, 25. 5. 1945, in: Ebenda, RG 84, 1945: 800, box 141; Rede von Stone in der 37. Sitzung des Advisory Council for Italy, 1. 6. 1945, in: Ebenda, RG 331, Chief Commissioner, box 23, 10000/136/229; Armando Picchierri, La fine dei CLN e la formazione del primo Governo dell'Italia libera, in: Aldo Agosti (Hrsg.), Togliatti e la fondazione dello Stato democratico, Mailand 1986, S. 203–256.
[3] HQ, AC, Monatsbericht für Mai 1945, 11. 7. 1945, in: Ebenda, RG 331, Adjutant, box 28, 10000/101/503; vgl. auch Nenni, Diari, S. 116 (Eintrag vom 18.–28. 5. 1945); das Dokument, auf das man sich geeinigt hatte, findet sich bei: Grassi, „Verso il governo del popolo", S. 363.
[4] Vgl. OSS-Report: From the Crisis to the Parri Cabinet, 2. 7. 1945, in: NA, RG 59, 865.00/8-145.
[5] Vgl. HQ, AC, Monatsbericht für Juni 1945, 13. 8. 1945, in: Ebenda, RG 331, Adjutant, box 28, 10000/101/503; Andreotti, Concerto a sei voci, S. 62 ff.

auch in den Reihen der Democrazia Cristiana und der Liberalen manchen Fürsprecher zu haben schien. Doch über den Status eines Aspiranten kam Nenni
nicht hinaus, denn die bürgerlichen Parteien, die sich lange um eine klare Stellungnahme gedrückt, vielleicht auch wirklich geschwankt hatten, waren in ihrer übergroßen Mehrheit letztlich doch gegen ihn. Ein Sozialist als Ministerpräsident, so
der Christdemokrat Mario Scelba, „würde das Land erschrecken und Reaktionen
der Rechten provozieren. Wenn ein Christdemokrat Präsident wird, können die
Leute ruhig zu Bett gehen, wenn es ein Sozialist wird, geschieht das Gegenteil."[6]
    Schließlich bot die Democrazia Cristiana sogar Alcide De Gasperi als Gegen-
kandidaten auf, um Nenni zu verhindern. Damit waren natürlich die Verhandlungen überhaupt zum Stillstand gekommen, und um sie wieder in Gang zu bringen,
bedurfte es mehr als geheimer Sondierungen, vertraulicher Briefwechsel und öffentlicher Drohgebärden. Es bedurfte des offiziellen Rücktritts von Bonomi und
seiner eindringlichen Mahnung, es sei ein Skandal, wenn die Parteien sich weiterhin den Luxus leisteten, die unerhörten Probleme des Landes wochenlang einfach
zu ignorieren, und sich nur mit sich selbst beschäftigten[7]. Erst jetzt kam Bewegung in die verhärteten Fronten, und jeder – so könnte man überspitzt sagen –,
dessen Name schon einmal in der Zeitung gestanden hatte, wurde nun als Kandidat für das Amt des Ministerpräsidenten gehandelt: Bonomis Parteifreunde Luigi
Gasparotto und Meuccio Ruini, der Liberale Marcello Soleri und Emilio Lussu
von der Aktionspartei und natürlich Benedetto Croce und Vittorio Emanuele Orlando, die mit schöner Regelmäßigkeit immer dann ins Spiel gebracht wurden,
wenn die Situation gänzlich verfahren war. Das Rennen machte schließlich aber
doch ein anderer, nämlich der ruhmreiche Resistenza-Führer Ferruccio Parri, der
den Linksparteien akzeptabel erschien, weil sie in ihm einen der ihren erblickten,
und den die bürgerlichen Parteien hinnehmen konnten, weil er als Exponent einer
Randgruppe wie der Aktionspartei kaum größeres politisches Gewicht besaß[8].
    Parri war kein unbeschriebenes Blatt. 1890 in Pinerolo bei Turin geboren, hatte
er nach dem Studium der Geschichte zunächst als Lehrer gearbeitet und dann im
Ersten Weltkrieg eine glänzende militärische Karriere gemacht; in einem amerikanischen Geheimdienstbericht ist von ihm sogar als „einem der herausragenden
Soldaten Italiens" die Rede[9]. Nach dem Krieg hatte er sich dem Journalismus zugewandt; er hatte für den liberalen, alles andere als regimefrommen Corriere della
sera geschrieben und war damit gleichsam automatisch mit antifaschistischen
Kreisen in Berührung gekommen. Mitte der zwanziger Jahre hatte er dem großen
alten Mann der sozialistischen Partei, Filippo Turati, zur Flucht ins Ausland ver-
holfen und war dafür von einem faschistischen Gericht zu zehn Monaten Haft
verurteilt worden. Nach seiner Freilassung praktisch ständig unter polizeilicher
Beobachtung, hatte er sich aus dem ohnehin kaum mehr existenten Widerstand

[6] Nenni, Diari, S. 114 (Eintrag vom 11. 5. 1945).
[7] Vgl. Andreotti, Concerto a sei voci, S. 81 f.
[8] Vgl. die Berichte von Stone in der 38. und 39. Sitzung des Advisory Council for Italy, 15.6. und 6. 7.
1945, in: NA, RG 331, Chief Commissioner, box 23, 10000/136/229; HQ, AC, Monatsbericht für
Juni 1945, 13. 8. 1945, in: Ebenda, Adjutant, box 28, 10000/101/503; OSS-Report: From the Crisis
to the Parri Cabinet, 2. 7. 1945, in: Ebenda, RG 59, 865.00/8–145; Tupini, De Gasperi, S. 74 ff.
[9] OSS, R+A, 10. 5. 1945: Ferruccio Parri, Action Party Leader of the North, in: NA, RG 165, CAD
319.1 OSS.

zurückgezogen und sich seinem beruflichen Fortkommen in einem Mailänder Industrieunternehmen gewidmet. Freilich nur vorübergehend, denn im Krieg war der antifaschistische Widerstand wieder aufgelebt und Parri stand wie selbstverständlich im Zentrum regimefeindlicher Bestrebungen. Er gehörte zu den Mitbegründern der Aktionspartei und rückte schließlich wegen seiner militärischen Kenntnisse, seines Wagemuts und seiner Umsicht in die höchsten militärischen Ränge der Resistenza auf, ehe er 1944 der Wehrmacht in die Hände fiel. Erst kurz vor Kriegsende kam er im Zuge eines Gefangenenaustausches wieder frei[10].

„Maurizio", so Parris Deckname, war eher Soldat als Politiker. Ernst, zurückhaltend und bis zur Entsagung bescheiden, bezeichnete er sich selbst als „einfachen Partisanen", der den Auftrag zur Regierungsbildung nicht aus Neigung, sondern aus Pflichtgefühl übernahm. Parri kannte seine Schwächen – er war unsicher, zumal vor größerem Publikum, und ein miserabler Redner –, und er war sich seines Mangels an politischer Erfahrung durchaus bewußt. Er bestand deshalb in den Verhandlungen, die er Mitte Juni mit Nenni, Togliatti, De Gasperi und vielen anderen Politikern führte, darauf, daß die Parteien ihre besten Kräfte in die Regierung schickten. „Ihr alle müßt [...] mitmachen", so beschwor er laut Giulio Andreotti die Spitzen der Parteien. „Das ist eine conditio sine qua non, daß ich es versuche."[11]

Am 20. Juni 1945, fast zwei Monate nach der Befreiung, hatte Italien wieder eine funktionstüchtige Regierung. Sie stützte sich, wie das erste von Bonomi geführte Kabinett, auf alle sechs im nationalen Befreiungskomitee vertretenen Parteien, wirkte aber „linker" als sie tatsächlich war, linker auch als ihre Vorgängerin, weil mit Parri ein Mann der Partisanen an der Spitze stand und weil nun auch die Sozialisten und die Aktionspartei wieder mit von der Partie waren, die dem zweiten Kabinett Bonomi nicht angehört hatten. Viele ließen sich davon täuschen, und zwar auf höchst unterschiedliche Weise: Die einen erblickten in der neuen Regierung eine Garantin der ersehnten Umwälzung und begrüßten sie emphatisch, während andere nur noch schwarz sahen. Für den amerikanischen Botschafter Alexander Kirk markierte die Bildung der Regierung Parri einen „deutlichen Linksruck"[12]. Vittorio Emanuele Orlando hielt Parris Machtantritt für einen „Regimewechsel"[13], und Benedetto Croce soll sogar von einem „zweiten Marsch auf Rom" gesprochen haben[14].

So dramatisch aber war die Lage nicht. Eine wirklich gestärkte und siegesgewisse Linke hätte gehandelt und nicht verhandelt, das antifaschistische Zweckbündnis mit den gemäßigten Kräften aufgekündigt und sich des Ballastes der bürgerlichen Parteien kurzerhand entledigt. Aber nichts dergleichen geschah; die Linke und die Rechte hielten sich auch nach der Befreiung gegenseitig in Schach und teilten die wichtigsten Ressorts friedlich untereinander auf. Alles, was Rang und Namen hatte im All-Parteien-Bündnis des Antifaschismus, kam dabei zum

---

[10] Zu Parri vgl. Di Nolfo, Le paure e le speranze, S. 138; Delzell, Mussolini's Enemies, S. 29f. und 470f.; Ferruccio Parri, Scritti. 1915–1975, hrsg. von Enzo Collotti/Giorgio Rochat/Gabriella Solaro Pelazza/Paolo Speciale, Mailand 1976.

[11] Andreotti, Concerto a sei voci, S. 87.

[12] Zit. nach Domenico, Italian fascists on trial, S. 159.

[13] Ebenda.

[14] Giulio Andreotti, De Gasperi. Visto da vicino, Mailand 1986, S. 75.

Zuge oder mußte sich dem Drängen Parris fügen: Alcide De Gasperi, der auch weiterhin an der Spitze des Außenministeriums stand, Palmiro Togliatti, der das Justizressort übernahm, Manlio Brosio, die Nummer eins der Liberalen, und Pietro Nenni, die als stellvertretende Ministerpräsidenten fungierten und jeweils noch ein Ministerium leiteten, außerdem Mauro Scoccimarro, Ugo La Malfa, Giovanni Gronchi und Marcello Soleri. „So zusammengesetzt", schrieben die Experten des amerikanischen Geheimdienstes, „hat das neue Staatsschiff den Hafen verlassen, aber sein Kurs wird sicherlich riskant werden. Die Streitereien von mehr als fünfzig Tagen Dauer haben die Differenzen und Eifersüchteleien zwischen den Parteien verschärft." Wie wahr, in fast keinem Punkt von wirklicher Bedeutung herrschte Einigkeit. „Es bestehen auch Meinungsverschiedenheiten über die Säuberung, die eines der brennendsten Probleme ist und die zum Fall des ersten Kabinetts von Bonomi geführt hat."[15]

2. „Il Grande Epuratore" Pietro Nenni

Die hochgestimmten Erwartungen und die düsteren Prophezeiungen, die in den ersten Tagen nach dem Amtsantritt Parris vielfach zu hören waren, hatten nicht nur mit dem im Grunde weitgehend verfehlten Bild zu tun, das sich breite Kreise vom neuen Ministerpräsidenten und seiner „linken" Regierung machten. Teils erschrocken und teils begeistert reagierte die Öffentlichkeit auch auf die Nachricht, daß die neue Regierung beschlossen hatte, das seit Jahresbeginn verwaiste Amt des Hochkommissars für die Abrechnung mit dem Faschismus wieder zu besetzen, und zwar nicht mit irgendeinem Juristen oder Politiker aus dem zweiten Glied, sondern mit einem hochkarätigen Mann, der sich in den zurückliegenden Monaten häufig in die Säuberungsdebatte eingemischt und dabei den Eindruck erweckt hatte, daß ihm die Epurazione gar nicht weit genug gehen konnte. Die Rede ist von Pietro Nenni[16].

Der Jakobiner, von dem viele fürchteten, er würde sich in seinem neuen Amt rasch in einen Danton verwandeln, hatte sich nicht um die Leitung des Hochkommissariats gerissen. Nenni hatte eigentlich auch keine Zeit, sich ein weiteres Amt aufzuladen. Er war ja bereits stellvertretender Ministerpräsident, Minister für die Vorbereitung der Verfassunggebenden Versammlung, Vorsitzender einer von heftigen Flügelkämpfen bewegten Partei und, nicht zu vergessen, Chefredakteur des L'Avanti, was seinen Neigungen und Talenten am meisten entsprach. „Ich weiß nicht, ob ich mich zuerst der Regierung, dem Kommissariat, der Partei oder der Zeitung zuwenden soll", schrieb er am 14. Juli 1945 ziemlich entnervt in sein Tagebuch. „Natürlich endet es damit, daß ich alles schlecht mache."[17]

Nenni hatte das undankbare Amt nur auf Parris dringende Bitte übernommen und weil er sich nicht nachsagen lassen wollte, die Sozialisten kniffen vor schwie-

[15] OSS-Report: From the Crisis to the Parri Cabinet, 2. 7. 1945, in: NA, RG 59, 865.00/8–145.
[16] Zu Nenni vgl. Giuseppe Tamburrano, Pietro Nenni, Rom/Bari 1986; Enzo Santarelli, Pietro Nenni, Turin 1988.
[17] Nenni, Diari, S. 131.

rigen Aufgaben[18]. Dabei sprach alles dagegen: Nenni hatte nämlich nicht nur keine Zeit, er war mit der Materie auch nicht vertraut. Der neue Hochkommissar hatte zwar zahlreiche Artikel über die Epurazione verfaßt, aber nie ernsthaft über die äußerst verwickelten Probleme nachgedacht, die mit der Säuberung zusammenhingen. Jedenfalls finden sich weder in seinem Tagebuch noch in anderen Schriften Spuren einer intensiven Beschäftigung damit. Nimmt man alle überlieferten Äußerungen Nennis zusammen, so wird klar, daß er – wie übrigens die meisten Linken, die zum Thema Säuberung Stellung bezogen – meist seinen antifaschistischen und antikapitalistischen Reflexen nachgab und ansonsten wenig Neigung verspürte, Grenzen und Möglichkeiten einer Säuberung näher zu bestimmen. Dem noch lange nicht zum Demokraten geläuterten Revolutionär wäre es am liebsten gewesen, die Sache der Säuberung hätte sich in der letzten Stunde des Faschismus von selbst erledigt – in Massenentlassungen, Schnellverfahren vor Volksgerichten und – wenn die Umstände es erforderten – in illegalen Hinrichtungen. „In Wahrheit", so schrieb er rückblickend in seinem Tagebuch, „ist die Materie der Säuberung nicht in den Griff zu bekommen. Es gibt die Epurazione, die der Wut des Volkes entspringt, es gibt jene der außerordentlichen Schwurgerichte. Beide sind nicht ohne Mängel gewesen, aber sie beziehen ihre Legitimation aus der zwanzigjährigen Tyrannei der faschistischen Bonzen."[19] Alle anderen, eher an rechtsstaatliche und demokratische Prinzipien gebundenen Formen bewirkten nicht sehr viel, hielten die Unzahl der betroffenen Menschen aber in ständiger Sorge und brachten sie unweigerlich gegen diejenigen auf, die sich zu den Protagonisten der Säuberung gemacht hatten.

Nenni mußte sich also zunächst einmal einen Überblick verschaffen und dabei vor allem folgende Fragen klären: Wie groß war sein politischer Spielraum in der All-Parteien-Koalition? Was war in puncto Säuberung schon geschehen? Wo lagen Schwachpunkte? Wo konnte oder mußte man ansetzen, um praktikablere Lösungen zu finden? Oder anders formuliert: Was war nach fast zwei Jahren Säuberung im Süden und einem beispiellosen Blutbad im Norden überhaupt noch möglich und gesellschaftlich verträglich?

Eines kann man mit Sicherheit sagen: Freie Hand hatte Nenni nicht. Insbesondere die bürgerlichen Parteien hatten in den Koalitionsverhandlungen klipp und klar gesagt, daß mit ihnen weitere Säuberungsexperimente nicht mehr zu machen waren. Die Position der Liberalen ließ seit der Regierungskrise im November/Dezember 1944[20] ohnehin keinen Zweifel mehr zu; die Liberalen zielten im Grunde auf eine Generalamnestie, von der nur üble Straftäter ausgenommen werden sollten. Die Christdemokraten hatten damals ähnliche Ansichten vertreten, aber noch etwas gezögert, sie offen auszusprechen und die politische Linke mit einem Ultimatum zu konfrontieren. Im Frühjahr 1945, nachdem sich in den Tagen der Befreiung der Trennungsstrich zur faschistischen Vergangenheit in eine breite blutige Verbrechensspur verwandelt und vor allem in kirchlich gebundenen und

[18] Vgl. Domenico, Italian fascists on trial, S. 200.
[19] Nenni, Diari, S. 188 (Eintrag vom 18. 2. 1946); vgl. auch die Rede Nennis in einem Ausschuß der Consulta vom 11. 1. 1946, in: Consulta Nazionale. Commissioni riunite affari politici e amministrativi, Giustizia, 11. 1. 1946.
[20] Vgl. S. 194f.

ländlichen Schichten blankes Entsetzen hervorgerufen hatte, gab auch die Parteiführung der Democrazia Cristiana ihre bis dahin gewahrte Zurückhaltung auf;
weiteres Schweigen hätte sie dem Verdacht ausgesetzt, die Abrechnungsexzesse
insgeheim zu billigen. „Wir haben die Kraft zu vergessen, und zwar so rasch wie
möglich", hieß die Ende April 1945 von der Parteizeitung Il Popolo ausgegebene
Parole[21], die sich auch in einem Beschluß der Parteiführung vom 10. Mai 1945 nie-
derschlug. „Wir wollen den Prozeß der Säuberung [...] definitiv beenden, in allen
Bereichen, ohne Vorurteile und so rasch, wie es das weit verbreitete und tief emp-
fundene Bedürfnis nach Wiederherstellung des regulären Funktionierens des öffentlichen Dienstes verlangt. Wir wollen, daß in den Familien wieder Ruhe ein-
kehrt und alle Faktoren der Wirtschaft wieder Vertrauen haben können."[22] Nenni
wird diese klare Stellungnahme der Christdemokraten kaum entgangen sein.

Mehr als Lippenbekenntnisse hätte sich der neue Hochkommissar aber auch
von den Kommunisten nicht erwarten dürfen, wäre ihm an einem radikalen da
capo bei der Säuberung gelegen gewesen. Der PCI hatte ja schon Ende 1944 auf
eine durchgreifende Epurazione verzichtet und damit eines der Kardinalanliegen
des Antifaschismus preisgegeben[23]. In öffentlichen Kundgebungen, zumal dann,
wenn es sich bei der Zuhörerschaft mehrheitlich um Partisanen handelte, legten
sich die Redner des PCI zwar weiterhin schwer ins Mittel, um ihre Entschlossenheit zur Abrechnung zu bekräftigen und ihren Zorn über die Versäumnisse bei der
Säuberung zu dokumentieren. Opportunistische Zugeständnisse dieser Art konnten aber nicht verbergen, daß man in der Führung der Partei längst anders dachte.
„Die Frage der Säuberung", so Celeste Negarville in der Sitzung des Vorstandes
vom 1. Juli 1945, „darf man nicht so auffassen, daß alle Faschisten zu beseitigen
wären. ‚Die Großen packen und die Kleinen verschonen, aber rasch.' Wir müssen
prüfen, ob nicht wir es sein sollen, die die Parole ‚pacificazione' ausgeben."[24]

Nennis politischer Spielraum war also eng bemessen, und auch die Situation,
die er vorfand, lud nicht gerade dazu ein, die Abrechnung mit dem Faschismus zu
intensivieren oder gar einen Neuanfang zu wagen. Hauptkennzeichen der Lage
war, daß Italien im Juli 1945 im Hinblick auf die Epurazione in drei Teile zerfiel, in
denen jeweils ganz unterschiedliche Erfahrungen gemacht worden waren: Nördlich der Gotenlinie hatte zunächst der Terror der Partisanen gewütet, dann waren
Volks-, Militär- und vor allem Sonderschwurgerichte eingerichtet worden, die
binnen weniger Monate Tausende von Prozessen durchführten, und schließlich
hatten die Alliierten zahlreiche Säuberungskommissionen ins Leben gerufen, die
nach Maßgabe der General Orders 35 und 46 die wichtigsten Stellen in Staat und
Gesellschaft säubern sollten. Als Nenni sein Amt antrat, nahmen diese Kommissionen gerade ihre Arbeit auf; sechs Monate später, als die nördlichen Provinzen
aus alliierter Verwaltung entlassen und an Italien zurückgegeben wurden, stellten
sie ihr Werk ein. Es war zwar noch lange nicht beendet, aber immerhin war es unter stetem alliiertem Druck wenigstens zu einer Grobreinigung in Teilbereichen

---

[21] Il Popolo, 30. 4. 1945.
[22] Andreotti, Concerto a sei voci, S. 52.
[23] Vgl. S. 199–211.
[24] Protokoll der Sitzung, in: Istituto Gramsci, Bestand PCI 1943–1946, Verbali della Direzione 1944–
1946.

gekommen; Tausende verloren dabei ihre Posten und vermehrten so das Heer der Entlassenen, das im Zuge der illegalen Aktionen nach der Befreiung entstanden war[25].

In Süditalien hingegen, genauer: südlich der Linie, die von Civitavecchia bis zur Adria gezogen werden kann, war die Säuberung tatsächlich so gut wie abgeschlossen – allerdings nur im öffentlichen Dienst, andere gesellschaftliche Bereiche waren so gut wie gar nicht berührt worden. Fast zwei Jahre lang hatte sich dort eine immer monströser werdende Säuberungsmaschinerie vom Mezzogiorno bis über Rom hinaufgewälzt: Hunderte von Kommissionen waren gebildet worden; zuerst die Kommissionen der alliierten Militärregierung, dann – nach dem Erlaß des Juli-Gesetzes von 1944 – diejenigen der italienischen Regierung. Tausende von Skandalen und Versäumnissen hatten die Gemüter bewegt, Hunderttausende von Belasteten waren überprüft worden. Die Säuberung, so schrieben die Carabinieri am 9. August 1945 über die Situation in Kampanien, laste „seit zwei Jahren wie ein Alptraum" über der Region und lähme jede Initiative[26]. Insgesamt, so ein Offizier der Militärregierung am 27. Juli 1945, waren in Süditalien etwa 7400 Verfahren zumeist gegen höhere Beamte eröffnet worden, 5100 davon waren abgeschlossen. „Fast 1200 Personen, kaum weniger als ein Viertel, wurden entlassen oder gingen in Pension, und 1150 haben geringere Strafen erhalten." Wenn es die Politik der Alliierten sei, „nur die fanatischen Faschisten in einflußreichen Positionen zu entfernen und den durchschnittlichen Beamten als jemanden zu betrachten, der in die Partei gehen mußte", dann könne man durchaus zufrieden sein. „Das, was erreicht worden ist, ist eher ein Grund, sich zu beglückwünschen, als ein Grund zur Unzufriedenheit."[27]

In Mittelitalien lagen die Dinge wieder anders. Die südlichen Provinzen dieser von Civitavecchia bis etwa Bologna reichenden Regionen waren – wie der Mezzogiorno – bereits doppelt gesäubert, während in den nördlichen Provinzen meist nur die Alliierten tätig geworden waren; das italienische Säuberungsverfahren befand sich dort noch im Aufbau, als Nenni das Amt des Hochkommissars übernahm. Hier seien aber, so die Voraussage des schon zitierten alliierten Offiziers vom 27. Juli 1945, ähnliche Ergebnisse zu erwarten wie im Süden. „Es gibt keinen Grund zu der Befürchtung, daß sie [die Säuberung in Mittelitalien] nicht in der gleichen Weise abgeschlossen wird, oder zu der Befürchtung, daß AC nicht in der Lage sein würde, sich selbst zu gratulieren, daß sie einen schwierigen Job gut erledigt hat."[28] Mitte November, als erste Daten über den Stand der Säuberung in Süd- und Mittelitalien vorlagen, schien sich diese Voraussage im wesentlichen zu bestätigen: Etwa 630 000 Beamte und Angestellte, so der Monatsbericht der Civil

---

[25] Vgl. HQ, AC, Civil Affairs Section, Monatsberichte für Mai, Juni, Juli, August 1945, in: NA, RG 331, Civil Affairs, box 5; HQ, AC, Civil Affairs Section, an Education Sub-Commission, 29. 9. 1945, in: Ebenda, box 19, 10000/105/872.

[26] Bericht des Comando Generale dei Carabinieri an Ministero dell'Interno, 9. 8. 1945, zit. nach Mercuri, L'epurazione, S. 167.

[27] Memorandum von White, 27. 7. 1945, in: NA, RG 331, Civil Affairs, 10000/105/869; vgl. auch Aufzeichnung über eine Besprechung zwischen White und Peretti-Griva, 28. 8. 1945, in: Ebenda, 10000/105/819; Aufstellung der Civil Affairs Section, o. D. (Sommer 1945), in: Ebenda, box 5; HQ, AC, Civil Affairs Section: Report on Defascising for the year ending 31 Jul 45, 10. 8. 1945, in: Ebenda, box 19, 10000/105/907.

[28] Memorandum von White, 27. 7. 1945, in: Ebenda, 10000/105/869.

Affairs Section für Oktober 1945, waren zu überprüfen, bei rund 60 Prozent (378 000) war dies bereits geschehen. Gegen 44 000 war ein Verfahren eröffnet worden, über die Hälfte davon war in erster Instanz abgeschlossen. In fast 3600 Fällen hatten die Säuberungskommissionen auf Entlassung erkannt; ob diese Urteile auch rechtskräftig und vollzogen wurden, ließ sich im November 1945 noch nicht sagen, denn fast alle Betroffenen hatten Berufung eingelegt[29]. Eine Menge Arbeit, so wird man den alliierten Bericht interpretieren können, war auch in Mittelitalien schon geleistet worden, genausoviel blieb aber noch zu tun.

So war – grob skizziert – die Lage, als Nenni die Leitung des Hochkommissariats übernahm. Was tun? Nenni wird sich diese Frage im Sommer 1945 wieder und wieder vorgelegt haben. Sollte er einfach so weitermachen wie bisher und das Juli-Gesetz von 1944, trotz seiner offenkundigen Schwächen, auch in Norditalien zur Anwendung bringen, wo der Grad der Faschisierung schon vor der Etablierung der Republik von Salò ungleich größer gewesen war als im Süden – mit der Folge, daß die Epurazione sich noch Jahre hinziehen und das Land bedrücken würde? Sollte er auf ein neues Gesetz dringen, die Säuberung über den Bereich des öffentlichen Dienstes hinaus auch auf die Privatwirtschaft ausweiten und gleichsam noch einmal von vorne beginnen – mit der Folge, daß Süd- und Teile Mittelitaliens eine dritte Säuberungswelle über sich ergehen lassen müßten? Oder sollte er dem verbreiteten Bedürfnis nach „pacificazione" nachgeben und ein rasches Ende der Säuberung herbeiführen – mit der Folge, daß von tiefgreifender Säuberung gerade in Norditalien, wo sie am nötigsten gewesen wäre, am wenigsten die Rede sein könnte? „Jede Lösung hat beträchtliche Nachteile", schrieb Nennis enger Mitarbeiter Domenico Peretti-Griva im Sommer 1945, „Nachteile, die durch die Tatsache verschärft werden, daß es schon konkrete Ergebnisse gibt, die mit dem gegenwärtigen Verfahren entstanden sind."[30]

Nenni hatte eigentlich keine Wahl. Er mußte die Ziele der Säuberung neu definieren und drastisch reduzieren, auch wenn er damit seine Gesinnungsgenossen von der revolutionären Linken vor den Kopf stieß und auch wenn dieser Kurs auf Kosten elementarer Grundsätze von Recht und Gerechtigkeit ging. Die bürgerlichen Koalitionspartner in der Regierung Parri bestanden darauf, und die Kraft des Faktischen ließ kaum eine andere Lösung zu. Aber wie kam Nenni, der alte Scharfmacher, damit zurecht? Fügte er sich in die Rolle des Vollstreckers von Koalitions- und Sachzwängen, übernahm er sie vielleicht sogar gern oder kämpfte er dagegen an? Diese Fragen sind schwer zu beantworten, weil Nenni kein Konzept hatte, als er Hochkommissar wurde. Es bildete sich erst langsam und im ständigen Kräftemessen mit seinen Widersachern heraus und bestand letztlich in dem Versuch, einen Weg zur „pacificazione" zu finden, ohne die Säuberung ganz aufzugeben und ohne den Bestand der Koalition zu gefährden. Eine schwierige Gratwanderung, bei der Nenni trotz bester Absichten in doppelter Hinsicht scheiterte: einmal, weil über seiner Epurazione-Politik die Regierung Parri zerbrach, und zum anderen, weil er in der Sache selbst kaum etwas erreichte.

[29] Vgl. HQ, AC, Civil Affairs Section, Monatsbericht für Oktober 1945, 15. 11. 1945, in: NA, RG 331, Civil Affairs, box 5.
[30] Memorandum von Peretti-Griva, o. D. (Sommer 1945), in: ACS, Alto Commissariato, titolo II, Nr. 4.

3. Nennis Unentschlossenheit

Schon frühzeitig wurde Nenni klar, daß das Hochkommissariat durch die lange Vakanz an der Spitze arg gelitten hatte. Es war eine Beute der Parteien geworden, die von dort aus ihre Klientel bedienten und sich gegenseitig blockierten. „Die Personalsäuberung ist ein Lehen der Kommunisten, über das mit intelligenter ,souplesse' Grieco herrscht", stellte Nenni nach ersten Beratungen mit seinen engsten Mitarbeitern fest. „Die Beschlagnahme [von Kriegsgewinnen] ist eine Domäne der Christdemokraten mit Cingolani an der Spitze, der eher als Verteidiger, denn als Ankläger der Betroffenen agiert. Bei der strafrechtlichen Ahndung von Verbrechen herrscht mit dem sympathischen Berlinguer Sardinien. Bei der Einziehung von faschistischen Gütern, für die Stangone zuständig ist, gibt es praktisch nichts zu tun."[31] Nenni zögerte zunächst etwas, diesen Zustand zu beseitigen, weil er „Krawall"[32] fürchtete, raffte sich dann aber doch zu einem administrativen Befreiungsschlag auf und ersetzte, ohne sich mit den Parteien zu verständigen, die alte Mannschaft der stellvertretenden Hochkommissare durch „unbestechliche Richter"[33] und Boeri durch seinen Parteigenossen Spartaco Cannarsa, der als Generalsekretär die Fäden zusammenhalten und Nenni entlasten sollte. Eine der vier Großabteilungen, nämlich das Ressort für die Beschlagnahme faschistischen Besitzes, löste Nenni ganz auf; diese Aufgabe sollte künftig das Finanzministerium übernehmen[34].

Bei den „unbestechlichen" Richtern, die ab Juli/August 1945 als „commissari" die verbliebenen drei Hauptabteilungen des Hochkommissariats leiteten, handelte es sich um hochkarätige Juristen mit eindeutigen antifaschistischen Referenzen. Der eine war der 1884 in Turin geborene Domenico Riccardo Peretti-Griva, Autor einiger juristischer Standardwerke und laut Togliatti „einer der Nobelsten der Justiz"[35], der 1945 auf Vorschlag des Befreiungskomitees von Piemont in das Amt des Präsidenten des Berufungsgerichts von Turin gelangt war; Peretti-Griva, der der Aktionspartei nahestand, übernahm als Nachfolger von Ruggero Grieco die Verantwortung für die Personalsäuberung. In die Fußstapfen von Mario Berlinguer, der die strafrechtliche Ahndung faschistischer Verbrechen vorangetrieben hatte, trat Giovanni Macaluso, ein 61jähriger Sizilianer aus der Nähe von Palermo, der 1926 aus politischen Gründen aus dem Staatsdienst entlassen und 1945 zum

---

[31] Nenni, Diari, S. 127 (Eintrag vom 27. 6. 1945); vgl. auch die Aufzeichnung über eine Besprechung zwischen Upjohn und Nenni, 5. 7. 1945, in: NA, RG 331, Civil Affairs, 10000/105/819; Ausführungen von Stone (Nenni zitierend) in der 40. Sitzung des Advisory Council for Italy, 20. 7. 1945, Protokoll, in: Ebenda, Chief Commissioner, box 23, 10000/136/229.

[32] Nenni, Diari, S. 127 (Eintrag vom 27. 6. 1945).

[33] Ebenda, S. 132 (Eintrag vom 14. 7. 1945).

[34] Vgl. Protokoll der Kabinettssitzung vom 19. 7. 1945, in: ACS, Verbali del Consiglio dei Ministri; State Department, Airgram von US-Botschaft in Rom, 23. 7. 1945, in: NA, RG 84, 1945: 800, box 140; Decreto Legislativo Luogotenenziale, 12. 7. 1945, Nr. 410: Modificazione dell'art. 40 del decreto legislativo luogotenenziale 27 luglio 1944, n. 159, già modificato dall'art. 1 del decreto legislativo luogotenenziale 4 gennaio 1945, n. 2, sulle sanzioni contro il fascismo, in: Gazzetta Ufficiale del Regno d'Italia, Nr. 90, 28. 7. 1945.

[35] So Togliatti in der Kabinettssitzung vom 9. 8. 1945, Protokoll, in: ACS, Verbali del Consiglio dei Ministri. Zu Peretti-Griva vgl. auch dessen Antrittsschreiben Ai funzionari e addetti all'ufficio del Commissario per l'epurazione, o. D. (Juli 1945), in: ACS, Alto Commissariato, titolo II, Nr. 4.

Verteidiger am Kassationshof ernannt worden war. Der dritte im Bunde war Ferdinando Carbone (Jahrgang 1900), der zuletzt als Staatsrat dem höchsten Organ der Verwaltungsgerichtsbarkeit angehört hatte; ihm oblag nun die Beschlagnahme von Kriegs- und Regimegewinnen[36] – allerdings nicht sehr lange, denn das Hochkommissariat entledigte sich dieser Aufgabe sehr rasch. Künftig war dafür, wie für die „liquidazione dei beni fascisti", das Finanzministerium zuständig. „Das ist ein wichtiger Schritt", kabelte der amerikanische Botschafter Alexander Kirk am 4. Oktober 1945 an das State Department, „der darauf abzielt, eine große Zahl von Italienern aus der [Belastungs-]Kategorie von Regimegewinnlern zu befreien und ihre Vermögenszuwächse nur noch fiskalischen Maßnahmen zu unterwerfen."[37]

Mit der Beendigung der Parteienwirtschaft im Hochkommissariat und der Ernennung von Cannarsa zum Generalsekretär brachte Nenni nicht wenige in der Regierung gegen sich auf. In der Sache selbst wollte ihn kaum jemand tadeln; es war seine Eigenmächtigkeit, die seine Kabinettskollegen ärgerte. Vor allem die Liberalen, die Nenni ohnehin mißtrauten, hatten kein Verständnis für den Alleingang des Hochkommissars. Sie beobachteten ihn nun noch kritischer und fragten sich bei jedem seiner Schritte, was er wohl im Schilde führen mochte. „Die Gemäßigten befinden sich im Zustand der Irritation", schrieb er am 14. Juli in sein Tagebuch. „Alles, was ich mache, erscheint ihnen verdächtig oder schlecht."[38]

Dabei bestand zu so großem Mißtrauen kaum Anlaß, wie sich schon in den Debatten zeigte, die schließlich am 4. August 1945 zum Erlaß eines Gesetzes zur Säuberung der Wirtschaft führten. Wäre Nenni der gewesen, für den man ihn hielt, hätte er dieses seit Monaten heißumstrittene Problem sofort nach seinem Amtsantritt angepackt – und zwar so, daß auch die Resistenza, der die Abrechnung mit den Industriekapitänen und Managern um einiges wichtiger war als die Durchleuchtung des öffentlichen Dienstes, damit hätte zufrieden sein können. Doch Nenni tat nichts. Daß das Thema schon im Juli aufgegriffen wurde, ging nicht auf sein Drängen zurück, sondern verdankte sich einzig und allein den Alliierten, die

---

[36] Die Angaben zu den Personen finden sich in einer undatierten und ungezeichneten Aufstellung, in: ACS, PCM, Gab. 1944–1947, 1/7 10124, sottofasc. 0–4.6.

[37] In: NA, RG 59, 865.00/10–1745. Das Problem der Beschlagnahme von Regimeprofiten war nach langen Konflikten in der Regierung selbst und nach schwierigen Verhandlungen zwischen Regierung und Alliierter Kommission am 31.5. 1945 neu geregelt worden. (Vgl. DLL, 31.5. 1945, Nr. 364: Norme integrative e di attuazione del decreto legislativo luogotenenziale 27 luglio 1944, n. 159, per la parte riguardante l'avocazione e la confisca dei profitti di regime, in: Gazzetta Ufficiale del Regno d'Italia, Nr. 84, 14.7. 1945. Zur Vorgeschichte des Gesetzes und zu den alliierten Einmischungen vgl. die Dokumente, in: NA, RG 331, Chief Commissioner, 10000/105/856; ACS, PCM, Gab. 1944–1947, 1/7 10124, sottofasc. 6.11–6.23, 6.24–6.31, und die Protokolle der Kabinettssitzungen vom 9.5., 11.5. und 8.6. sowie vom 8.11. 1945, in: ACS, Verbali del Consiglio dei Ministri). Zufrieden war mit der Lösung, die man dabei fand, niemand; vor allem die Wirtschaft litt darunter, daß in mehr als 10000 Fällen als „precautionary measure" eine vorläufige Beschlagnahmung angeordnet worden war. „Effect of indiscriminate use has been to retard recovery for attack on property as such is destroying incentive to work", soll der Minister für Wiederaufbau Ruini gesagt haben (Telegramm von Kirk an Secretary of State, 17.10. 1945, in: NA, RG 59, 865.00/10–1745). Auch die kommunistischen und sozialistischen Minister ließen sich von dem Argument, „that the system of sequesters and commissioners was exercising a paralyzing effect in Italian economy", überzeugen, wie Ruini betonte und stimmten der neuen Politik zu – was sie aber nicht hinderte, in der Öffentlichkeit heftig dagegen zu polemisieren (vgl. Telegramm von Kirk an Secretary of State, 4.10. 1945, in: NA, RG 59, 865.00/110–445).

[38] Nenni, Diari, S. 132.

seit Februar ein solches Gesetz wünschten[39] und nach der Bildung der Regierung Parri fast ultimativ darauf bestanden[40]. Ein Gesetzentwurf lag seit Anfang Mai auf dem Tisch, die Alliierten hatten ihn gebilligt, obwohl er ihnen längst nicht weit genug ging, und drohten nun sogar, wie Parri am 4. Juli 1945 an Nenni schrieb, „ihn in den von ihnen verwalteten Gebieten so bald wie möglich in Kraft zu setzen"[41].

Welch eine Chance für den neuen Hochkommissar, unter Berufung auf die Wünsche der Militärregierung ein scharfes Gesetz zur Säuberung der Wirtschaft durchzudrücken und sich damit in Widerstandskreisen zu profilieren! Nenni nutzte sie nicht. Der Gesetzestext, der am 28. Juli und am 3. August im Kabinett beraten wurde, ging im wesentlichen noch auf einen alten Entwurf zurück, der im Frühjahr 1945 in dem von Giovanni Gronchi (DC) geleiteten Industrieministerium erarbeitet worden war und unter der Devise stand, „die Säuberung in den privaten Betrieben in engsten Grenzen zu halten"[42]; die Säuberung sollte sich nur auf die Verwaltungs- und Aufsichtsräte und die faschistischen Liquidatoren von Kapitalgesellschaften („liquidatori") beziehen, nicht aber auf die leitenden Angestellten, die in den Betrieben das Regime repräsentiert hatten und bei der Arbeiterschaft dementsprechend verhaßt waren. Die einzige Härte des Gesetzentwurfes bestand darin, daß er nicht nur auf Großbetriebe von nationalem Interesse zielte, sondern auch auf „Aktiengesellschaften oder auf Gesellschaften mit unbeschränkter Haftung und auf Krankenversicherungen mit einem Kapital von über einer Million"[43].

Nennis Passivität sollte freilich nicht als Ausdruck heimlicher Zustimmung gedeutet werden. Seine eigenen Vorstellungen von einer Säuberung der Wirtschaft sahen gewiß anders aus. Er war aber noch befangen und machte deshalb, und auch aus Rücksicht auf seine Koalitionspartner, nur schwache Versuche, den Gesetzentwurf zu verschärfen. Der Entwurf entspreche nicht den Erwartungen des Nordens, so der fast schon kleinlaute Nenni im Kabinett, dort erwarte man die „Ausschaltung des Leitungspersonals (vorausgesetzt, daß die Notwendigkeit dazu besteht), mit dem die Arbeiterschaft in Kontakt gewesen sei. Der Entwurf bezieht sich aber nur auf die Geschäftsführer."[44] Kein Wort über die Mitverantwortung der Kapitalisten am Aufkommen des Faschismus, die Nenni in der Öffentlichkeit so gerne geißelte, und kein Wort über seine alte These, jeder kleine Hausmeister falle unter die Epurazione, das Führungspersonal in der freien Wirtschaft aber bleibe ungeschoren.

[39] Vgl. S. 216 und Aufzeichnung über eine Besprechung zwischen Upjohn und Boeri, 3. 5. 1945, in: ACS, Alto Commissariato, titolo I, Nr. 10.
[40] Vgl. die Aufzeichnungen über Besprechungen zwischen Upjohn und Peretti-Griva, 23. 7. 1945, Upjohn und Nenni, 5.7. und 21. 7. 1945, in: NA, RG 331, Civil Affairs, 10000/105/819; Bonomi an Upjohn, 10. 6. 1945, in: Ebenda, 10000/105/853; Domenico, Italian fascists on trial, S. 161, hat diese Zusammenhänge grundfalsch dargestellt. Die Alliierten haben nichts verhindert; im Gegenteil: Sie haben die Regierung unter Druck gesetzt. Vgl. White an Boeri, 28.4. und 11. 5. 1945, in: NA, RG 331, Civil Affairs, 10000/105/853, und die Dokumente in: ACS, PCM, Gab. 1944–1947, 1/7 10124, sottofasc. 6–10.
[41] In: Ebenda.
[42] Memorandum: Epurazione del personale delle imprese private, o. D., in: Ebenda, sottofasc. 6.11-6.24.
[43] Bericht für das Kabinett, o. D. (wahrscheinlich Mai 1945), in: Ebenda, sottofasc. 6–10.
[44] Protokoll der Kabinettssitzung vom 28. 7. 1945, in: ACS, Verbali del Consiglio dei Ministri.

Wie er es auch hätte machen können, demonstrierten im Kabinett die Liberalen. Namentlich ihr Wortführer Manlio Brosio, der spätere Generalsekretär der NATO, dachte gar nicht daran, den alten Gesetzentwurf für sakrosankt zu halten. Er wehrte nicht nur den halbherzigen Vorstoß Nennis, auch die leitenden Angestellten in die Säuberung einzubeziehen, souverän ab[45], sondern gab auch nicht eher Ruhe, bis der Widerstand seiner Kollegen von der Linken gegen eine deutliche Heraufsetzung der „Bemessungsgrenze" von einer Million auf fünf Millionen Lire gebrochen war[46]. Auch Nenni stimmte schließlich zu; der Neuling im Kabinett kam in der gesamten Debatte nicht aus der Defensive heraus.

Trotz aller Schwächen: Das am 4. August 1945 verabschiedete Gesetz über die „Säuberung der Verwaltungs- und Aufsichtsräte und Liquidatoren privater Unternehmen"[47] war ein Schritt in die richtige Richtung – zumindest aus der Sicht derer, die zuvor die Tatsache beklagt hatten, daß nur im öffentlichen Dienst gesichtet und gesondert worden war. „Die Bestimmungen des Gesetzes sind ziemlich streng", schrieb der amerikanische Botschafter Alexander Kirk an das State Department in Washington, „und das Gesetz könnte, wenn es wirklich angewendet wird, eine angemessene Grundlage für die Säuberung der Personen liefern, die es betrifft."[48] Im einzelnen hieß das: Das Gesetz bezog sich, wie ursprünglich von Gronchis Ministerium geplant, auf die Geschäftsführer und „Aufsichtsräte von Aktiengesellschaften oder Gesellschaften mit beschränkter Haftung mit einem Kapital von über fünf Millionen Lire und von Versicherungsgesellschaften mit einem Nominalkapital oder mit anderen Vermögenswerten von über einer Million". Angehörige dieses relativ beschränkten Kreises hochrangiger Wirtschaftsbosse verloren automatisch ihre Posten und hatten auch künftighin keine Chance, einen vergleichbaren Job zu erhalten, sofern eines der folgenden Kriterien auf sie zutraf: wenn sie nach den Bestimmungen des Juli-Gesetzes als Steigbügelhalter, Repräsentant oder Nutznießer des faschistischen Regimes verurteilt worden waren, wenn sie in einem Säuberungsverfahren ihre Pensionsansprüche verloren hatten und ihr Vermögen beschlagnahmt worden war, ferner, wenn sie unter das Gesetz über die „politisch gefährlichen Faschisten" fielen[49] und schließlich, wenn sie herausgehobene Ämter in Staat und Partei bekleidet hatten; ausgenommen davon waren nur diejenigen, die sich im Kampf gegen die deutschen Besatzer ausgezeichnet hatten oder glaubhaft dartun konnten, daß sie sich schon vor dem Krieg vom Fa-

---

[45]   „At one time during the consideration of the decree", so der amerikanische Botschafter, „it was contemplated that it would apply to such persons [senior operating personnel] but the Council of Ministers, on the day the decree was approved, deferred consideration of applying similar sanctions to these categories of individuals". Kirk an Secretary of State: Approval by Council of Ministers of decree providing for the epuration of private firms. Previous epuration laws and orders, 9. 8. 1945, in: NA, RG 84, 1945: 800, box 140.

[46]   Vgl. Protokolle der Kabinettssitzungen vom 28.7. und 3. 8. 1945 (nachmittags), in: ACS, Verbali del Consiglio dei Ministri; Telegramme von Kirk an Secretary of State, 28.7. und 6. 8. 1945, in: NA, RG 84, 1945: 800, box 140; Bericht von Kirk an Secretary of State: Approval by Council of Ministers of decree providing for the epuration of private firms. Previous epuration laws and orders, 9. 8. 1945, in: Ebenda.

[47]   In: Gazzetta Ufficiale del Regno d'Italia, Nr. 103, 28. 8. 1945.

[48]   Kirk an Secretary of State: Approval by Council of Ministers of decree providing for the epuration of private firms. Previous epuration laws and orders, 9. 8. 1945, in: NA, RG 84, 1945: 800, box 140.

[49]   Vgl. DLL, 26. 4. 1945, Nr. 149: Applicazione di sanzioni a carico di fascisti politicamente pericolosi, in: Gazzetta Ufficiale del Regno d'Italia, Nr. 51, 28. 4. 1945.

schismus abgewandt hatten. Bei kleineren Firmen mit geringerem Kapital als fünf Millionen und bei Firmen, „in denen der Geschäftsführer mit dem Eigentümer" identisch war, konnten sich die Sanktionen natürlich nicht gegen einzelne Personen richten; das hätte in vielen Fällen ja die Existenz der Firma in Frage gestellt. Der Gesetzgeber sah hier den Ausschluß dieser Betriebe von staatlichen Auftragsarbeiten vor[50].

Es erübrigt sich, den Einzelheiten des so von keiner Regierungspartei gewünschten Gesetzes vom 4. August 1945 breiteren Raum zu geben und eingehend darzustellen, daß diejenigen, die die genannten Belastungskriterien erfüllten und trotzdem in ihren Positionen blieben, ebenso saftige Strafen riskierten wie Aufsichtsräte, die wußten, daß ein Kollege aus dem Verwaltungs- und Aufsichtsrat oder ein „liquidatore" unter die Bestimmungen des neuen Gesetzes fiel, und nichts unternahmen. Denn das neue Gesetz hat kaum größere Wirkungen entfaltet. Es wurde schon Anfang November 1945 von einem neuen Säuberungsgesetz abgelöst, das die Magna Charta vom 27. Juli 1944 ersetzte und auch die Säuberung der Wirtschaft neu regelte.

Nenni erwähnte die mehrtägigen Debatten über das Gesetz zur Säuberung der Wirtschaft in seinem Tagebuch mit keinem Wort. Fand er dafür keine Zeit? Maß er dem Thema nicht genügend Bedeutung bei? Oder wollte er sich einfach nicht eingestehen, daß das Ergebnis enttäuschend war und weit hinter den Erwartungen der linksorientierten Arbeiterschaft zurückblieb? Über solche Fragen läßt sich trefflich spekulieren, Genaueres ist nicht zu eruieren. Auffallend ist aber, daß Nenni keine vier Wochen später eine mit niemandem abgesprochene Aktion startete, die als eine Art Rehabilitierungsversuch verstanden werden kann und ihm in Kreisen der Resistenza wohl tatsächlich manche Pluspunkte einbrachte. Gemeint ist die Eröffnung eines Säuberungsverfahrens gegen einige Dutzend Senatoren, die in der Ära Sforza unangetastet geblieben (oder gar als entlastet angesehen worden) waren und sich so noch immer mit diesem Ehrentitel schmücken durften, obwohl der Senat de facto nicht mehr bestand. Nenni, so wollte er seine Aktion wohl verstanden wissen, wagte sich, anders als sein Vorgänger, nun auch an die letzten 77 Senatoren heran und brachte sie vor die Alta Corte di Giustizia[51].

Diese Maßnahme wirbelte viel Staub auf, denn unter den von Nenni Angezeigten waren einige, die man aufgrund ihres gesellschaftlichen Ranges und ihres politischen Einflusses als „unantastbar" angesehen hatte. Vor allem galt dies für den früheren Ministerpräsidenten Pietro Badoglio, der denn auch sofort Himmel und Hölle in Bewegung setzte, um den – in seinen Augen – schmählichen Angriff abzuwehren, und damit bei den konservativen Parteien, im Militär, im Umkreis des Königshauses und nicht zuletzt bei den Alliierten viel Verständnis fand. Nenni

---

[50] Vgl. die sehr instruktive Relazione sull'attività legislativa del Governo Parri dalla sua costituzione (21 giugno 1945) all'8/11/1945, in: ACS, Ministero dell'Interno, Gab. 1944–1946, busta 163, fasc. 15296.

[51] Zum Thema Säuberung der Senatoren finden sich in den Akten der Alliierten Kommission und des amerikanischen Außenministeriums zahlreiche Hinweise. Vgl. etwa die Telegramme von Kirk an Secretary of State, 28.8., 31.8., 3.9., 13.9., 27.9. und 15. 11. 1945, in: NA, RG 59, 865.00/8–2845, 865.00/8–3145, 865.00/9–345, 865.00/9–1345, 865.00/9–2745, 865.00/11–1545; Memorandum von HQ, AC, Legal Sub-Commission, für den Chief Commissioner: Epuration of the Senate, 29. 8. 1945, in: NA, RG 331, Legal, 10000/142/557.

mußte sich deshalb im Kabinett herbe Kritik gefallen lassen. „Er hatte vorgeschlagen, die Anzeigen bei der Alta Corte nicht bekanntzugeben, bevor die Regierung
befragt worden war, oder sie wenigstens nicht in dieser Form bekanntzumachen,
die einer Vorverurteilung gleichkomme", so der aufgebrachte De Gasperi laut Ka-
binettsprotokoll. „Es sind auch Ehrenmänner darunter, die ein Recht auf moralischen Schutz haben. Wir sind dafür mitverantwortlich, auch wenn wir zuvor nicht
gewarnt worden sind." Selbst Ministerpräsident Parri rückte von Nenni ab: „Er
ist nicht einverstanden mit der Bekanntgabe der Anzeigen, die eine Art von vor-
weggenommener Anklageerhebung sei. Das sind Maßnahmen, die vorheriger Ab-
sprachen bedürfen, nicht der Publizität."[52]

Nennis Vorstoß war in der Sache selbst mehr oder weniger belanglos. Der
Hochkommissar reizte damit aber seine Widersacher im konservativen Lager, und
der Verdruß, der dabei entstand, verband sich mit dem noch lange nicht verrauch-
ten Ärger von Liberalen und Christdemokraten, daß sie im August ein Gesetz zur
Säuberung der Wirtschaft hatten hinnehmen müssen. Der Prestigeerfolg, den
Nenni auf der Linken verbucht haben mochte, war deshalb teuer erkauft – wie
teuer, das zeigte sich bereits im September/Oktober 1945, als im Kabinett die
Frage beraten wurde, was nach Ablauf von sechs Monaten mit den im Norden
tätigen Sonderschwurgerichten geschehen sollte, und als Nennis großes Reformwerk zur Beschleunigung der Personalsäuberung zur Debatte stand.

4. Das Ende der außerordentlichen Schwurgerichte
und der Alta Corte di Giustizia

Das Kabinett befaßte sich im Herbst 1945 nicht zufällig mit den Sonderschwurgerichten. Das Thema stand auf der Tagesordnung, weil um diese Zeit die sechsmo-
natige Laufzeit des Gesetzes vom 22. April 1945 über ihre Errichtung zu Ende
ging. Es mußte also gehandelt werden. Die Linken im Kabinett, die im Frühjahr
die quantitative Dimension der justitiellen Ahndung der Kollaborationsverbrechen unterschätzt und es deshalb versäumt hatten, eine längere Geltungsdauer des
Gesetzes durchzusetzen, waren nach anfänglicher Skepsis zufrieden mit der Ar-

---

[52] Protokoll der Kabinettssitzung vom 29. 8. 1945, in: ACS, Verbali del Consiglio dei Ministri; vgl.
auch Nenni, Diari, S. 141 f. (Eintrag vom 29. 8. 1945); Telegramm von Kirk an Secretary of State,
30. 8. 1945, in: NA, RG 59, 865.00/8–3045. Längst nicht alle Senatoren, die von Sforza und Nenni
vor die Alta Corte gebracht wurden, verloren dann schließlich auch ihren Senatorentitel. Im April
1946 stellte sich die Lage folgendermaßen dar: Von den 394 Senatoren hatten 275 Titel und Privilegien verloren, 34 waren tot, 3 waren aus anderen Gründen nicht in die Statistik aufgenommen
und nur 82 durften ihren Titel behalten. So ungefähr blieb es bis Mitte 1947; die italienischen Gerichte hielten nämlich an der gesetzlichen Bestimmung fest, daß gegen die Entscheidung der Alta
Corte keine Revision möglich war und wiesen die entsprechenden Anträge zurück. Der entscheidende Dammbruch ereignete sich im Juli 1947, als die „sezioni unite civili della Cassazione" erklärten, die Entscheidungen der Alta Corte seien rechtlich angreifbar. Daraufhin zogen bis Juli
1948 199 Ex-Senatoren in ein Revisionsverfahren vor der Corte Suprema di Cassazione. 185 davon
wurden angenommen, die Ex-Senatoren damit wieder in ihre alten Rechte eingesetzt. Zur Problematik der Säuberung der Senatoren vgl. die umfangreichen Akten in ACS, PCM, Gab. 1944–1947,
1/7 10124, sottofasc. 10, sottofasc. 30–50; Filippo Vassalli, La decadenza dei senatori dalla carica.
Una pagina di diritto costituzionale e di diritto giudiziario, Bologna 1949.

beit der Sonderschwurgerichte. Sie hätten es am liebsten gesehen, wenn Existenz und Kompetenz der außerordentlichen Gerichte auf unbestimmte Zeit fortge- schrieben worden wären. Nenni teilte diese Ansicht, in seinen Augen waren die neuen Gerichte – neben den Maschinengewehren – das einzig angemessene In- strument zur Abrechnung mit den Faschisten[53]. Er wäre aber gerne noch einen Schritt weitergegangen, vor allem, weil ihn die Uneinheitlichkeit der justitiellen Säuberung bekümmerte: Im Norden waren Sonderschwurgerichte tätig, die nur für Kollaborationsverbrechen zuständig waren, im Süden und in Mittelitalien tra- ditionelle Schwurgerichte, deren hervorstechendstes Merkmal ihre Ineffizienz war, daneben in allen Landesteilen Militärgerichte und schließlich gab es auch noch die Alta Corte, die die Regimeprominenz zur Verantwortung ziehen sollte. Dieses eigenartige Durcheinander barg die Gefahr in sich, daß die justitielle Ahn- dung in verschiedenen Regionen unterschiedlich lang dauern und mit unter- schiedlicher Intensität durchgeführt werden würde, weil ja bekannt war, daß etwa die Sonderschwurgerichte ganz andere Maßstäbe anlegten als die heillos kompro- mittierten Schwurgerichte.

Nenni wollte sich deshalb mit einer „bloßen Verlängerung" des Gesetzes vom 22. April nicht zufriedengeben. Er wollte mehr, nämlich zum einen die Ausdeh- nung der Sonderschwurgerichte auf ganz Italien, um auch im Süden die ver- schleppten Verfahren endlich abschließen zu können, zum anderen die Auswei- tung der Kompetenz der neuen Gerichte auf alle faschistischen Verbrechen, also nicht nur auf die Kollaborationsverbrechen, und zum dritten das Recht, alle Ur- teile der ersten Instanz anfechten zu können; diese Möglichkeit war dem Hoch- kommissar im Gesetz vom 22. April nicht eingeräumt worden[54].

Wäre das Verhältnis zwischen den Koalitionspartnern nicht schon stark ange- griffen gewesen, hätte man über Nennis Vorschläge durchaus reden können. Dem Hochkommissar ging es ja nicht um einen revolutionären Neubeginn bei der justitiellen Abrechnung mit dem Faschismus. Es war ihm nur darum zu tun, im ganzen Land ein einheitliches Verfahren einzuführen und zur Normalität ordent- licher Rechtssprechung zurückzukehren, ohne fundamentale Grundsätze von Recht und Gerechtigkeit zu opfern; dafür wollte er für ein Jahr das besondere Mittel der Sonderschwurgerichte einsetzen. Doch für eine ruhige Prüfung von Nennis Argumenten war - zumal nach seinem Alleingang bei der Säuberung der Senatoren – das Klima bereits zu vergiftet. Den bürgerlichen Kräften paßte nichts mehr, was Nenni wollte: Sie störten sich an der Aufrechterhaltung von Sonder- schwurgerichten mit politischem Charakter, die sie in fast schon böswilliger Zu- spitzung immer wieder mit den faschistischen Sondergerichten in Verbindung brachten. Außerdem wetterten sie gegen die Absicht Nennis, auch Mittel- und Süditalien mit diesen Gerichten zu überziehen. Man könne nicht, sagte De Gas- peri, der nun ganz gegen seine frühere Gewohnheit immer deutlicher Stellung be- zog, in Gegenden Sondergerichte einführen, „in denen die Voraussetzungen für

---

[53] Vgl. S. 315 und das Protokoll der Kabinettssitzung vom 3. 10. 1945, in: ACS, Verbali del Consiglio dei Ministri.
[54] Vgl. Schema di decreto legislativo luogotenenziale concernente modificazioni alle norme sulle sanzioni contro il fascismo, o. D. (vor Oktober 1945), in: ACS, PCM, Gab. 1944–1947, 1/7 10124, sottofasc. 6.24–6.31.

eine solche Ausdehnung nicht bestehen". Ganz besonders anstößig aber fanden sie schließlich den Vorschlag Nennis, die Befreiungskomitees auch weiterhin bei der Auswahl der Geschworenen zu beteiligen[55].

Diese Argumente blieben aber stumpf, denn Liberale und Christdemokraten hatten den Vorschlägen Nennis nur Kritik, aber kein Konzept entgegenzusetzen. Ihr Vorschlag, die ordentlichen Schwurgerichte mit der strafrechtlichen Ahndung faschistischer Verbrechen zu befassen, war fast schon grotesk. Die Schwurgerichte hatten im Süden nicht funktioniert, und sie hatten im Norden alle Mühe, ihren normalen Aufgaben gerecht zu werden, geschweige denn, daß sie in der Lage gewesen wären, Sonderaufgaben solch ungeheuerlicher Dimension zu übernehmen. Da die bürgerlichen Parteien aber auch die Verantwortung dafür scheuten, daß die Sonderschwurgerichte im Norden Mitte Oktober ihre Arbeit einstellen mußten, weil keine rechtliche Basis mehr existierte, gab es keine andere Möglichkeit, als sich zu einigen. Die Kompromißformel, die schließlich von allen im Kabinett gebilligt wurde, stammte von Wiederaufbauminister Meuccio Ruini, der als einziger aus dem bürgerlichen Lager offen zugab, daß die Schwurgerichte in Süd- und Mittelitalien weit hinter den Erwartungen zurückgeblieben waren. Ruinis Vorschlag lief darauf hinaus, die Sonderschwurgerichte in „Sezioni speciali" der Schwurgerichte zu verwandeln, sie aber ansonsten weitgehend so zu belassen, wie sie waren[56].

Das Gesetz, das auf der Basis von Ruinis Vermittlungsvorschlag am 4. Oktober 1945 verabschiedet wurde, trug den unscheinbaren Titel: „Novellierung der Rechtsgrundsätze über die Sanktionen gegen den Faschismus."[57] Es galt nur für ein Jahr und schuf in ganz Italien „Sezioni speciali" der Schwurgerichte, die, anders als die ordentlichen Schwurgerichte, nicht aus zwei Richtern und fünf Geschworenen, sondern lediglich aus einem Richter und vier Geschworenen bestanden. An der Auswahl der Geschworenen wirkten, wie bei den Sonderschwurgerichten, die Befreiungskomitees mit, während dies bei den Schwurgerichten allein Sache der Präsidenten der Berufungsgerichte war. Um die Abwicklung der noch immer in die Tausende gehenden Verfahren zu beschleunigen, hatte man sich weiter darauf geeinigt, den „Sezioni speciali" – wie den Sonderschwurgerichten – die Möglichkeit zu geben, eine Art Hauruckverfahren einzuschlagen. Das Charakteristische daran war, daß schon in der Ermittlung nicht mehr der Versuch gemacht wurde, alle Beweise und Gegenbeweise zusammenzutragen, und daß man sich auch im Prozeß selbst nicht mehr genug Zeit nahm, dem Angeklagten und seinem Verbrechen wirklich gerecht zu werden; die entsprechenden Zeitspannen für Ermittlung und Prozeß waren ebenso drastisch reduziert worden wie die üblichen Fristen für Einsprüche. Tempo und Effizienz rangierten also eindeutig vor Sorgfalt und gewissenhafter Recherche.

---

[55] Vgl. das Protokoll der Kabinettssitzung vom 3. 10. 1945, in: ACS, Verbali del Consiglio dei Ministri; Consulta Nazionale. Commissioni riunite affari politici e amministrativi, Giustizia, 6. und 7. 11. 1945.

[56] Vgl. Protokoll der Kabinettssitzung vom 3. 10. 1945, in: ACS, Verbali del Consiglio dei Ministri.

[57] Vgl. DLL, 5. 10. 1945, Nr. 625, in: Gazzetta Ufficiale del Regno d'Italia, Nr. 123, 13. 10. 1945; Berichterstatter Bettiol vor den Commissioni riuniti affari politici e amministrativi, Giustizia, 6. 11. 1945.

Nimmt man alles zusammen, so wird man sagen können, daß die Auseinandersetzung um die fällige Reform der strafrechtlichen Ahndung faschistischer Verbrechen ohne eindeutige Sieger blieb. Nenni hatte sich bei der Ausdehnung der Gerichte, der Beteiligung der Befreiungskomitees und bei der Vereinfachung der Verfahren durchzusetzen vermocht. Den bürgerlichen Kräften im Kabinett hingegen war es gelungen, den Sonderschwurgerichten den Charakter des Außer-Ordentlichen zu nehmen und sie ganz in Organe der regulären Gerichtsbarkeit zu verwandeln, die noch für ein Jahr unter Ausnahmebedingungen arbeiten konnten. Außerdem hatten sie Nennis Vorstoß im Hinblick auf eine Kompetenzerweiterung des Hochkommissariats in der Frage der Anfechtung von erstinstanzlichen Urteilen abzuwenden vermocht. Der Gesetzestext selbst entsprach in dieser Hinsicht zwar noch ganz Nennis Wünschen; in harten Verhandlungen, die unmittelbar nach dem Inkrafttreten des Gesetzes begannen, mußte der Hochkommissar aber Stück für Stück nachgeben, so daß am Ende von den Kompetenzen seiner Behörde kaum mehr etwas übrigblieb. „Die gesamte Materie der strafrechtlichen Ahndung wird auf die Organe der Justiz zurückverlagert", schrieb Nenni am 29. Dezember 1945 an die Delegierten des Hochkommissariats in den Provinzen, „während dem Hochkommissariat und seinen Abordnungen in den Provinzen nur das Recht bleibt, Anzeigen zu machen" und Vorermittlungen zu führen. Es sei beabsichtigt, „das Hochkommissariat und seine Abordnungen in den Provinzen auf ihre eigentliche politische Funktion zurückzuführen, d. h. in Organe zu verwandeln, die Hinweise und Impulse geben"[58]. So konnte man die praktische Entmachtung des Hochkommissariats auch nennen.

Auf der Habenseite konnten die bürgerlichen Kräfte schließlich auch verbuchen, daß mit dem Gesetz vom 5. Oktober 1945 ein Schlußstrich unter die Geschichte der Alta Corte di Giustizia gezogen wurde. Damit war wieder ein Stück Sondergerichtsbarkeit beseitigt, das sie so sehr geschmerzt hatte. Gut ein Jahr zuvor gestartet und mit exzeptionellen Vollmachten ausgestattet, die es erlaubten, „Verbrechen zu ahnden, die im Strafgesetzbuch nicht auftauchten"[59], hatte die Alta Corte die in sie gesetzten Erwartungen weit verfehlt. Statt ein Vorbild zu geben und in großen Prozessen Normen zu setzen, mußte sie sich ständig mit irgendwelchem bürokratischen Klein-Klein herumschlagen und vor allem mit zweitrangigen Fällen abmühen. Auch nach der Befreiung änderte sich daran nicht viel[60], denn große Fälle blieben auch weiterhin Mangelware. Mussolini und sein letztes Aufgebot waren wie viele andere prominente Faschisten ohne Verfahren hingerichtet worden. Andere verhaßte Parteibonzen hatten sich vor Volkstribunalen und Sonderschwurgerichten zu verantworten, deren Initiatoren und Protagonisten gar nicht daran dachten, „ihre" Angeklagten nach Rom zu bringen und dort der Alta Corte zu übergeben, die eigens für solche Verfahren geschaffen worden war. Der eine oder andere hatte sich auch unter den Schutz der Alliierten gestellt,

---

[58] In: ACS, Alto Commissariato, titolo I, Nr. 3; vgl. dazu auch Cannarsa an Berlinguer, 26.10., 16.11. und 19. 11. 1945, in: Ebenda.

[59] So Ruini in der Kabinettssitzung vom 3. 10. 1945, Protokoll, in: ACS, Verbali del Consiglio dei Ministri.

[60] Vgl. dazu etwa das Schreiben des Generalsekretärs der Alta Corte an PCM, 1. 6. 1945, in: ACS, Alto Commissariato, titolo XVI, Nr. 0-8/16.

die zunächst ebenfalls zögerten, ihre Häftlinge der italienischen Justiz zu überstellen[61]. Die Alta Corte mußte deshalb nehmen, was übrigblieb.

Viel war es nicht. Nach der Befreiung fanden nur noch sechs öffentliche und vier nicht-öffentliche Verfahren statt. Das erste war das wichtigste und zugleich das schwierigste, weil sich in ihm die ganze Komplexität und Zwiespältigkeit der Abrechnung mit dem Faschismus beispielhaft zeigte. Angeklagt waren Giuseppe Bottai, Giacomo Acerbo, Luigi Federzoni und Edmondo Rossoni – allesamt alte Weggefährten Mussolinis, die dem Faschismus in höchsten Stellen gedient und alles mitgetragen hatten, was man dem Regime anlasten konnte. Auf der anderen Seite aber hatten sich die vier Angeklagten in der Stunde der Entscheidung, am 25. Juli 1943 im Großrat, gegen Mussolini gestellt. Alle vier waren deshalb 1944 im Prozeß von Verona in Abwesenheit zum Tode verurteilt worden. Die Angeklagten waren also Täter und Opfer zugleich – und als Täter wurden sie sowohl vom Faschismus als auch vom Antifaschismus bestraft: vom Faschismus, weil sie Mussolini in den Rücken gefallen waren, vom Antifaschismus, weil sie über viele Jahre das Gegenteil getan hatten. Acerbo wurde am 28. Mai 1945 zu 30 Jahren Haft verurteilt, seine drei Mitangeklagten erhielten zur Todesstrafe von einem faschistischen Gericht nun auch noch lebenslänglich von einem antifaschistischen[62].

Paradoxien dieser Art festigten aber weder das Ansehen der Alta Corte, noch dienten sie der Moralität der gesamten Abrechnung. Das ließ sich auch von den Prozessen gegen Cesare Rossi, Bruno Biagi, Alessandro Chiavolini, Nicola Sansanelli und Ezio Maria Gray nicht behaupten, die von Anfang Juni bis Mitte Oktober 1945 durchgeführt wurden und mit Strafen zwischen 50 Monaten und 20 Jahren endeten. Die Öffentlichkeit nahm von diesen Verfahren kaum noch Notiz. Eine Ausnahme bildete lediglich der Fall von Pietro Koch, der nicht nur die antifaschistischen Leidenschaften neu aufwühlte, sondern auch die historische und moralische Legitimität der Abrechnung mit dem Faschismus erneut deutlich werden ließ. Der skrupellose Bandenchef, der in Rom und Norditalien sein Unwesen getrieben und überall, wo er aufgetaucht war, Leid und Tod verursacht hatte, war nach einer Odyssee durch halb Italien schließlich in Florenz gefaßt und nach Rom transferiert worden, wo er am 4. Juni 1945 vor der Alta Corte stand. Drei Stunden nur dauerte der Prozeß – drei Stunden, die es aber in sich hatten, denn hier wurde noch einmal die ganze Brutalität und Perversität des Agoniefaschismus von Salò lebendig und zugleich dokumentiert, daß die oft etwas leichtfertig erhobene Forderung nach „pacificazione" und raschem Vergessen die Opfer des Faschismus weit überforderte. Ihr Bedürfnis nach Abrechnung war noch längst nicht gestillt,

[61] Berlinguer hatte im April/Mai 1945 versucht, Graziani vor der Alta Corte di Giustizia zur Verantwortung zu ziehen. Die Alliierten hatten auf eine entsprechende Anfrage der italienischen Regierung aber nicht positiv reagiert. Vgl. Aufzeichnung über ein Spitzengespräch im Hochkommissariat, 30. 5. 1945, in: ACS, Alto Commissariato, titolo I, Nr. 5-9.
[62] Vgl. Maroni an Parri: Relazione sul lavoro giudiziario compiuto, 22. 10. 1945, in: ACS, PCM, Gab. 1944–1947, 1/7 10124, sottofasc. 11.16; Lorenzo Maroni, Bilancio dell'Alta Corte di Giustizia: La relazione sul lavoro giudiziario, in: Rivista Penale, Februar-März 1947, Nr. 2-3, S. 294–298; Maroni an Nenni: Lavoro svolto dell'Alta Corte di Giustizia, 22. 6. 1945, in: ACS, Alto Commissariato, titolo XVI, Nr. 0-8/16. Zu Acerbo vgl. dessen Memoiren: Fra due plotoni di esecuzione: avvenimenti e problemi dell' epoca fascista, Rocca S. Casciano 1968.

und so traf es auch auf ihre volle Zustimmung, daß Koch zum Tode verurteilt und hingerichtet wurde[63].

Insgesamt strengte die Alta Corte von September 1944 bis Oktober 1945 16 Verfahren gegen 99 Angeklagte an; elf Verfahren waren öffentlich, sie richteten sich gegen 31 Faschisten. Dabei verhängte die Alta Corte vier Todesurteile und sechs lebenslängliche Haftstrafen. In drei Fällen belief sich die Strafe auf 30 Jahre Haft, in sechs Fällen lag sie zwischen 15 und 25 Jahren, in sieben Fällen zwischen 10 und 15 Jahren. Vergleicht man diese Bilanz, die die Alta Corte im Oktober 1945 mit einem gewissen Stolz präsentierte, unter rein quantitativen Gesichtspunkten mit der Bilanz des Internationalen Militärtribunals zur Aburteilung der NS-Kriegsverbrecher in Nürnberg und stellt man dabei die Tatsache in Rechnung, daß der Nationalsozialismus ungleich radikaler und aggressiver gewesen ist als der italienische Faschismus, dann wird man die Alta Corte positiver beurteilen, als es die antifaschistische Öffentlichkeit 1945 tat. Damals war niemand zufrieden: Viele zeigten sich enttäuscht, daß der hohe Gerichtshof nur zweitrangige Fälle anpackte, und betrachteten die Alta Corte sogar mit einer gewissen Geringschätzung, weil sie bald im Schatten der Sonderschwurgerichte stand, die in aufsehenerregenden Prozessen verhaßte Faschisten wie Basile und Buffarini Guidi zur Verantwortung zogen, während die Alta Corte mit einem Sansanelli und einem Cesare Rossi vorlieb nehmen mußte.

So krähte denn im Oktober 1945 kein Hahn danach, als bekannt wurde, daß die Alta Corte ihre eigentliche Arbeit einstellen und künftig nur noch für die Säuberung der Senatoren zuständig sein würde. Da „so besondere und wichtige Prozesse, die unbedingt vor der Alta Corte behandelt werden mußten", nicht mehr zu führen waren, so Nenni am 3. Oktober 1945 im Kabinett, sei man übereingekommen, die Alta Corte aufzulösen. „Über diesen Punkt herrscht Einvernehmen", setzte der zufriedene Brosio hinzu[64].

Man darf sich freilich durch die Einmütigkeit, die im Hinblick auf die Auflösung der Alta Corte herrschte, nicht täuschen lassen. Nennis Versuch, bei der „pacificazione" der Gesellschaft eine pragmatische Lösung zu finden, ohne die Kardinalanliegen des Antifaschismus ganz aufzugeben und ohne die Empfindungen der Opfer des Faschismus mit Füßen zu treten, stieß im bürgerlichen Lager auf zunehmend größeren Widerstand. Jede Maßnahme, die Nenni ergriffen hatte, war von Liberalen und Christdemokraten argwöhnisch und mißtrauisch beäugt worden; jeder Kompromiß, zu dem sie unter dem Zwange der Umstände ihre Hand hatten reichen müssen – das Gesetz zur Säuberung der Wirtschaft ebenso wie die Regelung über die „Sezioni speciali" der Schwurgerichte –, war Gift für die bürgerlichen Kräfte gewesen und hatte ihre Bereitschaft gesteigert, die „Zwangsehe" mit der politischen Linken aufzukündigen. So war denn der Vorrat an Gemeinsamkeiten fast restlos aufgebraucht, als Nenni Ende Oktober 1945 im Kabinett das eigentliche Kernstück seiner „pacificazione"-Pläne, die Reform der Personalsäuberung, vorstellte.

---

[63] Vgl. Maroni an Parri: Relazione sul lavoro giudiziario compiuto, 22. 10. 1945, in: ACS, PCM, Gab. 1944–1947, 1/7 10124, sottofasc. 11.16; Zara Olivia Algardi, Processi ai fascisti, Florenz 1992, S. 49–52.

[64] Protokoll der Kabinettssitzung vom 3. 10. 1945, in: ACS, Verbali del Consiglio dei Ministri.

5. Das „Nenni law"

Nenni hatte nach seinem Einzug in das Hochkommissariat natürlich sofort erkannt, daß nichts wichtiger, aber auch nichts schwieriger war, als das Problem der
Personalsäuberung zu entschärfen. Tausende von Angestellten und Beamten hatten ihre Posten verloren, Hunderttausende waren in Verfahren und Ermittlungen
verwickelt und Millionen fühlten sich von der Epurazione bedroht. Nenni spürte,
daß viele Menschen die Säuberung als schreiendes Unrecht empfanden. Ihm war
klar, wie sehr die Verwaltung unter diesem Zwangsrevirement größten Ausmaßes
litt, und er wußte, daß das Heer der kleinen Mitläufer eine leichte Beute reaktionärer Kräfte werden konnte, wenn der Zustand der Bedrohung nicht bald beendet
werden würde. Das Gesetz vom 27. Juli 1944 war in seinen Augen die Hauptursa-
che dieser mißlichen und politisch gefährlichen Situation, die sich noch Jahre hinziehen würde, wenn man nicht den Mut zu einem radikalen Schritt fand[65]. Seine
Vorgänger, so schrieb Nenni später, hätten des Guten zuviel getan, „und wer zu
stark drängt, erreicht immer wenig"[66].
    Eine bloße Novellierung des Juli-Gesetzes kam deshalb nicht in Frage. Nenni
zielte auf ein „vollkommen neues Säuberungsverfahren", wie Cannarsa, seine
rechte Hand im Hochkommissariat, in einem Gespräch mit einem alliierten Offizier anklingen ließ[67]. Nenni war aber zunächst noch nicht in der Lage, Genaueres
darüber zu sagen. Dreierlei lag ihm selbst besonders am Herzen: Das neue Verfahren sollte so einfach wie möglich sein. Es sollte ein rasches Ende der Säuberung garantieren; sechs, acht Monate – länger durfte die Epurazione nicht mehr dauern,
weil sonst die Gefahr bestand, daß die Säuberung auch noch die Entscheidung
über Republik oder Monarchie überschattete, die im Frühjahr 1946 zu erwarten
war. Und das neue Verfahren sollte eine Handhabe zur umstandslosen Reinigung
in den höchsten Rängen von öffentlichem Dienst und privater Wirtschaft bieten[68].
    Doch Nenni, so ungestüm er als Redner oft war und so sehr er als Parteiführer
andere mit seinen sprunghaften Entscheidungen irritierte, war als Hochkommissar kein Mann schneller Entschlüsse. Die Details seines neuen Säuberungskonzep-
tes bildeten sich in langen Beratungen im Hochkommissariat und mit seinen engsten Vertrauten nur langsam heraus[69]. Erste konkrete Hinweise darauf, was an die
Stelle der Magna Charta vom Juli 1944 treten sollte, finden sich in einem Protokoll
über Verhandlungen, die vom 22. bis 24. September 1945 in Rom zwischen Experten des Befreiungskomitees für Norditalien und hochrangigen Vertretern des
Hochkommissariats geführt wurden. Basis dieser Verhandlungen war ein von
Nennis Behörde vorgelegter Gesetzentwurf, der leider nicht aufgefunden werden
konnte. Hauptanliegen des Entwurfes, so läßt sich dem Protokoll entnehmen, war

---

[65] So Nenni gegenüber der Zeitung Il Tempo vom 8. 11. 1945.
[66] Nenni, Diari, S. 182 (Eintrag vom 1. 2. 1946).
[67] Vgl. Aufzeichnung über eine Besprechung zwischen Carr und Nenni, 21. 8. 1945, in: NA, RG 331,
Civil Affairs, 10000/105/819.
[68] Vgl. Aufzeichnung über eine Besprechung zwischen Upjohn und Nenni, 5. 7. 1945, in: Ebenda.
[69] Vgl. dazu das Telegramm von Kirk an Secretary of State, 28. 8. 1945, in: NA, RG 59, 865.00/8–
2845; HQ, AC, Civil Affairs Section, Monatsbericht für September 1945, in: NA, RG 331, Civil
Affairs, box 5.

die rasche „Beendigung der Säuberung, die vom Land auch als notwendige Voraussetzung des Wiederaufbaus empfunden wird"[70].

Der Entwurf sah vor allem eine drastische Reduzierung des Kreises der Betroffenen vor, die dadurch erreicht werden sollte, daß künftig – von Ausnahmefällen
abgesehen – nur noch die ersten acht Stufen in der Beamten- und Angestellten-
hierarchie belangt werden sollten; daß diese Regelung den Makel einer eklatanten
Ungerechtigkeit hatte, weil bis dahin (das heißt: vor allem im Süden Italiens) auch
in den Reihen der kleineren Beamten gesiebt worden war, nahm Nenni in Kauf,
wußte er doch, daß durch die ins Auge gefaßte Reduzierung mehr als eine Million
Menschen vom Alptraum der Säuberung befreit und mehr als eine Million Verfahren und Überprüfungen vermieden würden, die letztlich doch nur einige hundert
Entlassungen nach sich gezogen hätten; unter das neue Gesetz sollten nur noch
etwa 50 000 Angehörige des öffentlichen Dienstes fallen[71]. Für die höchsten Beamten der Gehaltsstufen 1 bis 4 wollte Nenni besondere Regelungen treffen. Hier
plante er, an eine von Ministerpräsident Bonomi im Herbst 1944 ergriffene Maßnahme anzuknüpfen, die der Regierung innerhalb einer gewissen Frist die Möglichkeit gegeben hatte, kompromittierte oder unfähige Beamte ohne Säuberungsverfahren in den Ruhestand zu versetzen. „Es ist eine Handhabe, derer sich auch
schon Bonomi bedient hat. Er machte aber, wie immer, die Dinge nur halb. Deshalb muß man von vorne beginnen", so Nenni in seinem Tagebuch[72].

Ferner wollte Nenni das gesamte System der Säuberungskommissionen abschaffen, die das ganze Land wie ein dichtes Netz überzogen und Kräfte an Richtern, Beisitzern und Ermittlern banden, die anderswo besser aufgehoben gewesen
wären. „Die Kommissionen funktionieren nicht", sagte er am 1. November 1945
im Kabinett, „und deshalb funktioniert die Epurazione nicht."[73] Die Säuberung
sollte gleichsam in ein Disziplinarverfahren zurückverwandelt werden, das sie in
der Ära Badoglio schon einmal gewesen war, und die Kompetenz dazu sollte ausschließlich bei der Verwaltung selbst liegen; die Mitwirkung anderer Organe war
nicht mehr vorgesehen. Einzige Sanktion sollte die Entlassung sein, alle anderen
Sühnemaßnahmen wie Zurückstufung und Lohnkürzung, die in der Vergangenheit für viel böses Blut gesorgt hatten, sollten wegfallen.

Der gesamte Gesetzentwurf, soweit er sich aus dem erwähnten Protokoll und
anderen Äußerungen Nennis und seiner Mitarbeiter rekonstruieren läßt, stand
ganz im Zeichen der Reduzierung, Vereinfachung und Beschleunigung der Verfahren – im Zeichen der Konzentration auf das Wesentliche und Vernünftige, wie
man auch sagen könnte, wenn damit nicht eine äußerst riskante Entpolitisierung
verbunden gewesen wäre, die besonders kraß bei der Verlagerung der Säuberungskompetenz für den öffentlichen Dienst auf die Verwaltung selbst zutage trat. Anders lagen die Dinge nur in einem Punkt, nämlich im Hinblick auf das Problem
der Säuberung der Wirtschaft, das nach Auffassung von Nenni durch das Gesetz

---

[70] Relazione sul convegno tra i rappresentanti dell'ufficio epurazione del CLNAI e l'Alto Commissariato per l'epurazione, che ha avuto luogo in Roma nei giorni 22, 23, 24 settembre, in: Grassi,
„Verso il governo del popolo", S. 457.
[71] Vgl. Telegramm von Kirk an Secretary of State, 2. 11. 1945, in: NA, RG 84, 1945: 800, box 140.
[72] Nenni, Diari, S. 153 (Eintrag vom 2. 11. 1945); vgl. auch Aufzeichnung über eine Besprechung
zwischen Upjohn und Peretti-Griva, 7. 8. 1945, in: NA, RG 331, Civil Affairs, 10000/105/819.
[73] Protokoll der Kabinettssitzung vom 1. 11. 1945, in: ACS, Verbali del Consiglio dei Ministri.

vom 4. August 1945 nur ganz unbefriedigend gelöst worden war. Damals, so kann
Nenni nicht entgangen sein, wäre mehr zu erreichen gewesen. Dieses Versäumnis
wollte er nun wettmachen, denn unter das neue Gesetz sollten nicht nur die Ver-
waltungs- und Aufsichtsräte und „liquidatori" fallen, sondern auch die Generaldirektoren, Prokuristen und Abteilungsleiter, die bei der Belegschaft oft verhaßter
waren als die eigentlichen „Herren".

Vieles von dem, was die Vertreter des Hochkommissariats vom 22. bis 24. September 1945 den Säuberungsexperten des Befreiungskomitees von Norditalien
vortrugen, war konsensfähig. Auch in den Reihen der Resistenza hatte sich mittlerweile die Erkenntnis durchgesetzt, daß das zarte Pflänzchen Demokratie, das
nach der Befreiung zu sprießen begann, nur in einem Klima der gesellschaftlichen
und sozialen Befriedung gedeihen konnte. Radikale Abrechnungs- und Säube-
rungsforderungen fanden deshalb immer weniger Gehör. Schließlich verstummten sie sogar fast ganz; nach den mörderischen Exzessen des Frühjahrs hatte ja
auch die äußerste Linke ihre säuberungspolitische Unschuld verloren und keine
Legitimation mehr für weitere Forderungen. Ganz zufrieden waren die Experten
aus dem Norden mit dem Konzept des Hochkommissars freilich nicht. Insbesondere die Absicht Nennis, die Kommissionen abzuschaffen und die Säuberung wieder der Verwaltung selbst anzuvertrauen, stieß auf heftige Ablehnung. In ihren
Augen hatten sich die Kommissionen, die im Norden nach Maßgabe der General
Order Nr. 35 gebildet worden waren und den Befreiungskomitees beträchtliche
Mitwirkungsmöglichkeiten boten, bewährt; sie sollten auch nach der Rückgabe
der nördlichen Provinzen ihre Arbeit fortsetzen; ihnen sollte sogar noch die Säuberung der Wirtschaft übertragen werden, die nach den Vorstellungen Nennis anscheinend den Betrieben selbst überlassen bleiben sollte.

Die weitere Entstehungsgeschichte des neuen Gesetzes liegt im dunkeln. Weder
ist bekannt, wie man im Hochkommissariat auf die Vorschläge des Befreiungskomitees von Norditalien reagierte, noch weiß man, wie die Stellungnahmen der
einzelnen Ministerien lauteten, denen Nenni den Entwurf zuleitete, ehe er ihn am
31. Oktober und 1. November 1945 im Kabinett präsentierte[74]. Fest steht aber,
daß es im Kabinett Streit gab, ungewöhnlich großen Streit sogar, denn nach dem
Geschmack der Christdemokraten und vor allem der Liberalen war Nennis Entwurf ein Skandal. Sie selbst hatten zwar keine rechte Alternative, wußten aber genau, daß sie weder mit dem Kurs der Regierung, noch mit dem Konzept Nennis
einverstanden waren – und daß ein öffentlicher Eklat darüber eine gute Gelegenheit bot, von der Regierung abzurücken.

Die bürgerlichen Minister ließen deshalb kein gutes Haar am Vorschlag des
Hochkommissars. Sie stießen sich daran, daß Nenni die Säuberungskommissionen abschaffen wollte. Ihnen mißfiel das Fehlen einer Revisionsmöglichkeit, und
sie tadelten Nenni, weil er es versäumt (oder vermieden) hatte, seinen Gesetzentwurf der Consulta vorzulegen, die im September 1945 als eine Art Ersatzparla-
ment aus Delegierten der Parteien und Massenorganisationen sowie aus unbe-

---

[74] Vgl. dazu die Pressemitteilung über die Kabinettssitzung und das Protokoll der Kabinettssitzung
vom 31.10. sowie die Pressemitteilung über die Kabinettssitzung und das Protokoll der Kabinettssitzung vom 1. 11. 1945, in: ACS, Verbali del Consiglio dei Ministri.

scholtenen Senatoren geschaffen worden war[75] und die Regierung bei der Abwicklung der Tagesgeschäfte beraten sollte. In Rage brachte sie aber vor allem der eigentliche politische Kern von Nennis Entwurf, der trotz aller Zugeständnisse und Kompromisse doch noch vorhanden war: nämlich die Sonderregelung zur Säuberung der Spitzenbeamten und die Ausweitung der Säuberung in der Privatwirtschaft. Das ging zu weit, namentlich die Liberalen signalisierten strikte Ablehnung.

Man wird kaum sagen können, daß Nenni die Sturheit der Liberalen mit Sturheit beantwortet hätte. Er bot Änderungen an und war zu Präzisierungen bereit. Allein, es fruchtete nichts. Die Liberalen blieben bei ihrer Haltung und wurden im Kabinett schließlich überstimmt. Brosio, ihr Wortführer, gab daraufhin eine Stellungnahme zu Protokoll, die für den Fortbestand der Regierung Parri nichts Gutes verhieß: „Minister *Brosio*", so ist zu lesen, „ist sich zwar des Geistes der Milderung und der Versöhnung bewußt, der der Maßnahme im allgemeinen zugrundeliegt, erinnert aber an die Argumente, die er während der Diskussion ausführlich dargelegt hat, und erklärt diesbezüglich:
1. daß es zwingend erforderlich gewesen wäre, die Meinung der Consulta einzuholen;
2. daß er dagegen ist, im Hinblick auf die Kriterien bei den Versetzungen [von Spitzenbeamten] in den Ruhestand von vorne zu beginnen;
3. daß es kleinlich, unakzeptabel und schädlich ist, vor allem im Süden Italiens, der seit geraumer Zeit befreit ist, mit der Säuberung der Privatwirtschaft zu beginnen; davon ausgenommen sind die Verantwortlichen für faschistische Verbrechen und Kollaborateure."[76]

Das neue Gesetz, das „Nenni law"[77], wie die Alliierten es nannten, trat am 14. November 1945 in Kraft – zunächst nur in Süd- und Mittelitalien, keine zwei Wochen später aber auch in den noch von der Militärregierung verwalteten Provinzen Norditaliens[78]. Es löste das grundlegende Säuberungsgesetz vom 27. Juli 1944 ab und bezog sich auf die Säuberung des öffentlichen Dienstes und der privaten Wirtschaft sowie auf die „Revision der Berufsregister", die hier – nicht zuletzt, weil die Quellen dazu kaum etwas hergeben – ganz außer acht gelassen wurde[79]. Im Mittelpunkt aber stand ohne Zweifel die Säuberung des öffentlichen Dienstes, die dank der Bemühungen Nennis zu einer Säuberung der kleinen Gruppe der höheren Beamtenschaft, genauer der Einstufungsgruppen 1 bis 7, die rund 27000 Personen umfaßte, geworden war[80]. Diese wurden auf die Straße gesetzt, wenn sie sich aufgrund ihrer faschistischen Vergangenheit im „Zustand der Inkompatibili-

---

[75] Vgl. S. 342f.
[76] Protokoll der Kabinettssitzung vom 1. 11. 1945, in: ACS, Verbali del Consiglio dei Ministri.
[77] Domenico, Italian fascists on trial, S. 193.
[78] Vgl. White an Peretti-Griva, 24. 11. 1945, in: ACS, PCM, Gab. 1944–1947, 1/7 10124, sottofasc. 6.32–6.41; HQ, AC, Civil Affairs Section, an die Regional Commissioners, 10. 11. 1945, in: NA, RG 331, Civil Affairs, box 17, 10000/105/744–813.
[79] DLL, 9. 11. 1945, Nr. 702: Epurazione delle pubbliche Amministrazioni, revisione degli albi delle professioni, arti e mestieri ed epurazione delle aziende private, in: Gazzetta Ufficiale del Regno d'Italia, Nr. 136, 13. 11. 1945.
[80] Nenni hatte zunächst auch noch die Einstufungsgruppe 8 hinzunehmen wollen, womit sich der Betroffenenkreis auf ca. 50000 belaufen hätte. Vgl. dazu S. 331 und Telegramm von Kirk an Secretary of State, 2. 11. 1945, in: NA, RG 84, 1945: 800, box 140.

tät" mit dem neuen demokratischen Staat befanden. Ob das der Fall war oder
nicht, entschieden – *auf Antrag der Behörden*, nicht mehr des Hochkommissars
oder anderer Instanzen – die alten Säuberungskommissionen, die in den Ministerien bzw. in den Provinzen nach Maßgabe des Juli-Gesetzes gebildet worden waren; Nenni hatte sich also mit seiner Forderung nach Auflösung der Kommissionen nicht durchzusetzen vermocht. Die große Masse der kleinen und mittleren
Beamten hatte hingegen nichts mehr zu befürchten, es sei denn, auch sie wurden
als „inkompatibel" angesehen, weil sie nach dem 8. September 1943 Militär- oder
Zivildienst bei den Deutschen geleistet hatten, der faschistischen Partei von Salò
beigetreten waren, sich freiwillig zur faschistischen Armee gemeldet hatten, an
Hinrichtungen beteiligt gewesen waren, hohe Ämter in Staat und Partei bekleidet
hatten, der faschistischen Regierung – ohne Not und Zwang – nach Norden gefolgt waren oder weil sie mit den Deutschen bzw. mit der Republik von Salò eng-
stens kollaboriert hatten. So belastet, mußten auch die kleinen und mittleren Beamten mit Entlassung, übrigens der einzigen Sanktion, die das neue Gesetz bereit-
hielt, rechnen, wenn ihre Amtschefs sie zur Anzeige brachten.

Auf diese Art und Weise sollte die Säuberung des öffentlichen Dienstes binnen
etwa sechs Monaten abgeschlossen sein[81]; bis zum 31. März 1946 sollten jedenfalls
in allen Fällen, in denen die Amtschefs dies für erforderlich hielten, die Verfahren
vor den Säuberungskommissionen eröffnet sein. Dies sei Zeit genug, meinte Nenni
in einem Interview, „wenn man bedenkt, daß die vorläufige […] Überprüfung der
verschiedenen Unterlagen fast abgeschlossen ist und daß die Zahl der Personen,
die einem Säuberungsverfahren ausgesetzt sind, stark reduziert worden ist"[82].

Nicht weniger einschneidend waren die Änderungen, die sich aus dem Gesetz
vom 9. November 1945 im Hinblick auf die Revisionsinstanzen ergaben. Die
wichtigste war die Auflösung der total überlasteten „Commissione Centrale", bei
der nach dem alten Verfahren alle Einsprüche gelandet und oft monatelang liegen-
geblieben waren; eine weitere Instanz, die nach Extralegalität roch, war damit beseitigt. Künftig sollten Einsprüche gegen die Entscheidungen der Säuberungskommissionen von traditionellen staatlichen Instanzen behandelt werden – im
Falle der Ministerialbürokratie vor einer „Sezione speciale" des Consiglio di
Stato, im Falle der Beamten und Angestellten, die bei lokalen oder regionalen Verwaltungen ihr Brot verdienten, von einer speziellen Kommission, die beim Berufungsgericht der betreffenden Gegend einzurichten war.

Äußerst umstritten war in den Beratungen vor der Verabschiedung des neuen
Gesetzes die Frage gewesen, ob die aufgrund des alten, viel schärferen Gesetzes
verhängten Sanktionen rückgängig gemacht werden sollten oder nicht, mit anderen Worten: ob alles von vorne beginnen sollte, weil sich der Gesetzgeber eines
Besseren besonnen hatte und in vielen Fällen nun Milde walten ließ. Schließlich
einigte man sich auf folgende Lösung: Alle disziplinarischen Maßnahmen – mit
Ausnahme von Entlassungen – wurden aufgehoben[83], während es bei Entlassun-

---

[81] Vgl. Department of State, Incoming Telegram aus Rom, 19. 11. 1945, in: NA, RG 59, 865.00/11-
1945.

[82] Giornale del Mattino, 28. 10. 1945, zit. nach Telegramm von Kirk an Secretary of State, 2. 11. 1945,
in: NA, RG 84, 1945: 800, box 140.

[83] Das war aus politischen Gründen wohl nicht ganz problemlos. Vgl. dazu Ministero del Tesoro an

gen, die bereits Rechtskraft erlangt hatten, selbst dann blieb, wenn die Betroffenen zur Gruppe der kleineren und mittleren Beamten gehörten, die nach dem neuen Gesetz nur noch in Ausnahmefällen belangt werden sollten. Anders sah es aus, wenn Entlassungen noch nicht rechtskräftig waren. Diese mußten rückgängig gemacht werden, wenn es sich um nicht schwerer belastete kleinere und mittlere Beamte handelte; bei höheren Beamten lag es im Ermessen der zuständigen Behörde, ob sie die Entlassung aufrechterhielt oder nicht.

Fünfzehn der zwanzig Artikel des „Nenni law" bezogen sich auf den öffentlichen Dienst, nur vier auf die private Wirtschaft. Diese Tatsache sollte freilich nicht zu falschen Schlüssen verleiten, denn während es in den Bestimmungen über den öffentlichen Dienst fast ausschließlich um Reduzierung ging, standen die vier, die Wirtschaft betreffenden Artikel im Zeichen der Ausweitung – jedenfalls wenn man sie mit dem Gesetz vom 4. August 1945 vergleicht. Nenni konnte hier also ein Versäumnis wettmachen, das wohl ganz seiner Indolenz und Unerfahrenheit vom Juli/August 1945 zuzuschreiben war[84]. Jetzt konnten endlich auch die „Generaldirektoren, die technischen und die Verwaltungsdirektoren", die „Abteilungsleiter", die „Büroleiter" und die Handlungsbevollmächtigten der großen Aktiengesellschaften und Versicherungsgruppen gepackt werden. Ihnen drohte ohne Verfahren die sofortige Vertragsauflösung, wenn sie auf der Basis des alten Säuberungsgesetzes verurteilt worden waren, wenn man ihr Vermögen eingezogen hatte, wenn sie als gefährliche Faschisten angesehen und deshalb mit Strafen wie etwa Verbannung oder Entzug des Wahlrechts belegt worden waren und wenn sie führende Ämter in Staat und Partei bekleidet hatten.

Ausnahmen von diesen doch recht weitreichenden Bestimmungen durften nur dann gemacht werden, wenn der Betroffene besonders befähigt war und wenn er *zugleich* nachweisen konnte, daß er am Befreiungskampf gegen die Deutschen teilgenommen oder sich schon vor dem Krieg vom Faschismus abgekehrt hatte. In solchen Fällen konnte der Betroffene eine Kommission anrufen, die aus einem vom Hochkommissar vorgeschlagenen Vorsitzenden und Vertretern von Arbeitgebern und der „Camera del Lavoro" (lokale Vertretung der Gewerkschaft) bestand und vom Präfekten in Abstimmung mit dem zuständigen Befreiungskomitee nominiert wurde. Revisionsmöglichkeiten bestanden nicht, handelte es sich beim Leitungspersonal der Privatwirtschaft doch um Personen, die sich – wie Nenni sagte – in Positionen befanden, „die vom Gesetz genau umschrieben" waren. „Außerdem", fügte er hinzu, „wird es sich nur um wenige Fälle handeln."[85] Doch diese Bemerkung diente wohl eher der Beschwichtigung, denn das neue Gesetz hätte bei entsprechendem politischen Willen durchaus die Handhabe zu einer tiefgreifenden Säuberung der Wirtschaft geboten.

Nenni selbst war mit dem neuen Säuberungsgesetz nicht unzufrieden. „Auch gestern große Schlacht im Kabinett über das Epurazione-Gesetz", notierte er am 2. November 1945. „Am Ende habe ich sie gewonnen, mit einem Gesetzentwurf,

---

PCM, 29. 11. 1945; Ministero del Lavoro e della Previdenza an PCM, 4. 12. 1945; Ministero dei Trasporti an PCM, 24. 1. 1946; Ministero dell'Interno an PCM, 16. 2. 1946; alle Schreiben in: ACS, PCM, Gab. 1944–1947, 1/7 10124, sottofasc. 113.1–129.

[84] Vgl. S. 320–323.

[85] Consulta Nazionale. Commissioni riunite affari politici e amministrativi, Giustizia, 12. 1. 1946.

der die Säuberung auf vernünftige Kriterien zurückführt."[86] Das neue Gesetz trug Kompromißcharakter, viele verschiedene Handschriften waren im Gesetzestext zu erkennen – vor allem aber doch die von Nenni. Er hatte sich in einigen, ihm besonders wichtigen Punkten durchzusetzen vermocht und dort, wo er hatte zurückstecken müssen, wie etwa in der Frage der Auflösung der Kommissionen, da ließ sich dies verschmerzen, denn immerhin hatte er auch hier das Wesentliche erreicht, nämlich die Zurückverlagerung der Säuberungskompetenz in den öffentlichen Dienst; dort wurde künftig entschieden, ob ein Verfahren in Gang gesetzt werden sollte und mit welcher Sanktion es endete. Das hatte weitreichende Konsequenzen vor allem für das Hochkommissariat, dessen künftige Rolle im neuen Gesetz so vage umschrieben war, daß man fast annehmen möchte, Nenni und seine Juristen hätten sich gescheut, die Tatsache offen auszusprechen, daß sie das Hochkommissariat de facto fast ganz entmachtet hatten. Das administrative und politische Herzstück der Abrechnung mit dem Faschismus wurde im neuen Gesetz nur noch viermal erwähnt: dreimal im Zusammenhang mit den Säuberungskommissionen, in denen die Delegierten des Hochkommissariats auch weiterhin vertreten waren, und einmal im Hinblick auf seine künftige raison d'être. „Der Hochkommissar für die Sanktionen gegen den Faschismus und seine Delegierten in den Provinzen wachen über die Durchführung der Säuberungsverfahren und ergreifen, wenn es erforderlich sein sollte, die Initiative, um Anzeigen zu erstatten."[87]

Deutlicher wurden Nenni und seine Juristen in internen Anweisungen. Namentlich Spartaco Cannarsa, der Generalsekretär im Hochkommissariat, nahm kein Blatt vor den Mund. Am 16. November 1945 schickte er ein ausführliches Schreiben an Peretti-Griva, das jeden Zweifel über die künftige Rolle des Hochkommissariats beseitigte. Das neue Gesetz sehe für das Hochkommissariat nur noch „Kontrollfunktionen" vor. Praktisch heiße das, daß das Hochkommissariat und seine Untergliederungen ihre Anzeige- und Ermittlungstätigkeit sofort einzustellen hätten; das gelte auch für die anhängigen Verfahren. Das Hochkommissariat habe außerdem alle Weisungsbefugnisse verloren und auch kein Recht mehr, Entlassungen zu erwirken und Berufung einzulegen. Im Hinblick auf die Säuberung der Wirtschaft, so Cannarsa an Peretti-Griva, schließe das neue Gesetz „jede Einmischung von seiten des Hochkommissariats" aus. Aus alledem ergebe sich die Notwendigkeit einer radikalen „Demobilisierung des Kommissariats", die sofort einzuleiten sei. Binnen vierzehn Tagen sollte die Hälfte der Richter und Gerichtsschreiber, die das Justizministerium abgeordnet hatte, in den Justizdienst zurückkehren[88]. Er betrachte das Hochkommissariat, soll Nenni Mitte November 1945 an Ministerpräsident Parri geschrieben haben, als „politische Sonderein-

---

[86] Nenni, Diari, S. 153; vgl. auch die Einträge vom 1. 2. 1946 und 18. 2. 1946 (S. 182 und 188).

[87] DLL, 9. 11. 1945, Nr. 702: Epurazione delle pubbliche Amministrazioni, revisione degli albi delle professioni, arti e mestieri ed epurazione delle aziende private, in: Gazzetta Ufficiale del Regno d'Italia, Nr. 136, 13. 11. 1945.

[88] Cannarsa an Peretti-Griva, 16. 11. 1945, in: ACS, Alto Commissariato, titolo I, Nr. 3; Cannarsa an Macaluso, 16. und 19. 11. 1945, in: Ebenda; vgl. auch Nenni an die Delegazioni provinciali per le sanzioni contro il fascismo, 29. 12. 1945, in: Ebenda.

richtung mit zeitlich begrenzter Funkion" und sei „nicht abgeneigt, es in naher Zukunft aufzulösen"[89].

Vor seiner definitiven Auflösung hatte das Hochkommissariat freilich noch an der Lösung einer Aufgabe mitzuwirken, die Nenni besonders wichtig war: die Säuberung der Spitzenbeamten. Die Handhabe dazu bot ein ebenfalls am 1. November 1945 beschlossenes Gesetz, das hinsichtlich Vorgeschichte, Planung und Stoßrichtung als Begleitgesetz des „Nenni law" betrachtet werden kann[90]. Dieses erst am 22. November in Kraft getretene Gesetz bevollmächtigte die Regierung, innerhalb von 60 Tagen in den Reihen der Spitzenbeamten, genauer: der fünf höchsten Eingruppierungsstufen, zu sichten und diejenigen in den Ruhestand zu befördern, die aufgrund ihrer faschistischen Vergangenheit nicht die Gewähr dafür zu bieten schienen, daß sie sich mit dem neuen demokratischen Staat aussöhnen könnten[91]. Alles in allem handelte es sich dabei um knapp 5000 Beamte, die nun um ihre Posten zittern mußten[92].

Hätte Nenni wirklich darauf vertraut, daß der öffentliche Dienst – wie in „seinem" Gesetz vorgesehen – seine eigene Reinigung beherzt in Angriff nehmen würde, dann wäre das Begleitgesetz überflüssig gewesen. Die belasteten Spitzenbeamten fielen ja ohnehin schon unter die neue Säuberungsrichtlinie – und mehr als einmal konnten die Belasteten aus ihren Posten nicht entfernt werden. Dies zeigt, daß Nenni die Risiken, die mit dem neuen Gesetz verbunden waren, genau kannte und daß er vor allem wußte: Der Rückzug des Hochkommissariats aus der Säuberungspraxis konnte die rasche Beendigung der Epurazione nach sich ziehen, weil die Strukturen im öffentlichen Dienst nach zwanzig Jahren Faschismus so verfestigt und verfilzt waren, daß niemand es wagen würde, den ersten Stein zu werfen.

Das wollte er verhindern und zugleich Vorsorge treffen für den Fall, daß alle Stricke reißen sollten. Dann sollten wenigstens die Spitzenbeamten gepackt worden sein oder noch gepackt werden können[93]. Dafür wollte sich Nenni seines Hochkommissariats bedienen, dessen Befugnisse in dieser Hinsicht nicht beschnitten wurden. „Ich habe für sechzig Tage die Genehmigung erhalten, nach Fühlungnahme mit dem Kabinett [belastete] Beamte der ersten fünf Stufen in den

---

[89] Zit. nach Telegramm von Key an Secretary of State, 16. 11. 1945, in: NA, RG 59, 865.00/11–1645. Key bezog sich mit seiner Meldung auf die italienische Zeitung Il Momento vom 16.11.1945.

[90] Vgl. S. 333.

[91] Vgl. DLL, 9. 11. 1945, Nr. 716: Facoltà di disporre eccezionalmente, nell'interesse del servizio, il collocamento a riposo dei dipendenti civili e militari dello Stato, anche se inamovibili, appartenenti ai primi cinque gradi della classificazione del personale statale e dei gradi corrispondenti delle Amministrazioni statali con ordinamento autonomo, in: Gazzetta Ufficiale del Regno d'Italia, Nr. 140, 22. 11. 1945.

[92] Vgl. Il Tempo, 20. 12. 1945; eine englische Übersetzung dieses Artikels findet sich in: NA, RG 331, Civil Affairs, box 17, 10000/105/744–813; vgl. auch L'Avanti, 27. 10. 1945.

[93] Aufgrund des Gesetzes konnten auch solche Beamte in den Ruhestand versetzt werden, die ein Säuberungsverfahren hinter sich hatten, das mit einem Freispruch geendet oder zumindest nicht zur Entlassung geführt hatte. Vgl. dazu die Diskussionen in den Commissioni riunite affari politici e amministrativi, Giustizia der Consulta vom 11. und 17. 1. 1946. Nenni sagte dabei am 11. 1. 1946: „Die Notwendigkeit, Beamte der ersten fünf Ränge in den Ruhestand zu versetzen, ist entstanden, weil einige von ihnen, obwohl sie nicht unter das Säuberungsgesetz fielen, wegen ihres Verhaltens im untergegangenen Regime nicht mehr über die nötige Autorität verfügen, um auf ihrem Posten bleiben zu können. Sie haben nicht mehr das Vertrauen der demokratischen Regierung und auch nicht den Respekt ihrer Untergebenen."

Ruhestand zu schicken", notierte er am 2. November 1945[94]. Ganz so groß, wie er
tat, war seine Kompetenz nicht. Das Hochkommissariat führte aber die Überprüfungen durch, und von ihm ging in den meisten Fällen, in denen Versetzungen in
den Ruhestand ins Auge gefaßt wurden, auch die Initiative aus. Die letzte Entscheidung aber lag beim Kabinett, das sich dabei an Empfehlungen orientierte, die
ein vom Ministerpräsidenten einberufener Kabinettsausschuß gab[95].

Ob sich das Begleitgesetz zur Säuberung der Spitzenbeamten in der Praxis bewährte und ob der Notfall eintrat, für den es auch konzipiert worden war, soll
hier[96] noch nicht einmal angedeutet werden. Nur soviel: Keine zwei Wochen nach
der Verabschiedung des Gesetzes hatten sich die politischen Rahmenbedingungen, unter denen es mit einiger Aussicht auf Erfolg geplant und beschlossen worden war, grundlegend geändert. Parri mußte gehen, die Herrschaft der Democrazia Cristiana begann.

6. Das säuberungspolitische Veto der Liberalen und das Ende der Regierung Parri

Niemand wird behaupten, daß die Ablösung Parris das Land wie ein Blitz aus hei-
terem Himmel getroffen hätte. Seit Monaten, ja eigentlich schon seit seiner Ernennung im Juni 1945 ballten sich dunkle Wolken über dem Ministerpräsidenten zusammen, und im Herbst 1945 war es nur noch eine Frage der Zeit, oder besser:
eines entsprechenden Anlasses, wann sie sich entladen würden. Gründe für die
Unzufriedenheit mit der Regierung gab es genug. Einer, nicht der unwichtigste,
hing mit Parri selbst zusammen. Der Regierungchef tat alles, nur nicht das, was
das Amt von ihm verlangte. Statt mit energischer Hand die Geschäfte zu ergreifen,
verbiß er sich in Kleinigkeiten; statt Reformvorhaben zu initiieren, hielt er sich
endlos bei Nebensächlichkeiten auf, und statt die Kräfte im Kabinett zu bündeln,
wich er seinen Ministern aus und ließ sie gewähren. Der geachtete Partisanenfüh-
rer war dem Amt des Ministerpräsidenten einfach nicht gewachsen. Die Kleider,
die er im Juni nur widerwillig angezogen hatte, waren ihm zu groß, er hätte sie lieber heute als morgen von sich geworfen.

So handlungsunfähig wie er selbst war aber auch seine Regierung, in der sich die
zentrifugalen Kräfte bald voll entfalteten. Die Prophezeiung des amerikanischen
Geheimdienstes vom Juli 1945, die neue Regierung werde es nicht leicht haben
und gehe schweren Tagen entgegen[97], fand schon wenige Monate später grelle Bestätigung. Das Kabinett war wie gelähmt, für keines der wichtigen Probleme fand
es ein Rezept: Die Wirtschaft schien dem totalen Bankrott entgegenzusteuern, die
Arbeitslosigkeit stieg weiter an, die Staatsfinanzen boten ein trostloses Bild, die

---

[94] Nenni, Diari, S. 153.
[95] Vgl. dazu eine Erklärung von Nenni, die er der Zeitung Il Tempo (20. 12. 1945) gab; eine englische
Übersetzung des Artikels findet sich in: NA, RG 331, Civil Affairs, box 17, 10000/105/744–813;
vgl. auch HQ, AC, Civil Affairs Section, Monatsbericht für Dezember 1945, 15. 1. 1946, in: NA,
RG 331, Civil Affairs, box 5.
[96] Vgl. S. 352 f.
[97] Vgl. S. 314.

Agrarreform kam nicht voran, und die Kriminalität nahm sprunghaft zu, während das Kabinett sich in ewigem Streit verausgabte.

So konnte es nicht weitergehen. Als erste erkannten das die Alliierten, die viel Geld in das Land pumpten und hilflos zusehen mußten, wie es der Regierung in Rom durch die Finger rann; sie rückten von Parri ab und liebäugelten zeitweise sogar mit dem Gedanken, konservativen und reaktionären Kräften aus der präfaschistischen Zeit an die Macht zu verhelfen[98]. Doch auch in Italien gab es bald niemanden mehr, der der Regierung noch genügend Energie und Tatkraft zugetraut hätte, die Dinge zum Besseren zu wenden. Togliatti war schon im August 1945 skeptisch: „Wenn wir noch lange so weitermachen mit einer Regierung wie der jetzigen, kann der Moment kommen, wo die Sache faul wird und die Massen sich von uns abwenden."[99] L'Unità, das Parteiorgan der Kommunisten, stieß im September nach und forderte Parri unverhohlen auf, endlich aufzuwachen und die Erneuerung von Staat und Gesellschaft voranzutreiben[100]. Und Nenni war im Herbst des untätigen Regierungschefs und der stagnierenden Regierungsgeschäfte so überdrüssig geworden, daß er lieber das Land bereiste und den Kontakt mit den Wählern suchte[101].

Gleichwohl taten die Sozialisten und Kommunisten nichts, was geeignet gewesen wäre, Parri zu Fall zu bringen. Das besorgten die Christdemokraten und insbesondere die Liberalen, die im Herbst 1945 immer deutlicher zu spüren bekamen, daß sie mehr tun mußten als protestieren und lamentieren, wenn sie ihre Wähler aus den mittelständischen und ländlich-agrarischen Schichten vor allem Süd- und Mittelitaliens nicht verlieren wollten. Die Zeit war reif für einen Kurswechsel, die Klientel der Liberalen und der Democrazia Cristiana hatte genug – genug von Parri und den Befreiungskomitees, die zwar als politische Kraft kaum mehr eine Rolle spielten, als revolutionäre Drohung aber doch noch präsent waren; genug von dem Gerede über große verheißungsvolle Projekte, aus denen doch nie etwas wurde; genug vom Gezänk der Parteien; ja genug von der Politik überhaupt.

Daß etwas geschehen mußte, sollte die Sache der bürgerlichen Parteien nicht schweren Schaden nehmen, zeigte sich überall: Die Präfekten berichteten darüber, auf Parteikongressen war die Rede davon, und auch die Meinungsführer sprachen es aus. Benedetto Croce etwa, der Patriarch der liberalen Partei, schleuderte Blitz um Blitz gegen die Befreiungskomitees und Parri, der in seinen Augen zu allem fähig war[102]. Francesco Saverio Nitti, als früherer Ministerpräsident und entschiedener Regimegegner eine der großen Hoffnungen des bürgerlichen Lagers, hielt am 3. Oktober 1945 in Neapel eine vielbeachtete Rede, die nur als Generalabrech-

---

[98] Vgl. dazu einen Bericht von Herbert L. Matthews über Crisis threatens Still-Split Italy, 12. 8. 1945, in: NA, RG 331, Chief Commissioner, box 11, in dem es über Parri hieß: „The Premier, in fact, is obviously very tired and bewildered and does not feel that he can carry on indefinitely under present circumstances." Vgl. auch Pietro Scoppola, Alcide De Gasperi. Sein Weg zur Macht, in: Woller, Italien und die Großmächte, S. 232; ders., La proposta politica di De Gasperi, S. 176 ff.
[99] So Togliatti am 5. 8. 1945 vor den Führungsgremien seiner Partei. Zit. nach Di Loreto, Togliatti e la „doppiezza", S. 95.
[100] Vgl. L'Unità, 27. 9. 1945.
[101] Vgl. Nenni, Diari, S. 143–152 (Einträge vom 2.9. bis 23. 10. 1945).
[102] Vgl. Andreotti, De Gasperi. Visto da vicino, S. 74 f.

nung mit der Regierung zu verstehen war[103]. „Seit Jahrhunderten nicht", so rief
der gerade aus dem Exil zurückgekehrte Nitti unter dem Beifall einer unabsehba-
ren Menge aus, habe Italien „so schreckliche Stunden" durchzumachen gehabt
wie unter der amtierenden Regierung, die – so weit ging er nicht, aber jeder wußte,
was er meinte – sofort abgelöst werden mußte[104]. Derselben Meinung war man im
Vatikan: Der „ungesunde Ehebund" zwischen Democrazia Cristiana und Kommunisten müsse beendet werden, hieß es dort[105].

Noch schwerer als die Empfehlung aus dem Vatikan aber wog, daß sich im
Laufe des Jahres 1945 rechts von Democrazia Cristiana und liberaler Partei eine
Protestbewegung gebildet hatte, die immer größeren Zulauf fand und schließlich
zu einer ernsthaften Konkurrenz der beiden bürgerlichen Parteien wurde. Spiritus
rector dieser Bewegung, die sich den eigenartigen Namen „L'uomo qualunque"
gab, war der 1891 in Pozzuoli bei Neapel geborene Guglielmo Giannini, der sich
in den zwanziger und dreißiger Jahren als Journalist, Drehbuchautor und Filmre-
gisseur einen gewissen Namen gemacht hatte, ehe er sich nach 1943 auf die Politik
warf und sein demagogisches Talent entdeckte. Giannini griff in seinen öffentlichen Auftritten und in seiner Zeitung alles auf, was den leidgeprüften Menschen
auf der Seele lag. Er wetterte gegen die Parteien, die sich in seinen Augen einen
Dreck um die Interessen der kleinen Leute scherten; er polemisierte gegen den
Antifaschismus und die Befreiungskomitees, die alles bestimmen wollten und von
nichts eine Ahnung hatten, und sein Zorn galt den Exzessen der „wilden" Säuberungen, die Ende 1945 noch immer nicht ganz abgeklungen waren. Vor allem aber
richtete sich seine Kritik gegen die Epurazione. Die Jedermann-Bewegung, so
hieß es in einem alliierten Bericht vom 15. November 1945, „behauptet, daß es
nicht möglich sei, Hunderttausende italienischer Familien zu Armut und Hunger
zu verdammen, nur weil das Oberhaupt der Familie mehr oder weniger gezwungen Mitglied der Faschistischen Partei war, zu einer Zeit, da der Mitgliedsausweis
erforderlich war, um Beschäftigung zu finden, und sie betont auch die Notwendigkeit von Vergebung und Befriedung, eine Notwendigkeit, die von allen anerkannt werde, außer von denen, die den Klassenkampf schüren und den Aufstieg
der extremen Linken zur Macht fördern wollen"[106].

Manche politischen Beobachter spotteten anfangs zwar über den bizarren
Demagogen und sein Parteiprogramm, das wenig mehr sei als „ein Mischmasch
anderswo entlehnter Ideen, das dazu bestimmt ist, die größtmögliche Anzahl von
Anhängern anzuziehen, und dem sowohl Substanz wie Aufrichtigkeit fehlen"[107].
Aber Giannini hatte Erfolg: Seine öffentlichen Auftritte zogen Tausende und
Abertausende an. Seine Zeitung war im Herbst 1945 mit einer Auflage von 850 000
die größte in ganz Italien[108], und seine Bewegung schien eine glänzende Zukunft

---

[103] Vgl. dazu den Bericht von Stone in der 43. Sitzung des Advisory Council for Italy vom 12. 10.
1945, Protokoll in: NA, RG 331, Chief Commissioner, box 23, 10000/136/229.
[104] Ebenda und Setta, L'uomo qualunque, S. 101.
[105] Ebenda, S. 131.
[106] Notes on Italian Parties and on the political situation of Italy, 15. 11. 1945, in: NA, RG 331, Chief
Commissioner, box 12.
[107] US-Generalkonsul in Mailand an Secretary of State, 26. 11. 1945, in: NA, RG 84, 1945: 800, box
142.
[108] Vgl. Setta, L'uomo qualunque, S. 72.

vor sich zu haben, weil sich ihr immer mehr Menschen anschlossen, deren politische Heimat zuvor die Democrazia Cristiana und die liberale Partei gewesen waren. Nitti hielt die Jedermann-Bewegung schon im Herbst 1945 für die drittstärkste politische Kraft im Land[109].

Kein Zweifel: Die Liberalen und die Christdemokraten mußten auf diese Herausforderung reagieren. Aber wie? Die führenden Männer der beiden Parteien zerbrachen sich darüber lange die Köpfe. Schließlich hielten sie es für das Beste, sich von Parri abzusetzen und seine Regierung zu verlassen, die durch Indolenz und Untätigkeit die Gefahr des Qualunquismus wenn nicht heraufbeschworen, so doch wesentlich vergrößert hatte und die sie selbst noch weiter in den Strudel des Niedergangs hineinzureißen drohte. Im Klartext hieß das: Die Liberalen und die Democrazia Cristiana waren im Herbst 1945 entschlossen, die erstbeste Gelegenheit zum Verlassen der All-Parteien-Koalition zu nutzen.

Sie brauchten nicht lange zu warten. Schon am 1. November bot sich eine Gelegenheit, wie sie günstiger nicht hätte sein können. Das Kabinett beriet an diesem Tag über das „Nenni law". Dabei zeichnete sich nach vielen Zugeständnissen Nennis und der politischen Linken eine Lösung ab, die unter normalen Umständen auch die Liberalen und die Christdemokraten hätte zufriedenstellen müssen. Doch die Liberalen und hinter der Fassade die gesamten bürgerlichen Kräfte im Kabinett waren daran nicht mehr interessiert. Sie schalteten auf stur, versagten sich jedem Kompromiß und wurden schließlich überstimmt[110].

Viel Sand war danach nicht mehr in Parris Stundenglas. „In Rom liegt eine Regierungskrise in der Luft. Die Liberalen begehren auf und nehmen als Vorwand mein Gesetz über die Epurazione", schrieb Nenni am 6. November 1945 klarsichtig in sein Tagebuch[111]. Die Liberalen und die Christdemokraten zögerten den endgültigen Sturz des Regierungschefs aber noch hinaus, weil sie etwas Zeit brauchten, um der Öffentlichkeit einzuhämmern, daß sie im Begriffe waren, die Koalition an einer Frage scheitern zu lassen, die die Mehrheit der Bevölkerung genauso beantwortete wie sie selbst – nämlich mit einem glatten Nein zur Epurazione. Die seriösen bürgerlichen Parteien, das sollte damit vor allem signalisiert werden, machten die Politik Parris und den selbstgerechten Antifaschismus der linken Parteien nicht mehr mit, die Interessen der „Anständigen", der „Gutherzigen", der „Gutgläubigen" und der „Leute mit gesundem Menschenverstand"[112] waren bei ihnen besser aufgehoben als bei dem Demagogen Giannini, der sie ganz für sich reklamierte.

Diesem Zweck diente die Großoffensive gegen die Epurazione, die Anfang November gestartet wurde. Den Anfang machte die monarchistische Zeitung Italia Nuova, die am 2. November mit dem reißerischen Titel „Die neuen Säuberungsrichtlinien liefern Italien der Gnade von Nenni aus" erschien. Unter dem Vorwand, die Säuberung zu beschleunigen, so die durch nichts gedeckte Botschaft des Blattes, seien die Machtbefugnisse des Hochkommissars stark ausgeweitet worden und letztlich unkontrollierbar geworden. Nun beginne alles wieder von

---

[109] Vgl. Gambino, Storia del Dopoguerra, S. 77.
[110] Vgl. S. 333.
[111] Nenni, Diari, S. 154.
[112] Setta, L'uomo qualunque, S. 43.

vorne, diesmal aber viel gründlicher und unnachsichtiger[113]. In den nächsten Tagen folgten die liberale Zeitung Risorgimento Liberale mit einem Interview mit Brosio, der darin seinem Ärger Luft machte, daß er im Kabinett überstimmt worden war[114], das republikanische Blatt Voce Repubblicana[115] und Il Tempo, die mit dem früheren Ministerpräsidenten Bonomi gesprochen und von diesem erfahren hatte, daß er das neue Säuberungsgesetz und vor allem dessen Begleitgesetz für total verfehlt halte, „weil es eine Angelegenheit erneut aufgreife, die jedermann für geregelt hielt, und deshalb eine regelrechte Panik unter den Beamten hervorrufen werde"[116]. Fast schien es so, als wollte sich niemand, der im bürgerlichen Lager Rang und Namen hatte, nachsagen lassen, er habe nicht das Seine getan, den Bruch der Koalition propagandistisch vorzubereiten.

Noch schwereres Geschütz als Bonomi und Brosio fuhr am 4. November das Parteiorgan der Democrazia Cristiana, Il Popolo, auf. Der mit „Der Mythos der Epurazione" überschriebene Artikel war ein leidenschaftliches Plädoyer für die Beendigung der Epurazione, das seine besondere Bedeutung dadurch erhielt, daß es nicht von einem politischen Leichtgewicht, sondern von Guido Gonella, einem engen Vertrauten von Parteichef De Gasperi, stammte. Italien brauchte nach Ansicht von Gonella nichts dringender als Stabilität, rechtsstaatliche Sicherheit und eine Renaissance von Tugenden wie Anstand und Toleranz. Nur so sei die nationale Wiedergeburt zu erreichen. Diese sei keine „Frage von Bestrafung, sondern von Umerziehung. Damit läßt sich alles gewinnen, mit Strafe erreicht man aber wenig." Die Säuberung, so Gonella zusammenfassend, sei gekennzeichnet durch Unsicherheit, Widersprüche und schreiende Ungerechtigkeit; sie sei „ein einfacher Mythos, weil [...] es praktisch unmöglich ist, eine Säuberung mit den Mitteln einer strengen Justiz zu erreichen". Nötig wären „chirurgische Eingriffe" gewesen, die „schnell und präzise hätten vorgenommen werden müssen"; statt dessen aber habe man – sei es, weil man es nicht besser konnte, sei es, daß man sich der Illusion hingab, mit der Chirurgie sei alles zu heilen – Verletzungen und schwere Blutungen verursacht und tiefe Wunden geschlagen, „die sich nicht schließen und den ganzen sozialen Organismus schwächen". So deutlich war die Democrazia Cristiana noch nie geworden[117].

Die giftigen Attacken in der Presse waren aber nur das Vorspiel. Der eigentliche Generalangriff auf Nenni, nein: auf die Regierung Parri, folgte erst in einem Ausschuß der Consulta, der sich vom 6. bis 9. November 1945 geschlagene 16 Stunden mit der Säuberung befaßte. Die Consulta war eine Art Vorparlament, das am 25. September 1945 unter dem Vorsitz von Carlo Sforza zu tagen begann. Die Abgeordneten, zunächst etwas mehr als 300, schließlich aber 430, waren nicht frei

---

[113] Vgl. dazu auch Telegramm von Kirk an Secretary of State, 6. 11. 1945, in: NA, RG 59, 865.00/11–645.

[114] Risorgimento Liberale, 3. 11. 1945.

[115] Vgl. Telegramm von Kirk an Secretary of State, 6. 11. 1945, in: NA, RG 59, 865.00/11–645.

[116] Zit. nach ebenda. Il Tempo publizierte am 4. 11. 1945 einen Leserbrief von Bonomi, in dem dieser seine Ansichten zur Säuberung präzisierte.

[117] Zur publizistischen Großoffensive der bürgerlichen Kräfte vgl. auch einen Artikel von Carlo Sforza im Corriere di informazione vom 9. 12. 1945 sowie die Telegramme von Key vom 7. und 8. 11. 1945 an das Außenministerium in Washington, in: NA, RG 84, 1945: 800, box 140. Vgl. auch Andrea Damilano (Hrsg.), Atti e Documenti della Democrazia Cristiana 1943–1967, Rom 1968.

gewählt; ein Teil von ihnen wurde von den Parteien benannt, andere kamen aus gesellschaftlichen Großorganisationen, und eine dritte Gruppe bestand aus Parlamentariern der vorfaschistischen Zeit, die auf eine makellose Vergangenheit zurückblicken konnten. Hauptaufgabe der Consulta war es, die Regierung zu beraten. Sie mußte um Rat gefragt werden, wenn es sich um Fragen des Haushaltes, um Steuern und die Wahlgesetze handelte. In allen anderen Fragen aber, also auch bei der politischen Säuberung und bei der Ahndung faschistischer Verbrechen, war es in das Benehmen der Regierung gestellt, die Consulta einzuschalten oder nicht[118].

Die Debatte in der Consulta bezog sich eigentlich auf das Gesetz vom 5. Oktober, das die strafrechtliche Ahndung faschistischer Verbrechen neu regelte. Die Consulta war dabei übergangen worden. Die Regierung hatte darauf verzichtet, sie zu konsultieren, weil die Gefahr bestand, daß der Gesetzentwurf zerredet würde. Diese Art der Behandlung reizte manche Abgeordnete, und die Verstimmung, die daraus entstand, wurde zu heftiger Verärgerung, als die Regierung am 1. November auch das „Nenni law" verabschiedete, ohne die Consulta gefragt zu haben. Verstimmung und Verärgerung hätten aber ohne die Entschlossenheit der bürgerlichen Parteien, ihren Rückzug aus der Regierung Parri vorzubereiten, niemals ausgereicht, um einen solchen Sturm verächtlicher Kritik und gehässiger Empörung zu entfachen, wie er vom 6. bis 9. November über die Regierung hereinbrach. Die Abgeordneten der bürgerlichen Parteien hatten an allem etwas auszusetzen; kein Argument, das für das Gesetz vom 5. Oktober sprach, fand ihre Zustimmung. Nenni, Togliatti und Berlinguer, die das Gesetz verteidigten, stießen ins Leere; nicht einmal ihr Hinweis, das Gesetz sei im Kabinett einstimmig verabschiedet worden, vermochte die Kritiker zu bremsen[119].

Besonders leidenschaftlich zogen die Liberalen und die Monarchisten über die neue Regelung her. Leone Cattani, der Sprecher der Liberalen, gab den Ton an und die Stoßrichtung der Kritik vor. Es könne der Eindruck entstehen, so begann er, daß das Gesetz vom 5. Oktober zur Mäßigung und zur Rückkehr zur Normalität beitrage. Dieser Eindruck sei aber grundfalsch, das Gesetz bewirke „genau das Gegenteil, nämlich die Ausdehnung in Zeit und Raum eines ganz und gar außerordentlichen Verfahrens". Gemeint war damit die Verlängerung der außerordentlichen Schwurgerichte um ein Jahr und ihre Ausdehnung auch auf Süditalien; diesen Plänen hatte sich die liberale Partei schon im Kabinett widersetzt, ihnen schließlich aber doch zugestimmt, weil die Sonderschwurgerichte in „Sezioni speciali" der ordentlichen Schwurgerichte verwandelt worden waren und damit – rein rechtlich betrachtet – ihren Charakter als außerordentliche Organe der Rechtsprechung verloren hatten. Das war nun ebenso vergessen wie die Tatsache, daß die Liberalen im Kabinett die Mitwirkung der Befreiungskomitees in den „Se-

---

[118] Vgl. DLL, 5. 4. 1945, Nr. 146: Istituzione della Consulta Nazionale, in: Gazzetta Ufficiale del Regno d'Italia, Nr. 51, 28. 4. 1945; die Debatten in den Kabinettssitzungen vom 28.3., 19.7., 22.8., 25.8. und 5. 9. 1945, in: ACS, Verbali del Consiglio dei Ministri; F. Bonini, La Consulta nazionale e la legislazione transitoria, in: Il Parlamento italiano. Storia parlamentare e politica dell'Italia, Bd. XIII, Mailand 1989, S. 127–146.

[119] Vgl. die Redebeiträge von Nenni, Togliatti, Grieco und Berlinguer, in: Consulta Nazionale. Commissioni riunite affari politici e amministrativi, Giustizia, 6. 11. 1945 (Grieco), 7. 11. 1945 (Nenni, Togliatti, Berlinguer).

zioni speciali" akzeptiert hatten. Vier Wochen später hielt Cattani diese Regelung
für höchst anstößig, „vor allem, weil sie ein parteiisches Element mit einer Funktion im Justizwesen betraut, das über den Parteien stehen muß, und, zweitens,
weil die Befreiungskomitees politische Organe sind, die im Verfassungsrecht nicht
verankert sind"[120].

Auf diesen Punkt kam es Cattani besonders an. Er erinnerte deshalb daran, daß
seine Partei in den Koalitionsverhandlungen, die zur Bildung der Regierung Parri
geführt hatten, darauf bestanden habe, daß die Befreiungskomitees sich mit ihrer
ursprünglichen politischen Rolle begnügen müßten. Ihre Mitwirkung bei Aufgaben, die legislativen, exekutiven oder judikativen Instanzen vorbehalten seien,
könne von der liberalen Partei nicht hingenommen werden. „Über diesen Punkt
gab es eine klare Verabredung zwischen den Parteien, die Voraussetzung der Regierungsbildung war", fügte er mit warnendem Unterton hinzu. „Wenn die Regierung diese Verabredungen verletzt, stellt sie sich außerhalb des geistigen Rahmens
der Regierungskoalition."[121]

Damit war das Wesentliche gesagt. Cattanis Mitstreiter ließen es sich aber nicht
nehmen, die Argumente ihres Hauptredners zu variieren und zuzuspitzen, um damit der Regierung weiter zu schaden. Die Regierung, hob Paolo Cappa hervor,
habe bei der Schaffung der Sonderschwurgerichte im April 1945 hoch und heilig
versprochen, daß diese nur sechs Monate existieren würden. Dann aber, so sein
skandalös abwegiger Vergleich, habe sie es genauso gemacht wie die faschistische
Regierung, „die das Gesetz über das Tribunale speciale mehrmals verlängert hat,
und niemand kann uns garantieren, daß wir in einem Jahr nicht wieder da sind, wo
wir jetzt sind"[122]. In dieselbe Kerbe hieben die Abgeordneten Rubilli, Lucifero
und Amerigo Crispo[123]. Letzterer hielt die Ausdehnung der „Sezioni speciali" auf
Süd- und Mittelitalien für einen „widerwärtigen Anachronismus"; vor allem aber
geißelte er die Einmischung der Politik in das Gerichtswesen. Man habe es, rief er
aus, „bei diesem Sondergesetz mit einer antidemokratischen Akzentsetzung" zu
tun[124].

Diese Empörung aber war – wie schon angedeutet – gespielt, denn wären die
Liberalen und andere bürgerliche Kräfte tatsächlich so entsetzt gewesen, wie sie in
der Consulta taten, dann wäre es ihnen nicht schwer gefallen, die beiden Gesetze
vom Oktober und November 1945 zu verhindern; sie hätten nur rechtzeitig aus
dem Kabinett ausziehen müssen. Daran lag ihnen aber offenbar nicht. Die gesetzlichen Regelungen mußten getroffen werden, weil die Kraft des Faktischen sie
erzwang, und insgeheim waren die Liberalen – bei aller Kritik, die durchaus ernst
gemeint war – nicht unzufrieden damit[125]. Die Liberalen hatten, so läßt sich zu-

[120] Ebenda (6. 11. 1945).
[121] Ebenda.
[122] Ebenda (7. 11. 1945).
[123] Ebenda.
[124] Ebenda.
[125] Dies belegt auch die Tatsache, daß – als die Regierung Parri gestürzt war – der entsprechende Aus-
    schuß der Consulta kaum grundlegende Einwände erhob, als er im Januar und Februar 1946 über
    das Gesetz debattierte. Die Liberalen hatten ihr Hauptziel erreicht, den Sturz der Regierung; nun
    gewannen wieder vernünftige Argumente bei der Behandlung der Säuberung die Oberhand. Vgl.
    Consulta Nazionale. Commissioni riunite affari politici e amministrativi, Giustizia, 11.1., 12.1.,
    17.1., 14.2., 15.2. und 22. 2. 1946.

sammenfassend sagen, beides: Gesetze, die nötig und in Kraft gesetzt waren, und zugleich die beste Möglichkeit, die sich denken ließ, um sich publikumswirksam von der Regierung abzusetzen – nachträglich und risikolos. Genau diesem Zweck diente ein Antrag des liberalen Abgeordneten Altavilla, der den Höhepunkt der sechzehnstündigen Debatte in der Consulta darstellte. Die Consulta, so lautete der Antrag des renommierten Staatsrechtlers, „betont, daß es das Recht jedes Bürgers ist, von seinen natürlichen Richtern zur Verantwortung gezogen zu werden, und daß die politische Lage des Landes eine Rückkehr zur Normalität erfordert und die Fortsetzung von außerordentlichen Gerichten verbietet. Sie spricht sich deshalb gegen das Gesetz vom 5. Oktober 1945 aus, das ihr zu spät zur Prüfung zugeleitet wurde, und fordert die Regierung auf, es wieder außer Kraft zu setzen."[126]

Das war ein kaum verhüllter Mißtrauensantrag. Die Mehrheit der Abgeordneten erkannte natürlich den politischen Sprengstoff, der in der Initiative Altavillas steckte, und dachte gar nicht daran, dem Antrag stattzugeben. „Niemandem", so faßte der Abgeordnete Berlinguer die Ansicht der Mehrheit zusammen, „der auch nur ein bißchen politisches Gespür hat, kann verborgen bleiben, daß ein so gearteter Beschluß im Lande, in der öffentlichen Meinung und vielleicht auch für die Regierung Konsequenzen hätte." Es gebe viele Ansatzpunkte für Kompromisse, die Liberalen seien aber nicht bereit, darauf einzugehen. „Es ist die offenkundige Absicht derjenigen, die den Antrag stellten, ein klares und sichtbares politisches Zeichen zu setzen, nämlich der Regierung das Mißtrauen auszusprechen."[127]

Aussicht auf Erfolg hatte der Mißtrauensantrag angesichts der Mehrheitsverhältnisse in der Consulta nicht. Altavilla und seine Mitstreiter waren daran auch gar nicht interessiert. Ihnen ging es nicht um den Erfolg, sondern um die Demonstration ihrer Dissidenz. Die liberalen Abgeordneten, bemerkte Oronzo Reale von der Aktionspartei treffend, „führen einen politischen Kampf [...]; mit diesem Antrag machen sie einen besonderen politischen Zug und bereiten sich darauf vor, ihn morgen auszunutzen."[128]

Wie recht er damit hatte, zeigte sich schon wenige Tage nach der Abstimmung, die erwartungsgemäß mit der Ablehnung von Altavillas Antrag endete[129]. Die Führungsgremien der Liberalen tagten in den ersten Novemberwochen fast ununterbrochen. Gegenstand der Debatten war nicht mehr, ob, sondern wann und wie die Partei ihren Rückzug aus der Regierung einleiten sollte. Um den 10. oder 12. November herum war man sich einig, daß der Boden bereitet war. Jetzt ging es Schlag auf Schlag: Zuerst wurde Parri informiert, daß die liberale Partei das Vertrauen in ihn verloren habe, dann schrieb die Parteiführung am 17. November einen Brief an die anderen fünf Regierungsparteien, der einen Katalog von Forderungen enthielt und einer Ankündigung ihres Austritts aus der Regierung gleichkam, und schließlich zogen sich die Liberalen am 22. November tatsächlich zurück. Die Gründe, die sie dafür geltend machten, blieben vage; einige Forderungen gehörten seit langem zum Regierungsprogramm, andere wären auch im Kabi-

[126] Ebenda (7. 11. 1945).
[127] Ebenda.
[128] Ebenda.
[129] Ebenda; vgl. auch L'Unità, 8. 11. 1945.

nett Parri realisierbar gewesen, wenn die Parteien sich auf die Gebote einer ge-
deihlichen Zusammenarbeit besonnen hätten[130]. Letztlich ging es den Liberalen
um die Ablösung Parris durch einen Politiker des bürgerlichen Lagers, um – wie
Nenni es in seinem Tagebuch ausdrückte – „einen Rechtsruck der Regierung"[131]
oder wenigstens um die möglichst geräuschvolle Demonstration dieses Willens
vor der eigenen Klientel.

Der Auszug der Liberalen aus der Regierung hätte nicht automatisch zum Sturz
von Parri führen müssen. Theoretisch hätte es durchaus die Möglichkeit gegeben,
eine Regierung „zu fünft, zu viert oder zu dritt" zu bilden. Diese Möglichkeit
wurde tatsächlich ernsthaft erwogen und vor allem von Nenni und Togliatti favo-
risiert – allerdings ohne größeres Engagement, denn auch sie hatten ja erhebliche
Bedenken gegen Parri. Daß es nicht zu einer solchen Lösung kam, lag an der Democrazia Cristiana, die in vielen Punkten ähnlich dachte wie die Liberalen und natürlich kein Interesse daran hatte, ihren wichtigsten Verbündeten im Kabinett zu
verlieren. Die DC gab deshalb der Regierungskrise „einen irreversiblen Charakter
[...], indem sie erklärte, daß der durch den Rückzug der liberalen Partei verursachte Bruch des Sechser-Paktes [des Befreiungskomitees] keine andere Konsequenz haben könne als den sofortigen Rücktritt Parris"[132]. Das war der „Todes-
stoß"[133] für den Ministerpräsidenten. Parri trat am 24. November zurück, sein
Nachfolger wurde Alcide De Gasperi, der sich im übrigen auf dieselben Parteien
stützte wie sein Vorgänger.

Parris fünfmonatige Amtszeit war eine Episode, aber keine unwichtige. Allein
schon seine bloße Präsenz an der Spitze der Regierung hat viel bewirkt: Vor allem
hat sie zur Beruhigung und schließlich zur Zähmung der unruhigsten Kräfte der
Befreiungsbewegung beigetragen, die 1945 entschlossen schienen, den Bürgerkrieg über den Krieg hinaus fortzusetzen. Im Sommer 1945 wäre der Übergang
von Bonomi zu De Gasperi zu früh gekommen und von den revolutionären Aktivisten der Resistenza auch kaum hingenommen worden. Parri hat diesen Kräften
ein gewisses Vertrauen in die Reformierbarkeit Italiens eingeflößt, ihnen wenigstens die partielle Integration in den neuen Staat erleichtert und – ohne es zu wollen und insbesondere auch durch sein Scheitern – die Augen dafür geöffnet, daß
Italien weder ein antifaschistisches Land noch reif für die Revolution war.

Handgreifliche Erfolge, die sich in wegweisenden Gesetzen oder Reformen niedergeschlagen hätten, blieben dagegen in der Regierungszeit Parris rar[134]. Ob die
Säuberungsgesetze, die mit dem Namen Nenni verbunden sind, dazu gehörten?
Ende 1945, als Parri zum Rücktritt gezwungen wurde, ließ sich darüber noch wenig sagen, denn niemand wußte, wie sich die Gesetze in der Praxis bewähren würden. Unzweifelhaft aber ist: Das „Nenni law" war in seiner Konzentration auf das

---

[130] Zum Sturz Parris vgl. den Bericht von Stone in der 46. Sitzung des Advisory Council for Italy,
23. 11. 1945, Protokoll, in: NA, RG 331, Chief Commissioner, box 23; Cattani, Dalla caduta del
fascismo al primo governo De Gasperi, S. 760–765 und 781–784; Scoppola, La proposta politica di
De Gasperi, S. 183–186.
[131] Nenni, Diari, S. 155 (Eintrag vom 24. 11. 1945).
[132] Gambino, Storia del Dopoguerra, S. 82.
[133] Nenni, Diari, S. 156 (Eintrag vom 24. 11. 1945).
[134] Vgl. Relazione sull'attività legislativa del Governo Parri dalla sua costituzione (21 giugno 1945)
all'8/11/1945, in: ACS, Ministero dell'Interno, Gab. 1944–1946, busta 163, fasc. 15296.

Wesentliche eine angemessene Antwort auf eine ebenso verfahrene wie komplexe Situation, die nach zwei Jahren Säuberung und einem beispiellosen Blutbad entstanden war. Angemessen vor allem insofern, als sie ein überzogenes Programm in einen praktikablen Maßnahmenkatalog verwandelte, der auf die Richtigen zielte und binnen weniger Monate einen Abschluß der Säuberung versprach. Diese Lösung war nicht nur politisch opportun, weil die bürgerlichen Parteien anderes nicht mitgemacht hätten; sie war auch klug, weil sie das Millionenheer der kleinen Mitläufer von existentiellen Sorgen befreite und davon abhielt, sich rechtsradikalen Kräften anzuschließen, und sie war sogar moralisch vertretbar – zumal nach den mörderischen Exzessen vom Frühjahr 1945, die auch die militanten Antifaschisten nicht mehr berechtigten, moralische Argumente zur Fortsetzung einer rigorosen Generalsäuberung ins Feld zu führen. Die Säuberung, so mußten sie sich sagen lassen, war bei ihnen nicht in guten, sondern in blutigen Händen.

Gesagt werden muß freilich auch, daß das „Nenni law" eine riskante Schwachstelle hatte. Diese bestand darin, daß es die Säuberungskompetenz in den öffentlichen Dienst und in die private Wirtschaft zurückverlagerte und damit die politische und gesellschaftliche Kontrolle praktisch aufhob, die bis dahin vom Hochkommissariat gewährleistet worden war. Das konnte gutgehen, aber auch mit einem Fiasko enden – je nach den politischen Umständen. So, wie die Dinge sich nach dem Sturz Parris entwickelten, hatte Nennis Konzept keine Realisierungschance, denn als es in der Ära De Gasperi zur Anwendung kam, standen die Zeichen der Zeit schon ganz auf „pacificazione", während der alte Abrechnungsgeist zumindest in der Regierung fast verflogen war. Darin liegt vielleicht sogar eine gewisse Tragik von Nenni, der – ohne es zu wollen – letztlich entscheidend dazu beigetragen hat, daß die Epurazione 1946 ein überstürztes Ende fand.

7. Das letzte Rückzugsgefecht der Linken

Nenni hatte – so viel wird deutlich geworden sein – die größte Mühe, sein Säuberungskonzept durchzusetzen. Seine schärfsten Widersacher kamen aus der liberalen Partei, die ihm Kompromiß um Kompromiß abrang und schließlich an der Frage der Säuberung sogar die Regierung platzen ließ. Nenni stand in diesem Ringen nicht allein. Er konnte sich auf die Unterstützung seiner eigenen Partei verlassen, und er hatte starken Rückhalt bei den Kommunisten, die ja schon Ende 1944 auf eine „Epurazione totale" verzichtet hatten und auf eine pragmatische Linie eingeschwenkt waren[135]. Kummer bereitete Nenni aber die Aktionspartei, die im Sommer 1945 ihren rigorosen Säuberungseifer zwar ebenfalls abschwächte, deshalb aber noch lange nicht bereit war, ihm so weit zu folgen, wie er gehen wollte; vieles an Nennis Plänen roch ihr denn doch zu sehr nach Offenbarungseid und Kapitulation vor den Pressionen der bürgerlichen Parteien.

Der Konflikt mit der Aktionspartei verlief parallel zu den Auseinandersetzungen, die Nenni mit den bürgerlichen Kräften führen mußte, und spielte die meiste

---

[135] Vgl. Protokoll der Sitzung der Direzione des PCI vom 1. 7. 1945, in: Istituto Gramsci, Bestand PCI 1943–1946, Verbali della Direzione 1944–1946.

Zeit hinter den Kulissen. Er drang erst im Herbst 1945 an die Öffentlichkeit, als Emilio Lussu, neben Parri und Ugo La Malfa der prominenteste Vertreter der Aktionspartei in der Regierung, am 1. November 1945 im Kabinett gegen das in seinen Augen viel zu milde „Nenni law" stimmte[136], und als Domenico Peretti-Griva, im Hochkommissariat zuständig für die Personalsäuberung, kurz danach alle Zurückhaltung aufgab und gegen das Gesetz und seine großzügige Interpretation durch Nenni und Cannarsa zu Felde zu ziehen begann[137].

Peretti-Griva, ein brillanter Jurist und ein Mann mit besten Beziehungen zur Resistenza, hatte sich mit Nenni zunächst blendend verstanden. Schon gleich nach der Übernahme seines Amtes habe er die Überzeugung gewonnen, sagte Peretti-Griva im Sommer 1945, „daß die Konfusion bei der Säuberung ihre Ursache nicht so sehr in Mängeln von Organen oder Personen hatte, sondern in der Art und Weise, wie man von Beginn an das gesamte Problem betrachtete, und – eng verbunden damit – in der enormen Zahl derjenigen, die potentiell unter die Epurazione fielen". Selbst wenn alle Kommissionen tadellos funktioniert hätten, wovon natürlich keine Rede sein konnte, wäre ein Ende der Säuberung noch lange nicht absehbar gewesen. Auch jedes andere System werde Schwächen und Mängel haben; diese seien aber auf jeden Fall geringer „als die, die das heillose gegenwärtige Verfahren verursachte"[138].

Wie Peretti-Griva sich dieses neue System vorstellte, blieb zunächst noch im dunkeln. Die wichtigsten Elemente davon traten erst nach und nach zutage, aber was sich da langsam herausbildete und am 24. September 1945 in einer siebenseitigen Denkschrift präsentiert wurde[139], ließ ein hohes Maß an Übereinstimmung mit Nenni erkennen. Auch Peretti-Griva hielt es für das Beste, die Säuberung den einzelnen Verwaltungen zu übertragen; auch er meinte, daß künftig nur noch eine Sanktion, nämlich die Entlassung, verhängt werden sollte, während andere Strafen ganz wegfallen sollten; und auch in seinen Augen war es unabdingbar, der breitenwirksamen Säuberung im öffentlichen Dienst die sofortige Säuberung der Spitzenbeamten vorausgehen zu lassen. Andere Säuberungssysteme, die zum selben Zeitpunkt ebenfalls diskutiert wurden, vermochten Peretti-Griva nicht zu überzeugen. Er hielt sie für zu kompliziert und schwerfällig, vor allem weil sich deren Urheber nicht von den Säuberungskommissionen trennen wollten, während er der Meinung war, daß „der Mechanismus der Kommissionen" ganz aufgehoben werden sollte. Wenn es aber politisch oder praktisch unmöglich sei, ganz ohne Kommissionen auszukommen, dann schlug Peretti-Griva vor, das System zu dezentralisieren oder – noch besser – die von der Militärregierung in Norditalien ins Leben gerufenen Kommissionen beizubehalten, die in seinen Augen ausgezeichnete Arbeit geleistet hatten[140].

---

[136] Vgl. Protokoll der Kabinettssitzung vom 1. 11. 1945, in: ACS, Verbali del Consiglio dei Ministri.

[137] Vgl. dazu Rossini, L'epurazione, passim.

[138] Alto Commissario per le sanzioni contro il fascismo, Memorandum in Frage- und Antwortform von Peretti-Griva, o. D. (Sommer 1945), in: ACS, Alto Commissariato, titolo II, Nr. 4.

[139] Vgl. Peretti-Griva: Per un nuovo meccanismo dell'epurazione, 24. 9. 1945, in: NA, RG 331, Civil Affairs, 10000/105/815, und ACS, Alto Commissariato, titolo II, Nr. 4.

[140] Ebenda. Vgl. auch Aufzeichnung über eine Besprechung zwischen Carr und Peretti-Griva, 2. 10. 1945, in: ACS, Alto Commissariato, titolo II, Nr. 4; Aufzeichnung über eine Besprechung zwischen Upjohn und Peretti-Griva, 7. 8. 1945, in: Ebenda, titolo II, Nr. 1.

Die Geister schieden sich nur an zwei Punkten, die Peretti-Griva freilich sehr wichtig waren: Während Nenni der Ansicht zuneigte, die kleineren Beamten ganz zu verschonen, ging Peretti-Griva dieser Vorschlag entschieden zu weit. „Ich glaube nicht", so schrieb er in seinem Memorandum vom 24. September, „daß es gerecht ist, von vornherein eine [...] unterschiedliche Behandlung ins Auge zu fassen, weil man nicht bestreiten kann, daß viele auch in den niederen Rängen gewalttätige und eingefleischte Faschisten waren. Ich meine, daß diejenigen numerisch in der Überzahl sind, die unter dem Verhalten von kleineren Beamten zu leiden hatten, mit denen die Menschen am meisten Kontakt hatten – in der Überzahl im Vergleich zu denen, die von einem Gefühl der Abneigung gegenüber Beamten aus den höheren Rängen erfüllt sind." Die zweite Meinungsverschiedenheit bezog sich auf das Hochkommissariat, das Peretti-Griva in seinen Kompetenzen nicht angetastet wissen wollte, weil er es für die eigentliche Energiequelle der gesamten Säuberung hielt[141]. Nenni war hier sehr viel flexibler und sogar zur Stillegung seines Apparates bereit.

Diese Meinungsverschiedenheiten blieben zunächst folgenlos, weil Peretti-Griva im Sommer und Frühherbst 1945 eine Reihe von Maßnahmen ergriff, die ganz im Zeichen der Vereinfachung und Beschleunigung der Säuberung standen und damit auf der Linie Nennis lagen. „Die Erfordernisse einer Beschleunigung des mühseligen Verfahrens sind so dringend und sie werden von der übergroßen Mehrheit der Bürger, die das Land so rasch wie möglich von der überaus schweren Bürde der Epurazione befreien wollen, so sehr betont", so hieß es am 1. Oktober 1945 in einem internen Memorandum, „daß sich eine Reduzierung der Masse der Betroffenen auch dann gut rechtfertigen läßt, wenn damit zufällig eine geringere Präzision bei den Ergebnissen" einhergehen sollte[142]. Dementsprechend handelte er, und es kümmerte ihn dabei auch nicht, daß das alte Gesetz ihm eigentlich enge Grenzen zog. Er nahm das neue Gesetz, so wie er es sich vorstellte, einfach vorweg und schärfte seinen Untergebenen ein, sich von allem Schematismus und Automatismus freizumachen. Der Eid auf den Duce allein, so hob er etwa hervor, sei ebensowenig ein ausreichender Grund für die Eröffnung eines Säuberungsverfahrens wie die Tatsache, daß ein Beamter 1943/44 der faschistischen Regierung nach Norden gefolgt war. Auf die Würdigung des Einzelfalles komme es hier an und nicht auf die Erfüllung pauschaler Belastungskriterien, die der Lebenswirklichkeit im Faschismus nicht selten Hohn sprachen. Ähnliches gelte, so fuhr Peretti-Griva fort, für die Mitgliedschaft in der faschistischen Partei von Salò und die Zugehörigkeit zu bestimmten faschistischen Funktions- und Traditionseliten wie „squadrista" oder „antemarcia", die bis dahin ebenfalls automatisch ein Verfahren nach sich gezogen hatte. Außerdem traf Peretti-Griva Vorbereitungen zur Niederschlagung aller Verfahren, die nach den bis dahin gemachten Erfahrungen nur mit einer

---

[141] Vgl. Domenico Riccardo Peretti-Griva, Il fallimento dell'epurazione, in: Il ponte, 1947, Nr. 11–12, S. 1078; ders.: Per un nuovo meccanismo dell'epurazione, 24. 9. 1945, in: NA, RG 331, Civil Affairs, 10000/105/815.
[142] Peretti-Griva: Circolare agli istruttori del Commissariato, ai Delegati provinciali e alle Commissioni di epurazione, 1. 10. 1945, in: ACS, PCM, Gab. 1944–1947, 1/7 10124, sottofasc. 0–4.6.

„minor sanction" enden würden, und er zog Revisionsanträge des Hochkommissariats zurück, die in seinen Augen nicht gut genug begründet waren[143].

Nichts spricht dafür, daß der Hochkommissar diese Maßnahmen beanstandet hätte. Schwierig wurde die Zusammenarbeit zwischen Nenni und Peretti-Griva erst im Oktober 1945, als man im Hochkommissariat letzte Hand an den Gesetzentwurf zur Neuregelung der Personalsäuberung legte. Dabei zeigte sich, daß Peretti-Griva nicht gewillt war, von seinen Grundüberzeugungen hinsichtlich der künftigen Rolle des Hochkommissariats und des Säuberungsbedarfs auch bei kleinen Beamten abzurücken. Nenni zog daraus eine fatale Konsequenz, die von Peretti-Griva nur als Demütigung empfunden werden konnte: Er schloß seinen Mann für die Personalsäuberung von den internen Diskussionen aus; dieser konnte deshalb erst der Gazzetta Ufficiale entnehmen, an welche Richtlinien er sich künftig halten mußte.

Peretti-Griva schäumte und dachte an Rücktritt, blieb schließlich aber doch auf seinem Posten. Den Ausschlag dafür gab zweierlei: Er wußte, daß einflußreiche Offiziere der Alliierten Kommission über das am 1. November verabschiedete Gesetz so ähnlich dachten wie er selbst[144], und er hoffte, die Linksparteien in der Consulta würden die Regierung zu einer Novellierung des „Nenni law" zwingen, die ihm die Fortsetzung seiner Arbeit im Hochkommissariat ermöglichen würde. Um die Entwicklung in diesem Sinne zu steuern, ging Peretti-Griva an die Öffentlichkeit. Er agierte dabei äußerst zurückhaltend und machte nur konstruktive Vorschläge, um seinerseits nicht zur Verschärfung der Situation und zur Verhärtung der Fronten beizutragen.

Doch der Erfolg blieb aus. Peretti-Griva konnte wie mit Engelszungen reden und noch so eindringlich auf die Gefahr hinweisen, die sich aus dem gerade verabschiedeten Gesetz ergaben – er wurde von keiner Seite unterstützt. Die Linke, auf die er große Hoffnungen gesetzt hatte, schwieg oder verteidigte Nennis Politik, und seine eigene Partei, die Aktionspartei, war durch internen Richtungsstreit gelähmt und nicht mehr in der Lage, sein Anliegen zu dem ihren zu machen.

Peretti-Griva, „ein ehrlicher und mutiger Mann, der keine Angst hat, das zu tun, was er für richtig hält"[145], machte dennoch weiter – auch nachdem er am 16. November 1945 ein in steifem Ton gehaltenes Schreiben von Cannarsa erhalten hatte, in dem ihm der Generalsekretär mit unmißverständlichen Worten auseinandersetzte, daß das Hochkommissariat de facto entmachtet war und nur noch irgendwelche Überwachungsfunktionen haben sollte und daß er, Cannarsa, die Abwicklungsarbeiten übernehmen werde[146]. Peretti-Griva, der damit selbst kaltgestellt war, schrieb am 17. November lediglich zurück, er sei mit Cannarsas Sicht

---

[143] Vgl. Aufzeichnung über eine Besprechung zwischen Carr und Peretti-Griva, 2. 10. 1945, in: ACS, Alto Commissariato, titolo II, Nr. 4.

[144] Vgl. S. 330–338; Aufzeichnung über eine Besprechung zwischen White und Peretti-Griva, 14. 11. 1945, in: NA, RG 331, Civil Affairs, 10000/105/866; Peretti-Griva an White, 15. 12. 1945, in: Ebenda; Aufzeichnung über eine Besprechung zwischen White und Peretti-Griva, 28. 8. 1945, in: Ebenda, 10000/105/819.

[145] So White in einem Memorandum über Epuration von Mitte Dezember 1945, in: NA, RG 331, Chief Commissioner, box 35.

[146] Vgl. Cannarsa an Peretti-Griva, 16. 11. 1945, in: ACS, Alto Commissariato, titolo I, Nr. 3; der Brief findet sich auch in: ACS, NL Parri, busta 29, fasc. 171.

der Dinge nicht einverstanden und werde weiterhin das Gesetz „nach dem Geist und nach den praktischen Erfordernissen des komplexen Problems der Säuberung" interpretieren. Daran anknüpfend wiederholte er freundlich, in der Sache aber sehr entschieden, seine eigenen säuberungspolitischen Vorstellungen, die zum Teil schon aus seinem großen Memorandum vom 24. September bekannt waren[147]. Er halte es für falsch, so lautete sein Haupteinwand, das Hochkommissariat stillzulegen und dem öffentlichen Dienst die Last der Epurazione aufzubürden. Die Verwaltung werde nicht einmal in der Lage sein, die schon anhängigen Verfahren zu bewältigen, geschweige denn die nach Zehntausenden zählenden neuen Fälle, die nach der Rückgabe der norditalienischen Provinzen zu erwarten seien. Die Sichtung und Bewertung der Akten sowie die Einleitung und provisorische Vorbereitung der Verfahren könne nur vom Hochkommissariat geleistet werden, der öffentliche Dienst sei dafür nicht gerüstet, vom politischen Willen zur Säuberung einmal ganz abgesehen. Die überstürzte Demobilisierung des Hochkommissariats, die Cannarsa in seinem Schreiben vom 16. November angekündigt hatte, könne nur „auf den ersten oberflächlichsten Blick [...] eine Normalisierung der Epurazione" erwarten lassen. „Im Endeffekt aber würde damit ihre Beendigung hinausgezögert und schwieriger und mühseliger gemacht und, was noch mehr zählt, damit würde schließlich ein Hindernis für die konkrete Säuberung geschaffen, und sei sie auch nur noch in den sehr engen Grenzen vorgesehen, die das neue Gesetz" ziehe. Da wäre es ehrlicher, „das Scheitern des ganzen Vorhabens der Säuberung zuzugeben und das Vorhaben zu vergessen, indem man alle in Gang befindlichen Verfahren einstellt und [...] alle schon verhängten Sanktionen widerruft"[148].

Das neue Gesetz lasse sich also durchaus in dem Sinne, der ihm vorschwebte, interpretieren. Eines, so gab Peretti-Griva dem Generalsekretär zu verstehen, lasse sich aus dem Gesetz aber ganz gewiß nicht herauslesen: nämlich eine so herausragende Rolle des Generalsekretariats wie Cannarsa sie beansprucht habe, als er weitreichende Kompetenzen für sich reklamierte, die bis dahin von ihm, Peretti-Griva, ausgeübt worden seien. Er halte dies für rechtswidrig; der Generalsekretär habe einzig und allein administrative Aufgaben zu erfüllen, während die Kommissare einen politischen Auftrag hätten, der ihnen von höchster Stelle übertragen worden sei[149]. Cannarsa, so lautete die letzte Botschaft, habe ihm nichts zu sagen.

Cannarsa sah es anders, und weil er, wie sein Parteifreund und Vertrauter Nenni schrieb, „ein [...] streitsüchtiger Geist und [...] zugleich von absoluter Recht-

---

[147] Vgl. S. 348f.
[148] Peretti-Griva an Cannarsa, 17. 11. 1945, in: ACS, Alto Commissariato, titolo I, Nr. 3.; der Brief findet sich auch in: ACS, NL Parri, busta 29, fasc. 171. Andere Einwände Peretti-Grivas bezogen sich auf die Überforderung der Revisionsinstanzen, v. a. auf die neuzuschaffende Sektion des Consiglio di Stato, die seines Erachtens in der Flut der Einsprüche untergehen würde. Zu Peretti-Grivas Kritik vgl. auch sein undatiertes Memorandum über Le norme processuali e di esecuzione della nuova legge, in: ACS, PCM, Gab. 1944–1947, 1/7 10124, sottofasc. 0–4.6, sowie seine ebenfalls undatierte Ausarbeitung über La Nuova Legge sull'epurazione della pubblica amministrazione (D.L.L. 9 novembre 1945 n. 702) – Cenni illustrativi dei Criteri sostanziali e delle norme processuali, in: Ebenda. Vgl. auch ein Interview Peretti-Grivas in L'Italia Libera, 21. 12. 1945.
[149] Vgl. Peretti-Griva an Cannarsa, 17. 11. 1945, in: ACS, Alto Commissariato, titolo I, Nr. 3.

schaffenheit"[150] war, verwandelte sich der politische Konflikt in einen persönlichen Kleinkrieg, der mit der Rückantwort Cannarsas vom 21. November 1945 voll entbrannte. Cannarsa muß außer sich gewesen sein, als ihn Peretti-Grivas Schreiben erreichte. Er wies seinen Widersacher mit beleidigenden Worten zurecht und forderte ihn schließlich auf, endlich den neuen Tatsachen ins Auge zu sehen, die mit dem „Nenni law" entstanden waren: „Ich bestätige den Inhalt meines Schreibens vom 16. des Monats", setzte er trocken hinzu[151]. Das Risiko, das der Generalsekretär dabei einging, war gering. Er konnte sich diese Respektlosigkeit erlauben, weil er wußte, daß Nenni auf seiner Seite war, während Peretti-Griva auf niemandes Fürsprache hoffen konnte; am 18. November hatte er sich Hilfe suchend an Ministerpräsident Parri, seinen Parteifreund, gewandt, von diesem aber offenbar keine Antwort erhalten[152]. Seine Kassandrarufe wollte keiner hören.

Dabei muß im Auge behalten werden: Peretti-Grivas Kritik am neuen Gesetz resultierte nicht aus der beleidigten Verstimmung desjenigen, der mit seinen Vorstellungen nicht zum Zuge gekommen war, und seine Warnungen vor einer überstürzten Auflösung des Hochkommissariats hatten nichts damit zu tun, daß er seinen Posten behalten wollte. Seine Kritik war fundiert, er wußte, wovon er sprach, und seine Voraussagen, der öffentliche Dienst würde restlos überfordert sein, wenn man ihm die Säuberung aufbürdete, sollten sich nur allzu schnell bewahrheiten. Peretti-Griva führte – so kann man zusammenfassend sagen – eine Art Rückzugsgefecht um die noch verbliebenen Sicherungsdämme, die unbedingt intakt bleiben mußten, wenn nicht noch die letzten Grundsätze einer gerechten Säuberung einfach hinweggespült werden sollten. Er handelte dabei allein, aber doch stellvertretend für die politische Linke, die dazu aus Einsicht in die Notwendigkeit einer raschen „pacificazione", aus Resignation und aus schierem Opportunismus nicht mehr bereit war.

Peretti-Griva hatte recht, aber Cannarsa bekam recht. Das machte den überzeugten Antifaschisten bitter und ließ ihn zu Ansichten gelangen und zu Mitteln greifen, die ihm bei ruhiger Überlegung selbst nicht geheuer sein konnten. Daß er dabei war, sich zu verrennen, zeigte sich besonders deutlich, als im November/Dezember 1945 die Liste derjenigen Spitzenbeamten zusammengestellt wurde, die – nach Maßgabe des Begleitgesetzes zum „Nenni law" – auf ihre Kompatibilität mit dem neuen demokratischen Staat hin überprüft und gegebenenfalls entlassen werden sollten. Die Gruppe der Spitzenbeamten umfaßte etwa 5000 Personen; 700 davon waren vom Prüfungspersonal des Hochkommissariats als „entlassungsverdächtig" und deshalb besonders überprüfungsbedürftig eingestuft worden[153]. Für die Letztprüfung war Peretti-Griva verantwortlich, er sollte eine endgültige Liste erstellen und diese an den Ministerrat leiten, der dann die Entscheidungen traf.

---

[150] Nenni, Diari, S. 160 (Eintrag vom 18. 12. 1945).
[151] Cannarsa an Peretti-Griva, 21. 11. 1945, in: ACS, Alto Commissariato, titolo I, Nr. 3.
[152] Peretti-Grivas Brief vom 18. 12. 1945 findet sich in: ACS, NL Parri, busta 29, fasc. 171. Vgl. die Briefe von Peretti-Griva an De Gasperi, 12. und 19. 12. 1945, in: ACS, PCM, Gab. 1944–1947, 1/7 10124, sottofasc. 0–4.6.
[153] Vgl. Il Popolo, 20. 12. 1945, wo ein langer Artikel über Nenni und das Säuberungsproblem enthalten ist.

Peretti-Griva behandelte diese hochpolitische Angelegenheit wie seine Privat-
sache. Er strich etwa 300 Beamte aus der vorläufigen Liste und weigerte sich be-
harrlich, mit seinen Kollegen aus dem Hochkommissariat über die einzelnen Fälle
zu sprechen. Auch als Cannarsa ihn am 10. Dezember 1945 bat, ihm die Unterlagen der 700 Beamten auf der vorläufigen Liste zu zeigen, erntete er ein glattes
Nein. „Ich hatte sie [die Unterlagen] *absichtlich* nicht an das Generalsekretariat
weitergeleitet, um sehr wahrscheinliche weitere [Einmischungs-]Versuche dieses
Amtes zu verhindern, das – wie mir bestätigt worden ist – die Liste [...] beträchtlich erweitert hätte", schrieb Peretti-Griva am 17. Dezember an den neuen Ministerpräsidenten Alcide De Gasperi, dem er aber gleichzeitig zu verstehen gab, daß
Cannarsa und Nenni (die er eben noch als Scharfmacher charakterisiert hatte) die
Totengräber der Epurazione seien und sich dabei von „bloßen Erwägungen politischer Zweckmäßigkeit" leiten ließen[154].

Die endgültige Liste mit etwa 390 Namen ging am 15. Dezember an das Kabinett. Nenni selbst hatte sie zuvor nur kurz zu Gesicht bekommen, spielte diese
Tatsache aber in der Öffentlichkeit herunter: „Wenn [...] Peretti-Griva mir die
Liste gezeigt hätte, bevor sie zur Entscheidung vorgelegt wurde", sagte er am
19. November in einer Pressekonferenz, „hätte ich eine neue Auswahl getroffen
oder, wahrscheinlicher, ich hätte ihm gesagt, die Liste in der vorliegenden Form
weiterzugeben, denn ich könne meine Meinung ja auch später noch im Ministerrat
äußern."[155] Dennoch blieb niemandem verborgen, daß hinter dieser fast schon
aufreizenden Gelassenheit eine gehörige Portion Ärger steckte, denn Nenni
konnte ja nicht entgangen sein, daß seine Möglichkeiten, auf die Entlassungen
Einfluß zu nehmen, im Hochkommissariat ungleich größer gewesen wären, als sie
es im Kabinett sein konnten. Er machte trotzdem gute Miene, weil er seinen Untergebenen nicht bloßstellen wollte, weil er wußte, daß nichts mehr zu ändern
war, und weil Peretti-Griva am selben Tag seinen Rücktritt eingereicht hatte, den
Nenni schon akzeptiert hatte, als er vor die Presse trat[156].

Peretti-Griva kam mit seiner Demission der sicheren Entlassung zuvor. Diese
wäre nicht nur wegen des geschilderten Alleingangs fällig gewesen, sondern auch
wegen der unüberbrückbaren Meinungsverschiedenheiten hinsichtlich der künftigen Rolle des Hochkommissariats, vor allem aber wegen Peretti-Grivas strikter
Weigerung, sich den Weisungen Nennis zu fügen. Seit Mitte November – seit seinem häßlichen Streit mit Cannarsa – mußte er wissen, daß er mit seinen Vorstellungen nicht durchdringen würde. Am 14. Dezember platzten auch noch die letzten Illusionen: An diesem Tag hörte er aus dem Munde von Nenni, daß das Hochkommissariat durch ein „den begrenzten Befugnissen, über die das Hochkommissariat noch verfügt, angemessenes Amt" ersetzt werden sollte[157].

[154] Peretti-Griva an De Gasperi, 17. 12. 1945, in: ACS, PCM, Gab. 1944–1947, 1/7 10124, sottofasc. 0–
4.6.
[155] Il Tempo, 20. 12. 1945; englische Übersetzung in: NA, RG 331, Civil Affairs, box 17, 10000/105/
744–813.
[156] Vgl. Nenni, Diari, S. 160 f. (Eintrag vom 19. 12. 1945); Il Tempo vom 20. 12. 1945; Telegramm von
Kirk an Secretary of State, 21. 12. 1945, in: NA, RG 59, 865.00/12–2145.
[157] Aufzeichnung über ein Spitzengespräch im Hochkommissariat, 14. 12. 1945; zit. nach Rossini,
L'epurazione, S. 856; vgl. auch Telegramm von Kirk an Secretary of State, 15. 12. 1945, in: NA, RG
59, 865.00/12–1545.

Schon hier hätte der Rücktritt folgen müssen. Peretti-Griva aber blieb und kämpfte weiter seinen aussichtslosen Kampf. Er sah in Nennis Vorgehen eine skandalöse Eigenmächtigkeit und hoffte, das Kabinett werde sich solche Extratouren nicht bieten lassen – dabei die Tatsache ignorierend, daß Alcide De Gasperi am 13. Dezember im Radio erklärt hatte, das Hochkommissariat werde so bald wie möglich aufgelöst[158]. Blind und bitter geworden, wollte Peretti-Griva mit dem Kopf durch die Wand. Ohne sich mit Nenni abzusprechen, wandte er sich am 17. und 19. Dezember mit zwei ausführlichen Schreiben an De Gasperi. Dieser eklatante Vorstoß gegen die üblichen Dienstwege wäre vielleicht noch tolerierbar gewesen, nicht aber die fast schon denunziatorischen Äußerungen über Nenni und Cannarsa, denen Peretti-Griva unterstellte, sie würden sich allein von parteitaktischen Motiven leiten lassen, und erst recht nicht die unverhohlene Drohung, zurückzutreten und an die Öffentlichkeit zu gehen, wenn seinen Vorstellungen nicht Rechnung getragen würde[159]. Ganz untragbar aber war, daß Peretti-Griva – so mußte es Außenstehenden erscheinen – nicht davor zurückschreckte, einige ihm wohlgesonnene Offiziere der Militärregierung mit Interna aus dem Hochkommissariat zu versorgen und für seine Zwecke einzuspannen[160].

Der Rücktritt (oder die Entlassung) war so aus mehreren Gründen unvermeidlich. „Peretti-Griva hat gegenüber dem letzten Gesetz eine so kritische Haltung eingenommen, daß er nicht auf seinem Posten bleiben kann", sagte Ministerpräsident De Gasperi, als sich das Kabinett am 21. Dezember 1945 mit dem Rücktrittsgesuch Peretti-Grivas befaßte[161]. Noch am selben Tag teilte der Regierungschef ihm in fast zynischen Worten mit, daß er seine Demission akzeptiere und sehr zu schätzen wisse, „was Sie, mit der Loyalität eines Richters, mir in Ihren jüngsten Briefen mitgeteilt haben, um mir Ihren Standpunkt in der Frage der Säuberung und die Gründe darzulegen, die Sie veranlaßt haben, vom Amt eines Kommissars zurückzutreten"[162].

8. Der erzwungene Rückzug der Militärregierung

Peretti-Grivas erfolgloser Versuch, mit Hilfe der Militärregierung gleichsam noch in letzter Minute eine Wende zu erzwingen, entsprang keiner Augenblickslaune. Er kannte die Offiziere, die er ins Vertrauen zog, aus zahlreichen Gesprächen, die er mit ihnen im Sommer und Herbst geführt hatte. An solchen Kontakten war nichts Ungewöhnliches, auch seine Vorgänger Scoccimarro und Grieco hatten den vertraulichen Gedankenaustausch mit alliierten Offizieren gesucht, um Mißver-

---

[158] Vgl. dazu die Rede von Stone in der 47. Sitzung des Advisory Council for Italy, 21. 12. 1945, in: NA, RG 331, Chief Commissioner, box 23.

[159] Vgl. Peretti-Griva an De Gasperi, 17. und 19. 12. 1945, in: ACS, PCM, Gab. 1944–1947, 1/7 10124, sottofasc. 0–4.6.

[160] Vgl. Memorandum über Epuration von White, Mitte Dezember 1945, in: NA, RG 331, Chief Commissioner, box 35; Notiz von White über Epuration vom 17. 12. 1945, in: Ebenda, Civil Affairs, box 17, 10000/105/744–813.

[161] Protokoll der Kabinettssitzung vom 21. 12. 1945, in: ACS, Verbali del Consiglio dei Ministri.

[162] De Gasperi an Peretti-Griva, 21. 12. 1945, in: ACS, PCM, Gab. 1944–1947, 1/7 10124, sottofasc. 0–4.6. Am 21. 12. 1945 traten auch Macaluso und Cannarsa zurück.

ständnisse auszuräumen und um alliierte Wünsche, Empfindlichkeiten und Vorbehalte hinsichtlich konkreter Säuberungsvorhaben kennenzulernen.

Peretti-Griva konnte sich bei diesen Treffen überzeugen, daß die alliierten Offiziere es mit der Abrechnung ebenso ernst meinten wie er selbst und auch nach der Befreiung nicht daran dachten, sich an die Selbstverpflichtung zu halten, die sie mit Macmillans Aide-Mémoire vom 24. Februar 1945 eingegangen waren, sich nämlich in den nicht mehr ihrer direkten Verwaltung unterstehenden Gebieten aus der Regierungs- und Gesetzgebungstätigkeit herauszuhalten. Vor allem im Hinblick auf die Säuberung konnte von alliierter Zurückhaltung keine Rede sein. Die Alliierte Kommission setzte die italienische Regierung wie eh und je unter Druck: Sie verlangte genaueste Auskünfte über den Stand der Säuberung, sie pochte darauf, Mängel im Verfahren zu beheben und schleunigst Vorsorge zu treffen für den Fall, daß die norditalienischen Provinzen zurückgegeben und die alliierten Säuberungskommissionen (nach den General Orders 35 und 46) aufgelöst würden[163], und sie ging auch weiterhin wie selbstverständlich davon aus, im Gesetzgebungsprozeß gehört zu werden.

Nenni, der selbst größtmögliche Distanz zu den alliierten Offizieren hielt und ihnen sogar regelrecht aus dem Weg ging, mißfiel Peretti-Grivas vertrauensvoller Umgang mit der Militärregierung. Den Alliierten, so meinte er, durfte keine Gelegenheit für irgendwelche Einmischungen gegeben werden; ihnen mußte, wenn nötig sogar mit einiger Rücksichtslosigkeit, beigebracht werden, daß die Besatzungsherrschaft in Süd- und Mittelitalien – und bald auch in Norditalien – zu Ende und die italienische Regierung entschlossen war, Säuberungspolitik nicht mit oder gegen die Alliierte Kommission, sondern unabhängig von ihr zu betreiben. Dieses Pochen auf Eigenständigkeit hatte weitreichende Konsequenzen: Nenni zog sich damit die Feindschaft einflußreicher alliierter Offiziere zu, die künftig jeden seiner Schritte mit gereiztem Argwohn beobachteten. Historisch bedeutsamer aber war, daß die neue Linie des Hochkommissars eine Art Strategiedebatte im alliierten Lager provozierte, die in der Geschichte der politischen Säuberung in Italien einen ebenso prominenten Platz hat wie das Ringen zwischen Nenni und den bürgerlichen Kräften, das den Hochkommissar etwa zur selben Zeit in Atem hielt.

Nenni löste diese Debatte mit einigen wenigen Bemerkungen aus, die er am 21. August 1945 in einem Gespräch mit Carr und White, zwei führenden Männern der Civil Affairs Section der Alliierten Kommission, fallenließ. Der Hochkommissar hatte sich auch bei dieser Zusammenkunft zunächst äußerster Zurückhaltung befleißigt und die Gesprächsführung seinem Vertrauten Cannarsa überlassen, der vor allem die Notwendigkeit betont hatte, so bald wie möglich ein neues Säuberungsgesetz zu erarbeiten. Erst als Carr die Bitte äußerte, schon den Entwurf vorgelegt zu bekommen, ergriff Nenni das Wort: Die italienische Regierung sei gemäß Macmillans Aide-Mémoire nicht mehr verpflichtet, Gesetzvorhaben mit den Alliierten abzustimmen oder gar zur Genehmigung vorzulegen. Er werde aber, schon um den Geboten der Höflichkeit zu genügen, die Alliierten auf dem

---

[163] Vgl. Aufzeichnung über eine Besprechung zwischen Upjohn und Peretti-Griva, 7. 8. 1945, in: ACS, Alto Commissariato, titolo II, Nr. 1.

laufenden halten und ihnen Gesetzentwürfe, die vom Kabinett akzeptiert worden
seien, zuleiten[164].

Solche Töne waren neu, entsprechend unsicher reagierten die alliierten Offiziere. Sollte man Nennis Standpunkt akzeptieren und sich mit einem Beobachter-
status bei Fragen der Säuberung begnügen? Was führte Nenni im Schilde? Wollte
er etwa das ganze Verfahren umstoßen und ein neues ins Werk setzen, das seinen
revolutionären Ambitionen gehorchte? Diese Fragen beschäftigten die Alliierten
wochenlang. Schließlich blieben sie aber bei ihrer Auffassung, daß die Säuberung
auch ihre Sache war. Um keinen Zweifel daran aufkommen zu lassen, entwarfen
sie einen Brief an Parri, dessen entscheidende Passage lautete: „In den Augen dieser Kommission steht Mr. Mac Millans [sic] Aide-Mémoire insgesamt unter den
einschränkenden Worten ‚in Sachen der laufenden Verwaltungsgeschäfte‘, die im
ersten Absatz auftauchen. Entfaschisierung ist eine sehr spezielle Angelegenheit
von besonderer Bedeutung und besonderem Interesse für die Alliierten, die in den
Waffenstillstandsbedingungen ausdrücklich behandelt ist (Art. 30). Diese Kommission ist erstens der Meinung, daß eine in den Waffenstillstandsbedingungen
vorgesehene bestimmte Regelung hinsichtlich des Geistes, in dem die Bedingungen generell interpretiert werden, nicht durch ein Memorandum außer Kraft gesetzt wird, und zweitens, daß das Aide-Mémoire nicht auf die Entfaschisierung
angewandt werden kann, da es sich bei ihr nicht um eine ‚Sache der laufenden Verwaltungsgeschäfte‘ handelt."[165]

Um weitere Klarheit über Nennis Pläne zu gewinnen, wandten sich die alliierten Offiziere am 11. September 1945 an den Hochkommissar selbst und baten ihn
um eine schriftliche Stellungnahme zu seinen Äußerungen vom 21. August[166].
Andere hätten hier eingelenkt, Nenni nicht. Er schrieb am 1. Oktober sieben
dürre Zeilen zurück, in denen es unter anderem hieß: „Ich teile Ihnen mit, daß es
mir eine Freude sein wird, Ihnen eine Kopie zu schicken, sobald die geplanten
neuen Richtlinien über die Epurazione definitiv fertiggestellt sind."[167] Mit dieser
fast schon kaltschnäuzigen Antwort konnten die Offiziere ebensowenig zufrieden
sein wie mit der Tatsache, daß ihr Brief an Parri zurückgehalten wurde, weil Chief
Commissioner Stone ihn für politisch so brisant hielt, daß er erst das State Department und das Foreign Office um Rat fragen wollte. Am 17. September äußerte
sich Washington: Das Außenministerium empfahl, Nennis Position zu respektieren und sich damit abzufinden, daß man das neue Säuberungsgesetz erst nach seiner Verabschiedung zu sehen bekomme. Die italienische Regierung erfülle die
Verpflichtungen, die sich aus dem Waffenstillstand ergäben, und so lange dies der
Fall sei, bestehe für die Alliierte Kommission kein Anlaß, „eine direkte Kontrolle
über Einzelheiten dieser delikaten Aufgabe" auszuüben. Abgesehen davon, daß
man damit gegen Buchstaben und Geist der alliierten Politik verstoßen würde,
glaubte man in Washington, „daß man Vorwürfe wegen Einmischung in die In-

---

[164] Vgl. Carr an Nenni, 11. 9. 1945, in: NA, RG 331, Civil Affairs, box 17, 10000/105/744–813; Aufzeichnung über eine Besprechung zwischen Carr und Nenni, 21. 8. 1945, in: Ebenda, Civil Affairs,
10000/105/819.
[165] Entwurf des Briefes von Stone an Parri, 3. 9. 1945, in: NA, RG 331, Civil Affairs, box 17, 10000/
105/744–813.
[166] Vgl. Carr an Nenni, 11. 9. 1945, in: Ebenda.
[167] Nenni an Carr, 1. 10. 1945, in: Ebenda.

nenpolitik Italiens riskieren und unnötigerweise Verantwortung für die Art der
Säuberung auf sich nehmen würde, wenn man die italienische Regierung dazu verpflichten würde, die Gesetzgebung in puncto Säuberung der Allied Commission
zur Genehmigung vorzulegen"[168]. Die Antwort aus London ließ etwas auf sich
warten, war aber nicht weniger klar: „Das Foreign Office glaubt, […] daß es wünschenswert wäre, unnötige Einmischungen in Fragen der Säuberung von Faschisten zu vermeiden."[169]

Die führenden Köpfe der Civil Affairs Section, die mit dem Problem der Säuberung am besten vertraut waren, wollten diese Empfehlungen nicht akzeptieren,
weil sie aus Erfahrung wußten, daß die Bilanz der Säuberung ohne steten alliierten
Druck und ohne alliierte Kontrolle wesentlich schlechter ausgefallen wäre, und
weil sie fürchteten, das Säuberungswerk könnte zusammenbrechen, wenn sie es
unbeaufsichtigt ließen. Brigadier M. Carr sandte deshalb am 16. Oktober 1945 ein
längeres Memorandum an Executive Commissioner Maurice Lush, in dem er seinem direkten Vorgesetzten auseinanderzusetzen versuchte, daß man sich in London und Washington ein falsches Bild von der Säuberung in Italien mache. Der
Alliierten Kommission, so hob er hervor, gehe es nicht um direkte Eingriffsrechte,
und sie sei auch nicht daran interessiert, bindende Direktiven an die italienische
Regierung herausgeben zu können. Unabdingbar aber sei, „sich selbst über zwei
Dinge auf dem laufenden zu halten: a) geplante Gesetze, b) Ergebnisse". Seien ihr
diese beiden Möglichkeiten abgeschnitten, so sei die Alliierte Kommission nicht
in der Lage, „sicherzustellen, daß das Versprechen von Roosevelt und Churchill
[…], nämlich, daß der Faschismus ausgetilgt würde, wirklich ausgeführt wird"[170].

Maurice Lush, selbst ein Praktiker auf dem Feld der Säuberung, leuchteten
diese Argumente ein. Er überredete Stone, an dem Plan, Parri einen Brief zu
schicken und die alliierten Vorstellungen erneut zu erklären, festzuhalten[171], und
legte ihm am 1. November 1945 einen neuen, von der Civil Affairs Section stam-
menden Entwurf vor. Darin hieß es: Die Alliierte Kommission sei mit Nennis Interpretation des Aide-Mémoire von Macmillan nicht einverstanden, weil die Säuberung „eine Angelegenheit von besonderer Bedeutung und besonderem Interesse für die Alliierten" sei. Die Alliierte Kommission wolle über die Säuberungs-
planungen der italienischen Regierung informiert werden, „bevor Maßnahmen
getroffen werden; nicht weil solche Planungen einer vorhergehenden Zustimmung bedürften, sondern weil die Gelegenheit zu vorhergehender Diskussion die
peinliche Situation vermeiden kann, die entstehen könnte, wenn diese Kommission sich einmal gezwungen sehen sollte, einer bereits getroffenen Maßnahme zu
widersprechen"[172].

Wieder ging der Entwurf zur Prüfung nach oben – diesmal aber nicht nach Washington und London, sondern nur bis zu den politischen Beratern der Alliierten
Kommission, John Wesley Jones und Henry Hopkinson –, und wieder ernteten

---

[168] David McK. Key an Stone, 17. 9. 1945, in: Ebenda.
[169] Hopkinson an Stone, 9. 10. 1945, in: Ebenda.
[170] Memorandum von Carr für Lush, 16. 10. 1945, in: Ebenda.
[171] Vgl. Memorandum von Lush für Stone, 18. 10. 1945, in: Ebenda.
[172] White an Carr, 31. 10. 1945; Carr an Lush, 31. 10. 1945; Lush an Stone, 1. 11. 1945, in: Ebenda. Vgl.
auch Entwurf des Briefes von Stone an Parri, 1. 11. 1945, in: Ebenda.

die Offiziere eine Absage. Die Alliierte Kommission solle sich, so Jones, an den
Standpunkt halten und diesen auch der italienischen Regierung mitteilen, „daß die
Alliierten Regierungen mit Interesse die Anwendung von Artikel 30 der Waffen-
stillstandsvereinbarung verfolgen, daß sie über die in dieser Hinsicht unternom-
menen Schritte der italienischen Regierung durch die Alliierte Kommission vollständig informiert gehalten werden wollen und daß schließlich das Recht zur Intervention vorbehalten wird, sollte sich herausstellen, daß die italienische Regierung ihre Verpflichtungen nicht angemessen erfüllt"[173].

Der Richtungsstreit zwischen den Praktikern vor Ort und den Politikern in der
Heimat kam auch nach dieser zweiten klaren Anweisung nicht zur Ruhe. Dafür
sorgte Nenni, der die Offiziere der Civil Affairs Section im November/Dezember
1945 so sehr reizte, daß sie einen weiteren Versuch machten, den alliierten Rückzug von der Säuberung rückgängig zu machen oder wenigstens aufzuhalten. Die
Civil Affairs-Offiziere ärgerte und bekümmerte zweierlei: zum einen natürlich
die Sturheit, mit der Nenni an seinem Vorsatz festhielt, sie nicht am Gesetzgebungsprozeß zu beteiligen. Nenni ließ sie über seine Absichten völlig im dunkeln
und informierte die Alliierten erst dann, wenn seine Gesetzesvorhaben im Kabinett gebilligt worden waren[174]. Hinzu kam, daß die alliierten Offiziere auch mit
den Gesetzen selbst nicht zufrieden waren; namentlich am „Nenni law" hatten sie
vieles auszusetzen. Es war ihnen zu weich und bot zu vielen Belasteten zu viele
Möglichkeiten, sich einem Verfahren zu entziehen[175]. In den Augen eines Carr
oder eines White hätte es genügt, die kleinen Beamten von der Säuberung auszu-
nehmen, um so die Arbeit der Kommissionen zu beschleunigen. Ansonsten aber
wäre es ihnen am liebsten gewesen, Nenni hätte am alten Säuberungssystem festgehalten und auf „drastische Veränderungen" verzichtet[176]. Doch ihre Vorstellungen fanden keine Berücksichtigung, und nach den eindeutigen Anweisungen aus
London und Washington sahen sie zunächst auch keine Möglichkeit mehr, ihnen
Geltung zu verschaffen. Diese Zeiten waren vorbei.

In diese Situation platzte Mitte Dezember 1945 die Nachricht, das Hochkommissariat stehe vor der Auflösung, und kurz darauf Peretti-Griva mit seinen Spekulationen über Nennis geheime Absichten. Der Sozialist wolle, so redeten sich
White, Carr und Peretti-Griva gegenseitig ein, die Säuberung unter seine Kontrolle bringen, er habe den Plan, das Hochkommissariat aufzulösen, mit niemandem abgestimmt, selbst das Kabinett sei übergangen worden[177]. Die alliierten Offiziere befürchteten das Schlimmste: Nenni zerstöre „die Organisation, [...] mit
Hilfe derer in ganz Italien ein einheitliches Verfahren und ein verbindlicher Stan-

---

[173] Jones an Lush, 6. 11. 1945, in: Ebenda.
[174] Vgl. Carr an Lush, 13. 11. 1945, in: NA, RG 331, Civil Affairs, box 17, 10000/105/744–813.
[175] Zur alliierten Kritik am Nenni law vgl. die Aufzeichnung über eine Besprechung zwischen White
    und Peretti-Griva, 14. 11. 1945, in: NA, RG 331, Civil Affairs, 10000/105/866; Memorandum von
    White: Proposals of the Italian Government as to Epuration, 10. 11. 1945, in: Ebenda; White an Pe-
    retti-Griva, 24. 11. 1945, in: ACS, PCM, Gab. 1944–1947, 1/7 10124, sottofasc. 6.32–6.41; White an
    Lush, 16. 11. 1945, in: NA, RG 331, Chief Commissioner, box 35.
[176] Aufzeichnung über eine Besprechung zwischen White und Peretti-Griva, 28. 8. 1945, in: NA, RG
    331, Civil Affairs, 10000/105/819; Aufzeichnung über eine Besprechung zwischen Carr und
    Nenni, 21. 8. 1945, in: Ebenda.
[177] Vgl. Memorandum von White, 17. 12. 1945, in: Ebenda, box 17, 10000/105/744–813.

dard der Rechtssprechung [...] etabliert wurden"[178]. Künftig werde es keinen „koordinierenden Apparat" mehr geben, „keine zentrale Stelle, die in der Lage wäre, die Aufsicht zu führen, und keine Autorität, die Ministerien und Provinzen kontrollieren könnte"[179]. Das könne zur Folge haben, daß sich die liberalen Minister an ganz anderen Säuberungskriterien orientierten als die kommunistischen und sozialistischen; insbesondere die Polizei sei im höchsten Maße gefährdet, unterstehe sie doch dem Innenministerium, das von einem Sozialisten geführt werde. Nennis Pläne, sollten sie realisiert werden, „würden der Polizei als unabhängigem und unparteiischem Organ ein Ende setzen und die Entfernung von allen Offizieren mit starkem Charakter aus dem Dienst bewirken, die die Allied Commission bei ihrem Versuch, eine unabhängige und effiziente Polizei aufzubauen, loyal unterstützt haben"[180].

Die alliierten Offiziere hielten das, was Nenni vorhatte, für einen Ausverkauf aller säuberungspolitischen Grundsätze. Carr, White und auch Lush hatten seit 1944 ihren ganzen Ehrgeiz darangesetzt, die Sache der Säuberung voranzubringen und dabei – trotz vieler Widrigkeiten und Rückschläge – respektable Erfolge erzielt. Nenni machte nun – so schien es ihnen und Peretti-Griva bestärkte sie darin – mit einem Federstrich ihr gesamtes Säuberungswerk zunichte. Dem wollten sie nicht länger tatenlos zusehen, und auch die Anweisungen aus Washington und London, die sie zur Ohnmacht verurteilten, wollten sie nicht länger respektieren. Sie rebellierten gegen ihre Vorgesetzten und in gewisser Hinsicht auch gegen die Realitäten, die nun einmal besagten, daß die eigentliche Besatzungszeit 1945 zu Ende ging[181].

Ausdruck dieser Rebellion war ein von der Civil Affairs Section erarbeitetes Aide-Mémoire, das der Chef der Alliierten Kommission am 20. Dezember 1945[182] an Ministerpräsident De Gasperi weiterleitete – ohne die politischen Berater Jones und Hopkinson und ohne die Außenministerien in London und Washington um Genehmigung gefragt zu haben[183]. De Gasperi, der in einer Erklärung vom 13. Dezember auch auf die Auflösung des Hochkommissariats zu sprechen gekommen war und dabei (und durch die Entlassung Peretti-Grivas) die Linie Nennis bestätigt hatte[184], mußte sich in dem Aide-Mémoire eine Reihe bohrender Fragen gefallen lassen: Hatte das Kabinett Nennis Pläne hinsichtlich des Hochkommissariats gebilligt? War er, De Gasperi, selbst überzeugt davon, daß seine Minister „das Säuberungsprogramm gleich gerecht und mit der gleichen Freiheit von äußeren Einflüssen ausüben würden, wie es unter dem Hochkommissariat der Fall war"[185]? War er sich bewußt, daß unterschiedliche Säuberungsmaßstäbe in den einzelnen Ministerien oder Provinzen das gesamte Abrechnungsprogramm dis-

[178] Memorandum von White, 14.12.1945, in: Ebenda, Chief Commissioner, box 35.
[179] Memorandum von White, 17.12.1945, in: Ebenda, Civil Affairs, box 17, 10000/105/744–813.
[180] Memorandum von White, 14.12.1945, in: Ebenda, Chief Commissioner, box 35.
[181] Ende 1945 wurden auch die norditalienischen Provinzen an Italien zurückgegeben. Vgl. dazu Kirk an Secretary of State, 13.12.1945, in: FRUS, 1945, IV, S. 1095.
[182] Vgl. Aide-Mémoire: Supervision of Epuration, o. D. (Dez. 1945), in: NA, RG 84, 1945: 800, box 140.
[183] Vgl. Telegramm von Kirk an Secretary of State, 3.1.1945, in: NA, RG 59, 865.00/1–346.
[184] So Stone in der 47. Sitzung des Advisory Council for Italy, 21.12.1945; Protokoll, in: NA, RG 331, Chief Commissioner, box 23.
[185] Telegramm von Kirk an Secretary of State, 3.1.1946, in: NA, RG 59, 865.00/1–346.

kreditieren konnten? Erkannte er die Gefahr, daß die Zurückverlagerung der Säuberungskompetenz in den öffentlichen Dienst zu beträchtlichen Verzögerungen
führen konnte, weil dort mit dem Aufbau neuer Prüfungsorgane und der Sichtung
einzelner Fälle gleichsam bei Null begonnen werden mußte? War er, De Gasperi,
einverstanden damit, daß die Säuberung der Polizei die Sache eines parteigebun-
denen Ministers war? De Gasperi konnte doch, so legte man dem Ministerpräsidenten mit diesen Fragen nahe, Nennis Politik unmöglich billigen.

Die Alliierten, vertreten durch die Offiziere vor Ort, taten es jedenfalls nicht.
Sie betonten in dem Aide-Mémoire erneut: „Die Alliierten sind stärkstens interessiert an der Entfaschisierung und an ihrer fairen und effektiven Durchführung,
auch an der Zuverlässigkeit und Unabhängigkeit der Polizeikräfte, und [die Kom-
mission] empfiehlt die genannten Angelegenheiten der ernstlichen Aufmerksamkeit des Ministerpräsidenten und würde seine baldige Rückäußerung zu schätzen
wissen."[186]

Hier verlieren sich in den durchgesehenen Dokumenten die Spuren. Wahrscheinlich hat De Gasperi das Aide-Mémoire mit einem ausführlichen Schreiben
beantwortet und darin versichert, daß er für eine penible, jedem Parteiegoismus
enthobene Durchführung der bestehenden Gesetze sorgen wolle. Anzunehmen
ist auch, daß die Offiziere vor Ort Kritik einstecken mußten, weil sie sich über
eindeutige Anweisungen hinweggesetzt hatten. Sicher aber ist, daß sich an der Sache selbst nichts änderte: Die Alliierten zogen sich aus der Säuberung zurück. Die
Kommissionen, die gemäß G.O. 35 und 46 gebildet worden waren und in der Regel gute Arbeit geleistet hatten, wurden Ende 1945, im Zuge der Rückgabe der
norditalienischen Provinzen, aufgelöst; die Alliierten verstanden sich fortan auch
im Norden als Kontrollinstanz ohne Sanktionskompetenz. Die Offiziere vor Ort,
die anderes wollten, weil sie wußten, wieviel noch im argen lag, wurden von den
Politikern in der Heimat ebenso übergangen wie Peretti-Griva von Nenni. Das
Notbündnis der Praktiker, das sich zwischen Carr, White und Peretti-Griva herausgebildet hatte, pochte vergeblich auf die Wahrung elementarer Säuberungsprinzipien. Ende 1945 stand anderes auf der Tagesordnung: für Nenni die „pacificazione" als Voraussetzung der ersten freien Wahlen nach dem Faschismus, für die
Strategen in Washington und London die Stabilisierung der italienischen Regierung und die Einbindung Italiens in die westliche Welt. Die Säuberung störte dabei nur.

---

[186] Aide-Mémoire: Supervision of Epuration, o. D. (Dez. 1945), in: NA, RG 84, 1945: 800, box 140.

Rehabilitierung, Amnestie und Ausgrenzung

De Gasperi und das Ende der Säuberung

Als Ferruccio Parri im Spätherbst 1945 das Amt des Ministerpräsidenten niederlegen mußte, brauchte man nicht lange zu rätseln, wer sein Nachfolger werden würde. Die Welle des Antifaschismus und der Resistenza, die ein halbes Jahr zuvor einen Exponenten der Linken hochgetragen hatte, war mittlerweile verebbt. Kommunisten und Sozialisten, das hatte das Experiment mit Parri gelehrt, besaßen zwar Kraft genug, das alte faschistische System einzureißen und dessen Protagonisten auszuschalten, ihre Gestaltungsfähigkeit aber war begrenzt und ihr Durchsetzungsvermögen so gering, daß niemand aus ihren Reihen mehr ernstlich den Anspruch erhob, die Nachfolge Parris anzutreten[1]. Eine Alternative bildeten aber auch die kleineren Parteien der Rechten und die Repräsentanten des „alten" Italien wie Orlando, Croce und Bonomi nicht; deren Namen wurden zwar auch nun wieder genannt, aber mehr aus Anstand und Takt denn aus der Überzeugung heraus, daß die Zukunft des Landes ausgerechnet bei denen in guten Händen wäre, die das Heil in der Vergangenheit suchten[2].

Alles lief so auf Alcide De Gasperi, den Führer der Democrazia Cristiana, hinaus, der sich schon in den zurückliegenden Monaten als der eigentliche Lenker der Regierungsgeschäfte erwiesen hatte[3]. De Gasperi wollte weder blind zurück, noch ungestüm nach vorne. Ihm ging es darum, den Wunsch nach Erneuerung mit dem Bedürfnis nach Bewahrung und Sicherheit zu versöhnen, das nach der Befreiung und dem Abrechnungsterror im Frühjahr 1945 immer stärker, ja übermächtig geworden war; der linke Antifaschismus hatte darin nur kleinbürgerliche Ängstlichkeit und falsches Bewußtsein erblickt und keine überzeugende Antwort gefunden – mit der Folge, daß breite bürgerliche und ländliche Schichten der Politik den Rücken kehrten oder Zuflucht bei rechtsradikalen Parteien wie der „Jedermann"-Bewegung suchten. De Gasperi nahm diese Bedürfnisse ernst und versprach Abhilfe. Er leistete damit in ähnlicher Weise Erziehungsarbeit wie sein Rivale Togliatti von den Kommunisten, der sich zur gleichen Zeit bemühte, die revolutionären Heißsporne von der äußersten Linken im Zaum zu halten[4]. Darin, in der Verheißung von Normalität und Reform, und in der behutsamen Dauerwerbung um die

---

[1] Vgl. Colarizi, La seconda guerra mondiale e la Repubblica, S. 416; Nenni, Diari, S. 157 ff. (Eintrag vom 10. 12. 1945); Tamburrano, Nenni, S. 199.
[2] Vgl. Nenni, Diari, S. 157 (Eintrag vom 10. 12. 1945).
[3] Vgl. Gambino, Storia del Dopoguerra, S. 80 f.; Giordano, Carlo Sforza: La Politica 1922–1952, S. 216.
[4] Vgl. S. 278 f.

desorientierten und abtrünnigen Söhne des eigenen Lagers, lag die raison d'être von De Gasperis Innenpolitik, nicht in der Restauration der früheren Verhältnisse, wie in polemischer Verzerrung der Realität oft gesagt worden ist[5].

Kein finsterer Reaktionär, sondern ein Befürworter des Ausgleichs mit einer gewissen Neigung zur „apertura a sinistra" (Öffnung nach links), war De Gasperi auch für die Linksparteien akzeptabel. Ihm, nicht einem Mann aus den eigenen Reihen, trauten es die längst aus ihren Revolutionsträumen erwachten und in die Defensive gedrängten Sozialisten und Kommunisten am ehesten zu, die außer Rand und Band geratenen Verhältnisse zu stabilisieren, die Entscheidung über Monarchie oder Republik zu forcieren und das Land über die Hürden der Wahlen zur Verfassunggebenden Versammlung zu bringen. Das war die Hauptsache; alles andere konnte warten und würde sich fügen, wenn erst einmal die republikanische Staatsform gesichert und die Konstituente gewählt war. Die Linksparteien zögerten deshalb keine Sekunde, die alte Koalitionsregierung zu erneuern, die schon Parri getragen hatte, und sich der Führung De Gasperis anzuvertrauen. Selbst die Liberalen waren schließlich mit von der Partie. De Gasperis Politik der Normalisierung war ihnen zwar viel zu halbherzig, in zähen Verhandlungen hatten sie ihm aber einige Zugeständnisse, etwa hinsichtlich der definitiven Auflösung der Befreiungskomitees, abzuringen vermocht, so daß auch sie keinen rechten Grund hatten, in dem Schmollwinkel zu verharren, in den sie sich zeitweise zurückgezogen hatten[6].

Als De Gasperi am 10. Dezember 1945 vereidigt wurde und sein Kabinett präsentierte, konnte man deshalb leicht den Eindruck gewinnen, es sei alles beim alten geblieben, die Regierungskrise, die von den Liberalen drei Wochen zuvor ausgelöst worden war, habe sich in endlosem Palaver erschöpft und zu nichts anderem als zu einem Wechsel im Amt des Ministerpräsidenten geführt. 15 der 19 Minister hatten auch unter Parri ihrem Land gedient, und die wenigen Neuen waren fast samt und sonders alte Hasen, die schon den Kabinetten Badoglio und Bonomi angehört hatten. „Wenn man die Krise objektiv betrachtet, ist es schwer zu sagen, welche der Parteien gewonnen und […] was die [schließlich gefundene] Lösung zu bedeuten hat", sagte Ellery W. Stone, der Chef der Alliierten Kommission, als er am 21. Dezember 1945 den Advisory Council über die Ereignisse der letzten Tage unterrichtete[7].

Ganz so rätselhaft waren die Dinge aber nicht. Hinter der Fassade nahezu ungebrochener Kontinuität waren nämlich eine Reihe von kleineren und größeren Veränderungen zu bemerken, die zusammengenommen noch lange keinen Rechtsruck ergaben, aber doch schon so sehr ins Auge stachen, daß man vom Beginn einer neuen Ära sprechen kann, in der nicht mehr die radikale Linke, sondern die demokratische Mitte den Ton bestimmte. Vieles davon hatte sich schon unter Parri angebahnt, war damals aber hinter einer dichten Wolke von antifaschisti-

---

[5] Zu De Gasperi vgl. vor allem die grundlegenden Arbeiten von Scoppola, La proposta politica di De Gasperi, und La repubblica dei partiti. Profilo storico della democrazia in Italia (1945–1990), Bologna 1991.
[6] Zu den einzelnen Etappen der Regierungsbildung vgl. Nenni, Diari, S. 157 ff. (Eintrag vom 10. 12. 1945); Gambino, Storia del Dopoguerra, S. 93–106.
[7] Protokoll der 47. Sitzung, in: NA, RG 331, Chief Commissioner, box 23.

schem Aufbruchspathos verborgen geblieben – die Entmachtung des Befreiungskomitees etwa oder die Wende in der Säuberungspolitik, die mit dem Namen
Nenni verbunden ist –, anderes, wie die Ersetzung der politischen Präfekten
durch Karrierebeamte oder die Kräftigung der Carabinieri, trug die Handschrift
des neuen Regierungschefs und entsprang dessen Bemühen, das verunsicherte
Bürgertum und die verschreckte bäuerliche Bevölkerung des Mezzogiorno zu
beruhigen.

1. Die Auflösung des Hochkommissariats

Es versteht sich von selbst, daß die Abrechnung mit dem Faschismus in der neuen
Ära keine Zukunft mehr hatte. De Gasperi versicherte zwar in seiner ersten offiziellen Erklärung vom 13. Dezember 1945, seine Regierung sei entschlossen, den
Faschismus mit Stumpf und Stiel auszurotten, dementierte diese vor allem als Beruhigung für das Ausland gedachte Versicherung aber fast schon mit dem nächsten Satz, der die Ankündigung enthielt, das Hochkommissariat aufzulösen und
die Säuberung bis spätestens 31. März 1946 zu beenden[8].

Ein halbes Jahr zuvor hätte eine solche Äußerung einen Sturm der Empörung
entfacht. Im Dezember 1945 regte sie niemanden mehr auf, denn jeder wußte: Die
großen Schlachten um die Säuberung waren geschlagen, die Abrechnung mit dem
Faschismus war kein politisches Problem mehr, sondern nur noch ein administratives, das durch das „Nenni law" vom November 1945 auch seine ungeheuren Dimensionen verloren hatte. De Gasperi brauchte hier nur zu vollenden, was von
der Regierung Parri vorbereitet worden war. Dazu mußte er sich freilich erst die
nötigen Instrumente, sprich: eine funktionstüchtige Säuberungsmaschinerie
schaffen, der die „administrative ‚mopping up' operation"[9] übertragen werden
konnte. In Süd- und Mittelitalien, genauer: südlich der Linie, die etwa von La Spezia über Piacenza bis nach Ferrara verlief, war das kein Problem. Dort gab es ja in
allen staatlichen und halbstaatlichen Einrichtungen die alten Säuberungskommissionen, die ihre Arbeit fortsetzen konnten – nun allerdings mit einem wesentlich
kleineren Kundenkreis, denn die Säuberung bezog sich neuerdings nur noch auf
die höheren Beamten und leitenden Angestellten. Etwas anderes war es in den
nördlichen Provinzen, die erst am 1. Januar 1946 aus alliierter Verwaltung entlassen wurden. Hier waren bis dahin alliierte Kommissionen tätig gewesen, deren
Aufgabe es gemäß General Order Nr. 35 und 46 gewesen war, für eine Art Grobreinigung zu sorgen, die später – so lautete jedenfalls der Plan – von italienischen
Instanzen vertieft und zum Abschluß gebracht werden sollte. Um den Jahreswechsel 1945/46 stellten diese Kommissionen ihre Arbeit ein; an ihrer Stelle mußten nun schleunigst italienische Überprüfungskammern ins Leben gerufen werden, die genauso beschaffen sein sollten wie die Säuberungskommissionen im Süden und in der Mitte Italiens. Außerdem mußten im ganzen Land neue Revisions-

---

[8] Der Text der Erklärung findet sich im Schreiben der US-Botschaft in Rom an Secretary of State,
17. 12. 1945: Transmittal of De Gasperi's Inaugural Address, in: NA, RG 59, 865.00/12–1745.
[9] Domenico, Italian fascists on trial, S. 200.

instanzen aufgebaut werden, denn die „Commissione centrale", bei der nach dem
alten Verfahren fast alle Einsprüche gelandet waren, hatte sich als vollkommen in-
effizient erwiesen. Sie wurde aufgelöst und – im Falle der Ministerialbürokratie –
durch eine Sezione Speciale des Consiglio di Stato und – im Falle der kommunalen
Beamten – durch spezielle Kommissionen bei den Berufungsgerichten ersetzt[10].

Der Aufbau dieser und anderer Organe, die für die Säuberung der Wirtschaft
verantwortlich waren[11], kostete Zeit und stellte die damit befaßten Stellen vor
ähnlich große Probleme wie beim Aufbau der alten, noch sehr viel umfangreicher
angelegten Säuberungsmaschinerie in Süd- und Mittelitalien: Unbelastete Juristen,
die den Vorsitz in den Kommissionen führen konnten, waren rar. Die Behörden
und Ministerien übertrafen einander, wenn es galt, Ausflüchte zu finden (oder zu
erfinden), um nur ja keinen Mann abstellen zu müssen. Freiwillig wollten ohnehin
nur noch wenige an der Säuberung mitwirken, die zu einer lästigen Pflichtübung
geworden war. Trotz dieser Probleme ist es schließlich doch gelungen, die alte
Säuberungsmaschinerie zu komplettieren und auf die nördlichen Provinzen aus-
zudehnen. Im Frühjahr 1946 gab es damit erstmals ein einheitliches Verfahren für
ganz Italien. Die säuberungspolitische Zwei- oder Dreiteilung, die seit Beginn der
Epurazione bestanden und der Abrechnung mit dem Faschismus so sehr geschadet hatte, war damit überwunden – zu einem Zeitpunkt allerdings, als diese Frage
keinerlei Bedeutung mehr hatte und alle Bemühungen nur noch darauf gerichtet
waren, einen Schlußpunkt unter das ganze Kapitel zu setzen.

Nenni, der zunächst auch in der Regierung De Gasperi noch als Hochkommissar fungierte, tat nichts, um diese Entwicklung aufzuhalten. Er dankte nach den
Debatten über „seine" Gesetze und nach dem Sturz Parris de facto ab und überließ es gleichsam dem freien Spiel der Kräfte, ob sein Versuch, wenigstens noch ein
Minimum an Säuberung zu gewährleisten, fehlschlug oder nicht. Jede weitere Diskussion, so meinte er wohl, konnte nur Unruhe in der neuen Regierung stiften. So
ähnlich dachten auch die Minister der anderen Linksparteien, sofern sie sich überhaupt noch mit der Epurazione befaßten. Bei den Kommunisten gab es zwar noch
immer Stimmen, die auf eine durchgreifende Säuberung drängten, sie fanden aber
kein Gehör in der Führung der Partei, die schon seit längerem ganz auf „pacificazione" setzte. Das Kabinett brauchte sich deshalb auch nicht lange aufzuhalten,
als es am 1. Februar 1946 auf der Basis eines Gesetzentwurfes von Nenni die Auflösung des Hochkommissariats diskutierte. Togliatti und Lussu von der Aktionspartei fragten zwar fast schüchtern nach, ob es angesichts der riesigen Arbeit, die
noch zu bewältigen war, nicht besser sei, das Hochkommissariat noch einige Zeit
intakt zu lassen. Sie zogen ihre Anregung aber sofort zurück, als sie von seiten der
Democrazia Cristiana und der Liberalen daran erinnert wurden, daß man sich im
Regierungsprogramm auf eine Auflösung des Hochkommissariats am 31. März
1946 geeinigt hatte[12].

Damit war der linke Widerstand gebrochen. Das am 1. Februar 1946 einstimmig beschlossene Gesetz trug den Titel „Übertragung der Befugnisse des Hoch-

[10] Vgl. S. 334.
[11] Vgl. S. 335.
[12] Vgl. Protokoll der Kabinettssitzung vom 1. 2. 1946, in: ACS, Verbali del Consiglio dei Ministri.

kommissariats für die Sanktionen gegen den Faschismus auf den Ministerpräsidenten"[13]. Es wurde am 16. Februar 1946 in der Gazzetta Ufficiale veröffentlicht und trat am folgenden Tag in Kraft. Nenni, der diese Stunde anscheinend kaum erwarten konnte, schrieb am 18. Februar erleichtert in sein Tagebuch: „In der ‚Gazzetta Ufficiale' ist das Gesetz erschienen, das dem Hochkommissariat ein Ende setzt. Ich mache mich still von dannen und bin glücklich, die glühende Kohle der Säuberung fallen lassen zu können. Ich bin überzeugt, meine Pflicht getan zu haben, sowohl mit dem Gesetz, das meinen Namen trägt, als auch mit der Abschaffung des Hochkommissariats. [...] Es bedurfte nicht wenig Mutes, eine solche Entscheidung zu fällen. Die Sache ist gemacht, und ich bin zufrieden damit."[14]

Am 31. März 1946 sollte also definitiv Schluß sein. An diesem Tag erlosch die Kompetenz der Säuberungskommissionen zur Eröffnung eines erstinstanzlichen Verfahrens, und an diesem Tag schloß das etwa zwei Jahre zuvor geschaffene Hochkommissariat endgültig seine Pforten. Die unerledigt gebliebenen Arbeiten und die restlichen Kompetenzen gingen auf ein schon einige Wochen zuvor eröffnetes, beim Ministerpräsidenten ressortierendes „Amt für die Sanktionen gegen den Faschismus" über, an dessen Spitze Ende Februar Pasquale Carugno berufen wurde, der sich als Anwalt im Staatsdienst einen Namen gemacht hatte[15]. Carugno übernahm einen riesigen Apparat. Allein in der Zentrale in Rom waren über 270 Angestellte und Beamte beschäftigt, in den Provinzen waren es 715. Viel zu viele, wie Carugno meinte, denn Relevanz und Kompetenz der 1000-Mann-Behörde hatten ja nach dem Erlaß des „Nenni law" beträchtlich abgenommen: Die hauptamtlichen Kräfte sollten zwar noch bis zum 31. März bei der Vorbereitung und Einleitung der Verfahren vor den Säuberungskommissionen im öffentlichen Dienst mitwirken, danach aber blieb ihnen nur noch die Überwachung der in Gang gesetzten Verfahren. Eine solche Beobachterposition hatte das Amt auch bei der strafrechtlichen Ahndung von faschistischen Verbrechen[16] und bei der Eintreibung von Regimeprofiten und Kriegsgewinnen. Relevant und aufwendig war lediglich die Prüfung der umfangreichen Dokumente der Geheimpolizei OVRA, die mit dem Ziel begonnen wurde, das Heer der Spitzel und Denunzianten namhaft zu machen und ihrer gerechten Strafe zuzuführen[17].

Die Personalstärke des Amtes, so der Schluß Carugnos, mußte in eine vernünftige Relation zur Bedeutung des Büros gebracht werden. Als erstes räumte er in der Zentrale auf, und zwar ordentlich. Einen Monat nach seinem Amtsantritt war dort bereits eine Reduzierung des Personals um 72 Prozent festzustellen. Im

---

[13] Vgl. Gazzetta Ufficiale del Regno d'Italia, Nr. 40, 16. 2. 1946.
[14] Nenni, Diari, S. 188 (Eintrag vom 18. 2. 1946).
[15] Zu Carugno vgl. sein Schreiben an De Gasperi, 16. 6. 1947, in: ACS, PCM, Gab. 1944–1947, 1/7 10124, sottofasc. 0–4.6; Abschlußbericht des Ufficio per le Sanzioni contro il Fascismo an PCM, 9. 2. 1948, in: ACS, Alto Commissariato, titolo I, Nr. 1; Entlassungsurkunde von Carugno vom 25. 3. 1948, in: ACS, PCM, Gab. 1944–1947, 1/7 10124, sottofasc. 0–4.6.
[16] Vgl. D.L.L., 12. 4. 1946, Nr. 201: Testo delle disposizioni per la punizione dei delitti fascisti e per la repressione di alcune attività fasciste, in: Gazzetta Ufficiale del Regno d'Italia, Nr. 98, 27. 4. 1946.
[17] Vgl. Ufficio Sanzioni contro il fascismo an PCM, Attività dell'Ufficio per le sanzioni contro il fascismo, 4. 4. 1946, in: ACS, Alto Commissariato, titolo I, Nr. 1.

Herbst 1946 taten in Carugnos „Ufficio" nur noch etwa 40 Angestellte Dienst[18]; davon wurden bis zum Jahresende 14 weitere abgebaut. Größere Schwierigkeiten bereitete Carugno die Auflösung des Apparates in den Provinzen; vor allem in Norditalien, wo die Säuberung nach italienischem Recht ja erst am 1. Januar 1946 begonnen hatte, zeigte sich sehr rasch, daß der ursprünglich ins Auge gefaßte Endtermin (31. März 1946) nur dann einzuhalten war, wenn die dem eigentlichen Verfahren vorausgehende Überprüfung nicht mehr durchgeführt und damit auch noch die gerade angelaufene Minimalsäuberung gemäß dem „Nenni law" praktisch aufgegeben würde. Da niemand dies wollte (noch nicht, wird man sagen müssen), blieb keine andere Möglichkeit, als den Termin hinauszuschieben und den Apparat im Norden noch eine Weile bestehen zu lassen. „Die Säuberung wurde am 31. März in den Provinzen Süd- und Mittelitaliens abgeschlossen", sagte Nenni Anfang April der Nachrichtenagentur ANSA, „in den nördlichen Provinzen wurde auf Bitte der Delegierten des Hochkommissariats [...] eine Verlängerung bis zum 30. April gewährt. [...] Weitere Aufschübe wird es nicht geben."[19]

Carugno war freilich nicht der Mann, der diese Verzögerungen einfach hingenommen hätte. Vor allem die drei-Mann-starken, von den örtlichen Befreiungskomitees dominierten Delegationen in den Provinzen waren ihm ein Dorn im Auge. Deren Überwachungsaufgaben, so meinte er, konnten auch von seinem Amt in Rom wahrgenommen werden, wenn Kontrolle überhaupt noch nötig war, und deren Mitwirkungsrecht bei der Besetzung der Säuberungskommissionen konnte ebenfalls auf das „Ufficio" übertragen werden. Mit solchen Vorschlägen deckte Carugno das ganze Frühjahr und den ganzen Sommer 1946 über das Büro des Ministerpräsidenten ein[20]. Im September hatte er endlich Erfolg: Die Regierung verabschiedete am 13. September 1946 ein Gesetz, das die Aufgaben der „örtlichen Delegationen für die Sanktionen gegen den Faschismus" drastisch beschnitt und vor allem den Einfluß der örtlichen Befreiungskomitees eliminierte. Künftig, so die Quintessenz des Gesetzes, sollten die Außenstellen nur noch aus einem Mann bestehen, der lediglich bei der Beschlagnahme von Kriegsgewinnen und Regimeprofiten mitwirken sollte[21].

---

[18] Vgl. dazu ebenda; Seconda relazione sull'attività dell'Ufficio per le sanzioni contro il fascismo an PCM, 29. 11. 1945, in: Ebenda; Relazione sull'attività dell'Ufficio Speciale per le sanzioni contro il fascismo an PCM, 10. 1. 1947, in: Ebenda.

[19] Airgram der US-Botschaft in Rom an Secretary of State, 8. 4. 1946, in: NA, RG 59, 865.00/4–846; vgl. auch Department of State, Incoming Telegram von US-Botschaft in Rom, 30. 3. 1946, in: Ebenda, 865.00/3–3046; Protokolle der Kabinettssitzungen vom 28. 3. 1946 (nachmittags) und 29. 3. 1946, in: ACS, Verbali del Consiglio dei Ministri.

[20] Vgl. Ufficio sanzioni contro il fascismo: Appunto per la Presidenza del Consiglio dei Ministri, 2. 5. 1946, in: ACS, PCM, Gab. 1944–1947, 1/7 10124, sottofasc. 10; Ufficio sanzioni contro il fascismo: Appunto per il Capo dell'Ufficio, 3. 3. 1946, in: Ebenda, Alto Commissariato, titolo I, Nr. 1.

[21] Decreto Legislativo del Capo Provvisorio dello Stato, 13. 9. 1946, Nr. 118: Disposizioni relative alle delegazioni locali per le sanzioni contro il fascismo ed alla segreteria della commissione di cui all'art. 3 del decreto legislativo luogotenenziale 4 agosto 1945, n. 472, in: Gazzetta Ufficiale della Repubblica Italiana, Nr. 219, 27. 9. 1946. Vgl. dazu auch den für den Ministerrat bestimmten Bericht über das Gesetz, in: ACS, PCM, Gab. 1944–1947, 1/7 10124, sottofasc. 10. Zur „avocazione", die hier nur am Rande behandelt werden kann, vgl. die umfangreichen Quellenbestände in: Ebenda, sottofasc. 11 und 22–23; ebenda, Alto Commissariato, titolo I, Nr. 1, sowie D.L.L., 26. 3. 1946, Nr. 134: Inquadramento nel sistema tributario dell'avocazione dei profitti di regime, in: Gazzetta Ufficiale del Regno d'Italia, 8. 4. 1946, Nr. 82, und Regio Decreto Legislativo, 27. 5. 1946,

Personalsäuberung und justitielle Ahndung waren damit endgültig die alleinige Sache der Bürokratie und der Gerichte. Das Amt Carugnos, dessen Vorgängerin wenigstens ein Mindestmaß an politischer Kontrolle gewährleistet hatte, schaute – so könnte man sagen – bei der Abrechnung mit dem Faschismus aus der Ferne zu und ging schließlich 1948 ein, ohne daß es jemand bemerkt hätte.

2. Zwischenbilanz: Die Personalsäuberung im Frühjahr 1946

Die Geschichte des „Ufficio" zeigt, daß die Vorstellung, am 31. März oder am 30. April 1946 sei die Personalsäuberung – wie von Nenni und De Gasperi oft verkündet – völlig zu Ende gegangen, falsch wäre. An diesem Tag erlosch lediglich die Möglichkeit zur Eröffnung neuer Verfahren. Die Drohung der Epurazione, die bis dahin den gesamten öffentlichen Dienst und Teile der privaten Wirtschaft verunsichert hatte, war damit noch nicht beseitigt; sie hatte aber doch nachgelassen, denn nun wußte man wenigstens, woran man war: ob man ein Verfahren zu gewärtigen hatte oder nicht. Die Verfahren selbst aber waren noch lange nicht abgeschlossen.

Bedauerlicherweise können auch in diesem Zusammenhang wichtige Fragen nicht exakt beantwortet werden; vor allem die Frage nicht, was bis zum 31. März schon geschehen war und was danach noch zu tun blieb. Zum Glück ist aber eine Aufstellung vom 28. Februar 1946 überliefert, die wenigstens einen groben Überblick über den Stand der Dinge zuläßt[22]. Danach kann man zweierlei mit großer Sicherheit sagen: Der Kundenkreis der Säuberungskommissionen wurde durch das „Nenni law" tatsächlich drastisch reduziert, von mehreren Hunderttausend auf rund 30 000 Bedienstete in den ersten sieben Hierarchiestufen der Ministerialbürokratie[23], und die Überprüfungsarbeiten konnten zumindest in der Ministerialbürokratie bis zum 31. März weitgehend abgeschlossen werden. 77 Prozent (oder 23 000) der 30 000 waren am 28. Februar bereits überprüft, der Rest konnte bis zum 31. März bzw. 30. April bewältigt werden. Einige Ministerien waren sogar schon am 28. Februar fertig.

Überprüfung bedeutete natürlich in den meisten Fällen Entlastung und Rehabilitierung. Am 28. Februar war nur gegen etwa 4800 der rund 23 000 Überprüften ein Verfahren eröffnet worden; etwa 3800 (80 Prozent) davon waren abgeschlos-

---

Nr. 436: Avocazione allo Stato dei profitti di guerra e dei profitti eccezionali di speculazione, in: Ebenda (Edizione speciale), Nr. 133–1, 10. 6. 1946. Zu den Delegationen in den Provinzen vgl. auch PCM, Ufficio Studi e Legislazione, Appunto per il Presidente del Consiglio dei Ministri: Delegati provinciali per l'avocazione dei profitti di regime, 20. 6. 1946, und PCM, Ufficio Studi e Legislazione, an Ministero delle Finanze und Ministero di Grazia e Giustizia: Schema di decreto legislativo concernente l'abolizione dei delegati provinciali per i delitti fascisti per l'epurazione, e recante norme circa i delegati provinciali per l'avocazione dei profitti di regime, Juni/Juli 1946, in: ACS, PCM, Gab. 1944–1947, 1/7 10124, sottofasc. 10.

[22] Vgl. Appendix „A" (Defascism Returns from Sub-Commissions of the Allied Commission) eines Memorandum on Epuration von HQ, AC, in: NA, RG 331, Chief Commissioner, box 35.

[23] Vgl. Appendix „B" (Defascism Reports from Ministries of the Italian Government to the Allied Commission as at 16. Jan. 1946) eines Memorandum on Epuration von HQ, AC, in: Ebenda; Specchio sull'andamento della defascistizzazione per il periodo 1–15 dicembre 1945, in: Ebenda, Civil Affairs, box 19, 10000/105/899.

sen, wobei circa 730 Verfahren mit der Entlassung geendet hatten. Zusammen mit den 640 Beamten, die freiwillig oder unter sanftem Druck in den Ruhestand getreten waren, ergibt sich daraus eine Zahl von etwa 1370 (4 – 5 Prozent) höheren Beamten und Angestellten, die wegen ihrer politischen Belastung den öffentlichen Dienst verlassen mußten[24].

Diese Angaben – das kann nicht deutlich genug gesagt werden – beziehen sich nur auf die Urteile der ersten Instanz, sie betreffen ausschließlich die Beamten der ersten sieben Hierarchiestufen, und sie sagen nichts über die Epurazione in der freien Wirtschaft. Was diese angeht, sind nicht einmal Schätzungen hinsichtlich der Quote der Überprüfungen und Entlassungen möglich. Etwas günstiger, wenn auch nicht annähernd befriedigend, ist die Datenlage im Hinblick auf die wohl gut 300 000 Bediensteten in den Verwaltungen der Provinzen und Kommunen. Aus einer Aufstellung vom 15. Januar 1946[25] ergibt sich folgendes Bild: Erst die Hälfte war überprüft worden; in 10 Prozent der überprüften Fälle war es zu einem Verfahren gekommen. Etwa 1550 hatten Entlassungen nach sich gezogen. Was mit der anderen Hälfte geschah, läßt sich nicht sagen.

Genaueres ist hingegen über das Geschick der Spitzenbeamten bekannt, die auf Antrag des Hochkommissariats in den Ruhestand versetzt werden sollten – ohne Säuberungsverfahren, lediglich auf Beschluß des Kabinetts. Die Handhabe für diese disziplinarische Maßnahme bot das am 1. November 1945 beschlossene Begleitgesetz zum „Nenni law"[26], das die Neuauflage einer Ende 1944 von der Regierung Bonomi erlassenen Richtlinie darstellte; bereits damals, um die Jahreswende 1944/45, waren etwa 270–280 Staatsdiener der ersten Garnitur ohne Säuberungsverfahren in den Ruhestand geschickt worden[27]. Nach der zweiten Tauglichkeitsprüfung ein Jahr später sollten nach dem Willen des Hochkommissariats etwa 380 bis 390 weitere Elitebeamte aus dem öffentlichen Dienst entfernt werden; später reduzierte man die Zahl auf 350[28].

De Gasperi muß ziemlich erschrocken gewesen sein, als ihm zu Weihnachten 1945 die Wunschliste des Hochkommissariats vorgelegt wurde. 350 zusätzliche Entlassungen aus einem Kreis von 5000 Spitzenbeamten, der durch tiefgreifende Revirements ohnehin erschüttert war – das hielt er für reichlich übertrieben. De Gasperi beauftragte deshalb drei hochrangige Juristen, unter ihnen der ebenso angesehene wie konservative Rechtsprofessor Ugo Forti, der 1944/45 durch seine heftige Kritik an der Säuberung auf sich aufmerksam gemacht hatte, mit der nochmaligen Prüfung der einzelnen Fälle. De Gasperi empfahl dabei äußerste Zurückhaltung, nur den schwärzesten Schafen sollte die Entlassung zugemutet werden[29].

Das ließen sich die drei Juristen und einige Minister, die sich ebenfalls an der Nachprüfung beteiligten, nicht zweimal sagen. 60 Prozent der zur Entlassung vorgesehenen Spitzenkräfte fanden Gnade vor ihren Augen. Übrig blieben nur noch etwa 140 Beamte, die auch nach Ansicht von Forti und Co. nicht mehr trag-

[24] Vgl. die statistischen Unterlagen, in: Ebenda, 10000/105/872, 873, 885 und 887.
[25] Vgl. Fortnightly Epuration Reports at 15 January 1946. Regional Returns, in: Ebenda, box 19, 10000/105/900; Prospetto Statistico Provinciale, 30. 11. 1945, in: Ebenda.
[26] Vgl. S. 337 f.
[27] Vgl. Il Tempo, 20. 12. 1945.
[28] Vgl. Protokoll der Kabinettssitzung vom 16. 1. 1946, in: ACS, Verbali del Consiglio dei Ministri.
[29] Vgl. Protokoll der Kabinettssitzung vom 16. 1. 1946, in: Ebenda.

bar waren. Mit diesem Vorschlag beschäftigte sich das Kabinett am 18. und 20. Januar 1946[30], jeweils einige Stunden lang und mit äußerster, bisweilen entnervender Sorgfalt. Dabei brachen die alten Konflikte, die das Lager der Regierungskoalition seit jeher entzweiten, in einigen Fällen mit kaum verminderter Schärfe wieder auf. Die Konservativen wollten es genug sein lassen mit den ewigen Debatten über politische Belastungen aus der Vergangenheit, während die Linkskräfte weitere Entlassungen forderten. Gelegentlich hatten sie damit sogar Erfolg, denn die Liste, auf die man sich am 20. Januar 1946 einigte, umfaßte 191 Namen; etwa ein Drittel davon waren hochrangige Offiziere, 21 kamen aus dem Bereich der Rechtspflege, wo der kommunistische Justizminister Togliatti auf Reinlichkeit hielt. 175 der 191 Spitzenbeamten wurden zwangsweise in den Ruhestand versetzt; bei den übrigen 16 wollte man nicht so grob sein. Hier einigte man sich auf die Formel, daß sie auf eigenen Wunsch ausgeschieden seien[31].

Für sich genommen sagen diese dürren Zahlen nicht sehr viel aus. Die 191 Ruhestandsversetzungen vom Januar 1946 (und die bereits von Bonomi verfügten 270–280), die 1550 Entlassungen in den Provinzen und die 730 bzw. 640 Amtsenthebungen, von denen die höhere Beamtenschaft betroffen war, beziehen sich erstens nur auf den Zeitraum Februar/März 1946, oder anders ausgedrückt: auf den Stand der Dinge vor der Berufung, und zweitens (und noch wichtiger) bilden sie nur die Spitze des Eisberges. Hinzugerechnet werden müssen nämlich noch die vor dem „Nenni law" verfügten Entlassungen in den unteren Rängen des öffentlichen Dienstes[32], die sich vermutlich auf einige Tausend beliefen, außerdem die fristlosen „Kündigungen" in der freien Wirtschaft, die auf das Konto der Resistenza gingen und ebenfalls nach Tausenden zählten, und schließlich diejenigen, die nach Maßgabe der General Orders 35 und 46 ihre Papiere erhalten hatten; auch davon waren Tausende betroffen[33]. Alles in allem standen im Frühjahr 1946 schätzungsweise 10000 bis 20000 Menschen aufgrund ihrer politischen Vergangenheit auf der Straße.

Für diese Gruppe war natürlich das Kapitel Epurazione noch nicht abgeschlossen, denn selbstverständlich ging fast jeder in die Berufung – die höheren Beamten in den Ministerien vor dem Consiglio di Stato, die Bediensteten in den Kommunen und Provinzen vor den speziellen Kommissionen beim Berufungsgericht der betreffenden Gegend, die Entlassenen der freien Wirtschaft vor eigens eingerichteten berufsständischen Spruchkammern und die Spitzenbeamten vor dem Kabinett[34]. Arbeit verursachten aber nicht nur sie, sondern auch die Beamten und An-

[30] Vgl. Protokolle der Kabinettssitzungen vom 18. und 20. Januar 1946, in: Ebenda.
[31] Vgl. Liste der Funzionari collocati a riposo ai sensi del D.L.L. 9 Novembre 1945, Nr. 716 (Anlage zum Protokoll der Kabinettssitzung vom 20. 1. 1946), in: Ebenda. Vgl. auch Department of State, Incoming Telegram von US-Botschaft in Rom, 19. und 22. 1. 1945, in: NA, RG 59, 865.00/1–1946 und 865.00/1–2246.
[32] Vgl. Appendix „B" (Defascism Reports from Ministries of the Italian Government to the Allied Commission as at 16. Jan. 1946) von einem Memorandum on Epuration von HQ, AC, in: NA, RG 331, Chief Commissioner, box 35; Specchio sull'andamento della defascistizzazione per il periodo 1–15 dicembre 1945, in: Ebenda, Civil Affairs, box 19, 10000/105/899.
[33] Vgl. dazu die statistischen Berichte in: Ebenda, box 17, 10000/105/744–813.
[34] Vgl. S. 334 und Protokoll der Kabinettssitzung vom 18. 1. 1946, in: ACS, Verbali del Consiglio dei Ministri.

gestellten, die das erstinstanzliche Verfahren noch vor sich hatten; ihre Zahl belief sich schätzungsweise auf 5000 bis 10000.

3. „Mopping up"

Im Frühjahr 1946 befanden sich also noch schätzungsweise 20000 bis 25000 ehemalige Faschisten in den Mühlen der weitgehend entpolitisierten Säuberungsmaschinerie. Sie waren gleichsam das Strandgut der Epurazione, das weder von den zahllosen Unzulänglichkeiten des Verfahrens, noch von dem großzügigen Gnadenakt, den das „Nenni law" im Grunde darstellte, profitiert hatte. Wie diese Gruppe beschaffen war, was sie an politischer Belastung auf dem Kerbholz hatte, welches Sozialprofil sie aufwies – diese und andere Fragen vermag niemand zu beantworten. Klar ist aber: Wer im Frühjahr 1946 Strandgut war, blieb es – von wenigen Ausnahmen abgesehen – nicht mehr allzu lange. Peretti-Grivas Prophezeiung[35], die Säuberung werde rasch versacken, wenn man sie wieder zur Sache der Verwaltung machte, erfüllte sich nur allzu schnell. Der Staat und die Parteien hatten die Säuberung aufgegeben und waren längst mit anderem beschäftigt. Selbst die Befreiungskomitees hatten ihren alten Elan eingebüßt; wenn sie nicht ausschließlich mit sich selbst beschäftigt oder in schläfrige Routine versunken waren, hörte man von ihnen höchstens noch Lippenbekenntnisse und Klagen. Die Zeichen der Zeit standen auf „pacificazione", und jeder Beamte und Angestellte, der sich dem als Zeuge oder Mitglied einer Säuberungskommission widersetzte, mußte damit rechnen, im Kollegenkreis als Querulant diffamiert und an den Rand gedrängt zu werden. Dieses Risiko gingen nur wenige ein.

Die Folge davon waren immer mehr Verfahren in immer kürzerer Zeit und – eng verbunden damit – ein weiterer Verfall der ohnehin schon stark herabgesetzten Säuberungsgrundsätze. Am wenigsten machte sich dieser allgemeine Trend in den Kommissionen der ersten Instanz bemerkbar, also in den Prüfungsinstanzen der Ministerien, der Schulen, der Eisenbahnbetriebe und sonstiger staatlicher und halbstaatlicher Einrichtungen, in denen oft starke Betriebsräte oder ein „roter" Minister das Klima bestimmten; dort mußten sich belastete Faschisten noch immer peinliche Fragen und ein langwieriges Verfahren mit ungewissem Ausgang gefallen lassen. Zu regelrechten Rehabilitierungsfabriken entwickelten sich 1946/47 aber die Revisionsinstanzen, die antifaschistischen Einflüssen und dem Zeitgeist der Befreiung immer schon weit entrückt gewesen waren und nun, der Kontrolle durch das Hochkommissariat ledig, endlich ungehemmt ihre Kollegen aus dem Staatsdienst vom Makel ihrer faschistischen Belastung befreien konnten.

Man muß diesen Prozeß nicht umständlich und im einzelnen darstellen. Die Zahlen sprechen für sich: Ende 1946 hatte die Sezione Speciale des Consiglio di Stato, also die Instanz, die für die Behandlung von Revisionsverfahren von höheren staatlichen Beamten zuständig war, über annähernd 3200 Verfahren entschieden; in etwas weniger als 300 Fällen war sie hart geblieben, 2895 Revisionsanträ-

---

[35] Vgl. S. 351.

gen hatte sie aber stattgegeben, und fast alle lauteten auf Freispruch[36]. Ähnliche „Erfolgsquoten" hatten – man verrät kein Geheimnis – auch andere Revisionsinstanzen[37].

Die Abrechnung verkam so 1946/47 zur Abwicklung – und zwar, so könnte man zugespitzt sagen, zur Abwicklung des Schadens, der in den Augen der Justiz, der Bürokratie und der Regierung durch die Abrechnung entstanden war. Nach der Auflösung des Hochkommissariats und der großzügigen Amnestie vom 22. Juni 1946, die zwar keine juristischen, aber doch politische und psychologische Auswirkungen auf die Personalsäuberung hatte[38], ging es Schlag auf Schlag: Im März 1946 waren in ganz Italien Tausende von Säuberungskommissionen tätig, die Hunderttausende von Fällen prüften und Zehntausende von Verfahren bearbeiteten. Im Juni 1947 waren es noch 125[39] und Ende Januar 1948 nur mehr 63 Kommissionen, die sich – von der Öffentlichkeit längst vergessen – mit etwa 1300 liegengebliebenen Fällen abmühten; die größten Rückstände waren im Bereich des Kriegsministeriums zu beklagen, wo noch über 300 Verfahren anhängig waren, außerdem in Mailand mit über 100 und in Venedig mit fast 350 Verfahren[40]. Diese Kommissionen, so Carugno in seinem letzten Bericht als Leiter des „Amts für die Sanktionen gegen den Faschismus" vom 9. Februar 1948, könnten ihre Arbeit „angesichts der Rücknahme vieler Säuberungsmaßnahmen, die sich aus der Anwendung der sehr großzügigen Direktiven [...] ergeben, die kürzlich vom Kabinett verabschiedet worden sind"[41], binnen kurzem einstellen.

Carugno bezog sich mit dieser Äußerung auf die „Grundsätze über die Aufhebung von Säuberungsverfahren und die Überprüfung bereits ergriffener Maßnahmen", die am 5. Februar 1948 im Kabinett beschlossen wurden und als Gesetz zur Befreiung von der Epurazione konzipiert waren[42]. Eine sachliche Notwendigkeit für dieses Gesetz gab es nicht. Die Säuberung hatte ja mittlerweile erträgliche Dimensionen angenommen und wurde wohl nur noch in wenigen Zweigen des öffentlichen Lebens oder der freien Wirtschaft als ernstliche Störung empfunden. Lediglich der Consiglio di Stato ächzte noch unter der Last zahlreicher unerledigter Berufungen[43]. Die Regierung wollte (und mußte) aber mit dem Erlaß des

---

[36] Vgl. Relazione sull'attività dell'Ufficio Speciale per le sanzioni contro il fascismo an PCM, 10. 1. 1947, in: ACS, Alto Commissariato, titolo I, Nr. 1.

[37] Vgl. Ufficio sanzioni contro il fascismo: Appunto per il sottosegretario di Stato alla Presidenza del Consiglio dei Ministri, 17. 10. 1947, in: Ebenda, titolo I, Nr. 31 (2. Teil); Corte d'Appello di Venezia, Commissione regionale di appello per l'epurazione del personale enti locali, an Primo Presidente della Corte d'Appello di Venezia, 20. 7. 1948, in: ACS, PCM, Gab. 1944–1947, 1/7 10124, sottofasc. 39.1–39.17.

[38] Vgl. PCM, Ufficio Studi e Legislazione, an Ministero di Grazia e Giustizia und Ministero dei Trasporti: Effetti dell'amnistia sulle sanzioni previste dall'art. 1, n. 1 del D.L.L. 4 agosto 1945, n. 472 e dell'art. 16, n. 1, del D.L.L. 9 novembre 1945, n. 702, 30. 11. 1946, in: Ebenda, sottofasc. 6.10.

[39] Vgl. Carugno an De Gasperi, 16. 6. 1947, in: Ebenda, sottofasc. 0–4.6.

[40] Vgl. Abschlußbericht der PCM, Ufficio per le sanzioni contro il fascismo, an PCM, Gabinetto, 9. 2. 1948, in: ACS, Alto Commissariato, titolo I, Nr. 1.

[41] Ebenda.

[42] Decreto Legislativo, 7. 2. 1948, Nr. 48: Norme per la estinzione dei giudizi di epurazione e per la revisione dei provvedimenti già adottati, in: Gazzetta Ufficiale della Repubblica Italiana, Nr. 43, 20. 2. 1948; vgl. auch PCM, Ufficio Studi e Legislazione, an alle Minister: Revisione dei provvedimenti di epurazione, 25. 2. 1948, in: ACS, Alto Commissariato, titolo II, Nr. 1.

[43] Zum Consiglio di Stato vgl. Domenico Riccardo Peretti-Griva, Il fallimento dell'epurazione, in: Il ponte 1947, Nr. 11–12, S. 1079; Mercuri, L'epurazione, S. 197; Memorandum der Sezione speciale

neuen Säuberungsgesetzes ein politisches Signal setzen, das den konservativen Kräften schon seit längerem am Herzen lag. 1945/46 gab es dafür keine Mehrheit im Kabinett; seit Mitte 1947 aber bot sich die Möglichkeit dazu, denn im Mai/Juni 1947 hatte der sich mehr und mehr zuspitzende Kalte Krieg auch in Italien seinen Tribut gefordert: Sozialisten und Kommunisten wurden aus der Regierung gedrängt, die Democrazia Cristiana bildete unter der Führung von Alcide De Gasperi eine neue Regierung, die auf die parlamentarische Unterstützung durch Gruppierungen der äußersten Rechten wie der „Jedermann"-Bewegung angewiesen war und sich bei diesen Randgruppen natürlich beliebt machen mußte. Die Zeit des antifaschistischen Konsenses war damit definitiv vorbei, die Regierung rückte nach rechts, und De Gasperi und seine Democrazia Cristiana – der gemäßigte Reformer und die katholische Volkspartei mit ihrem reformorientierten linken Flügel – mußten nun so große Zugeständnisse an ihren rechten Flankenschutz machen, daß sie sich den Vorwurf, die Ideale der Resistenza zu verraten und die Restauration des „alten" Italien zu betreiben, nicht nur zuzogen, sondern partiell auch verdienten[44].

Eines der größten Zugeständnisse, das die Regierung De Gasperi machte, bezog sich auf die Epurazione. Die rechten Kräfte im und am Rande des Regierungslagers gaben sich mit der Beendigung der Säuberung nicht zufrieden. Sie verlangten mehr – nämlich auch die Rücknahme der bis dahin verhängten Sanktionen und damit die Rehabilitierung fast aller belasteten Faschisten. Besonders empfänglich für solche Vorstellungen waren in der Regierung vor allem Justizminister Giuseppe Grassi, ein Mann vom rechten Flügel der liberalen Partei, die an der Säuberung noch nie viel Positives gefunden hatte, und Staatssekretär Giulio Andreotti, De Gasperis junger Mann im Büro des Ministerpräsidenten, der gute Beziehungen zur politischen Rechten unterhielt und auch gegenüber dem neofaschistischen Movimento Sociale Italiano (MSI) keinerlei Berührungsangst kannte[45]. Andreotti und Grassi legten schon im August 1947 den Entwurf eines neuen Säuberungsgesetzes vor, das das „Nenni law" vom November 1945 ablösen und alle Hindernisse ausräumen sollte, die einer nahezu kompletten Rehabilitierung im Weg standen. Der Entwurf dürfte ganz nach dem Geschmack der rechten Kräfte gewesen sein, und auch im neuen Kabinett, das sich am 3. September 1947 erstmals mit der Materie befaßte, gab es viel Lob und Zustimmung. Lediglich der neue Außenminister Carlo Sforza, ein Veteran der Epurazione, der selbst einmal das Hochkommissariat geleitet hatte, ließ sich nicht von der allgemeinen Schlußstrich-Euphorie anstecken und erinnerte seine Kollegen daran: „Diejenigen, die der Republik von Salò gedient haben, müssen bestraft werden. Sie verrieten die Idee des Staates."[46]

---

des Consiglio di Stato von Anfang 1946 über die Schwierigkeiten beim Aufbau und die Perspektiven der Arbeit, in: ACS, Alto Commissariato, titolo I, Nr. 3; Schreiben von Natale Columbo an De Gasperi, 23. 6. 1947, in: ACS, PCM, Gab. 1944–1947, 1/7 10124, sottofasc. 18–21; die Dokumente in: ACS, Consiglio di Stato, Sezione Speciale per l'epurazione: Fascicoli personali, busta 1 (1945–1948).

[44] Vgl. Scoppola, La proposta politica di De Gasperi, passim; ders., Alcide De Gasperi. Sein Weg zur Macht, S. 207–240.

[45] Vgl. Gambino, Storia del Dopoguerra, S. 425; Schreiben von Roberto Mieville (MSI) an Andreotti, 21. 7. 1948, und Andreotti an Mieville, 13. 8. 1948, in: ACS, PCM, Gab. 1944–1947, 1/7 10124, sottofasc. 13–16.

[46] Protokoll der Kabinettssitzung vom 3. 9. 1947, in: ACS, Verbali del Consiglio dei Ministri.

Sforza fand damit aber kein Gehör. Die überwiegende Mehrheit war taub gegenüber solchen Mahnungen, die freilich auch nur mehr ein schwacher Nachhall
des einstigen Abrechnungsrigorismus waren. Das Kabinett wollte einen „Gnadenakt"[47] und verabschiedete am 23. Oktober 1947 den Gesetzestext von Grassi
und Andreotti, der daraufhin an die Costituente zur Begutachtung ging und –
nach gewissen Änderungen – am 5. Februar 1948 endgültig angenommen
wurde[48]. Das neue Gesetz ließ kaum mehr Wünsche offen. Die kleineren, mittleren und gehobenen Beamten hatten nun von der Säuberung überhaupt nichts
mehr zu befürchten. Die wenigen noch laufenden Verfahren wurden niedergeschlagen, und diejenigen Beamten und Angestellten, die im Zuge der Säuberung
ihre Posten verloren hatten, sahen sich wieder in ihre alten Rechte eingesetzt.
Ähnliche Regelungen galten für die Angestellten der „öffentlichen, aber nicht
staatlichen Betriebe" und der „Einrichtungen von nationaler Bedeutung" sowie
für die Wirtschaft, wo sämtliche Beschränkungen für politisch belastete Verwal-
tungs- und Aufsichtsräte und „liquidatori di società" aufgehoben wurden; auch
die freie Wirtschaft war damit wieder frei.

Nicht einmal die relativ kleine Gruppe der höchsten Beamten der ersten fünf
Eingruppierungsstufen, die aufgrund eines rechtskräftigen Säuberungsurteils aus
dem öffentlichen Dienst entfernt worden war, war von diesen Rehabilitierungs-
exzessen ausgenommen. Auch die Spitzenbeamten konnten mit der großzügigen
Rücknahme der Entlassung durch den Consiglio di Stato rechnen, doch war damit
nicht gleichzeitig die Wiederaufnahme in den öffentlichen Dienst gesichert. Auf
ihren Planstellen saßen nämlich mittlerweile meist jüngere Beamte, die sich in den
zurückliegenden Jahren bewährt hatten und ihren älteren Kollegen in puncto Engagement, Dynamik und Sachkenntnis meist weit überlegen waren. Viele Minister
wollten auf solche, oft auch noch aus der eigenen Partei stammende Mitarbeiter
nicht verzichten. Das Kabinett sah deshalb im neuen Gesetz so attraktive Ruhe-
standsregelungen für entlassene, aber rehabilitierte Spitzenbeamte vor, daß wohl
nur die wenigsten diesem Angebot widerstehen konnten[49].

Die Dinge liegen klar zutage, auch wenn sie noch nicht im einzelnen für die verschiedenen Sparten des öffentlichen Dienstes und der freien Wirtschaft untersucht
worden sind: Die Regierung De Gasperi gab sich 1947/48 äußerste Mühe, den
radikalen Bruch zu heilen, der durch die Massenentlassungen vor allem nach der
Befreiung entstanden war – mit Erfolg und in vielen Fällen wohl auch unter Mißachtung elementarer Grundsätze von Recht und Gerechtigkeit. Sie konnte dabei
vor allem an das „Nenni law" anknüpfen, das die Entpolitisierung der Säuberung
eingeleitet hatte und den Ausgangspunkt des Rehabilitierungstrends bildete. Den
Schlußpunkt setzte die Regierung De Gasperi allerdings selbst, und zwar mit der
neuen Direktive vom 7. Februar 1948, die eigentlich schon nicht mehr als Säuberungsgesetz oder als Amnestie begriffen werden kann, sondern als Akt der Wie-
dergutmachung an denen betrachtet werden muß, die zuvor wegen ihrer politi-

---

[47] So die Postministerin Lina Merlin in der Kabinettssitzung vom 3. 9. 1947, in: Ebenda.
[48] Vgl. Protokolle der Kabinettssitzungen vom 23. 10. 1947 und 5. 2. 1948 (vormittags), in: Ebenda.
[49] Vgl. Decreto Legislativo, 7. 2. 1948, Nr. 48: Norme per la estinzione dei giudizi di epurazione e per
la revisione dei provvedimenti già adottati, in: Gazzetta Ufficiale della Repubblica Italiana, Nr. 43,
20. 2. 1948.

schen Vergangenheit zur Verantwortung gezogen worden waren und berufliche
Nachteile erlitten hatten. 1948 war fast jeder Beamte und Angestellte rehabilitiert
– auch manche der Ende 1944 und Anfang 1946 ohne Verfahren in den Ruhestand
geschickten Spitzenbeamten, obwohl die Regierung zunächst versichert hatte, die
Entscheidungen des Kabinetts seien definitiv und von keiner Instanz zu revidieren[50]. Übrig blieb nur eine kleine Gruppe von Säuberungs-„Opfern". Sie hatten es
schriftlich, daß sie aufgrund ihrer faschistischen Belastung für den öffentlichen
Dienst dauerhaft untragbar waren[51].

4. Die Rückkehr der Wirtschaftskapitäne

Noch dürftiger war die Bilanz der Säuberung in der Gruppe der Verwaltungs- und
Aufsichtsräte und „liquidatori", also in den Chefetagen der Hochfinanz, der
Großkonzerne und Industrieriesen, in denen man im Frühjahr 1945 das Schlimmste befürchtet hatte. Viele Wirtschaftskapitäne und Spitzenmanager hatten sich
damals aus dem Staub gemacht; sie waren ins Schweizer Exil gegangen, hatten die
Hilfe der Alliierten gesucht oder waren bei Freunden in sicheren Verstecken un-
tergekrochen. Andere waren im Bewußtsein, daß man ihnen nichts vorwerfen und
deshalb nichts anhaben könne, auf ihren Posten geblieben – und von den Befreiungskomitees verjagt worden[52]. Diese Maßnahmen der ersten Tage nach der Befreiung gehorchten in der Regel dem klassenkämpferischen Willen der Befreiungskomitees. Der Staat hingegen blieb zunächst stumm; erst die Regierung Parri
hatte sich der lange vernachlässigt gebliebenen Säuberung der Wirtschaft angenommen – zuerst mit dem halbherzigen Gesetz vom 4. August 1945 und dann mit
dem „Nenni law", das bei entsprechendem politischen Willen ein rigoroses
Durchgreifen ermöglicht hätte[53].

Doch als im Herbst 1945 endlich eine rechtliche Handhabe dafür bestand, war
die Säuberung der Wirtschaft auf der Skala brennender gesellschaftlicher Probleme schon ziemlich weit nach unten gerutscht. Nichts zeigte dies deutlicher als
der Fall des FIAT-Managers Vittorio Valletta, der im Frühjahr 1945 beinahe der
Lynchjustiz zum Opfer gefallen wäre und kaum zehn Monate später – so als wäre
nie etwas gewesen – wieder das Steuer des Autokonzerns übernahm[54]. Valletta

[50] Vgl. Peretti-Griva, Il fallimento dell'epurazione, S. 1078; Decreto Legislativo Presidenziale, 25. 6.
1946, Nr. 15: Facoltà di opposizione avverso i provvedimenti di collocamento a riposo disposti ai
sensi dell'art. 2 del decreto legislativo luogotenenziale 11 ottobre 1944, n. 257, in: Gazzetta Ufficiale della Repubblica Italiana, Nr. 153, 11. 7. 1946; Protokoll der Kabinettssitzung vom 18. 1.
1946, in: ACS, Verbali del Consiglio dei Ministri.
[51] Zu einem ähnlichen Ergebnis kam es übrigens in der Venezia Giulia, wo die Säuberung ausschließlich unter alliierter Regie durchgeführt wurde. Vgl. dazu den Bericht der PCM, Ufficio Studi e Legislazione, für den Staatssekretär in der PCM: Attività svolta dal Governo Militare Alleato della
Venezia Giulia nel campo dell'epurazione, 9. 8. 1947, in: ACS, Alto Commissariato, titolo I,
Nr. 10; Rapporto finale dell'ufficio legale per la defascistizzazione e la epurazione nella Venezia
Giulia, 6. 5. 1947, in: Ebenda; Aufzeichnung über eine Besprechung zwischen White, Carugno
und Dr. Cacciopoli (vom Ufficio legislativo beim Büro des Ministerpräsidenten), 10. 7. 1947, in:
Ebenda.
[52] Vgl. Setta, Profughi di Lusso; Levi/Rugafiori/Vento, Il triangolo industriale.
[53] Vgl. S. 273.
[54] Zum Fall Valletta vgl. Bairati, Valletta, S. 101–155; Vallettas Entlastungsmemorandum vom 12. 5.

war bereits im März 1945 von der Resistenza als Kollaborateur (vor-)verurteilt worden[55]. Gegenstand des Urteils waren seine intensiven Kontakte zum faschistischen Regime und zur deutschen Besatzungsmacht, die freilich nie ungetrübt gewesen waren und stets nur einem, mit größter Desinvolture verfolgten Ziel gedient hatten: FIAT durch die schwierigen Zeiten zu bringen, selbst wenn er sich dabei kompromittieren mußte. Der Manager hatte sich von der Säuberungsdrohung nicht einschüchtern lassen. Er blieb in seinem Büro auf dem Werksgelände, als FIAT am 26. April 1945 befreit wurde und eine Art innerbetriebliches Revolutionskomitee die Macht im Konzern an sich riß. Diese mutige Demonstration ungebrochenen Verantwortungsgefühls hätte leicht fatale Folgen haben können, denn im Werk und in der Stadt Turin gab es nicht wenige revolutionäre Hitzköpfe, denen nichts lieber gewesen wäre, als Valletta vor ein Volkstribunal zu stellen oder abzuknallen. Daß es dazu nicht kam, hatte Valletta vor allem einigen beherzten FIAT-Arbeitern zu verdanken, deren Verbundenheit mit dem „Chef" größer war als die Loyalität zu den Befreiungskomitees und zu örtlichen Kadern der kommunistischen Partei, die Valletta nicht geschont hätten[56].

Am 28. April 1945 durch Befehl des innerbetrieblichen Befreiungskomitees entlassen, begann für Valletta eine bewegte Odyssee, die ihn mit Hilfe der Alliierten, der Präfektur und befreundeter Partisanen von einem Versteck zum anderen führte, bis Ende Mai die Gefahr für Leib und Leben vorüber war. Valletta zog nun wieder in die Stadt, er hatte dort auch ein Büro, wo sich bald seine Nachfolger bei FIAT einfanden und ihn um Rat fragten. Zu Valletta, das wurde schon damals deutlich, gab es keine Alternative; keiner aus der neuen Führungsriege war mit den Geschäften so vertraut wie er, vor allem aber waren die Treuhänder in finanzieller Hinsicht ohnmächtig, weil die Finanzhoheit nach wie vor bei den „alten Herren" lag. „Ich persönlich war für eine [...] auch weitreichende Säuberung", sagte Aurelio Peccei, einer aus der neuen Führungsgruppe bei FIAT, „aber nicht von Valletta. Er war nicht nur nützlich, sondern wichtig, nein: sogar unersetzlich. Man mußte ihn behalten. [...] Er war der einzige, der in der Lage sein würde, das Unternehmen voranzubringen."[57]

Peccei, ein führender Mann der Aktionspartei, die gerade in puncto Säuberung nicht leicht zu Kompromissen neigte, machte aus dieser Auffassung kein Geheimnis. Er sprach darüber auch mit seinem Parteifreund Alessandro Galante Garrone, der wie die übrigen Mitglieder des für den Fall Valletta zuständigen Befreiungskomitees für Piemont ab Sommer 1945 unter immer größeren Druck geriet, den Fall rasch zu einem Ende zu führen. Dafür plädierten neben Peccei auch die Militärregierung, die in Valletta einen Garanten für den zügigen Wiederaufbau des Auto-

1945, in: ACS, Alto Commissariato, titolo II, Nr. 4; Romolo Gobbi, Note sulla Commissione d'epurazione del CLN Regionale piemontese e sul caso Valletta, in: MLI 1967, Nr. 4, S. 57–68; Castronovo, Agnelli, S. 671–688; Setta, Profughi di Lusso, S. 76–79.

[55] Vgl. Testo della deliberazione della Commissione di epurazione nei confronti di Agnelli, Camerana e Valletta, 16.–23. 3. 1945, in: Gobbi, Note sulla commissione d'epurazione, S. 72 f. (Anhang).
[56] Vgl. Bairati, Valletta, S. 137; Amendola, Lettere a Milano, S. 577; Nenni, Diari, S. 518 (Eintrag vom 14. 3. 1952).
[57] Zit. nach Bairati, Valletta, S. 143 f.

mobilwerkes erblickte, außerdem der örtliche Klerus und schließlich kein Geringerer als Alcide De Gasperi[58].

Valletta konnte den Dingen mithin relativ gelassen entgegensehen – und zwar nicht nur, weil er so einflußreiche Fürsprecher hatte und er von den Alliierten, seinen früheren Kollegen wie Enrico Falck, Rocco Piaggio und Piero Pirelli und von vielen Ministern der Regierung Parri noch immer als der führende Mann von FIAT betrachtet wurde, mit dem man sich gerne besprach und dessen Rat man suchte. Entscheidend war, daß weder das (Vor-)Urteil vom März, noch die Entlassung vom April irgendeine rechtliche Bindewirkung hatten. Im strengen Sinne des Wortes stand Valletta nicht einmal unter Anklage, und es gab auch kein Säuberungsverfahren gegen ihn; ein solches anzustrengen, dazu wären nur die von der Militärregierung gemäß General Order 46 eingesetzten Kommissionen befugt gewesen, die dazu aber offenbar keine Veranlassung sahen.

Der „Prozeß" gegen Valletta, der am 28. Juli 1945 vor dem Befreiungskomitee für Piemont begann, diente so vor allem der atmosphärischen Bereinigung der Verhältnisse bei FIAT, keinesfalls aber der juristischen Klärung eines Tatbestandes und der Verurteilung eines Angeklagten. Valletta unterwarf sich diesem Verfahren, weil es risikolos war und weil er Wert darauf legte, vor aller Öffentlichkeit seine Entlastungsargumente auszubreiten und seine wiedergewonnene Position der Stärke zu demonstrieren. Er war wieder der Herr bei FIAT – und keiner der 25 Zeugen, die in drei langen Sitzungen im August, September und Oktober 1945 vom Befreiungskomitee befragt wurden, wagte dem ernstlich zu widersprechen und Vallettas Position unter Hinweis auf seine politische Vergangenheit in Frage zu stellen. Das taten auch die Kommunisten nicht, die noch wenige Monate zuvor Vallettas Kopf gefordert hatten. Sie waren im Befreiungskomitee von Piemont zwar vertreten; ihr Delegierter spielte aber keine sonderlich aktive Rolle, und die Parteileitung hüllte sich ohnehin in Schweigen. Sie folgte damit einem Wunsch Togliattis, der in Valletta nicht nur einen äußerst befähigten Manager, sondern auch einen „potentiellen Gesprächspartner der kommunistischen Partei"[59] erblickte, der keinesfalls verstimmt werden durfte. Auf ihn, so dachte Togliatti, kam es vor allem an, wenn ein zentrales Anliegen des PCI, nämlich die Verankerung von Betriebsräten in der Betriebsverfassung von FIAT, erreicht werden sollte.

Das Verfahren gegen Valletta entfernte sich so immer weiter von den Motiven, die ihm ursprünglich zugrunde gelegen hatten. Es wurde nicht einmal ordnungsgemäß zum Abschluß gebracht. Das Befreiungskomitee für Piemont bestätigte im Dezember 1945 lediglich das (Vor-)Urteil der ersten Instanz, ließ aber kein „Revisionsurteil im eigentlichen Sinne" ergehen[60]. Die Dinge blieben so in der Schwebe und wurden schließlich vergessen. Rechtliche Konsequenzen ergaben sich daraus selbstverständlich nicht, politische Bedeutung aber hatte das Verfahren durchaus: Es diente gewissermaßen als Forum des Kräftemessens zwischen der alten FIAT-Führung, die zeitweise schwer erschüttert worden war, dann aber rasch wieder an Selbstvertrauen und Autorität gewonnen hatte, und den vor allem vom PCI ge-

---

[58] Vgl. ebenda, S. 142 f.
[59] Zit. nach ebenda, S. 150.
[60] Vgl. Gobbi, Note sulla commissione d'epurazione, S. 68.

lenkten Betriebsräten, die im Befreiungskrieg eine tragende Rolle gespielt hatten, dann aber schnell an Schwung und Durchschlagskraft einbüßten und deshalb auch ihre Forderungen nach weitreichenden Mitbestimmungsrechten zurückschrauben mußten.

Nach dem Sturz Parris im Spätherbst 1945 und der fast völligen Entmachtung der Befreiungskomitees kurz danach war das Kräftemessen entschieden. Die Betriebsräte befanden sich in der Defensive und mußten froh sein, wenigstens noch ein Minimum ihrer Forderungen durchsetzen zu können. Das geschah im FIAT-Pakt vom 23. Februar 1946: Gegenstand dieses Abkommens war die Etablierung von legalen Betriebsräten, die allerdings nur beratende Funktionen hatten und damit weit hinter dem zurückblieben, was die Aktivisten der Arbeiterbewegung sich vorgestellt hatten, und die Rückkehr Vallettas und zahlreicher anderer leitender Angestellter zu FIAT[61]. Für den Autokonzern war das Kapitel Säuberung damit beendet, zumindest was die Chefetagen anbetrifft. Von den etwa 1000 Technikern und Abteilungsleitern, die im Frühjahr 1945 entlassen worden waren, kehrten bis auf 45 alle wieder zurück[62]. Valletta selbst wurde danach nie mehr wegen seiner politischen Vergangenheit behelligt, obwohl nach dem Erlaß des „Nenni law" die Möglichkeit, nein: sogar die Pflicht bestanden hätte, sein Verhalten im Faschismus und im Umgang mit der deutschen Besatzungsmacht einer genaueren Prüfung zu unterziehen.

Der Fall Valletta ist ein Einzelfall, wegen der politischen Bedeutung von FIAT sogar ein ganz besonderer, der nicht leicht zu verallgemeinern ist. Gleichwohl: Viele Indizien deuten darauf hin, daß die Säuberung der Manager, Hauptaktionäre und Generaldirektoren in anderen Betrieben nicht sehr viel anders verlief. Die „alten Herren" hatten einige höchst prekäre Wochen zu überstehen, in denen alles möglich schien: Enteignung, Deklassierung und sogar Hinrichtung. Mit der Konsolidierung der staatlichen Verhältnisse beruhigte sich aber auch die Situation in den Betrieben, und fast die gesamte alte Garde kehrte wieder zurück – der eine früher, weil es ohne ihn nicht ging, der andere später, weil er dem Frieden nicht traute und aus dem Hintergrund heraus ohnehin alle Möglichkeiten hatte, die Dinge in seinem Sinne zu lenken. Vor staatlichen Säuberungskommissionen mußten sich hingegen nur wenige verantworten.

Dieser Schluß drängt sich jedenfalls auf, wenn man den Abschlußbericht der „Kommission für die Säuberung privater Betriebe" vom 26. April 1948 liest. Demzufolge hatte die Berufungsinstanz im Bereich der Wirtschaft zwischen 1945 und 1948 – sage und schreibe – nur 140 Revisionsanträge zu behandeln[63]. Da anzunehmen ist, daß fast jeder Verurteilte in die Berufung ging, wird die Behauptung nicht ganz unzutreffend sein, daß auf Grund des „Nenni law" keine 200 Spitzenkräfte der privaten Wirtschaft ihre Posten verloren – und dann im Revisionsverfahren wieder bekamen. Anfang 1948 waren noch 90 solcher Revisionsverfahren

[61] Vgl. Bairati, Valletta, S. 155; Castronovo, Agnelli, S. 695–698; La „Resistenza" e il prof. Valletta a tu per tu, in: Giovane critica 1973, Nr. 34, 35, 36, S. 16–24.
[62] Vgl. Bairati, Valletta, S. 148.
[63] Vgl. Gaetano Russo, Commissione Epurazione Imprese Private, an Andreotti, 26.4.1948, in: ACS, PCM, Gab. 1944–1947, 1/7 10124, sottofasc. 6–10.

anhängig; sie wurden – da darf man sicher sein – nach der Verabschiedung des „Befreiungsgesetzes" vom 7. Februar 1948 eingestellt[64].

Mit gleicher Nachsicht wurden die nach der Befreiung aus den Betrieben gejagten Arbeiter und kleinen Angestellten nicht behandelt. Gewiß, auch von ihnen kehrten viele bald wieder zurück. Zahlreiche „kleine Fische" mußten sich aber auch einen neuen Arbeitsplatz suchen – und zwar nicht in erster Linie deshalb, weil man ihnen ihre Vergangenheit nicht vergeben wollte. Den Ausschlag gab, daß viele Betriebe wegen der wirtschaftlichen Misere und des bald beginnenden Rationalisierungsdruckes Massenentlassungen vornehmen mußten. Politische Belastung, darauf bestanden die Gewerkschaften und Betriebsräte, war oft ein entscheidender Grund, wenn es galt, die Liste der „Überzähligen" zusammenzustellen.

5. Die Amnestie vom 22. Juni 1946

Mit dem Gesetz vom 7. Februar 1948 war das „mopping up" im öffentlichen Dienst und in der freien Wirtschaft beendet. Kurz darauf wurde das „Amt für die Sanktionen gegen den Faschismus" aufgelöst; an seine Stelle trat ein mit drei Mann besetztes „Ufficio Stralcio", also eine Rest-Abwicklungsstelle, die beim Ministerpräsidenten ressortierte[65]. Ihre einzige Aufgabe bestand darin, die verbliebenen zehn Außenstellen anzuleiten, die noch immer am Werk waren, um die Eintreibung von Kriegsgewinnen und Regimeprofiten voranzubringen; vier davon sollten noch im Laufe des Frühjahrs aufgelöst werden, die übrigen sechs Anfang 1949. Danach konnte auch das „Ufficio Stralcio" schließen.

Die Beendigung der Personalsäuberung und damit die Befriedung vor allem des öffentlichen Dienstes war freilich nur die eine Seite des Problems, das die Regierung De Gasperi vor sich hatte, als sie Ende 1945 die Rückkehr zur Normalität propagierte. Die zweite, nicht weniger wichtige Seite betraf die strafrechtliche Ahndung faschistischer Verbrechen, anders gesagt: den großen Kreis derer, die in Untersuchungshaft einem Gerichtsverfahren entgegensahen, in Freiheit auf ihren Prozeß warteten oder gerade vor Gericht standen, bereits rechtskräftig verurteilt waren und ihre Strafe verbüßten. Dieser Kreis umfaßte wohl ebenfalls 20000 Personen; etwas mehr als die Hälfte davon bevölkerte die Gefängnisse, die 1946 mit fast 80000 Häftlingen aus allen Nähten platzten[66].

Wenn die Debatte über die Vergangenheit zur Ruhe kommen sollte, mußte auch bei der strafrechtlichen Ahndung etwas geschehen. Aber was? Die Regierung

---

[64] Vgl. ebenda. Zum Gesamtkomplex der Säuberung in der Privatwirtschaft vgl. Ministero dell'Industria e del commercio an PCM, Ufficio Studi e Legislazione, 27. 6. 1946, in: Ebenda, in welchem Giovanni Gronchi vorschlägt, die Säuberungsmaßnahmen im Bereich der Wirtschaft aufzuheben, und PCM, Ufficio Studi e Legislazione, Appunto per il Presidente del Consiglio dei Ministri: Epurazione delle imprese private, 7. 7. 1947, in: Ebenda.

[65] Vgl. Abschlußbericht des Ufficio vom 9. 2. 1948, in: ACS, Alto Commissariato, titolo I, Nr. 1; Promemoria per il Capo di Gabinetto: Scioglimento dell'Ufficio Sanzioni contro il fascismo, 6. 3. 1948, in: ACS, PCM, Gab. 1944–1947, 1/7 10124, sottofasc. 0–4.6.

[66] Vgl. Protokoll der Kabinettssitzung vom 15. 5. 1946, in: ACS, Verbali del Consiglio dei Ministri; Guido Neppi Modona, Togliatti Guardasigilli, in: Agosti, Togliatti e la fondazione dello Stato democratico, S. 300.

wurde sich darüber lange nicht klar; außerdem waren ihre Mittel zur Lenkung und Beschleunigung einzelner Verfahren beschränkt, und schließlich war auch der politische Wille zur Rehabilitierung der „politischen Gefangenen" und Angeklagten bei weitem nicht so ausgeprägt wie bei den belasteten höheren Beamten und Angestellten, die – trotz mancher Verfehlungen und Irrtümer – doch dazugehörten und ein Anrecht auf Nachsicht und Toleranz hatten. Mit den Schwarzhemden in den Zuchthäusern, auf den Verbannungsinseln und Anklagebänken, die ja unleugbar erhebliche Schuld auf sich geladen hatten, tat sich aber nicht nur die Regierung schwer, auch der Lobbyismus gesellschaftlicher Großorganisationen wie der Parteien oder der Kirche hielt sich in engen Grenzen.

Offenkundig vertrauten alle darauf, daß sich das Problem der strafrechtlichen Ahndung im Zusammenspiel von Sonderschwurgerichten und Kassationshof von selbst und auf eine Art und Weise erledigen würde, die keinen allzu großen Schaden entstehen ließ. Doch diese Hoffnung trog. Die „Sezioni speciali" entfernten sich zwar in den ersten Monaten des Jahres 1946 mehr und mehr von dem Rigorismus, der ihre Vorläufer, die Sonderschwurgerichte, beseelt hatte[67], und namentlich der Kassationshof in Rom tat viel, um das Los verurteilter Faschisten zu lindern[68]. Das war aber nicht genug, wie bald jeder sehen konnte: Die „Sezioni speciali" würden mit der Abwicklung der noch immer in die Tausende gehenden Verfahren noch Jahre brauchen[69], die erbärmlichen Zustände in den Gefängnissen bleiben wie sie waren[70], wenn nicht eine grundlegende Richtungsänderung erfolgte.

Damit aber war zunächst nicht zu rechnen. Das Kabinett befaßte sich nur widerwillig mit der Materie; zumal vor den Wahlen vom 2. Juni 1946 und dem Referendum über Monarchie und Republik wollte es sich nicht mehr mit Fragen belasten, die das ohnehin gespannte Klima nur weiter reizen konnten. Die Regierung fand sich im April 1946 lediglich dazu bereit, einigen Anregungen der Consulta zu entsprechen, die in der heftigen Debatte über das Gesetz vom 5. Oktober 1945 (Umbenennung der außerordentlichen Schwurgerichte in „Sezioni speciali" der ordentlichen Schwurgerichte sowie Verlängerung ihres Mandats um ein Jahr) aufgetaucht waren und auf zweierlei hinausliefen: erstens auf eine Stärkung der Position der Richter gegenüber den Geschworenen und zweitens auf die fast vollständige Beseitigung des Einflusses der Befreiungskomitees auf die Bestellung der Geschworenen[71]. Damit erhoffte man sich eine weitere Entpolitisierung und Professionalisierung der Verfahren – und eine Beschleunigung obendrein.

Die Regierung geriet aber unter Zugzwang, als Vittorio Emanuele im Mai 1946 – wider jede Absprache – zugunsten seines Sohnes, des bisherigen Statthalters,

---

[67] Vgl. Jesu, I processi per collaborazionismo in Friuli, S. 249ff.; Achille Battaglia, I giudici e la politica, Bari 1962, S. 80f.

[68] Vgl. ebenda; Neppi Modona, Il problema della continuità, S. 26ff.

[69] Allein in Venetien waren im April 1946 noch über 2100 Verfahren vor den Sezioni Speciali der Schwurgerichte anhängig. Vgl. AC, Office of Chief Liaison Officer Venezie, Monatsbericht für April 1946, in: NA, RG 331, Civil Affairs, box 6.

[70] Zur Lage in den Gefängnissen vgl. Sardi, ... Ma; Guido Neppi Modona, Carcere e società civile, in: Storia d'Italia, vol. V, II. documenti, Turin 1973, S. 1977–1986; die Unterlagen in: ACS, Ministero dell'Interno, Gab. 1944–1946, busta 166, fasc. 15646.

[71] Vgl. Protokoll der Kabinettssitzung vom 1. 2. 1946, in: ACS, Verbali del Consiglio dei Ministri; D.L.L., 12. 4. 1946, Nr. 201: Testo delle disposizioni per la punizione dei delitti fascisti e per la repressione di alcune attività fasciste, in: Gazzetta Ufficiale del Regno d'Italia, Nr. 98, 27. 4. 1946.

abdankte und dieser aus Anlaß seiner Thronbesteigung eine Amnestie forderte, die auch „politischen" Häftlingen zugute kommen sollte[72]. Diese Forderung Umbertos II. war nicht unbillig – noch jeder König hatte durch solche Begnadigungsakte seine Beliebtheit zu heben versucht –, sie zielte andererseits aber doch so offenkundig darauf ab, die Sache der Monarchie im Referendum über die künftige Staatsform zu stärken, daß die Regierung der Forderung des Königs weder einfach entsprechen, noch sie einfach ablehnen konnte. Beides hätte Umberto II. zum Vorteil, der überwiegend republikanisch gesinnten Regierung aber zum Nachteil gereicht.

Einen Ausweg aus dieser unbequemen Lage fand Palmiro Togliatti[73]. Der Justizminister war über die in seinen Augen unverfrorene Initiative des Königshauses empört und fest entschlossen, sie ins Leere laufen zu lassen. Gegen eine „Amnestie mit begrenzter Reichweite" sei nichts einzuwenden, sie sei auch rasch zu bewerkstelligen, sagte er am 15. Mai 1946 im Kabinett[74]. Eine solche kleine Lösung könne sich an der Amnestie aus dem Jahre 1900 orientieren, die aus Anlaß der Thronbesteigung Vittorio Emanueles III. erlassen worden war und sich auf Freiheitsstrafen von bis zu sechs Monaten und kleinere Geldstrafen bezogen hatte; politisch motivierte Straftaten waren dagegen ganz ausgeschlossen gewesen[75]. Eine so großzügige Amnestie aber, wie sie dem König jetzt vorschwebte, sei vor den Wahlen nicht nur inopportun, sie müsse auch entsprechend vorbereitet werden, und so etwas brauche Zeit. Eine große Lösung solle deshalb erst nach dem 2. Juni ins Werk gesetzt werden[76].

Dieser Vorschlag war genial. Togliatti raubte damit dem König die Möglichkeit, sich als weitherziger Herrscher zu präsentieren und das Referendum in seinem Sinne zu beeinflussen, ohne die Öffentlichkeit gegen die Regierung einzunehmen, da diese ja versprach, nach den Wahlen kräftig für das zu entschädigen, was vor den Wahlen nicht gewährt werden konnte. Umberto II. war denn auch tief verletzt, als er von Togliattis Vorschlag hörte. Er weigerte sich sogar, die kleine Lösung zu akzeptieren, die deshalb auch nie Gesetzeskraft erlangte[77]. Togliattis Schachzug hatte freilich auch seinen Preis. Mit dem Versprechen einer Amnestie nach der Wahl wurde nämlich eine Art Tabu gebrochen, das bis dahin die Frage der strafrechtlichen Ahndung faschistischer Verbrechen umgeben und grundlegende Änderungen bei den „Sezioni speciali" verhindert hatte. Von nun an war das verbotene Wort Amnestie in aller Munde, und viele im Kabinett und in der Öffentlichkeit scheuten sich plötzlich nicht mehr, das Konzept der „pacificazione" so weit zu fassen, daß auch schwerbelastete Faschisten davon profitieren konnten.

---

[72] Vgl. Protokoll der Kabinettssitzung vom 15. 5. 1946, in: ACS, Verbali del Consiglio dei Ministri; Department of State, Incoming Telegram von US-Botschaft in Rom, 16.5. und 30. 5. 1946, in: NA, RG 59, 865.00/5-1646 und 5-3046; Gambino, Storia del Dopoguerra, S. 219ff.; Mario Bracci, Come nacque l'amnistia, in: Il ponte 1947, Nr. 11-12, S. 1099ff.
[73] Vgl. Protokolle der Kabinettssitzungen vom 15. und 16. 5. 1946, in: ACS, Verbali del Consiglio dei Ministri; Nenni, Diari, S. 219 (Eintrag vom 15. 5. 1946); Department of State, Incoming Telegram von US-Botschaft in Rom, 16. 5. 1946, in: NA, RG 59, 865.00/5-1646.
[74] Protokoll der Kabinettssitzung vom 15. 5. 1946, in: ACS, Verbali del Consiglio dei Ministri.
[75] Vgl. Protokolle der Kabinettssitzungen vom 15. und 16. 5. 1946, in: Ebenda; Bracci, Come nacque l'amnistia, S. 1100.
[76] Vgl. Protokoll der Kabinettssitzung vom 15. 5. 1946, in: ACS, Verbali del Consiglio dei Ministri.
[77] Vgl. Bracci, Come nacque l'amnistia, S. 1100.

Anders der Justizminister. Togliatti, dem später oft der Vorwurf gemacht wurde, er habe eine großzügige Amnestie forciert, um das Ansehen seiner Partei im Lager der Ex-Faschisten zu verbessern und sich selbst als Mann des Ausgleichs und der Mäßigung darzustellen, blieb zurückhaltend. Ihm mißfiel der Gedanke einer Amnestie, weil er es für gefährlich hielt, Probleme der Justiz mit Mitteln der Politik zu lösen, wie Mussolini das oft getan hatte. Außerdem widerstrebte ihm die Vorstellung, belastete Faschisten könnten ihrer gerechten Strafe entgehen und bald wieder überall mitmischen. Nicht einmal die Aussicht, daß mit einer Amnestie auch straffällig gewordenen Partisanen geholfen werden könnte, schien Togliatti besonders zu beeindrucken.

Davon zeugte auch der Gesetzentwurf, den der Justizminister am 19. Juni 1946 im Kabinett vorlegte[78]. Er war, wie ein Beteiligter schrieb, „sehr streng und stand im Gegensatz zu den Richtlinien", auf die sich die Regierung am 15. Mai verständigt hatte[79]. Togliatti wollte alle amnestieren, die „Verbrechen begangen hatten, die mit Strafen bis zu fünf Jahren" bewehrt waren; politisch motivierte Straftaten hingegen sollten nur unter der Voraussetzung unter die Amnestie fallen, daß sie nach der Beendigung der Feindseligkeiten verübt worden waren. Für Süditalien hieß das: nach dem 8. September 1943, für Mittel- und Norditalien: nach dem Beginn der alliierten Besatzungsherrschaft. Belastete Faschisten hätten davon kaum profitieren können, denn ihre Missetaten lagen früher; außerdem galt in Togliattis Entwurf: „Verbrechen, die in den Gesetzen für die Sanktionen gegen die Faschisten genannt sind, waren komplett ausgenommen."[80]

Damit waren natürlich vor allem die Christdemokraten nicht einverstanden, die in den zurückliegenden Wochen von einer Großamnestie zu träumen begonnen hatten. De Gasperi erklärte denn auch frank und frei, „daß der Gnadenakt für politische Verbrechen die Faschisten nicht übergehen durfte, weil es sich dabei um das schwierigste Problem handelte"[81]. Togliatti spürte wohl schon zu diesem Zeitpunkt, daß diesen Einwänden Rechnung getragen werden mußte und daß die weitere Debatte über die Amnestie unweigerlich in ein pragmatisches do ut des zwischen den Konservativen, die das Lager der Ex-Faschisten ruhigstellen wollten, und den Linken einmünden würde, die eher die Interessen der Partisanen im Auge hatten; vorangegangene Amnestien zu ihren Gunsten hatten ja nicht sehr viel bewirkt[82]. Der Justizminister machte deshalb kaum einen Versuch, seinen Entwurf zu retten. Er zog sich sofort auf juristische Argumente zurück, die eine Strafbefreiung belasteter Faschisten erschwerten, und bat den Ministerrat schließlich um eine Art Leitfaden für die Arbeit an der Neufassung[83].

Am 21. Juni 1946 lag der neue Entwurf vor[84]. Er war, wie Nenni in seinem Ta-

---

[78] Vgl. Protokoll der Kabinettssitzung vom 19. 6. 1946, in: Verbali del Consiglio dei Ministri.
[79] Bracci, Come nacque l'amnistia, S. 1101; Nenni, Diari, S. 231 (Eintrag vom 19. 6. 1946).
[80] Bracci, Come nacque l'amnistia, S. 1101.
[81] Ebenda. Vgl. auch Mercuri, L'epurazione, S. 214.
[82] Vgl. Bracci, Come nacque l'amnistia, S. 1101; Neppi Modona, Il problema della continuità, S. 31 ff.
[83] Vgl. Bracci, Come nacque l'amnistia, S. 1101 f.
[84] Vgl. Protokoll der Kabinettssitzung vom 21. 6. 1946, in: ACS, Verbali del Consiglio dei Ministri. Zur alliierten Einschätzung der Amnestie vgl. HQ, AC, an AFHQ (G-5 Section), 8. 7. 1946, in: NA, RG 331, Legal, 10000/142/561.

gebuch schrieb, „ziemlich großzügig"[85] und wurde vom Kabinett nach langer, aber kaum kontroverser Diskussion angenommen; die strittigen Fragen waren offenkundig schon im Vorfeld in kleiner Runde geklärt worden. „Es gab nur wenige kritische Bemerkungen [im Kabinett]. Sie bezogen sich auf Details und waren von rein juristischer Bedeutung", hob Mario Bracci hervor, der selbst mit am Kabinettstisch saß[86]. Er wie auch manch anderer Minister hatte zwar noch einiges auszusetzen an dem Gesetz – vor allem, daß es so weitgefaßt und unpräzise formuliert war; sie schwiegen aber, weil es ihnen „lächerlich" vorgekommen wäre, „sich strenger und antifaschistischer zu zeigen als der Justizminister, der Togliatti war", so Bracci[87].

Das schließlich einstimmig angenommene Gesetz[88] trug den Stempel mühseligen Interessenausgleichs zwischen den eher linken und den eher konservativen Kräften in der Regierung; beide Seiten hatten für ihre jeweiligen politischen Interessengruppen einiges erreicht. Die Linke konnte vor allem die Bestimmungen über straffällig gewordene Partisanen als Erfolg verbuchen. Der Gesetzgeber, so Togliatti in seiner Begründung des Gesetzes, sei hier von der Überlegung ausgegangen, „daß es nicht gerecht wäre, Taten – auch schwere – zu ahnden, die aufgrund von Unachtsamkeit der antifaschistischen Aufstandsbewegung auch noch nach der Übergabe einzelner Gebiete an die alliierte Verwaltung begangen worden sind"[89]. Das galt selbst für Mord und Totschlag; vorausgesetzt, sie waren politisch motiviert und vor dem 31. Juli 1945 begangen worden, fielen sie unter die Amnestie[90].

Hauptnutznießer aber waren ohne Zweifel die belasteten Ex-Faschisten, für die sich vor allem die Democrazia Cristiana stark gemacht hatte. Ihnen sollte der Prozeß der „Befriedung und Aussöhnung aller anständigen Italiener" in erster Linie zugute kommen. Man könne nicht vergessen, so Togliatti, daß in den zurückliegenden Jahren viele Italiener gefehlt, ihre Pflichten gegenüber dem Staat, dem Vaterland und den Mitbürgern verletzt und selbst gegen die „heiligsten Gesetze der Menschlichkeit" verstoßen hätten, „indem sie sich für verabscheuungswürdige Taten hergaben". Auf der anderen Seite aber könne man auch nicht die Augen vor der Tatsache verschließen, „daß in den ersten Jahren der faschistischen Bewegung und des faschistischen Regimes im Land eine allgemeine politische und soziale Spannung geherrscht hat und daß es in der Folgezeit, als jede freie Stimme der Kritik an der Aktivität der tyrannischen Regierung verboten war, vor allem für die jüngeren Generationen sehr schwierig wurde, zwischen Gut und Böse zu unterscheiden. Vor allem galt dies, als die Regierung selbst zu drastischen Maßnahmen [...] griff, um eine äußerliche Disziplin zu erzwingen."[91] Deshalb sollten bereits

---

[85] Nenni, Diari, S. 232 (Eintrag vom 21. 6. 1946).
[86] Bracci, Come nacque l'amnistia, S. 1103.
[87] Ebenda.
[88] Vgl. Decreto Presidenziale, 22. 6. 1946, Nr. 4: Amnistia e indulto per reati comuni, politici e militari, in: Gazzetta Ufficiale della Repubblica Italiana, Edizione straordinaria, Nr. 137, 23. 6. 1946; Giuliano Vassalli/Giuseppe Sabatini, Il collaborazionismo e l'amnistia politica nella Giurisprudenza della Corte di Cassazione, Rom 1947, S. 523–560.
[89] Relazione del Ministro Guardasigilli al Presidente del Consiglio sul decreto Presidenziale 22 giugno 1946, n. 4, concedente amnistia e indulto per reati comuni, politici e militari, in: Gazzetta Ufficiale della Repubblica Italiana, Edizione straordinario, Nr. 137, 23. 6. 1946.
[90] Vgl. ebenda; Neppi Modona, Il problema della continuità, S. 33.
[91] Wie Anm. 89.

verhängte Todesstrafen in lebenslänglich und lebenslängliche Strafen in 30 Jahre Haft umgewandelt, Strafen über fünf Jahre um ein Drittel reduziert und Strafen von weniger als fünf Jahren überhaupt aufgehoben werden. Straffreiheit sollte außerdem bei politisch motivierten Straftaten gewährt werden, die bis dahin gemäß den Säuberungsgesetzen vom 27. Juli 1944 und 22. April 1945 geahndet worden waren; diese Delikte sollten nur noch dann strafrechtlich verfolgt werden, wenn sie von „Personen in herausgehobenen Funktionen in der Verwaltung, in der Politik oder im Militär" verübt worden waren, wenn es sich um „Blutbäder, besonders grausame Mißhandlungen, Mord oder Plünderung" handelte oder wenn die „Verbrechen aus Gewinnsucht begangen worden sind". Verbrechen, so faßte Togliatti den diesbezüglichen Standpunkt der Regierung zusammen, „deren Spuren noch lange nicht beseitigt sind, müssen auch weiterhin mit der ganzen Härte des Gesetzes bestraft werden. Eine Nichtanerkennung dieses Erfordernisses würde [...] dazu beitragen, Haß und Groll zu schüren, was gewiß unangenehme Konsequenzen für alle hätte."[92]

Man muß kein Jurist sein, um zu erkennen, daß das Amnestiegesetz vom 22. Juni 1946[93] den Gerichten einen ganz erheblichen Ermessensspielraum bot, den diese so oder so nutzen konnten, um die Grenze zwischen „Mißhandlungen", „grausamen Mißhandlungen" und „besonders grausamen Mißhandlungen" zu bestimmen, um festzulegen, wer als „Person in herausgehobener Funktion" zu betrachten war, und um herauszuarbeiten, was als politisch motivierte Straftat oder als gewöhnliches Verbrechen angesehen werden mußte. Wie die Gerichte diesen Spielraum nutzten, ist in der italienischen Forschung gänzlich unumstritten: Die Justiz, so heißt es dort in seltener Übereinstimmung, habe die Amnestie gegen den Willen des Gesetzgebers skandalös großzügig ausgelegt und die Amnestie zu einer fast unterschiedslosen Generalrehabilitierung mißbraucht. Namentlich der Kassationshof in Rom habe sich immer wieder selbst überboten, wenn es darum ging, den Revisionsanträgen von Schwerbelasteten stattzugeben. Er habe dabei freilich auch leichtes Spiel gehabt, denn das Amnestiegesetz habe so schwere Mängel aufgewiesen, daß es fast als Einladung zur Rechtsbeugung aufzufassen gewesen sei[94].

Diese eindeutigen Urteile stützen sich freilich nicht auf systematische Untersuchungen über die Praxis einzelner Gerichte, sondern vor allem auf subjektive Beobachtungen von empörten Zeitgenossen, die natürlich von Mund zu Mund gingen und sich dabei auch ein Stück weit von der Wahrheit entfernten.

Am größten war die Empörung im Lager der Partisanen und unter den politisch Verfolgten. „Man kann sich nicht erklären, was das ausschlaggebende Motiv" der Amnestie gewesen ist, schrieb beispielsweise die Confederazione Nazionale Perseguitati Politici Antifascisti Anfang Juli 1946 an den Ministerpräsidenten. „Es ist aber sicher, daß das in Rede stehende Gesetz nicht nur rechtswidrig, unpolitisch und unsozial ist, sondern auch unbesonnen, weil es einige Faktoren von größter Bedeutung außer acht gelassen hat; unter anderem verstößt es gegen die elemen-

[92] Ebenda.
[93] Zur Kritik an der Amnestie vgl. Leonida Risso, In tema di amnistia, in: Rivista penale LXXI (1946), S. 760–765; Nicola Vitale, Contro l'amnistia, in: Ebenda, S. 1053–1074.
[94] Vgl. Jesu, I processi per collaborazionismo in Friuli, S. 257–261; Romano Canosa/Pietro Federico, La magistratura in Italia dal 1945 a oggi, Bologna 1974, S. 140 ff.

tarste Gerechtigkeit, indem es wirklichen Verbrechern, die gefährlich sind für das Leben des neuen demokratischen Staates, Straffreiheit gewährt; außerdem trägt es nicht der Tatsache Rechnung, daß die Familien der Märtyrer, der Mißhandelten und Versehrten, die Waisen und die ehemaligen politischen Häftlinge seit langem darauf warten, daß die Schuldigen bestraft werden."[95]

Die Partisanen und die Opfer des Faschismus, so wird man ohne Übertreibung sagen können, verstanden die Welt nicht mehr, daß sich nun plötzlich ein Suvich, ein Jacomoni, ein Chiavolini oder ein Rolando Ricci, die von Anfang an dabei gewesen waren und fast bis zuletzt mitgemacht hatten, wieder als freie Bürger betrachten durften[96]. Kaum geringer war ihre Bestürzung, als sie erfuhren, daß die Federführung für das Amnestiegesetz nicht bei einem finsteren Reaktionär von der Democrazia Cristiana oder den Liberalen gelegen hatte, sondern bei einem der ihren, beim kommunistischen Justizminister. Togliatti mußte deshalb im Sommer 1946 heftige Kritik einstecken und sich immer wieder fragen lassen, warum er bei der Formulierung des Gesetzestextes nicht besser aufgepaßt hatte, ob die Schlupflöcher vielleicht sogar absichtlich eingebaut worden waren, um seine Partei im Lager der Faschisten zu akkreditieren, und weshalb er nicht energisch einschritt, um die mißbräuchliche Auslegung des Amnestiegesetzes zu unterbinden[97].

Bohrende Fragen mußten sich Togliatti und sein Nachfolger im Amt des Justizministers, Fausto Gullo, vor allem von den Sozialisten gefallen lassen, die im Hinblick auf den Umgang mit den Faschisten schon immer entschiedener gewesen waren als die Kommunisten und sich nun an die Spitze des Protestes gegen die Amnestie setzten – nicht ganz zweckfrei, versteht sich, denn die Sozialisten mußten Profil zeigen, wenn sie an der Seite des PCI bestehen wollten. Er wolle gerne wissen, so der spätere Staatspräsident Sandro Pertini in einer Fragestunde der Verfassunggebenden Versammlung am 22. Juli 1946, ob das kommunistisch geführte Justizministerium erwäge, „Notmaßnahmen" zu ergreifen, „um zu verhindern, daß das am 22. Juni 1946 erlassene Gesetz, das wegen seiner absurden Großzügigkeiten in der Geschichte unseres und anderer Länder ohne Beispiel ist, von den zuständigen Justizorganen so einseitig ausgelegt wird, daß auch die wirklich Verantwortlichen für die gegenwärtige tragische Situation unseres Landes wieder die Freiheit erlangen und ihre schon konfiszierten Güter zurückerhalten". Damit würde man die „Gefühle derer verletzen, die unter dem Krieg und unter dem Faschismus so sehr gelitten haben, und Empörung und Ressentiments hervorrufen, die nicht geeignet sind, in unserem Volk jene Befriedung herzustellen, die das oberste Ziel der besagten Amnestie hätte sein müssen"[98].

---

[95] Schreiben vom 3. 7. 1946, in: ACS, PCM, Gab., Segreteria Particolare del Presidente De Gasperi, 1945–1953, busta 21, fasc. 163. Zu den Reaktionen auf die Amnestie vgl. auch die Monatsberichte der Carabinieri aus der Toskana, aus Ligurien, der Lombardei, Apulien, Umbrien und den Marken, in: ACS, Ministero dell'Interno, Gab. 1944–1946, busta 219, fasc. 22653, 22660, 22658, 22652, 22654(2), 22651, sowie die Berichte der Präfekten, in: Ebenda, busta 217, fasc. 22555, 22568, 22569, 22571, 22573. Vgl. Carteggio Croce-Omodeo, S. 234 f.; Luigi Einaudi – Benedetto Croce, Carteggio (1902–1953), hrsg. von Luigi Firpo, Turin 1986, S. 121 f.

[96] Vgl. Murgia, Vento del Nord, S. 156 f.

[97] Vgl. Neppi Modona, Togliatti Guardasigilli, S. 319; Algardi, Processi ai fascisti (1992), S. 36 ff.; Domenico, Italian fascists on trial, S. 210; Martinelli/Righi, La politica del Partito comunista italiano nel periodo costituente, S. 304.

[98] Atti della Assemblea Costituente. Discussioni, Vol. I, 25 giugno-14 dicembre 1946, S. 208.

Gullo hatte dieser pauschalen Attacke nicht viel mehr entgegenzusetzen als das Eingeständnis, daß es zu Fehlern bei der Anwendung des ansonsten einwandfreien Amnestiegesetzes gekommen sei, und die Erklärung, sein Ministerium habe darüber die Generalstaatsanwälte informiert[99]. Etwas geschickter reagierte Togliatti. Er erinnerte Pertini zunächst daran, daß der Amnestie alle Parteien, auch die Sozialisten, zugestimmt hatten. Außerdem betonte er, die Auswirkungen der Amnestie seien nicht annähernd so verheerend, wie Pertini behauptet habe. „Nach den Informationen, die ich besaß, als ich das Justizministerium verließ, hat es unter den circa 13000 Verfahren, die noch anhängig oder bereits mit einem Urteil abgeschlossen waren, etwa 2500–3000 Haftentlassungen gegeben." Schließlich hob er noch hervor, daß er „ungeachtet der Tatsache, daß es diese schmerzlichen Episoden gegeben hat, die angedeutet worden sind, und über die ich ähnlich denke wie der Abgeordnete Pertini", immer noch glaube, „daß das Amnestiegesetz auf alle Fälle verabschiedet werden mußte. Für jede Regierung wäre es schwierig gewesen, einen Gnadenakt zu erlassen, der nicht bestimmte Mängel gehabt hätte"[100].

Niemand wußte besser als Togliatti selbst, daß solche Argumente im Lager des militanten Antifaschismus nicht überzeugten und daß das Amnestiegesetz, wie überhaupt die generelle Nachsicht mit der personellen Hinterlassenschaft des Faschismus, der Preis waren, den die politische Linke und namentlich die Kommunisten entrichten mußten, wenn sie ihren pragmatischen Kurs breiter Zweckbündnisse mit dem bürgerlichen und agrarisch-ländlichen Lager fortsetzen wollten. Das konnte er freilich nicht offen sagen, ohne die eigene Gefolgschaft vor den Kopf zu stoßen, die immer noch in der Überzeugung lebte, daß die Sache des Antifaschismus bei den Kommunisten in den besten Händen war. Togliatti blieb deshalb bei seinem Beschwichtigungskurs, und er versuchte auch, seine Partei auf diese Linie einzuschwören. Das bedurfte äußerster Anstrengung und wäre wahrscheinlich auch von Erfolg gekrönt gewesen, hätte die große Koalition der antifaschistischen Parteien länger gehalten. Nach deren Bruch im Frühjahr 1947[101] und der Vertreibung von Sozialisten und Kommunisten aus der Regierung gewannen aber die intransigenten Antifaschisten im PCI die Oberhand, und auch Togliatti sah nun keinen Grund mehr, die Amnestie zu verteidigen und deren Folgen realistisch darzustellen. Ihm und seiner Partei ging es nun vorrangig darum, die neue bürgerliche Regierung unter Druck zu setzen und als reaktionär zu diskreditieren[102]. Dazu war jedes Mittel recht – auch die einseitige Verzerrung der Amnestie. Alles war nun das teuflische Werk von De Gasperi, und jede Nachricht über einen begnadigten Faschisten wurde ebenso empört wie begierig aufgegriffen und in Munition gegen die Regierung und die ihr angeblich ergebenen Gerichte verwandelt.

Im Laufe der Jahre ist aus dieser Munition wissenschaftliche Erkenntnis geworden. Die Zunft der Historiker hat sich diesem Prozeß nicht widersetzt, im Gegen-

---

[99] Ebenda, S. 208 f.
[100] Ebenda, S. 213.
[101] Vgl. Aurelio Lepre, Storia della prima Repubblica. L'Italia dal 1942 al 1992, Bologna 1993, S. 82–92; Scoppola, La repubblica dei partiti, S. 144–148; Severino Galante, La fine di un compromesso storico. Pci e Dc nella crisi del 1947, Mailand 1980.
[102] Vgl. etwa die Ausführungen von Longo, die in Mercuri, L'epurazione, S. 186, zitiert werden.

teil: Sie hat ihm sogar Vorschub geleistet, und zwar durch die ständige Repetition der immer gleichen Einzelfälle, die den subjektiven Beobachtungen der Zeitgenossen und den Kampfparolen der Parteien den Anschein von wissenschaftlicher Plausibilität und Überzeugungskraft gab[103]. Der Versuch zu zeigen, wie es eigentlich gewesen, ist dagegen unterblieben, der historisch-politisch so überaus relevante Vorgang der Amnestie noch immer so gut wie unerforscht. Drei Fragenkomplexe müßten bei einer solchen Untersuchung vor allem im Vordergrund stehen: Zunächst sollte die quantitative Dimension der Amnestie so präzise wie möglich bestimmt werden. Wieviele Faschisten und welche soziale und politische Gruppe unter den Belasteten profitierten in welchem Maße von Amnestie und Strafnachlaß? Kann man wirklich von einer Generalabsolution sprechen? Außerdem müßte genau herausgearbeitet werden, welche Instanzen die Absolution erteilten und zu welchem Zeitpunkt. Nur der Kassationshof oder auch die „Sezioni speciali" mit ihrem großen Anteil von Laienrichtern? Schließlich müßte auch nach den Motiven gefragt werden, von denen sich die angeblich amnestiewütigen Gerichte leiten ließen. War das oft diagnostizierte Amnestiefieber tatsächlich nur auf die „neofaschistischen Tendenzen, die in der Justiz stark vertreten sind"[104], zurückzuführen? Oder gab es auch andere Gründe, die mit der Komplexität und partiellen Aporie der strafrechtlichen Ahndung von Regimeverbrechen in modernen Gesellschaften zu tun haben?

Fragen dieser Art sind leichter gestellt als beantwortet; vielleicht entziehen sie sich einer befriedigenden Beantwortung sogar (und zwar selbst dann, wenn die umfangreichen Bestände der Schwurgerichte und des Kassationshofes problemlos zugänglich wären), weil niemand ohne genaueste Kenntnis der jeweiligen Einzelfälle sagen kann, ob ein Urteil, gleich welcher Instanz, angemessen, zu mild oder zu hart ist und ob die Amnestie aus guten Gründen oder aus „niedrigen" politischen Motiven gewährt worden ist. Zweifelsfrei ist immerhin, daß sich nach der Amnestie die Gefängnisse leerten. Zahlreiche Faschisten, die zuvor zu empfindlichen Haftstrafen verurteilt oder wegen ihrer Gefährlichkeit in Untersuchungshaft genommen worden waren, kehrten nun in das bürgerliche Leben zurück. Laut Alessandro Sardi, einem hochrangigen Faschisten der ersten Stunde, der als Gefangener auf Procida, der Verbannungsinsel für prominente Faschisten, seinem Prozeß entgegensah, ging es nach dem 22. Juni 1946 Schlag auf Schlag: Am 26. Juni traf das Begnadigungsschreiben für den Carabinieri-Offizier Santo Emanuele ein, der 1945 wegen Beteiligung an der Planung und Vorbereitung der Ermordung der Rosselli-Brüder zu lebenslänglicher Haft verurteilt worden war. Zwei Tage später konnte Fulvio Suvich die Insel verlassen; der langjährige Staatssekretär hatte des gleichen Verbrechens wegen eine 24jährige Haftstrafe erhalten. Am 29. und 30. Juni jubelten der ehemalige Generalstatthalter in Albanien, Francesco Jacomoni, das Mitglied des faschistischen Großrates Alessandro Chiavolini und Ex-Staatssekretär Bruno Biagi. 48 Stunden danach waren Nicola Sansanelli, in den zwanziger und dreißiger Jahren Provinzfürst der faschistischen Partei in Neapel, und vier

---

[103] Vgl. v. a. Battaglia, I giudici e la politica, S. 81–101, auf den sich fast alle späteren Studien stützen; Bocca, Togliatti, S. 458; Pavone, La continuità dello Stato, S. 252.
[104] Neppi Modona, Togliatti Guardasigilli, S. 309.

Mitglieder der berüchtigten „banda Koch" an der Reihe, und am 6./7. Juli 1946 erhielt sogar der zum Tode verurteilte ehemalige Parteichef von Cremona, Agnesi,
die Nachricht, daß er aus der Haft entlassen werde. Sardi selbst, der bis dahin weder vor einem Gericht gestanden hatte, noch die Anklagepunkte kannte, mußte
sich bis zum 9. Juli gedulden. Am 6./7. schrieb er noch gereizt und des Wartens
überdrüssig in sein Tagebuch: „Auch die Art und Weise, wie die Amnestie angewendet wird, … ist nicht seriös. Wer sich rührt und regt, profitiert sofort. Die
anderen, die diszipliniert warten, werden geopfert. Es ist wie gewöhnlich … die
Dummen zahlen weiter für alle."[105]
    Nichts deutet darauf hin, daß es in anderen Gefängnissen anders zugegangen
wäre. Auch dort öffneten sich Ende Juni 1946 die Pforten, und auch dort nahm
das Heer der politischen Häftlinge drastisch ab. Vor der Amnestie, so schrieb Mario Bracci, damals Staatssekretär in der Regierung De Gasperi, belief sich die Zahl
der inhaftierten Faschisten auf 12000; etwa 7000 erhielten bis zum 31. Juli 1946
ihre Entlassungspapiere. Ein Jahr später saßen noch etwa 2000 Faschisten im Gefängnis; mehr als die Hälfte auf Grund eines rechtskräftigen Urteils, der Rest als
Untersuchungshäftlinge[106].
    Welche Instanzen die Haftentlassung verfügten, ob und wie weit sie sich dabei
von den Intentionen des Gesetzgebers entfernten, ist nicht zu klären und mag auch
dahingestellt bleiben. Sicher dürfte aber sein, daß nicht alle Gerichte sich sofort der
umstandslosen Begnadigung verschrieben oder generell die Augen verschlossen,
wenn es galt, belastete Faschisten zur Verantwortung zu ziehen. Vor allem in den
„Sezioni speciali", in denen Laienrichter beträchtlichen Einfluß hatten, blieb auch
nach der Amnestie viel vom alten Geist einer gerechten Ahndung faschistischer
Straftaten wach. Dort kam es auch weiter zu zahlreichen spektakulären Verfahren
gegen verhaßte Faschisten; Dutzende mußten sich sogar noch 1949/50 ihrem Richter stellen, auch sie durften nicht mit übertriebener Nachsicht rechnen[107].
    In Rovigo standen nach der Amnestie noch 122 Angeklagte vor Gericht. Etwas
mehr als die Hälfte davon wurde freigesprochen oder amnestiert; die meisten in
den ersten Wochen nach Erlaß der Amnestie und ohne viel Federlesens per administrativem Akt des Untersuchungsrichters. 13 Angeklagte erhielten Haftstrafen
zwischen einem Jahr und zehn Jahren, 28 Angeklagte Strafen zwischen zehn und
zwanzig Jahren; bei neun Faschisten lautete das Urteil auf 20 bis 30 Jahre Haft, bei
sechs auf dreißig Jahre oder auf lebenslänglich. Zwei Faschisten wurden noch zum
Tode verurteilt[108]. Sehr viel anders sah die Bilanz auch vor dem 22. Juni nicht aus,
wenn hier auch einschränkend hinzugefügt werden muß, daß ein Vergleich äußerst problematisch ist, weil nach der Amnestie viele Verfahren erst gar nicht
mehr eröffnet wurden.
    Kein anderes Schwurgericht ist so gut dokumentiert wie das von Rovigo, aber
es gibt Hinweise, daß es kein Ausnahmefall gewesen ist, sondern durchaus eine

---

[105] Sardi, … Ma, S. 427–434 (Zitat S. 434).
[106] Vgl. Bracci, Come nacque l'amnistia, S. 1105 f.; Neppi Modona, Togliatti Guardasigilli, S. 300.
[107] Vgl. Balugani, La Repubblica Sociale Italiana a Modena, S. 80 f., 83 und 103; Canosa, Le sanzioni
contro il fascismo; Giannetto Magnanini, Dopo la liberazione. Reggio Emilia aprile 1945-settem-
bre 1946, Bologna 1992, S. 24.
[108] Vgl. Sparapan, Fascisti e collaborazionisti nel Polesine.

gewisse Repräsentativität beanspruchen kann. Das gilt sowohl für die Verurtei-
lungspraxis vor und nach dem 22. Juni 1946 als auch für das Geschick der zur Verantwortung gezogenen Faschisten nach der Amnestie und in den späten vierziger
und frühen fünfziger Jahren. Von den 58 Faschisten, die in Rovigo nach dem
22. Juni verurteilt wurden, blieben nur wenige lange in Haft; für diejenigen, die
Strafen bis zu zwanzig Jahren erhalten hatten, öffneten sich die Pforten der Gefängnisse in der Regel 1948/49, für die übrigen kurze Zeit danach. 1950 waren
noch zehn Faschisten (von 122 Angeklagten) hinter Gittern, 1954 noch vier und
1962 noch einer. Nimmt man die etwa 340 Faschisten hinzu, die vor der Amnestie
in Rovigo belangt worden waren, so ergibt sich folgendes Bild: 1950 saßen noch
20 Faschisten aufgrund ihrer Vergangenheit ein, Mitte der fünfziger Jahre waren
es noch acht[109].

Die Zahl von etwa 2000 Faschisten, die nach Mario Bracci noch am 31. Juli 1947
hinter Gittern saßen, dürfte sich (sollte Rovigo tatsächlich repräsentativ sein) bis
1950 auf etwa die Hälfte und bis Mitte der fünfziger Jahre auf einige Dutzend reduziert haben. Dieser rasante Prozeß der massenhaften Rehabilitierung, Begnadigung und Freisprechung setzte schon um die Jahreswende 1945/46 ein, als der
Druck der antifaschistischen Öffentlichkeit auf die Gerichte nachzulassen begann. Er wurde durch die Amnestie vom 22. Juni 1946 enorm beschleunigt und
war vor allem das Werk des Kassationshofes in Rom und der Schwurgerichte in
den Provinzen, die nach der definitiven Auflösung der letzten „Sezioni speciali"
am 31. Dezember 1947 die Restarbeiten der strafrechtlichen Ahndung übernahmen[110].

Der Kassationshof, die oberste Revisionsinstanz, war in zweierlei Hinsicht an
diesem Prozeß beteiligt; zum einen dadurch, daß er in juristisch einfach gelagerten
Fällen selbst amnestieren konnte, und zum anderen – in schwierigen Fällen, die
weiterer Prüfung und sorgfältiger Abwägung bedurften – durch die Annullierung
der erstinstanzlichen Urteile und die Überweisung der Verfahren an andere Gerichte, wo die Fälle neu aufgerollt werden mußten. In beiderlei Hinsicht hat der
Kassationshof nicht nur des Guten zuviel getan, sondern die Grenzen des gerade
noch Hinnehmbaren in zahlreichen Einzelfällen weit überschritten und dabei
viele beklemmend düstere Seiten in der Geschichte der italienischen Justiz geschrieben. Diese handeln von schauerlichen Grausamkeiten, von Folter, Verge-
waltigung und Quälerei, die vom Kassationshof in kaum noch zu überbietendem
Zynismus mit anderen, noch schrecklicheren Verbrechen verglichen wurden – in
der Absicht, die einen als gleichsam gewöhnliche Schandtaten zu klassifizieren
und die anderen als „besonders grausame Mißhandlungen" einzustufen, wobei erstere amnestiewürdig waren, während die Verantwortlichen für letztere von der

---

[109] Ebenda; vgl. auch Neppi Modona, Giustizia penale e guerra di Liberazione.
[110] Zur Geschichte der Sezioni speciali vgl. Decreto Legislativo del Capo Provvisorio dello Stato,
3. 10. 1946, Nr. 194: Proroga di taluni provvedimenti in materia di sanzioni contro il fascismo, in:
Gazzetta Ufficiale della Repubblica Italiana, Nr. 234, 15. 10. 1946; Decreto Legislativo del Capo
Provvisorio dello Stato, 18. 3. 1947, Nr. 140: Proroga del termine di funzionamento delle Sezioni
speciali di Corte d'Assise, in: Ebenda, Nr. 73, 29. 3. 1947; Decreto Legislativo del Capo Provvisorio dello Stato, 26. 6. 1947, Nr. 529: Cessazione del funzionamento delle Sezioni Speciali di Corte
di assise, in: Ebenda, Nr. 146, 30. 6. 1947. Vgl. auch die Protokolle der Kabinettssitzungen vom 1.2.
und 21. 9. 1946, 25.6. und 23. 12. 1947 (vormittags), in: ACS, Verbali del Consiglio dei Ministri.

Amnestie ausgeschlossen bleiben sollten. Die düsteren Seiten berichten ferner von schuldig gewordenen Parteibonzen und Kollaborateuren in höchsten staatlichen Stellen, die den Richtern am Kassationshof weismachen konnten, daß sie niemals über irgendwelche Kompetenzen verfügt hatten, sondern stets harmlose Mitläufer gewesen waren, die – wenn überhaupt – nur auf Befehl von oben gehandelt hatten. Schließlich geht es auf diesen Seiten der italienischen Justizgeschichte auch um dreist-flagrante Versuche, das Recht zu beugen und zu verdrehen – etwa dadurch, daß durch eine juristische Spitzfindigkeit doch noch die Möglichkeit geschaffen wurde, die Urteile der Alta Corte di Giustizia anzufechten[111].

Das alles ist wahr und kann nicht entschieden genug verurteilt werden. Unbestreitbar ist aber auch, daß der Gesetzgeber selbst die Unterscheidung zwischen „grausamen Mißhandlungen" und „besonders grausamen Mißhandlungen" getroffen hatte und daß der Kassationshof am äußersten Ende dessen, was menschliche Phantasie an Grausamkeiten ersinnt, doch eine Grenze zog, die nicht überschritten sein durfte, wenn der Delinquent noch mit Gnade rechnen wollte; dazu gehörte etwa, „auf die Geschlechtsteile von Partisanen einzudreschen, sie von einem Wolfshund anfressen zu lassen", sie mit „glühenden Stäben" zu mißhandeln, und die folgenden Perversitäten: „Eine Frau ganz zu entkleiden und sie wiederholt auszupeitschen, in die Vagina eine Flasche oder das Projektil eines Mörsers einzuführen, bis sie zu bluten beginnt, während andere Beteiligte die Brüste des Opfers und den ganzen Körper auspeitschten; die Schamhaare zu verbrennen; wiederholt Benzin zu injizieren; eine Frau zu vergewaltigen, oder wenn das nicht gelang, sie mit einem Gurt in den Unterleib zu schlagen, ihr Büschel von Haaren auszureißen, ihr die Fußnägel mit einer Zange herauszudrehen, ihre Jungfernhaut zu verletzen, sie zur Masturbation und zum Hinunterschlucken des Spermas zu zwingen."[112]

Richtig wird außerdem sein, daß der Kassationshof in Rom in vielen Fällen gar nicht anders konnte, als die Amnestie anzuwenden und den Revisionsanträgen stattzugeben, weil die Urteile der ersten Instanz oft eher Ausdruck von „gesundem" antifaschistischen Volksempfinden waren und der nüchternen Prüfung nicht standhielten. Der Kassationshof hat hier nach Aktenlage entschieden und in vielen Fällen sicherlich auch mitgeholfen, vorangegangenes Unrecht wiedergutzumachen oder den unschuldig Betroffenen wenigstens die Möglichkeit eröffnet, ihre Fälle vor einem anderen Schwurgericht in weniger aufgeheizter Atmosphäre erneut zur Sprache bringen zu können.

Von einer Großverschwörung des Kassationshofes zur Verhinderung der strafrechtlichen Ahndung von faschistischen Verbrechen wird man also nicht sprechen können. Eher ist eine Mischung aus Mißbrauch, Aporie und ehrlichem Bemühen um Gerechtigkeit zu vermuten, die sich der vorschnellen Schlagwortbildung entzieht, aus der sich aber jeder bedienen konnte, der Politisches im Schilde führte.

---

[111] Vgl. Algardi, Processi ai fascisti (1992), S. 36–39; Nenni, Diari, S. 293 (Eintrag vom 31. 10. 1946); Pavone, La continuità dello Stato, S. 252 f.; Mercuri, L'epurazione, S. 224; Jesu, I processi per collaborazionismo in Friuli, S. 210–214; Canosa/Federico, La magistratura in Italia, S. 129 f., 144, 152; Battaglia, I giudici e la politica, S. 81 ff. und 89–101; Carlo Galante Garrone, Guerra di Liberazione (Dalle Galere), in: Il ponte 1947, Nr. 11–12, S. 1041–1066; Murgia, Vento del Nord, S. 156 ff.; Vassalli/Sabatini, Il collaborazionismo e l'amnistia. S. 523–560.

[112] Auszüge aus Urteilen des Kassationshofes zit. nach Battaglia, I giudici e la politica, S. 93.

Ähnliches gilt auch für die Schwurgerichte, die vom Kassationshof mit der Neu-
behandlung der annullierten Verfahren betraut wurden. Auch hier wird man nicht
um die Feststellung herumkommen, daß manche Schwurgerichte nicht nur „in
dubio", sondern grundsätzlich „pro reo" waren. Namentlich einige Schwurgerichte in Süd- und Mittelitalien haben in diesem Zusammenhang traurige Be-
rühmtheit erlangt. In Potenza, Perugia und Rom kannte man die Schrecknisse des
Bürgerkrieges, der 1944/45 im Norden gewütet hatte, nur aus Erzählungen. Man
hielt dort vieles von dem, was die Partisanen durchgemacht hatten, für übertrieben und brachte wenig oder jedenfalls nicht genug Verständnis auf für das Verlangen nach Gerechtigkeit, das die Zeugen der Anklage artikulierten[113].

Diese Verständnislosigkeit hatte viele Gründe. Die angedeuteten grundver-
schiedenen Erfahrungen in der Endphase des Faschismus nach 1943 mögen dabei
eine ebenso große Rolle gespielt haben wie der zumal in bürgerlichen und bäuerlichen Schichten grassierende Antikommunismus, der in der Entwertung und ag-
gressiven Ablehnung aller Anliegen der Resistenza gipfelte. Hinzu kam die wohl
nur oberflächliche Säuberung in den Gerichten vor allem Süd- und Mittelitaliens
und die Abneigung vieler Richter und Geschworener gegenüber dem oft allzu
provokativ-selbstgerechten Auftreten mancher Regimegegner im Zeugenstand,
die jeden als Faschisten betrachteten, der sich nicht mit ihren Aussagen zufrieden-
gab und nach weiteren stichhaltigen Beweisen für Straftaten verlangte. Fest steht
jedenfalls, daß einige Schwurgerichte in Süd- und Mittelitalien vom Kassationshof
immer dann eingeschaltet wurden, wenn es galt, kontroverse Fälle möglichst lautlos einer „eleganten" Lösung mit glimpflichem Ende zuzuführen.

Bis zum Beweis des Gegenteils darf freilich auch die Möglichkeit nicht ausgeschlossen werden, daß die Schwurgerichte ernsthaft um Wahrheitsfindung be-
müht waren, dabei aber an Grenzen stießen, die nicht allein aus der bekannten
Schwierigkeit resultierten, der die Sühnung von staatlich gedeckten bzw. geför-
derten Verbrechen modernen Typs immer begegnete. Aktionsradius und Ahn-
dungskraft der Schwurgerichte waren wohl auch deshalb eingeschränkt, weil
zahlreiche Missetaten im Rahmen von Kriegs- und Guerillahandlungen begangen
worden waren (für die ohnehin andere Regeln gelten), weil man viele Spuren sorgfältig verwischt hatte und weil die meisten Verbrechen größter Geheimhaltung
unterlegen waren. Auch bei offenkundigen Schandtaten war die Beweisnot der
Gerichte zuweilen groß, wie sich immer wieder gerade in Verfahren gegen führende Faschisten zeigte, die sich die Hände fast nie selbst schmutzig gemacht hatten[114]. Die Sonderschwurgerichte, die 1945/46 tätig gewesen waren, waren über
diese objektiven Schwierigkeiten oft allzu leicht hinweggegangen und hatten historischer und politischer Schuld eine strafrechtliche Relevanz zugemessen, die sie
nicht immer hat. Die ordentlichen Schwurgerichte, die später mit der Neuauflage
solcher Verfahren betraut waren, haben diese Schwierigkeiten aufgedeckt und die
entsprechenden Konsequenzen gezogen – sehr zum Leidwesen der Opfer des Faschismus natürlich, die dafür keinerlei Verständnis aufbrachten und die Argu-

---

[113] Vgl. ebenda, S. 100 f.; Canosa/Federico, La magistratura in Italia, S. 129 ff.; Murgia, Vento del
Nord; Jesu, I processi per collaborazionismo in Friuli.
[114] Vgl. Algardi, Processi ai fascisti (1958), passim.

mente der Juristen nur für Ausflüchte hielten, die das staatliche Bemühen um Begünstigung und Rehabilitierung belasteter Faschisten verschleiern sollten.

Die Forschung hat im Hinblick auf den Kassationshof und die ordentlichen Schwurgerichte noch viel zu tun. Zum gegenwärtigen Zeitpunkt sind nur mehr oder weniger gut begründete Vermutungen möglich. Klar geworden dürfte aber sein, daß die pauschale Schuldzuweisung an die Justiz ungerechtfertigt ist, weil die Gerichte in vielen Fällen auch nach der Amnestie unnachgiebig blieben. „Wer die Dinge nüchtern betrachtet", so hat Mario Bracci schon 1947 in der Zeitschrift Il ponte geschrieben, „dem wird klar, daß die mit der Amnestie zusammenhängenden Schwierigkeiten sehr viel geringer sind als man sagt."[115] Die Schuldzuweisung wird außerdem der Komplexität der Dinge nicht gerecht, bleiben doch die objektiven Schwierigkeiten weitgehend außer acht, mit denen die Gerichte zu kämpfen hatten. Schließlich lenkt die Pauschalkritik an der Justiz auch von der Tatsache ab, daß die Abrechnung mit Faschismus und Kollaboration auch in ihrer justitiellen Variante ein primär politischer Prozeß war, dem sich die Justiz – das zeigt auch die Erfahrung in Frankreich, Norwegen oder in der Bundesrepublik Deutschland – stets in mehr oder weniger starkem Maße anpaßte.

Hier, bei der Regierung und den politischen Parteien, hat also die Recherche zu beginnen, wenn man die Ursachen der massenhaften Rehabilitierung, Begnadigung und Freisprechung belasteter Faschisten herausarbeiten will, die viele Zeitgenossen so sehr bekümmert hat. Die Regierung hat diesen Prozeß in Gang gesetzt – nicht nur mit Billigung, sondern unter aktiver Beteiligung der Linksparteien – und ihm mit Togliattis Amnestiegesetz eine Dynamik verliehen, die selbst dann nicht mehr einzudämmen gewesen wäre, wenn die Absicht dazu bestanden hätte.

Das aber war nicht der Fall. Der Unmut, der da und dort bestand, erschöpfte sich im Räsonnement. Weder vor noch nach dem Ausschluß der Linksparteien aus der Regierung gab es einen ernstzunehmenden Versuch, das Amnestiegesetz zu novellieren, um den offenkundigen Mißbrauch zu unterbinden. Im Gegenteil, die Regierung setzte den eingeschlagenen Weg, ohne auf großen Widerstand zu stoßen, energisch fort: durch zwei Gesetze aus den Jahren 1948 und 1949[116] und vor allem durch die Amnestie vom 19. Dezember 1953, die so großzügig ausfiel, daß Mitte der fünfziger Jahre das Problem der justitiellen Abrechnung mit dem Faschismus als erledigt betrachtet werden konnte. Selbst jenen Faschisten und Kollaborateuren, die sich bis dahin ihrem Richter durch Untertauchen entzogen hatten, wurde nun Gnade gewährt[117].

---

[115] Bracci, Come nacque l'amnistia, S. 1106.

[116] Vgl. Decreto del Presidente della Repubblica, 9. 2. 1948, Nr. 32: Concessione di amnistia e di indulto per reati annonari, comuni e politici, in: Supplemento ordinario alla Gazzetta Ufficiale, Nr. 32, 9. 2. 1948; Legge, 23. 12. 1949, Nr. 928: Delega al Presidente della Repubblica per la concessione di indulto, in: Gazzetta Ufficiale della Repubblica Italiana, Nr. 296, 24. 12. 1949.

[117] Vgl. Decreto del Presidente della Repubblica, 19. 12. 1953, Nr. 922: Concessione di amnistia e di indulto, in: Gazzetta Ufficiale della Repubblica Italiana, Nr. 292, 21. 12. 1953; Decreto del Presidente della Repubblica, 11. 7. 1959, Nr. 460: Concessione di amnistia e di indulto, in: Ebenda, Nr. 163, 11. 7. 1959.

6. Amnestie ist nicht Amnesie

1948 hatten sich die Säuberungsenergien – soweit sie sich aus staatlichen Initiativen speisten – endgültig erschöpft: Ende 1947 stellten die wenigen noch verbliebenen „Sezioni speciali" der Schwurgerichte ihre Arbeit ein, und fünf Wochen später zog die Regierung mit dem Gesetz vom 7. Februar 1948 den Schlußstrich unter die Personalsäuberung im öffentlichen Dienst und in der freien Wirtschaft[118]. Der großangelegte Versuch, die Verantwortlichen für unsühnbare Verbrechen und Schandtaten zur Rechenschaft zu ziehen und alle Personen aus führenden Positionen in Staat und Gesellschaft auszuschalten, von denen nach ihrer Vergangenheit anzunehmen war, daß sie sich mit den Grundprinzipien der nach-faschistischen Ordnung kaum aussöhnen würden, war damit beendet – nach einer beispiellosen, etwa vier Jahre währenden Ermittlung einer Gesellschaft gegen sich selbst, in die Hunderttausende, wenn nicht mehr als eine Million Menschen als Angeklagte und Zeugen, Richter und Schöffen, Ermittler und Berichterstatter involviert gewesen waren.

Rein statistisch betrachtet war das Ergebnis in Italien, wie anderswo in Europa, wo ähnliche Probleme zu meistern waren, ein fast kompletter Fehlschlag. 1948 waren fast alle Faschisten und Kollaborateure, die nach 1943 in die Abrechnungsmaschinerie geraten waren, entlastet und juristisch bzw. dienstrechtlich soweit rehabilitiert, daß man sie nicht mehr als Bürger zweiter Klasse betrachten konnte. Lediglich einigen Tausend Ex-Faschisten war die juristische Rehabilitierung versagt geblieben; sie saßen noch im Gefängnis, wurden an den Pranger gestellt oder als unwürdig betrachtet, dem Staat als Beamter oder Angestellter zu dienen.

Mit dieser Feststellung könnte man sich zufriedengeben und in den Chor derjenigen einstimmen, die unter Hinweis auf die statistische Pleite von einer „ausgebliebenen" oder gänzlich fehlgeschlagenen Säuberung sprechen – und damit wesentliche Partien des Problems verfehlen. Bei der buchhalterischen Fixierung auf die zahlenmäßige Endbilanz bleibt nämlich nicht nur die Tatsache außer Betracht, daß ein, zwei oder drei Jahre Haft oder Suspendierung vom Dienst für manche Vergehen durchaus als angemessene Strafe zu betrachten sind. Außer acht gelassen werden ferner die immunisierenden Wirkungen, die sich aus der tausendfachen Aufdeckung und Vergegenwärtigung faschistischer Untaten vor den Gerichten und Säuberungskommissionen ergaben; viele gewannen durch diese Art von gesellschaftlicher Gewissenserforschung mittels Aufklärung eine so genaue Vorstellung vom Ausmaß der faschistischen Verbrechen, daß ihnen schon der Gedanke an eine Apologie, geschweige denn an eine Renaissance des dahingegangenen Regimes als absurd erschien. Nicht in Anschlag gebracht wird schließlich, wenn man „Statistiken für Resultate"[119] nimmt, daß sich die Abrechnung mit dem Faschismus nicht in legislativen Akten, Gerichtsverhandlungen und Kommissionssitzungen erschöpfte. Daneben gab es eine zweite, oft übersehene, deshalb aber nicht

---

[118] Vgl. S. 371–374.
[119] Klaus-Dietmar Henke, Die Trennung vom Nationalsozialismus. Selbstzerstörung, politische Säuberung, „Entnazifizierung", Strafverfolgung, in: Henke/Woller, Politische Säuberung in Europa, S. 54.

weniger wirksame, gleichsam gesellschaftliche Dimension der Abrechnung, die in
der Regel erst nach Abschluß der offiziellen Verfahren erkennbar wurde.

Gemeint ist damit vor allem eines: Der juristischen Rehabilitierung folgte nicht
automatisch die gesellschaftliche Resozialisierung. Viele Faschisten blieben trotz
Freispruch geächtet, an den Rand der Gesellschaft verbannt oder im Fadenkreuz
von Antifaschisten, die noch lange nicht bereit waren, zu vergeben und zu vergessen. Soziale Phänomene dieser Art sind für den Historiker kaum zu fassen. Be-
nachteiligungen bei Beförderungen, Diskriminierungen am Arbeitsplatz, Diffa-
mierungen in der Nachbarschaft und ähnliche Ab- und Ausgrenzungsversuche
hat es in Italien aber sicherlich zuhauf und bis weit in die fünfziger Jahre hinein
gegeben, ohne daß man mehr und Exaktes über Ausmaß, regionale Verteilung und
Intensität sagen könnte[120]. Sichere Spuren gibt es in der Regel nur dann, wenn
diese Phänomene ein solche Schärfe und Konflikttträchtigkeit erreichten, daß ein
staatlicher Regelungs- oder Schlichtungsbedarf entstand.

Das war bei einer vermutlich nach Tausenden zählenden Gruppe von Faschisten der Fall, die in den Quellen häufig als „indesiderabili" bezeichnet wird. Bei
den „Unerwünschten" handelte es sich um einen kleinen Teil derjenigen, die im
Zuge der „wilden" Säuberung oder in einem regulären Verfahren ihre Posten
verloren hatten, dann entlastet oder amnestiert worden waren und deshalb unter
Berufung auf geltendes Recht auf Wiedereinstellung pochten. In der Regel waren
damit auch keine Probleme verbunden. Der schon 1944 einsetzende Rückstrom
rehabilitierter Arbeiter und Beamter in ihre alten Dienstverhältnisse vollzog sich
meist geräuschlos[121]. Die Beschäftigten im öffentlichen Dienst und in der Wirtschaft kannten ja die Lebenswirklichkeit im Faschismus und die Zwänge der Anpassung, die sich daraus ergaben. Fast alle hatten sich irgendwie arrangiert, und
die meisten waren nur aufgrund der Gnade des Zufalls der Entlassung entgangen.
Sie hegten deshalb keinen Groll gegen ihre Arbeitskollegen, mochten diese auch
noch so lange in der Partei gewesen sein und dort irgendwelche Ehrenämter bekleidet haben. Solche pauschalen Belastungen hatten in den Betrieben und Behörden nie eine Rolle gespielt; entscheidend war immer gewesen, ob einer anständig
geblieben war oder nicht[122].

Eine Minderheit aber, nämlich diejenigen, die die Grenzen der Anständigkeit
überschritten hatten, tat sich schwer, zu ihrem Recht zu kommen. In solchen Fällen ging eine Welle der Empörung durch die Schreibstuben und Montagehallen,
wenn ein ehemaliger Arbeitskollege die Wiederanstellung verlangte. Eine Protest-
versammlung jagte die andere, die Firmenleitungen und Amtschefs wurden mit
Beschwerdebriefen bombardiert, nicht selten drohten die Belegschaften mit Ar-
beitsniederlegung, Generalstreik oder brachialer Gewalt, so daß den Verantwortlichen oft gar keine andere Wahl blieb, als sich dem Protest zu fügen. Viele ehemalige Angestellte zogen angesichts so massiver Widerstände gegen ihre Rückkehr

[120] Vgl. etwa Ministero dei Trasporti an PCM, Ufficio Studi e Legislazione, 19. 12. 1946, in: ACS,
PCM, Gab. 1944–1947, 1/7 10124, sottofasc. 113.1–129; PCM, Sottosegretario Cappa, an Ministero del Lavoro e della Previdenza Sociale, 1. 7. 1946, in: Ebenda, sottofasc. 6–10.
[121] Vgl. die Akten der Azienda Tramvie e autobus del Comune (ATAC) in Rom, in: ACS, Ministero
dell'Interno, Gab. 1944–1946, pacco 15, fasc. 1132.
[122] Vgl. für die deutschen Verhältnisse Henke, Die Grenzen der politischen Säuberung in Deutschland
nach 1945, S. 130.

auch von sich aus die Konsequenzen: Sie suchten sich einen neuen Arbeitsplatz, gingen frühzeitig in Pension oder nahmen in ihren alten Betrieben mit schlechter bezahlten Jobs vorlieb; dagegen hatten die rigorosen Belegschaften offenbar nichts einzuwenden[123].

Zu solchen Formen der Ausgrenzung kam es in Mailand und Venedig, in Brescia und Como, in Taranto und Turin, in Alessandria und Genua[124]. Überall reagierten die Belegschaften mit gereizter Wut, die nicht weit von Haß entfernt war, gegen die Rückkehr alter Kollegen, wenn diese sich in den zurückliegenden Jahren außerhalb der ungeschriebenen Regeln des innerbetrieblichen Miteinanders gestellt hatten. Ihren Schwerpunkt hatten diese Abwehrreaktionen natürlich in Norditalien und dort vor allem in den „roten", von Sozialisten und Kommunisten beherrschten Rathäusern und in industriellen Großbetrieben wie FIAT, Montecatini, Breda und Alfa Romeo, in denen starke Gewerkschaften oder innerbetriebliche Befreiungskomitees das Klima bestimmten. Hier wurden die ursprünglichen Motive der Ausgrenzung, nämlich der Widerwille gegen eine Zusammenarbeit mit belasteten Faschisten, aber oft auch schnell grau; sie traten mehr und mehr zugunsten der Absicht der Stadtväter und Betriebsräte zurück, die Rückkehr der alten Kollegen einzig deshalb zu verhindern, damit die eigenen, an deren Stelle plazierten Leute bleiben konnten, wo sie waren.

Egoistische Interessenbehauptung dieser Art hat der Sache selbst nicht gedient. Vor allem auf konservativer Seite nutzte man jede Gelegenheit, den mit lauteren Motiven bemäntelten Machtmißbrauch der Linksparteien anzuprangern. „Viele Verwaltungen und namentlich die von Sozialisten und Kommunisten beherrschten [...] weigern sich, entlastete Faschisten wieder einzustellen. Dafür ist ihnen jedes Mittel und jeder Vorwand recht. Sie legen damit Zeugnis ab von jenem Sektierertum, das man bei jenen Bediensteten festzustellen glaubte, die man vor die Säuberungskommission gebracht hatte", schrieb ein Säuberungsprotagonist aus Cremona am 9. September 1946 an Ministerpräsident De Gasperi. Dabei hätten die Repräsentanten der linken Stadtverwaltungen allen Anlaß gehabt zu schweigen, wie es in dem Schreiben aus Cremona weiter hieß: „Die von Sozialisten und Kommunisten geführten Verwaltungen bestehen zum großen Teil aus Ex-Faschisten, Ex-Bonzen [...], die die Rigorosen gegenüber den entlasteten Bediensteten spielen, um die eigene Vergangenheit vergessen zu machen und um sich als Unschuldslämmer hinzustellen; unerbittlich sind sie aber nicht gegenüber allen, denn jene Ex-Faschisten, Ex-‚Repubblicani' und Ex-Brigadisten unter den Bedienste-

---

[123] Vgl. etwa Präfekt von Mailand an PCM, 30. 1. 1948, in: ACS, PCM, Gab. 1944–1947, 1/7 10124, sottofasc. 18–21.

[124] Vgl. den Brief von Achille Giovanardi aus Mailand an Stone, 22. 6. 1946, in: NA, RG 331, Local Government, box 3; Rapporto politico-organizzativo, 25.4.–30. 6. 1945, in: Istituto Gramsci, Bestand Lombardia, Milano 1945; Comitato di Liberazione Nazionale Regionale Veneto an De Gasperi, 26. 2. 1946, in: ACS, PCM, Gab. 1944–1947, 1/7 10124, sottofasc. 6.32–6.41; Comune di Venezia an De Gasperi, 4. 10. 1947, in: Ebenda, sottofasc. 18–21; Libero Dordoni an Andreotti, 17. 12. 1947, in: Ebenda; Brief einer Gruppe aus der Provinz Como an Stone, 12. 12. 1945, in: NA, RG 331, Civil Affairs, box 17, 10000/105/744–813; Ministero della Marina an Nenni, 4. 9. 1945, in: ACS, PCM, Gab. 1944–1947, 1/7 10124, sottofasc. 95–110.5; AMG, Turin, an Präfekt von Turin, 24. 9. 1945, in: NA, RG 331, Civil Affairs, 10000/105/816; Protokoll der Kabinettssitzung vom 5. 9. 1946, in: ACS, Verbali del Consiglio dei Ministri; US-Generalkonsulat in Genua an US-Botschaft in Rom, 5. 1. 1946, in: NA, RG 84, 1946: 800, Italy – Genoa, box 6.

ten, die schlau genug waren, sich bei den Sozialisten oder Kommunisten einzuschreiben, die also nur den Mitgliedsausweis, nicht aber die Gesinnung wechselten und nun den Eindruck erwecken, daß sie sich für die radikalen Parteien engagieren, diese Faschisten werden ohne Probleme wieder eingestellt. Ihnen werden alle finanziellen Rückstände ausbezahlt, und sie werden auf Leitungspositionen gesetzt."[125]

Es ist schwer zu sagen, ob die Ereignisse von Cremona ein Einzelfall oder ob die beschriebenen Praktiken so weit verbreitet waren, daß man von einem Massenphänomen sprechen kann. Sicher dürfte aber sein, daß die öffentliche Debatte um solchen offenkundigen Mißbrauch vom eigentlichen Hauptanliegen ablenkte und diejenigen in ein schiefes Licht setzte, die sich seit Mitte 1946 um eine gesetzliche Regelung der strittigen Frage der „Rückkehrer" bemühten. Die Initiative dazu ging von Pietro Nenni aus[126], der damit dem Rückstrom von „Amnestie-Gewinnern" in ihre früheren Dienstverhältnisse einen Riegel vorschieben wollte. Unterstützung fand er bei Bürgermeistern und Ratsherren von den Linksparteien, aber auch in vielen anderen Stadt- und Gemeindeverwaltungen, die sich in ihren finanziellen Möglichkeiten restlos überfordert sahen, weil sie Monat für Monat neben den beschäftigten Beamten und Angestellten auch die entlassenen Bediensteten mit Rechtsanspruch auf Wiederbeschäftigung bezahlen mußten – und diesen Zustand, so oder so, natürlich gerne beendet hätten. „Die Verhältnisse in einigen Gemeinden bei uns sind wirklich untragbar", schrieb noch Ende 1947 ein Mitglied der Democrazia Cristiana aus Brescia an Staatssekretär Giulio Andreotti. „Die Gemeindeverwaltungen, die finanziell nun wahrlich nicht gut dran sind, können nicht ewig diese Angestellten und Arbeiter bezahlen, die keinen Dienst getan haben."[127]

Nennis Initiative zielte mitnichten auf ein da capo bei der Personalsäuberung, wie einige seiner Kollegen im Kabinett unter Anspielung auf die Verhältnisse in den „roten" Rathäusern Norditaliens behaupteten. Ihm ging es einzig darum, den Kommunen und Betrieben die Möglichkeit zu geben, die offenkundig „indesiderabili" auf legalem Weg loszuwerden, wie er am 8. August 1946 im Ministerrat betonte. Betroffen davon waren seiner Ansicht nach „50 bis 70 in den größeren Kommunen, in den kleineren sind es 10 bis 15"[128] – alles in allem, so De Gasperi unter Berufung auf eine Umfrage bei den Präfekten[129], wohl etwa 3000 Beamte,

[125] Ex-Presidente della Delegazione Provinciale von Cremona an De Gasperi, 9. 9. 1946, in: ACS, PCM, Gab. 1944–1947, 1/7 10124, sottofasc. 18–21; vgl. auch den Bericht der AMG, Turin, an den Präfekten von Turin, 24. 9. 1945, in: NA, RG 331, Civil Affairs, 10000/105/816, in dem es sogar heißt: „The CLN's of the factories are following the same pattern of fascism, the pattern against which we fought. [...] The situation is critical because justice no longer is available, and law and order, the basis of justice and democracy, is being wiped out in favor of and by small groups, self-appointed in most instances, and aggressive opportunists."
[126] Vgl. Protokolle der Kabinettssitzungen vom 8.8. und 4. 10. 1946, in: ACS, Verbali del Consiglio dei Ministri; Nenni, Diari, S. 267 (Eintrag vom 23. 8. 1946). In der PCM bestanden von vornherein erhebliche Bedenken gegen den Vorschlag. Vgl. PCM, Ufficio Studi e Legislazione: Appunto per il Vice Presidente del Consiglio, August 1946, in: ACS, PCM, Gab. 1944–1947, 1/7 10124, sottofasc. 6.32–6.41.
[127] Libero Dordoni an Andreotti, 17. 12. 1947, in: Ebenda, sottofasc. 18–21.
[128] Protokoll der Kabinettssitzung vom 11. 10. 1946, in: ACS, Verbali del Consiglio dei Ministri.
[129] Vgl. Protokoll der Kabinettssitzung vom 4. 10. 1946, in: Ebenda.

Angestellte und Arbeiter. Nach anderen Quellen lag die Zahl der Betroffenen allerdings deutlich höher[130].

Der Gesetzentwurf, der am 4. Oktober 1946 auf dem Tisch lag und wohl aus dem Innenministerium stammte, ging über Nennis Absichten weit hinaus. Entsprechend zwiespältig war die Aufnahme, die er im Kabinett fand. Die sozialistischen und kommunistischen Minister befürworteten den Entwurf, während er bei der Democrazia Cristiana auf Skepsis und offene Ablehnung stieß. Er sei von der ganzen Sache nicht „begeistert", sagte De Gasperi, und lege den Entwurf nur vor, weil er gedrängt worden sei: Er hätte es vorgezogen, fuhr er fort, die strittigen Fälle auf administrativem Wege zu lösen. Bei 3000 sei das aber kaum möglich. „Wenn sich die Zahl der Fälle reduzieren ließe, könnte man versuchen, eine Lösung auf dem Verwaltungswege zu finden, nämlich durch [...] Vergleiche, die von den Präfekten herbeigeführt werden müßten."[131]

Andere von der Democrazia Cristiana wurden deutlicher. Der Entwurf „verstößt gegen das geltende Recht und gegen die Rechte der Bediensteten", so Marineminister Giuseppe Micheli, der den Vorschlag auch deshalb strikt ablehnte, weil er „sich in allen kleinen Gemeinden für politische Verfolgungen mißbrauchen lasse". Eine solche Maßnahme, wie sie vorgeschlagen werde, sei vielleicht angemessen bei „Bediensteten, die wegen Verbrechen verurteilt und dann amnestiert wurden", meinte Schatzminister Giovan Battista Bertone, „aber hier handelt es sich darum, Angestellte zu bestrafen, die nur in Säuberungsverfahren verwickelt waren und dann freigesprochen wurden". Mit einem Wort: Die Democrazia Cristiana lehnte den Gesetzentwurf ab. Sie war lediglich bereit, den Ministerpräsidenten zu beauftragen, „eine Regelung auf dem Verwaltungswege zu suchen", die auf Vertragsauflösungen ad personam zielte[132].

Damit war wiederum Nenni nicht einverstanden, der am 4. Oktober im Kabinett gefehlt hatte. Er hatte die ganze Sache ins Rollen gebracht, und sie lag ihm zu sehr am Herzen, als daß er sich damit zufriedengegeben hätte, sie ins Benehmen De Gasperis zu stellen. Er stieß deshalb zwei Wochen später nach und erklärte die Befürchtungen seiner Kabinettskollegen, es werde zu einer neuen Epurazione kommen, für völlig unbegründet. Tatsache sei doch, so hob er hervor, daß neun von zehn „indesiderabili" nicht mehr entlassen werden müßten; sie stünden auf der Straße und könnten ihre Arbeit auch nicht wieder aufnehmen, denn „viele Verwaltungen würden eher zurücktreten, als diese Elemente wieder zu beschäftigen". Für diese Streitfälle müsse eine Lösung gefunden werden, wobei Nenni dafür plädierte, das Problem den Gemeinderäten zu überlassen, bei denen man sicher sein könne, daß sie mit Augenmaß und Umsicht handelten[133].

Das Hauptargument der Democrazia Cristiana, Nennis Initiative schlage neue Wunden und entzünde alte, war damit ein wenig erschüttert; ihre Minister gaben die strikte Ablehnung auf und machten sich schließlich den Vorschlag von Micheli zu eigen, daß diejenigen, „die [wegen eines Verbrechens] angezeigt worden waren,

[130] Vgl. Natale Columbo, Mailand, an De Gasperi, 23. 6. 1947, in: ACS, PCM, Gab. 1944–1947, 1/7 10124, sottofasc. 18–21.

[131] Protokoll der Kabinettssitzung vom 4. 10. 1946, in: ACS, Verbali del Consiglio dei Ministri.

[132] Ebenda.

[133] Protokoll der Kabinettssitzung vom 18. 10. 1946, in: Ebenda.

dann aber unter die Amnestie fielen und so der Säuberung entgingen", nun doch noch einem Verfahren unterworfen werden konnten. Nennis Hauptanliegen war damit erfüllt, und so willigte er schließlich ein, eine Kommission zu bilden und ihr die Aufgabe zu übertragen, „eine Formel zu finden, die dort, wo es nötig ist, Abhilfe schafft, ohne aber alle Schleusen zu öffnen"[134].

Nenni, Micheli und der Kommunist Fausto Gullo, die dieser Kommission angehörten, haben vor dieser Aufgabe allem Anschein nach versagt: Das Gesetz kam nicht zustande. Den Schaden davon hatten die Kommunalverwaltungen, die an ihren Grundsätzen festhielten und sich dafür finanziell verausgaben mußten, und natürlich die „indesiderabili"; diese registrierten mit fassungslosem Staunen, daß der Staat offenkundig nicht in der Lage war, seinen eigenen Gesetzen Geltung zu verschaffen und ihnen zu ihrem Recht zu verhelfen. Die Industriebetriebe hingegen waren davon kaum mehr betroffen; sie hatten sich der „indesiderabili" im Zuge der Massenentlassungen entledigt, die nach den konjunkturellen Einbrüchen seit 1945 unabweisbar geworden waren. Konkret hieß das: Der Grabenkrieg zwischen den Rathäusern und den rehabilitierten, aber doch nicht in ihre Stellungen eingesetzten Bediensteten ging das ganze Jahr 1947 weiter, ohne daß der Staat mehr getan hätte, als die Gemeinden aufzufordern, die geltenden gesetzlichen Bestimmungen zu beachten.

Ein besonderer Brennpunkt dieses zunehmend giftigeren Ringens war Mailand – und dort vor allem die städtische Straßenbahngesellschaft, die fest in den Händen von linken Basisgruppen war[135]. 1945 waren hier Hunderte von Faschisten entlassen worden. Die Chancen auf Rückkehr standen für alle schlecht, denn die Betriebsräte erklärten noch am 14. Januar 1947 kategorisch, „daß unter den Belegschaften Unruhen ausbrechen würden, wenn auch nur einer dieser Entlassenen wieder eingestellt würde"[136]. Ganz so unnachsichtig, wie sie taten, waren sie am Ende nicht. Bis zur Jahreswende 1947/48 konnten aber tatsächlich nur 17 Bedienstete ihre alten Stellungen wiedererlangen; Dutzende kämpften weiter um ihr Recht, während viele andere längst alle Hoffnung auf Wiedereinstellung fahrengelassen und sich einen neuen Arbeitsplatz gesucht hatten.

Da die Betriebsräte und Basisgruppen in anderen Verwaltungen ihren Kollegen aus Mailand in puncto Rigorismus in nichts nachstanden, war die Lage Ende 1947 kaum anders als zu Beginn des Jahres; noch immer pochten in ganz Italien Tausende von „indesiderabili" erfolglos auf Wiedereinstellung. Die Regierung wurde deshalb von allen Seiten bedrängt, die Dinge nicht weiter treiben zu lassen; schließlich stehe auch die Autorität des Staates auf dem Spiel, die von den renitenten Stadt- und Gemeindeverwaltungen mit Füßen getreten werde.

Ähnliche Argumente waren auch früher schon vorgebracht worden, ohne daß etwas geschehen wäre. Um die Jahreswende 1947/48 fielen sie aber auf fruchtbaren Boden, weil die Regierung um diese Zeit den Entschluß faßte, einen Schluß-

---

[134] Ebenda.
[135] Vgl. Commissioni Interne von ATM und ATMI an Commissione Amministratrice dell'ATM, 14. 1. 1947, in: ACS, PCM, Gab. 1944–1947, 1/7 10124, sottofasc. 18–21; PCM, Ufficio Studi e Legislazione, an Ministero dell'Interno, 1. 11. 1948, in: Ebenda, sottofasc. 113.1–129; Ministero dell'Interno, an PCM, Ufficio Studi e Legislazione, 25. 5. 1949, in: Ebenda.
[136] Commissioni Interne von ATM und ATMI an Commissione Amministratrice dell'ATM, 14. 1. 1947, in: Ebenda, sottofasc. 18–21.

strich unter die Personalsäuberung zu ziehen[137], und natürlich erkannte, daß ein solcher Entschluß nur dann Sinn hatte, wenn auch das lästige Problem der „indesiderabili" gelöst wurde. Im Grunde gab es dafür nur zwei Möglichkeiten: die Stadt- und Gemeindeverwaltungen durch staatliche Gewaltmittel zur Raison zu bringen oder die Verhältnisse, so wie sie waren, zu akzeptieren und ihnen nachträglich den Anschein von Legalität zu geben.

Die Regierung entschied sich für die zweite Lösung, kaschierte dies aber in dem Gesetz vom 7. Februar 1948 über „Grundsätze über die Aufhebung von Säuberungsverfahren und die Überprüfung bereits ergriffener Maßnahmen"[138] mit einer Erneuerung des Grundsatzes, daß jeder rehabilitierte Beamte und Angestellte einen Rechtsanspruch auf Wiedereinstellung habe. Zugleich wurde aber den Verwaltungen erlaubt, „die wiedereingestellten Bediensteten für die Zeit von zwei Jahren in den zeitweiligen Ruhestand zu versetzen [...] und sie nach Ablauf dieser Zeit" dauerhaft zu pensionieren oder in die Rente zu entlassen. Außerdem hatten sie die Möglichkeit, die „indesiderabili" disziplinarrechtlich zu packen, „wenn die Taten, deretwegen die Suspendierung vom Dienst verhängt oder der Prozeß dafür in Gang gesetzt wurde, einen disziplinarischen Verstoß bildeten". Die Betroffenen konnten solche Disziplinarverfahren vermeiden, wenn sie innerhalb von zehn Tagen von sich aus um die Versetzung in den Ruhestand ersuchten[139].

Der legale Spielraum, den die lokalen Verwaltungen damit erhielten, war groß, und alles deutet darauf hin, daß sie ihn auch nutzten – jedenfalls dort, wo auch noch 1948 „rote" Bürgermeister und Stadtverwaltungen im Amt waren wie etwa in Mailand[140]. Hier, bei der städtischen Straßenbahngesellschaft, kam man den „indesiderabili" auch weiterhin kaum entgegen. Sie blieben, was sie waren: Geächtete, die äußerste Mühe hatten, beruflich wieder Fuß zu fassen. Mehr als zwanzig von ihnen gelang zwar 1948 der Schritt zurück in ihr altes Dienstverhältnis, einige wurden aber sogleich wieder suspendiert, und mehr als 40 standen noch 1949 auf der Straße. Die meisten zogen schließlich vor Gericht, durften sich aber auch dort nur geringe Hoffnungen auf Erfolg machen. „Dieser Betrieb", so hieß es in einem Bericht der Straßenbahngesellschaft von Mailand im Frühjahr 1949, „hat beste Gründe für die Annahme, daß die eigenen Grundsätze" von den Gerichten geteilt werden, denn in „ähnlich gelagerten oder wenigstens vergleichbaren Fällen [...] hat die Justiz die Position der A.T.M. stets voll und ganz anerkannt."[141]

Anders als die Statistiken vermuten lassen, kam das Problem der Personalsäuberung im öffentlichen Dienst und in der freien Wirtschaft lange nicht zur Ruhe. Es kann auch keine Rede davon sein, daß schließlich fast alle belasteten Faschisten wieder dorthin zurückkehrten, wo sie früher beschäftigt gewesen waren. Gewiß, kaum einem wurde die juristische Rehabilitierung versagt, aber das hieß noch

---

[137] Vgl. S. 372–374.

[138] Vgl. S. 373.

[139] Decreto Legislativo, 7. 2. 1948, Nr. 48: Norme per la estinzione dei giudizi di epurazione e per la revisione dei provvedimenti già adottati, in: Gazzetta Ufficiale della Repubblica Italiana, Nr. 43, 20. 2. 1948.

[140] Anders war es in etwas ruhigeren Gegenden, obwohl auch dort viele „indesiderabili" dauerhaft ausgeschlossen blieben. Vgl. Mengozzi, L'epurazione nella citta del „Duce", S. 91–111.

[141] Der Bericht wird zitiert in einem Schreiben des Ministero dell'Interno an die PCM, Ufficio Studi e Legislazione, 25. 5. 1949, in: ACS, PCM, Gab. 1944–1947, 1/7 10124, sottofasc. 113.1–129.

nicht, daß die Gesellschaft bereit gewesen wäre, die Verbrechen, Demütigungen und Erniedrigungen, die sie vor allem in der Agoniephase des Faschismus nach 1943 erlitten hatte, zu vergessen. Abgesehen davon, daß viele Faschisten zurückgestuft wurden oder ihre Planstellen wieder verloren, die ihnen die Partei verschafft hatte[142]: Amnestie und Rehabilitierung hieß nicht Amnesie. Die Erinnerung an die Schandtaten der Faschisten blieb lebendig, und viele bewahrten sich ein waches Bewußtsein dafür, wer sich durch sein Verhalten unmöglich gemacht hatte und wer nicht. Die Gesellschaft legte gleichsam einen cordon sanitaire um diese Faschisten und ließ sie nicht mehr hochkommen, wie die Jahre während Debatte um die „indesiderabili" zeigte.

Dabei darf nicht vergessen werden, daß das, was den „indesiderabili" widerfuhr, noch eine der mildesten Formen der Ausgrenzung nach der juristischen Rehabilitierung war. Andere Faschisten traf es viel härter, als sie nach Amnestie oder Freispruch 1946/47 in ihre Heimatorte zurückkehrten. Ihnen schlug eine Welle von Verachtung und Haß entgegen, und namentlich viele Partisanen, die den verpaßten Chancen für einen Neuanfang nach 1945 nachzutrauern und sich als das ewig mißbrauchte Fußvolk der Revolution zu fühlen begannen, beließen es nicht dabei, die heimkehrenden Faschisten zu beschimpfen oder wüste Drohungen gegen sie auszustoßen. Sie gingen weiter, nicht selten sogar viel zu weit, weil sie einfach nicht glauben konnten, daß üble Faschisten mit ein, zwei Jahren Haft davonkommen sollten: Ihr Werk war die Hinrichtung eines gerade Amnestierten in Savona, der Mord an einem Squadristen aus Santo Stefano und ein tödlicher Bombenanschlag auf einen Ex-Republichino aus der Provinz Rovigo[143].

Die wilden, exzeßhaften Energien, die noch immer in der Resistenza steckten, tobten sich auch in Lodi, Frascati und Verona aus, wo die Racheengel nicht nur einen heimgekehrten Faschisten, sondern auch seine Frau und seine zwei kleinen Kinder beseitigten[144]. Hier wie auch in anderen Fällen von vergleichbarer Brutalität zeigte sich besonders deutlich, was Benedetto Croce meinte, als er dazu aufrief, der „Verführung zur Rache" zu widerstehen. „Denn die Rache ist notwendigerweise gleichermaßen böse und dumm und schädigt den, der sich dazu verführen läßt mehr als den, der sie erleidet."[145] Wieviele sich dazu hinreißen ließen und wieviele Faschisten und Kollaborateure solchen Racheakten noch 1946/47 zum Opfer fielen, ist nicht zu klären. Einige Dutzend werden es aber gewesen sein.

---

[142] Zur Debatte über die Rücknahme von Beförderungen bzw. von Etatisierungen von Faschisten vgl. die umfangreichen Akten in: Ebenda, sottofasc. 13–16.
[143] Vgl. Murgia, Vento del Nord, S. 158; Sardi, ... Ma, S. 427, 434; AC, Liaison Office Bologna, Monatsbericht für November 1945, in: NA, RG 331, Civil Affairs, box 6, wo es u. a. heißt: Wenn jemand freigesprochen worden sei, so bedeute das nicht, daß er auch frei sei. „There have been several cases of kidnapping and shooting of these persons on their return home."
[144] Vgl. Sardi, ... Ma, S. 427; Crainz, Il conflitto e la memoria, S. 33–35.
[145] Benedetto Croce, Scritti e discorsi politici (1943–1947), Bd. 1, Bari 1973, S. 47; Crainz, Il conflitto e la memoria, S. 33–35.

Schlußbetrachtung

Italien war 1943 der erste Staat, der ein faschistisches Regime abschüttelte, und er war der einzige, wo dies aus eigener Kraft vor der militärischen Besetzung und Unterwerfung durch die Streitkräfte der Anti-Hitler-Koalition gelang. Während Hitler, Quisling, Horthy oder Mussert noch fest im Sattel saßen, zog Italien bereits einen Trennungsstrich zur Vergangenheit – zuerst nur widerwillig und als Folge steten alliierten Druckes, dann mit immer größerem Engagement und 1944/45 schließlich mit fast revolutionärer Unerbittlichkeit, die viele Faschisten das Leben kostete, zugleich aber auch starke Gegenkräfte weckte; diese erzwangen schon 1946 eine derart weitgefaßte Amnestie, daß man von einem Generalpardon sprechen kann. Die Energien, die sich zwischen 1943 und 1946 entluden, speisten sich nicht allein aus lauteren moralischen Motiven. Die Epurazione war mehr als ein Strafgericht an denen, die sich schuldig gemacht hatten. Sie war zugleich Teil eines mit äußerster Brutalität geführten Bürgerkrieges und nicht zuletzt eine wirksame Waffe des Klassenkampfes, den vorwiegend kommunistische Partisanen zumal in Norditalien in Szene setzten.

Diese ganz unterschiedlichen Motive haben der politischen Säuberung in Italien nicht nur eine besondere Prägung verliehen, sondern auch entscheidend dazu beigetragen, daß nur die wenigsten zufrieden waren, als sich der Abrechnungsfuror gelegt hatte und Bilanz gezogen wurde: die revolutionäre Linke war es nicht, weil sich ihre gierigen Umsturzhoffnungen zerschlagen hatten, die siegreichen Protagonisten des Bürgerkrieges ebensowenig, weil sie erkennen mußten, daß ihr Triumph mit dem Leben vieler Unschuldiger teuer erkauft war, und auch diejenigen nicht, die nach dem Sturz des Faschismus eine grundlegende personelle Erneuerung erwartet hatten und bald feststellen mußten, daß im Blutbad der „wilden" Abrechnungen jeder Säuberungswille erloschen war. Aus allen diesen Perspektiven gab es gute Gründe, die Epurazione für gescheitert zu halten, ihr einen kompletten Mißerfolg zu attestieren. Das Schlagwort von der „ausgebliebenen Säuberung" hat ja gerade deshalb Karriere gemacht – zunächst in allen politischen Lagern und später auch in der Wissenschaft, die sich allzu leicht mit dem begnügte, was ihr die Zeitzeugen vorsetzten.

In der historischen Rückschau müssen die Erwartungen, die unterschiedliche Seiten an die Abrechnung knüpften, natürlich in Rechnung gestellt werden. Sie verlieren aber ihren Rang als ausschlaggebende Kriterien bei der Beantwortung der Frage nach dem Erfolg oder Mißerfolg der Säuberung. Dadurch wird die Sicht frei, und es zeigt sich ein Bild, in dem es neben vielen dunklen Punkten auch manche Lichtblicke gibt. Erstere sind schnell benannt und in der Forschung häufig thematisiert worden: Viele Verbrechen blieben ungesühnt, an manchen gesellschaftlichen Bereichen ging die Epurazione gänzlich vorbei, und nicht wenige de-

rer, die zunächst entlassen oder vor Gericht zur Verantwortung gezogen worden
waren, sahen sich bald rehabilitiert und in ihre alten Rechte eingesetzt. Ein beträchtlicher Teil der Gesellschaft, die sich dem Faschismus 1922 ausgeliefert hatte
und ihm mehr als zwanzig Jahre fast blind gefolgt war, wollte von säuberungspolitischen Eingriffen nichts wissen und widersetzte sich ihnen mit aller Entschiedenheit. Nach der großzügigen Amnestie von 1946 – der ersten ihrer Art in Europa – wurde die Abrechnung mit dem Faschismus de facto beendet, und sogar
prominente Faschisten durften darauf vertrauen, daß ihnen die Absolution nicht
verweigert würde.

Anders als später oft behauptet wurde, sind Obstruktion und Abbruch der
Epurazione nicht allein das Werk der Democrazia Cristiana gewesen, die in ihrem
Kreuzzug gegen die Linke auch die ehemaligen Faschisten als Bündnispartner
brauchte. Gewiß, die Partei De Gasperis gehörte wie die liberale Partei zu den
treibenden Kräften, und 1945 stellte sie sogar unmißverständlich klar, daß weitere
säuberungspolitische Experimente mit ihr nicht mehr zu machen seien. Maßgeblichen Anteil an den Versäumnissen hatten aber auch die Führungen der Linksparteien und namentlich die Kommunisten, die ebenso frühzeitig wie die bürgerlichen Parteien auf gesellschaftliche Befriedung zu setzen begannen; sie taten dies
nicht allein deshalb, weil ihnen das Bündnis mit der Democrazia Cristiana als Voraussetzung für eine erfolgreiche Politik weitreichender Reformen heilig war, sondern auch aus der Einsicht heraus, daß Togliattis Konzept der Schaffung einer linken Volkspartei nur dann aufgehen und sein Ziel, den PCI als führende Kraft in
Staat und Gesellschaft zu etablieren, nur dann erreicht werden konnte, wenn es
gelang, wenigstens einen Teil derer zu gewinnen, die zuvor auf den Faschismus gesetzt hatten.

Freilich waren nicht immer nur politisches Kalkül, böser Wille und moralische
Stumpfheit am Werk, wenn ein Verbrechen ohne juristische Folgen oder im öffentlichen Dienst vieles beim alten blieb. Es gab auch objektive Schwierigkeiten, die
von Gerichten und Kommissionen nicht nur deshalb schwer zu meistern waren,
weil viele Faschisten 1943 zum Antifaschismus konvertierten und damit ihre alte
Schuld zumindest in moralischer Hinsicht ganz oder teilweise tilgten: Häufig waren die Spuren von Verbrechen auch sorgfältig verwischt worden. Viele Schandtaten ließen sich nicht mehr aufklären, weil sie weit zurücklagen, im fernen Ausland,
auf dem Balkan oder in Äthiopien, begangen worden waren oder weil zuverlässige
Zeugen fehlten. Selbst wenn die Gerichte einen Verbrechenskomplex ganz aufhellen konnten, waren sie nicht immer in der Lage, Schuldige namhaft zu machen und
zu bestrafen – gerade die eigentlichen Verantwortlichen hatten oft leichtes Spiel,
sich aus der Affäre zu ziehen, weil sie sich kaum einmal selbst die Hände schmutzig
gemacht hatten und deshalb mit rechtsstaatlichen Mitteln kaum zu packen waren.
Noch schwerer wog, daß viele Verbrechen zur Zeit der Tat nicht als solche gegolten hatten, bereits verjährt oder unter Amnestien gefallen waren. Die Schaffung
rückwirkender Straftatbestände bot hier zwar eine gewisse Ersatz-Handhabe; die
Gerichte nutzten sie aber nur widerstrebend, weil sie trotz allem das abendländi-
sche Rechtsprinzip des „nulla poena sine lege" gewahrt wissen wollten.

Daß neben den dunklen Punkten auch Lichtblicke zu konstatieren sind, war
beherzten Antifaschisten in der Regierung und namentlich den Alliierten zu ver-

danken, die auch in Italien ihrer Selbstverpflichtung zur Austilgung des Faschismus nachkamen und dabei selten Kompromisse machten. Sie griffen selbst ein, wiesen der italienischen Regierung die Richtung und spornten sie zu weiteren Taten an, verrannten sich jedoch kaum einmal in die Sackgasse jenes Pauschalismus, der im besetzten Deutschland insbesondere die Entnazifizierungspolitik der amerikanischen Militärregierung gekennzeichnet hat. Allein hätte der Einfluß der Alliierten und der Antifaschisten in der Regierung jedoch kaum ausgereicht, die Resistenz gegen die Säuberung zu überwinden. Entscheidend war hier das Gewicht der antifaschistischen Befreiungsbewegung, die im Laufe des 1943 entfesselten Bürgerkrieges immer größeren Zulauf erhielt und schließlich sogar die Kraft zur „insurrezione nazionale" fand. Abrechnung mit dem Faschismus – das war für sie kein abstraktes Ziel, das mit den Mitteln der Politik und im Rahmen des Rechtsstaates erreicht werden konnte, sondern ein kardinales Anliegen und oft genug sogar ein existentielles Problem, dessen Lösung in der tödlichen Konfrontation des Bürgerkrieges keinen Aufschub duldete.

Die konzertierte Aktion dieser unterschiedlichen Kräfte hat wenig bewirkt, was man als angemessene Sühne für die Verbrechen des Faschismus bezeichnen könnte, aber doch einiges erreicht, was dem Aufbau und der Kräftigung der Demokratie in Italien förderlich war. Dazu gehört vor allem das Revirement bei den Spitzenbeamten der Ministerialbürokratie und der Elitenwechsel in der kommunalen und regionalen Verwaltung, bei den Bürgermeistern und Referenten also und bei den Gemeinde- und Stadträten[1]. In manchen Gegenden Nord- und Mittelitaliens kam die neue administrative Klasse fast komplett aus dem Kreis derer, die den Widerstand gegen den Faschismus getragen und sich damit einen unabweisbaren Anspruch auf eine führende Rolle im zukünftigen Italien erworben hatten. Mit ihnen zog nicht nur ein neuer politischer Geist in die Amtsstuben ein; die jungen, in der Resistenza bewährten Bürgermeister räumten auf mit Korruption und Ineffizienz, und sie hatten Tatkraft und Wagemut genug, um den Anschluß an die neue Zeit zu finden, die mit Besatzungsherrschaft und Marshallplan heraufzuziehen begann.

Der neuen administrativen Elite kam dabei zugute, daß im Zuge der Epurazione nicht nur faschistisches Gedankengut geächtet wurde, sondern zugleich

---

[1] Vgl. dazu auch Adriana Castagnoli, Il consiglio provinciale di Torino: Uomini, politica e partiti nel post-ricostruzione; Adolfo Mignemi, Profilo della classe politica novarese; Claudio Dellavalle, Amministratori locali e società in provincia di Vercelli (1946–1951); Luigi Bernardi/Nicola Pettorino, Consiglieri comunali e provinciali del Cuneese (1946–1951); Adriana Castagnoli, I consigli provinciali piemontesi nella fase del consolidamento istituzionale. Identità e partiti; Carla Brogliatti, Il consiglio comunale di Torino (1946–1951); Cesare Manganelli, Scelte amministrative nella ricostruzione: Il comune di Alessandria (1946–1951); alle in: Adolfo Mignemi (Hrsg.), Le amministrazioni locali del Piemonte e la fondazione della Repubblica, Mailand 1993; Marco Revelli, Il primo ceto politico locale piemontese. Gli eletti nel 1946; Adriano Andri, I consigli comunali e provinciali di Udine: Spunti per un'analisi della loro composizione (1946–60); Luca Baldissara, Orientamenti amministrativi e culture politiche dei consiglieri comunali di Bologna (1946–51); ders./Brunella Della Casa/Stefano Magagnoli, Gli amministratori eletti nel 1946 nei comuni del circondario di Bologna: Primi risultati di una ricerca; Maria Elisabetta Bianchi Tonizzi, Genova e la sua provincia: Premessa a una ricerca sul ceto politico locale (1946–51); Leonardo Musci, Il consiglio comunale di Roma (1946–56); alle in: Alfio Mastropaolo (Hrsg.), Le élites politiche locali e la fondazione della Repubblica, Mailand 1991; Roberto Parisini, La ricostruzione dei gruppi dirigenti a Ferrara dopo la Liberazione, in: Italia contemporanea, September 1993, Nr. 192, S. 443–464.

zahlreiche Faschisten und Mitläufer ihre staatsbürgerlichen Rechte verloren und aus dem politischen Leben verbannt wurden. Die neuen Männer erhielten damit gerade in der ersten, noch sehr unsicheren Zeit nach dem Regimewechsel eine gewisse Atempause, die es ihnen erlaubte, sich unangefochten von neofaschistischen Gruppen und der besserwisserischen Kritik der alten Funktionärskaste zu entfalten. Auf diese Art und Weise fielen auch der Wahlsieg der demokratischen Parteien und die damit einhergehende „Verdammung" des alten Regimes noch überzeugender aus[2].

Die italienische Gesellschaft hat davon ebenso profitiert wie von der raschen Ausschaltung zahlreicher Kollaborateure und faschistischer Aktivisten, die dem Duce bis zuletzt die Treue gehalten hatten. Dabei hat man oft den großen Hobel angesetzt, und entsprechend flogen die Späne. Aber dieser Rigorismus stand im Einklang mit den Erwartungen eines beträchtlichen Teiles des Volkes und wurde zumal dann für legitim gehalten, wenn er in den außerordentlichen Schwurgerichten zum Tragen kam, die 1945/46 unter wesentlicher Beteiligung der Befreiungsbewegung etwa 20000 bis 30000 Gerichtsverfahren anstrengten und Tausende von Kollaborateuren und Parteigenossen zu langjährigen Haftstrafen verurteilten, nicht wenige sogar zum Tode. Nirgends sonst in Europa haben Gerichte so schnell und unerbittlich auf die Herausforderung der Abrechnung reagiert, nirgends sonst haben sie so energisch daran mitgewirkt, die im Faschismus wieder und wieder mißachtete Idee des Rechts zu rehabilitieren und zu befestigen.

In ihrer rohen Variante, den „wilden" Säuberungen und Hinrichtungen, hat die Ausschaltung der faschistischen Aktivisten dagegen weniger Beifall gefunden, und zwar nicht nur deshalb, weil die mörderische Raserei viele unschuldige Opfer forderte. Die anarchistische Gesetzesverachtung stieß auch aus grundsätzlichen Erwägungen viele aus dem bürgerlichen Lager ab, die gehofft hatten, im Zeichen der neuerrichteten Demokratie könne das Prinzip der Rechtsstaatlichkeit nicht mehr mit Füßen getreten werden. Genutzt haben solche Delikte den bürgerlichen Parteien, deren aufgeschreckte Anhängerschaft nun noch enger zusammenrückte und bald jegliches Zugeständnis an die Linksparteien ablehnte, und vor allem dem 1946 gegründeten neofaschistischen Movimento Sociale Italiano (MSI), einer Sammlungsbewegung der im Bürgerkrieg unterlegenen Gruppen, die diese Fälle natürlich begierig aufgriff, maßlos aufbauschte und damit beweisen wollte, daß der neue Staat jeglicher Legitimation entbehre, das Werk von Verbrechern sei und weit unter dem faschistischen Regime stehe.

Letztlich blieb die Propaganda des MSI aber doch relativ wirkungslos, weil sich der Faschismus durch klägliches Scheitern selbst widerlegt hatte und weil die Säuberungskommissionen, Schwurgerichte und Volkstribunale den Versuch machten, die Verbrechen des Regimes, die Korruption der Bonzen und die Schäbigkeit der Denunzianten ans Licht zu bringen – tausendfach und schonungslos. Diese Anstrengung, Evidenz gegen Propaganda zu setzen, war letztlich wichtiger als alle Sanktionen, die im Zuge der Säuberung verhängt wurden. „In einer Zeit der Niederlage, der Besatzungsherrschaft, der Not, der politischen Umwälzung, der allgemeinen Unordnung, nach zwanzig Jahren reaktionärer Diktatur und fünf Jah-

---

[2] Scalini, Fare Giustizia in Romagna, S. 5f.

ren verheerenden Krieges, in einer solchen Zeit Kraft und Geduld zur Säuberung des Staatsdienstes und anderer Organe von ausschlaggebender Bedeutung gefunden zu haben, und zwar nach Kriterien der Gerechtigkeit, in streng rechtsstaatlichen Formen, das wird dem italienischen Volk zur Ehre gereichen und den Menschen als Verdienst angerechnet werden, die an diesem einzigartigen, großen Prozeß teilgenommen haben."[3] Der Kommunist Ruggero Grieco, der diese Sätze 1945 schrieb, meinte damit, daß im Laufe der Epurazione eine Art von gesellschaftlicher Gewissenserforschung mittels Aufklärung eingeleitet wurde, die die kleinsten Dörfer so gut wie die wichtigsten Städte erfaßte und sich auch nicht nur auf die politischen und kulturellen Eliten, sondern auf die gesamte Bevölkerung erstreckte. Hunderttausende waren als Richter und Schöffen, Staatsanwälte und Verteidiger, Zeugen und Beobachter in diesen Prozeß einer Gesellschaft gegen sich selbst involviert. Sie gewannen dabei vielleicht eine so genaue Vorstellung vom Ausmaß der faschistischen Verbrechen und von der Hybris und Hohlheit des dahingegangenen Regimes, daß nur noch ewig Unbelehrbaren vom Schlage der MSI-Aktivisten der Sinn nach einer Wiederholung des faschistischen Experiments stand. Wäre der Prozeß nicht so rasch beendet worden, hätten sich vielleicht auch Einsichten finden lassen, die nicht nur gegen die Renaissance einer überwundenen Herrschaft, sondern ebenso gegen die Verführung durch linke Heilslehren gefeit hätten, die in der kommunistischen Partei ihre Verkünderin hatten.

Über solche Immunisierungseffekte können freilich nur Vermutungen angestellt werden. Die Forschung steht hier noch ganz am Anfang und hat kaum mehr getan, als die Frage nach ihrer Bedeutung aufzuwerfen. Das gleiche gilt für die Langzeitwirkungen, die sich aus der Erfahrung von Entlassung, Berufsverbot und Gefängnis ergeben haben könnten. Hunderttausende verloren nach 1943 wegen ihrer politischen Belastung ihre beruflichen Stellungen, Zigtausende wurden eingesperrt. Blieben diese existentiellen Erlebnisse folgenlos, weil über kurz oder lang doch jeder mit Freispruch und Rehabilitierung rechnen durfte? Ließen es sich diejenigen, die von solchen Sanktionen betroffen waren, eine Lehre sein und schreckten sie künftig vor politischen Abenteuern zurück? Oder bewirkte die Bestrafung das Gegenteil und hielten die Betroffenen gerade deshalb an ihrer alten Anschauung fest, weil sie sich ungerecht behandelt fühlten?

Italien hat sich, so wird man zusammenfassend sagen können, einer Roßkur unterworfen, danach für geheilt erklärt und jede Form einer Nachbehandlung kategorisch abgelehnt. Basis dieser stillschweigenden Übereinkunft war ein breiter antifaschistischer Konsens, der im übrigen durch die von der Verfassung kaum gedeckte Zulassung des MSI nicht gefährdet wurde; im Gegenteil: Er wurde sogar bestätigt und gekräftigt – insofern nämlich, als die großen Parteien und Interessenverbände den MSI zwar tolerierten, aber gemeinschaftlich ächteten und so am Rande der Bedeutungslosigkeit hielten. Vor diesem Hintergrund sind nach 1948 fast alle Versuche abgeblockt worden, die im italienischen Namen begangenen Kriegsverbrechen aufzuklären und die Hauptverantwortlichen vor Gericht zu stellen. Die schauerlichen Schandtaten in Abessinien blieben ebenso ungesühnt

---

[3] Relazione sull'attività svolta dall'Alto Commissariato aggiunto per la epurazione nel periodo 1° gennaio – 15 luglio 1945, in: Istituto Gramsci, NL Grieco.

wie zahlreiche bestialische Verbrechen, die auf das Konto des Agoniefaschismus
von Salò gingen. Lange Zeit fühlte sich nicht einmal die Geschichtswissenschaft
aufgerufen, den Blick zurückzurichten und die eigene Vergangenheit kritisch zu
durchleuchten; sie befaßte sich lieber mit dem „besseren" Italien, das sie noch im
kleinsten Partisanen verkörpert sah. Erst in den sechziger und siebziger Jahren begann die Zunft der Historiker das Wort des Philosophen Benedetto Croce zu
ignorieren, der schon 1944 gesagt hatte, die beste Art, eine Wiederbelebung des
Faschismus zu verhindern, sei, über ihn zu schweigen[4].

Italien hat damit, wie jedes Land Europas, das vor vergleichbaren Problemen
stand, einen eigenen Weg im Umgang mit der personellen Hinterlassenschaft einer
überwundenen Diktatur eingeschlagen. Er war kürzer und weitaus blutiger als
der, den beispielsweise Westdeutschland beschritt, wo die unmittelbare Abrechnung mit dem Nationalsozialismus wirklich ausgeblieben war und durch eine
quälend lange Auseinandersetzung und „Bewältigung" ersetzt werden mußte. Ob
der italienische schlechter war als der deutsche oder andere Sonderwege, ob Abrechnung besser ist als Auseinandersetzung, mag dahingestellt bleiben. Entscheidend ist anderes: Der eingeschlagene Weg befand sich im Einklang mit der italienischen Geschichte. Er folgte der Logik, die sich aus der Entmachtung Mussolinis, der doppelten Besatzung des Landes und dem Bürgerkrieg ergab, und er stand
vielleicht sogar im Zeichen ausgleichender Gerechtigkeit, weil er in seinen blutigen Stationen den Empfindungen der einen Hälfte der Nation und in seinem ver-
söhnlichen Ende den Bedürfnissen der anderen Hälfte entsprach.

---

[4] Bericht von Major Gawronski, Mai 1944, in: NA, RG331, Chief Commissioner, box 12.

Quellen und Literatur

Quellen

A. Archive

1. National Archives, Washington D. C.
+ Record Group 59 (State Department)

856.01/1058	865.00/3–2746	865.00/9–445
856.01/2435	865.00/3–2945	865.00/9–1345
865.00/2255	865.00/3–3046	865.00/9–2745
865.00/2260	865.00/4–545	865.00/10–145
865.00/1–346	865.00/4–745	865.00/10–245
865.00/1–1145	865.00/4–846	865.00/10–445
865.00/1–1345	865.00/4–1145	865.00/10–945
865.00/1–1446	865.00/4–1246	865.00/10–1745
865.00/1–1645	865.00/4–2645	865.00/10–2245
865.00/1–1946	865.00/5–1646	865.00/10–3145
865.00/1–2045	865.00/5–1746	865.00/11–245
865.00/1–2246	865.00/5–3046	865.00/11–345
865.00/1–2345	865.00/6–1845	865.00/11–645
865.00/1–2745	865.00/6–2045	865.00/11–745
865.00/1–2946	865.00/6–2245	865.00/11–845
865.00/1–3046	865.00/6–2345	865.00/11–1545
865.00/2–146	865.00/6–2746	865.00/11–1645
865.00/2–246	865.00/6–2845	865.00/11–1945
865.00/2–645	865.00/7–1845	865.00/11–2845
865.00/2–945	865.00/7–2645	865.00/12–345
865.00/2–2446	865.00/7–3046	865.00/12–1545
865.00/2–2746	865.00/8–145	865.00/12–1745
865.00/3–645	865.00/8–245	865.00/12–1845
865.00/3–1245	865.00/8–1345	865.00/12–2145
865.00/3–1745	865.00/8–1445	865.00/12–2645
865.00/3–1746	865.00/8–1845	865.00/12–2745
865.00/3–2045	865.00/8–2845	865.002/269
865.00/3–2145	865.00/8–3045	865.01/1119
865.00/3–2346	865.00/8–3145	865.01/2128
865.00/3–2645	865.00/9–345	865.01/2392

865.01/2397	865.00/9–1845
865.01/2435	865.00/9–2545

+ Record Group 84 (Rome Embassy)

box 6	box 141
box 47	box 142
box 93	box 148
box 106	box 155
box 109	box 187
box 140	

+ Record Group 165 (War Department)

CAD 091.1 A.M.G.(5–27–43)(1)
CAD 319.1 OSS(11–4–44)(SCC.2)
CAD 319.1 Intelligence(2–1–45)(Section 1)

+ Record Group 226 (Office of Strategic Services)

Italy General:
Entry 106, box 15, folder 113
M.E.D.T.O. Italy:
Entry 99, box 31, folder 154
2677th Regiment OSS:

XL 1503	XL 2486
XL 1774	115809

Entry 99, box 21, folder 109
              box 22, folder 112
              box 25, folder 121, 123
              box 30, folder 150

Research and Analysis Branch:

Nr. 2688	Nr. 1112.93
Nr. 1112.32	Nr. 1112.99
Nr. 1112.59	Nr. 1112.101
Nr. 1112.91	Nr. 1112.103

CID:

Nr. XL 1229	Nr. 75798
Nr. 12537	Nr. 78055
Nr. 68719	Nr. 80212
Nr. 74644	Nr. 88358

+ Record Group 331 (Allied Control Commission Italy)

Adjutant:
box 26
box 28

Chief Commissioner:

10000/136/228	box 27
box 9	box 28
box 10	box 33
box 11	box 35
box 12	box 54
box 16	box 57
box 23	box 59
box 24	box 60

Civil Affairs:

10000/105/816	10000/105/838	10000/105/856
10000/105/819	10000/105/840	10000/105/861
10000/105/821	10000/105/841	10000/105/863
10000/105/822	10000/105/848	10000/105/866
10000/105/828	10000/105/852	10000/105/869
10000/105/833	10000/105/853	10000/105/883
10000/105/835		
box 2	box 10	
box 5	box 17	
box 6	box 19	

Communications:

| 10000/147/113 | 10000/147/126 | 10000/147/370 |
| box 13 | | |

Education:

10000/144/142	10000/144/217	10000/144/284
10000/144/143	10000/144/244	10000/144/337
10000/144/171	10000/144/245	10000/144/405
10000/144/206	10000/144/246	10000/144/482
10000/144/211		

Executive Commissioner:

10000/109/499	10000/109/1718	10000/109/1784
10000/109/500	10000/109/1724	10000/109/1822
10000/109/501	10000/109/1782	10000/109/1824
10000/109/505		

Legal:

10000/142/547	10000/142/554	10000/142/563
10000/142/548	10000/142/556	10000/142/564
10000/142/551	10000/142/557	10000/142/566
10000/142/552	10000/142/559	box 2
10000/142/553	10000/142/561	box 7

Local Government:
10000/141/785
box 3

Political:

box 5	box 11
box 6	

Public Relations:
10000/129/44

Public Safety:

10000/143/1507	10000/143/1591	10000/143/2227
10000/143/1585	10000/143/1592	10000/143/2228
10000/143/1588	10000/143/2098	
box 8	box 37	
box 35	box 62	
box 36		

2. Archivio Centrale dello Stato, Rom
+ Alto Commissariato per le sanzioni contro il fascismo:

Titolo I,	Nr. 1	Titolo II,	Nr. 1
	Nr. 3		Nr. 4
	Nr. 4		Nr. 10
	Nr. 5		Nr. 14
	Nr. 6	Titolo III,	Nr. 0-2
	Nr. 7	Titolo V,	Nr. 15
	Nr. 8	Titolo VII,	Nr. 11
	Nr. 9	Titolo IX,	Nr. 1
	Nr. 10	Titolo XV,	Nr. 1
	Nr. 12		Nr. 2
	Nr. 20	Titolo XVI,	Nr. 0-8/16
	Nr. 31		
	Nr. 65		

+ Ministero dell'Interno, Direzione Generale degli Affari
Generali e del Personale, Affari Collettivi delle Prefetture, 1935–1947

+ Ministero dell'Interno, Direzione Generale Pubblica Sicurezza,
Divisione Affari Generali e Riservati (Governo del Sud):

Busta 1	Busta 5
Busta 2	Busta 7
Busta 3	Busta 8
Busta 4	Busta 9

+ Ministero dell'Interno, Direzione Generale Pubblica Sicurrezza,
Divisione Affari Generale e Riservati 1944–1945 (RSI):

Busta 1	Busta 5
Busta 2	Busta 6
Busta 3	Busta 7
Busta 4	Busta 8

+ Ministero dell'Interno, Direzione Generale Pubblica Sicurezza,
Polizia Politica 1927–1945:

Pacco 231

+ Ministero dell'Interno, Direzione Generale Pubblica Sicureza,
Segreteria del Capo della Polizia (RSI):

Pacco 30	Pacco 62
Pacco 38	Pacco 63
Pacco 55	Pacco 65
Pacco 59	Pacco 70

+ Ministero dell'Interno, Gabinetto 1944–1946:

Busta 2	Busta 39	Busta 166
Busta 3	Busta 49	Busta 167
Busta 5	Busta 53	Busta 177
Busta 8	Busta 64	Busta 183
Busta 9	Busta 83	Busta 198
Busta 10	Busta 92	Busta 205
Busta 12	Busta 93	Busta 209
Busta 13	Busta 99	Busta 217
Busta 14	Busta 108	Busta 219
Busta 15	Busta 114	Busta 232
Busta 16	Busta 115	Busta 241
Busta 17	Busta 138	Busta 244
Busta 18	Busta 140	Busta 275
Busta 20	Busta 158	Busta 278
Busta 29	Busta 163	Busta 297

+ Ministero dell'Interno, Gabinetto 1950–1952

  Busta 33
  Busta 11430

+ Verbali del Consiglio dei Ministri, 1944–1947

+ Presidenza del Consiglio dei Ministri:

  Atti Consiglio Ministri 1942–1943:

Nr.	76	103
	81	104 bis
	87	139
	95	140
	95 bis	141
	96	147
	100	150
	101	154

+ Presidenza del Consiglio dei Ministri:

  Gabinetto 1944–1947:
  1/7 10124, sottof. 0

sottof. 1	sottof. 25	sottof. 51
sottof. 2	sottof. 26	sottof. 52
sottof. 3	sottof. 27	sottof. 53
sottof. 4	sottof. 28	sottof. 54
sottof. 5	sottof. 29	sottof. 55
sottof. 6	sottof. 30	sottof. 56
sottof. 7	sottof. 31	sottof. 57
sottof. 8	sottof. 32	sottof. 58
sottof. 9	sottof. 33	sottof. 59
sottof. 10	sottof. 34	sottof. 60
sottof. 11	sottof. 36	sottof. 61
sottof. 12	sottof. 38	sottof. 62
sottof. 13	sottof. 39	sottof. 64
sottof. 14	sottof. 40	sottof. 65
sottof. 15	sottof. 41	sottof. 66
sottof. 16	sottof. 42	sottof. 67
sottof. 18	sottof. 44	sottof. 70
sottof. 19	sottof. 45	sottof. 71
sottof. 20	sottof. 46	sottof. 72
sottof. 21	sottof. 47	sottof. 73
sottof. 22	sottof. 48	sottof. 74
sottof. 23	sottof. 49	sottof. 75
sottof. 24	sottof. 50	sottof. 77

sottof. 78	sottof. 101	sottof. 127
sottof. 79	sottof. 102	sottof. 128
sottof. 80	sottof. 103	sottof. 129
sottof. 81	sottof. 104	sottof. 130
sottof. 82	sottof. 105	sottof. 131
sottof. 83	sottof. 107	sottof. 132
sottof. 84	sottof. 108	sottof. 133
sottof. 85	sottof. 109	sottof. 134
sottof. 86	sottof. 110	sottof. 135
sottof. 87	sottof. 111	sottof. 136
sottof. 88	sottof. 112	sottof. 137
sottof. 89	sottof. 113	sottof. 138
sottof. 90	sottof. 114	sottof. 139
sottof. 91	sottof. 115	sottof. 141
sottof. 92	sottof. 116	sottof. 143
sottof. 93	sottof. 117	sottof. 144
sottof. 94	sottof. 118	sottof. 158
sottof. 95	sottof. 119	sottof. 162
sottof. 96	sottof. 120	sottof. 163
sottof. 97	sottof. 121	sottof. 172
sottof. 98	sottof. 123	sottof. 173
sottof. 99	sottof. 124	
sottof. 100	sottof. 126	

+ Presidenza del Consiglio dei Ministri:

Gabinetto 1943–1944, Salerno:

Busta 2	Busta 15
Busta 3	Busta 16
Busta 4	Busta 17
Busta 5	Busta 18
Busta 6	Busta 19
Busta 7	Busta 20
Busta 8	Busta 21
Busta 9	Busta 22
Busta 10	Busta 23
Busta 11	Busta 24
Busta 12	Busta 25
Busta 13	Busta 26
Busta 14	

+ Presidenza del Consiglio dei Ministri:

Gabinetto, Segreteria Particolare del Presidente del Consiglio dei Ministri, On. De Gasperi (1945–1953):

Busta 1	Busta 13
Busta 12	Busta 21

+ Presidenza del Consiglio dei Ministri:

Provvedimenti legislativi 1942–1943:
Busta 63

+ Presidenza del Consiglio dei Ministri:

Provvedimenti legislativi, Gabinetto 1943–1944 (Salerno):

Busta 1	Busta 9
Busta 2	Busta 10
Busta 3	Busta 11
Busta 5	Busta 12
Busta 6	Busta 13
Busta 7	Busta 14
Busta 8	

+ RSI-Segreteria particolare del Capo del Governo, carteggio riservato:

Busta 11	Busta 34
Busta 14	Busta 45
Busta 17	Busta 46
Busta 18	Busta 48
Busta 20	Busta 80
Busta 27	Busta 81

+ RSI-Segretaria particolare del Capo del Governo, carteggio ordinario:

Busta 1	Busta 3

+ Nachlaß Ferrucio Parri

3. Camera dei Deputati, Biblioteca
Atti della Consulta Nazionale

4. Fondazione Pietro Nenni
Nachlaß Pietro Nenni

5. Istituto Nazionale per la Storia del Movimento di Liberazione in Italia
CLNAI

Busta 15	Busta 39
Busta 44	

6. Istituto Gramsci
Bestand PCI 1943–1946
Verbali della Direzione 1944–1946
Verbali Direzione Italia Nord 1945
Bestand Lombardia, Comitato Regionale

Bestand Liguria, Comitato Regionale
Bestand Emilia Romagna, Comitato Regionale
Bestand Veneto, Comitato Regionale
Nachlaß Palmiro Togliatti
Nachlaß Ruggero Grieco
Nachlaß Mauro Scoccimarro

7. Harry S. Truman Library, Independence, Missouri
Oral History, Interview mit John Wesley Jones

B. Drucksachen, Dokumentensammlungen

1. Absalom, Roger, Gli Alleati e la Ricostruzione in Toscana (1944- 1945). Documenti Anglo-Americani, Bd. 1, Florenz 1988.
2. Akten zur deutschen auswärtigen Politik 1918–1945, Serie E, Bd. V-VII, Göttingen 1979.
3. Brunetta, Ernesto (Hrsg.), Il governo dei CLN nel Veneto. Verbali del CLNRV (6 gennaio 1945-dicembre 1946), 2 Bde., Vicenza 1984.
4. Coles, Harry L./Weinberg, Albert K., Civil Affairs: Soldiers become Governors, Washington 1964.
5. Consulta Nazionale. Atti della Consulta Nazionale. Discussioni dal 25 settembre 1945 al 9 marzo 1946, Rom o. J.
6. Consulta Nazionale. Atti della Consulta Nazionale. Commissioni riunite dal 5 novembre 1945 al 10 maggio 1946, Rom o. J.
7. Damilano, Andrea (Hrsg.), Atti e Documenti della Democrazia Cristiana 1943–1967, Rom 1968.
8. I Documenti Diplomatici Italiani, Decima Serie: 1943–1948
   Vol. I (9 settembre 1943–11 dicembre 1944), Rom 1992.
   Vol. II (12 dicembre 1944–9 dicembre 1945), Rom 1992.
   Vol. III (10 dicembre 1945–12 luglio 1946), Rom 1993.
9. Documenti ufficiali del Comitato di Liberazione Nazionale per l'Alta Italia, Mailand 1945.
10. Documents on British Policy Overseas,
    Series I, Volume V: Germany and Western Europe, 11 August-31 December 1945, London 1990.
11. Foreign Relations of the United States. Diplomatic Papers
    1943, Vol. II: Europe, Washington 1964.
    1944, Vol. III: British Commonwealth and Europe, Washington 1965.
    1944, Vol. IV: Europe, Washington 1966.
    1945, Vol. IV: Europe, Washington 1968.
        Vol. V: Europe, Washington 1967.
    1946, Vol. V: The British Commonwealth; Western and Central Europe, Washington 1968.
12. Gazzetta Ufficiale del Regno d'Italia, 1943–1946.
    Gazzetta Ufficiale della Repubblica Italiana, 1946–1948.

13. Grassi, Gaetano (Hrsg.), „Verso il governo del popolo". Atti e documenti del CLNAI 1943/1946, Mailand 1977.
14. Heiber, Helmut (Hrsg.), Hitlers Lagebesprechungen. Die Protokollfragmente seiner militärischen Konferenzen 1942–1945, Stuttgart 1962.
15. Istituto Centrale di Statistica, Annuario statistico italiano 1944–48, Serie V, Vol. I, Rom 1949.
    Istituto Centrale di Statistica, Statistica dell'istruzione superiore nell'anno accademico 1946–47, Rom 1948.
    Istituto Centrale di Statistica, Statistica dell'istruzione elementare nell'anno scolastico 1945–46, Rom 1949.
    Istituto Centrale di Statistica, Statistica dell'istruzione media nell'anno scolastico 1946–47, Rom 1950.
    Istituto Centrale di Statistica, Cause di morte in Italia negli anni 1943–48, Serie III, Vol. 1, Rom 1952.
    Istituto Centrale di Statistica, Le cause di morte in Italia nel decennio 1938–48, Rom 1950.
    Istituto Centrale di Statistica, Annuario di statistiche demographiche 1951, Rom 1953.
    Istituto Centrale di Statistica, Morti e dispersi per cause belliche negli anni 1940–45, Rom 1957.
    Sommario di Statistiche Storiche Italiane (1861/1955), Rom 1976.
16. Istituto storico bellunese della resistenza e dell'età contemporanea (Hrsg.), Verbali del CLN Provinciale di Belluno (2 maggio 1945–31 ottobre 1946), Belluno 1992.
17. Martinelli, Renzo/Righi, Maria Luisa (Hrsg.), La politica del Partito comunista italiano nel periodo costituente. I verbali della direzione tra il V e il VI Congresso 1946–1948, Rom 1992.
18. Opera Omnia di Benito Mussolini, hrsg. von Duilio und Edoardo Susmel, Bd. 32: Dalla liberazione di Mussolini all'epilogo. La Repubblica Sociale Italiana (13 settembre 1943–28 aprile 1945), Florenz 1960.
19. Il processo contro Luigi Federzoni, Giacomo Acerbo, Giuseppe Bottai, Edmondo Rossoni. Requisitoria del vice Alto Commissario aggiunto per la punizione dei delitti fascisti, avvocato Salvatore Italia nell udienza del 25 maggio 1945, Rom 1945.
20. Processo Graziani, 3 Bde., Rom 1950.
21. Rugafiori, Paride (Hrsg.), Resistenza e ricostruzione in Liguria. Verbali del CLN Ligure 1944/1946, Mailand 1981.
22. Secchia, Pietro/Frassati, Filippo, La Resistenza e gli alleati, Mailand 1962.

C. Presse

L'Unità
L'Avanti

D. Mündliche Befragungen

Leo Valiani, 2. Juni 1987

Literatur

A. Memoiren, Tagebücher, Briefe

Acerbo, Giacomo, Fra due plotoni di esecuzione: avvenimenti e problemi dell'epoca fascista, Rocca S. Casciano 1968.

Amendola, Giorgio, Lettere a Milano 1939–1945, Rom 1980.

Ders., Un'isola, Mailand 1980.

Amicucci, Ermanno, I 600 giorni di Mussolini. Dal Gran Sasso a Dongo, Rom 1948.

Andreotti, Giulio, Concerto a sei voci. Storia segreta di una crisi, Rom 1945.

Audisio, Walter, In nome del popolo italiano, Mailand 1975.

Badoglio, Pietro, Italien im Zweiten Weltkrieg. Erinnerungen und Dokumente, München/Leipzig 1947.

Bonomi, Ivanoe, Diario di un anno. 2 giugno 1943 – 10 giugno 1944, Mailand 1947.

Bottai, Giuseppe, Diario 1935–1944, hrsg. von Giordano Bruno Guerri, Mailand 1982.

Ders., Diario 1944–1948, hrsg. von Giordano Bruno Guerri, Mailand 1988.

Butcher, Harry C., My Three Years with Eisenhower, New York 1946.

Calamandrei, Piero, Diario 1939–1945, hrsg. von Giorgio Agosti, Bd. 2, Florenz 1982.

Carandini Albertini, Elena, Passata la stagione. Diari 1944–1947, Florenz 1989.

Carboni, Giacomo, Memorie segrete 1935–1948. „Più che il dovere", Florenz 1955.

Caracciolo Di Castagneto, Filippo, '43-'44. Diario di Napoli, Florenz 1964.

Castellano, Giuseppe, Come firmai l'armistizio di Cassibile, Mailand 1945.

Cattani, Leone, Dalla caduta del fascismo al primo governo De Gasperi, in: Storia contemporanea V (1974).

Clark, Mark W., Calculated Risk, New York 1950.

Ders., Mein Weg von Algier nach Wien, Velden/Wien 1954.

Croce, Benedetto, Quando l'Italia era tagliata in due. Estratto di un diario (Luglio 1943-Giugno 1944), Bari 1948.

Carteggio Croce-Omodeo, hrsg. von Marcello Gigante, Neapel 1978.

Le Memorie dell'Ammiraglio De Courten (1943–1946), hrsg. vom Ufficio Storico della Marina Militare, Rom 1993.

De Sanctis, Gaetano, Ricordi della mia vita, hrsg. von Silvio Accame, Florenz 1970.

Dolfin, Giovanni, Con Mussolini nella tragedia. Diario del Capo della Segreteria particolare del Duce 1943–1944, Mailand 1949.

Dollmann, Eugen, Dolmetscher der Diktatoren, Bayreuth 1963.

Luigi Einaudi – Benedetto Croce. Carteggio (1902–1953), hrsg. von Luigi Firpo, Turin 1986.

Einaudi, Luigi, Diario 1945–1947, hrsg. von Paolo Soddu, Rom/Bari 1993.

Eisenhower, Dwight D., Kreuzzug in Europa, Amsterdam 1948.

Galbiati, Enzo, Il 25 luglio e la M.V.S.N., Mailand 1950.

Gayre, G. R., Italy in Transition. Extracts from the private journal of G.R. Gayre, London 1946.

Carteggio Gentile-Omodeo, hrsg. von S. Giannantoni, Florenz 1974.

Die Tagebücher von Joseph Goebbels. Im Auftrag des Instituts für Zeitgeschichte und mit Unterstützung des Staatlichen Archivdienstes Rußlands hrsg. von Elke Fröhlich, Teil II: Diktate 1941–1945, Bd. 9 (Juli-September 1943), München 1993.

Grandi, Dino, Il mio paese. Ricordi autobiografici, Bologna 1985.

Ders., 25 luglio. Quarant'anni dopo, hrsg. von Renzo De Felice, Bologna 1983.

Graziani, Rodolfo, Ho difeso la patria, Mailand 1951.

Hagen, Walter, Die Geheime Front, Linz/Wien 1950.

Kesselring, Albert, Soldat bis zum letzten Tag, Bonn 1953.

Lazzaro, Urbano, Il compagno Bill. Diario dell'uomo che catturò Mussolini, Turin 1989.

Levi, Carlo, Christus kam nur bis Eboli, München 1982.

Lewis, Norman, Naples '44, New York 1978.

Lombardi, Vera, Un diario inedito di Adolfo Omodeo, in: Gallerano, L'altro dopoguerra.

Macmillan, Harold, War Diaries. Politics and War in the Mediterranean: January 1943 – May 1945, London 1985.

Monelli, Paolo, Roma 1943, Rom 1945.

Murphy, Robert, Diplomat unter Kriegern. Zwei Jahrzehnte Weltpolitik in besonderer Mission, Berlin 1965.

Mussolini, Benito, Geschichte eines Jahres, Mailand 1945.

Mussolini, Rachele, Mein Leben mit Benito, Zürich 1948.

Nenni, Pietro, Tempo di Guerra Fredda. Diari 1943–1956, hrsg. von Giuliana Nenni und Domenico Zucàro, Mailand 1981.

Omodeo, Adolfo, Lettere 1910–1946, Turin 1963.

Omodeo Zona, Eva, Ricordi su Adolfo Omodeo, Catania 1968.

Palumbo, Pier Fausto, Il Governo dei Quarantacinque Giorni e Diario della Resistenza a Roma, Rom 1967.

Perticone, Giacomo, La repubblica di Salò, Rom 1947.

Pirelli, Giovanni, Un mondo che crolla. Lettere 1938–1943, hrsg. von Nicola Tranfaglia, Mailand 1990.

Plehwe, Friedrich-Karl von, Als die Achse zerbrach. Das Ende des deutsch-italienischen Bündnisses im Zweiten Weltkrieg, Wiesbaden/München 1980.

Puntoni, Paolo, Parla Vittorio Emanuele III, Mailand 1958.

Rahn, Rudolf, Ruheloses Leben. Aufzeichnungen und Erinnerungen, Düsseldorf 1949.

Rintelen, Enno von, Mussolini als Bundesgenosse. Erinnerungen des deutschen Militärattachés in Rom 1936–1943, Tübingen/Stuttgart 1951.

Sardi, Alessandro, ... Ma, non s'imprigiona la storia, Rom 1958.

Scalini, Paolo, Fare Giustizia in Romagna, hrsg. von Giuseppe Sangiorgi, Bologna 1991.

Schellenberg, Walter, Aufzeichnungen. Die Memoiren des letzten Geheimdienstchefs unter Hitler, Wiesbaden/München 1979.

Secchia, Pietro, Il Partito comunista italiano e la guerra di Liberazione 1943–1945. Ricordi, documenti inediti e testimonianze, Mailand 1973.
Senise, Carmine, Quando ero Capo della Polizia 1940–1943, Rom 1946.
Sforza, Carlo, L'Italia dal 1914 al 1944, quale io la vidi, Rom 1944.
Dal diario del Conte Sforza: il periodo post-fascista (25 luglio 1943–2 febbraio 1947), in: Rivista di Studi Politici Internazionali 1977, Nr. 1.
Simoni, Leonardo, Berlino. Ambasciata d'Italia 1939–1943, Rom o.D.
Soleri, Marcello, Memorie, Turin 1949.
Vaticano e Stati Uniti 1939–1952. Dalle carte di Myron C. Taylor, hrsg. von Ennio Di Nolfo, Mailand 1978.
Zanussi, Giacomo, Guerra e catastrofe d'Italia, Rom 1948.

B. Aufsätze, Darstellungen

Absalom, Roger, A Strange Alliance. Aspects of Escape and Survival in Italy 1943–1945, Florenz 1991.
Acquarone, Alberto, L'organizzazione dello Stato totalitario, Turin 1965.
Aga-Rossi, Elena, L'Italia nella sconfitta: politica interna e situazione internazionale durante la seconda guerra mondiale, Neapel 1985.
Dies., Una nazione allo sbando. L'armistizio italiano del settembre 1943, Bologna 1993.
Dies./Zaslavsky, Victor, L'URSS, il PCI e l'Italia: 1944–1948, in: Storia contemporanea XXV (1994).
Agosti, Aldo (Hrsg.), Togliatti e la fondazione dello Stato democratico, Mailand 1986.
Alatri, Paolo, I triangoli della morte, Rom 1948.
Alessandrini, Luca/Politi, Angela Maria, Nuove fonti sui processi contro i partigiani 1948–1953. Contesto politico e organizzazione della difesa, in: Italia contemporanea 1990, Nr. 178.
Alfassio Grimaldi, Ugoberto/Bozzetti, Gherardo, Farinacci. Il più fascista, Mailand 1972.
Algardi, Zara, Il processo Caruso, Rom 1944.
Dies., Processi ai Fascisti, Florenz 1958.
Dies., Processi ai Fascisti, Florenz 1992.
Amendola, Giorgio, Der Antifaschismus in Italien. Ein Interview mit Piero Melograni, Stuttgart 1977.
Ders., Gli anni della Repubblica, Rom 1976.
Andreotti, Giulio, De Gasperi. Visto da vicino, Mailand 1986.
Andri, Adriano, I consigli comunali e provinciali di Udine: Spunti per un'analisi della loro composizione (1946–60), in: Mastropaolo, Le élites politiche locali.
Archivio Centrale dello Stato, La Nascita della Repubblica. Mostra storico-documentaria, Rom 1987.
Artieri, Giovanni, Umberto II e la crisi della monarchia, Mailand 1983.
Aspetti della Resistenza in Piemonte, Turin 1977.
Bairati, Piero, Valletta, Turin 1983.

Baldissara, Luca, Orientamenti amministrativi e culture politiche dei consiglieri comunali di Bologna (1946–51), in: Mastropaolo, Le élites politiche locali.

Ders., Per una città più bella e più grande. Il governo municipale di Bologna negli anni della ricostruzione (1945–1956), Bologna 1994.

Ders./Della Casa, Brunella/Magagnoli, Stefano, Gli amministratori eletti nel 1946 nei comuni del circondario di Bologna: Primi risultati di una ricerca, in: Mastropaolo, Le élites politiche locali.

Balugani, Rolando, La Repubblica Sociale Italiana a Modena. I Processi ai Gerarchi Repubblichini, Modena 1990.

Barazzoni, Renzo, Primavera rossa a Parma, in: Ders./Gilioli, La Liberazione dell'Emilia Romagna.

Ders./Gilioli, Ulisse, La Liberazione dell'Emilia Romagna, Mailand 1979.

Battaglia, Achille, I giudici e la politica, Bari 1962.

Ders., Giustizia e politica nella giurisprudenza, in: Dieci anni dopo.

Benz, Wolfgang, Erzwungenes Ideal oder zweitbeste Lösung? Intentionen und Wirkungen der Gründung des deutschen Weststaates, in: Herbst, Westdeutschland 1945–1955.

Bermani, Cesare, Giustizia partigiana e guerra di popolo in Valsesia, in: Legnani/Vendramini, Guerra, Guerra di Liberazione, Guerra Civile.

Bernardi, Luigi, Il fascismo di Salò nelle Sentenze della magistratura piemontese, in: Neppi Modona, Giustizia penale e guerra di Liberazione.

Ders./Pettorino, Nicola, Consiglieri comunali e provinciali del Cuneese (1946–1951), in: Mignemi, Le amministrazioni locali del Piemonte.

Ders./Testori, Silvana, Collaborazionisti e partigiani di fronte alla giustizia penale, in: Neppi Modona, Giustizia penale e guerra di Liberazione.

Bertoldi, Silvio, Contro Salò. Vita e morte del Regno del Sud, Mailand 1984.

Bianchi, Gianfranco, 25 luglio. Crollo di un regime, Mailand 1967.

Bianchi Tonizzi, Maria Elisabetta, Genova e la sua provincia: Premessa a una ricerca sul ceto politico locale (1946–51), in: Mastropaolo, Le élites politiche locali.

Bizzarri, Elisa/D'Angelo, Lucio/Mercuri, Lamberto/Mercuri, Sandro/Setta, Sandro/Sircana, Giuseppe, Epurazione e stampa di partito (1943–46), Neapel 1982.

Black, Gregory Dale, The United States and Italy, 1943–1946. The Drift toward Containment, University of Kansas 1974.

Blumenson, Martin, Salerno to Cassino (in: United States Army in World War II, The Mediterranean Theater of Operations), Washington 1969.

Bocca, Giorgio, La Repubblica di Mussolini, Bari 1977.

Ders., Storia dell'Italia Partigiana. Settembre 1943-Maggio 1945, Bari 1966.

Ders., Palmiro Togliatti, Rom/Bari 1977.

Bonini, F., La Consulta nazionale e la legislazione transitoria, in: Il Parlamento italiano. Storia parlamentare e politica dell'Italia, Bd. XIII, Mailand 1989.

Botta, Roberto, Il senso del rigore. Il codice morale della giustizia partigiana, in: Legnani/Vendramini, Guerra, Guerra di Liberazione, Guerra Civile.

Bracci, Mario, Come nacque l'amnistia, in: Il ponte 1947, Nr. 11–12.

Broccoli, Armide, La resa dei conti, Mailand 1975.

Brogliatti, Carla, Il consiglio comunale di Torino (1946–1951), in: Mignemi, Le amministrazioni locali del Piemonte.

Butler, Ewan, Mason-Mac. The Life of Lieutenant-General Sir Noel Mason-Mac-farlane. A Biography, London 1972.

Canfora, Luciano, La sentenza. Concetto Marchesi e Giovanni Gentile, Palermo 1985.

Canosa, Romano, Le sanzioni contro il fascismo. Processi ed epurazione a Milano negli anni 1945-'47, Mailand 1978.

Ders./Federico, Pietro, La magistratura in Italia dal 1945 a oggi, Bologna 1974.

Caprara, Massimo, Il Diario di Togliatti (1944–1945), in: Il contemporaneo 1965, Nr. 8.

Carcano, Giancarlo, Note sull'ordine pubblico a Torino dopo la Liberazione, in: Studi Piacentini. Rivista dell'Istituto storico della resistenza di Piacenza, Dezember 1990.

Castagnoli, Adriana, Il consiglio provinciale di Torino: Uomini, politica e partiti nel post-ricostruzione, in: Mignemi, Le amministrazioni locali del Piemonte.

Dies., I consigli provinciali piemontesi nella fase del consolidamento istituzionale. Identità e partiti, in: Mignemi, Le amministrazioni locali del Piemonte.

Castronovo, Valerio, Giovanni Agnelli, Turin 1971.

Ders., Grandi e piccoli borghesi. La via italiana al capitalismo, Rom/Bari 1988.

Ceccutti, Cosimo, Adolfo Omodeo Rettore e Ministro: Frammenti inediti, in: Nuova Antologia, Juli-September 1986.

Ceva, Bianca, Aspetti della crisi della cultura italiana attraverso le lettere di Adolfo Omodeo 1910–1946, in: MLI 1965, Nr. 80.

Chessa, Pasquale (Hrsg.), Renzo De Felice. Rosso e Nero, Mailand 1995.

Cingari, Gaetano (Hrsg.), Gaetano Salvemini tra politica e storia, Rom/Bari 1986.

Ciuni, Roberto, L'Italia di Badoglio. Storia del Regno del Sud, Mailand 1993.

Colarizi, Simona, L'opinione degli italiani sotto il regime. 1929–1943, Rom/Bari 1991.

Dies., La seconda guerra mondiale e la Repubblica, Turin 1984.

Dies., Storia dei partiti nell'Italia repubblicana, Rom/Bari 1994.

Colizzi, Irene Rosa, J'accuse. Quello che non fu detto di terra d'Emilia, Rom 1988.

Colli, Giovanni, La giustizia militare partigiana, in: A.N.P.I., 25 aprile. La Resistenza in Torino, Turin 1984.

Collotti, Enzo, Fascismo, Fascismi, Florenz 1989.

Conti, Giuseppe, Aspetti della riorganizzazione delle Forze armate nel Regno del sud (settembre 1943-giugno 1944), in: Storia contemporanea VI (1975).

Conti, Stefania, La repressione antipartigiana. „Il triangolo della morte" 1947–1953, Bologna 1979.

Corbi, Gianni, L'avventurosa nascita della repubblica, Mailand 1989.

Cosmo, Giandomenico, Un primo consuntivo dell'attività dell'„Ovra", in: MLI 1951, Nr. 14.

Ders., I servizi di polizia politica durante il fascismo, in: MLI 1952, Nr. 16.

Cospito, Nicola/Neulen, Hans Werner, Salò – Berlino: L'alleanza difficile. La Repubblica Sociale Italiana nei documenti segreti del Terzo Reich, Mailand 1992.

Cova, Alessandro, Graziani. Un generale per il regime, Rom 1987.

Crainz, Guido, Il conflitto e la memoria. „Guerra civile" e „triangolo della morte", in: Meridiana 1992, Nr. 13.

Croce, Benedetto, Scritti e discorsi politici (1943–1947), Bd. 1, Bari 1973.

Deakin, Frederick W., Die brutale Freundschaft. Hitler, Mussolini und der Untergang des italienischen Faschismus, Köln/Berlin 1964.

De Felice, Renzo, Mussolini il duce, Bd. 1: Gli anni del consenso 1929–1936; Bd. 2: Lo stato totalitario 1936–1940, Turin 1974 und 1981.

Ders., Mussolini l'alleato, Teil 1: L'Italia in guerra 1940–1943, Bd. 1: Dalla guerra „breve" alla guerra lunga, Bd. 2: Crisi e agonia del regime, Turin 1990.

Ders., Mussolinis Motive für seine Rückkehr in die Politik und die Übernahme der Führung der RSI (September 1943), in: Lill, Deutschland-Italien.

De Gasperi, Alcide, Discorsi politici, hrsg. von Tommaso Bozza, Rom 1969.

Degli Espinosa, Agostino, Il Regno del Sud, Rom 1973.

De Leonardis, Massimo, La Gran Bretagna e la Resistenza partigiana in Italia (1943–1945), Neapel 1988.

Ders., Monferrato, in: L'insurrezione in Piemonte.

Dellavalle, Claudio, Amministratori locali e società in provincia di Vercelli (1946–1951), in: Mignemi, Le amministrazioni locali del Piemonte.

Delzell, Charles F., Mussolinis Enemies. The Italian Anti-Fascist Resistance, Princeton/New Jersey 1961.

De Marco, Paolo, „Educazione alla democrazia" e „giacobinismo" dell'AMG nella realtà meridionale, in: Placanica, 1944.

De Marzi, Giacomo, Adolfo Omodeo: Itinerario di uno storico, Urbino 1988.

Der italienische Faschismus. Probleme und Forschungstendenzen, München/Wien 1983.

Dieci anni dopo, 1945–1955. Saggi sulla vita democratica italiana, Bari 1955.

Di Loreto, Pietro, Togliatti e la „doppiezza". Il Pci tra democrazia e insurrezione (1944–49), Bologna 1991.

Di Nolfo, Ennio, La svolta di Salerno come problema internazionale, in: Storia delle relazioni internazionali 1 (1985).

Ders., Le paure e le speranze degli italiani (1943–1953), Mailand 1986.

Ders., Von Mussolini zu De Gasperi. Italien zwischen Angst und Hoffnung, 1943–1953, Paderborn/München 1993.

Domenico, Roy Palmer, Italian fascists on trial 1943–1948, Chapel Hill/London 1991.

Dondi, Mirco, Azioni di guerra e potere partigiano nel dopoliberazione, in: Italia contemporanea 1992, Nr. 188.

Ders., Considerazioni sulle corti straordinarie d'assise: I casi di Bologna e Ravenna (1945–1946), in: L'Almanacco. Rassegna di Studi Storici e di Ricerche sulla Società Contemporanea, Dezember 1991, Nr. 19.

Ders., Piazzale Loreto 29 aprile: aspetti di una pubblica esposizione, in: Rivista di storia contemporanea XIX (1990).

Edelman, Eric Steven, Incremental Involvement: Italy and United States Foreign Policy, 1943–1948, Yale University 1981.

Ellwood, David W., L'alleato nemico. La politica dell'occupazione anglo-americana in Italia 1943–1946, Mailand 1977.

Ders., L'ipotesi anglo-americana: Un'insurrezione 'legale' e 'ordinata', in: L'insurrezione in Piemonte.

Fest, Joachim, Im Gegenlicht. Eine italienische Reise, Berlin 1988.

Fisher, Ernest F., Jr., Cassino to the Alps (in: United States Army in World War II, The Mediterranean Theater of Operations), Washington 1977.

Fisher, Thomas R., Allied Military Government in Italy, in: Annals of the American Academy of Political and Social Sciences, Januar 1950.

Fiorentino, Fiorenza, La Roma di Charles Poletti (giugno 1944-aprile 1945), Rom 1986.

Flores, Marcello, L'epurazione, in: L'Italia dalla liberazione alla repubblica. Atti del Convegno internazionale organizzato a Firenze il 26–28 marzo 1976 con il concorso della Regione Toscana, Mailand 1977.

Ders., L'età del sospetto. I processi politici della guerra fredda, Bologna 1995.

Gabrielli, Gloria, La „defascistizzazione" nella stampa della R.S.I., Rom 1986.

Dies., La Stampa di Salò e il problema dell'epurazione, in: Poggio, La Repubblica sociale italiana.

Galante, Severino, La fine di un compromesso storico. Pci e Dc nella crisi del 1947, Mailand 1980.

Galante Garrone, Alessandro, Attività del Comitato di liberazione nazionale per il Piemonte dall'insurrezione al 31 dicembre 1945, in: Aspetti della Resistenza in Piemonte.

Ders., Documenti sull'organizzazione clandestina della giustizia, in: MLI 1950, Nr. 6.

Ders., I miei maggiori, Mailand 1984.

Ders. (Hrsg.), Adolfo Omodeo. Libertà e storia, Turin 1960.

Galante Garrone, Carlo, Guerra di Liberazione (Dalle Galere), in: Il ponte 1947, Nr. 11–12.

Galbreath, J., Allied Policy in Italy, 1943–1945, Fletscher School of Law and Diplomacy 1970 (unveröffentlicht).

Gallerano, Nicola (Hrsg.), L'altro dopoguerra. Roma e il Sud 1943–1945, Mailand 1985.

Gambino, Antonio, Storia del Dopoguerra. Dalla Liberazione al Potere DC, Bari 1975.

Garland, Albert N./McGaw Smyth, Howard, Sicily and the Surrender of Italy (in: United States Army in World War II, The Mediterranean Theater of Operations), Washington 1965.

Ghisalberti, Carlo, La Codificazione del Diritto in Italia 1865–1942, Rom/Bari 1985.

Gilioli, Ulisse, L'insurrezione di Reggio, in: Barazzoni/Gilioli, La Liberazione dell'Emilia Romagna.

Ginsborg, Paul, Storia d'Italia dal dopoguerra a oggi. Società e politica 1943–1988, Turin 1989.

Giordano, Giancarlo, Carlo Sforza: La Politica 1922–1952, Mailand 1992.

Giovana, Mario, La resistenza in Piemonte. Storia del CLN regionale, Mailand 1962.

Gobbi, Romolo, Note sulla commissione d'epurazione del CLN piemontese e sul caso Valletta, in: MLI 1967, Nr. 4.

Goetz, Helmut, Adolfo Omodeo, in: Lotta Federalista, März-Juni 1966.

Ders., Der freie Geist und seine Widersacher. Die Eidverweigerer an den italienischen Universitäten im Jahre 1931, Frankfurt a. M. 1993.

Grassi, Gaetano, Documenti sull'attività di Aurelio Becca a Milano nel periodo successivo alla Liberazione, in: Rivista giuridica del lavoro e della previdenza sociale, Januar-April 1974.

Greco, Paolo, Cronaca del Comitato Piemontese di Liberazione Nazionale (8 settembre 1943–9 maggio 1945), in: Aspetti della Resistenza in Piemonte.

Gruchmann, Lothar, Der Zweite Weltkrieg. Kriegführung und Politik, München [5]1978.

Ders., Justiz im Dritten Reich 1933–1940. Anpassung und Unterwerfung in der Ära Gürtner, München 1988.

Ders., Totaler Krieg. Vom Blitzkrieg zur bedingungslosen Kapitulation, München 1991.

Guerra, Resistenza e Dopoguerra. Storiografia e polemiche recenti, hrsg. vom Istituto Storico Provinciale della Resistenza Bologna, Bologna 1991.

Guspini, Ugo, L'orecchio del Regime. Le intercettazioni telefoniche al tempo del fascismo, Mailand 1973.

Harris, Charles R.S., Allied Military Administration of Italy, London 1957.

Hearst, J.A., jr., The Evolution of Allied Military Government in Italy, Columbia University 1960 (unveröffentlicht).

Heideking, Jürgen/Mauch, Christof (Hrsg.), Geheimdienstkrieg gegen Deutschland. Subversion, Propaganda und politische Planungen des amerikanischen Geheimdienstes im Zweiten Weltkrieg, Göttingen 1993.

Henke, Klaus-Dietmar, Die amerikanische Besetzung Deutschlands, München 1995.

Ders., Die Grenzen der politischen Säuberung in Deutschland nach 1945, in: Herbst, Westdeutschland 1945–1955.

Ders., Die Trennung vom Nationalsozialismus. Selbstzerstörung, politische Säuberung, 'Entnazifizierung', Strafverfolgung, in: Henke/Woller, Politische Säuberung in Europa.

Ders./Woller, Hans (Hrsg.), Politische Säuberung in Europa. Die Abrechnung mit Faschismus und Kollaboration nach dem Zweiten Weltkrieg, München 1991.

Herbst, Ludolf (Hrsg.), Westdeutschland 1945–1955. Unterwerfung, Kontrolle, Integration, München 1986.

Hibbert, Christopher, Mussolini, Frankfurt a.M./Bonn 1963.

History of the United Nations War Crimes Commission and the Development of the Laws of War, zusammengestellt von der United Nations War Crimes Commission, London 1948.

Innocenti, Marco, I gerarchi del fascismo. Storia del ventennio attraverso gli uomini del Duce, Mailand 1992.

Jesu, Guido, I processi per collaborazionismo in Friuli, in: Storia contemporanea in Friuli 1976, Nr. 7.

Kirkpatrick, Ivone, Mussolini, Berlin 1965.

Klinkhammer, Lutz, Die italienische Gesellschaft 1943–1945 zwischen Widerstand und Kollaboration, in: Neue Politische Literatur 39 (1994).

Ders., Zwischen Bündnis und Besatzung. Das nationalsozialistische Deutschland und die Republik von Salò 1943–1945, Tübingen 1993.

Kromer, R.W., The Establishment of Allied Control in Italy, in: Military Affairs, Frühjahr 1949.

Kuby, Erich, Verrat auf deutsch. Wie das Dritte Reich Italien ruinierte, Hamburg 1982.

Lamb, Richard, The Ghosts of Peace 1935–1945, London 1987.

Ders., War in Italy 1943–1945, London 1993.

Lazzero, Ricciotti, Il Sacco d'Italia. Razzie e stragi tedesche nella Repubblica di Salò, Mailand 1994.

Ledeen, Michael A., Lo Zio Sam e l'Elefante rosso. La storia della sinistra italiana dal dopoguerra a oggi vista attraverso i documenti riservati della Cia e dei servizi segreti, Mailand 1987.

Legnani, Massimo/Vendramini, Ferruccio (Hrsg.), Guerra, Guerra di Liberazione, Guerra Civile, Mailand 1990.

Lepre, Aurelio, Storia della prima Repubblica. L'Italia dal 1942 al 1992, Bologna 1993.

Leto, Guido, OVRA. Fascismo – Antifascismo, Bologna 1951.

Ders., Polizia segreta in Italia, Rom/Mailand/Neapel 1961.

Ders., Ancora sulla questione dell'„OVRA", in: MLI 1951, Nr. 16.

Levi, Fabio/ Rugafiori, Paride/Vento, Salvatore, Il triangolo industriale tra ricostruzione e lotta di classe 1945/1948, Mailand 1974.

Lill, Rudolf (Hrsg.), Deutschland-Italien 1943–1945. Aspekte einer Entzweiung, Tübingen 1992.

L'insurrezione in Piemonte, hrsg. vom Istituto Storico della Resistenza in Piemonte, Mailand 1987.

L'Italia dei quarantacinque giorni. 1943 25 luglio-8 settembre, Mailand 1969.

Lonati, Bruno Giovanni, Quel 28 aprile. Mussolini e Claretta: la verità, Mailand 1994.

Lyttelton, Adrian, La conquista del potere. Il Fascismo dal 1919 al 1929, Rom/Bari 1974.

Mack Smith, Denis, Mussolini. Eine Biographie, München/Wien 1983.

Magnanini, Giannetto, Dopo la liberazione. Reggio Emilia aprile 1945-settembre 1946, Bologna 1992.

Mammarella, Giuseppe, L'Italia dalla caduta del fascismo ad oggi, Bologna 1974.

Manganelli, Cesare, Scelte amministrative nella ricostruzione: Il comune di Alessandria (1946–1951), in: Mignemi, Le amministrazioni locali del Piemonte.

Margiocco, Mario, Stati Uniti e PCI 1943–1980, Rom/Bari 1981.

Maroni, Lorenzo, Bilancio dell'Alta Corte di Giustizia: La relazione sul lavoro giudiziario, in: Rivista Penale, Februar-März 1947, Nr. 2-3.

Martinelli, Franco, L'OVRA. Fatti e retroscena della polizia politica fascista, Mailand 1967.

Martinelli, Vittorio, Primavera di sangue 1945. La „Corriera Fantasma", Brescia 1988.

Mastropaolo, Alfio (Hrsg.), Le élites politiche locali e la fondazione della Repubblica, Mailand 1991.

Quellen und Literatur

Mayda, Giuseppe, Graziani, l'Africano. Da Neghelli a Salò, Florenz 1992.
Mengozzi, Dino, L'epurazione nella città del „Duce" (1943–1948), Rom 1983.
Mercuri, Lamberto, 1943–1945. Gli alleati e l'Italia, Neapel 1975.
Ders., L'epurazione in Italia 1943–1948, Cuneo 1988.
Ders. (Hrsg.), Charles Poletti. „Governatore" d'Italia (1943–1945), Foggia 1992.
Ders., Guerra psicologica. La propaganda anglo-americana in Italia 1942–1946, Rom 1983.
Mignemi, Adolfo, Profilo della classe politica novarese, in: Mignemi, Le amministrazioni locali del Piemonte.
Ders. (Hrsg.), Le amministrazioni locali del Piemonte e la fondazione della Repubblica, Mailand 1993.
Migone, Gian Giacomo, Gli Stati Uniti e il fascismo. Alle origini dell'egemonia americana in Italia, Mailand 1980.
Miller, James Edward, Der Weg zu einer „special relationship". Italien und die Vereinigten Staaten 1943–1947, in: Woller, Italien und die Großmächte.
Ders., The United States and Italy, 1940–1950. The politics and diplomacy of stabilization, Chapel Hill/London 1986.
Missori, Mario, Gerarchi e statuti del P.N.F., Rom 1986.
Ders., Governi, Alte Cariche dello Stato e Prefetti del Regno d'Italia, Rom 1978.
Morris, Eric, La Guerra Inutile. La campagna d'Italia 1943–1945, Mailand 1993.
Murgia, Pier Giuseppe, Il Vento del Nord, Mailand 1975.
Musci, Leonardo, Il consiglio comunale di Roma (1946–56), in: Mastropaolo, Le élites politiche locali.
Mustè, Marcello, Adolfo Omodeo. Storiografia e pensiero politico, Neapel 1990.
Nello, Paolo, Dino Grandi. La formazione di un leader fascista, Bologna 1987.
Neppi Modona, Guido, Carcere e società civile, in: Storia d'Italia, vol. V, II. documenti, Turin 1973.
Ders., Guerra di Liberazione e Giustizia Penale: Dal fallimento dell'epurazione al processo alla Resistenza, in: Guerra, Resistenza e Dopoguerra.
Ders., Il problema della continuità dell'amministrazione della giustizia dopo la caduta del fascismo, in: Ders., Giustizia penale e guerra di Liberazione.
Ders., L'attività legislativa del CLNRP. Sanzioni contro il fascismo e amministrazione della giustizia, in: Aspetti della Resistenza in Piemonte.
Ders., Togliatti Guardasigilli, in: Agosti, Togliatti.
Ders. (Hrsg.), Giustizia penale e guerra di Liberazione, Mailand 1984.
Neufeld, Maurice, The Failure of AMG in Italy, in: Public Administration Review 6 (Frühjahr 1946).
Nichols, David (Hrsg.), Ernie's War. The Best of Ernie Pyle's World War II Dispatches, New York/Toronto 1986.
Niethammer, Lutz, Entnazifizierung in Bayern. Säuberung und Rehabilitierung unter amerikanischer Besatzung, Frankfurt a.M. 1972.
Ders., Zum Wandel der Kontinuitätsdiskussion, in: Herbst, Westdeutschland 1945–1955.
Oliva, Gianni, I Vinti e i liberati. 8 settembre 1943 – 25 aprile 1945. Storia di due anni, Mailand 1994.

Onofri, Nazario Sauro, Il triangolo rosso (1943–1947). La verità sul dopoguerra in Emilia-Romagna attraverso i documenti d'archivio, Rom 1994.

Padovani, Gigi, La Liberazione di Torino, Mailand 1979.

Parisini, Roberto, La ricostruzione dei gruppi dirigenti a Ferrara dopo la Liberazione, in: Italia contemporanea 1993, Nr. 192.

Parri, Ferruccio, Scritti. 1915–1975, hrsg. von Enzo Collotti/Giorgio Rochat/Gabriella Solaro Pelazza/Paolo Speciale, Mailand 1976.

Patricelli, Marco, Operazione Quercia. „Liberate Mussolini!" Genesi, dinamica e conseguenze del blitz sul Gran Sasso, Chieti 1993.

Pavone, Claudio, La continuità dello Stato. Istituzioni e uomini, in: Italia 1945–1948. Le origini della Repubblica, Turin 1974.

Ders., Una guerra civile. Saggio storico sulla moralità nella Resistenza, Turin 1991.

Pehle, Walter H. (Hrsg.), Der historische Ort des Nationalsozialismus, Frankfurt a.M. 1990.

Peretti-Griva, Domenico Riccardo, Esperienze di un Magistrato, Turin 1956.

Ders., Il fallimento dell'epurazione, in: Il ponte 1947, Nr. 11–12.

Ders., La magistratura italiana nella Resistenza, in: MLI 1950, Nr. 3.

Petersen, Jens, Der Ort der Resistenza in Geschichte und Gegenwart Italiens, in: QFIAB 72 (1992).

Ders., Sommer 1943, in: Woller, Italien und die Großmächte.

Picchierri, Armando, La fine dei CLN e la formazione del primo Governo dell'Italia libera, in: Agosti, Togliatti.

Pieri, Piero/Rochat, Giorgio, Pietro Badoglio, Turin 1974.

Pippione, Marco, Como dal fascismo alla democrazia, Mailand 1991.

Pisanò, Giorgio, I giorni della strage, Mailand 1975.

Ders., Storia della guerra civile in Italien (1943–1945), 3 Bde., Mailand 1966.

Ders./Pisanò, Paolo, Il triangolo della morte. La politica della strage in Emilia durante e dopo la guerra civile, Mailand 1992.

Pistillo, Michele, Vita di Ruggero Grieco, Rom 1985.

Placanica, Augusto (Hrsg.), 1944: Salerno capitale. Istituzioni e società, Neapel 1986.

Poggio, Pier Paolo (Hrsg.), La Repubblica sociale italiana 1943–45, Brescia 1986.

Politi, Angela Maria/Alessandrini, Luca, I partigiani emiliani dalla liberazione ai processi del dopoguerra, in: Guerra, Resistenza e Dopoguerra.

La Resistenza tradita. Atti del convegno sulla violenza politica nel dopoguerra a Reggio e in Emilia (Supplemento al n. 9–10 di Argomenti socialisti, September-Oktober 1990).

Resistenza e governo italiano nella missione Medici – Tornaquinci, in: MLI 1953, Nr. 24 und 25.

Revelli, Marco, Il primo ceto politico locale piemontese. Gli eletti nel 1946, in: Mastropaolo, Le élites politiche locali.

Riccardia, Andrea, Il „Partito Romano" nel secondo dopoguerra (1945–1954), Brescia 1983.

Rigano, Francesco, Partecipazione popolare e giustizia penale nella Resistenza, in: Rivista Trimestrale di Diritto e Procedura Civile 1980, Nr. 1.

Risso, Leonida, In tema di amnistia, in: Rivista penale LXXI (1946).

Romagnoli, Renato, Gappista, Mailand 1975.

Rosen, Edgar R., Königreich des Südens. Italien 1943/44, Teil I und II, Göttingen 1988 und 1990.

Ders., Viktor Emanuel III. und die Innenpolitik des ersten Kabinetts Badoglio im Sommer 1943, in: VfZ 12 (1964).

Rossi, Ernesto, La pupilla del duce. L'OVRA, Parma 1956.

Ders. (Hrsg.), Una spia del Regime, Mailand 1957.

Rossi, Luigi, Gli Stati Uniti e la 'Provincia' italiana 1943–1945. Politica ed economia secondo gli analisti del servizio segreto americano, Neapel 1990.

Rossini, Giuseppe, L'epurazione e la 'continuità' dello Stato, in: Ders. (Hrsg.), Democrazia Cristiana e Costituente nella società del dopoguerra: Il progetto democratico–cristiano e le altre proposte, Rom 1980.

Rousso, Henry, L'Épuration. Die politische Säuberung in Frankreich, in: Henke/Woller, Politische Säuberung in Europa.

Rusconi, Gian Enrico, Resistenza e Postfascismo, Bologna 1995.

Sassoon, Donald, L'Italia contemporanea. I partiti le politiche la società dal 1945 a oggi, Rom 1988.

Santarelli, Enzo, Pietro Nenni, Turin 1988.

Schieder, Wolfgang, Faschismus als Vergangenheit. Streit der Historiker in Italien und Deutschland, in: Pehle, Der historische Ort des Nationalsozialismus.

Ders., War Hitlers Diktatur faschistisch?, in: Wissenschaftskolleg – Institute for Advanced Study – zu Berlin, Jahrbuch 1985/86.

Schliemann, Catherine, Der Geheimdienst beendet den Krieg. „Operation Sunrise" und die deutsche Kapitulation in Italien, in: Heideking/Mauch, Geheimdienstkrieg gegen Deutschland.

Schreiber, Gerhard, Die italienischen Militärinternierten im deutschen Machtbereich 1943 bis 1945. Verraten – Verachtet – Vergessen, München 1990.

Ders., Militärinternierte-italienische Kriegsgefangene in Deutschland, in: Lill, Deutschland-Italien.

Schröder, Josef, Italiens Kriegsaustritt 1943. Die deutschen Gegenmaßnahmen im italienischen Raum: Fall „Alarich" und „Achse", Göttingen/Zürich/Frankfurt a.M. 1969.

Scoccimarro, Mauro, Il secondo dopoguerra, hrsg. von Bruzio Manzocchi, 2 Bde, Rom 1956.

Scoppola, Pietro, La proposta politica di De Gasperi, Bologna 1977.

Ders., La repubblica dei partiti. Profilo storico della democrazia in Italia (1945–1990), Bologna 1991.

Ders., Alcide De Gasperi. Sein Weg zur Macht, in: Woller, Italien und die Großmächte.

Sebastian, Peter, I Servizi Segreti Speciali Britannici e l'Italia (1940–45), Rom 1986.

Sérant, Paul, Die politischen Säuberungen in Westeuropa am Ende des Zweiten Weltkrieges in Deutschland, Österreich, Belgien, Dänemark, Frankreich, Großbritannien, Italien, Luxemburg, Norwegen, den Niederlanden und der Schweiz, Oldenburg/Hamburg 1966.

Setta, Sandro, L'uomo qualunque 1944–1948, Bari 1975.

Ders., Profughi di lusso. Industriali e manager di Stato dal fascismo alla epurazione mancata, Mailand 1993.

Simiani, Carlo, I „Giustiziati Fascisti" dell'aprile 1945, Mailand ²1949.

Smith, Bradley F., The American Road to Nuremberg. The Documentary Record 1944–1945, Stanford 1982.

Ders., Der Jahrhundert-Prozeß. Die Motive der Richter von Nürnberg – Anatomie einer Urteilsfindung, Frankfurt a.M. 1977.

Ders./Agarossi, Elena, Unternehmen „Sonnenaufgang", Köln 1981.

Sparapan, Gianni (Hrsg.), Fascisti e collaborazionisti nel Polesine durante l'occupazione tedesca. I processi della Corte d'Assise Straordinaria di Rovigo, Venedig 1991.

Spinosa, Antonio, Mussolini. Il fascino di un dittatore, Mailand 1989.

Spriano, Paolo, Le passioni di un decennio (1946–1956), Mailand 1986.

Ders., I comunisti europei e Stalin, Turin 1983.

Ders., Storia del Partito comunista italiano. La Resistenza, Bd. 5: Togliatti e il partito nuovo, Turin 1975.

Steinberg, Jonathan, Deutsche, Italiener und Juden. Der italienische Widerstand gegen den Holocaust, Göttingen 1992.

Tamburrano, Giuseppe, Pietro Nenni, Rom/Bari 1986.

Taylor, Telford, Die Nürnberger Prozesse. Kriegsverbrechen und Völkerrecht, Zürich 1951.

Ders., Die Nürnberger Prozesse. Hintergründe, Analysen und Erkenntnisse aus heutiger Sicht, München 1994.

Toscano, Mario, Dal 25 luglio all'8 settembre, Florenz 1966.

Tranfaglia, Nicola, La prima guerra mondiale e il fascismo, Turin 1995.

Tupini, Giorgio, De Gasperi. Una testimonianza, Bologna 1992.

Vaccarino, Giorgio/Gobetti G./Gobbi, Romolo, L'insurrezione di Torino, Parma 1968.

Vailati, Vanna, Dal diario alla storia, Mailand 1989.

Valiani, Leo, Tutte le strade conducono a Roma, Bologna 1983.

Varsori, Antonio, Bestrafung oder Aussöhnung? Italien und Großbritannien 1943–1948, in: Woller, Italien und die Großmächte.

Vassalli, Filippo, La decadenza dei senatori dalla carica. Una pagina di diritto costituzionale e di diritto giudiziario, Bologna 1949.

Vassalli, Giuliano/Sabatini, Giuseppe, Il collaborazionismo e l'amnistia politica nella Giurisprudenza della Corte di Cassazione, Rom 1947.

Vendramini, Ferruccio (Hrsg.), Aspetti militari della resistenza bellunese e veneta. Tra ricerca e testimonianza, Belluno 1991.

Vitale, Nicola, Contro l'amnistia, in: Rivista penale LXXI (1946).

Vollnhals, Clemens (Hrsg. in Zusammenarbeit mit Thomas Schlemmer), Entnazifizierung. Politische Säuberung und Rehabilitierung in den vier Besatzungszonen 1945–1949, München 1991.

Woller, Hans, Gesellschaft und Politik in der amerikanischen Besatzungszone. Die Region Ansbach und Fürth, München 1986.

Ders., „Ausgebliebene Säuberung"? Die Abrechnung mit dem Faschismus in Italien, in: Henke/Woller, Politische Säuberung in Europa.

Ders., Die Anfänge der politischen Säuberung in Italien 1943–1945. Eine Analyse des Office of Strategic Services, in: VfZ 38 (1990).

Ders. (Hrsg.), Italien und die Großmächte 1943–1949, München 1988.

Ders., Die gesellschaftliche Überwindung des Faschismus in Italien nach 1943, in: Annali dell'Istituto storico italo-germanico in Trento XIX (1993).

Ders. (Hrsg.), La Nascita di due Repubbliche. Italia e Germania dal 1943 al 1955, Mailand 1993.

Woolf, Stuart S. (Hrsg.), The rebirth of Italy 1943–50, London 1972.

Zangrandi, Ruggero, 1943: 25 luglio-8 settembre, Mailand 1964.

Zeno, Livio, Ritratto di Carlo Sforza, Florenz 1975.

Abkürzungen

AC	Allied Commission
ACC	Allied Control Commission
ACS	Archivio Centrale dello Stato
ADAP	Akten zur deutschen auswärtigen Politik
AFHQ	Allied Force Headquarters
AGIP	Agenzia Generale Italiana Petroli
AMG	Allied Military Government
AMGOT	Allied Military Government of Occupied Territory
ANPI	Associazione nazionale partigiani d'Italia
ANSA	Agenzia nazionale stampa associata
ATAC	Azienda Tramvie e autobus del Comune
ATM	Azienda Tramviaria Municipale
CAD	Civil Affairs Division
CAO	Civil Affairs Officer
CCS	Combined Chiefs of Staff
CIC	Counter Intelligence Corps
CID	Civilian Intelligence Division
CLN	Comitato di Liberazione Nazionale
CLNAI	Comitato di Liberazione Nazionale Alta Italia
CLNRP	Comitato di Liberazione Nazionale Regione Piemonte
CofS	Chief of Staff
CVL	Corpo Volontari della Libertà
DAGR	Divisione Affari Generali e Riservati
DC	Democrazia Cristiana
DGPS	Direzione Generale di Pubblica Sicurezza
DLL	Decreto Legislativo Luogotenenziale
EAM	Nationale Befreiungsfront Griechenlands
FRUS	Foreign Relations of the United States
FSS	Field Security Service
Gestapo	Geheime Staatspolizei
GI	Government Issue (der amerikanische Soldat)
GO	General Order
HQ	Headquarters
INSML	Istituto Nazionale per la Storia del Movimento di Liberazione
ISTAT	Istituto Centrale di Statistica
MG	Military Government
MLI	Movimento di Liberazione in Italia
MSI	Movimento Sociale Italiano

MVSN	Milizia Volontaria per la Sicurezza Nazionale
NA	National Archives
NATO	North Atlantic Treaty Organization
NL	Nachlaß
NSDAP	Nationalsozialistische Deutsche Arbeiterpartei
OSS	Office of Strategic Services
PCI	Partito Comunista Italiano
PCM	Presidenza del Consiglio dei Ministri
PLI	Partito Liberale Italiano
PNF	Partito Nazionale Fascista
PWB	Psychological Warfare Branch
QFIAB	Quellen und Forschungen aus italienischen Archiven und Bibliotheken
R+A	Research and Analysis
RC	Regional Commissioner
RDL	Regio Decreto-Legge
RG	Record Group
RSI	Repubblica Sociale Italiana
SACMED	Supreme Allied Commander, Mediterranean Theater
SCAO	Senior Civil Affairs Officer
SE	Sua Eccellenza
SIM	Servizio informazioni militari
SIP	Società idroelettrica piemontese
SOE	Spezial Operations Executive
SPDCR	Segreteria Particolare del Duce-Carteggio Riservato
SS	Schutzstaffel
UdSSR	Union der sozialistischen Sowjetrepubliken
UN	United Nations
US	United States
USA	United States of America
USFET	United States Forces European Theater
VfZ	Vierteljahrshefte für Zeitgeschichte

Personenregister

Reale, Eugenio 125, 177, 205
Reale, Oronzo 345
Reale, Vito 95
Reber, Samuel 116
Rennell Rodd, Francis James 36, 40 f., 61, 63
Restivo 59
Riccardi, Raffaello 32
Ricci, Renato 18
Ricci, Rolando 384
Ricci, Umberto 28
Rintelen, Enno von 34
Roatta, Mario 217–220, 223, 226, 229,
  232–237, 239
Rocchi, Alfredo 237
Rodinò, Giulio 119
Romano, Ruggero 261
Rommel, Erwin 34
Roosevelt, Franklin D. 36–38, 42 f., 50 f., 62,
  113 f., 117, 132, 145, 207 f., 210, 239, 357
Rosselli, Carlo 82, 217
Rosselli, Nello 82, 217
Rossi, Cesare 328 f.
Rossini, Giuseppe 6
Rossoni, Edmondo 237, 328
Rubilli, Alfonso 344
Ruge, Friedrich 34
Ruini, Meuccio 136, 206, 220, 312, 320,
  326 f.

Salvatori, Angelo 170
Sansanelli, Nicola 237, 328 f., 386
Santhià, Battista 287
Saragat, Giuseppe 132
Sardi, Alessandro 19, 386 f.
Sargent, Orme G. 245
Scarpato, Federico 235
Scelba, Mario 145, 279, 312
Scoccimarro, Mauro 22, 115, 130 f., 143 f.,
  177, 179 f., 182, 190–196, 201, 203–205,
  207, 213–215, 221, 226, 229, 314, 354
Scorza, Carlo 17–19, 24, 32
Secchia, Pietro 254, 277
Senise, Carmine 14 f., 20, 32
Severi, Leonardo 27, 67
Sforza, Carlo 78, 80, 103, 119, 121 f., 124–
  126, 130, 132, 136, 139 f., 142 f., 146, 151,
  175–177, 179, 183 f., 187 f., 192–194, 206,
  213–215, 323 f., 342, 372 f.
Siciliani, Tommaso 97
Skorzeny, Otto 46
Smith, Lt. Col. 162
Soddu, Ubaldo 32
Solaro, Giuseppe 268

Soleri, Marcello 195, 199, 312, 314
Soprano, Domenico 126
Sorice, Antonio 13 f.
Sorini, Arrigo 173
Spano, Velio 204
Sparapan, Gianni 303
Spriano, Paolo 278
Stalin, Josef 114, 264
Stangoni, Pier Felice 143, 213, 319
Starace, Achille 32, 54, 262
Stettinius, Edward R. 157
Stevens, John M. 270
Stone, Ellery W. 155, 158, 187, 233 f., 240,
  245, 290, 309, 356, 362
Student, Kurt 34 f.
Sturzo, Luigi 145, 172, 198
Suvich, Fulvio 232, 235, 384, 386

Tamburro, Guido 90
Tarchiani, Alberto 119
Taylor, Maxwell 48
Teruzzi, Attilio 32, 298
Tesauro, Alfonso 69
Titone 59
Togliatti, Palmiro 6, 22, 92, 115, 117–122,
  126, 130–132, 136 f., 144, 197, 200–207,
  254 f., 277 f., 289 f., 302, 313 f., 319, 339,
  343, 346, 361, 364, 369, 380–385, 402
Tommaselli, Antonio 69
Tringali Casanuova, Antonino 32
Tupini, Umberto 136, 221, 235
Turati, Filippo 125, 312

Umberto II. 45, 113, 116, 130 f., 189, 206,
  379 f.
Upjohn, Gerald 97 f., 108 f., 122, 137 f., 182,
  190 f., 194, 216, 224, 243, 247

Valiani, Leo 259
Valletta, Vittorio 267, 273, 289, 374–377
Varsori, Antonio 208
Vittorio Emanuele III. 2, 9 f., 16, 19, 24, 28,
  30 f., 33 f., 42, 44–46, 49–51, 74–77, 79 f.,
  101–104, 106, 110, 112–118, 122, 130, 132,
  187–189, 218, 232 f., 379 f.

Washburne, Carlton 57 f.
White 355, 358–360
Wilson, Henry Maitland 208

Zaniboni, Tito 104–107, 123, 125
Zanussi, Giacomo 14
Zerbino, Valerio 261

www.ingramcontent.com/pod-product-compliance
Lightning Source LLC
Chambersburg PA
CBHW030812100426
42814CB00002B/86